Die Lehre vom Mißverständnis.

Eine zivilrechtliche Untersuchung

von

Dr. Heinrich Titze,
ord. Professor der Rechte in Göttingen.

Berlin 1910.
J. Guttentag, Verlagsbuchhandlung,
G. m. b. H.

Altenburg
Piererſche Hofbuchdruckerei
Stephan Geibel & Co.

Ferdinand Regelsberger

verehrungsvoll

gewidmet.

Inhalt.

Erster Teil.

Allgemeine Lehren.

Erstes Kapitel.

Das Mißverständnis als Rechtsbegriff.

Zweites Kapitel.

Die Grenzen des Untersuchungsgebietes.

Vorbemerkungen.

1. Nur mit dem Namen der Verfasser sind zitiert die Lehrbücher bezw. Systeme des Bürgerl. Rechtes von Biermann, Cosack (5. Aufl.), Crome, Dernburg (3. Aufl.), Endemann (9. Aufl.), Enneccerus (4./5. Aufl.), Goldmann-Lilienthal (2. Aufl.) und Kohler.

2. Windscheids Pandektenrecht ist ebenfalls nur mit des Verfassers Namen, und zwar in 9. Aufl. zitiert. „Kipp bei Windscheid" verweist auf die das BGB. betreffenden Zusätze des Herausgebers. Dernburgs Pandektenlehrbuch ist unter vollem Titel, und zwar in 7. Aufl. zitiert.

3. Nur mit dem Namen der Herausgeber sind die Kommentare zum BGB. von Planck (3. Aufl.) und Staudinger (5./6. Aufl.), nur mit dem Namen der Verfasser die Kommentare zu den ersten zwei Büchern des BGB. von Rehbein und Oertmann (2. Aufl.) und die Kommentare zum HGB. von Staub (8. Aufl.), Düringer-Hachenburg (2. Aufl.) und Lehmann-Ring zitiert.

4. „Hölder, Kommentar" verweist auf dessen Kommentar zum Allgemeinen Teil des BGB.; „Hölder, Theorie" auf dessen Abhandlung „Zur Theorie der Willenserklärung" in der Festschrift der Leipziger Juristenfakultät für Heinrich Degenkolb (Leipzig 1905; auch als Separatabdruck erschienen); „Hölder, Auslegung" auf dessen Aufsatz „Zur Lehre von der Auslegung der Willenserklärungen und der Bedeutung des Irrtums über ihren Inhalt" in der unter dem Titel „Aus Römischem und Bürgerlichem Recht" erschienenen Festgabe für E. I. Bekker (Weimar 1907).

5. „Zitelmann, Irrtum" ist die Abkürzung für dessen bekannte Monographie Irrtum und Rechtsgeschäft (Leipzig 1879); „Zitelmann, Rechtsgeschäfte" die Abkürzung für dessen Rechtsgeschäfte im Entwurf eines BGB. f. d. Deutsche Reich I, II (Berlin 1889/90. Heft 7 und 8 der von Bekker und Fischer herausgegebenen Beiträge zur Erläuterung und Beurteilung des Entwurfes); „Zitelmann, Grundriß" die Abkürzung für dessen Grundriß des Allgemeinen Teiles des BGB. (Leipzig 1900).

6. „Leonhard, Allgem. Teil" weist auf Rudolf Leonhardt, Der Allgemeine Teil des BGB. in seinem Einfluß auf die Fortentwickelung der Rechtswissenschaft (Berlin 1900) hin; „Leonhard, Irrtum" auf dessen Schrift „Der Irrtum als Ursache nichtiger Verträge" I, II, 2. Aufl. Breslau 1907 (die erste Auflage war unter dem Titel „Der Irrtum bei nichtigen Verträgen nach Römischem Rechte", Berlin 1882/3, erschienen).

7. „Manigk, Anwendungsgebiet" ist die kürzere Bezeichnung für dessen Schrift „Das Anwendungsgebiet der Vorschriften für die Rechtsgeschäfte" (Breslau 1901; Heft 5 der von Rudolf Leonhard herausgegebenen Studien zur Erläuterung des Bürgerlichen Rechts); „Manigk, Willenserklärung" die kürzere Bezeichnung für dessen „Willenserklärung und Willensgeschäft, ihr Begriff und ihre Behandlung nach BGB." (Berlin 1907).

8. Von sonstigen Einzelschriften sind in abgekürzter, nicht mißzuverstehender Form zitiert: Danz, Die Auslegung der Rechtsgeschäfte (2. Aufl., Jena 1906); Isay, Die Willenserklärung im Tatbestande des Rechtsgeschäftes nach dem BGB. (Heft 2 des 2. Bandes der von Otto Fischer herausgegebenen Abhandlungen zum Privatrecht und Zivilprozeß des Deutschen Reiches; Jena 1899); Wedemeyer, Auslegung und Irrtum in ihrem Zusammenhange (Göttingen 1903) und Wedemeyer, Der Abschluß eines obligatorischen Vertrages durch Erfüllungs- und Aneignungshandlungen (Göttingen 1904).

9. Der Druck der vorliegenden Arbeit hat im März 1910 begonnen. Die seitdem erschienene Literatur konnte nicht mehr berücksichtigt werden.

Erster Teil.

Allgemeine Lehren.

Erstes Kapitel.

Das Mißverständnis als Rechtsbegriff.

§ 1.

Von Mißverständnis im gewöhnlichen, landläufigen Sinne des Wortes könnte man vielen Erscheinungen des Rechtslebens gegenüber sprechen. Aber nicht immer würde man damit über ihre juristische Natur etwas Neues oder Besonderes aussagen. Gibt beispielsweise A dem B gegenüber eine nicht ernstlich gemeinte Willenserklärung in der Erwartung ab, der Mangel der Ernstlichkeit werde von der Gegenseite nicht verkannt werden, und nimmt der minder begabte B die Willenserklärung dennoch für eine ernstliche hin, so werden die Parteien, wenn sich hinterher die wahre Sachlage, nämlich die Nichtigkeit des Rechtsgeschäftes herausstellt, leicht geneigt sein, von einem „Mißverständnis" zu reden, das ihnen untergelaufen sei. Und wenn zwei Leute über ein Pferd, von dem sie nicht ahnen, daß es nicht mehr existiert, einen Kaufvertrag abschließen, so pflegen sie, wenn sie später die Unmöglichkeit der Leistung bemerken, das „Mißverständnis" zu bedauern, dessen Opfer sie geworden seien. Besonders häufig aber bedienen sich die Laien dieses Begriffes, wenn jemand bei der Errichtung eines Rechtsgeschäftes aus Versehen eine Erklärung abgegeben hat, die mit seinem wirklichen Willen nicht im Einklang steht: wenn also juristisch gesprochen ein Fall des Irrtums vorliegt. Es will ein Besitzer mehrerer Häuser einer Reihe von Mietern kündigen und befiehlt seinem Buchhalter, einen der Kündigungsbriefe, die er geschrieben, an Herrn Albert Schulze zu adressieren. Der Buchhalter aber versieht das Kuvert mit der Aufschrift „Adalbert" Schulze, und infolgedessen bekommt den Brief ein Mieter, dem gar nicht gekündigt werden sollte. Wenn die Verwechslung zutage tritt, wird sich der Vermieter bei den beteiligten Personen wegen des „Mißverständnisses" entschuldigen, das hier passiert sei.

Es leuchtet ohne weiteres ein, daß niemand für Fälle der eben genannten Art den Begriff des Mißverständnisses als einen juristisch-technischen wird einführen wollen. Denn die rechtliche Natur der hier berührten Lebensvorgänge ist schon anderweit zur Genüge gekennzeichnet. Im ersten Falle reicht dazu das Schlagwort „nicht ernstlich gemeinte Willenserklärung" oder „Scherzgeschäft" aus. Zur rechtlichen Charakterisierung des zweiten Beispieles bedarf es nur eines Hinweises auf die anfängliche „Unmöglichkeit der Leistung". Und der dritte Fall findet seine juristische Klassifikation durch seine Zugehörigkeit zur Irrtumslehre. In den gedachten Fällen mit der Kategorie des Mißverständnisses zu operieren, wäre also überflüssig und infolgedessen unzulässig. Denn neue Begriffe haben Wert und Berechtigung nur, wenn sich hinter ihnen neue Rechtsfiguren verbergen; die Verwendung einer doppelten Etikette für eine und dieselbe Erscheinung des Rechtslebens wirkt lediglich irreführend.

Wir scheiden demnach, wenn wir im folgenden vom Mißverständnis handeln, alle Erscheinungen des Rechtslebens aus, die durch die Doktrin bereits ihr fertiges juristisches Gepräge gefunden haben. Indem wir den Begriff im juristisch-technischen Sinne nehmen, wenden wir ihn nur auf solche Fälle an, die um des Mißverständnisses willen von rechtlichem Interesse sind, die also, wenn sie nicht unter diesen Begriff gestellt werden, einer gemeinsamen juristischen Betrachtungsweise entbehren. Und zwar steht die technische Bedeutung, in der wir fortan von Mißverständnis reden, mit der ursprünglichen, sprachlichen Bedeutung des Wortes im engsten Zusammenhang. Denn Mißverständnis leitet sich ab von Mißverstehen, einem Zeitwort, das besagt: aus der Erklärung jemandes etwas anderes herauslesen, als was darin enthalten ist. Dementsprechend wollen wir im folgenden unter Mißverständnis im Rechtssinne diejenigen

Fälle zusammenfassen, **wo der Empfänger einer Willenserklärung ihr einen anderen Inhalt entnimmt, als sie in Wahrheit hat.** Das Mißverständnis bildet sonach gewissermaßen das begriffliche Widerspiel zum Irrtum. Die Lehre vom letzteren hat es mit denjenigen Fällen der Geschäftserrichtung zu tun, wo sich der Inhalt einer Willenserklärung nicht mit dem Willen des Erklärenden deckt; beim Mißverständnis hingegen liegt eine Inkongruenz vor zwischen dem Inhalt einer Willenserklärung und dem, was der Adressat als erklärt in sich aufnimmt. Hat man den Irrtum bezeichnet als „Widerspruch zwischen Wille und Erklärung", so läßt sich das Mißverständnis charakterisieren als Widerspruch zwischen Erklärungsinhalt und Erklärungsaufnahme [1]).

Die Definition des Mißverständnisses, die wir hier entwickelt haben, bedarf nach einzelnen Richtungen hin noch näherer Erläuterung.

a) Wie in der Jurisprudenz der Begriff des Irrtums nicht nur das Falschwissen, sondern auch das reine Nichtwissen einer Tatsache umfaßt, so schließt der Begriff des Mißverständnisses nicht nur die Fälle ein, wo der Adressat den Inhalt einer Willenserklärung unrichtig versteht, sondern auch die Fälle, wo er ihn gar nicht versteht. Ein Mißverständnis im Sinne unserer Lehre ist also nicht nur dann gegeben, wenn der Mieter, dem sein Vermieter für den 1. Juli kündigt, fälschlich die Worte „1. Juni" vernimmt, sondern auch dann, wenn er infolge von Schwerhörigkeit von der Kündigung überhaupt nichts vernimmt. Das Mißverständnis besteht in letzterem Falle darin,

---

[1]) Cosack I S. 265 und Düringer-Hachenburg II S. 107 bringen die Erscheinungen, für die wir im Texte die Bezeichnung „Mißverständnis" gewählt haben, unter den Begriff des „Irrtums auf seiten des Empfängers". Und sicher läßt sich im Sinne des gewöhnlichen Sprachgebrauches von einem Adressaten, der die Erklärung des anderen Teiles nicht richtig verstanden hat, sagen, daß er sich in einem „Irrtum" befinde. Da aber in der Lehre vom Rechtsgeschäft der Begriff des Irrtums bereits für die Fälle verwendet wird, wo Wille und Erklärung sich nicht decken, also für die Fälle fehlerhafter Erklärungs*abgabe*, so dürfte es zur Vermeidung von Verwechslungen empfehlenswert sein, die Fälle mangelhafter Erklärungs*aufnahme* nicht ebenfalls als Irrtum zu bezeichnen.

daß der Mieter der Meinung lebt, eine Kündigung sei ihm gegenüber nicht ausgesprochen worden, während der Vermieter tatsächlich in seiner Gegenwart dem Kündigungswillen Ausdruck verliehen hat.

b) Hingegen haben nichts mit der Lehre vom Mißverständnis diejenigen Fälle zu tun, wo der Inhalt einer Willenserklärung vom Empfänger im Moment des Empfanges richtig aufgefaßt worden ist, die Vorstellungen aber, die der Adressat erhalten hat, hinterher durch andere verdrängt werden. Es will beispielsweise A dem B zwei Grundstücke, nämlich das Grundstück x und das Grundstück y, auflassen. Im Grundbuch war auf jedem der Grundstücke je eine Hypothek eingetragen, die beide als gelöscht vermerkt sind. Vor der Auflassung teilt A dem B mit, daß die das Grundstück x belastende Hypothek zu Unrecht gelöscht sei, daß sie in Wahrheit also noch bestehe. B hat diese Erklärung auch richtig verstanden, verwechselt aber später die Grundstücke x und y miteinander, so daß er in dem nach BGB. § 892 Abs. 2 maßgebenden Zeitpunkt nicht die Hypothek des Grundstückes x, sondern die des Grundstückes y für zu Unrecht gelöscht hält. Der Volksmund wird vielleicht auch in solchem Falle von einem „Mißverständnis" sprechen. Ob indessen hier der B die Unrichtigkeit des Grundbuches x „gekannt" hat oder ob die Verwechslung, die ihm widerfahren ist, diese „Kenntnis" ausschließt, und ob er demnach die zu Unrecht gelöschte Hypothek gegen sich gelten lassen muß oder nicht, das sind Fragen, die nicht der Lehre vom Mißverständnis in unserem Sinne angehören. Ihre Beantwortung hängt von einer Klarstellung der Begriffe „kennen" und „kennen müssen" ab, ist also von anderer Seite her in Angriff zu nehmen.

c) Einerlei ist es für den Begriff des Mißverständnisses, ob der Inhalt, den der Adressat der Willenserklärung entnimmt, objektiv wahr ist, oder nicht. Ausschlaggebend ist vielmehr nur, ob der Empfänger aus der Erklärung das, was der Gegner tatsächlich gesagt hat, herausliest oder nicht. Darum kein Mißverständnis in unserem Sinne, wenn jemand bei einer Verkaufsofferte über ein Haus, das im Jahre 3400 Mark Mietzins einbringt, die Höhe des eingehenden Mietzinses auf 3700 Mark angibt, und der Offertenempfänger auch 3700 Mark versteht.

Die Angabe des Antragstellers ist zwar objektiv unwahr, aber der Oblat hat sie richtig, d. h. so, wie sie gemacht war, verstanden. Hingegen läge ein Mißverständnis vor, wenn im obigen Beispiel der Adressat statt der Summe von 3700, die der Gegner angegeben, die dem wahren Sachverhalt entsprechende Ziffer 3400 verstanden hätte. Denn die Zahl, die der Empfänger der Offerte in sich aufnähme, würde hier zwar der Wirklichkeit, aber nicht der Aussage des Antragstellers entsprechen.

Während sich die juristische Doktrin, wie bekannt, mit dem Irrtum gern beschäftigt hat und sich jetzt noch viel mit ihm befaßt, sind die Einwirkungen, welche das Mißverständnis auf das Zustandekommen eines Rechtsgeschäftes ausübt, einer erschöpfenden Untersuchung und einer zusammenhängenden Darstellung niemals gewürdigt worden. Ja, die Literatur hat mit dem Begriff des Mißverständnisses als eines juristisch-technischen überhaupt noch kaum operiert. Nur in der Lehre vom Vertrag hat man sich seiner bedient, indem man gegenüber gewissen Mängeln des Vertragsschlusses von „Dissens" oder „verstecktem Dissens" oder auch von „Mißverständnis" gesprochen hat. Ob und inwieweit es sich dabei um ein Mißverständnis im technischen Sinne handelt, wird später eingehend zu erörtern sein.

§ 2.

Die Lehre von der rechtsgeschäftlichen Bedeutung des Irrtums hat Zitelmann auf einer eingehenden psychologischen Untersuchung des Irrtumsbegriffes aufbauen zu müssen geglaubt [1]). Danach möchte es vielleicht mancher für empfehlenswert, wenn nicht gar für erforderlich halten, auch die Ausführungen über die juristische Bedeutung des Mißverständnisses mit einer psychologischen Analyse dieses Begriffes einzuleiten. Aber gerade der Zitelmannsche Versuch dürfte, so anregend und geistvoll die Darlegungen dieses Schriftstellers im einzelnen sind, zur Genüge gezeigt haben, daß die psychologische Methode der Untersuchung eines Rechtsbegriffes die richtige nicht ist, daß sie vielmehr einen Umweg darstellt, der nur allzuleicht zu einem Irrweg werden kann.

---

[1]) In seinem bekannten Werke: Irrtum und Rechtsgeschäft, Leipzig 1879.

Die Berechtigung dieser Kritik erhellt ohne weiteres, wenn man die Ergebnisse, die Zitelmann auf Grund seiner psychologischen Betrachtungen gewinnt, näher ins Auge faßt. Eine scharfsinnige Zerlegung der Begriffe „Handlung" und „Vorstellung" führt ihn zu der Erkenntnis, daß die Beziehung zwischen diesen beiden Kategorien eine dreifach verschiedene Gestalt annehmen kann: die Vorstellungen begleiten entweder als Bewußtsein den Willensakt und sind daher Element des einheitlichen Begriffs „bewußter Wille", oder sie beziehen sich auf die Folgen der Handlung und sind daher Element des einheitlichen Begriffs der „Absicht", oder sie stehen in näherer oder fernerer ursächlicher Beziehung zum Willensakt und sind darum Motive. Ist nun der Handelnde von falschen Vorstellungen beherrscht, liegt also mit anderen Worten auf seiner Seite ein Irrtum vor, so lassen sich der eben gemachten Unterscheidung entsprechend drei verschiedene Arten des Irrtums denken: er ist entweder „Irrtum im Bewußtsein" (jemand will 5000 schreiben und schreibt aus Versehen 50 000; jemand will „ja" sagen, verspricht sich aber und sagt aus Versehen „nein"; Fälle der sogenannten „Irrung" oder „Verirrung"); oder er ist „Irrtum in der Absicht" (ein Angestellter legt seinem kurzsichtigen Chef, für den er einen Kündigungsbrief hat schreiben müssen, an Stelle dieses Briefes eine Bürgschaftsurkunde zur Unterschrift vor, die der Chef in der Meinung unterzeichnet, damit eine Kündigung zu erklären); oder endlich er ist „Irrtum im Motiv" (ein Offizier, der glaubt, daß seine Versetzung nach Berlin erfolgt sei, mietet sich dort eine Wohnung, während die erhoffte Versetzung in Wahrheit nicht stattgefunden hat). Selbst wenn wir annehmen, daß diese Einteilung des Irrtums psychologisch richtig ist, ist sie darum auch von juristischer, insbesondere von rechtsgeschäftlicher Bedeutung? Der Irrtum im Bewußtsein und der Irrtum in der Absicht, oder wie man sie auch nennt: der error in faciendo und der error in judicando, haben beide das Gemeinsame, daß ihnen zufolge der Inhalt der Erklärung sich nicht mit dem deckt, was man den Geschäfts- oder Erfolgs- oder Wirkungswillen zu nennen pflegt. Darum ist so viel sicher: man mag die Frage, welchen Einfluß der Irrtum auf das Zustandekommen eines Rechtsgeschäftes haben soll, beantworten, wie man will, unter keinen Umständen wird man jene beiden Irrtumsfälle ungleich behandeln können[2]). Denn sie stellen eben beide einen Irrtum über den Inhalt der abgegebenen Erklärung, des vorgenommenen Geschäftes dar, weshalb man sie in der Literatur auch vielfach unter dem einheitlichen Begriff des „Geschäftsirrtums" oder des „Inhaltsirrtums" oder des „Erklärungsirrtums" zusammengefaßt hat[3]). Sonach bleibt von den vom Boden der Psychologie aus gewonnenen Unterscheidungen als juristisch brauchbar nur der Gegensatz von Geschäftsirrtum und Irrtum im Motiv übrig. Um aber die Wesensverschiedenheit dieser beiden Irrtumsarten zu erkennen, bedurfte es dazu des von Zitelmann aufgewendeten psycho-

---

[2]) Anderer Meinung indessen Zitelmann selbst. Vgl. S. 397 f. a. a. O.

[3]) Das BGB. freilich hat sich die psychologische Unterscheidung von Bewußtseins- und Absichtsirrtum zu eigen gemacht: hält es doch im § 119 auseinander die Fälle, wo jemand „bei der Abgabe einer Willenserklärung über deren Inhalt im Irrtum war" (error in judicando) und die anderen, „wo jemand eine Erklärung dieses Inhalts überhaupt nicht abgeben wollte" (error in faciendo). Die rechtliche Behandlung beider Fälle ist aber, wie natürlich, die gleiche. Der § 119 unterscheidet also, wie Leonhard, Irrtum II S. 170, sagt, „zwei Irrtumsarten, bloß um anzudeuten, daß er sie in Wahrheit nicht unterscheiden wolle". Dabei hat die vom Gesetz gemachte Unterscheidung, wenn sich auch unmittelbar keine rechtlichen Folgen an sie knüpfen, doch immerhin den Nachteil, daß sie die Ursache terminologischer Unklarheiten und Unstimmigkeiten geworden ist. Denn während viele Schriftsteller die Ausdrücke „Erklärungs"-, „Geschäfts"-, Inhalts"-Irrtum so, wie es auch oben geschehen ist, als synonyme Bezeichnungen für die sämtlichen im § 119 Abs. 1 geregelten Irrtumsfälle verwenden (ein Sprachgebrauch, der ebensosehr den Regeln der Logik wie angesichts der juristischen Wesensgleichheit der durch ihn gedeckten Irtumsfälle den Bedürfnissen der Rechtssystematik entspricht), wollen manche als „Inhaltsirrtum" lediglich diejenigen Fälle ansehen, wo jemand bei der „Abgabe einer Willenserklärung über deren Inhalt im Irrtum war" (oft auch nicht gerade geschickt als Verlautbarungsirrtum bezeichnet), wohingegen der Erklärungsirrtum nur diejenigen umfassen soll, wo jemand „eine Erklärung dieses Inhalts überhaupt nicht abgeben wollte", wo also ein sogenannter Irrtum in der Erklärungshandlung oder eine „Irrung" oder „Verirrung" vorliegt. Daß solche Verschiedenheit in der Terminologie nur allzu geeignet ist, die in der Irrtumslehre ohnedies herrschende Begriffsverwirrung noch zu vergrößern, liegt auf der Hand.

logischen Apparates? Sie aufzudecken, dazu reicht sozusagen die Psychologie des gesunden Menschenverstandes, d. h. diejenige Psychologie, die dem gebildeten Laien ohne weiteres innewohnt, aus, wie man denn tatsächlich in der Jurisprudenz schon vor den Untersuchungen Zitelmanns jene Unterscheidung gekannt und verwertet hat[4]).

Aber nicht nur umständlich erscheint der Weg, den Zitelmann eingeschlagen, sondern es ist die Methode, die er gewählt, auch nicht ohne Gefahr für seine Irrtumslehre gewesen.

---

[4]) Allerdings mit überaus schwankender Terminologie. Das Hauptverdienst um die Aufstellung der Unterscheidung gebührt bekanntlich Savigny, nur daß die von ihm gewählte Bezeichnung: „echter und unechter Irrtum" nicht gerade als glücklich angesehen werden kann. — Übrigens sollte nicht verkannt werden (und neuerdings wird es auch immer weniger verkannt: vgl. z. B. Dernburg und Leonhard in ihren Darstellungen des Allgemeinen Teils S. 486 und 513 ff. und die Kommentare zum BGB. von Staudinger I S. 413 f. und Rehbein I S. 134), daß die Gegenüberstellung von Erklärungsirrtum und Irrtum im Motiv vom juristisch-logischen Standpunkt aus ebenfalls nicht unanfechtbar ist. Denn beide schließen einander nicht ohne weiteres aus. Erklärungsirrtum kann den Charakter von Irrtum im Motiv, und Irrtum im Motiv den Charakter von Erklärungsirrtum haben. Wer eine Urkunde unterschreibt, die er für eine Quittung hält, die aber in Wahrheit eine Bürgschaftsurkunde ist, fällt einem Irrtum im Beweggrund zum Opfer, und doch haben wir es hier mit einem zweifellosen Falle von Erklärungsirrtum zu tun. Will man also den Gegensatz zum Geschäftsirrtum ausdrücken, so sollte man, statt schlechthin vom Irrtum im Motiv zu reden, wenigstens vom bloßen Irrtum im Motiv sprechen, womit dann derjenige Irrtum gemeint sein würde, der nur Irrtum im Beweggrund und nicht zugleich auch Geschäftsirrtum wäre, also lediglich Tatumstände beträfe, von denen der Erklärende wüßte, daß sie außerhalb des Erklärungsinhaltes lägen. Statt vom „bloßen Irrtum im Motiv" zu reden, könnte man noch besser dem Geschäftsirrtum einfach seinen kontradiktorischen Widerpart, nämlich den „außergeschäftlichen" Irrtum entgegensetzen, wie dies z. B. Hellmann, Vorträge über das BGB. (Freiburg 1897) S. 148 richtigerweise tut. Diese Bezeichnung hat, von ihrer Kürze abgesehen, den Vorzug, daß sie die hier fragliche Irrtumsart ausschließlich nach ihrer juristischen und nicht nach psychologischen Eigenschaften charakterisiert und gleichzeitig durchblicken läßt, daß dieser Art von Irrtum grundsätzlich (Ausnahmen seitens des positiven Rechtes vorbehalten) kein Einfluß auf die Frage nach dem Zustandekommen oder Nichtzustandekommen eines Rechtsgeschäftes einzuräumen ist.

Bekanntlich stand die Bearbeitung der letzteren im gemeinen Rechte unter dem Zeichen zweier einander bekämpfenden, in der Folgezeit vielfach mißverstandenen und darum mißbrauchten Theorien: der sogenannten Willens- und der sogenannten Erklärungstheorie. Jene faßte die Interessen des Erklärenden ins Auge und verlangte darum die Nichtigkeit, diese nahm auf den Erklärungsempfänger Rücksicht und verlangte darum die Gültigkeit des irrtümlich vorgenommenen Rechtsaktes. Nun läßt sich gewiß nicht sagen, daß die Willenstheorie nur eine Folge von psychologischen Argumentationen sei, mit anderen Worten, daß jeder, der ohne psychologische Fachkenntnisse an die Regelung der Irrtumslehre herangehe, notwendigerweise ein Anhänger der Erklärungstheorie sein müsse. Aber daran läßt sich nicht zweifeln, daß jemand, der die Lehre vom Irrtum auf den psychologischen Deduktionen Zitelmanns aufbaut, zu keinem anderen Resultat kommen kann, als daß der Irrtum im Bewußtsein und der Irrtum in der Absicht Nichtigkeit des Rechtsgeschäftes bewirken, daß also die Willenstheorie die allein richtige sei. Indem Zitelmann sein Werk in den Grundlehren der Psychologie verankerte, stand er dem Irrtumsproblem nicht mehr frei gegenüber; durch den Ausgangspunkt, den er nahm, und der außerhalb des Rechtsgebietes lag, legte er sich von vornhein auf ein bestimmtes juristisches Ergebnis fest. Und hier ward der Umweg zum Irrweg: denn die rechtliche Normierung von Lebensvorgängen und Lebenserscheinungen hat weder nach logischen noch nach psychologischen Gesetzen, sondern ausschließlich nach praktischen Gesichtspunkten zu erfolgen[5]). Daß aber die Willenstheorie den Bedürfnissen des Verkehrslebens entspreche, wird heutzutage wohl niemand mehr behaupten wollen; und daß die Nichtigkeit eines irrtümlich vor-

[5]) „Es führt eben keine Brücke von der Erkenntnis der psychologischen Natur eines Irrtumsfalles zu der Frage der rechtlichen Erheblichkeit." Worte von Tuhrs aus seinem Aufsatz über „Mängel des Vertragsschlusses" in der Zeitschr. f. Schweizer. Recht 37 S. 301. Vgl. auch Regelsberger, Pandekten I S. 523; Leonhard, Irrtum I S. 93 ff.; Pfersche, Irrtumslehre des österreich. Privatrechts (Graz 1891) S. 20 ff. und Schloßmann, Irrtum über wesentliche Eigenschaften der Person und der Sache (Jena 1903) S. 47 und 92.

genommenen Rechtsgeschäftes keine rechtliche Notwendigkeit ist, lehrt unser Bürgerliches Gesetzbuch, das den Irrtum nur als einen Anfechtungsgrund gelten läßt.

Dieser negative Gewinn, den die von Zitelmann mit so viel Scharfsinn angestellten Untersuchungen abwerfen, kann gewiß nicht überraschen. Denn es ist ja bekannt, daß jede Wissenschaft die Begriffe, deren sie bedarf, sich selbst schaffen muß. Und wenn die Jurisprudenz Begriffe verwendet, die nicht nur ihr allein angehören, sondern auch anderen Disziplinen, z. B. der Logik oder der Psychologie geläufig sind, so ist sie darum nicht gehalten, bei der Abgrenzung solcher Begriffe mit den Nachbarwissenschaften in Übereinstimmung zu bleiben. Sie hat das Recht, ja die Pflicht, ihre Begriffe so zu formen, daß sie sich für ihre spezifischen Zwecke als brauchbar erweisen. Bedient sie sich doch auch der Begriffe des täglichen Lebens vielfach in einem anderen — sei es engeren, sei es weiteren — Sinne, als sie dort gebraucht werden[6]). Und noch weniger wie die Rechtswissenschaft gezwungen ist, ihre Begriffe in dem gleichen Sinne zu nehmen, in welchem man sie anderswo verwendet, hat sie notwendig, an alle Einteilungen und Unterscheidungen, die anderwärts in Ansehung eines Begriffes gemacht werden, rechtliche Folgen zu knüpfen[7]).

---

[6]) Man denke an den Wohnsitz, den Besitz, die Leihe, die Verwandtschaft, die Schwägerschaft, die Haft und vieles andere mehr. Häufig wird der Jurist eine Unmöglichkeit der Leistung da als vorhanden annehmen, wo nach dem Urteil des Logikers die Leistung als unmöglich nicht bezeichnet werden kann. Oder er spricht von einer Sache und einem Sachteil in Fällen, wo der Physiker mit dem Begriff der Sache nicht mehr operieren zu dürfen glaubt. Und einen besonders lehrreichen Fall von Selbständigkeit der Rechtssprache erörtert Loening in der D. Jur.-Ztg. 10 S. 278. Es handelt sich da um eine Interpretation der von der Reichsverfassung gebrauchten Ausdrücke „künstliche und natürliche Wasserstraßen". „Diese Begriffe", sagt Loening, „sind nicht etwa solche der Naturwissenschaft oder der Technik, sondern sie sind Rechtsbegriffe. Es kommt daher für die Auslegung der Reichsverfassung nicht darauf an, was die Naturwissenschaft oder Technik ehemals oder heute unter natürlichen und künstlichen Wasserstraßen verstanden hat oder versteht, sondern darauf, welche Begriffe die Reichsverfassung mit diesen Worten verbindet."

[7]) Vgl. auch Schloßmann, Der Vertrag (1876) S. 15 f. mit dem

Somit werden wir auch beim Ausbau der Lehre vom Mißverständnis unsere juristische Selbständigkeit zu wahren haben. Wir brauchen nicht danach zu fragen, ob die Psychologie den Begriff des Mißverständnisses in genau demselben Sinne wie wir verwendet, ob auch sie vom Mißverständnis nur da und überall da spricht, wo jemand einer an ihn gerichteten Erklärung einen anderen Inhalt entnimmt, als sie in Wahrheit hat. Und mit Einteilungen des Mißverständnisses werden wir uns nicht schon deshalb befassen, weil der Psychologe sie machen zu müssen glaubt, sondern wir werden auf Artunterschiede auch hier nur insoweit Rücksicht nehmen, als es die Bedürfnisse des Rechtslebens verlangen.

Und da liegt allerdings eine für den Juristen bedeutsame Verschiedenheit der Mißverständnisse offen zutage. Denn wenn jemand der Erklärung eines Anderen nicht den richtigen, sondern einen falschen Inhalt entnimmt, so kann das einen doppelten Grund haben. Das Mißverständnis kann nämlich einmal davon herrühren, daß die Sinne des Erklärungsempfängers die Mitteilungszeichen unrichtig wahrgenommen haben: das Ohr hat andere als die gesprochenen Worte gehört, das Auge andere als die wirklich vorhandenen Buchstaben gesehen. Die Ursache des Mißverständnisses kann aber auch darin liegen, daß der Erklärungsempfänger Zeichen, die ihm fehlerlos übermittelt sind, falsch deutet: Ohr oder Auge haben die Worte so erfaßt, wie sie gesprochen oder geschrieben worden sind, die Worte rufen aber im Bewußtsein des Adressaten andere Vorstellungen hervor, als der Erklärende mit ihnen verbunden hat. Mit der ersteren Art von Mißverständnis haben wir es beispielsweise zu tun, wenn jemand mündlich kündigt, der andere Teil aber, der schwerhörig ist, von den Kündigungsworten nichts versteht; oder wenn jemand seinen Bankier schriftlich um die Zusendung von 3500 Mark bittet, dieser aber, sei es infolge von Kurz-

glücklichen Zitat aus John Stuart Mill: „Eine jede Wissenschaft und Kunst bildet ihre Klassifikationen der Dinge nach den Eigenschaften, die ihr speziell bekannt sind, oder denen sie Rechnung tragen muß, um ihre besonderen praktischen Zwecke zu erreichen. Ein Landbauer teilt die Pflanzen nicht wie ein Botaniker in Monokotyledonen und Dikotyledonen, sondern in nützliche Pflanzen und Unkraut ein."

sichtigkeit, sei es infolge von Unleserlichkeit der Handschrift, die Ziffer 5500 aus dem Briefe herausliest; oder A dem B mündlich eine Wohnung im „Erdgeschoß" offeriert, dieser aber zufolge Undeutlichkeit der Aussprache die Worte „erster Stock" vernimmt. Ein Mißverständnis der zweiten Art liegt vor, wenn jemand für den 27. Januar kündigen will, dies in der Form tut, daß er für „Kaisers Geburtstag" kündigt, und der Gegner, der das Datum dieses Tages nicht genau im Kopfe hat, nunmehr der Meinung lebt, daß ihm für den 27. Februar gekündigt sei; oder ein Freund einen anderen auf „8 Uhr" bestellt, dabei aber an 8 Uhr morgens denkt, während die Gegenseite glaubt, daß 8 Uhr abends gemeint sei; oder endlich, wenn X dem Y eine Wohnung im ersten Stock anbietet, Y auch richtig die Worte „erster Stock" in sich aufnimmt, darunter aber nach dem Sprachgebrauch seiner Heimat die zu unterst, also im Erdgeschoß gelegene Wohnung versteht, während der Offerent gerade die darüber befindliche Wohnung vermieten will. Bei der ersteren Gruppe von Fällen liegt der Umstand, der auf seiten des Erklärungsempfängers das Mißverständnis hervorruft, gewissermaßen diesseits der Bewußtseinsschwelle: der natürliche Prozeß, mittels dessen die Verständigungszeichen von den Sinnen aufgenommen und an die Zentralstelle weitergegeben werden, ist nicht ungestört und darum nicht normal, nicht fehlerlos verlaufen. Bei der zweiten Gruppe von Fällen hingegen ist die Fehlerquelle jenseits der Bewußtseinsschwelle zu suchen: die Sinne haben die Kommunikationszeichen, so wie sie gegeben wurden, übernommen und dem Bewußtsein richtig zugeführt, hier aber sind sie falsch verarbeitet, d. h. nicht in diejenigen Vorstellungen umgesetzt worden, von denen der andere Teil bei Abgabe der Erklärung beherrscht gewesen ist.

Es ist klar, daß der Jurist an der Verschiedenheit des Ursprungs, den nach dem Gesagten das Mißverständnis haben kann, nicht achtlos vorübergehen darf. Denn wenn wir auch die rechtlichen Wirkungen des Mißverständnisses noch nicht betrachtet haben, so ist doch so viel ersichtlich, daß man den Fall, wo jemand statt 1. Januar 1. Februar versteht, und den anderen, wo jemand Kaisers Geburtstag auf den 27. Februar verlegt, nicht ohne weiteres als juristisch gleichwertig behandeln kann. Zum mindesten wird die Frage, ob sie einander gleichgesetzt werden dürfen, eingehend zu erörtern sein. Ist aber der Artunterschied, den wir hier kennen gelernt haben, von juristischer Bedeutung, so empfiehlt es sich im Interesse der Darstellung, jede der beiden Gruppen von Mißverständnissen mit einem besonderen Namen zu versehen. Und zwar erscheint es am zweckmäßigsten, die Fälle, wo das Mißverständnis auf falscher Wahrnehmung beruht, als Wahrnehmungsfehler, die Fälle, wo es auf falscher Deutung beruht, als Deutungsfehler zu bezeichnen. Einen Fehler ersterer Art nehmen wir da als vorhanden an, wo der Empfänger einer Willenserklärung schon den Wortlaut nicht richtig verstanden hat; reden hingegen von einem Fehler letzterer Art da, wo der Adressat zwar den Wortlaut der Erklärung richtig in sich aufgenommen, aber nicht die richtigen Schlüsse daraus gezogen hat[8]).

---

[8]) Auch hier decken sich die juristische und psychologische Betrachtungsweise keineswegs. Zunächst wird der Psychologe überhaupt Bedenken tragen, die Begriffe Wahrnehmung und Deutung als strikte Gegensätze zu behandeln. Streitet man doch nicht nur in der heutigen physiologischen Psychologie, sondern von alters her darüber, inwieweit zwischen beiden Funktionen eine Wesensverschiedenheit anzunehmen sei. Manche nennen ja die Wahrnehmung geradezu „einen unbewußten Schluß". Aber auch wenn der Psychologe geneigt sein sollte, sich bis zu einem gewissen Grade zu dem Gegensatz zu bekennen, so wird er doch jedenfalls die Grenze anders ziehen müssen, als es oben geschehen ist. So wird er beispielsweise in dem Falle, wo jemand zum 1. Juli kündigt, der Gegner aber 1. Juni versteht, die Ursache des Mißverständnisses hauptsächlich in einem Deutungsdefekt erblicken. Denn hätten wir es hier nur mit fehlerhafter Schallübertragung zu tun, so würde der Adressat unartikulierte Laute, aber nicht gerade die Worte „1. Juni" vernommen haben. Daß sich ihm gerade diese Zeitangabe aufgedrängt hat, ist eine Folge nicht sowohl von falscher Perzeption als von falscher Apperzeption: weil er mit ähnlich klingenden Lauten öfters schon die Vorstellung des 1. Juni verbunden hat, darum glaubte er, als sie ertönten, daß dieses Datum gemeint sei. Infolge von „apperzeptiver Verschmelzung" also hat er die unvollständig gehörten Silben unrichtig gedeutet; es wurden in ihm Gedächtnisbilder (Residuen) wachgerufen, welche die richtige Erkenntnis trübten. Und ähnlich wie hier beim Verhören verhält es sich beim Verlesen: die undeutlichen Buchstaben lösen auf seiten des Erklärungsempfängers infolge von Ideenassoziationen falsche Vorstellungen aus. Dieselben Fälle also, die wir als Wahrnehmungsfehler ansprechen,

Im übrigen kann sich das Mißverständnis, und zwar sowohl in der Form des Wahrnehmungsfehlers wie des Deutungsfehlers auf die verschiedensten Seiten des Erklärungsinhaltes

---

erscheinen dem Psychologen als Deutungsfehler oder doch mindestens als Wahrnehmungs- und Deutungsfehler. Die Betrachtungsweisen kreuzen sich, wie man sieht, durchaus. Das zeigt sich auch noch in folgendem: Wenn jemand eine Willenserklärung in einer anderen als in seiner Muttersprache erhält (ein Deutscher bekommt etwa einen französischen Kündigungsbrief) und er zwar die Worte der Erklärung richtig erfaßt, ihnen aber infolge fehlerhafter Übersetzung einen falschen Inhalt entnimmt, so liegt sowohl im Sinne der Jurisprudenz wie im Sinne der Psychologie ganz zweifellos ein Deutungsdefekt vor. Würde hingegen jemand eine Willenserklärung mündlich in fremder Sprache abgeben, und der Empfänger infolge mangelhafter Beherrschung der Sprache die Worte falsch verstehen, oder würde jemand eine Willenserklärung in den Schriftzeichen der Stenographie abgeben, und der Empfänger die Erklärung, sei es infolge eigener, sei es infolge unzulänglicher Stenographiekenntnisse des anderen Teiles, unrichtig lesen, so würden wir es zwar psychologisch ebenfalls mit einem Deutungsfehler, juristisch aber nach oben Gesagtem mit einem Wahrnehmungsfehler zu tun haben: denn hier hätten schon die Kommunikationszeichen den Dienst versagt, es würde nicht einmal der richtige Wortlaut der Willenserklärung dem Adressaten zum Bewußtsein gekommen sein. Und endlich: im Sinne der Psychologie wird das Mißverständnis häufig überhaupt nicht als „Fehler" bezeichnet werden dürfen. Wenn A infolge eines dazwischentretenden Geräusches andere Laute vernimmt, als B gesprochen hat, so kann die Psychologie sich sehr wohl auf den Standpunkt stellen: A konnte und durfte angesichts des störenden Lärmes nach den in Frage kommenden akustischen Gesetzen keine anderen Laute hören, als er gehört hat; nicht ein Defekt, sondern die Folgerichtigkeit natürlichen Geschehens hat das Mißverständnis erzeugt. So wenig dieser Auffassungsweise die Berechtigung abgesprochen werden kann, so wenig brauchen wir uns durch sie in dem Glauben an die Richtigkeit der unserigen irremachen zu lassen. Denn wir haben als Juristen das Recht, den normalen Verlauf der Dinge ins Auge zu fassen, demzufolge eine Erklärung von ihrem Empfänger richtig vernommen und richtig verstanden wird, und wir dürfen darum Störungen in dieser Kausalreihe unter dem Gesichtspunkt obwaltender Fehler betrachten. Und wir dürfen, unseren besonderen Zwecken entsprechend, unter diesen Fehlern so wie es oben geschehen ist, unterscheiden: Wahrnehmungsfehler da annehmen, wo der Adressat den Wortlaut der Erklärung nicht richtig kennen gelernt, Deutungsfehler da, wo er aus dem richtigen Wortlaut falsche Folgerungen abgeleitet hat. — Wegen der nicht in Worte gefaßten Erklärungen vgl. unten S. 61 f.

beziehen: es kann beispielsweise die Natur des Geschäftes oder die Person des Erklärenden oder den Gegenstand der Erklärung oder bestimmte Eigenschaften des Objektes der Erklärung betreffen. Ähnlich wie beim Irrtum könnte man also auch hier unter anderem das Mißverständnis in negotio, in persona, in corpore, in substantia unterscheiden. Ebensowenig aber wie in der Irrtumslehre jener Gruppierung eine grundlegende Bedeutung beizumessen ist, wennschon man sie ihr lange Zeit beigemessen hat, ebensowenig würde die Einteilung für die Lehre vom Mißverständnis von wissenschaftlichem Werte sein[9]).

In der Irrtumslehre wird dem Irrtum über den tatsächlichen Inhalt der Willenserklärung häufig der Irrtum gegenübergestellt, der sich „lediglich" auf die Rechtsfolgen der Erklärung bezieht. Es erteilt etwa jemand zu einem Rechtsgeschäft seine Genehmigung in der irrtümlichen Meinung, daß die Genehmigung ex nunc wirke, während sie ex tunc wirkt. Dementsprechend wird mancher geneigt sein, auch beim Mißverständnis die Fälle auseinanderzuhalten, wo der Empfänger vom tatsächlichen Inhalt der Willenserklärung, und die anderen, wo er lediglich von deren Rechtsfolgen eine falsche Vorstellung hat. Es ist beispielsweise derjenige, dem gegenüber eine Genehmigung erklärt wird, der Meinung, daß sie ex nunc und nicht schon ex tunc wirke, oder derjenige, dem eine Kündigung zugeht, hält sie für ungültig, weil er der unrichtigen Ansicht ist, daß eine Kündigung nur mittels eingeschriebenen Briefes erfolgen könne. Ob und wieweit solche Unterscheidung von tatsächlichem und rechtlichem Mißverständnis gerechtfertigt ist, werden wir später erfahren, wenn wir die Wirkungen des Mißverständnisses erörtern.

Ehe wir aber daran gehen können, die Wirkungen festzustellen,

---

[9]) Sie würde demselben Vorwurf ausgesetzt sein, den Zitelmann gegen sie im Gebiet der Irrtumslehre erhebt: sie würde „mit Gruppen operieren, die nur flüchtig und prinziplos aus der Empirie zusammengerafft und untereinander in keinen logischen Zusammenhang gesetzt sind" (Irrtum S. 461). Vgl. auch Leonhard, Allgem. Teil S. 486: „Die Skala der Quellenbeispiele (error in negotio, persona, re, substantia) darf als aufgegeben betrachtet werden."

die sich an das Mißverständnis in seinen verschiedenfachen Erscheinungsformen knüpfen, müssen wir das Untersuchungsgebiet, das vor uns liegt, noch genauer abstecken, als es im Rahmen der bisherigen Erörterungen möglich war.

Zweites Kapitel.

Die Grenzen des Untersuchungsgebietes.

§ 3.

Nach dem, was zu Anfang des vorigen Kapitels ausgeführt wurde, soll das Thema der vorliegenden Untersuchung die Frage sein: welchen Einfluß hat es auf die Wirksamkeit einer Willenserklärung, wenn letztere von ihrem Empfänger mißverstanden wird? Eine Frage, die wir auch so formulieren können: welche Folgen hat das Mißverständnis für die Gültigkeit des geplanten Rechtsgeschäftes?

Somit liegen außerhalb des Rahmens der Darstellung alle diejenigen Fälle von Mißverständnis, bei denen es sich nicht um Erklärungen rechtsgeschäftlicher Art, sondern um Alltagsgespräche handelt. Es erzählt beispielsweise der Direktor einer Versicherungsgesellschaft abends am Biertisch seinem Bekannten X, daß die Versicherungsanstalt ihr Verhältnis zu dem Agenten Müller gelöst habe. X verhört sich und versteht Meier statt Müller. Er hat darum kein Bedenken, als er später sein Leben versichern will, mit dem Müller, der sich ihm gegenüber betrügerischerweise noch als Agent der Gesellschaft geriert, den betreffenden Vertrag abzuschließen. Hier kann das Mißverständnis, das dem X damals untergelaufen ist, insofern juristische Bedeutung gewinnen, als von der rechtlichen Beurteilung der Namensverwechslung unter Umständen die Beantwortung der Frage abhängen wird, ob die Gesellschaft sich dem X gegenüber auf das Erlöschen der früheren Vollmacht des Müller berufen darf oder nicht. Dennoch hat der Fall nichts mit der Lehre vom Mißverständnis in unserem Sinne zu tun. Denn jene Mitteilung des Direktors an X trug nicht den Charakter einer Willenserklärung. Die Entscheidung der eben aufgeworfenen Rechtsfrage ist also nicht vom Boden der hier anzustellenden Untersuchungen aus zu gewinnen, sondern hat von anderer Seite her, nämlich wiederum im Zusammenhang einer Erläuterung der Begriffe „Kennen" und „Kennen müssen" zu erfolgen[1]).

In dem eben angeführten Beispiel trug die mißverstandene Erklärung ihren nicht rechtsgeschäftlichen Charakter unverkennbar zur Schau. Von solchen zweifellosen Fällen abgesehen, wo es offenbar an jedem Rechtsfolgewillen fehlt und darum von einer Willenserklärung naturgemäß nicht die Rede sein kann, ist der Begriff des Rechtsgeschäftes, wie bekannt, sehr bestritten. Zwischen den zweifellosen Nicht-Rechtsgeschäften und den zweifellosen Rechtsgeschäften liegt eine Reihe zweifelhafter Gebilde in der Mitte. Man hat in der Doktrin sich daran gewöhnt, sie unter dem Sammelnamen der „Rechtshandlungen" zusammenzufassen. Auch diese unvollkommenen Rechtsgeschäfte werden wir in den Kreis der Darstellung ziehen, uns also auch mit den sogenannten Vorstellungs- und Willensmitteilungen (den vielfach im geltenden Rechte auftauchenden Anzeigen, Benachrichtigungen usw.) beschäftigen. Dabei ist es für unsere Zwecke nicht erforderlich, den Begriff des Rechtsgeschäftes nach der Seite dieser Rechtshandlungen hin abzugrenzen. Denn einmal handelt es sich hier um Fragen allgemeiner Natur, die sich mit Aussicht auf Erfolg nur im Rahmen einer juristischen Prinzipienlehre behandeln lassen, die aber nicht ihre gelegentliche Erledigung finden können aus Anlaß eines Themas, das es nur mit einer einzelnen Lehre aus dem Gebiet der Rechtsgeschäfte zu tun hat. Hier muß der Schriftsteller mit dem Begriff des Rechtsgeschäftes als mit einer fertig geprägten, mehr oder minder gangbaren Münze rechnen dürfen. Und zweitens erübrigt sich jene Grenzziehung deshalb, weil auch diejenigen Autoren, die den Unterschied zwischen dem eigentlichen Rechtsgeschäft und der bloßen Rechtshandlung scharf betonen, doch ohne weiteres zugeben, daß viele von den für Rechtsgeschäfte geltenden Grundsätzen auf Rechtshandlungen entsprechende Anwendung finden. Wenn es aber überhaupt

---

[1]) Vgl. oben S 4 unter b.

rechtsgeschäftliche Normen gibt, die eine Übertragung auf die Rechtshandlungen gestatten, so sind es zweifellos die im Rahmen unserer Lehre zu entwickelnden. Denn der Unterschied zwischen Rechtsgeschäft und Rechtshandlung gründet sich in der Hauptsache darauf, daß es den letzteren mehr oder minder an dem für die ersteren notwendigen Geschäfts- oder Erfolgswillen fehlt. Wir haben es aber bei unseren Untersuchungen nicht mit der aktiven, sondern mit der passiven Seite der Erklärungen zu tun: wir wollen die Rechtswirkungen aufdecken, die sich an die falschen Vorstellungen des Adressaten vom Erklärungsinhalt knüpfen. Sollte sich aber zeigen, daß die letzteren wirklich von rechtlichem Einfluß sind, so könnte sich dieser Einfluß nur aus Erwägungen ableiten lassen, die davon ausgingen, daß der Adressat die Kenntnis bestimmter Dinge, die er nach dem Wunsche der Rechtsordnung oder des Erklärenden erhalten sollte, infolge des untergelaufenen Mißverständnisses nicht erlangt habe. Die dabei in Betracht kommenden Argumente müßten aber naturgemäß für die Willens- bezw. Vorstellungsmitteilungen in gleichem Maße wie für die echten Willenserklärungen zutreffen und lägen offenbar fernab von den Kriterien, durch die sich beide Gruppen von Parteihandlungen unterscheiden [2]).

§ 4.

Die Rechtsgeschäfte lassen sich bekanntlich einteilen in einseitige Rechtsgeschäfte und in Verträge. Es liegt im Wesen dieser Unterscheidung begründet, daß sie nicht ohne Einfluß sein

---

[2]) Das Rechtsgeschäftsproblem, das unsere Wissenschaft seit langem beschäftigt, ist in den letzten Jahren mit besonderer Vorliebe in Angriff genommen worden. Vgl. unter anderen die noch unvollendeten Arbeiten von Breit, Die Geschäftsfähigkeit (Leipzig 1903) und Eltzbacher, Die Handlungsfähigkeit (Berlin 1903); ferner Manigk, Das Anwendungsgebiet der Vorschriften für die Rechtsgeschäfte (Breslau 1901) und Willenserklärung und Willensgeschäft (Berlin 1907; dazu Hellmann i. d. Krit. Viertelj. 48 S. 217 ff.). Siehe auch Hölder, Das Wesen der rechtswirksamen Willenserklärung in Iher. Jahrb. 55 S. 413 ff. Lediglich kritisch-negierenden Inhaltes ist die Arbeit von Schloßmann, Willenserklärung und Rechtsgeschäft in der Festgabe der Kieler Juristenfakultät zu Albert Hänels fünfzigjährigem Doktorjubiläum (Kiel 1907).

kann auf die Rolle, die das Mißverständnis in der einen und in der anderen Gruppe von Fällen spielt. Denn bei den einseitigen Rechtsgeschäften verhält sich der Erklärungsempfänger rein passiv: er *hat* nichts zu erklären, sondern ihm *wird* etwas erklärt. Der Vertrag hingegen setzt sich aus zwei Rechtsgeschäften zusammen, die ein Tätigwerden beider Paziszenten bedingen: die Erklärung des Einen, die Offerte, löst hier die Erklärung des Anderen, die Annahme, aus[1]). Es ist hier also

[1]) In der Literatur findet sich vielfach die Bemerkung, es setze sich jeder Vertrag aus zwei *einseitigen* Rechtsgeschäften zusammen, dem Angebot und der Annahme. Diese Formulierung ist zweifellos falsch, zum mindesten steht sie nicht im Einklang mit der dem Gesetzbuch zugrunde liegenden Terminologie. Denn dieses spricht von einseitigen Rechtsgeschäften immer nur da, wo es das Vertragsangebot und die Vertragsannahme *nicht* mit treffen will. Das zeigt sich u. a. in den §§ 111, 1398, 1448, 1831, die das vom Minderjährigen oder Verfügungsbeschränkten ohne Zustimmung des Zustimmungsberechtigten vorgenommene *einseitige* Rechtsgeschäft für nichtig erklären, während doch die unter gleichen Umständen gemachte Vertragsofferte oder deren Annahme nicht nichtig ist, sondern das bekannte Schwebeverhältnis begründet. Es besteht denn auch zwischen den wirklich einseitigen Willenserklärungen einerseits, der Offerte und der Annahme andrerseits, ein tiefgreifender Wesensunterschied, indem jene, und nur sie, Willenserklärungen einer Einzelperson darstellen, bei denen es, wenn auch faktisch nicht immer zutreffend, so doch wenigstens begrifflich möglich ist, daß sie einen dauernden Rechtserfolg selbständig, d. h. ohne der Ergänzung durch eine andere Willenserklärung zu bedürfen, herbeiführen; während die Annahme eine Rechtswirkung nur in Verbindung mit der Offerte, und die Offerte in ihrer Isoliertheit zum mindesten keinen dauernden Rechtseffekt, sondern bestenfalls bloß eine vorübergehende Bindung des Offerenten erzeugen. Man könnte hiernach das einseitige Rechtsgeschäft des BGB. geradezu als diejenige Willenserklärung definieren, die weder Vertragsangebot noch Vertragsannahme ist. Damit stimmt auch überein, daß der § 130, der unbestritten sowohl für die einseitigen Rechtsgeschäfte wie für Antrag und Annahme gilt, von Willenserklärungen schlechthin und nicht von einseitigen Willenserklärungen spricht. Die hier gerügte terminologische Unrichtigkeit, deren sich die Literatur schuldig macht, birgt die Gefahr weiterer, zu falschen Ergebnissen führender Irrtümer in sich. So ist — offenbar unter ihrem Einfluß — dem Verfasser wiederholt in Studentenarbeiten die Behauptung begegnet, die einem Minderjährigen in Unkenntnis von seinem Alter gemachte Offerte könne nach § 109 nicht sofort, sondern erst dann widerrufen werden, wenn der Minderjährige den Antrag angenommen habe, weil der genannte Paragraph nur den Widerruf

in jedem Falle, wo sich ein Mißverständnis eingeschlichen hat, der mißverstehende Teil an der Vornahme des Rechtsgeschäftes aktiv beteiligt. Diese Verschiedenheit in der Situation macht eine getrennte Behandlung jener beiden Arten von Rechtsgeschäften notwendig. Wir werden deshalb die Wirkung des Mißverständnisses auf einseitige Rechtsgeschäfte im ersten, die Bedeutung des Mißverständnisses für Verträge im zweiten Kapitel des folgenden Teiles behandeln. In einem Anhang sollen dann noch die Fälle betrachtet werden, wo zum Zustandekommen eines Rechtsgeschäftes die übereinstimmenden Erklärungen von mehr als zwei Personen erforderlich sind, oder wo zwar nur zwei Personen zusammenzuwirken brauchen, das Rechtsgeschäft aber, um das es sich handelt, keinen Vertragscharakter trägt.

Bei den einseitigen Rechtsgeschäften unterscheidet man des weiteren die empfangsbedürftigen und die nicht empfangsbedürftigen Willenserklärungen. Der Gegensatz beruht, wie man gewöhnlich zu sagen pflegt, darin, daß die ersteren an einen bestimmten Adressaten gerichtet sein müssen und erst wirksam werden, wenn sie ihm zugehen. Die nicht empfangsbedürftigen Willenserklärungen hingegen erlangen Wirksamkeit, sobald der rechtsgeschäftliche Wille in einer der Lage des Falles entsprechenden Weise geäußert worden ist, einerlei wem gegenüber das und ob es überhaupt jemandem gegenüber geschehen ist.

„des Vertrages" gestatte, eine Entscheidung, deren Widersinn auf der Hand liegt. Unrichtig auch Goldmann-Lilienthal I § 46 S. 184 Anm. 7, woselbst es heißt, daß „auf Antrag und Annahme als solche § 111, sobald jedoch durch sie ein Vertrag geschlossen ist, auf diesen § 108 Anwendung findet". Daß, wie Goldmann-Lilienthal a. a. O. hervorheben, die Ablehnung eines Antrages ein einseitiges Rechtsgeschäft im Sinne des BGB. ist, beweist nichts gegen die Richtigkeit der hier aufgestellten Sätze. Schief, weil Zusammengehöriges trennend und Auseinandergehöriges zusammenstellend ist ferner die Systematik, die Bekker befürwortet, wenn er Iher. Jahrb. 49 S. 43 sagt: „Vielleicht dürfte sich nachweisen lassen, daß all diejenigen Geschäfte, welche Anspruch haben, der Rubrik ‚einseitige Rechtsgeschäfte des BGB.' unterstellt zu werden, nähere oder fernere Verwandte der Annahmeerklärungen sind, während wieder andere Akte, wie namentlich der einseitige Auftrag, in den Verwandtschaftskreis des Antrages gehören."

Daß diese Klassifikation für unsere Lehre vom Mißverständnis von einschneidender Bedeutung ist, leuchtet ohne weiteres ein. Denn der Gedanke, welcher der Empfangsbedürftigkeit zugrunde liegt, geht offenbar dahin, daß der Destinatär nur dann gehalten sein soll, Willenserklärungen gegen sich gelten zu lassen, wenn sie ihm so nahe gebracht worden sind, daß ihr Inhalt von ihm entweder wahrgenommen worden ist oder doch wenigstens wahrgenommen werden konnte. Hiernach liegt bei den empfangsbedürftigen Rechtsgeschäften jedenfalls die Möglichkeit vor, daß sie in ihrer Wirksamkeit durch ein Mißverstehen des Gegners beeinflußt werden, eine Möglichkeit, um derentwillen wir eben das Problem aufgerollt haben, das hier zur Untersuchung steht.

Bei den nicht empfangsbedürftigen Willenserklärungen hingegen ist eine Einwirkung des Mißverständnisses auf die Gültigkeit von vornherein ausgeschlossen. Denn wird das Rechtsgeschäft perfekt, auch wenn die Willensäußerung von niemandem vernommen worden ist, so muß es für seinen Bestand naturgemäß gleichgültig sein, ob letztere, wenn sie in Gegenwart eines Anderen, und sei es selbst des Interessenten, stattgefunden hat, von diesem richtig oder falsch verstanden worden ist. Ist zur wirksamen Dereliktion nichts weiter erforderlich, als die Absicht des Eigentumsverzichtes, betätigt durch Besitzaufgabe, so kann es für den Eintritt des Eigentumsverlustes nichts ausmachen, wenn ein Dritter, welcher der Dereliktion beiwohnt, die Handlungsweise des Derelinquenten fälschlich für eine bloße Besitzaufgabe hält. Und umgekehrt: ist zur gültigen Okkupation der Erwerb des Eigenbesitzes einer herrenlosen Sache genügend, so treten die Rechtsfolgen der Aneignung ein, auch wenn ein dritter Zuschauer irgendwelchen Grund hat, den Besitz des Okkupanten für Fremdbesitz anzusehen. Läßt das Gesetzbuch die Annahme der Erbschaft durch pro herede gestio zu, auch wenn diese sich nicht in Gegenwart von Zeugen vollzieht, so kann da, wo ein Erbe zum Zwecke der Verlautbarung seines Annahmewillens erbschaftliche Geschäfte in Gegenwart dritter Personen besorgt, die Frage des Erbschaftserwerbes nicht davon abhängen, ob diese Dritten die Geschäftsführung des Erben so, wie sie gemeint ist, oder anders beurteilen. Und ist zur Errichtung eines Testamentes die Fixierung seines Inhaltes in einer holographen Urkunde ausreichend, so versteht es sich von selbst, daß ein formgerecht errichtetes Testament keine Veränderung in seinem Inhalt dadurch erleidet, daß der Testator die aufgesetzte Urkunde den künftigen Erben und Vermächtnisnehmern vorliest, und dabei Anordnungen des Erblassers von den beteiligten Personen falsch verstanden werden[2]). Endlich: man mag darüber streiten, ob nach BGB. die verbindliche Kraft der Auslobung auf einem zugrunde liegenden Vertragsschluß oder lediglich auf der öffentlichen Bekanntmachung beruht[3]); aber darüber kann kein Zweifel sein, daß, **wenn** letzteres zutrifft, die Auslobung also als einseitiges, nicht empfangsbedürftiges Rechtsgeschäft anzusehen ist, der Inhalt des Schuldversprechens unbeeinflußt bleibt von der Auffassung, die der infolge der Auslobung Handelnde von ihm gehabt hat. Wenn also dieser Dritte sich verliest und die in der Zeitung ausgeschriebene Summe für niedriger hält, als sie sich in Wahrheit beläuft, so kann er trotzdem nach Herbeiführung des ausgelobten Erfolges den vollen ausgesetzten Betrag verlangen. Die juristische Struktur selbst ist es, welche alle die eben genannten Rechtsgeschäfte unempfindlich macht gegen Beeinträchtigung oder Beeinflussung durch Mißverständnisse dritter Personen[4]).

---

[2]) Kommen infolge des Mißverständnisses Nachlaßgegenstände in unrichtige Hände, so kann das Mißverständnis unter Umständen für den Umfang der entstehenden Herausgabepflichten von Bedeutung sein: vgl. § 819 BGB. Diese Frage aber hat nichts mit unserer Lehre vom Mißverständnis zu tun, sondern betrifft wiederum dessen Bedeutung für die Begriffe „Kennen und Kennenmüssen".

[3]) Vgl. wegen dieser Kontroverse die Literaturnachweise bei **Oertmann** II S. 682 Vorbemerk. unter 1. Zu den dort aufgezählten Gegnern der herrschenden Ansicht ist noch zu zählen **Hellmann**, der Jher. Jahrb. 42 S. 433 f. (vgl. auch Krit. Viertelj. 44 S. 56, 48 S. 231) die Auslobung zu den „Willenserklärungen", d. h. nach seinem Sprachgebrauch zu den „empfangsbedürftigen Willenserklärungen" rechnet. Nur auf einem Versehen beruht es, wenn in Neumanns Jahrbuch II § 657 unter 2 **Hellmann** als ein Verfechter der herrschenden Ansicht aufgeführt wird.

[4]) Die obigen Beispiele lassen natürlich eine sinngemäße Anwendung auf die übrigen nicht empfangsbedürftigen Rechtsgeschäfte des BGB. zu: z. B. auf die Stiftung (§§ 80, 81); auf die Bestätigung (§ 144); auf

Danach sollte man meinen, daß wir die nicht empfangsbedürftigen Willenserklärungen bei unseren Untersuchungen fürderhin unbeachtet lassen können. Aber so nahe dieser Schluß auch liegt (und so richtig er auch ist), so bedarf doch die ausschließliche Berücksichtigung der empfangsbedürftigen Willenserklärungen in der folgenden Darstellung noch einer kurzen Rechtfertigung. Und zwar erscheint diese notwendig im Hinblick auf die Einwendungen, die in der Literatur gegen die herrschende Auffassung von der nicht empfangsbedürftigen Willenserklärung erhoben worden sind, und wegen der ausdehnenden Auslegung, die im Zusammenhang damit der § 130 des BGB. erfahren hat.

Es handelt sich hier um die von Binder in seinem Buche über „Die Rechtsstellung des Erben" eröffnete Polemik[5]). Aus Gründen der Logik will Binder den Begriff der Willenserklärung auf diejenigen Fälle beschränken, wo jemand seinen Willen einem Anderen gegenüber erklärt: „Die Erklärung verlangt einen, dem erklärt wird, oder, wenn wir das Verbum logisch richtiger als Transitivum behandeln, einen Erklärten." Alle übrigen Fälle der Willenskundgebung, also alle Fälle, wo letztere nicht durch Erklärung gegenüber einem Rechtsgenossen erfolgt, faßt Binder zusammen unter dem Begriff der „unmittelbaren Willensäußerung". Viel mehr als das Negative, daß sie nicht Willenserklärung ist, weiß er zur Charakterisierung dieser „Willensäußerung" nicht beizubringen. Sie hat nichts mit der „stillschweigenden Erklärung" der Pandektenlehre zu tun (denn auch eine „stillschweigende", „konkludente" Äußerung kann eine echte Erklärung im Sinne Binders sein),

---

die öffentliche Bekanntmachung der Vollmachtserteilung (§ 171), falls man darin ein Rechtsgeschäft zu erblicken hat; auf die Anerkennung des Kindes (§ 1598) und auch auf die Inhaberpapiere (§§ 793, 794). Bei den letzteren freilich ist es wieder nicht unbestritten, ob sie zu den einseitigen, nicht empfangsbedürftigen Rechtsgeschäften gehören; vgl. darüber Jacobi, Das Wertpapier als Legitimationsmittel (München 1906), insbesondere §§ 5—7; Gierke, Deutsches Privatrecht II S. 108 ff., 162 und Oertmann II S. 884 Vorbemerk. unter 5. Gegen den Begriff des nicht empfangsbedürftigen Rechtsgeschäftes zieht überhaupt, aber mit Unrecht (vgl. unten Anm. 10) zu Felde Manigk Willenserklärung S. 313 ff.

[5]) Bd. I (Leipzig 1901) S. 86—106.

wohl aber deckt sie sich in der Hauptsache, wenn auch nicht völlig mit dem, was man in der Doktrin des gemeinen Rechtes „Herstellung des gewollten realen Erfolges" genannt hat[6]). Binder räumt nun ein, daß überall, wo sich nicht aus dem Gesetzbuch die Notwendigkeit der Adressierung an einen bestimmten Beteiligten ergebe, der rechtsgeschäftliche Wille auch in der Form der unmittelbaren Willensäußerung verlautbart werden könne. Weiter aber, meint er, dürfe man nicht gehen; insbesondere dürfe man nicht, wozu der herrschende Begriff der „Erklärung" leicht verleite, die Erklärungsabgabe gegenüber niemandem oder gegenüber einem gänzlich Unbeteiligten für zulässig halten. Vielmehr müsse, wenn nicht der Weg der unmittelbaren Willensäußerung gewählt werde, der Wille irgendeinem am Rechtsgeschäft Beteiligten erklärt werden. Diese Willenserklärung aber sei dann in jeder Beziehung den Vorschriften des § 130 BGB. zu unterstellen: sie werde also, wie das echte empfangsbedürftige Rechtsgeschäft, wirksam erst, wenn sie demjenigen zugehe, an dessen Adresse sie gerichtet sei. „Erklärt der Erbe einem der Beteiligten den Annahmewillen, so müssen die allgemeinen Voraussetzungen der Willenserklärung hier ebenso wie bei empfangsbedürftigen Willenserklärungen vorliegen, wenn die Erklärung gültig sein soll. Der anwesende Empfänger muß also die Erklärung vernehmen, dem abwesenden muß sie zugehen, und zwar gerade ihm, nicht einem anderen Beteiligten." Nur dadurch würden sich nach der Meinung Binders Erklärungen dieser Art von den echten empfangsbedürftigen unterscheiden, daß für letztere vom Gesetzbuch ein bestimmter Adressat vorgesehen wäre, während sich dort der Erklärende beliebig aus dem Kreise der beteiligten Personen den Anzuerklärenden aussuchen könnte.

Sollte Binders Auffassung der des Gesetzes entsprechen, dann würden die nicht empfangsbedürftigen Willenserklärungen den Gefahren, die dem Rechtsgeschäft von seiten des Mißverständnisses eines Anderen drohen, naturgemäß in ähnlicher Weise ausgesetzt sein, wie die empfangsbedürftigen Erklärungen, und wir hätten kein Recht, uns im folgenden mit den letzteren

---

[6]) Vgl. Regelsberger, Pandekten I S. 473.

allein zu beschäftigen. Aber ist die Ansicht Binders wirklich haltbar?

Die prinzipielle Frage nach der Berechtigung der von Binder vorgenommenen Einschränkung des Erklärungsbegriffes sowie der Unterscheidung von Willensäußerung und Willenserklärung braucht hier nicht erörtert zu werden [7]). Für unsere

---

[7]) Die Bestrebungen Binders stehen bekanntlich nicht vereinzelt da. Außer ihm haben auch noch andere Schriftsteller den Kampf gegen den herrschenden Erklärungsbegriff aufgenommen und letzteren in Gegensatz zur „Willensäußerung" oder „Willensverwirklichung" oder „Willensbetätigung" gestellt. Vgl. Hellmann in seinen Vorträgen über das BGB. (Freiburg 1897) S. 59 ff. und ausführlicher noch in Iher. Jahrb. 42 S. 413 ff.; ferner Manigk, Anwendungsgebiet S. 22 ff., 36, 123 ff. und vor allem Willenserklärung passim; Wendt, Unterlassungen und Versäumnisse im Arch. f. d. zivil. Praxis 92 S. 235 ff. und Leonhard, Allgem. Teil S. 256. In der Literatur haben diese Versuche eine verschiedene, im ganzen wohl aber mehr eine ablehnende als eine zustimmende Beurteilung erfahren. Siehe vor allem Isay in Iher. Jahrb. 44 S. 43 ff.; außerdem sind etwa noch zu vergleichen Planck I S. 208 f.; Oertmann I S. 303 ff., 310 ff.; Staudinger I S. 342 ff.; Hölder, Kommentar S. 238 f. und Iher. Jahrb. 55 S. 413 ff.; Enneccerus I S. 336 ff.; Endemann I S. 281 Anm. 18; Crome I S. 321 Anm. 1; Dernburg I S. 365 ff.; Biermann I S. 130 ff.; Strohal, Erbrecht I (3. Aufl.) S. 88 Anm. 1; Rümelin im Arch. f. d. zivil. Praxis 93 S. 162 ff., Breit, Geschäftsfähigkeit S. 115 ff.; Wlassak im österr. Zentralbl. f. d. jurist. Praxis 20 S. 274; Wedemeyer, Vertragsabschluß S. 52 ff. und H. A. Fischer, Der Schaden nach dem BGB. (Jena 1903) S. 120 Anm. 5. Ein näheres Eingehen auf die Kontroverse ist im Rahmen dieser Abhandlung nicht möglich. Nur zur Fixierung des eigenen Standpunktes mag bemerkt sein, daß es sich nach Ansicht des Verfassers bei vorurteilsfreier und unbefangener Betrachtung des Gesetzbuches schlechterdings nicht leugnen läßt, daß das BGB. in Übereinstimmung mit einer schon vor seinem Erlaß weit verbreiteten Ansicht unter Erklärung nichts weiter versteht als ein Verhalten, durch welches der rechtsgeschäftliche Wille einer Person in die Erscheinung tritt und damit für die Außenwelt erkennbar wird. Daß es dem Zwecke der Willensoffenbarung dient, ist für den gesetzlichen Erklärungsbegriff ebensowenig erforderlich, wie daß es einem Anderen gegenüber beobachtet wird. Vielmehr stellt das Gesetzbuch diese beiden Erfordernisse nur für bestimmte Arten von Erklärungen, nämlich nur für solche Erklärungen auf, die zur Kenntnisnahme eines Dritten bestimmt sind. Diese erlangen nach dem Willen des BGB. Wirksamkeit nur, wenn sie in Richtung auf den Dritten abgegeben und ihm zugänglich gemacht werden (sog. empfangs-

Zwecke genügt es, wenn wir prüfen, ob die Wirksamkeit einer niemandem oder einem unbeteiligten Dritten gegenüber abgegebenen „Erklärung" wirklich eine Folge der herrschenden Einteilung in empfangsbedürftige und nicht empfangsbedürftige

---

bedürftige Willenserklärungen). Dieses Plus ist also in der Sprache des BGB. specificum einer besonderen Erklärungsart, aber nicht Merkmal des allgemeinen Erklärungsbegriffes. Und wo das Gesetz die Erklärung als solche verbindlich sein läßt (sog. nicht empfangsbedürftige Erklärung), genügt darum grundsätzlich (besondere Formvorschriften ausgenommen) jedes beliebige, den endgültigen rechtsgeschäftlichen Entschluß zum Ausdruck bringende Verhalten der Partei. Wem diese Terminologie sprachwidrig, unlogisch, irreführend erscheint (ich persönlich kann es gar so sprachwidrig nicht finden, daß der Okkupant durch die Besitzergreifung seinen Eigentumserwerbswillen „erklärt"), der mag getrost die Ausdrucksweise des Gesetzes durch andere Bezeichnungen ersetzen, z. B., wie es Cosack I S. 151 ff. tut, die Willenserklärungen in Willensäußerungen verwandeln. Solches Verfahren ist verhältnismäßig ungefährlich, solange sich der Betreffende der Verschiedenheit der Redeweise bewußt bleibt und darum jedesmal, ehe er das Gesetzbuch anwendet, seine Begriffe in dessen Sprache überträgt. Verderblich aber wird natürlich solche eigene Terminologie, wenn ihr Urheber sie, ohne die Divergenz zu beachten, dem Gesetzestext zugrunde legt. Das tut Binder, wenn er in den einheitlichen gesetzlichen Begriff der Willenserklärung den Gegensatz von Willensbetätigung und Willenserklärung im engeren Sinne hineinträgt, mit letzterer die Vorstellung der einem Anderen gegenüber abgegebenen Willenserklärung verbindet und darum auf alles, was nicht Willensbetätigung ist, die Vorschrift des § 130 BGB. anwendet; das tut in noch höherem Grade Hellmann, wenn er schlechthin die Begriffe Willenserklärung und empfangsbedürftige Willenserklärung miteinander identifiziert und so den Satz aufstellt, daß die Rechtssätze des BGB. über Willenserklärungen unmittelbare Anwendung nur auf die empfangsbedürftigen Erklärungen finden; das tut endlich auch Manigk, wenn er mit der Begründung, daß nur die vom Kundgebungszweck getragenen Willensäußerungen als „Erklärungen" anzusehen seien, die Rechtsgeschäfte des Gesetzbuchs in Willens- und Erklärungsgeschäfte einteilt. Daß solche Kreuzung der Begriffe Ergebnisse zeitigt, die dem Willen des Gesetzes schnurstracks zuwiderlaufen (man bedenke, daß sowohl Binder wie auch Hellmann sogar dem Testament den Charakter einer Willenserklärung absprechen), ist selbstverständlich. Überdies aber richtet sie in der Lehre von den Rechtsgeschäften eine wahrhaft babylonische Sprachverwirrung an, derzufolge der eine Schriftsteller den anderen kaum mehr versteht, und sich jede Polemik als unfruchtbar erweist, weil die Polemisierenden einfach aneinander vorbeireden.

Willenserklärungen ist, und ob es nötig ist, zur Vermeidung solcher Ergebnisse die nicht empfangsbedürftigen Erklärungen teilweise in empfangsbedürftige zu verwandeln.

Ist wirklich der „rechtsverbindliche Monolog", wie Binder sich ausdrückt, eine notwendige Folge des von der herrschenden Lehre geprägten Begriffs der nicht empfangsbedürftigen Willenserklärung? Wenn Gesetz oder Doktrin bei bestimmten Arten von Rechtsgeschäften am Erfordernis der Adressierung und des Zuganges nicht unbedingt festhalten, so verzichten sie damit natürlich nicht auch auf alle übrigen Voraussetzungen, die für das Zustandekommen eines Rechtsgeschäftes notwendig sind: Wille und Willensäußerung, diese beiden Elemente des Rechtsgeschäftes müssen vielmehr auch hier vorhanden sein. Auch das nicht empfangsbedürftige Rechtsgeschäft verlangt, daß derjenige, der es vornimmt, ein Verhalten in der Außenwelt beobachtet, das einen Rückschluß auf den Geschäftswillen gestattet. Binder kämpft darum gegen Windmühlen an, wenn er Schreckbeispiele wie die folgenden anführt: der Studiosus, der seinen Onkel beerbt hat, erklärt seiner Hauswirtin, daß er die Erbschaft annehme; der vermeintliche Vater läßt sich nach schwerem inneren Kampfe in niemandes oder in Anwesenheit eines unbeteiligten Dritten die Bemerkung entschlüpfen, er erkenne das Kind an; einem Erben wird aus dem Schreibtisch die Annahmeerklärung entwendet, die er lediglich zu dem Zwecke niedergeschrieben hatte, um sie für alle Fälle bei der Hand zu haben. Hier überall ist nach der herrschenden Lehre überhaupt noch kein Rechtsgeschäft, also auch kein nicht empfangsbedürftiges Rechtsgeschäft zustande gekommen. Denn die Erklärungen, die da vorliegen, lassen wohl erkennen, daß der Erklärende sich mit der Absicht trägt, ein Rechtsgeschäft vorzunehmen, gestatten aber nicht den Rückschluß, daß der rechtsgeschäftliche Wille in diesem Augenblick schon vorhanden ist. Diese Bedeutung wird vielmehr auch die herrschende Lehre den Worten des Erklärenden erst dann beilegen, wenn sie gegenüber einer an der Vornahme des Rechtsgeschäftes interessierten Person gesprochen worden sind. Ein Verhalten, das nicht in der Richtung auf ein zu dem Rechtsgeschäft in Beziehung stehendes Subjekt oder ein dazu in Beziehung stehendes Objekt beobachtet worden ist, läßt noch nicht mit Sicherheit auf die Reife des rechtsgeschäftlichen Vorsatzes schließen und kann darum bestenfalls eine Absichtskundgebung, aber niemals eine Willenserklärung — weder im Sinne Binders noch im Sinne der herrschenden Lehre — sein[8]). Auch nach der letzteren also müßte die nicht in der Form unmittelbarer Willensverwirklichung auftretende Erklärung in ihrer Adresse sich an einen Beteiligten wenden; müßte der redselige Studiosus seinen Annahmewillen einem Nachlaßbeteiligten, der Vater die Kindesanerkennung der Mutter gegenüber erklären, und müßte die im Schreibtisch aufbewahrte Niederschrift des Erben an den Adressaten abgeschickt werden, wenn rechtsverbindliche Akte zur Entstehung kommen sollen.

Binder wird dieses Ergebnis natürlich mit Dank akzeptieren und jetzt erst recht auf seinem Folgesatz bestehen, daß auch die nicht empfangsbedürftigen „Erklärungen" unter den § 130 BGB. fallen. Denn dieser Paragraph redet schlechthin von Willenserklärungen, die „einem Anderen gegenüber abzugeben sind". Wenn aber zugestandenermaßen auch die nicht empfangsbedürftigen „Erklärungen" gegenüber einem Beteiligten, also gegenüber „einem Anderen" abgegeben werden müssen, wie darf man dann bei ihnen vom Erfordernis des Zuganges absehen?

Daß der Gesetzgeber, als er den § 130 schuf, auch Erklärungen der letzteren Art treffen wollte, erscheint Binder selbst zweifelhaft. Aber er meint, der Wortlaut des Paragraphen stehe ihrer Einbeziehung nicht im Wege, und die ratio legis nötige dazu. Indessen mit der letzteren Behauptung befindet er sich in einem verhängnisvollen Irrtum. Er zeigt hier, daß ihm die Zwecke, um derentwillen das Gesetz und die herrschende Lehre zwischen empfangsbedürftigen und nicht empfangsbedürftigen Erklärungen unterscheiden, unbekannt geblieben sind.

Der Grund, warum bei den meisten Willenserklärungen die Wirksamkeit an die Voraussetzung geknüpft ist, daß sie einem Anderen „zugehen", ist darin zu suchen, daß es sich bei ihnen um Erklärungen handelt, an deren Inhalt ein bestimmter

[8]) Zu Unrecht behauptet also Manigk, Willenserklärung S. 204, daß es widerspruchsvoll sei, auf der einen Seite den Kundgebungszweck aus dem Begriff der Willenserklärung zu streichen und andrerseits die verbindliche Kraft des Monologes zu leugnen.

Anderer oder eine bestimmte Mehrheit von Anderen interessiert ist, und die darum zur Kenntnis dieses Anderen kommen sollen. Das Normale und gewissermaßen Ideale wäre, daß diese Erklärungen vor erfolgter Kenntnisnahme überhaupt nicht wirksam würden. Da die auf den Absender zu nehmenden Rücksichten aber das Festhalten an diesem Ideal verbieten, so läßt es die Rechtsordnung für gewöhnlich bei der durch den „Zugang" geschaffenen Möglichkeit der Kenntnisnahme bewenden. Dadurch wird aber nichts an der Tatsache geändert, daß das Ziel, um dessentwillen diesen Erklärungen die Richtung auf einen bestimmten Beteiligten gegeben wird, die Kenntnisnahme selbst ist. Und dabei bliebe es auch dann, wenn das Gesetzbuch sich nicht auf den Boden der Empfangstheorie gestellt hätte, sondern den Interessen des Absenders durch Aufnahme der im gemeinen Rechte hie und da befürworteten Äußerungs- bezw. Entäußerungstheorie noch weiter entgegengekommen wäre. Das Gesetzbuch hätte sich dann eben, indem es die Wirksamkeit der Willenserklärung in den Zeitpunkt verlegte, wo die Erklärung die Reise zum Adressaten anträte, mit einer noch entfernteren Möglichkeit der Kenntnisnahme begnügt; das Erfordernis der Richtung aber und die ihm zugrunde liegende Idee der Kenntnisnahme wäre dadurch nicht aufgehoben worden[9]).

---

[9]) Ähnlich Breit in seinen beachtenswerten Aufsätzen „Zur Lehre vom Rechtsgeschäft" im Sächs. Arch. f. Bürgerl. Recht 15; vgl. insbesondere S. 176—179. — Auch im geltenden Rechte findet sich eine Reihe von Erklärungen, bei denen zwar die Rechtsordnung die Kenntnisnahme seitens des Adressaten als das Normale und Wünschenswerte ansieht, aber trotzdem aus Billigkeitsgründen nicht auf der Forderung des Zuganges besteht, sondern sich mit der Absendung der Erklärung zufrieden gibt. Dahin gehören u. a., wenigstens nach einer weit verbreiteten Lehre, die Erklärungen bezw. Mitteilungen der §§ 149, 384, 478, 1220 des BGB. und der §§ 373, 377 HGB. (vgl. das Nähere unten § 17 unter 1a). Es erscheint nun gewiß paradox, wenn man (vgl. z. B. Lehmann-Ring II § 377 Nr. 55 und H. A. Fischer a. a. O. S. 122 f.) diese Erklärungen trotz der Entbehrlichkeit des Zuganges als „empfangsbedürftig" oder wenigstens „an sich empfangsbedürftig" bezeichnet; aber der vermeintliche Widerspruch bringt den richtigen Gedanken zum Ausdruck, daß sie mit den nicht empfangsbedürftigen Erklärungen nichts gemein haben, vielmehr mit den empfangsbedürftigen das Streben nach Kenntnisnahme seitens eines durch die Rechtslage genau bestimmten

Macht sonach dieser Wunsch, vom Adressaten vernommen und verstanden zu werden, recht eigentlich das Wesen der empfangsbedürftigen Willenserklärung aus, so liegt es umgekehrt im Charakter der nicht empfangsbedürftigen Erklärung, daß sie diesem Effekt teils gleichgültig, teils mehr oder minder ohnmächtig gegenübersteht. Zwar wird natürlich der Erklärende auch mit ihr vielfach den Zweck verfolgen, gewisse Dinge zur Kenntnis eines Anderen zu bringen, und dieser Andere wird auch regelmäßig ein am Inhalt des Rechtsgeschäftes Beteiligter sein. Aber die Rechtsordnung nimmt hier bei der Fest-

---

Adressaten teilen und darum den für diese Erklärungen erlassenen Rechtssätzen zu unterstellen sind: insbesondere gelten für sie der von dem nicht geschäftsfähigen Adressaten handelnde § 131 und der sich auf die Ausübung des Anfechtungsrechtes beziehende § 143 Abs. 3 des BGB. Daß hier Willenserklärungen, die des Zuganges entbehren können, in die Klasse der „empfangsbedürftigen" Erklärungen einbezogen werden, hat seinen Grund in der Unzulänglichkeit des Ausdruckes „empfangsbedürftig". Denn diese Terminologie enthält, wie das bei wissenschaftlichen Nomenklaturen häufig der Fall ist, eine pars pro toto: sie charakterisiert die Fälle, die sie zusammenfassen will, nach Merkmalen, die nicht allen, sondern nur der Mehrzahl der hierher gehörigen Erscheinungen eignen, die also nicht ausnahmslos, sondern nur regelmäßig zutreffen. Und diese Unzulänglichkeit wiederum hat ihre Ursache darin, daß die Bezeichnung „empfangsbedürftig" nicht an das Wesen der betreffenden Willenserklärungen, sondern an äußerliche, mehr oder minder zufällige Eigenschaften anknüpft. Denn das Wesentliche ist das Richtungserfordernis; daß die Wirksamkeit mit dem „Zugang" und nicht schon früher oder erst später eintritt, ist zwar das Normale und Zweckmäßige, ist aber keine unabweisliche Folge dieses Richtungserfordernisses. Wie wenig die „einem Anderen gegenüber abzugebende Willenserklärung" und die „empfangsbedürftige" Willenserklärung an und für sich zusammenfallen, zeigt sich schon darin, daß, wenn man beides für identisch ansehen wollte, der § 130 in letzter Linie lauten würde: eine empfangsbedürftige Willenserklärung wird wirksam, wenn sie empfangen wird, was eine offenbare Tautologie wäre. Nach alledem möchte vielleicht mancher dem Vorschlag Breits a. a. O. beitreten, fürderhin nicht mehr von empfangsbedürftigen, sondern von adressierungsbedürftigen Willenserklärungen zu reden, wie ja schon Kohler seinerzeit für diese Art von Rechtsgeschäften die Bezeichnung „Adressenrechtsakt" vorgeschlagen hatte. Indessen ist der von Zitelmann geprägte Ausdruck „empfangsbedürftig" schon zu sehr Gemeingut der Zivilistik geworden, als daß er ohne Nachteil wieder ausgemerzt werden könnte.

setzung der Gültigkeitsmerkmale der Erklärung auf diesen vom Erklärenden ins Auge gefaßten Zweck nicht die weitgehende Rücksicht wie bei den empfangsbedürftigen Erklärungen, trägt vielmehr für das Bekanntwerden der Willenserklärung entweder überhaupt keine Sorge oder tut es zwar (wie bei der Auslobung und beim Testament), aber doch nicht mittels der qualifizierten Form des Richtungserfordernisses. „Nicht-Empfangsbedürftigkeit" bedeutet also, daß die Rechtsordnung entweder überhaupt keinen Wert auf die Kenntnisnahme der Willenserklärung durch Andere, selbst durch „Beteiligte" legt, oder daß sie doch wenigstens den Erfolg der Kenntnisnahme nicht mit dem starken Mittel des Richtungserfordernisses anstrebt [10]).

Die Gründe, aus denen sich die Rechtsordnung um die Kenntnisnahme hier minder eifrig bemüht, sind von verschiedener Art. Im Falle des § 151 BGB. liegt der Grund z. B. darin, daß entweder der Erklärungsgegner selbst oder die Verkehrssitte für ihn auf die Kenntnisnahme verzichtet hat. Bei der Bestätigung der §§ 144 und 1337 und bei der Kindesanerkennung des § 1598 ist das Motiv darin zu finden, daß der Inhalt des Rechtsgeschäftes in der Aufgabe eines Anfechtungsrechtes besteht, für den Geschäftsgegner also lediglich vorteilhaft ist, und dieser Vorteil letzterem nicht dadurch verloren gehen soll, daß die Erklärung in einer Weise abgegeben worden ist, die ihm die Möglichkeit der Kenntnisnahme nicht verschafft hat. Bei der Okkupation und der Dereliktion gibt es überhaupt keinen unmittelbar am Rechtsgeschäft beteiligten Dritten, so daß sich hier jede Rücksichtnahme auf die Kenntnis Anderer ganz von selbst erübrigt. In anderen Fällen endlich (man denke an die Erbschaftsannahme, das Testament, die Auslobung) steht dem nicht empfangsbedürftigen Rechtsgeschäft nicht ein Einzelner, sondern eine unbestimmte oder doch wenigstens nicht genau be-

[10]) Dieses Wesen der Nichtempfangsbedürftigkeit wird, wie manches andere in der ganzen Lehre, verkannt von Manigk, Willenserklärung S. 313 ff. Die Folge davon ist, daß sich die berechtigte Unterscheidung von empfangsbedürftigen und nicht empfangsbedürftigen Willenserklärungen bei ihm völlig verwischt. Ist doch nach der Ansicht Manigks (S. 329) selbst das holographe Testament ein zugangsbedürftiges Rechtsgeschäft.

stimmbare Mehrheit von Personen als Interessierte gegenüber. Hier aber kann von einem um der Kenntnisnahme willen aufgestellten Richtungserfordernis von vornherein keine Rede sein: denn gegenüber der incerta persona als solcher läßt sich von einer „Richtung" — wenigstens im technischen Sinne — nicht sprechen; aus dem Kreise der Interessenten aber einzelne herauszugreifen und für ihre Kenntnis besonders zu sorgen, liegt für die Rechtsordnung keine Veranlassung vor [11]).

Steht aber fest, daß die nicht empfangsbedürftigen Willenserklärungen sich zum Moment der Kenntnisnahme viel gleichgültiger verhalten als die empfangsbedürftigen, so ist sicher, daß in den Fällen, wo auch die nicht empfangsbedürftigen Willenserklärungen aus Gründen, die wir oben kennen gelernt haben, in Richtung auf einen Beteiligten abzugeben sind, diese Adressierung einen gänzlich anderen Sinn und Zweck hat als bei den empfangsbedürftigen Erklärungen. Hier ist sie für die Rechtsordnung ein Mittel, um dem Geschäftsgegner die Möglichkeit der Kenntnisnahme des Geschäftsinhaltes zu verschaffen; dort ist sie lediglich eine Manifestation des rechtsgeschäftlichen Ernstes des Erklärenden: letzterer soll dadurch, daß er sich an einen Beteiligten statt an einen Unbeteiligten wendet, den Beweis liefern für die Reife seines rechtsgeschäftlichen Entschlusses. Hier ist die Richtung ein selbständiges Erfordernis, das neben dem Erklärungsbegriff erfüllt sein muß, wenn ein wirksames Rechtsgeschäft zustande kommen soll; dort ist sie nur ein Teil der Erklärungshandlung, also des gesamten Verhaltens, aus welchem der Geschäftswille gefolgert werden soll [12]). Hier steht das Erfordernis des Zuganges mit dem der Adressierung in einem sinngemäßen sachlichen Zusammenhang;

[11]) Höchstens kann die Rechtsordnung in solchen Fällen die Adressierung der Willenserklärung an eine Behörde vorschreiben, um das Rechtsgeschäft zur Kenntnis einer unparteiischen, über den an seinem Inhalt Beteiligten stehenden Stelle gelangen zu lassen. Das tut sie z. B. im Gegensatz zur Erbschaftsannahme bei der Erbschaftsausschlagung. Dann haben wir es, wenn auch noch nicht mit einem echten empfangsbedürftigen Rechtsgeschäft, so doch jedenfalls nicht mehr mit einem nicht empfangsbedürftigen Geschäft zu tun. Vgl. darüber den Schluß dieses Paragraphen.

[12]) Vgl. dazu unten S. 58 ff., insbes. S. 60.

dort würde die Verbindung beider Requisite willkürlich, zwecklos und überflüssig sein. Denn für die Konstatierung des rechtsgeschäftlichen Willens ist der „Zugang" kein geeignetes, geschweige denn ein notwendiges Mittel: dazu genügt unter allen Umständen die Abgabe der Erklärung gegenüber einem Beteiligten[13]). Und darum ist mehr als diese für das Zustandekommen eines nicht empfangsbedürftigen Rechtsgeschäftes niemals erforderlich[14]).

[13]) Und zwar ist der Begriff des „Beteiligten" hier in formellem Sinne zu nehmen. „Beteiligter" ist hier jeder, dessen Beziehungen zum Inhalt des Rechtsgeschäftes von der Art sind, daß die Adressierung an ihn als ein Zeichen der rechtsgeschäftlichen Absicht des Erklärenden gelten kann. Abwegig ist es darum (und steht auch mit der herrschenden Meinung in Widerspruch), wenn Binder, a. a. O. S. 102 f. sagt: „Zweifelhaft kann sein, ob die Erbschaftsannahme gegenüber dem Nachlaßgericht erklärt werden kann, da es nicht selbst am Nachlaß beteiligt ist, sondern über den Nachlaßbeteiligten steht und auch kaum als Vertreter derselben aufgefaßt werden kann. Unter diesen Umständen möchte ich die Frage verneinen, da eine Zuständigkeitsnorm für das Nachlaßgericht in dieser Beziehung fehlt." Gewiß hat das Nachlaßgericht weder ein eigenes Interesse an der Annahmeerklärung, noch ist es mit der Entgegennahme solcher Erklärungen ausdrücklich betraut. Aber die Zwecke, denen es dient, stehen mit der Annahmeerklärung in so engem sachlichen Zusammenhang, daß man sagen muß: wer die Erklärung eines Annahmewillens an diese Behörde richtet, zeigt dadurch, daß es ihm mit der Annahmeerklärung ernst ist. Und damit ist dem Richtungsbedürfnis der nicht empfangsbedürftigen Willenserklärungen Genüge geschehen. Darum ist es auch, wenn der Erbe die Annahmeerklärung einem „Nachlaßgläubiger" gegenüber abgibt, einerlei, ob dessen Forderung zu Recht besteht oder nicht. Es genügt, daß der „Gläubiger" die „Forderung" gegen den Erben geltend gemacht hat, und daß letzterer, als er ihm gegenüber die Annahme der Erbschaft erklärte, von seiner Gläubigereigenschaft überzeugt war. Und selbstverständlich spielt hier bei der Frage nach dem „Beteiligten" auch der § 131 keine Rolle: denn hat das Richtungserfordernis nur den Zweck, den rechtsgeschäftlichen Willen des Erklärenden festzustellen, so kann wohl darauf unter Umständen etwas ankommen, ob der Erklärende sich wissentlich an eine nicht geschäftsfähige Person gewandt hat, hingegen kann es unmöglich von Bedeutung sein, daß der vom Erklärenden für geschäftsfähig gehaltene Adressat sich im Zeitpunkt des Empfanges der Erklärung im Zustand der Geschäftsunfähigkeit befunden hat.

[14]) Obwohl die von Binder aufgestellte Behauptung, auch die nicht empfangsbedürftige Willenserklärung müsse, wenn sie einem Be-

Das Ergebnis, das wir aus der dem § 130 BGB. zugrunde liegenden ratio legis gewonnen haben, ist also wesent-

---

teiligten gegenüber abgegeben werde, ihm zugehen (eine Meinung, die für den Fall der Erbschaftsannahme übrigens auch von Strohal geteilt wird: vgl. dessen Erbrecht II, 3. Aufl., S. 24 Anm. 18 u. 19 und Bd. V des Planckschen Kommentars § 1943 unter 3), durch die Ausführungen des Textes widerlegt sein dürfte, soll doch ein letzter Punkt, auf den Binder sich zur Begründung seiner Ansicht beruft, nicht unerwähnt bleiben. Er meint, daß wenn man die nicht empfangsbedürftige, einem Beteiligten gegenüber abgegebene Willenserklärung schon mit der Entäußerung wirksam werden lasse, das Rechtsgeschäft naturgemäß unwiderruflich sei. Der Mann, welcher der Ehefrau die Anerkennung des Kindes schriftlich erklärte, könnte sie auch vor erfolgtem Zugang nicht mehr rückgängig machen; und die schriftliche Annahmeerklärung würde für den Erben bindend sein, ehe noch das Schriftstück beim Nachlaßgericht in den Einlauf gekommen wäre. Diese Schlußfolgerung ist zweifellos richtig. Aber beweist sie etwas gegen unser Ergebnis? Ist „das neue semel heres, semper heres" (Worte Binders a. a. O. S. 99) ein unbilliges Resultat? Ich habe schon früher einmal, in anderem Zusammenhang, betont (vgl. meine Abhandlung über den Zeitpunkt des Zugehens bei empfangsbedürftigen schriftlichen Willenserklärungen in Iher. Jahrb. 47 S. 394 f.), daß das dem Absender im § 130 BGB. eingeräumte Widerrufsrecht kein jus quaesitum, sondern lediglich eine Prämie für die Gefahrtragung darstellt: nach dem Grundsatz cuius est periculum, eius est commodum soll er, solang er die Gefahr der Reise, welche das Schriftstück macht, zu tragen hat, die Freiheit des Widerrufes haben. Dieses Widerrufsrecht wird ihm verkürzt, wenn das Schriftstück früher, als zu erwarten stand, beim Adressaten eintrifft und damit die Gefahrtragung vorzeitig aufhört. Und es kommt gar nicht zur Entstehung da, wo die Erklärung sofort im Moment ihrer Abgabe Wirksamkeit erlangt, und der Absender infolgedessen überhaupt keine Gefahr hinsichtlich ihrer weiteren Schicksale zu tragen hat. Und daß sie sofort im Moment ihrer Abgabe wirksam wird, darüber kann sich der Erklärende am wenigsten beschweren. Denn die Rechtsordnung muß davon ausgehen, daß der normale Mensch Erklärungen nicht eher abgibt, als seine Entschließungen feststehen, und daß niemand Rechtsgeschäfte vornimmt, um sie zu widerrufen, sondern um sie mit Wirksamkeit bekleidet zu sehen. — Mit der Frage des Widerrufes nicht empfangsbedürftiger Willenserklärungen beschäftigt sich übrigens auch Zitelmann, Grundriß S. 98. Er meint: „Wird die nicht empfangsbedürftige Erklärung (z. B. die Erklärung der Erbschaftsannahme) an einen Anderen gerichtet, insbesondere durch Brief oder Boten, einem Anderen zugesendet, so kann (nicht: muß) dem Willen des Erklärenden gemäß die Wirksamkeit der Erklärung bis auf den Zeitpunkt des Empfanges durch den Adressaten hinausgeschoben sein. In lich anders als das von Binder aus ihr abgeleitete: die von der herrschenden Lehre als „nicht empfangsbedürftig" bezeichneten Willenserklärungen können zwar unter Umständen adressierungsbedürftig sein, aber auch wenn sie es sind, hängen sie doch in ihrer Wirksamkeit nicht von der Kenntnisnahme des Empfängers oder auch nur von der Möglichkeit der Kenntnisnahme ab. Dann aber dürfen wir die oben aufgestellte Behauptung, daß die Lehre vom Mißverständnis sich nur mit den empfangsbedürftigen Willenserklärungen zu beschäftigen habe, auch gegenüber den Binderschen Lehrsätzen aufrecht halten. Denn nur die auf Kenntnisnahme abzielende Richtungsbedürftigkeit, nicht die Richtungsbedürftigkeit als solche macht eine Willenserklärung der Beeinflussung durch Mißverständnisse Anderer zugänglich.

Wir nehmen somit von den nicht empfangsbedürftigen Willenserklärungen für den weiteren Verlauf der Darstellung Abschied. Nur mit den empfangsbedürftigen Rechtsgeschäften haben wir es im folgenden zu tun. Und zwar werden wir uns nur mit den empfangsbedürftigen Rechtsgeschäften im technischen Sinne befassen: wir dehnen also das Untersuchungsgebiet nicht auch auf die einer Behörde gegenüber abzugebenden Willenserklärungen aus. Zwar ähneln diese den empfangsbedürftigen Willenserklärungen darin, daß das Gesetz auch hier mit dem Richtungserfordernis den Zweck der Kenntnisnahme verfolgt. Aber der Grund, warum hier das Gesetzbuch die Kenntnisnahme des Adressaten anstrebt, ist ein anderer wie dort. Bei den echten empfangsbedürftigen Rechtsgeschäften soll dem Empfänger die Möglichkeit der Kenntnisnahme deshalb verschafft werden, weil er materiell, d. h. mit seiner Privatrechtssphäre, am Inhalt des Rechtsgeschäftes interessiert ist. Die Behörde hingegen soll mit dem Inhalt der Erklärung vertraut

---

diesem Falle würde die Erklärung so weit unter die Grundsätze der parteiempfangsbedürftigen Willenserklärung treten, insbesondere bis zum Empfang widerruflich sein." Zitelmann übersieht, daß diese Lösung des Problemes nur für solche Willenserklärungen gilt, die ihrer Natur nach die Hinzufügung einer Bedingung vertragen; daß sie demnach bei solchen Willenserklärungen versagt, die, wie die von ihm berufene Erbschaftsannahme, nach dem Gesetz nicht in bedingter Form, also auch nicht unter dem Vorbehalt nicht erfolgenden Widerrufes abgegeben werden können.

gemacht werden entweder um des Schutzes dritter Personen willen oder zum Schutze des Erklärenden selbst oder zwecks Wahrung öffentlicher Interessen, aber niemals aus dem Grunde, weil sie selbst am Inhalt der Erklärung ein privatrechtliches Interesse hat [15]). Diese Verschiedenheit der Zwecke, denen im einen und im anderen Falle das Bedürfnis der Kenntnisnahme entspringt, läßt vermuten, daß das Mißverstehen des Erklärungsinhaltes hier nicht den gleichen Einfluß auf die Gültigkeit des Rechtsgeschäftes hat wie dort. Jedenfalls läßt sich bei den „amtsempfangsbedürftigen" Erklärungen dieser Einfluß nur ermitteln auf Grund einer zusammenfassenden Betrachtung der vom Gesetzbuch mit dem Amtsempfang im einzelnen Falle verfolgten Zwecke, wobei außerdem die Organisation und der Geschäftsgang der in Frage kommenden Behörden zu berücksichtigen ist — alles Dinge, die weitab von dem Ziele liegen, das wir uns für unsere Untersuchungen gesteckt haben. Wir behalten darum diese Gruppe von Willenserklärungen einer späteren, besonderen Behandlung vor und beschränken uns hier auf die „parteiempfangsbedürftigen" Rechtsgeschäfte.

§ 5.

Es fragt sich, ob wir im folgenden nur solche Fälle zu betrachten brauchen, wo das Mißverständnis der einzige Defekt des Rechtsgeschäftes ist, oder ob wir unser Augenmerk auch

[15]) Das Gesetzbuch selbst hält denn auch die eigentlichen empfangsbedürftigen und die einer Behörde gegenüber abzugebenden Erklärungen scharf auseinander (z. B. § 123 Abs. 2, § 143 Abs. 3 und 4), wenn es auch die letzteren in einzelnen Beziehungen (§ 130 Abs. 3) den gleichen Regeln unterstellt wie die ersteren. Vgl. auch Motive I S. 159 und Protokolle I S. 71, wo die Vorstellung abgelehnt wird, „daß in den hier fraglichen Fällen die Behörde gleich einem beteiligten Erklärungsempfänger funktioniere". Verkannt wird die gesetzliche Unterscheidung von Isay, wenn er, Willenserklärung S. 60 sagt: „Es ist nicht abzusehen, inwiefern eine Erklärung, deren Adressat eine Behörde ist, anders zu behandeln, an andere Voraussetzungen zu knüpfen oder unter andere Bedingungen zu stellen wäre, wie die Erklärung gegenüber einem Privaten." Verkannt wird sie ferner von Manigk, der Willenserklärung S. 323 behauptet, daß das Gesetz „all diese Erklärungen rechtlich gleich behandelt". Richtig hingegen Breit a. a. O. S. 170 Anm. 6, S. 167 ff. und 185 ff.

auf Erscheinungen richten müssen, bei denen sich das Mißverständnis mit anderen rechtsgeschäftlichen Mängeln paart. Insbesondere ist zu prüfen, ob die Frage nach den Wirkungen des Mißverständnisses Komplikationen dadurch erfahren kann, daß zu dem Mißverständnis auf seiten des Adressaten ein Willensmangel auf seiten des Erklärenden hinzutritt.

1. Hier sind zunächst auszuscheiden alle diejenigen Fälle, wo jemand mißverständlich in einem Tatbestand den Willensausdruck eines Anderen erblickt, während in Wahrheit hinter der „Erklärung" gar kein Erfolgs- oder Geschäftswille steht. Zwei Nachbarn verabreden beispielsweise, der eine solle zum Zeichen, daß er den ihm vom anderen gemachten Vertragsantrag annehme, auf seinem Hause innerhalb bestimmter Frist die Fahne hissen; werde sie nicht aufgezogen, so solle der Antrag als abgelehnt gelten. Der Oblat beschließt, den Antrag nicht anzunehmen; aber einer seiner Familienangehörigen, der von der getroffenen Vereinbarung nichts weiß, zieht zufällig innerhalb der fraglichen Zeit die Fahne auf, so daß der Offerent seinen Antrag für angenommen hält. Oder ein Hausbesitzer erwidert einer Wohnung suchenden Partei, sie möge sich im Laufe des nächsten Tages Antwort auf ihre Mietsofferte holen; falls er nicht zu Hause sei, solle sie zusehen, ob der Zettel mit der Aufschrift „Wohnung zu vermieten" noch an der Haustür hänge oder nicht; wenn ja, dann sei es ihm, dem Vermieter, nicht möglich gewesen, auf die Offerte einzugehen; andernfalls habe er sie akzeptiert. Als der künftige Mieter am nächsten Vormittag das Haus des Anderen wieder aufsucht, ist das Plakat an der Haustür verschwunden; er hält infolgedessen den Mietvertrag für perfekt. Indessen der Hausbesitzer, der an eine Annahme des Antrages nicht dachte, hatte, als er am Morgen seine Wohnung verließ, den Zettel absichtlich hängen lassen; böse Buben hatten ihn aber später aus Übermut entfernt. In solchen Fällen ist ja nur ein Doppeltes möglich: entweder — und das dürfte das Richtigere sein — man läßt die Gefahr einer derartigen Erklärungsabgabe denjenigen tragen, der in ihre absonderliche Form eingewilligt hat, also den Adressaten; dann ist hier beide Male ein Rechtsgeschäft nicht zustande gekommen; aber für die rechtliche Bedeutungslosigkeit der „Er-

klärung" ist nicht das Mißverständnis des Empfängers, sondern der Mangel jeglichen Geschäftswillens kausal. Oder aber man huldigt einer weitgehenden Vertrauenstheorie und bürdet darum die Gefahrtragung demjenigen auf, der sich so außergewöhnlicher Erklärungsmittel bedient; dann ist — Anfechtungsrechte vorbehalten — ein Rechtsgeschäft wirklich zustande gekommen und zwar zustande gekommen infolge des dem anderen Teile untergelaufenen „Mißverständnisses"; dieses Mißverständnis ist aber nicht mehr ein Mißverständnis in unserem Sinne; denn wenn man hier überhaupt das Vorhandensein einer Willenserklärung anerkennt, so kann sie nur den vom Adressaten vermuteten Inhalt haben. Erfolgt doch die Anerkennung gerade deshalb, weil der Adressat an eine Erklärung dieses Inhaltes glaubte. Im Rechtssinn also ist letztere von ihm nicht falsch, sondern richtig verstanden worden.

Somit haben Fälle, wie die eben behandelten, mag man sie so oder so entscheiden, mit unserer Lehre vom Mißverständnis nichts zu tun. Das gleiche gilt auch dann, wenn der Schein der Willenserklärung nicht wie bisher von einem Dritten, sondern von demjenigen selbst gesetzt worden ist, um dessen vermeintlichen Geschäftswillen es sich handelt. Man denke an die bekannten Schulbeispiele: bei einer Weinversteigerung ist vereinbart, daß Höhergebote um 100 Mark durch einfaches Aufheben der Hand gemacht werden; A hebt die Hand, aber nicht um ein Gebot zu machen, sondern um einen eben eintretenden Freund durch Zeichen aufzufordern, sich neben ihn zu setzen; oder ein Tauber bleibt bei einer Abstimmung, die durch Aufstehen und Sitzenbleiben geschieht, sitzen. Läßt hier das Recht „den Schein die Wirklichkeit erreichen", so handelt es sich nicht mehr um ein Mißverständnis in unserem Sinne. Darf hingegen wegen des mangelnden Geschäftswillens von keiner Willenserklärung, nicht einmal von einer anfechtbaren gesprochen werden, dann ist die Ursache für das Ausbleiben jeder Rechtsfolge nicht das entstandene Mißverständnis, sondern der fehlende Erfolgswille. Und darum haben wir auch im Rahmen unserer Untersuchungen der schwierigen und interessanten Frage nicht näherzutreten, unter welchen Voraussetzungen man berechtigt ist, das in Wahrheit von keinem Geschäftswillen getragene Stillschweigen eines Anderen als Willenserklärung aufzufassen. Denn entweder legt ihm die Rechtsordnung diesen Charakter nicht bei, weil eben der Schweigende mit seinem Schweigen keine Willenserklärung abgeben wollte, dann ist der mangelnde rechtsgeschäftliche Wille und nicht die etwaige falsche Auslegung, die der Gegner dem Schweigen gegeben hat, an dessen Unbeachtlichkeit schuld; oder aber das Schweigen wird trotz des Willensmangels als Willenserklärung behandelt, weil es dem Gegner nach Lage der Umstände als solche erscheinen mußte; dann kann wiederum von einem echten Mißverständnis nicht mehr die Rede sein.

2. Neben Fällen, wie den geschilderten, wo nach außen hin durch einen Zufall der Schein erweckt wird, als ob der vermeintlich Erklärende von einem Geschäftswillen beseelt sei, tauchen im Verkehrsleben auch solche auf, wo jemand, der keinen Geschäftswillen hat, in der Außenwelt den Eindruck von seinem Vorhandensein absichtlich hervorruft. So liegen die Dinge bei der Mentalreservation, der Simulation und der nicht ernstlich gemeinten Willenserklärung, dem sogenannten Scherzgeschäft. Wie verhalten sich diese Erscheinungen zu dem uns hier beschäftigenden Mißverständnis?

Die Mentalreservation macht nach positiver Gesetzesvorschrift (BGB. § 116 S. 2) die Willenserklärung nichtig, wenn der Geschäftsgegner den geheimen Vorbehalt des Erklärenden, „das Erklärte nicht zu wollen", kennt. Liegt infolge Zutreffens dieser Voraussetzung Nichtigkeit des Rechtsgeschäftes vor, dann ist es natürlich einerlei, ob der andere Teil den Inhalt der Erklärung überdies mißverstanden hat: weder kann dieses Mißverständnis den Willensmangel heilen, noch kann es das wegen dieses Mangels nichtige Geschäft noch nichtiger machen. Ist aber jene Voraussetzung nicht gegeben, weiß also der Erklärungsempfänger nichts von der reservatio mentalis des Erklärenden, dann ist nach BGB. § 116 S. 1 die Erklärung trotz des Willensmangels gültig. Die Rechtsordnung ignoriert hier einfach den geheimen Vorbehalt, so daß sich die Willenserklärung juristisch in keiner Weise von einer aufrichtig gemeinten Erklärung unterscheidet. Dann aber werden durch eine solche Erklärung auch wir vor keine neuen Aufgaben gestellt: es gelten, wenn der Adressat den Inhalt der Erklärung nicht richtig versteht, die allgemeinen über die Wirkungen des Mißverständnisses zu ermittelnden Rechtssätze[1]). Bliebe nur noch der Fall übrig, wo der Adressat die Erklärung selbst zwar richtig versteht, hingegen die voraufgegangene Bemerkung des Gegners, die ihn über den gemachten Vorbehalt aufklären sollte, überhört bezw. mißverstanden hat. In solchem Falle ist nur zweierlei möglich. Entweder der andere Teil hat das Mißverständnis des Adressaten bemerkt, sich aber trotzdem nicht abhalten lassen,

---

[1]) Schwierigkeiten bereitete dem Gemeinen Rechte die vom Papst Innocenz III. in cap. 26 X de spons. et matr. 4, 1 getroffene Entscheidung. Ein Mädchen erklärt einem Manne, der sie zum Beischlaf verleiten will, daß sie ihm nur nach vorangegangener Heirat zu willen sein werde. Der Mann erteilt ihr das Eheversprechen mit den Worten: Johannes te desponsat. Normalerweise hätten damit beide nach kanonischem Rechte die Ehe geschlossen. Der Pseudo-Ehemann hieß aber in Wahrheit gar nicht Johannes, sondern hatte sich dieses Namens nur bedient, um dem Mädchen einen nicht vorhandenen Eheschließungswillen vorzuspiegeln. Er leugnet denn auch hinterher, daß eine Ehe zustande gekommen sei, und der Papst tritt, wenn auch offenbar mit Bedenken, dieser Anschauung bei. Nun läßt der Fall bei dem knappen Tatbestand, in welchem er uns überliefert ist, eine doppelte Beurteilung zu. Entweder lagen die Umstände so, daß sich das Verhalten des Mannes — bei objektiver Wertung — trotz des falschen Namens als Eheerklärung darstellte; dann hätten wir es mit einem typischen Falle von Mentalreservation zu tun, und die Entscheidung des Papstes stände in der Tat in Widerspruch mit einer sonst allgemein anerkannten Rechtsregel. Oder aber die Umstände lagen so, daß das Verhalten des Mannes zwar dem beschränkten und leichtfertigen Mädchen, sonst aber niemandem als Kundgabe eines Eheschließungswillens erscheinen konnte. Dann hätte der Mann die Heiratsabsicht weder gehabt noch „erklärt", so daß es sich nicht um eine Mentalreservation im technischen Sinne, sondern um eine durch Hinterlist anderer Art erzwungene außereheliche Beiwohnung handelte, ähnlich, wie wenn sich heutzutage ein Frauenzimmer von einem Manne „einreden ließe, daß es nur eines beiderseitigen Briefes an das Standesamt bedürfte, auf daß ihr geschlechtliches Zusammenleben legalisiert wäre". Im Sinne unserer zweiten Alternative hat wohl der Papst auf Grund des ihm unterbreiteten Materiales die Sachlage aufgefaßt, und in diesem Sinne suchen auch die Neueren die Quellenstelle zu interpretieren: vgl. Sonntag, Das simulierte Rechtsgeschäft (Erlanger Dissert. 1899) und Scheiff, Die Divergenz zwischen Wille und Erklärung (1879) und vor allem Kohler in Iher. Jahrb. 28 S. 185—189.

hinterher die mit der Mentalreservation behaftete Erklärung abzugeben. Dann besteht kein Unterschied zwischen dieser Mentalreservation und derjenigen, der eine auf sie hinweisende Bemerkung des Erklärenden nicht voraufgegangen ist. Es hat also bei dem eben Gesagten sein Bewenden. Oder der Betreffende hatte von dem Mißverständnis des Adressaten nichts bemerkt und hat infolgedessen das in Wahrheit nicht gewollte Rechtsgeschäft vorgenommen. Dann könnte von einer Mentalreservation überhaupt nicht mehr die Rede sein, sondern die Erklärung würde sich als eine „nicht ernstlich gemeinte" darstellen, „die in der Erwartung abgegeben wäre, der Mangel der Ernstlichkeit werde nicht verkannt werden," mit anderen Worten: die Mentalreservation hätte den Charakter des Scherzgeschäftes angenommen.

Sonach brauchen wir die Komplikation von Mißverständnis auf seiten des Adressaten und Mentalreservation auf seiten des Erklärenden im folgenden nicht weiter zu beachten. Das Gleiche gilt für das Zusammentreffen von Mißverständnis und Simulation. Ein simuliertes Rechtsgeschäft liegt vor, wenn eine Willenserklärung im Einverständnis mit dem Erklärungsgegner nur zum Scheine abgegeben wird. Da eine solche Willenserklärung nichtig ist (BGB. § 117 Abs. 1), so ist es juristisch bedeutungslos, ob der Adressat die Einzelheiten des Erklärungsinhaltes richtig oder falsch versteht: in jedem Falle hat es bei dem nihil actum sein Verbleiben. Sollte sich aber das Mißverständnis des Adressaten gerade auf die Scheinnatur der Erklärung beziehen (ein Mieter teilt seinem Vermieter mündlich mit, daß er ihm in den nächsten Tagen „zum Scheine" kündigen werde; der schwerhörige Vermieter nickt, obwohl er von den Worten des Mieters nichts verstanden hat, zum Zeichen seiner Zustimmung mit dem Kopfe), dann ist wiederum zu unterscheiden. Hat der Gegner das Mißverständnis des Adressaten erkannt und die Erklärung trotzdem abgegeben, so liegt einfach ein Fall von Mentalreservation vor, auf den die vorhin aufgestellten Grundsätze Anwendung finden. Hätte hingegen der Erklärende das Mißverständnis des Gegners nicht erkannt, dann würde die Frage, ob das „Mißverständnis" dem „Einverständnis" im Wege stehe, nach den später für die

Wirkungen des Mißverständnisses auf Verträge zu ermittelnden Rechtssätzen zu beurteilen sein. Ergeben diese die Einflußlosigkeit des Mißverständnisses, dann hat es trotz des Mißverständnisses bei dem „Einverständnis" und demgemäß auch bei der Gültigkeit der Simulation und der daraus folgenden Geschäftsnichtigkeit sein Bewenden. Ergeben sie hingegen die Unwirksamkeit des mißverstandenen Vertrages, so entfällt die Voraussetzung des „Einverständnisses" und die davon abhängige Gültigkeit der Simulation, und das Rechtsgeschäft hat wiederum die Gestalt des Scherzgeschäftes angenommen. — Soweit endlich trotz Simulation gültige Rechtsgeschäfte zustandekommen — sei es als dissimulierte Rechtsgeschäfte (§ 117 Abs. 2 BGB.), sei es zum Schutze gutgläubiger Dritter (§§ 172, 405 BGB.) —, treten für die Lehre vom Mißverständnis keinerlei Besonderheiten zutage.

Was schließlich das Scherzgeschäft selbst angeht, so unterscheidet es sich von der Mentalreservation dadurch, daß dem Vorbehalt der Nichternstlichkeit keine Täuschungsabsicht, sondern die Erwartung zugrunde liegt, es werde der Mangel der Ernstlichkeit von der Gegenseite nicht verkannt werden. Es wird also zwar der äußere Tatbestand einer Willenserklärung geschaffen [2]), aber unter Verhältnissen, denen zufolge der Erklärende annehmen zu dürfen glaubt, daß der Adressat den wahren Sach-

---

[2]) Denn wo weder Wille noch Erklärung vorliegt, da bedarf es nicht erst des § 118 zur Verhütung des Eintritts rechtsgeschäftlicher Folgen. Mit Recht bemerkt darum Kipp bei Windscheid I S. 382 (ähnlich auch Manigk, Willenserklärung S. 173 und 473 f. und ihm zustimmend Hellmann, Krit. Viertelj. 48 S. 246; anderer Ansicht Oertmann I S. 353), daß „die oft gewählten Beispiele: Theaterspiel und Lehrvortrag durchaus nicht hierher gehören". Der Schauspieler, der auf der Bühne einen Kaufvertrag abschließt, oder der juristische Dozent, der exempli gratia eine Eigentumsübertragung vornimmt, beobachtet kein Verhalten, das den Schluß auf einen vorhandenen Geschäftswillen gestattete. Es besteht deshalb keine Divergenz zwischen dem in der Außenwelt hervorgerufenen Eindruck und der wahren Sachlage. Einen Fall, wie ihn der § 118 im Auge hat, hat das Reichsgericht 8 S. 248 entschieden (vgl. freilich auch Kipp a. a. O.); auch der von Gustav Hartmann in Iher. Jahrb. 20 S. 67 aus der Lübecker Praxis mitgeteilte Rechtsfall kann hierher gerechnet werden.

verhalt, nämlich das Fehlen des Geschäftswillens durchschaue[3]). In solchem Falle soll dem Erklärenden gewissermaßen das Spielen mit der Rechtsordnung gestattet sein, aber auf eigene Gefahr: die nicht ernsthaft gemeinte Willenserklärung ist zwar schlechthin nichtig[4]), hatte aber der andere Teil das Spiel nicht durchschaut, und konnte er es auch von seinem Standpunkt aus nicht durchschauen, so darf er den Schaden ersetzt verlangen, den er durch sein Vertrauen auf die Ernsthaftigkeit der Erklärung erlitten hat (BGB. §§ 118, 122). Daraus ergibt sich folgendes Verhältnis des Scherzgeschäftes zu unserer Lehre vom Mißverständnis. Entweder der Adressat hat den Mangel des Geschäftswillens erkannt und nur den Inhalt der Erklärung mißverstanden; dann ist dieses Mißverständnis angesichts der offenkundigen Nichtigkeit des Rechtsgeschäftes juristisch bedeutungslos. Oder das Mißverständnis bestand gerade darin, daß der Gegner den Scherz für ernst nahm; dann ist das Rechtsgeschäft ebenfalls nichtig, aber nicht wegen des Mißverständnisses, sondern wiederum wegen des Willensmangels, und die Umstände, die das Mißverständnis herbeiführten, können in ihren Einzelheiten höchstens für die Frage von Wesenheit sein, ob nicht dem Adressaten ein die Entstehung des Schadensersatzanspruches ausschließendes eigenes Verschulden zur Last zu legen ist, eine Frage, die aber unser Thema nicht berührt, sondern wie schon manche andere, die wir zurückstellen mußten, dem systematischen Zusammenhang nach der Lehre vom „Kennenmüssen" angehört. Oder endlich, der Adressat hat sowohl die Scherznatur des Geschäftes nicht erkannt, als auch dessen Inhalt unrichtig verstanden (der Vermieter kündigt seinem alten Freunde und langjährigen Mieter, um ihn „in den April zu schicken", die Wohnung am zweiten

[3]) Es genügt, daß der Erklärende sich dieser Erwartung hingeben zu dürfen glaubt; gleichgültig ist also, ob er nach objektivem Urteil sich ihr hingeben durfte oder nicht. So jetzt auch die herrschende Meinung. Anders als sie Danz, Auslegung S. 15 ff. und D. Jur.-Ztg. 11 S. 1280; vgl. auch Isay, Willenserklärung S. 17.

[4]) Die von Manigk, Willenserklärung S. 476 ff. aufgestellte Behauptung, der § 118 begründe bloße Anfechtbarkeit, ist gegenüber dem klaren Wortlaut des Gesetzbuchs unhaltbar. So auch Oertmann I § 118 unter 5; Düringer-Hachenburg II S. 14 und Hellmann, Krit. Viertelj. 48 S. 246.

Quartalsbeginn zum nächsten Januar; der Andere merkt erstens den Aprilscherz nicht und versteht überdies „1. Oktober"); dann ist die Willenserklärung auch wieder nach § 118, also wegen mangelnder Ernstlichkeit, nichtig und das Mißverständnis insofern ohne rechtliche Bedeutung. Nur taucht hier noch die Frage auf, ob der Adressat, wenn er den ihm nach § 122 zustehenden Ersatzanspruch geltend macht, der Berechnung des Schadens die verstandene oder die abgegebene Erklärung zugrunde zu legen hat. Die Beantwortung der Frage hängt offenbar davon ab, welchen juristischen Charakter die Willenserklärung hätte, wenn sie ernstlich abgegeben worden wäre und darum nur mit dem einen Mißverständnis behaftet sein würde. Wäre sie alsdann wegen dieses Mißverständnisses unwirksam, dann könnte in den hier zuletzt gedachten Fällen der Adressat überhaupt keinen Schadensersatz verlangen, weil kein Kausalzusammenhang zwischen der Scheinnatur des Geschäftes und dem erlittenen Schaden bestünde. Würde hingegen das Mißverständnis ohne jeden Einfluß sein auf die Gültigkeit und den Inhalt des Rechtsgeschäftes, dann dürfte der Adressat denjenigen, aber auch nur denjenigen Schaden ersetzt verlangen, der mit dem vom Erklärenden dem Scherzgeschäft gegebenen Inhalt in ursächlichem Zusammenhang stände. Und nur, wenn das Mißverständnis die Wirkung hätte, daß das Rechtsgeschäft mit dem falsch verstandenen Inhalt zustande käme, ohne daß deswegen dem Erklärenden ein von jeder Schadensersatzpflicht freies Anfechtungsrecht zustünde, würde der Adressat berechtigt sein, bei der Schadensliquidierung von der Willenserklärung, so wie er sie aufgefaßt hätte, auszugehen. Die hier aufgeworfene Frage steht also, obwohl sie unmittelbar nur den Umfang des Schadensersatzanspruches betrifft, mittelbar mit den uns interessierenden Rechtsfolgen des Mißverständnisses in enger Verbindung. Die Ermittelung dieser Rechtsfolgen selbst aber weist hier im Vergleich zu sonstigen Fällen keinerlei Besonderheiten auf, hat also nach den allgemeinen im Verlauf der Untersuchung herauszustellenden Grundsätzen zu geschehen, und wir können darum, wie die Mentalreservation und die Simulation, so auch das Scherzgeschäft im folgenden unberücksichtigt lassen.

3. Schließlich bleibt noch die Kombination von Irrtum und Mißverständnis zu betrachten übrig. Es handelt sich hier um die Fälle, wo sich erstens der Inhalt der Willenserklärung nicht mit dem deckt, was der eine Teil erklären wollte, und wo außerdem der Adressat die Erklärung anders versteht, als sie abgegeben wurde. A will dem B zum 1. Februar kündigen, verspricht sich und sagt tatsächlich: „1. März"; B versteht 1. Mai.

Bei der Frage, ob solches Zusammentreffen von Irrtum und Mißverständnis an den gewöhnlichen Rechtsfolgen des letzteren etwas ändert, sind wiederum die verschiedenen Möglichkeiten ins Auge zu fassen, die für die Wirkung des Mißverständnisses überhaupt gegeben sind. Sollte sich als Resultat der späteren Untersuchungen die Nichtigkeit des mißverstandenen Rechtsgeschäftes herausstellen, so würde es bei dieser Rechtsfolge naturgemäß auch da sein Bewenden haben, wo sich das Mißverständnis auf seiten des Adressaten mit einem Irrtum auf seiten des Erklärenden paarte. Ebensowenig würde der dem Erklärenden untergelaufene Irrtum die Lehre vom Mißverständnis komplizieren, wenn dessen Wirkung darin bestände, daß das Rechtsgeschäft mit dem vom Adressaten vorausgesetzten Inhalt zustande käme. Die Frage, ob hier der Erklärende ein Anfechtungsrecht hätte, und ob negative Ersatzansprüche entstünden, würde durchaus nach den für die gewöhnlichen Fälle von Mißverständnis zu ermittelnden Regeln zu beantworten sein. Anders aber läge die Sache, wenn sich zeigte, daß im allgemeinen Gültigkeit und Inhalt der Willenserklärung vom Mißverständnis unberührt blieben. Dann könnte man nämlich zweifeln, ob nicht wenigstens in dem Falle, wo dem Mißverständnis des Erklärungsempfängers ein Irrtum des Erklärenden gegenüberstände, die Nichtigkeit des Rechtsgeschäftes einzutreten hätte. Denn wenn die Rechtsordnung heutzutage auch die irrtümlich abgegebene Willenserklärung mit Wirksamkeit bekleidet, so tut sie das mit Rücksicht auf den Erklärungsempfänger: dieser soll sich auf die Erklärung des anderen Teiles, so wie sie ihm gegenüber abgegeben worden ist, verlassen dürfen. Diese Rücksichtnahme auf den Adressaten wird gegenstandslos, wenn dieser die Erklärung gar nicht so, wie sie abgegeben wurde, verstanden hat. Und weil hier die von der Erklärungstheorie verfolgten Zwecke nicht vorliegen, möchte vielleicht mancher die Anwendung der Willenstheorie für angebracht halten und demnach dafür eintreten, daß die weder vom Willen des Erklärenden getragene noch vom Adressaten richtig verstandene Erklärung als ein rechtliches Nichts behandelt werde. Die Richtigkeit solchen Standpunktes kann hier noch nicht geprüft werden. Jedenfalls aber zeigt es sich, daß die Kombination von Irrtum und Mißverständnis unsere Lehre allerdings vor besondere Aufgaben zu stellen vermag. Wir werden denn auch, wenn wir später die gewöhnlichen Wirkungen des Mißverständnisses erörtert haben, noch dem speziellen Falle, wo sich Mißverständnis und Irrtum gegenüberstehen, Beachtung schenken[5]). Dabei wird auch der singulären Erscheinung gedacht werden, wo jemand etwas anderes erklärt, als er erklären wollte, der Adressat aber infolge des ihm untergelaufenen Mißverständnisses gerade das als erklärt in sich aufnimmt, was erklärt werden sollte. A will zum 1. Januar kündigen, verspricht sich aber und sagt in Wahrheit: „1. Februar"; B ist schwerhörig und versteht 1. Januar. Hier decken sich Wille und Erklärung ebensowenig wie Erklärungsinhalt und Erklärungsaufnahme; wohl aber deckt sich der Inhalt des Geschäftswillens mit der Vorstellung, die der Erklärungsempfänger vom Erklärungsinhalt gewonnen hat, so daß sich die Vermutung aufdrängt, es könnte diese zufällige Kongruenz möglicherweise ausreichen, die negativen Mächte, die der Wirksamkeit der Willenserklärung entgegenarbeiten, lahm zu legen.

§ 6.

Nur mit den empfangsbedürftigen Rechtsgeschäften haben wir es bei unseren Untersuchungen zu tun, und wir brauchen uns, vom Falle des Irrtums abgesehen, nur mit den von Willensmängeln freien Rechtsgeschäften zu befassen. Es fragt sich, ob sich nicht eine weitere Einschränkung unseres Untersuchungsgebietes von seiten des Erklärungs**mittels** her ergibt.

Da ist zunächst zu prüfen, ob solche Begrenzung nicht vielleicht aus der herkömmlichen Einteilung der Willenserklärungen

---

[5]) Vgl. unten § 19.

in „ausdrückliche" und „stillschweigende" abzuleiten ist. Kommen für unsere Zwecke beide Arten von Erklärungen gleichmäßig in Betracht? Die Antwort hierauf läßt sich nur geben, wenn wir uns zuvor über den viel umstrittenen Begriff der stillschweigenden Willenserklärung verständigt haben.

Von vornherein scheiden für unsere Zwecke alle diejenigen Fälle aus, wo man mit dem Begriff der stillschweigenden Willenserklärung gewisse, unmittelbar kraft Gesetzes eintretende Rechtsfolgen — ich will nicht sagen zu erläutern — aber doch wenigstens zu umschreiben versucht hat. So hat man in dem vierzehntägigen Schweigen des gesetzlichen Vertreters auf die nach BGB. § 108 Abs. 2 an ihn gerichtete Aufforderung (und ähnliches gilt natürlich von den dieser Bestimmung nachgebildeten Fällen: vgl. z. B. die §§ 177, 415, 416, 516, 1396, 1448) von einer „stillschweigenden" Verweigerung der Genehmigung gesprochen, und hat man in dem Unterlassen des im § 341 Abs. 3 geforderten Vorbehaltes einen „stillschweigenden" Verzicht auf die Vertragsstrafe, in dem Nichtabsenden der vom HGB. § 377 verlangten Mängelrüge eine „stillschweigende" Billigung der schadhaften Ware erblickt. In Wahrheit aber liegen hier überhaupt keine Willenserklärungen vor. Denn das Gesetz hat die in Frage stehenden Rechtsfolgen nicht deshalb angeordnet, weil der Handelnde durch sein Verhalten zu erkennen gegeben hat, daß er ihren Eintritt wolle, sondern ohne Rücksicht darauf, ob aus dem Verhalten des Handelnden auf einen solchen Willen geschlossen werden kann oder nicht. Für uns aber hat der Begriff der stillschweigenden Willenserklärung nur insoweit Wert, als die Handlungen, die durch ihn gedeckt werden, auch wirklich rechtsgeschäftlichen Charakter tragen.

Am seltensten ist der Sprachgebrauch, der die „in der Einsamkeit vorgenommenen", „unbemerkt errichteten" Rechtsgeschäfte als „stillschweigende" bezeichnet. In diesem Sinne hat man wohl das Testament oder die Okkupation hie und da eine „stillschweigende" Willenserklärung genannt. Das Wort „stillschweigend" wird hier in ähnlich abusiver Weise verwendet, wie wenn man in der Sprache des täglichen Lebens von jemandem, der heimlich abgereist ist, sagt, daß er sich stillschweigend aus dem Staube gemacht habe. Soweit dem hier erwähnten Begriff der stillschweigenden Willenserklärung überhaupt ein juristischer Wert zukommt, kann er nur als eine Umschreibung der Kategorie „nicht empfangsbedürftiges" Rechtsgeschäft angesehen werden, hat also mit der uns interessierenden Frage nach den besonderen Eigenschaften einzelner Erklärungsmittel überhaupt nichts zu tun.

Das Gleiche gilt von einer anderen, außerordentlich häufigen Verwendung, die der Begriff der stillschweigenden Willenserklärung gefunden hat. Wird nach Vertragsabschluß Sinn und Tragweite der getroffenen Vereinbarung zwischen den Parteien streitig, so pflegen die Gerichte gern den von ihnen im Wege der Auslegung ermittelten Vertragsinhalt auf „stillschweigende" Parteierklärungen zurückzuführen. Man denke an die „stillschweigenden Garantieversprechen", an die „stillschweigenden Bedingungen", die „stillschweigenden Voraussetzungen", die „stillschweigend vereinbarten Rücktrittsrechte", mit denen die Praxis früher operiert hat und zum Teile noch heute operiert. Diese Art von „stillschweigenden Willenserklärungen" ist ebenfalls nicht gemeint, wenn wir im folgenden den Wert der verschiedenen Erklärungsmittel für die Lehre vom Mißverständnis prüfen. Denn es handelt sich bei diesen „stillschweigenden Erklärungen" nicht um Willenserklärungen, die sich durch eine besondere Art des Zustandekommens auszeichnen, sondern vielmehr um die im Wege der richterlichen Interpretation ermittelte Tragweite des gesamten, von einer Person beobachteten rechtsgeschäftlichen Verhaltens. Das Problem, das diese „stillschweigenden Erklärungen" aufrollen, gehört also seinem systematischen Zusammenhang nach in die Lehre von der Auslegung der Rechtsgeschäfte[1]). Die Gesetze der Auslegung

[1]) Das Verdienst, den systematischen Fehler, der hier begangen worden ist, zum ersten Male an der Hand zahlreicher Belege aus der Judikatur eingehend und nachdrücklich bekämpft zu haben, gebührt Ehrlich in seinem gründlichen Werke: Die stillschweigende Willenserklärung, Berlin 1893. Vgl. insbesondere S. 1—27, 111, 286 ff. — Wo das Gesetzbuch von stillschweigenden Erklärungen spricht, verwendet es den Begriff in einem ähnlichen Sinne, nämlich im Sinne einer die Form eines (dispositiven) Rechtssatzes annehmenden Geschäftsinterpretation: vgl. §§ 612, 632, 653, 689, 724 BGB.

aber werden, soweit sie für die Lehre vom Mißverständnis von Bedeutung sind, an anderer Stelle erörtert werden [2]).

Vielfach wird der Begriff der stillschweigenden Willenserklärung — wenn auch durchaus mißbräuchlich und irreführend — für diejenigen Fälle verwendet, wo es in Wahrheit an jedem Geschäftswillen fehlt, durch eine zufällige Verkettung von Umständen aber der äußere Schein einer Willenserklärung hervorgerufen wird. Es ist offensichtlich, daß hier die Bezeichnung „stillschweigend" nicht auf bestimmte Arten von Erklärungsmitteln hinweist; im übrigen haben wir bereits früher, als wir Beispiele solcher „stillschweigenden" Willenserklärungen kennen lernten, festgestellt, daß diese Gruppe von „Willenserklärungen" für unsere Lehre vom Mißverständnis ohne jedes Interesse ist [3]).

Ähnlich bedeutungslos, wenn auch aus anderem Grunde, ist für unsere Zwecke eine weitere Klasse von „stillschweigenden Willenserklärungen". Die Literatur bedient sich nämlich dieses Begriffes auch da, wo eine Handlung auf einen tatsächlich vorhandenen Geschäfts- oder Erfolgswillen hinweist, die Handlung aber nicht zu dem Zwecke vorgenommen worden ist, den rechtsgeschäftlichen Willen des Handelnden zu offenbaren, so daß dieser gewissermaßen unbewußt seinen Geschäfts- oder Erfolgswillen erklärt hat. Der Erbe, dem die Annahme der Erbschaft von vornherein als eine solche Selbstverständlichkeit erschienen ist, daß er nie daran gedacht hat, sie besonders auszusprechen, verschenkt und veräußert Nachlaßgegenstände; die Ehefrau, der hinsichtlich ihrer Ehe ein Anfechtungsgrund bekannt geworden ist, von dem keinen Gebrauch machen zu wollen, sie sofort mit sich einig ist, gestattet ihrem Ehemann nach wie vor den Beischlaf. Wennschon der Zweck dieser Handlungsweisen ein völlig anderer ist, als der, den Annahme- bezw. Bestätigungswillen zu erklären, so ist doch letzterer durch sie tatsächlich in die Erscheinung getreten: der Erbe hat seinen Annahmewillen, die Ehefrau ihren Bestätigungswillen „stillschweigend erklärt". Sofern es sich hier um eine besondere Art von Erklärungsmitteln handelt, findet

---

[2]) Vgl. unten S. 81—83 und vor allem die Paragraphen des folgenden Kapitels.

[3]) Vgl. oben S. 37 ff.

sie ihre nähere Würdigung bei dem später zu besprechenden Begriff der „konkludenten Handlung"; sofern sich aber die hier besprochene Gruppe von stillschweigenden Willenserklärungen durch das Fehlen jedes Erklärungs z w e c k e s auszeichnet, kommt sie für unsere Materie um deswillen nicht in Betracht, weil sie ihrer Natur nach nur aus nicht empfangsbedürftigen Willenserklärungen bestehen kann, die ja, wie wir wissen, außerhalb unseres Untersuchungsgebietes liegen [4]).

Von manchen Schriftstellern wird der Begriff der stillschweigenden Willenserklärung auf diejenigen Fälle beschränkt, wo jemand gerade durch sein S c h w e i g e n rechtsgeschäftliche Folgen auf sich zieht. Als Gegensatz zur stillschweigenden Erklärung wird hier also die durch irgendetwas Positives, durch irgendein T u n bewerkstelligte Willenserklärung gedacht. Es handelt sich bei dieser Unterscheidung also wirklich um eine Verschiedenheit der Erklärungs m i t t e l. Die stillschweigende Erklärung, wie sie dieser Auffassung zugrunde liegt, kann nun in zwiefacher Gestalt im Rechtsleben auftauchen. Entweder stellt das Schweigen tatsächlich die Verkörperung eines rechtsgeschäftlichen Willens des Schweigenden dar; dann ist das Schweigen als Erklärungsmittel offenbar in nichts verschieden von jeder anderen, durch konkludente Handlung abgegebenen Erklärung. Es deckt sich dann also der Begriff der stillschweigenden Erklärung wiederum mit dem alsbald zu erörternden Begriff der konkludenten Handlung. Oder aber dem Schweigenden lag, als er schwieg, jede rechtsgeschäftliche Absicht gänzlich fern; dann ist es zwar möglich, daß trotz der Abwesenheit jeglichen Erfolgswillens das Schweigen ein Rechtsgeschäft erzeugt (zum Schutze des Gegners, der nach Lage der Sache das Schweigen als rechtsgeschäftliche Erklärung aufzufassen berechtigt war); die Frage aber, welche Bedingungen im einzelnen erfüllt sein müssen, damit hier trotz des Willensmangels ein Rechtsgeschäft entsteht, und die juristische Rechtfertigung dieses Vorganges haben, wie bereits früher einmal ausgeführt und vorhin von neuem erwähnt wurde, nichts

[4]) Diejenige Lehre, die als Begriffserfordernis der Willenserklärung das Vorhandensein des Erklärungszweckes verlangt (vgl. oben § 4 Anm. 7), kann natürlich in der hier besprochenen Reihe von Handlungen überhaupt keine Willenserklärungen, also auch keine „stillschweigenden" erblicken.

mit unserer Lehre vom Mißverständnis zu tun. So bedarf also auch die stillschweigende Willenserklärung im Sinne des „Erklärens durch Schweigen" weiterhin keiner besonderen Betrachtung.

Es bleibt nur noch eine Gruppe von stillschweigenden Willenserklärungen übrig: die sogenannten konkludenten Handlungen. Vielfach wird nämlich in der Doktrin[5]) dasjenige Verhalten als „stillschweigende" Erklärung bezeichnet, das zwar zu Verlautbarungszwecken beobachtet wird, bei dem aber der zu erklärende Geschäftswille nicht mit Hilfe der gewöhnlichen, dem Gedankenaustausch dienenden Verkehrsmittel, sondern auf andere Weise, wie es scheint auf einem Umweg, zum Ausdruck gebracht wird. Dieser „stillschweigenden" Erklärung wird dann die in „normalen" Formen sich vollziehende Willensmitteilung als „ausdrückliche" Erklärung gegenübergestellt[6]). Sind für unsere Lehre vom Mißverständnis beide Erklärungsarten von gleichem Werte?

Die Frage ist unschwer zu bejahen. Denn wenn wir das Wesen der Unterscheidung näher betrachten, zeigt sich ohne weiteres, daß ein Gegensatz hier in Wahrheit nicht besteht. Vielmehr liegt der ganzen, auf einer vermeintlichen Verschiedenheit der Erklärungsmittel aufgebauten Einteilung teils eine unrichtige Beobachtung, teils ein juristisch-logischer Fehler zugrunde.

Eine unrichtige Beobachtung liegt zugrunde, denn jene Distinktion geht davon aus, daß die Erklärung, die den Geschäftswillen zum Ausdruck bringt, in einem einzelnen sinnlich wahrnehmbaren Zeichen bestehe, das je nach der Häufigkeit seines Vorkommens als „übliches" oder „nicht übliches", als „typisches" oder „relatives" in Anspruch genommen werden könne. In Wahrheit aber tritt der Geschäftswille niemals in einem einzelnen, isoliert zu betrachtenden Zeichen, sondern immer vermittelst eines ganzen Komplexes von äußeren Merk-

[5]) Und auch in der Gesetzgebung: §§ 58—61 ALR. I, 4; Österreich. BGB. § 863; Sächs. BGB. § 98. Vgl. auch § 72 des Entw. I zum BGB. und Art. 1 des Schweizer. Obligationenrechtes.

[6]) Über die engere Bedeutung, in welcher das BGB. selbst den Begriff der ausdrücklichen Willenserklärung verwendet, vgl. unten § 8.

malen in die Erscheinung. „Willenserklärung ist nicht eine einzelne Handlung des Wollenden, sondern sein gesamtes für den Schluß auf den Willen in Betracht kommendes Verhalten" [7]). Selbst die Erklärung desjenigen, der sich zur Willensmitteilung der Sprache, also des unbestritten gangbarsten Kommunikationsmittels bedient, ist nicht allein in den gebrauchten Worten, sondern zum guten Teile in den sie begleitenden Umständen enthalten [8]). Der Inhalt von Rede und Schrift ist nicht den nackten Buchstaben und Wörtern zu entnehmen, sondern ergibt sich aus dem ganzen Zusammenhang, in den diese gestellt sind, aus den Mienen, mit denen sie gesprochen werden, aus der Betonung, die ihnen beigelegt ist, bisweilen auch aus der Persönlichkeit dessen, an den sie gerichtet sind. Es verbindet sich also stets das typische Erklärungsmittel der Sprache mit nichttypischen Erklärungsmitteln, und im Sinne der obigen Unterscheidung darf darum sehr häufig eine wörtliche Erklärung mit gleichem Rechte als ausdrückliche wie als stillschweigende bezeichnet werden [9]). Auf der anderen Seite können Handlungen, von denen sich gewiß nicht allgemein sagen läßt, daß ihnen die Sitte die Bestimmung zugewiesen hat, als Mitteilungszeichen zu fungieren — wie z. B. das Verlassen eines Zimmers, das Aufstehen oder Nichtaufstehen von einem Sitzplatz, das Emporstrecken oder Nichtemporstrecken einer Hand —, infolge der konkreten Umstände, unter denen sie zu Erklärungszwecken verwendet werden, den Charakter von jedermann verständlichen und

---

[7]) Isay, Willenserklärung S. 13.

[8]) Ähnlich Regelsberger, Pandekten I S. 507: „Jedes Verhalten eines Menschen, selbst die wörtliche Erklärung, empfängt ihr rechtes Licht erst aus den gesamten Umständen, unter denen sie in die Erscheinung tritt." Vgl. auch Zitelmann, Irrtum S. 382.

[9]) Spricht doch beispielsweise Regelsberger, Zivilrechtliche Erörterungen I (1868) S. 9 von „stillschweigenden Willenserklärungen durch Worte", und Bekker, Pandekten II S. 73 bezeichnet es geradezu als herrschende Meinung, daß „eine ausdrückliche Willenserklärung durch Schweigen und eine stillschweigende Willenserklärung durch Worte abgegeben werden" kann. Vgl. auch Leonhard, Allgem. Teil S. 277, der von verba concludentia redet und damit Worte meint, „die einen anderen Gedanken als den zunächst in sie eingekleideten nebenher tacite ausdrücken".

insofern typischen Erklärungsmitteln annehmen[10]). Wennschon also in abstracto die Möglichkeit besteht, typische und nicht-typische Erklärungsmittel zu unterscheiden, so treten sie doch in concreto fast niemals isoliert, sondern regelmäßig in Verbindung miteinander auf, und eine strenge Einteilung der Willenserklärungen danach, ob die gebrauchte Erklärungsform von gewöhnlicher oder von ungewöhnlicher Art ist, erscheint undurchführbar. Will man durchaus auf jene Kriterien eine Unterscheidung gründen, dann kann es sich immer nur darum handeln, eine einzelne Erklärung daraufhin zu prüfen, ob unter den zu ihrer Abgabe benutzten Mitteln die seltener oder die häufiger vorkommenden überwiegen. Je nachdem das eine oder das andere der Fall ist, mag man dann die Willenserklärung eine stillschweigende oder eine ausdrückliche nennen.

Aber auch wenn man den Gegensatz auf dieses bescheidene Maß zurückführt und ihn dadurch mit der Wirklichkeit in Einklang bringt, so bleibt er doch immer noch für die Rechtsdogmatik wertlos. Denn die Einteilung der Willenserklärungen in ausdrückliche und stillschweigende leidet, wie gesagt, an einem juristisch-logischen Fehler. Sie hängt offenbar mit der falschen Vorstellung zusammen, daß der Geschäftswille in den typischen Erklärungsformen gleichsam unmittelbar zum Ausdruck komme, sich in ihnen gewissermaßen handgreiflich verkörpere, während er da, wo die relativen Erklärungsmittel vorwiegen, erst im Wege des Rückschlusses erkennbar werde[11]). Falsch ist diese

---

[10]) Manigk, Willenserklärung S. 198 setzt sich also mit den Tatsachen (übrigens auch — vgl. a. a. O. S. 304 — mit sich selbst) in Widerspruch, wenn er sagt: „Es gibt außer den von der menschlichen Sprache geschaffenen Wortzeichen keine anderen typischen Zeichen." In der Literatur werden denn auch Körperbewegungen der oben gedachten Art und erst recht natürlich solche wie Kopfschütteln und Kopfnicken vielfach zu den „ausdrücklichen" Willenserklärungen gerechnet. „Auch das Schweigen kann unter Umständen eine ausdrückliche Willenserklärung sein" (Zitelmann, Irrtum S. 262). Es heißt, diese richtige Erkenntnis durch eine oberflächliche Betrachtungsweise verdrängen wollen, wenn Fritze im Arch. f. Bürgerl. Recht 14 S. 181 eine Lanze dafür bricht, „ausdrücklich" die Willenserklärung durch Worte, „stillschweigend" die durch anderweite Erklärungsmittel zu nennen.

[11]) Das ist es wohl, was Manigk meint, wenn er Willenserklärung S. 220 sagt: „Wir können mit Recht das Genus der Willens-

Vorstellung deshalb, weil in allen Fällen, also auch da, wo die Erklärung in der Hauptsache durch typische Zeichen erfolgt und darum eine „ausdrückliche" heißt, der Geschäftswille nicht sinnlich wahrgenommen, sondern nur mit Hilfe eines Syllogismus festgestellt wird. Denn auch bei der wörtlichen Erklärung kann man von einer Verlautbarung des Geschäftswillens nur auf Grund folgender Überlegung sprechen: erfahrungsgemäß hat derjenige, der unter den und den Umständen die und die Worte spricht, den und den rechtsgeschäftlichen Willen; X aber hat unter diesen Umständen diese Worte gesprochen; ergo muß auf seiten des X der gedachte Geschäftswille vorliegen[12]). Der

---

erklärungen .... in zwei Spezies einteilen, nämlich ausdrückliche und stillschweigende, weil der Modus der Erklärung und daher auch der des Rückschlusses bei beiden verschieden ist." Wenn dann Manigk in Verfolg dieses Gedankenganges S. 304 den Satz aufstellt: „Ausdrücklich erklärt ist also das, was sich nach dem Sprachgesetz als erklärt ergibt Konkludent erklärt ist das, was sich nach anderen Gesetzen, denen der Logik, der Usance u. a., als erklärt ergibt", so leidet diese Definition trotz der Zustimmung, die sie bei Hellmann, Krit. Viertelj. 48 S. 228 und bei Jacobsohn in Jher. Jahrb. 56 S. 336 gefunden hat, noch an einem anderen Fehler. Denn sie konstruiert einen Gegensatz zwischen Sprachgebrauch und Usance, der nicht existiert. Beide Begriffe sind vielmehr, wie die Ausführungen des folgenden Kapitels zeigen werden, identisch. Es ist einerlei, ob ich sage: die Worte des X haben nach dem Sprachgebrauch den und den Sinn, oder ob ich sage, sie haben usance- oder verkehrsmäßig die und die Bedeutung. Die Sprachgewohnheit stellt die Sitte, die Sitte die Sprachgewohnheit des Rechtsverkehres dar. Oder will Manigk einen Unterschied zwischen Sprachgesetz und Sprachgebrauch gemacht wissen? Dann würde der Fehler noch größer sein; denn Willenserklärungen, die nach den Regeln der Philologie oder Etymologie ausgelegt werden, gibt es im Rechtsleben nicht. Manigk wird selbst nicht annehmen, daß die Erklärung: „innerhalb acht Tagen liefern zu wollen", eine stillschweigende Willenserklärung sei, weil die Worte „acht Tage" in der an vielen Orten üblichen Redeweise etwas anderes besagen, als sie nach den Regeln der Arithmetik und Grammatik bedeuten.

[12]) Vgl. auch Danz, Auslegung S. 54: „Weil wir aus der Erfahrung wissen, daß die Worte die regelmäßigen Mittel sind, um eine innere Absicht zum Ausdruck zu bringen ...., so schließen wir aus den gelesenen Worten rückwärts, daß der Schreiber auch beim Niederschreiben die innere Absicht gehabt hat, die der Bedeutung des Wortes .. entspricht."

Prozeß, durch den die Wahrnehmung des Geschäftswillens seitens der Außenwelt erfolgt, ist also bei den sogenannten ausdrücklichen Erklärungen kein anderer als bei den Erklärungen durch konkludente Handlungen, wo er sich ja auch vermittelst der einfachen Denkoperation vollzieht: wer die und die Handlung vornimmt, muß nach den Erfahrungen des Lebens den und den rechtsgeschäftlichen Willen haben; X hat die betreffende Handlung vorgenommen; ergo ist bei X jener Rechtsfolgewille vorhanden. Der Wille des Gläubigers, die Schuld zu erlassen, wird durch dieselbe Denkform zutage gefördert, einerlei ob der Gläubiger sagt, daß er auf die Forderung verzichte, oder ob er, wie Fugger, den Schuldschein vor den Augen des Schuldners ins Feuer wirft[13]). Ist aber die Denkform, die zur Erkenntnis des Geschäftswillens führt, in allen Fällen dieselbe, so kann auf sie unmöglich eine Einteilung der Willenserklärungen gegründet werden; vielmehr muß sich ein Gegensatz, der die vermeintliche Verschiedenheit der Denkformen zum Ausgangspunkt nimmt, naturgemäß als inhaltsleer erweisen, mag er nun unter der Maske der ausdrücklichen und stillschweigenden oder der direkten und indirekten[14]) oder der unmittelbaren und mittelbaren[15]) oder, wofür es in der Literatur an Belegen ebenfalls nicht fehlt, der absichtlichen und der vorsätzlichen Willenserklärung auftreten[16]).

---

[13]) „Zwischen beiden, dem Worte und dem Werke, finden Annäherungen und Übergänge statt. Weil auch das Werk aus unserem Innern kommt, ist jedes, wenn auch nicht der Absicht, so doch der Wirkung nach zugleich eine Mitteilung der in ihm niedergelegten Gedanken, Absichten, Ideen auch an Andere. So können Steine redend zeugen" (Brinz-Lotmar, Pandekten IV S. 262).

[14]) So Enneccerus I S. 359 f. und Crome I S. 381 f.

[15]) Vgl. den Vorentwurf zum Allgem. Teil des BGB. im zweiten Titel des zweiten Abschnitts § 10. Auch Staudinger I S. 388 entscheidet sich für die Terminologie „unmittelbare" und „mittelbare" Willenserklärung.

[16]) Diese Terminologie schlägt vor Eltzbacher, Die Handlungsfähigkeit S. 139. — Bisweilen wird der Unterschied von ausdrücklicher und stillschweigender Willenserklärung auch darin gefunden, daß die erstere ausschließlich dem Zwecke der Willensmitteilung dient, während der Erklärende mit der letzteren vielleicht ebenfalls Erklärungszwecke, daneben aber jedenfalls noch andere Ziele verfolgt (vgl. u. a. Dernburg,

Eine Unterscheidung der Willenserklärungen nach den Mitteln, durch welche die Erklärung zustande kommt, läßt sich allerdings denken, aber in einem anderen als dem ihr von der eben bekämpften Lehre beigelegten Sinne. Die Unterscheidung kann nämlich darauf gebaut werden, daß die Erfahrungssätze, welche die Obersätze in den vorhin aufgeführten Syllogismen bilden, bald auf Grund einer reicheren, bald auf Grund einer minderreichen Erfahrung gewonnen werden. Infolgedessen kann der Schluß, den der Obersatz vermittelt, zuverlässiger oder minder zuverlässig, und dementsprechend die Erklärung selbst deutlicher oder minder deutlich sein. Diese Betrachtungsweise teilt also die Willenserklärungen in deutlichere und weniger deutliche ein und schafft dadurch einen Gegensatz, der, wie sich noch zeigen wird [17], für das Rechtsleben tatsächlich von Interesse ist, der aber gar nichts zu tun hat mit der hier besprochenen Einteilung in ausdrückliche und stillschweigende Erklärungen. Denn eine Erklärung, bei deren Abgabe vorwiegend typische Zeichen verwendet werden, und die deshalb eine „ausdrückliche" in dem vorhin dargelegten Sinne ist, bedarf zu ihrem Zustandekommen, wie wir wissen, regelmäßig auch nichttypischer Momente und kann also sehr wohl einmal unter Umständen erfolgen, die den Schluß auf den Geschäftswillen nur vermöge einer geringen Erfahrung gestatten und darum die Deutlichkeit der Erklärung beeinträchtigen. Es ist ja bekannt, einer wie verschiedenfachen Deutung mitunter „Worte" fähig sind. Und umgekehrt können die Verhältnisse, unter denen eine konkludente Handlung vor-

---

Pandekten I § 98 bei Anm. 6; Savigny, System III § 131). Aber auch in dieser Fassung ist die Unterscheidung juristisch wertlos. Denn hat jemand ein bestimmtes Verhalten zu dem Ende beobachtet, um Anderen seinen Geschäftswillen kundzutun, so ist nicht einzusehen, welche Bedeutung es für den rechtlichen Charakter der abgegebenen Willenserklärung haben soll, daß die Handlung außer zum Zwecke der Erklärungsabgabe noch zu anderen das Recht nicht berührenden Zwecken vorgenommen worden ist. Verbrennt der Gläubiger in Gegenwart des Schuldners den Schuldschein, um seinen auf Erlaß der Forderung gerichteten Willen zu erklären, so ist es für das Zustandekommen dieses Rechtsgeschäftes einerlei, ob der Gläubiger mit der Verbrennungsszene gleichzeitig einen theatralischen, seiner Eitelkeit wohltuenden Effekt erzielen wollte.

[17]) Vgl. unten § 8.

genommen wird, so geartet sein, daß der Schluß auf den Geschäftswillen nach der zu Gebote stehenden Erfahrung gänzlich unabweisbar erscheint, so daß die Erklärung, auch wenn sie im Sinne jener Unterscheidung eine „stillschweigende" ist, doch an Deutlichkeit nicht das geringste zu wünschen übrig läßt[18]). —

Die Beweisführung hat ergeben, daß die oben aufgeworfene Frage, ob unsere Untersuchungen sich auch auf die sogenannten stillschweigenden Willenserklärungen zu erstrecken haben, dort mit Recht bejaht worden ist. Es besteht eben keine rechtliche Verschiedenheit zwischen den „ausdrücklichen" Erklärungen und den „konkludenten Handlungen" [19]).

Natürlich haben wie die ersteren, so auch die letzteren für unsere Zwecke nur insoweit Interesse, als sie einem Anderen gegenüber vorgenommen worden sind. Denn nur mit den empfangsbedürftigen Willenserklärungen haben wir es in unserer Lehre zu tun[20]). Die Frage aber, ob das beobachtete

---

[18]) In der Literatur ist freilich mehrfach der Versuch gemacht worden, den Gegensatz der deutlicheren und der weniger deutlichen Erklärung (wenn man hier, wo es sich natürlich nur um Übergänge handeln kann, überhaupt von einem „Gegensatz" sprechen darf) mit dem der ausdrücklichen und der stillschweigenden Erklärung zu identifizieren. Vgl. z. B. Manigk, der sich Willenserklärung S. 223 gegen die Identifizierung wendet und sie doch S. 295 ff. im wesentlichen vornimmt; ferner Dernburg I S. 442 und die von ähnlichen Vorstellungen ausgehenden Bemerkungen Savignys in seinem System III S. 363; dazu auch Regelsberger, Pandekten I S. 503 und Reichsoberhandelsgericht 16 S. 299 ff. Daß indessen die beiden Unterscheidungen, soweit es sich um den im Texte besprochenen Begriff der stillschweigenden Willenserklärung handelt, nicht zusammenfallen, ist eben dargetan worden. Soweit hier aber lediglich terminologische Differenzen vorliegen, ist zu bemerken, daß man wohl die „deutliche" Willenserklärung, ohne allzusehr gegen den Sprachgebrauch zu verstoßen, eine „ausdrückliche" heißen kann, daß es aber sinn- und sprachwidrig wäre, wollte man die „undeutliche" Willenserklärung als „stillschweigende" bezeichnen.

[19]) Und diese Erkenntnis ist schon recht alt. Vgl. die Ansicht des Pedius in l. 6 D. de reb. cred. 12, 1: nihil referre, proprio nomine res appelletur an digito ostendatur an vocabulis quibusdam demonstretur: quatenus mutua vice fungantur, quae tantundem praestent.

[20]) Daß überhaupt „konkludente Handlungen" oder „stillschweigende Erklärungen", ebenso wie die „ausdrücklichen", „einem Anderen gegenüber" vorgenommen werden können, daß sie also ebenso wie diese die Rolle

Verhalten den an ein empfangsbedürftiges Rechtsgeschäft hinsichtlich der Adressierung zu stellenden Anforderungen genügt, ist bei der Erklärung durch konkludente Handlung mit besonderer Vorsicht zu beantworten. Denn leichter wie bei anderen Erklärungsarten taucht hier die Versuchung auf, die in Wahrheit fehlende Adressierung als vorhanden hinzunehmen.

Man denke, daß ein Hausbesitzer, vielleicht weil er taubstumm ist, seinem Mieter in der Form kündigt, daß er ihn, wie er am Hauseingang mit ihm zusammentrifft, auf einen gelben Zettel hinweist, den er an der Haustür hat anbringen lassen, und auf welchem er die bislang vom Mieter innegehabte Wohnung als „am 1. Oktober zu vermieten" dem mietlustigen Publikum anbietet. Sicherlich wird man diese Kündigung für wirksam erachten müssen: denn der Hausbesitzer hat den Kündigungswillen gehabt, er hat diesen Willen durch Aushängen des Plakates geäußert, er hat dies auch, indem er den Mieter auf den Zettel aufmerksam machte, dem letzteren gegenüber getan, und der Mieter hat schließlich, so wollen wir annehmen, den Inhalt des Plakates richtig verstanden [21]). Aber wie, wenn

---

einer empfangsbedürftigen Erklärung zu spielen imstande sind, bedarf angesichts der Ausführungen des Textes, welche die juristische Wesensgleichheit der beiden Erklärungsarten ergeben haben, keines weiteren Nachweises. Die Zweifel, die Wendt im Arch. f. d. zivil. Praxis 92 S. 241 ff. in jener Hinsicht äußert, sind veranlaßt durch die ihm untergelaufene Verwechslung der stillschweigenden und der undeutlichen Willenserklärung; die Zweifel Plancks I S. 206 dadurch, daß er den Begriff der stillschweigenden Willenserklärung mit dem der unbewußten Willenserklärung identifiziert. Mit Recht sagt Isay, Willenserklärung S. 62, daß es „keine Form der Willenserklärung gibt, die nicht fähig wäre, auch als adressierte Erklärung abgegeben zu werden." Siehe auch Manigk, Willenserklärung S. 120, 130, 344 f. und Oertmann I S. 306. Auch bloßes Schweigen kann den Tatbestand einer empfangsbedürftigen Willenserklärung ausmachen: es gibt ein „Anschweigen", wie es ein „Anreden" gibt.

[21]) Staudinger I S. 393 spricht zwar an und für sich den konkludenten Handlungen die Fähigkeit nicht ab, als empfangsbedürftige Erklärungen zu fungieren, meint aber doch speziell von der Kündigung, daß sie „im Wege einer mittelbaren Erklärung überhaupt nicht zugehen könne". Die Ausführung des Textes zeigt, daß die Kündigung durchaus keine Ausnahme von der Regel macht. Auch Thiele, Die Kündigung usw. im Arch. f. d. zivil. Praxis 89 S. 146 f., bringt ein Beispiel für eine

ein Hausbesitzer den gleichen Weg der Kündigung beschritte, nur mit dem Unterschied, daß er es unterließe, den Mieter auf das Aushängeschild besonders hinzuweisen, indem er von der Erwartung ausginge, der Mieter werde es bei seinem täglichen mehrmaligen Passieren der Eingangstür ohnedies bemerken? Würde hier, selbst unter der Annahme, daß der Mieter das Schild gelesen hätte, die Kündigung wirksam erfolgt sein? Es wird vielleicht mancher bereit sein, die Frage zu bejahen. Denn auch hier lag der Kündigungswille vor, und auch hier ist dieser Wille erklärt worden: kann doch ein Vermieter seine Absicht, den Mietkontrakt zu lösen, wirksamer kaum zum Ausdruck bringen, als daß er bereits Anstalten trifft, die Wohnung an einen neuen Mieter zu vergeben. Und die Erklärung ist auch zur Kenntnis des Mieters gelangt, so daß die Erfordernisse des § 130 BGB., der nur das „Zugehen" verlangt, mehr als erfüllt zu sein scheinen. Und doch kann die Kündigung nicht als gültig angesehen werden, weil sie nicht „gegenüber" dem Mieter vorgenommen worden ist. Zwar hat der Vermieter bei der Abgabe der Erklärung damit gerechnet und nach Lage der Sache auch damit rechnen können, daß der Mieter von der Kündigung Kenntnis erhalten werde, aber das Richtungsbedürfnis, das die empfangsbedürftigen Willenserklärungen auszeichnet, ist dadurch noch nicht befriedigt. Vielmehr geht das Gesetz, wenn es im § 130 von Willenserklärungen spricht, die „einem Anderen gegenüber abzugeben sind", davon aus, daß es Erklärungen gibt, die, weil ein bestimmter Gegner an ihrem Inhalt mit seiner Privatrechtssphäre interessiert ist, nach den Anschauungen des Verkehres und nach dem Willen der Rechtsordnung nur gültig sind, wenn sie der Kenntnisnahme dieses Beteiligten durch Adressierung an ihn zugänglich gemacht worden sind. Dieses Erfordernis der Adressierung ist aber nicht schon dann gewahrt, wenn der Erklärende unter anderen Personen auch dem Gegner die Möglichkeit der Kenntnisnahme verschafft hat, sondern die Erklärung muß gerade für seine Kenntnisnahme bestimmt gewesen sein, auf ihn die individuelle Richtung genommen haben [22]). Da-

---

durch „stillschweigende" (d. h. in der Sprache Staudingers durch „mittelbare") Erklärung erfolgende Kündigung.

[22]) Es reicht also nicht aus, wenn Regelsberger, Zivilrechtl. Er-

durch unterscheiden sich ja gerade die sogenannten empfangsbedürftigen Willenserklärungen von den nicht empfangsbedürftigen: bei den letzteren spielt, wie schon einmal in anderem Zusammenhang betont wurde[23]), die Adressierung nur insoweit eine Rolle, als sie im einzelnen Falle dazu dient, die Reife des rechtsgeschäftlichen Wollens zu offenbaren, das Verhalten einer Person als Willenserklärung erscheinen zu lassen; bei den ersteren ist sie auch dann noch vonnöten, wenn, wie in dem oben gebrauchten Beispiel, bereits ein Verhalten beobachtet worden ist, das einen sicheren Schluß auf die rechtsgeschäftliche Absicht zuläßt; wenn also der Wille sich schon in der Außenwelt verkörpert hat. Bei den „empfangsbedürftigen Willenserklärungen" ist demnach die Adressierung geradezu zum Formerfordernis erhoben[24]). Und darum ist, wenn diese Form nicht

---

örterungen I S. 5 (ähnlich Motive I S. 158) definiert: „Eine Erklärung gilt in der Richtung gegen eine Person abgegeben, wenn sie der Erklärende in der Absicht geäußert hat, daß sie nunmehr zur Kenntnis derselben komme"; oder wenn Zitelmann, Rechtsgeschäfte I S. 98 f. sagt, das Richtungserfordernis bedeute, daß „der Erklärende den Empfang seiner Erklärung durch den Anderen beabsichtigen" müsse, daß er „die Vorstellung haben müsse, der Andere werde die Willenserklärung empfangen". Die hier geforderte Absicht hat der Vermieter in dem im Texte gebrachten Beispiel gehabt, und dennoch war die Kündigung keine adressierte. Richtig urteilt Crome I S. 392 Anm. 7 über die Adressierung konkludenter Handlungen: „Bei indirekten Erklärungen muß der Erklärende sein Verhalten so einrichten, daß die Schlüssigkeit desselben gerade dem Adressaten gegenüber hervortritt." Vgl. auch Staudinger a. a. O.: „Ist das Verhalten derart, daß es zum Schlusse auf den Willen nicht unmittelbar, sondern nur mittelbar nötigt, so muß eben diese Nötigung auf den Schluß gerade dem „Adressaten" gegenüber zum Bewußtsein gebracht werden."

[23]) Vgl. oben S. 30 ff.

[24]) Insofern kann Breit im Sächs. Arch. 15 S. 684 mit Recht sagen, daß es sich bei „dem Erfordernis der Richtung um etwas rein Technisches handle". Wenn demgegenüber Manigk, Willenserklärung S. 317 sagt: „Jede heute als empfangsbedürftig angesehene Willenserklärung könnte, wenn sie der Erklärende einem großen Kreise von Empfängern zugehen lassen will, durch öffentliche Bekanntmachung (Inserat, Anschlag, Ausruf u. a.) erfolgen", so liegt darin eine fast der Eliminierung gleichkommende Verflüchtigung der Begriffe „Richtung" und „Zugang".

beobachtet worden ist, die Erklärung wirkungslos, mag sie trotz der mangelnden Adressierung in die Wahrnehmungssphäre des Geschäftsgegners gelangt sein oder nicht, und mag sie, wenn er sie wahrgenommen hat, von ihm richtig oder falsch verstanden worden sein [25]).

Ist aber dem Richtungserfordernis Genüge geleistet, dann kommt, wie gesagt, die konkludente Handlung für unsere Untersuchungen nicht weniger in Betracht als die „ausdrückliche" Willenserklärung. Hat ein Adressat die an ihn gerichtete Er-

---

[25]) Für unseren Fall folgt daraus, daß der Mieter die Kündigung nicht gegen sich gelten zu lassen braucht, sondern die Wohnung über den 1. Oktober hinaus zu benutzen berechtigt ist. Freilich folgt auch das Umgekehrte daraus, daß, wenn der Mieter, dem Winke des Vermieters folgend, tatsächlich am 1. Oktober auszöge, der Vermieter, falls ihm die anderweitige Vermietung der Wohnung nicht gelungen wäre, befugt sein würde, nach wie vor den Mietzins zu verlangen. Das erscheint auf den ersten Blick unbillig, ist aber nur die Konsequenz davon, daß eine wirksame Kündigung nicht stattgefunden hat. Es dürfte auch nicht angängig sein, zum Schutze des Mieters die „exceptio doli von Gottes Gnaden" anzurufen; denn für den Mieter hatte ja keinerlei Notwendigkeit vorgelegen, dem Wunsche des Vermieters zu willfahren, und es würde widerspruchsvoll erscheinen, wollte man auf der einen Seite sagen, dem Mieter sei nicht gekündigt worden, weil das Verhalten des Vermieters den nach den Grundsätzen des Rechtsverkehres an eine Kündigung zu stellenden Anforderungen nicht entsprochen habe, auf der anderen Seite aber dafür eintreten, daß der Vermieter mit Rücksicht auf die den Verkehr beherrschende bona fides so zu behandeln sei, als habe er gekündigt. — Mit dem hier besprochenen Falle würde der andere auf eine Stufe zu stellen sein, wo der Vermieter die Kündigung dadurch zu bewerkstelligen versuchte, daß er in Ansehung der vom Mieter bewohnten Etage eine „Vermietungsofferte" in die vom Mieter gelesene Zeitung einrücken ließe. Nur dann natürlich würden beide Fälle anders zu entscheiden sein, wenn die Parteien, sei es bei, sei es nach Eingehung des Mietvertrages, vereinbart hätten, es solle die Kündigung in der einfachsten Weise dadurch erfolgen, daß der Vermieter die Wohnung entweder durch Aushängen eines entsprechenden Plakates oder durch Inserieren in die Zeitung als zu vermietende „ausschreibe". Wobei es Sache der Vertragsauslegung wäre, festzustellen, ob nach der Meinung der Parteien zur Wirksamkeit der Kündigung die Kundgebung als solche genügen solle, oder ob noch die Wahrnehmung seitens des Mieters oder doch wenigstens die schuldhaft unterlassene Wahrnehmung hinzukommen müsse. Im Zweifel hätte die erstere Alternative Platz zu greifen.

klärung mißverstanden, so ist das Mittel, das zu ihrer Abgabe verwendet worden ist, für die juristische Betrachtung des Mißverständnisses gleichgültig. Auch die einzelnen Arten des Mißverständnisses, die wir früher unterschieden haben, sind nicht an bestimmte Erklärungsformen gebunden. Ausdrückliche und stillschweigende Erklärung sind beide sowohl der Gefahr eines Wahrnehmungsfehlers wie der eines Deutungsfehlers ausgesetzt. Und zwar liegt, den Ausführungen des vorigen Kapitels entsprechend, bei den Erklärungen durch konkludente Handlung ein Wahrnehmungsfehler dann vor, wenn der Empfänger nicht einmal das äußere, sinnlich wahrnehmbare Verhalten des anderen Teiles richtig beobachtet hat; ein Deutungsfehler hingegen da, wo die Sinne das die Erklärung enthaltende Geschehnis richtig aufgenommen haben, von seiten des Adressaten aber unrichtige Schlüsse aus der richtigen Wahrnehmung gezogen worden sind [26].

§ 7.

Ist eine Willenserklärung wegen Beschaffenheit des zu ihrer Abgabe verwendeten Mittels unwirksam, so scheidet sie damit von selbst aus unserem Untersuchungsgebiet aus. Denn sobald feststeht, daß ein Rechtsgeschäft nichtig ist, hat die Frage, ob der Adressat die Erklärung richtig oder falsch verstanden, für die Rechtsordnung jedes Interesse verloren.

Von seiten des gebrauchten Erklärungsmittels ist ein Rechtsgeschäft jedenfalls unwirksam, wenn der Erklärende bei der Vornahme kein Verhalten beobachtet hat, das nach den Erfahrungen des Lebens einen Schluß auf den Geschäftswillen gestattet. Denn die Erklärung soll, wie schon mehrfach erwähnt wurde, den Rechtsfolgewillen in die Erscheinung treten lassen; in ihr soll er sich gewissermaßen für die Außenwelt verkörpern. Eine Erklärung im Rechtssinn liegt also nur vor, wenn das gesamte Verhalten jemandes bei anderen Personen das Urteil auslöst: wer sich so verhält wie der Betreffende, ist für gewöhnlich, ist in der Mehrzahl aller Fälle von dem und dem Geschäftswillen beseelt. Lautet hingegen das Urteil:

---

[26]) Vgl. oben S. 11 ff.

„möglicherweise verbirgt sich hinter dem Verhalten ein Geschäftswille; es ist aber ebensogut möglich, daß ein Geschäftswille nicht vorhanden ist", so ist der Rechtsbegriff der „Erklärung" nicht erfüllt, mag nun in Wahrheit das Verhalten vom Geschäftswillen getragen oder nicht getragen gewesen sein [1]).

Wenn beispielsweise jemand einen Kündigungsbrief oder eine Rücktritts- oder Anfechtungserklärung dem Gegner dadurch zukommen ließe, daß er das betreffende Schreiben — sei es aus Scherz, sei es aus Bequemlichkeit, sei es, weil sich ein anderer Weg der Übermittelung ihm augenblicklich nicht böte — über die Grundstücksmauer hinweg in den Garten des Adressaten würfe, wo es auf ein Blumenbeet zu liegen käme und nach einiger Zeit vom Adressaten durch Zufall gefunden würde, so hätte der Absender in Wahrheit ein nichtiges Rechtsgeschäft vorgenommen. Zwar würde das Schreiben von dem Augenblick an, wo es der Empfänger an sich genommen, ihm „zugegangen" sein; auch ist es in der Richtung auf ihn, also „an seine Adresse" oder „ihm gegenüber" abgegeben worden; und auf seiten des Erklärenden ist auch der Geschäftswille vorhanden gewesen: aber es fehlt am Moment der Erklärung, indem die Abgabe unter Umständen erfolgt ist, die den rechtsgeschäftlichen Ernst des Erklärenden nicht erkennen lassen. Angesichts der Tatsache, daß das Schriftstück auf einem Wege in seine Hände gelangt ist, auf dem sonst nur Liebesbriefe befördert zu werden pflegen, hat der Adressat allen Grund, an dem Geschäftswillen des Absenders zu zweifeln; er weiß zwar, daß, wenn letzterer ein Rechtsgeschäft beabsichtigt hat, es dann den und den Inhalt hat; ob er aber ein Rechtsgeschäft beabsichtigt hat, vermag er nicht zu erkennen. Ein Verhalten, das den Charakter

[1]) Es handelt sich hier also um ein Verhalten mit disjunktivem Schluß. Isay, Willenserklärung S. 44 ff. (vgl. auch S. 62 ff.) schlägt vor, in solchem Falle von einer „unechten Willenserklärung" zu sprechen. Indessen, es ist überhaupt keine Willenserklärung, auch keine „unechte", zustande gekommen. Eine Ausnahme gilt nur für das enge Gebiet der später zu besprechenden subjektiven Auslegung (vgl. darüber unten § 9 S. 94 ff. und § 13 bei Anm. 5). Soweit diese durchgreift, kann trotz disjunktiven Schlusses eine Willenserklärung vorliegen, die dann aber keine „unechte", sondern eine „echte" ist.

einer Willenserklärung für sich in Anspruch nimmt, muß aber nicht nur über den Inhalt des Rechtsfolgewillens, sondern vor allem auch darüber Aufschluß geben, daß überhaupt ein solcher vorhanden ist. Andernfalls liegt eben keine Willenserklärung vor[2]).

Ähnlich wie hier, wo das Geschäft nichtig ist, und deshalb die Frage, ob der Adressat den Inhalt der Erklärung richtig oder falsch verstanden habe, gar nicht erst aufgerollt zu werden braucht, würden die Dinge in dem Falle liegen, daß ein Vermieter seinem Mieter nicht in der Form eines Kündigungsbriefes, sondern dadurch kündigte, daß er die Kündigungserklärung in vollem Umfang nebst Anrede und Unterschrift in die vom Mieter gehaltene Zeitung einrücken ließe[3]). Auch diese Art der Übermittelung würde den Verkehrsgewohnheiten nicht entsprechen. Denn auch bei ihr hätte der Mieter nicht die Gewißheit, daß die Annonce wirklich vom Vermieter herrührte. Und wenn der Adressat eines einseitigen Rechtsgeschäftes nach § 174 BGB. die ihm von einem Dritten überbrachte Erklärung zurückweisen darf, auch wenn der Dritte ein Bevollmächtigter des Absenders ist, die Vollmacht aber nicht nachzuweisen vermag, dann muß hier der Empfänger angesichts der noch größeren Unsicherheit, in der er sich befindet, die „Erklärung" völlig zu ignorieren berechtigt sein[4]). Wir hätten also wieder eine „Willenserklärung" vor uns, die zwar dem Adressaten zugegangen ist — denn dieses Erfordernis wäre spätestens mit

---

[2]) Vgl. hierzu meine Ausführungen über den Zeitpunkt des Zugehens usw. in Iher. Jahrb. 47 S. 410—414, insbes. das in Anm. 56 herangezogene Argument aus § 118. — Eine Antwort darauf, wo hier die Grenze zwischen der gültigen und der nicht mehr gültigen Erklärung zu ziehen sei, läßt sich natürlich allgemein nicht geben, sondern es kommt hier alles auf die Umstände des konkreten Falles, unter anderem auch auf die Natur des betreffenden Rechtsgeschäftes an. So pflegt man z. B. Schenkungen gern zum Zwecke der Überraschung in heimlicher und versteckter Form zu machen, und darum kann eine Schenkungsofferte sehr wohl Formen der Übermittlung annehmen, die, wenn man sie auf einen Kauf- oder Mietantrag oder ein Kündigungsschreiben anwenden wollte, diese Akte ihres rechtsgeschäftlichen Charakters entkleiden würden.

[3]) Anders also als in dem § 6 Anm. 25 gegen Ende gedachten Falle.

[4]) Anderer Meinung offenbar Hölder in der D. Jur.-Ztg. 6 S. 342. Vgl. dagegen schon meine Ausführungen a. a. O. Anm. 57.

dem Moment, wo jener sie in der Zeitung entdeckt hätte, erfüllt gewesen —, die auch ihm gegenüber abgegeben war — denn sie ist dadurch, daß der Erklärende eine vom Mieter gelesene Zeitung wählte und das Inserat ausdrücklich an ihn adressierte, an den Mieter „gerichtet“ gewesen —, die aber wegen Untauglichkeit des Erklärungsmittels nichtig ist[5]). Und was von dem eben besprochenen Falle gilt, das würde — um ein in der Literatur gebrauchtes Beispiel heranzuziehen[6]) — auch dann gelten, wenn ein Gläubiger, der wüßte, daß sein Schuldner täglich an einer Mauer vorüberginge, auf diese Mauer mit großen, jedem Passanten in die Augen fallenden Buchstaben eine an den Schuldner adressierte Mahnung oder Kündigung schreiben wollte. Selbst wenn letzterer am nächsten Morgen die Malerei in Augenschein genommen haben sollte, so könnten sich doch Rechtsfolgen an sie mangels der erforderlichen Erklärung nicht knüpfen[7]).

Der Schluß auf den Geschäftswillen, der sich aus dem

---

[5]) Anders wäre nur zu entscheiden, wenn die Parteien jene außergewöhnliche Art der Willensübermittelung vorher besonders vereinbart hätten. Vgl. dazu Anm. 25 des vorigen Paragraphen.

[6]) Vgl. Breit a. a. O. S. 692.

[7]) Vgl. dazu Hölder, Theorie S. 126—128 (Sep.-Abdr. S. 36—38). Hölder erinnert hier an die bekannte Episode aus Gottfried Kellers „Fähnlein der sieben Aufrechten“, wo der Rekrut Ruckstuhl dem wegen nächtlichen Lärmens visitierenden Offizier, der sein Mieter und mit dem Mietzins im Rückstand ist, erklärt: „Bezahlen Sie erst Ihre Schulden, Herr Leutnant, ehe Sie die Leute aufschreiben.“ Mit Recht bestreitet um der Situation willen, in der sie gesprochen sind, Hölder diesen Worten den Charakter einer Mahnung. Wenn freilich Hölder a. a. O. meint, daß bei Willenserklärungen, die dem Adressaten vorteilhaft sind, der letztere die Wahl habe, ob er die unter außergewöhnlichen Umständen erfolgte Erklärung gegen sich gelten lassen wolle oder nicht, so kann ich dem nicht beistimmen. Ist die Erklärung mangels eines tauglichen Erklärungsmittels unwirksam, so muß sich auf die Ungültigkeit auch der Erklärende berufen können. Dem Adressaten geschieht damit kein Unrecht. Denn gibt man ihm auf der einen Seite die Befugnis, die Erklärung zurückzuweisen bezw. zu ignorieren, weil nach der Auffassung des Verkehres nicht erwartet werden kann, daß sie ernst gemeint sei, so darf er sich, wenn sie aus diesem Grunde für unwirksam erachtet wird, nicht auf der anderen Seite darüber beschweren, daß er in berechtigten Erwartungen getäuscht worden sei.

Verhalten, das eine „Erklärung“ sein will, ergeben muß, scheiterte bisher an den verkehrswidrigen Übermittelungsformen, unter denen der Erklärende dem Gegner die an sich verständliche Erklärung zukommen ließ. Der Schluß kann aber auch dadurch vereitelt werden, daß der Erklärende sich zur Willensmitteilung eines Zeichens bedient, von dem ihm bekannt oder nur infolge seiner Fahrlässigkeit unbekannt ist, daß es der andere Teil nicht wahrzunehmen vermag. Wer weiß oder wissen müßte, daß sein Gegner schwerhörig ist, und trotzdem seinen Kündigungswillen ihm gegenüber im gewöhnlichen Plauder- oder Flüsterton abgibt; wer weiß oder wissen könnte, daß der andere Teil taub ist, und ihn dennoch mündlich mahnt; wer seinen Gläubiger im Zustand der Bewußtlosigkeit oder des Fieberdeliriums oder schlafend antrifft und ihm doch die Worte zuruft: „ich fechte mein Schuldversprechen an“, der beobachtet kein Verhalten, aus dem nach den Erfahrungen des Lebens das Vorhandensein des Geschäftswillens gefolgert werden kann. Es würde also auch hier ein nichtiges Rechtsgeschäft vorgenommen worden sein, und zwar nichtig wiederum in puncto „Erklärung“. Und weil die Erklärung als solche unwirksam ist, braucht hier im einzelnen Falle gar nicht untersucht zu werden, ob nicht vielleicht der andere Teil doch etwas von der Erklärung in sich aufgenommen hat, und braucht die Frage nicht aufgeworfen zu werden, ob denn überhaupt bei mündlichen Erklärungen die Apperzeption durch den Gegner ein unerläßliches Gültigkeitserfordernis ist. Diese Frage, ob bei mündlichen Erklärungen von der Rechtsordnung außer der Adressierung noch die Kenntnisnahme durch den Empfänger oder doch wenigstens ein ähnlicher, dem „Zugehen“ entsprechender Vorgang gefordert werde, gewinnt vielmehr erst Bedeutung, wenn jemand eine mündliche Erklärung an einen Tauben, Schwerhörigen, Bewußtlosen, Fieberkranken usw. richtet, ohne daß ihm die den Verkehr mit dem Gegner hindernden Störungen erkennbar gewesen sind. Denn der Verkäufer, der nichts davon ahnt, daß sein Käufer taub oder schwerhörig ist, und ihm infolgedessen mündlich, im gewöhnlichen Gesprächston den Rücktritt vom Vertrag erklärt, beobachtet zweifellos ein die Annahme des Rücktrittswillens rechtfertigendes Verhalten: sein Geschäftswille hat sich in der Außenwelt in verkehrsüblicher Weise „verkörpert". Und weil Wille und Erklärung vorliegen, und die Erklärung auch in der Richtung auf den Gegner abgegeben worden ist, taucht hier die Frage auf, ob damit dem Gesetz Genüge geschehen ist, oder ob nicht von ihm zur Gültigkeit des mündlich vorgenommenen Rechtsgeschäftes noch ein weiteres verlangt wird, eine Frage, auf welche die Antwort eben die Lehre vom Mißverständnis zu geben hat[8]).

Es ist vorhin gesagt worden, daß das Kennenmüssen des Erklärenden von einem die Wahrnehmungsfähigkeit beeinträchtigenden Zustand des Adressaten dem Verhalten den ihm sonst

---

[8]) Breit hat sich in seinem mehrfach berufenen Aufsatz (vgl. insbesondere S. 683--696) mit den in diesem Paragraphen zu erörternden Fragen ebenfalls eingehend beschäftigt, nimmt aber selbst da, wo er zu den gleichen Entscheidungen gelangt, hinsichtlich der Begründung einen anderen Standpunkt ein, als er hier vertreten wird. Er läßt nämlich überall, wo wir die Nichtigkeit des Rechtsgeschäftes aus der fehlenden Erklärung, also daraus ableiten, daß der Geschäftswille sich nicht in der Außenwelt entsprechend verkörpert hat, die Unwirksamkeit der Willenserklärung aus dem Gesichtspunkt der mangelnden „Adressierung" eintreten. Wer einem Tauben mündlich kündigt, hat nach der Meinung von Breit nicht „ihm gegenüber" gekündigt, hat also das Adressierungs- oder Richtungserfordernis verletzt. Diese Auffassung hängt damit zusammen, daß Breit im Erfordernis der Adressierung das der Wahrnehmbarkeit der Erklärung von selbst enthalten findet. Indem aber Breit für die Adressierung die Wahrnehmbarkeit schlechthin verlangt, kommt er dahin, die oben unterschiedenen Fälle, wo dem Erklärenden die auf seiten des Adressaten vorliegenden Defekte erkennbar sind, und wo sie ihm nicht erkennbar sind, übereinstimmend zu behandeln und die Möglichkeit der Geschäftsgültigkeit hier wie dort zu leugnen. Dadurch legt er sich hinsichtlich der im Texte zuletzt aufgeworfenen Frage von vornherein auf eine bestimmte Antwort fest und übersieht das Problem, das sich hier auftut, ob nämlich bei mündlichen Erklärungen das Hinausschieben der Gültigkeit bis zur Kenntnisnahme durch den Gegner überhaupt durchführbar und ob es vom Gesetz gefordert ist. In Wahrheit kann denn auch keine Rede davon sein, daß derjenige, der — sei es wissentlich, sei es unwissentlich — einem Tauben eine mündliche Kündigung überbringt, die Erklärung nicht „gegenüber" dem Tauben, nicht „in Richtung" auf den Tauben abgegeben habe. Im Gegenteil, gerade weil er sein Verhalten einem Tauben gegenüber beobachtet hat, kann darin, wenn er es wissentlich oder fahrlässig getan hat, eine Erklärung im Rechtssinn nicht gefunden werden.

zukommenden Charakter einer „Erklärung" nehmen kann. In dem „kann" liegt ausgesprochen, daß es nicht immer der Fall zu sein braucht. Vielmehr gibt es Mitteilungszeichen, die sich unbedenklich auch einem Wahrnehmungsunfähigen gegenüber verwenden lassen. Dahin gehört vor allem die schriftliche Willensübermittelung. Wer einem Blinden seinen Geschäftswillen dadurch erklärt, daß er ihm ein entsprechendes Schreiben in die Hand gibt, beobachtet, auch wenn er die Blindheit des Anderen kennt, sehr wohl ein Verhalten, aus dem der rechtsgeschäftliche Ernst und die endgültige rechtsgeschäftliche Absicht hervorleuchten[9]). Denn wenn auch der Blinde im Augenblick den Inhalt der Willenserklärung nicht in sich aufzunehmen vermag, so kann er sie sich doch nachträglich von dritten Personen vorlesen lassen, also auf dem Wege Kenntnis von ihr nehmen, der ihm auch hinsichtlich aller übrigen an ihn einlaufenden Schriftstücke einzig und allein offensteht. Und weil hier eine nachträgliche Kenntnisnahme möglich ist, so entfällt der Widerspruch, der vorhin bei der bewußtermaßen an den Tauben gerichteten mündlichen Erklärung zwischen dem Verhalten des Erklärenden und der vermeintlichen Erklärungsabsicht bestand. Ja, überall, wo nach dem Gesetzbuch ein Rechtsgeschäft in schriftlicher Form vorgenommen werden muß, ist für die Willenserklärung dem Blinden gegenüber gar keine andere Möglichkeit als die eben geschilderte gegeben[10]). Wenn also — was später zu untersuchen sein wird — bei schriftlichen Willenserklärungen ein Mißverständnis auf seiten des Empfängers überhaupt von rechtlicher Bedeutung ist, so würde diesem Einfluß auch die an den Blinden gerichtete Willenserklärung zugänglich sein. —

Die Unterscheidung, die wir eben zwischen der mündlichen

---

[9]) Anders natürlich, wenn der Betreffende das Schriftstück nicht ausgehändigt, sondern dem Blinden nur „gezeigt" hätte. Dieses Verhalten stände auf einer Stufe mit der an den Tauben gerichteten mündlichen Willensäußerung, würde also von vornherein keine im Sinne des Rechtes brauchbare „Erklärung" darstellen.

[10]) Schon daraus erhellt, wie unrichtig es ist, wenn Müller-Meikel, Das Bürgerliche Recht I (2. Aufl.) S. 134 sagen: „Wer einer Person, von der er weiß, daß sie des Lesens unkundig ist, einen Brief schickt, gibt keine Erklärung ab."

und der schriftlichen Erklärungsabgabe zu machen genötigt waren, kehrt wieder, wenn es sich um die Frage handelt, in welcher Sprache der Geschäftswille gültig geäußert werden kann. Als Regel wird hier aufzustellen sein, daß im Gebiet des deutschen Rechtes eine Erklärung, die durch Übergabe eines Schriftstückes erfolgt, stets in deutscher Sprache abgegeben werden kann, einerlei ob der Adressat dieser Sprache mächtig ist oder nicht, und ob der Erklärende in letzterem Falle um die Unkenntnis weiß oder nicht weiß. Denn ähnliche Gründe wie vorhin sprechen dafür, daß der Erklärende ein zulässiges, den Schluß auf den Geschäftswillen rechtfertigendes Verhalten beobachtet hat: er darf annehmen, daß der andere Teil, wenn er die deutsche Sprache nicht beherrscht, sich das Schreiben von denjenigen übersetzen lassen wird, auf deren Hilfe er auch sonst bei seinem Verkehr im fremden Sprachgebiet angewiesen ist. Wie jeder, der im Deutschen Reiche lebt, dessen Münze anerkennen und in ihr zahlen muß, so muß er auch dessen Sprache im Rechtsverkehr gegen sich gelten lassen. Und diese Forderung gilt unabhängig davon, ob in einzelnen Landstrichen die deutsche Sprache tatsächlich in Übung ist oder nicht. Auch der Gutsbesitzer in der Provinz Posen, der seinem lediglich polnisch sprechenden Knechte einen deutschen Kündigungsbrief aushändigt, hat die Erklärung in zulässiger Form abgegeben. Die in der Literatur gefällte gegenteilige Entscheidung [11]) vermag ich nicht für richtig zu halten.

Anders aber liegen die Dinge, wenn es sich um ein Rechtsgeschäft handelt, das zwar in deutscher Sprache, aber entweder mündlich oder doch nicht durch Übergabe, sondern nur durch Vorzeigen eines Schriftstückes vorgenommen wird. Wer solchenfalls die Erklärung einem Gegner gegenüber abgibt, von dem er weiß oder wissen muß, daß er des Deutschen unkundig ist, kann sich auf den Kurswert der deutschen Sprache nicht berufen: er hat sich, wie wenn er sich an einen Wahrnehmungsunfähigen gewandt hätte, mit seiner eigenen Erklärungsabsicht in Widerspruch gesetzt, hat also kein Verhalten an den Tag gelegt, das den Schluß auf den Rechtsfolgewillen gestattet. Die

---

[11]) Vgl. Breit a. a. O. S. 688 und Staudinger I S. 391.

Willensäußerung würde, ganz einerlei, zu welchem Resultat unsere späteren Untersuchungen über die Wirkungen des Mißverständnisses gelangen, schon als „Erklärung“ nichtig sein. Hingegen würde die Frage, ob ein Mißverstehen oder Nichtverstehen seitens des Adressaten der Gültigkeit der Willenserklärung schade, aufzuwerfen sein, sobald eine Erklärung obiger Art jemandem gegenüber abgegeben würde, dessen mangelnde Sprachkenntnis der Erklärende weder kennte noch kennen müßte. Denn dann läge trotz der Unfähigkeit des Anderen, das Mitgeteilte in sich aufzunehmen, auf seiten des Erklärenden ein Verhalten vor, das zunächst allen Erfordernissen des Erklärungsbegriffes genügte.

Wird in Deutschland eine Erklärung statt in deutscher in ausländischer Sprache abgegeben, so ist sicher, daß sie von vornherein unwirksam ist, wenn sie bewußtermaßen an einen Gegner gerichtet wird, der die fremde Sprache nicht versteht. Und zwar kann hier zwischen dem schriftlichen und dem mündlichen Verkehr nicht unterschieden werden. Denn auch wenn die Willensmitteilung durch Übergabe eines Schriftstückes erfolgt (es kündigt beispielsweise jemand seinem Mieter oder seinem Dienstmädchen oder seinem Knechte mittelst eines französisch oder englisch geschriebenen Briefes), so ist hier der Adressat nicht, wie der des Deutschen unkundige Empfänger eines deutschen Briefes, in der Lage, sich über den Inhalt des Schreibens unschwer zu informieren; und selbst wenn er es wäre, so kann ihm doch hier eine solche Information billigerweise nicht zugemutet werden. Legen ihm aber die im Rechtsverkehr herrschenden Anschauungen eine derartige Pflicht nicht auf, so hat derjenige, der sich des fremdsprachlichen Schriftstückes bediente, ein Verhalten, wie es ein rechtsgeschäftlicher Wille zu seiner Verkörperung braucht, nicht beobachtet[12]).

---

[12]) Im Ergebnis übereinstimmend Breit a. a. O. S. 687 u. 692. Nur begründet auch hier wieder Breit die Geschäftsnichtigkeit weniger aus dem Gesichtspunkt der mangelnden Erklärung, als der fehlenden Adressierung. Indessen ist letztere angesichts der Richtung, die das Schriftstück eingeschlagen hat, zweifellos gewahrt: vgl. das in Anm. 8 Gesagte. Ganz abwegig ist es, wenn Oertmann I S. 405 oben die Ungültigkeit solcher Rechtsgeschäfte mit dem nicht erfolgten „Zugehen“

Ja man wird noch weiter gehen und die in dem fremden Idiom abgegebene Erklärung selbst dann für ungültig ansehen müssen, wenn der Adressat der betreffenden Sprache zwar zufällig mächtig ist, der Erklärende aber gar nicht weiß, daß der Gegner ihrer mächtig ist. Und auch wenn er es weiß, liegt noch immer keine zulässige Erklärungsform vor; sondern auch der Adressat muß wissen oder doch wenigstens wissen können, daß dem anderen Teile seine, des Adressaten, Sprachkenntnisse bekannt sind. Es müssen also beide voneinander wissen, daß sie in einer bestimmten fremden Sprache miteinander verkehren können. Und dann ist immer noch ein Mehreres zu fordern, wenn diese Sprache den Charakter eines im Rechtssinn tauglichen Erklärungsmittels gewinnen, ihre Benutzung durch den Erklärenden dessen rechtsgeschäftlichen Ernst zum entsprechenden Ausdruck bringen soll. Es muß nämlich der Erklärende auch einen vernünftigen, dem Gegner erkennbaren Grund gehabt haben, seinen Willen in ausländischer, statt in deutscher Sprache auszudrücken. Die bloße Tatsache also, daß sich jemand erinnert, er und ein Anderer haben in der Schule einstmals Englisch und Französisch gelernt, gibt ersterem noch kein Recht, mit letzterem nicht deutsch, sondern englisch oder französisch zu reden. Würde aber die fremde Sprache sichtlich zu dem Zwecke gebraucht sein, um den Erklärungsinhalt nicht der Neugierde unberufener Dritter preiszugeben, oder umgekehrt, um auch Dritten, der deutschen Sprache nicht mächtigen Personen seine Kenntnisnahme zu ermöglichen, oder hätte sie der Erklärende gewählt, weil sie ihm geläufiger wäre als die deutsche, oder weil er glaubte, daß sie dem Adressaten geläufiger sei, oder was dergleichen Motive mehr sein können, so würde, die früher aufgestellten Bedingungen als gegeben vorausgesetzt, auch die fremdsprachliche Willensäußerung eine „Erklärung" und damit ein taugliches Objekt für die weitere Frage sein, ob der Empfänger die ihm gemachte Willensmitteilung richtig verstanden habe, und ob, wenn es nicht der Fall sein sollte, das Miß-

---

motiviert. Denn zugegangen ist die Kündigung zweifellos, sobald der Adressat den französischen oder englischen Brief in seiner Hand hält. Vgl. meine Ausführungen a. a. O. S. 414 Anm. 57 und Breit a. a. O. S. 686.

verständnis der Gültigkeit des Rechtsgeschäftes im Wege stehe oder nicht [13]).

Mit unseren Ausführungen über die Tauglichkeit einer fremden Sprache als Erklärungsmittel haben wir gleichzeitig die Fälle erledigt, wo jemand eine Erklärung zwar in deutscher Sprache, aber in fremden oder doch wenigstens im Verkehr nicht üblichen Schriftzeichen abgibt. Es schreibt beispielsweise jemand einen deutschen Kündigungsbrief in griechischen Lettern oder schickt eine nicht in Kurrentschrift, sondern stenographisch abgefaßte Anfechtungserklärung. Nach Analogie des vorhin Gesagten ist in einem solchen Verhalten nur dann ein rechtlich gültiger Willensausdruck zu finden, wenn den Parteien die Möglichkeit, kraft ihrer Fertigkeiten durch solche Zeichen miteinander zu verkehren, wechselseitig bekannt gewesen ist, und überdies der Absender eine besondere Veranlassung hatte, zu dem außergewöhnlichen Kommunikationsmittel zu greifen [14]).

Sind im Texte eines Schriftstückes allgemein übliche Zeichen, zur Unterschrift aber nicht übliche (stenographische oder fremdsprachliche) Zeichen verwendet worden, so ist es quaestio facti, ob trotzdem der Begriff der „Erklärung" erfüllt ist oder nicht. Die Gefahr besteht jedenfalls auch hier, daß die Wahl des ungewöhnlichen Erklärungsmittels den Schluß auf die Ernstlichkeit des Geschäftswillens verhindert [15]).

---

[13]) Wenn im Texte für die Zulässigkeit der fremden Sprache als Erklärungsmittel, von allem anderen abgesehen, eine justa causa gefordert wird, so zeigt sich darin, wie sehr alle solche Rechtsfragen „ratione temporum habita" zu beantworten sind. Es sind noch keine hundert Jahre her, da war die französische Sprache in Deutschland so sehr Gemeingut aller Gebildeten, daß es kaum einer besonderen Rechtfertigung bedurft hätte, wenn in den betreffenden Kreisen eine Erklärung statt in deutscher in französischer Sprache abgegeben worden wäre. Ähnlich konnte als Kind seiner Zeit Gajus von den Verbalobligationen sagen (Instit. III § 93): et quamvis ad Graecam vocem expressae fuerint, tamen inter cives Romanos valent, si modo Graeci sermonis intellectum habeant. Vgl. auch § 1 I. de verb. obl. 3, 15 und l. 1 § 6 D. de verb. obl. 45, 1.

[14]) Über die Frage, wie da, wo die Erklärung in fremder Sprache bezw. in fremden Zeichen zulässig ist, im Falle des Mißverständnisses die Grenze von Wahrnehmungs- und Deutungsfehler zu ziehen ist, vgl. oben S. 14 Anm. 8.

[15]) So auch Heinrich Lehmann, Die Unterschrift im Tatbestand

Wird eine Willenserklärung nicht an den Gegner selbst, sondern an seinen Vertreter gerichtet, so kann es zufolge § 166 BGB. keinem Zweifel unterliegen, daß, soweit nach den Darlegungen dieses Paragraphen die Zulässigkeit des gebrauchten Erklärungsmittels von der Wahrnehmungsfähigkeit oder gewissen Kenntnissen des Empfängers abhängt, nicht die Person des Vertretenen, sondern lediglich die des Vertreters in Betracht kommt.

Schließlich sei noch das Selbstverständliche bemerkt, daß im Wege der vorher getroffenen Vereinbarung die Parteien jedes an sich noch so untaugliche Erklärungsmittel zu einem für ihren Rechtsverkehr tauglichen machen können. Wenn sie sich darüber geeinigt haben, so können sie ihren Geschäftswillen in jeder Sprache und in jedem Schriftzeichen erklären; sie können auch neue, allen anderen Menschen unverständliche Wortbildungen für ihren Gedankenaustausch erfinden und können Akte, in denen sich sonst rechtsgeschäftliche Absichten nicht zu verkörpern pflegen, wie Aufziehen von Fahnen, Tragen bestimmter Farben, Öffnen von Fenstern und ähnliche Dinge, zum Zwecke der Willensmitteilung verwenden [16]).

---

der schriftlichen Willenserklärung (Bonn 1901) S. 91. Eine andere, nicht hier zur Erörterung stehende Frage ist es, ob da, wo das Gesetz schriftliche Erklärung verlangt, nicht schon die Formvorschrift des § 126 Abs. 1 den Gebrauch von ungewöhnlichen Zeichen ausschließt.

[16]) Und zwar kann eine solche Vereinbarung allgemeiner oder spezieller gehalten sein. Von dem bekannten jüdischen Satiriker Moritz Gottlieb Saphir in Wien (gest. 1858) wird berichtet, daß er, als einer seiner Mieter ihm ohne Einhaltung der gesetzlichen Frist kündigen wollte, erwiderte, er wolle die Kündigung annehmen, wenn es ihm, dem Mieter, gelänge, die Kündigung in einem einzigen Worte zu erklären. Am folgenden Tage erhielt Saphir einen Brief des Mieters, in dem nur das Wort: Judizium (Jud-i-zi-um) stand. Mit Rücksicht auf die getroffene Übereinkunft war durch dieses Wort, dessen Bedeutung sonst eine wesentlich andere ist, der Kündigungswille zweifellos zum Ausdruck gebracht. Und wenn die Gegenseite diesen Sinn nicht verstanden hätte, so würde zu untersuchen gewesen sein, ob sie sich darauf mit Erfolg hätte berufen können; keinesfalls aber wäre der Einwand möglich gewesen, daß eine „Erklärung" gar nicht abgegeben worden sei. Saphir übrigens hatte die Kündigung verstanden und ist auch um eine Antwort nicht verlegen gewesen. Er schrieb dem Mieter weiter nichts zurück als das Wort „Offizium".

§ 8.

Wir sahen: das Mindeste, worüber eine Erklärung, die gültig sein soll, Auskunft geben muß, ist der rechtsgeschäftliche Ernst des Erklärenden; letzterer muß zeigen, daß er überhaupt ein Rechtsgeschäft vornehmen will. Natürlich muß aber die Erklärung auch den Inhalt des Rechtsgeschäftes verraten, also den Gegenstand des Rechtsfolgewillens angeben. Nur fragt es sich, ob es im Begriff der Erklärung liegt, daß sich aus ihr bloß eine Inhaltsmöglichkeit ergibt, oder ob der Erklärungsbegriff auch Zweifel über den Erklärungsinhalt gestattet. Mit andern Worten: muß die Erklärung, um Wirksamkeit zu erlangen, deutlich und vollständig sein?[1])

Die Frage ist für unsere Zwecke von großer Bedeutung. Denn wenn sich ergeben sollte, daß eine undeutliche Willenserklärung schon um ihrer Mehrdeutigkeit willen ungültig ist, so brauchten wir uns mit Erklärungen dieser Art im folgenden nicht weiter zu beschäftigen, da ja, falls sie mißverstanden würden, das Mißverständnis nicht die Ursache ihrer Nichtigkeit wäre.

Nun kann es keinem Zweifel unterliegen, daß es einzelne Fälle gibt, wo die Rechtsordnung Willenserklärungen nur dann wirksam sein läßt, wenn der Geschäftswille in nicht mißzuverstehender Deutlichkeit zum Ausdruck gebracht worden ist. So sagt z. B. das BGB. in § 244, daß eine in ausländischer Währung ausgedrückte, aber im Inland zu zahlende Geldschuld in Reichswährung bezahlt werden kann, „es sei denn, daß Zahlung in ausländischer Währung ausdrücklich bedungen ist"; und ebenso verlangt es in § 700 für die Vereinbarung des depositum irregulare bei Wertpapieren, daß sie ausdrücklich getroffen worden ist. Nach der herrschenden und richtigen Auffassung hat die „ausdrückliche" Erklärung, die hier gefordert wird, nichts zu tun mit der früher besprochenen Unterscheidung von ausdrücklicher und stillschweigender Erklärung,

---

[1]) Beides ist übrigens im Grunde dasselbe. Die vollständige Erklärung ist immer auch eine deutliche Erklärung, die undeutliche auch immer eine unvollständige Erklärung. Vgl. das Nähere unten § 23 unter 2c.

also nichts zu tun mit dem Gegensatz des typischen und nicht-typischen Mitteilungszeichens; sondern „ausdrücklich" ist hier nur eine Umschreibung für „deutlich"[2]). Es ist ja schon früher einmal darauf hingewiesen worden[3]), daß der Geschäftswille im Tatbestand der Erklärung niemals unmittelbar, sondern immer nur vermittelst einer sich auf Erfahrungssätze gründenden Schlußfolgerung in die Erscheinung tritt. Je nach dem Reichtum der Erfahrung aber, auf dem sich der Syllogismus aufbaut, ist der Schluß mehr oder minder zuverlässig, die Erklärung infolgedessen mehr oder minder deutlich. Mathematische Gewißheit läßt sich hier, wo es sich um Indizien handelt, nicht erreichen; aber die zur Verfügung stehende Erfahrung kann so groß sein, daß das auf Grund des Schlusses gewonnene Urteil der mathematischen Gewißheit ziemlich nahe kommt. Die Erklärung, bei welcher der Rückschluß auf den Geschäftswillen solchen hohen Grad von Zuverlässigkeit für sich in Anspruch nehmen kann, ist eine „deutliche", ist eine „ausdrückliche" im Sinne der angezogenen Bestimmungen. Wenn sich jemand in einem Schuldschein eine „effektiv in Franken" zahlbare Summe versprechen läßt[4]) oder seinem Bankier schreibt, er möge mit

---

[2]) Das erhellt schon aus dem § 164 Abs. 1, wo die „ausdrückliche" Erklärung der sich „aus den Umständen ergebenden" gegenübergestellt ist. Die letztere ist die undeutliche, ergänzungsbedürftige, auf Grund der Umstände „auszulegende" Willenserklärung; die erstere ist diejenige, die, eben wegen ihrer größeren Deutlichkeit, einer besonderen Auslegung nicht oder doch so gut wie nicht bedarf. So auch in der Hauptsache jetzt die herrschende Ansicht. Daß auch schon vor dem BGB. mit der Wendung „ausdrücklich" der gleiche Sinn verbunden worden ist, zeigen Regelsberger, Pandekten I S. 495; Ehrlich, Stillschweigende Willenserklärung S. 292 ff.; Leonhard, Irrtum I (1. Aufl.) S. 206 f. (ausdrücklich = evidenter, diserte, aperte, nominatim im Gegensatz zu „der Unklarheit, dem ambiguum und dem in obscuro esse") und die Judikatur des Reichsgerichtes und des Reichsoberhandelsgerichtes: vgl. ersteres 11 S. 311 und letzteres 6 S. 279, 9 S. 180, 16 S. 302 f. — Wenn Parteien in ihrem rechtsgeschäftlichen Verkehr das Wort „ausdrücklich" gebrauchen (der eine Kontrahent bittet den anderen um eine „ausdrückliche Erklärung"), so wird man ihm im Zweifel ebenfalls den hier besprochenen Sinn beizulegen haben.

[3]) Vgl. oben S. 53 ff., insbes. S. 56.

[4]) Vgl. dazu Art. 37 der WO.

den hinterlegten Papieren, wie er es für richtig halte, verfahren, und es schade nichts, wenn er eventuell andere Stücke der gleichen Gattung zurückerstatte, so kann nicht gut daran gezweifelt werden, daß hier der Wille kundgegeben ist, nur Franken in Zahlung zu nehmen bezw. dem Bankier das Verfügungsrecht über die deponierten Effekten einzuräumen. Und nur eine solche jeden Zweifel ausschließende Willenserklärung würde hier, wo „Ausdrücklichkeit" gefordert ist, rechtliche Wirksamkeit haben.

In ähnlicher Weise, wie es hier das BGB. tut, macht auch das HGB. im § 419 die Befugnis des Lagerhalters, zur Aufbewahrung übernommene Sachen mit anderen Sachen von gleicher Art und Güte zu vermischen, von einer „ausdrücklichen" Ermächtigung abhängig; und verlangt es in § 405, daß der Kommissionär, der den Selbsteintritt wählt, dies in der Ausführungsanzeige „ausdrücklich" bemerke[5]); und spricht es in den §§ 22 und 24 von einer „ausdrücklichen" Einwilligung in die Fortführung der Firma, in § 48 von einer „ausdrücklichen" Erteilung der Prokura, in § 60 von der „ausdrücklichen Vereinbarung" zwischen dem Prinzipal und dem ein eigenes Handelsgewerbe betreibenden Gehilfen, in § 89 von der „ausdrücklichen Bestellung eines Handlungsagenten für einen bestimmten Bezirk"[6]). Ferner darf nach KO. § 181 der Zwangsvergleich den Konkursgläubigern ungleiche Rechte nur „mit ausdrücklicher Einwilligung" der zurückgesetzten Gläubiger gewähren[7]), muß nach § 164 der Gemeinschuldner, wenn er sich nicht einer späteren Exekution aus der Konkurstabelle aussetzen will, die Forderungen im Prüfungstermin „ausdrücklich" bestreiten, und können nach § 14 des Hypothekenbankgesetzes Darlehne von der Bank in eigenen Hypothekenpfandbriefen zum Nennwert nur gegeben werden, wenn die Satzung solches gestattet und „der Schuldner ausdrücklich zustimmt". Und das Reichsdepotgesetz schreibt in seinen §§ 2 und 3 für gewisse Vereinbarungen, die der Nicht-Bankier mit dem Bankier trifft,

---

[5]) Die gleiche Bestimmung enthielt der später aufgehobene § 74 des Reichsbörsengesetzes vom 22. Juni 1896. Vgl. dazu das Reichsgericht 63 S. 30.

[6]) Vgl. auch noch die §§ 76 Abs. 2, 253 Abs. 2, 275 Abs. 3 HGB.

[7]) Vgl. auch § 182 Z. 1 KO.

sogar „ausdrückliche und schriftliche" Erklärung vor[8]). Es findet sich also im geltenden Rechte eine ganze Anzahl von Fällen, wo das Erklärungsmittel, um „tauglich" zu sein, „deutlich" sein muß, und wo darum ein Verhalten, das der Deutlichkeit entbehrt, als „Erklärung" überhaupt nicht in Betracht kommt[9]).

Aber schon daraus, daß die Rechtsordnung bestimmte Erklärungen nur wirksam sein läßt, wenn sie deutlich abgegeben werden, geht hervor, daß die Deutlichkeit kein allgemeines Gültigkeitserfordernis für Willenserklärungen ist. Vielmehr kann — vorbehaltlich etwaiger sich aus einem Mißverständnis des Gegners ergebenden Hinderungsgründe — auch die zweideutige Erklärung eine gültige Erklärung sein. Ohne das würden ja die Auslegungsregeln, die das BGB. aufgestellt hat, gänzlich überflüssig sein. Denn deren Aufgabe ist es gerade, die unvollständige und darum undeutliche, aber trotzdem gültige

---

[8]) Vgl. dazu auch den § 54 Abs. 2 des Reichsbörsengesetzes vom 27. Mai 1908. — In dieser „Schriftlichkeit und Ausdrücklichkeit" liegt keine Tautologie. Denn es gibt eben auch undeutliche schriftliche Erklärungen. Fehlt es ja doch selbst notariell errichteten Akten bisweilen an der wünschenswerten Klarheit.

[9]) Mit den „ausdrücklichen" Erklärungen sind nicht zu verwechseln die „besonderen" Vereinbarungen, die in der Gesetzessprache ebenfalls vorkommen. Diese wollen nicht das Erfordernis besonderer Deutlichkeit aufstellen, sondern wollen den Unterschied betonen zwischen der schon kraft Gesetzes und der nur kraft Parteiberedung eintretenden Rechtsfolge. Danach haben wir es hier mit einem Pleonasmus zu tun; denn die „besondere" Vereinbarung begreift eben jede „Vereinbarung" in sich. Ich zitiere BGB. § 328 Abs. 2; HGB. §§ 413 Abs. 1, 426 Z. 8, 793 Abs. 4, Binnenschiffahrtsgesetz §§ 27 Abs. 3, 46 Abs. 3, 66. Vgl. auch HGB. § 493 Abs. 5, wo die „besondere" Vollmacht des Korrespondentreeders den Gegensatz bildet zu der gesetzlichen, mit der Bestellung ipso jure verbundenen Vertretungsmacht, und den § 613 ZPO., wo der Bevollmächtigte des klagenden Ehegatten einer „besonderen" auf den Rechtsstreit gerichteten Vollmacht bedarf. Verschiedene Schriftsteller wollen, in Widerspruch mit der hier vertretenen Auffassung, auch in den „ausdrücklichen Erklärungen" nichts weiter als „besondere Bestimmungen" sehen (so Crome I S. 381, Biermann I S. 130 f. und Isay, Willenserklärung S. 31 und Iher. Jahrb. 44 S. 65 f.; siehe auch Zitelmann, Grundriß I S. 90). Indessen werden sie damit der Bedeutung und dem Zwecke der „Ausdrücklichkeit" nicht gerecht.

Willenserklärung mit unzweideutigem Erklärungsinhalt zu versehen. Außerdem wäre eine Regelung, die aus jeder Undeutlichkeit einen Ungültigkeitsgrund ableitete, so sehr sie auch die Lehre vom Mißverständnis vereinfachen würde, praktisch völlig undurchführbar. Denn tatsächlich ist es, zumal in Rechtsangelegenheiten, nur sehr wenigen Menschen gegeben, sich klar und deutlich auszudrücken, und auch diese wenigen machen von der ihnen verliehenen Gabe sehr häufig keinen Gebrauch. Dazu kommt noch, daß die Erfordernisse, durch welche im einzelnen Falle der Begriff der Deutlichkeit erfüllt wird, je nach der Persönlichkeit des Adressaten verschieden groß sind. So würden nur sehr wenig Willenserklärungen vor den Augen des Rechtes bestehen können. Und darum gibt sich der Gesetzgeber auch mit minder deutlichen Erklärungen zufrieden und ist um so eher geneigt, der menschlichen Unvollkommenheit Rechnung zu tragen, als es auch ihm nicht immer gelingt, seinen Willen in eine klare und zweifelsfreie Form zu kleiden, er aber naturgemäß von den Parteien nicht mehr verlangen kann, als er selbst zu leisten imstande ist [10]).

Wennschon nun absolute Deutlichkeit in der Regel nicht erforderlich ist, so leuchtet doch ohne weiteres ein, daß ein gewisses Maß von Verständlichkeit stets gewahrt sein muß, wenn ein Verhalten als „Erklärung" angesehen werden soll. Wer lediglich zu erkennen gibt, daß er eine Rechtsfolge herbeiführen

---

[10]) Das Erfordernis absoluter Deutlichkeit glaubt Manigk, Anwendungsgebiet S. 31 zum mindesten für die „stillschweigenden" Willenserklärungen nicht preisgeben zu dürfen, und einen ähnlichen Standpunkt vertritt teilweise auch Wendt im Arch. f. d. zivil. Praxis 92 S. 241 ff. Solche Sonderbehandlung der stillschweigenden Erklärungen verbietet sich schon durch das, was oben in § 6 über die Gegenstandslosigkeit der Unterscheidung von ausdrücklichen Willenserklärungen und konkludenten Handlungen gesagt worden ist. Im übrigen bemerkt schon Brinz in seinen Pandekten IV (2. Aufl.) S. 277 treffend: „Wie zweideutige Worte noch immer Worte, so sind auch die mehrdeutigen Fakta noch immer stillschweigende Willenserklärungen." Vgl. auch Bekker, Pandekten II S. 75: „Wer möchte raten, ‚mehr' und ‚minder deutliche' Willenserklärungen wesentlich verschieden zu behandeln? Erst die ganz undeutlichen fordern eine besondere Beachtung, nämlich Nichtbeachtung; doch diese Analogie paßt für die ‚stillschweigenden Willenserklärungen' zum wenigsten."

will, ohne auch nur im geringsten erkennen zu lassen, welcher Art die gewünschte Rechtsfolge sein soll, hat nicht sowohl eine undeutliche als überhaupt keine Willenserklärung abgegeben. Sein Rechtsgeschäft würde wegen Untauglichkeit des gebrauchten Erklärungsmittels schlechthin nichtig sein, und in eine Untersuchung über die Rechtswirkungen des Mißverständnisses könnte gar nicht eingetreten werden. Es ist also auch in denjenigen Fällen, wo keine „ausdrückliche" Erklärung vonnöten, sondern auch eine minder deutliche Erklärung zulässig ist, der Undeutlichkeit eine Schranke gezogen. Nur fragt es sich, wo die Grenze zu ziehen ist zwischen der trotz ihrer Undeutlichkeit noch gültigen und der wegen ihrer Undeutlichkeit nicht mehr gültigen Willenserklärung.

Hat der Mangel an Deutlichkeit seinen Grund in der äußeren Beschaffenheit des Erklärungsmittels, so ist es reine Tatfrage, ob das beobachtete Verhalten noch eine „Erklärung" ist, oder ob es in die Kategorie des juristischen Nichts gehört.

Dabei kann die dem einzelnen Falle zu entnehmende Entscheidung mit erheblichen Beweisschwierigkeiten zu kämpfen haben, wenn es sich um vergängliche Erklärungsmittel, also um Zeichen handelt, die, wie das mündliche Wort, keinerlei Daseinsspuren in der Außenwelt zurücklassen. Mieter und Vermieter haben, so nehmen wir an, mündlich den abgelaufenen Kontrakt verlängert, und der Vermieter behauptet hinterher, er habe bei dieser Gelegenheit, ohne daß der Mieter damals widersprochen hätte, an die Stelle der früheren halbjährigen Kündigungsfrist eine vierteljährige gesetzt. Der Mieter leugnet, daß von einer Veränderung der Kündigungsfrist überhaupt die Rede gewesen sei. Vermieter beteuert hoch und heilig, daß die Worte so, wie er behauptet, gefallen seien; Mieter erwidert, sie müßten dann eben in dem Geräusch, das seinerzeit ihr Gespräch verschiedentlich gestört habe, verloren gegangen sein, oder Vermieter habe sie vielleicht, wie das öfters seine Art sei, leise vor sich hingemurmelt oder gar erst beim Hinausgehen gesprochen; jedenfalls habe er nichts von ihnen gehört. Hatten der damaligen Unterhaltung Zeugen beigewohnt, so wird sich ja wohl feststellen lassen, ob der Vermieter zwar vielleicht etwas rasch und nicht gerade sehr laut, aber doch so gesprochen hat, daß seine Worte bei normaler Aufmerksamkeit bezw. einigem guten Willen vernommen werden konnten, dem Mieter also, wenn er sie nicht vernommen hat, ein Mißverständnis untergelaufen ist, oder ob die Bemerkung über die Kündigungsfrist im Flüsterton gemacht worden und darum kaum hörbar gewesen, eine „Erklärung" also überhaupt nicht abgegeben worden ist. Wenn aber, wie es doch meistens der Fall zu sein pflegt, die Unterredung der beiden Kontrahenten unter vier Augen stattgefunden hat? Den Eid kann der Vermieter dem Mieter nach § 445 ZPO. höchstens darüber zuschieben, daß er von einer Verkürzung der Kündigungsfrist nichts gehört hat. Das aber steht zunächst nicht in Frage; würde von entscheidender Bedeutung für den Rechtsstreit auch nur dann sein, wenn sich als Resultat unserer Untersuchungen ergeben sollte, daß ein Mißverständnis des Adressaten eine gültige Willenserklärung nicht entstehen lasse; wäre hingegen ohne jeden Einfluß auf das Schicksal des Prozesses, wenn sich zeigen sollte, daß solches Mißverständnis die Wirksamkeit der Erklärung nicht beeinträchtige. Vorläufig handelt es sich nur darum, ob der Mieter die betreffenden Worte des Vermieters überhaupt hören konnte, und darüber steht dem Mieter, der sie nachweislich nicht gehört hat, natürlich kein Urteil zu. Allenfalls ließe sich hier ein Überzeugungseid des Vermieters denken. Da letzterer aber für die ordnungsmäßige „Abgabe" der Erklärung die Beweislast trägt, so wird er zum Schwure regelmäßig nur gelangen, wenn er den Eid als „richterlichen" nach Maßgabe des § 475 ZPO. auferlegt bekommt.

Einfacher liegen die Dinge, wenn, wie bei den schriftlichen Erklärungen, die gebrauchten Mitteilungszeichen von bleibendem Charakter sind. Beruft sich hier der eine Teil darauf, daß dem Schreiben infolge von Unleserlichkeit die Eigenschaft einer „Erklärung" abgehe, so kann der Richter, eventuell unter Zuhilfenahme von Sachverständigen, durch Einblick in die Urkunde feststellen, ob die scheinbaren Hieroglyphen bei näherem Zusehen noch einen bestimmten Sinn erkennen lassen, oder ob der Inhalt wirklich völlig unleserlich ist[11]). Würde

[11]) Der Unleserlichkeit des Inhaltes kann unter Umständen die Unleserlichkeit der Unterschrift gleichstehen. Ein Besitzer mehrerer Häuser erhält

freilich die Urkunde verloren gegangen und Zeugnis dritter Personen nicht zu beschaffen sein, dann könnte auch hier der Konflikt nur vermittelst eines Überzeugungseides beigelegt werden, wobei aber zu beachten wäre, daß die Beweislast in der Regel den Empfänger der Willenserklärung als denjenigen träfe, der das Schriftstück zu produzieren gehabt hätte.

Haben wir uns bisher bei der Abgrenzung der erlaubten von der nicht mehr erlaubten Undeutlichkeit auf rein tatsächlichem Gebiet bewegt, so gewinnt die ganze Frage einen weit mehr juristischen Charakter, sobald die Undeutlichkeit ihren Grund nicht in der äußeren Beschaffenheit des Erklärungsmittels, sondern darin hat, daß sich hinter den gebrauchten Worten oder dem sonstigen, äußerlich deutlichen Verhalten ein zwiefach oder gar mehrfach verschiedener Sinn verbirgt. Ein Deutscher nickt, um seine Zustimmung zu erklären, mit dem Kopfe, aber in einem Lande, wo Kopfnicken das Zeichen der Verneinung ist, so daß die Landsleute des Betreffenden nicht wissen, ob er nach der Heimatssitte „ja" oder nach der Landessitte „nein" gesagt hat; oder in einer Willenserklärung ist als Zeitangabe die achte Stunde genannt, ohne daß ermittelt werden kann, ob 8 Uhr abends oder 8 Uhr morgens gemeint ist; oder jemand offeriert „die Hohenloheschen Memoiren", ohne hinzuzufügen, ob es die Erinnerungen des Prinzen Kraft von Hohenlohe-Ingelfingen oder die des Reichskanzlers Hohenlohe sind, die er zum Verkauf anbietet. Wo solche den Mitteilungszeichen nicht äußerlich anhaftende, sondern ihnen gewissermaßen immanente Undeutlichkeit vorliegt, gilt der Satz, daß die Mehrdeutigkeit dem Charakter der Erklärung keinen Abbruch tut, wenn die

z. B. von einem seiner zahlreichen Mieter einen Kündigungsbrief, der unter dem schön geschriebenen Texte an Stelle der Namensunterschrift eine nicht zu entziffernde Wellenlinie trägt. Geht hier die Person des Absenders nicht aus dem übrigen Teile des Briefes hervor, so ist eine Kündigung in Wahrheit nicht erfolgt. Eine andere, uns hier nicht interessierende Frage ist es, ob da, wo nach dem Gesetz schriftliche Erklärung notwendig ist, Unleserlichkeit des Namenszuges eine Verletzung der im § 126 Abs. 1 enthaltenen Formvorschrift bedeutet. Darüber vgl. Heinrich Lehmann a. a. O. S. 83—91 und etwa noch Reichsgericht in der Jur. Wochenschr. 35 S. 573 Nr. 48 und Danz, Auslegung S. 143 Anm. 3.

Rechtswissenschaft mit den ihr zu Gebot stehenden Auslegungsregeln die Undeutlichkeit zu bannen vermag; daß hingegen das beobachtete Verhalten die Eigenschaft einer „Erklärung" verliert, wenn die Undeutlichkeit auch im Wege der Auslegung nicht gehoben werden kann[12]). Ähnlich also, wie der Gesetzgeber durch seine ergänzenden Rechtssätze dem unvollständig geäußerten Rechtsfolgewillen der Parteien einen eindeutigen und festumrissenen Inhalt gibt, muß der Richter, wo ihm eine undeutliche Erklärung entgegentritt, bemüht sein, aus der Reihe der Möglichkeiten, die in der Erklärung eingeschlossen liegen, die für den konkreten Fall allein in Betracht kommende ausfindig zu machen. Läßt sich dieser Erfolg nicht erreichen, dann ist eine Erklärung im Rechtssinn ebensowenig vorhanden, wie wenn der Geschäftswille überhaupt nicht geäußert worden wäre. Wird der Erfolg hingegen dank den Hilfsmitteln, die Gesetz und Wissenschaft dem Richter an die Hand geben, erreicht, dann hat durch die Auslegung die vorher mehrdeutige Erklärung einen bestimmten Sinn erhalten, die Erklärung ist gültig „abgegeben", und es kann der weiteren Frage nachgegangen werden, ob und wieweit sie in ihrer Wirksamkeit durch ein etwaiges Mißverständnis des Adressaten beeinträchtigt wird.

Bevor wir aber die Rechtswirkungen untersuchen, die das Mißverständnis nach sich zieht, müssen wir die Auslegung, von der eben die Rede war, etwas näher ins Auge fassen. Denn erst wenn wir die Arbeit, die sie zu leisten vermag, im einzelnen kennen gelernt haben, sind wir imstande, zu beurteilen, wie weit das Gebiet der unheilbar undeutlichen Erklärungen langt, und wo das Bereich der trotz ihrer Undeutlichkeit noch brauchbaren Erklärungen anfängt. Und noch aus einem anderen Grunde müssen wir uns eingehender mit der Auslegung be-

---

[12]) So sagt auch Dernburg I S. 441 f., daß eine Willenserklärung, um rechtliche Geltung zu haben, mindestens in dem Grade deutlich sein muß, daß sie entzifferbar ist; „verworrene Äußerungen, bezüglich deren eine sichere Auslegung versagt, sind bedeutungslos." Und ähnlich Kohler I S. 503: „Die Rechtshandlung verlangt eine Willenserklärung mit verkehrsmäßiger Bestimmtheit. Ist der geäußerte Wille zu unbestimmt, so kommt es darauf an, ob das Rechtsgeschäft in sich die Mittel enthält, um die Unbestimmtheit zu lösen."

schäftigen. Denn letztere zeigt uns, wie wir sahen, erst den „wahren", den „richtigen" Inhalt der mehrdeutigen Erklärung. Wenn also Erklärender und Adressat über den Sinn einer solchen Erklärung streiten, wird erst durch die Auslegung festgestellt, ob der Erklärungsinhalt mit dem übereinstimmt, was der eine Teil erklären wollte, oder ob er mit dem übereinstimmt, was der andere Teil als erklärt in sich aufgenommen hat; es wird also erst durch die Auslegung Klarheit darüber gewonnen, ob Wille und Erklärung sich decken, hingegen Erklärung und Erklärungsaufnahme nicht zusammenfallen, oder ob umgekehrt der Adressat die Erklärung richtig verstanden hat, diese aber nicht das besagt, was sie nach dem Willen des Erklärenden besagen sollte. Mit anderen Worten: wenn zwei mit einer Erklärung einen verschiedenen Sinn verbinden, muß erst die Auslegung gesprochen haben, ehe feststeht, ob dem Erklärenden ein Irrtum oder dem Adressaten ein Mißverständnis untergelaufen ist.

Drittes Kapitel.

Die Ermittelung des Erklärungsinhaltes[1]).

§ 9.

Streiten die Parteien eines Rechtsgeschäftes über den Sinn der abgegebenen Erklärung, so soll deren Inhalt nach

[1]) Die im folgenden behandelten Fragen hat in jüngster Zeit besonders gefördert Danz durch sein schon öfters zitiertes Werk über die Auslegung der Rechtsgeschäfte. Weitere Literatur, insbes. auch weitere Arbeiten von Danz selbst siehe ebenda S. 3 Anm. 1 und 2. In Ergänzung der dortigen Angaben wären etwa noch zu nennen: Danz, Rechtsprechung nach der Volksanschauung und nach dem Gesetz in Iher. Jahrb. 54 S. 1 ff.; derselbe, Die Grundsätze von Treu und Glauben und ihre Anwendung auf die Rechtsverhältnisse des Bankverkehrs (Berlin 1909); Stammler, Die Lehre vom richtigen Rechte (Berlin 1902) S. 497 ff.; Zitelmann, Internationales Privatrecht II (1898) S. 212 ff.; Leonhard, Irrtum I S. 174 ff. und Manigk, Willenserklärung S. 454 ff. Erwähnung verdienen auch die wertvollen Studien, die Saleilles, De la déclaration de volonté (Paris 1901) wie der Lehre vom Rechtsgeschäft überhaupt, so auch der Auslegung der Willenserklärungen nach BGB. gewidmet hat: vgl. insbes. S. 196—233.

dem BGB. von ihnen bezw. vom Richter an der Hand zweier Rechtssätze ermittelt werden. Der eine findet sich im § 133 und lautet: „Bei der Auslegung einer Willenserklärung ist der wirkliche Wille zu erforschen und nicht an dem buchstäblichen Sinne des Ausdrucks zu haften." Der andere ist im § 157 enthalten, wo es heißt: „Verträge sind so auszulegen, wie Treu und Glauben mit Rücksicht auf die Verkehrssitte es erfordern" [2]).

Es ist auf den ersten Blick nicht leicht, diese beiden Paragraphen in die richtige Beziehung zueinander zu setzen. Zunächst möchte wohl mancher die verschiedene Stelle, die sie im System des Gesetzbuches gefunden haben, für die Aufdeckung ihres Verhältnisses verwerten, den § 133 also, weil er unter die allgemeinen Vorschriften über Willenserklärungen zu stehen gekommen ist, als eine grundsätzlich für alle Rechtsgeschäfte gültige Vorschrift ansehen, den § 157 hingegen, entsprechend seinem Wortlaut und seinem Platze in dem von den Verträgen handelnden Titel, zu einer nur auf die zweiseitigen Geschäfte anwendbaren Sonderbestimmung stempeln. Indessen herrscht doch jetzt — und mit Recht — in Theorie und Praxis ziemliche Einstimmigkeit darüber, daß aus diesen äußeren Unterschieden kein Schluß auf ein verschiedenes Anwendungsgebiet der beiden Bestimmungen gezogen werden darf, daß vielmehr diese Äußerlichkeiten ihren Grund in redaktionellen Unebenheiten haben, und daß sich in Wahrheit der § 157 ebenso wie der § 133 auf einseitige Rechtsgeschäfte nicht minder wie auf Verträge bezieht [3]). Freilich scheint mit dieser Erkenntnis die Schwierigkeit, die das

---

[2]) Danz, Auslegung S. 4 (vgl. auch S. 84) ist der Meinung, daß die vom BGB. über die Auslegung aufgestellten Rechtssätze sich nur an den Richter, nicht wie die anderen Bestimmungen des materiellen Rechtes an die Parteien wenden. In Wahrheit aber gelten die Auslegungsregeln, ebenso wie die übrigen Normen des Gesetzbuches, in gleichem Maße für die Parteien wie für den Richter. So auch Kipp bei Windscheid S. 444 § 84 Anm. und Wedemeyer, Auslegung S. 1. Leonhard, Irrtum I S. 175 spricht sogar, allerdings mit unmotivierter Emphase, von einer „prästabilierten Harmonie", die zwischen der Parteiauslegung und der richterlichen Auslegung bestehe.

[3]) Von namhafteren Autoren ist, soviel ich sehe, nur Leonhard, Allgem. Teil S. 354 ff. anderer Meinung.

Verhältnis der beiden Paragraphen zueinander aufweist, nicht beseitigt, sondern im Gegenteil eher gewachsen zu sein. Denn wenn das Anwendungsgebiet der beiden Paragraphen grundsätzlich das gleiche ist, so ist der Widerspruch um so größer, der anscheinend zwischen dem Inhalt der beiden Auslegungsregeln besteht. Nach dem Wortlaut des § 133 hat die Ermittelung desjenigen, was der Erklärende erklären *wollte*, als das eigentliche Ziel der Auslegung zu gelten; nach § 157 soll umstrittenen Ausdrücken diejenige Bedeutung zukommen, die sie im redlichen Verkehr haben: ist hier nicht vom Gesetzgeber dem Auslegenden die Pflicht auferlegt worden, subjektiv und objektiv zugleich zu sein?

In Wahrheit ist ein solcher Widerspruch natürlich nicht vorhanden. Denn ganz abgesehen davon, daß der § 157, wie sich noch zeigen wird, nicht unter allen Umständen eine rein objektive Auslegung vorschreibt, meint der § 133 mit dem „wirklichen" Willen nicht den inneren Willen des Erklärenden, sondern den „wirklich erklärten Willen" [4]). Da aber der „erklärte Wille" identisch ist mit dem Erklärungsinhalt (denn „*erklärt*" ist, was im Wege des richtig angestellten Rückschlusses als *gewollt erscheint*), so besagt der § 133 nichts weiter, als daß die Auslegung den *wahren Inhalt der Erklärung* zu erforschen und nicht am buchstäblichen Sinne des Ausdruckes zu haften hat. Der § 133 spricht also, ohne der Frage vorzugreifen, welche Faktoren im Zweifelsfall über den Erklärungsinhalt entscheiden, lediglich die Warnung vor der Wortklauberei aus. So verstanden ist er aber nur eine selbstverständliche Konsequenz des vom Gesetz in § 157 eingenommenen Standpunktes und dient lediglich dazu, dem hier ausgesprochenen Gebot nach einzelnen Richtungen hin besonderen Nachdruck zu verleihen. Weit entfernt also, daß die §§ 133 und 157 einander widersprechen, ist der erstere in der allgemeinen Norm des letzteren schon von selbst enthalten [5]).

---

[4]) So vor allem auch *Danz* in seinen zahlreichen hier einschlägigen Arbeiten; vgl. ferner *Manigk*, Willenserklärung S. 147 f., *Oertmann* I S. 413 und das *Reichsgericht* 68 S. 126 ff.

[5]) Und darum könnte der § 133 unbedenklich im Gesetzbuch fehlen. Tatsächlich ist denn auch die Beseitigung des ihm entsprechenden § 73

Demnach können wir im folgenden, ohne den § 133 zu verletzen, die Gesetze der Auslegung ausschließlich aus dem § 157 entwickeln. Welches sind nun im einzelnen die Anforderungen, die die Rechtsordnung mit dem Hinweis auf Treu und Glauben an die Auslegung mehrdeutiger Willenserklärungen stellt? Um diese Frage zu beantworten, müssen wir zwischen verschiedenen Fällen von Auslegung unterscheiden.

1. Handelt es sich um sogenannte Verkehrsgeschäfte, so kommt der abgegebenen Erklärung grundsätzlich derjenige Sinn zu, den sie nach der Anschauung, d. h. nach dem Sprachgebrauch des Verkehres hat[6]). Hier ist also bei der Auslegung rein objektiv zu verfahren: Inhalt der Erklärung ist das Rechtsprogramm, das der Erklärende nach der Auffassung der Allgemeinheit durch sein Verhalten zum Ausdruck gebracht

---

Entw. I seinerzeit mehrfach, wenn auch nicht immer aus den gleichen Gründen, angeregt bezw. erwogen worden. Vgl. Motive I S. 155; Protokolle I S. 68 und Zitelmann, Rechtsgeschäfte I S. 97. Ja, man kann noch weitergehen und sagen, daß die Bestimmung des § 157 im letzten Grunde ebenfalls überflüssig ist. Denn da unter Erklärung ein Verhalten zu verstehen ist, das den Schluß auf einen bestimmten Geschäftswillen gestattet, so kann die Frage nach dem Ergebnis des Rückschlusses, wenn letzterer richtig sein soll, gar nicht anders als nach Treu und Glauben und der Verkehrssitte beantwortet werden. Der Inhalt des § 157 ist also mit dem Erklärungsbegriff von selbst gegeben, und wir werden denn auch in den folgenden Untersuchungen auf keine Entscheidung stoßen, die nicht unmittelbar aus dem Erklärungsbegriff zu gewinnen gewesen wäre.

[6]) Der Begriff des „Verkehrsgeschäftes" ist der Rechtsliteratur geläufig. Er „leidet zwar an Unbestimmtheit, ist aber noch durch keinen besseren ersetzt worden" (Regelsberger, Pandekten I S. 513 Anm. 4). Im wesentlichen umfaßt er die Geschäfte des entgeltlichen Vermögensverkehres. Ihnen stehen dann die Geschäfte des unentgeltlichen Vermögensverkehres und die familien- und erbrechtlichen Geschäfte als die Nichtverkehrsgeschäfte gegenüber. Daß die beiden Gruppen von Geschäften hinsichtlich der Auslegung verschieden zu behandeln sind, wird auch sonst in der Literatur, wo nicht dem Namen, so doch der Sache nach betont. Vgl. beispielsweise Regelsberger a. a. O. S. 641; Kohler I S. 534 und Iher. Jahrb. 28 S. 230 f.; Danz, Auslegung S. 187 ff. und Iher. Jahrb. 38 S. 466 ff. und Gustav Hartmann ebenda 20 S. 50 f. Anderer Ansicht Manigk, Willenserklärung S. 162 Anm. 323, dessen Widerspruch aber wohl auf ein Mißverständnis zurückzuführen ist.

hat[7]). Ob dieser Erklärungsinhalt, dieses »id quod actum est«, mit dem übereinstimmt, was der eine Teil erklären wollte, ist für die Auslegungsfrage ebenso gleichgültig wie die andere, ob er sich mit dem deckt, was der Empfänger als erklärt in sich aufgenommen hat. Die objektive Auslegung soll nur feststellen, daß in dem von der einen Seite beobachteten Verhalten der und der Geschäftswille seine „Verkörperung", seine „Erklärung" gefunden hat; sie soll dartun, daß jemand, der sich so und so verhält, den und den Geschäftswillen zu haben pflegt, daß also A, wenn er das Verhalten x beobachtet, damit die Erklärung abgibt, daß hinter diesem Verhalten der Geschäftswille x stehe. Ob er den Willen x im konkreten Falle auch wirklich gehabt hat, darüber will und kann die Auslegung keine Auskunft geben. Sache des positiven Rechtes ist es, die Folgen zu regeln, die eintreten, wenn der von der Auslegung ermittelte Geschäftswille sich als nicht identisch mit demjenigen erweist, der in der Seele des Erklärenden bezw. in der Vorstellungswelt des Adressaten lebendig gewesen ist[8]).

---

[7]) Dieser Satz kann, wenigstens der Sache nach, nicht nur als herrschende Meinung, sondern geradezu als Gemeingut der heutigen Doktrin bezeichnet werden. Bisweilen erscheint er freilich in der unrichtigen Formulierung, „es habe im Verkehrsleben die Auslegung stets vom Standpunkt des Erklärungs**empfängers** zu geschehen." Vgl. z. B. die in Warneyers Jahrbuch III § 119 Nr. 1 zitierten Urteile des **Reichsgerichtes**. Es wird dann eben der Empfänger ohne weiteres mit einem objektiv auslegenden Menschen identifiziert. Wennschon also das Richtige gemeint ist, so ist jene Fassung doch irreführend, denn es läßt sich, um mit **Kipps** Worten (bei Windscheid I S. 447 f.) zu reden, sehr wohl denken, „daß jemand eine objektiv unzweideutige Erklärung mißversteht und selbst ohne seine Schuld, weil er sie von seinem Standpunkt aus nicht besser verstehen konnte". Hier würde eine Auslegung im Sinne des Empfängers natürlich das Gegenteil von objektiver Auslegung sein.

[8]) Rein begrifflich hat also die Frage nach der richtigen Auslegung nichts zu tun mit dem Streite, der im gemeinen Rechte um die Willens- und die Erklärungstheorie entbrannt ist. Das zeigt sich schon darin, daß mehrfach Anhänger der Willenstheorie unumwunden für das Erfordernis objektiver Auslegung eingetreten sind. Vgl. vor allem **Zitelmann**, der sich in seinem der Verteidigung der Willenstheorie gewidmeten Werke „Irrtum und Rechtsgeschäft" S. 240 zu dem Satze bekennt: „**Es ist die Regel des Lebens**, welche über die Bedeutung der Mitteilungszeichen

Die Auslegung hat sich also, wenn einer Willenserklärung seitens der Parteien verschiedene Bedeutung beigelegt wird, grundsätzlich darum zu kümmern, welchen Sinn „die Allgemeinheit" mit den gebrauchten Mitteilungszeichen verbindet. Ergibt sich als Resultat die Bedeutung a, und ist a das, was der eine Teil erklären wollte, so hat der Adressat, wenn er aus den Worten etwas anderes als a herausgelesen hat, die Erklärung „mißverstanden"; entspricht hingegen dieses a der Auffassung, die der Empfänger vom Erklärungsinhalt hatte, während dem Gegner, als er das Verhalten a beobachtete, der Rechtserfolg b vorschwebte, so hat der Erklärende „geirrt". Denkbar ist auch der dritte Fall, daß beide Parteien den Erklärungsinhalt falsch beurteilen, daß also weder die Auffassung des Erklärenden noch die des Empfängers mit der Auslegung a in Einklang steht: dann liegt sowohl auf der einen Seite Irrtum wie auf der anderen Seite Mißverständnis vor[9]).

---

entscheidet." Beachte dazu seinen Gesetzesvorschlag in Rechtsgeschäfte II S. 149 § 94a. Die Willenstheorie besagt ja auch nur, daß, wenn Erklärungsinhalt und Wille des Erklärenden nicht miteinander übereinstimmen, das Rechtsgeschäft wegen des Willensmangels ungültig ist; sie berührt hingegen nicht die Vorfrage, ob Wille und Erklärung sich decken. Freilich sind in der Literatur die beiden Fragen nicht immer auseinandergehalten worden.

[9]) Diese Konstellation ist aber, wie gesagt, nur dann denkbar, wenn die Parteien über den Sinn der Erklärung streiten. Herrscht zwischen ihnen über deren Inhalt Einverständnis, dann hat der Richter überhaupt nichts „auszulegen" und darum keine Möglichkeit, die „gewöhnliche", die „allgemeine" Bedeutung des betreffenden Geschäftes zur Geltung zu bringen. Denn die Parteien sind, wie wir früher gesehen haben (vgl. oben S. 73), Herr über die Mitteilungszeichen, deren sie sich bedienen: sie können für jedwede Äußerung jedweden Sinn vereinbaren. Und zufolge der Struktur unseres Prozesses ist es auch einerlei, ob sie die Vereinbarung bei Vornahme des Rechtsgeschäftes getroffen oder sich erst nach Beginn des Prozesses auf eine bestimmte Deutung geeinigt haben. Vgl. die noch fast zu zaghaften Urteile des Reichsgerichtes in Seuff. Arch. 62 Nr. 78 S. 133; Gruchots Beitr. 52 S. 929; in der Jur. Wochenschr. 33 S. 356, 34 S. 682, 35 S. 809 und im Recht 14 Beil. Nr. 286; ferner das OLG. Celle im Recht 12 Beil. 2 S. 616 Nr. 3396 und vor allem Danz, Auslegung S. 57 f., 87 f., 170, Iher. Jahrb. 46 S. 390, 54 S. 37 und Recht 9 S. 89 ff.

Die Rechtfertigung dafür, daß bei Verkehrsgeschäften die Willenserklärung im Sinne der Verkehrssprache ausgelegt wird, ist unschwer zu finden. Hat im Verkehrs- und Rechtsleben aus guten Gründen nur derjenige Wille verbindliche Kraft, der geäußert worden ist, so kann ein Wille, der sich geäußert hat, auch nur in der Form Wirkungen hervorbringen, in der er sich geäußert hat. Im Begriff der „Äußerung" liegt es aber eingeschlossen, daß die Beurteilung und Wertung dieser Form nicht dem Belieben des Einzelnen überlassen werden kann. Und darum braucht der Adressat individuelle Sprachgewohnheiten des Erklärenden nicht gegen sich gelten zu lassen, ebensowenig als dieser es notwendig hat, auf die Spracheigentümlichkeiten des Adressaten Rücksicht zu nehmen. Sondern wie jeder vom Anderen verlangen kann, daß er ihm in allgemeiner und nicht in selbstgeschaffener Münze zahle, so darf jede Partei damit rechnen, daß die andere im Verkehr mit ihr sich der allgemeinen Verständigungsmittel bedient. In diesem berechtigten Vertrauen würde sie getäuscht werden, wenn ein umstrittener Ausdruck in einem anderen Sinne ausgelegt werden dürfte, als den er in der „gewöhnlichen", in der „verkehrsüblichen" Redeweise hat. »Si alter non intellexerit, quod alter proposuit, ad communem verbi intelligentiam recurratur, et cogatur uterque verba prolata in eo sensu retinere, quem solent recte intelligentibus generare [10]).« Oder wie Paulus sagt: »In obscuris inspici solere, quod verisimilius est aut quod plerumque fieri solet [11]).« Ähnlich wie

[10]) Cap. 7 X de spons. et matr. 4, 1.

[11]) L. 114 D. de regulis juris 50, 17. Mit diesem Zitat soll übrigens nur der Gedanke des Textes veranschaulicht, keineswegs aber ein Beleg dafür erbracht werden, daß die obigen Ausführungen mit den Quellen des römischen Rechtes übereinstimmen. Ein solcher Beweis würde sich bei der Beschaffenheit des Quellenmateriales auch kaum erbringen lassen. Denn was die Digesten an Auslegungsregeln enthalten, ist teilweise recht nichtssagend („von einem sehr allgemeinen Charakter und ziemlich auf der Oberfläche liegend", wie Savigny, Obligationenrecht II S. 189 sich ausdrückt), teilweise zu viel sagend und darum widerspruchsvoll (wennschon es nicht Schuld der Quellen ist, daß in der gemeinrechtlichen Literatur die lediglich von der Testamentsauslegung handelnden Stellen auch auf Verkehrsgeschäfte bezogen worden sind), und niemand, der die

der Gesetzgeber durch seine dispositiven Rechtssätze die unvollständigen und darum undeutlichen Willensäußerungen der Parteien so zu ergänzen versucht, wie es der Gewohnheit des Verkehres, dem durchschnittlichen Geschäftsgebrauch entspricht, ähnlich haben Partei und Richter vermittelst der Auslegung mehrdeutige und darum unvollständige Ausdrücke im Sinne der allgemeinen Verkehrsauffassung zu ergänzen[12]). Und hat sich hinsichtlich des gebrauchten Ausdruckes bezw. des sonstigen vom Erklärenden beobachteten Verhaltens eine „allgemeine Auffassung", eine „feste Sitte" noch nicht gebildet, so ist die dem Verkehrsbedürfnis entsprechende Bedeutung zu wählen: es ist also diejenige Auslegung zu bevorzugen, die, wenn sie sich auch selbst auf eine Verkehrssitte noch nicht gründen kann, doch ihrerseits die Grundlage einer festen Sitte zu werden imstande ist[13]).

Kontroversen kennt, die sich in der Folgezeit an die Aussprüche der römischen Juristen geknüpft haben, wird den Wunsch hegen, dieses Material hier von neuem erörtert zu sehen.

[12]) Über die Wesensgleichheit von Auslegung und Ergänzung vgl. unten § 23 unter 2c.

[13]) Insofern berührt sich die Auslegung von Willenserklärungen nahe mit der Gesetzesauslegung. Denn auch hier ist zunächst zu fragen, welcher Sinn den Gesetzesworten nach der Auffassung des Verkehres, nach dem allgemeinen Sprachgebrauch zukommt, und ist, falls diese Frage zu einem non liquet führt, des weiteren diejenige Auslegung zu bevorzugen, die dem Verkehrsbedürfnis am besten dient. Darum darf man aber noch nicht mit Danz Gesetzesinterpretation und Auslegung von Willenserklärungen völlig auf eine Stufe stellen. Der § 157 ist nicht, wie Danz in seinem Buche über die Auslegung (vgl. auch Iher. Jahrb. 54 S. 46 ff.) verschiedentlich bemerkt, auch auf Gesetze anwendbar, sondern ist selbst Teil eines Gesetzes und als solcher Gegenstand, nicht Hilfsmittel der Gesetzesexegese. Um nur einen Unterschied zwischen den beiden Arten der Auslegung hervorzuheben: die Gesetzesauslegung muß sich unter allen Umständen der Verkehrssprache anpassen; denn das Gesetz richtet sich an die Allgemeinheit, an alle Untertanen. Rechtsgeschäfte hingegen sind zwar grundsätzlich, aber nicht ausnahmslos im Sinne des „allgemein Üblichen" auszulegen, indem, wie sogleich erörtert werden soll, und wie von Danz selbst nicht verkannt wird, die individuellen Beziehungen, die bei Geschäftserrichtung zwischen den Parteien bestanden haben, eine dem allgemeinen Sprachgebrauch zuwiderlaufende Auslegung gestatten bezw. gebieten können.

2. Die bisher geschilderte Art objektiver Auslegung können wir, weil sie die Erforschung der allgemeinen Bedeutung der Erklärung zum Ziele hat, als „generelle Auslegung" bezeichnen. Diese generelle Auslegung ist nicht die einzige, die im Gebiet der Verkehrsgeschäfte herrscht. Sondern bisweilen verlangt der Verkehr für die Interpretation der Willenserklärung eine andere Art objektiver Inhaltsermittelung, die wir als „individuelle Auslegung" bezeichnen möchten. Die besonderen Beziehungen, in denen die Parteien stehen, können nämlich bewirken, daß der abgegebenen Erklärung ein von der gewöhnlichen Bedeutung abweichender Sinn beigelegt werden muß. Dann ist dieser abweichende und nicht der gewöhnliche Sinn der wahre Inhalt der Erklärung. Die individuelle Auslegung geht also der generellen Auslegung vor; die Auffassung, welche die Allgemeinheit von den gebrauchten Mitteilungszeichen hat, muß zurücktreten vor der Bedeutung, die sich aus der Besonderheit der Parteibeziehungen ergibt. Um was für Beziehungen es sich hier im einzelnen handelt, werden wir später noch sehen. Immer aber muß ihnen zufolge die eine Partei wissen oder doch schuldhafterweise nicht wissen, daß die Gegenpartei mit der Erklärung einen anderen als den üblichen Sinn verbindet. Hingegen ist nicht erforderlich, daß diese andere Bedeutung mit der üblichen irgendwie verwandt sei oder auch nur einige Ähnlichkeit mit ihr habe, sondern beide sind so unabhängig voneinander, daß sie zu völlig verschiedenen Ergebnissen führen können [14]).

Individuell nennen wir die hier an zweiter Stelle berührte Art der Auslegung deshalb, weil der Erklärungsinhalt nicht dem allgemeinen Sprachgebrauch, sondern dem Verhältnis entnommen wird, in dem zwei bestimmte Beteiligte zueinander stehen. Das Verhalten des Erklärenden erscheint in einem

---

Vgl. auch die feinsinnigen Bemerkungen von Saleilles a. a. O. S. 216 f. §§ 47—50 und Hölder, Theorie S. 118—121 (Sep.-Abdr. S. 28—31) und Iher. Jahrb. 55 S. 478 ff.

[14]) Infolgedessen ist auch bei scheinbar unzweideutigen Worten ein Streit über den Sinn der Erklärung denkbar. Vgl. auch das Reichsgericht in der Jur. Wochenschr. 30 S. 427.

anderen als dem allgemeinen Lichte, weil es dieser Partei gegenüber beobachtet worden ist.

Die individuelle Auslegung ist, wie die generelle, eine Unterart der objektiven Auslegung; denn für die Ermittelung des Geschäftsinhaltes kommt nicht die einseitige, sondern nur die auf Sonderbeziehungen sich gründende und darum dem Gegner erkennbare Parteiauffassung in Betracht.

Wie bei der generellen, so ist es auch bei der individuellen Auslegung möglich, daß sie nicht mit dem übereinstimmt, was der eine Teil erklären wollte. Gebraucht jemand bestimmte Worte in ihrer allgemein üblichen Bedeutung, ohne daran zu denken, daß zwischen ihm und dem Adressaten Beziehungen existieren, die den Worten einen besonderen Sinn verleihen, so ist nichtsdestoweniger der sich aus diesen Beziehungen ergebende Inhalt Geschäftsinhalt geworden, und der Erklärende kann aus dem Irrtum, der ihm untergelaufen ist, höchstens Anfechtungsrechte ableiten. Wäre hingegen der Erklärende derjenige, der die mit den Parteibeziehungen im Einklang stehende Deutung für sich in Anspruch nähme, während der Adressat, obwohl er diese Beziehungen kennen müßte, sich auf die allgemein übliche Auslegung der Worte beriefe, so würde die falsche Beurteilung des Erklärungsinhaltes auf seiten des Empfängers liegen: es wäre eine Divergenz zwischen diesem Inhalt und der Erklärungsaufnahme zu konstatieren, und wir hätten es nicht mit der Erscheinung des Irrtumes, sondern mit der Rechtsfigur des Mißverständnisses zu tun [15]).

Daß die individuelle Auslegung den für uns maßgebenden Anforderungen des § 157 BGB. entspricht, leuchtet ohne weiteres ein. Denn in diesem Paragraphen werden Treu und Glauben im Verkehr als die für die Auslegung von Willenserklärungen entscheidenden Faktoren hingestellt. Danach aber ist es, wie auch in der Literatur allgemein anerkannt wird, selbstverständlich, daß überall, wo Parteibeziehungen eine Ab-

[15]) Möglich ist auch der Fall, daß beide Parteien den Einfluß ihrer Beziehungen auf den Erklärungsinhalt falsch beurteilen, so daß sowohl ein Irrtum auf seiten des Erklärenden wie ein Mißverständnis auf seiten des Adressaten vorliegt. Vgl. dazu oben Anm. 9, deren Inhalt mutatis mutandis auch hier gilt.

weichung von der gewöhnlichen Ausdrucksweise erkennbar machen, der Ermittelung des Erklärungsinhaltes diese abweichende und nicht die gewöhnliche Redeweise zugrunde gelegt wird.

Gegen diese These kann auch kein Bedenken aus der Bestimmung des BGB. abgeleitet werden, die auf den ersten Blick mit ihr in Widerspruch zu stehen scheint: nämlich aus dem Absatz 2 des § 122. Ihm zufolge soll die an und für sich mit der Irrtumsanfechtung verbundene Schadensersatzpflicht nicht eintreten, wenn der Gegner den Grund der Anfechtbarkeit, nämlich den Irrtum des Erklärenden, kannte oder kennen mußte. Es wird hier also vorausgesetzt, daß es Fälle gibt, wo der eine Teil weiß oder wissen muß, daß der andere Teil nicht den gewöhnlichen, sondern einen davon abweichenden Sinn mit seiner Erklärung verbindet, und wo trotz dieses Kennens oder Kennenmüssens das Rechtsgeschäft nicht mit dem abweichenden, sondern dem gewöhnlichen Inhalt zustande kommt, so daß der Urheber der Erklärung etwas anderes erklärt hat, als er erklären wollte. Um einen in der Praxis abgeurteilten Fall als Beispiel herauszugreifen: ein Fabrikant in Köln bestellte bei einem Kohlenhändler in Dortmund einen relativ kleinen Posten Kohlen; da ihm an rascher Lieferung lag, wollte er der telegraphischen Offerte das Wort „eiligst" beifügen, telegraphierte aber aus Versehen „Eilfracht". Die Summe für die Eilfracht betrug das Dreifache von dem Preise, den die Kohlen kosteten. Angesichts dieses Umstandes, der dem Dortmunder bekannt war, mußte sich letzterer bei vernünftiger Überlegung sagen, daß „Eilfracht" in dem gewöhnlichen Sinne, den man mit diesem Worte verbindet, vom Erklärenden nicht gemeint gewesen ist. Dennoch ist nach den §§ 119 und 122 Abs. 2 ein auf „Eilfracht" lautender Vertrag geschlossen worden; es liegt zwar auf seiten des Dortmunder ein „Kennenmüssen", aber trotzdem auf seiten des Kölner ein „Irrtum" vor. Wie läßt sich dieses Resultat mit unseren Ausführungen vereinigen? Ging deren Ergebnis nicht dahin, daß, wenn die eine Partei weiß oder wissen muß, daß sich hinter einer Erklärung ein anderer als der gewöhnliche Sinn verbirgt, nicht der letztere, sondern der erstere den Erklärungsinhalt ausmacht?

In Wahrheit ist ein so weitgehender Rechtssatz nicht aufgestellt worden. Vielmehr haben wir nur gesagt, daß ein von der gewöhnlichen Bedeutung abweichender Sinn für den Inhalt der Erklärung dann maßgebend ist, wenn die individuellen Beziehungen, in denen die Parteien stehen, auf diesen Sinn als den im konkreten Falle „erklärten" hinweisen. Hat hingegen, wie in dem eben erwähnten Beispiel, der Erklärende ein Wort in einem außergewöhnlichen Sinne verwendet, ohne daß individuelle Beziehungen zum Gegner solche Abweichung rechtfertigten, so wohnt der Erklärung lediglich die ihr nach der allgemeinen Auffassung zukommende Bedeutung inne, und der Adressat braucht sie in keinem anderen als in diesem Sinne gegen sich gelten zu lassen, auch wenn er zufälligerweise die Entgleisung, die dem anderen Teile bei Abgabe der Erklärung zugestoßen ist, kannte oder kennen mußte. In der Mehrzahl der Fälle wird sich ja auch da, wo es an besonderen Parteibeziehungen, durch welche die Erklärung einen bestimmten Inhalt empfangen könnte, fehlt, die Kenntnis oder das Kennenmüssen des Adressaten auf die Negative beschränken, daß der Sinn, den der Gegner mit seiner Erklärung verbunden hat, der allgemein übliche nicht ist; die individuelle Auslegung aber setzt natürlich voraus, daß der Empfänger positiv zu erkennen vermochte, welchen Geschäftswillen der Erklärende durch sein Verhalten zum Ausdruck bringen wollte.

Übrigens mag noch bemerkt sein, daß sich die vom § 122 Abs. 2 ins Auge gefaßte Situation auch dort ergeben kann, wo die individuelle Auslegung wirklich Platz greift. Denn es ist möglich, daß der Erklärende seine besonderen Beziehungen zum Adressaten übersieht, infolgedessen bestimmte Ausdrucksmittel in ihrer allgemeinen und nicht in der diesen Beziehungen entsprechenden Bedeutung gebraucht, und der Adressat diese „Unstimmigkeit" merkt oder doch wenigstens bei einiger Aufmerksamkeit merken könnte. Dann ist, eben weil mit Rücksicht auf die vorhandenen besonderen Beziehungen die Erklärung den individuellen und nicht den gewöhnlichen Inhalt angenommen hat, dem Erklärenden ein dem anderen Teile erkennbarer Irrtum untergelaufen.

3. Die Verkehrsgeschäfte dienen in letzter Linie dem Leistungsaustausch. Darum haben wir bei ihnen der einseitigen

Parteiauffassung **keinen** Einfluß auf die Interpretation der Willenserklärung einräumen können. Nur der **allgemeine** Sprachgebrauch und die **erkennbaren** Parteibeziehungen konnten hier für die Auslegung in Betracht kommen. Anders bei den Nicht-Verkehrsgeschäften. Bei ihnen handelt es sich, wenn wir von dem rein personenstandsrechtlichen Inhalt einzelner Rechtsgeschäfte, wie der Eheschließung und der Annahme an Kindesstatt, absehen, ebenfalls um Zuwendungen — das Wort im weitesten Sinne genommen —, aber um rein einseitige, oder wenn zweiseitige, so doch jedenfalls nicht im Austauschverhältnis stehende Leistungen. Bei Geschäften dieser Art darf und muß der Rechtsverkehr weniger unparteiisch sein. Liegt ja hier die größere Schutzbedürftigkeit des Zuwendenden im Vergleich zu der des Empfängers offen zutage. Und wie das Gesetz sie mehrfach durch entsprechende Interessenberücksichtigung anerkannt hat, so verlangen Treu und Glauben, daß ihr auch auf unserem Gebiet Rechnung getragen wird. Damit ist auf die **subjektive** Auslegung als auf die sich aus der Natur der Nicht-Verkehrsgeschäfte ergebende Interpretationsart hingewiesen. Die subjektive Auslegung besagt, daß über die Bedeutung der Worte die Auffassung des **Zuwendenden** entscheidet: der Sinn, den **er** mit ihnen verbunden hat, den er also durch sie zum Ausdruck bringen **wollte**, macht den „wahren", den „wirklichen" Erklärungsinhalt aus. Dieser Satz ist freilich nicht so zu verstehen, als ob der Zuwendende **unumschränkter** Herr über die Mitteilungszeichen wäre, deren er sich bediente, als ob seine einseitige Parteiauffassung **schlechthin** für den Gegner maßgebend wäre. Damit würde ja letzterer der Willkür des Zuwendenden schutzlos preisgegeben sein. Diese Regelung stünde aber in **Widerspruch** mit dem auf Treu und Glauben verweisenden § 157, dem zufolge bei Nicht-Verkehrsgeschäften die Interessen des Zuwendenden wohl in erster Linie, aber doch nicht ausschließlich berücksichtigt werden sollen. Sie würde aber auch mit dem Begriff der Willenserklärung und mit der Irrtumslehre des Gesetzbuches kollidieren. Denn indem in den §§ 119 und 2078 auch für Nicht-Verkehrsgeschäfte die Anfechtung wegen Irrtumes vorgesehen ist, ist die Möglichkeit zugegeben, daß der Erklärungsinhalt nicht mit dem im Einklang steht, was der Zuwendende erklären wollte. Diese Situation aber wäre undenkbar, wenn sich der Inhalt der Erklärung völlig nach der Auffassung des Zuwendenden richtete[16]).

Die subjektive Interpretation geht vielmehr von der Beobachtung aus, daß wenn die objektiven Auslegungsarten unter den möglichen Bedeutungen eine als die „richtige", als die „in Betracht kommende" herausgreifen, deswegen noch nicht jede andere als absolut unvereinbar mit den benutzten Mitteilungszeichen angesehen zu werden braucht. Oft wird die generelle Auslegung finden, daß ein bestimmter Sinn der „allgemein übliche", der „durchschnittlich richtige" und darum bei objektiver Auslegung der für die Beurteilung des konkreten Falles maßgebende ist, daß aber die von der anderen Partei geltend gemachte Auffassung auch einiges „für sich hat", indem die Worte des Erklärenden zwar nicht in der Regel, aber doch mitunter im Verkehr in dieser Weise verstanden werden. Und ebenso ist es bei der individuellen Auslegung denkbar, daß sie zu dem Resultat kommt: nach den Erfahrungen des Lebens ist bei den vorhandenen Parteibeziehungen das vom Erklärenden beobachtete Verhalten überwiegend so und so zu deuten (Erklärungsinhalt der Verkehrsgeschäfte); es kann aber ausnahmsweise mit dem Verhalten auch der vom Gegner in Anspruch genommene Sinn verbunden werden. In Fällen solcher Art will die bei den Nicht-Verkehrsgeschäften eingreifende subjektive Auslegung die Sonderauffassung des Zuwendenden berücksichtigt wissen: nicht jede einseitige Auffassung des letzteren soll den Erklärungsinhalt bestimmen, sondern nur diejenige, die mit den Ergebnissen objektiver Auslegung noch einigermaßen verträglich ist, die also in der Erklärung des Zuwendenden ihren, wenn auch noch so unvollkommenen Ausdruck gefunden hat.

Von den beiden objektiven Auslegungsarten unterscheidet sich die subjektive Auslegung dadurch, daß jene dem, was der eine Teil erklären wollte, keinerlei Beachtung schenken, während

---

[16]) Mit diesem naheliegenden Einwand erledigt sich die Behauptung von Leonhard, Irrtum I S. 125, 181, 196, daß bei der Auslegung von Testamenten jeder innere Wille des Erblassers berücksichtigt werden müsse.

diese innerhalb gewisser Grenzen allerdings die »voluntatis quaestio« zum Thema, „die Erforschung des wirklichen Willens" zum Ziele der Interpretation macht. Indem aber diese Grenzen von der objektiven Auslegung selbst gezogen werden, tritt die subjektive in keinen schroffen Gegensatz zu ihr. Sondern sie korrigiert gewissermaßen nur zugunsten des Zuwendenden die generelle bezw. die individuelle Auslegung. Ob diese oder jene, das hängt davon ab, ob das betreffende Nicht-Verkehrsgeschäft Parteibeziehungen, die eine von der generellen Auslegung abweichende Deutung der Erklärung verlangen, aufweist oder nicht aufweist: im ersteren Falle hat die subjektive Auslegung nur insoweit statt, als sie mit der individuellen, in letzterem Falle genügt es, daß sie mit der generellen Auslegung verträglich ist [17]).

Auch innerhalb der Grenzen, in denen sie an sich zulässig ist, wird der subjektiven Auslegung nur Folge gegeben, wenn der Beweis erbracht wird, daß der Zuwendende der Erklärung zur Zeit ihrer Abgabe auch wirklich die jetzt in Anspruch genommene Bedeutung beigelegt hat [18]). Andernfalls greift auch bei den Nicht-Verkehrsgeschäften die objektive, je nachdem also die rein generelle oder rein individuelle Auslegung Platz. Denn die Rechtsordnung stellt nirgends eine Vermutung dafür auf, daß die mit der objektiven nicht völlig übereinstimmende Auffassung, auf die sich der Zuwendende jetzt beruft, schon bei der Geschäftserrichtung seine Auffassung gewesen ist. Der in Literatur und Praxis oft mißbrauchte Satz »in dubio mitius« hat also mit unserer subjektiven Auslegung nichts zu tun. In dem weiten Umfang, in dem er bisweilen verwendet wird, besteht

---

[17]) Natürlich kann die Korrektur, welche die generelle Auslegung durch die subjektive erfährt, auch darin bestehen, daß eine individuelle an ihre Stelle gesetzt wird: z. B. wenn Parteibeziehungen vorliegen, die eine Abweichung von der gewöhnlichen Bedeutung der Worte zwar nicht gebieten (so daß die objektive Auslegung auf sie keine Rücksicht nehmen dürfte), die solche Abweichung aber doch zur Not gestatten. Vgl. das unten S. 101 bei Anm. 26 gebrachte Beispiel.

[18]) Die Beweislast wird in der Regel den Zuwendenden, kann ausnahmsweise aber auch einmal dritte Personen treffen. Vgl. die Beispiele unten S. 101 u. 102.

er überhaupt nicht zu Recht; so weit aber, wie er wirklich gilt, ist er kein Sonderrechtssatz der Nicht-Verkehrsgeschäfte[19]).

Da bei der subjektiven Auslegung, soweit sie eingreift, dasjenige erklärt ist, was der Zuwendende erklären wollte, so ist hier unmöglich, daß der Erklärungsinhalt und die Auffassung des Zuwendenden von diesem Inhalt einander nicht decken. Während also bei den objektiven Auslegungsarten der ermittelte Inhalt der Erklärung bald mit der Auffassung der einen, bald mit der Auffassung der anderen Partei, unter Umständen sogar, wie wir gesehen haben, mit der beider Parteien im Widerspruch stehen kann, ist bei der subjektiven Auslegung nur eine Divergenz zwischen dem Erklärungsinhalt und der Auffassung des Gegners des Zuwendenden denkbar[20]).

Der Hauptanwendungsfall der subjektiven Auslegung und darum auch ihr typisches Beispiel ist die Testamentsauslegung. Da es sich indessen bei letzterer um ein nicht empfangsbedürftiges Rechtsgeschäft handelt, so hat sie für unsere Untersuchungen höchstens methodologisches Interesse. Aber es ist auch mit ihr das Anwendungsgebiet der subjektiven Auslegung noch keineswegs erschöpft. Zunächst gehören zweifellos der Erbvertrag und das Schenkungsversprechen hierher, gleichgültig, ob sie zugunsten des Promissars oder eines Dritten abgeschlossen worden sind. Würden hier also im einzelnen Falle mehrere Auslegungen denkbar sein, so würde wahrer Inhalt der Erklärung derjenige sein, den der Zuwendende für sich in Anspruch nähme[21]).

---

[19]) Vgl. Anm. 27 dieses Paragraphen und unten § 13 S. 180 ff.

[20]) Das freilich ist möglich, daß, namentlich wenn der Zuwendende selbst nicht mehr lebt, eine Auffassung als die seinige ausgegeben wird, die er in Wahrheit gar nicht gehabt hat, und daß infolge der Trügbarkeit unserer Beweismittel auch der Nachweis für diese Pseudoauffassung erbracht wird. Dann steht aber der Erklärungsinhalt, wenn auch nicht mit dem wahren, so doch mit dem im Sinne des Prozesses als wahr geltenden Willen des Zuwendenden im Einklang: nam res iudicata pro veritate habetur.

[21]) Die strengen Formvorschriften, an welche diese und andere Rechtsgeschäfte gebunden sind, befreien sie nicht von den Gesetzen der Auslegung. Denn wie wir früher schon einmal betonten (siehe oben § 8 Anm. 8), kann auch eine unter voller Wahrung der Form abgegebene Erklärung inhaltlich undeutlich sein. Dann ist sie wie der Auslegung

Das gleiche gilt für den Erbverzicht, wobei, je nachdem über den Umfang des Verzichtes oder den Umfang der Abfindung gestritten wird, als Zuwendender bald der Verzichtende, bald der Erblasser anzusehen ist[22]). Zur Gruppe der Nicht-Verkehrsgeschäfte zählen aber beispielsweise auch die Leihe, der unentgeltliche Hinterlegungsvertrag und der Auftrag: hier würde also im Sinne des Kommodanten, des Depositars und des Mandatars zu interpretieren sein. Auch das unverzinsliche Darlehn ist zu den Nicht-Verkehrsgeschäften zu rechnen und darum so auszulegen, wie der Darlehnsgeber will, während auf das verzinsliche Darlehn natürlich die vorhin für die Verkehrsgeschäfte entwickelten Grundsätze Anwendung finden[23]). Schließlich sei noch darauf hingewiesen, daß auch bei den Eheverträgen nach den Regeln der subjektiven Auslegung zu verfahren ist[24]): hat der Ehemann Stücke des eingebrachten Gutes zum Vorbehaltsgut freigegeben, und erheben sich Zweifel über die Tragweite der getroffenen Vereinbarung, so sind sie, da sich der Ehemann hier in der Rolle des Zuwendenden befindet, in dessen Sinne zu lösen; hätte hingegen die Frau in einem auf allgemeine Gütergemeinschaft gerichteten Vertrag

---

bedürftig, so auch der Auslegung fähig. Im übrigen vgl. wegen der Formalgeschäfte den folgenden Paragraphen S. 134 f.

[22]) Aus der obigen Zusammenstellung wolle man nicht schließen, daß hier Erbverzicht und Abfindung als Inhalt eines einzigen Vertrages gedacht seien. — Wie die im Texte genannten Geschäfte, so unterliegen selbstverständlich auch die im § 312 Abs. 2 BGB. erwähnten Verträge der subjektiven Auslegung.

[23]) Darin zeigt sich, was auch sonst zur Genüge klar geworden sein dürfte, daß der Gegensatz der Verkehrs- und der Nicht-Verkehrsgeschäfte mit der im Obligationenrecht üblichen Unterscheidung von einseitigen und zweiseitigen oder gar mit der von gegenseitigen und nicht gegenseitigen Verträgen nicht das geringste zu tun hat.

[24]) Schon in den römischen Quellen wird die Gleichstellung familienrechtlicher Geschäfte mit den Schenkungen im Gebiet der Auslegung gefordert. Vgl. con. 2 C. de emancipationibus liberorum 8, 48 (49): in emancipationibus liberorum nec non donationibus non tam scriptura quam veritas considerari solet. Zu Unrecht meint Leonhard, Irrtum II S. 27, unter Aufgabe des früher von ihm eingenommenen Standpunktes, daß solche Gleichstellung der Familienrechtsverträge mit den Schenkungen als veraltet gelten müsse und im BGB. keine Stütze habe.

unter Reservierung eines Vorbehaltsgutes den Hauptteil ihres Vermögens für Gesamtgut erklären lassen, und würde hinsichtlich einzelner Gegenstände die Frage nach der Zugehörigkeit zu dieser Gütermasse streitig, so würde über den Inhalt des Ehevertrages die Auffassung der Frau entscheiden[25]). Aber wie gesagt, die Rücksichtnahme auf die Sonderauffassung des Zuwendenden darf nicht weiter gehen, als die Vereinbarkeit mit der objektiven Auslegung zur Not gestattet. Danach könnte der Ehemann, der „die Wertpapiere" seiner Frau zum Vorbehaltsgut freigäbe, sich hinterher kaum darauf berufen, daß er bei dem Worte „Wertpapier" nur an die fest verzinslichen Anleihen, nicht aber auch an die Dividenden tragenden Aktien gedacht habe. Denn diese einschränkende Auslegung des Begriffes Wertpapier ist nicht nur nicht üblich, sondern läuft dem Sprachgebrauch direkt zuwider, ist auch nicht einmal „ausnahmsweise" durch ihn legalisiert. Es hätte hier also, wenn nicht individuelle Beziehungen, z. B. gepflogene Vorverhandlungen, eine von der allgemeinen abweichende Bedeutung rechtfertigten, die generelle Auslegung einzugreifen, der zufolge der Ausdruck „Wertpapier" beide Arten von Effekten umfaßte, so daß der Ehemann, wenn er tatsächlich jene engere Auffassung gehabt hätte, auf den Weg der Irrtumsanfechtung zu verweisen wäre. Und noch weniger dürfte natürlich jemand, der einem Anderen ein unverzinsliches Darlehn in Höhe von „1000 Talern" zugesichert hätte, geltend machen, daß er „immer Mark meine, wenn er Taler sage", und daß darum das pactum de mutuo dando

[25]) Die subjektive Auslegung muß wie für die im Texte aufgezählten Geschäfte selbst, so auch für die in deren Diensten vorgenommenen Hilfsgeschäfte gelten. Die Vollmacht beispielsweise ist an und für sich ein Verkehrsgeschäft und untersteht darum grundsätzlich den oben unter 1 und 2 besprochenen Regeln. Geht die Frage aber dahin, ob und inwieweit die Vollmacht auch zu unentgeltlichen Verfügungen legitimiere, so ist im Sinne des Vollmachtgebers, also subjektiv, zu interpretieren. Auch sonst ist der Fall denkbar, daß ein Rechtsgeschäft gleichzeitig Verkehrs- und Nichtverkehrsgeschäft ist. So z. B. das negotium mixtum cum donatione. Wie dieses Geschäft überhaupt von einer doppelten Kategorie von Rechtssätzen beherrscht wird, so greift auch je nach dem Streitpunkt, um den es sich handelt, bei ihm bald die eine und bald die andere Art der Auslegung Platz.

nur in Höhe von 1000 Mark zustande gekommen sei. Sondern selbstverständlich würde hier die „richtige" Auffassung des Erklärungsinhaltes beim Gegner liegen, der 3000 Mark verlangte. Anders hingegen wäre folgender Fall zu beurteilen[26]. Eine geschiedene Frau klagt gegen ihren Mann auf Herausgabe von 20 000 Mark, die er als eingebrachtes Gut von dem Vater der Frau erhalten habe. Der Beklagte gesteht den Empfang dieses Betrages zu, behauptet aber, die Summe sei ihm seinerzeit vom Vater der Klägerin, der Millionär gewesen sei, an einem Geburtstag geschenkt worden. Es habe da auf seinem Geburtstagstisch unter anderen Geschenken ein vom Vater der Klägerin ausgestellter Scheck über 20 000 Mark gelegen, den er mit Dank angenommen habe; davon, daß die Summe eingebrachtes Gut sein sollte, sei nicht die Rede gewesen. Die Klägerin vertritt den Standpunkt, ihr Vater habe damit nur ihr eine bare Ausstattung, die sie bis dahin nicht gehabt habe, geben wollen; er habe sie dem Beklagten nur in seiner Eigenschaft als Nutznießer und Verwalter des Frauengutes eingehändigt. Die generelle Beurteilung des vom Schwiegervater beobachteten Verhaltens weist hier offenbar auf einen Schenkungswillen hin; denn die allgemeine Auffassung erblickt in dem Hinlegen eines Gegenstandes auf einen Geburtstagstisch eine Schenkungsofferte an das Geburtstagskind. Auch die individuellen, nämlich schwägerschaftlichen Beziehungen, die zwischen dem Zuwendenden und dem Ehemann bestehen, führen an sich zu keinem anderen Resultat: wenn ein Schwiegervater seinem Schwiegersohn einen seine Vermögensverhältnisse nicht übersteigenden Geldbetrag auf den Geburtstagstisch legt, so will er damit in der weitaus überwiegenden Zahl aller Fälle dem Schwiegersohn eine Schenkung machen. Die rein objektive Auslegung würde darum trotz des Schwägerschaftsverhältnisses nicht imstande sein, über den generellen Sinn dieser Erklärung hinauszugehen. Nun handelt es sich hier aber um eine unentgeltliche Zuwendung, also um ein Nicht-Verkehrsgeschäft. Infolgedessen greift nicht die objektive, sondern die subjektive Auslegung Platz. Und da die Aushändigung einer Geldsumme seitens des

---

[26]) Er ist Danz, Auslegung S. 49 f. entnommen.

Schwiegervaters an den seinen Geburtstag feiernden Schwiegersohn immerhin als Ausstattung der Tochter gemeint sein kann, so kommt es auf den Willen des Zuwendenden an, ob sie im einzelnen Falle so aufzufassen ist. Gelänge darum der Klägerin der Nachweis, daß die Absicht des Vaters bei Hingabe des Schecks auf ihre Ausstattung und nicht auf eine Beschenkung des Ehemannes gerichtet gewesen sei, so wäre diese Auffassung für den Inhalt der Erklärung maßgebend, und es würde an diesem Geburtstag tatsächlich eine Ausstattung und keine Schenkung zustande gekommen sein [27]).

Und noch ein anderes Beispiel sei angeführt für die Abhängigkeit der Entscheidung von der Auffassung des Zuwendenden. Es hat jemand einen Lebensversicherungsvertrag „zugunsten seiner Erben" abgeschlossen. Nach seinem Tode wird über sein Vermögen der Konkurs eröffnet; der Verwalter nimmt die Versicherungssumme für den Nachlaß in Anspruch, da sie dem Erben als solchem, d. h. als Subjekt des Nachlasses gebühre und darum Bestandteil des letzteren geworden sei, während der Intestaterbe der Ansicht ist, daß die Wendung „Erbe" hier nur die dritte Person im Sinne des § 330 BGB. bezeichne, und daß er darum die Summe aus eigenem Rechte und unabhängig von seiner Eigenschaft als Rechtsnachfolger des Erblassers zu verlangen habe. Auch hier fragen wir zunächst, was ist „für gewöhnlich" gemeint, wenn jemand sein Leben „zugunsten seiner Erben" versichert? Und da darf mit ziemlicher Bestimmtheit gesagt werden, daß nach der allgemeinen Auffassung und nach dem wirtschaftlichen Zwecke des Lebensversicherungsvertrages bei der Versicherung „zugunsten der Erben" nicht die Erben als solche, also nicht „der Nachlaß" als versichert gelten,

---

27) Danz a. a. O. entscheidet insofern anders, als er im Zweifel der Ausstattung und nur bei Vorliegen besonderer Umstände der Schenkung das Wort redet. Begründet wird dieser Standpunkt in letzter Linie damit, daß „Schenkungen im Zweifel zugunsten des Geschenkgebers auszulegen sind". Indessen läßt sich diese Regel, die überhaupt von problematischem Werte ist (vgl. oben S. 97 f. und unten § 13 bei Anm. 19), im konkreten Falle nicht mit Erfolg verwenden. Denn einmal fragt es sich gerade, ob eine Schenkung vorliegt oder nicht, und ferner kann man angesichts des Tatbestandes schwerlich von einem dem Geschenkgeber „günstigeren oder ungünstigeren" Erklärungsinhalt reden.

sondern daß als Destinatäre der Versicherungssumme regelmäßig die durch gesetzliche Erbfolge oder Testament des näheren bezeichneten, vom Erblasser mit besonderer Fürsorge bedachten Personen angesehen werden[28]). Bei rein genereller Auslegung stünde also der Versicherungsanspruch nicht dem Nachlaß, sondern dem Erben persönlich zu[29]). Nun ist aber der Lebensversicherungsvertrag, zwar nicht im Verhältnis des Versicherers zum Versicherungsnehmer, wohl aber im Verhältnis von Versicherungsnehmer und Versichertem ein Nicht-Verkehrsgeschäft, denn ersterer macht letzterem eine unentgeltliche Zuwendung. Infolgedessen ist hier für die subjektive Auslegung Raum. Diese aber läßt die Möglichkeit offen, daß das Wort „Erbe", wennschon es in dem uns hier interessierenden Zusammenhang nicht im technischen Sinne genommen zu werden pflegt, doch ausnahmsweise im technischen Sinne genommen wird. Könnte darum der Konkursverwalter, etwa durch Berufung auf mündliche oder schriftliche Äußerungen des Erblassers, den Nachweis führen, daß jener durch Eingehung des Versicherungsvertrages den Nachlaß habe vergrößern wollen, dann, aber auch nur dann gehörte der Anspruch auf die Versicherungssumme zur Konkursmasse, ohne daß der Intestaterbe ein Aussonderungsrecht hätte[30]).

Ihre gesetzliche Rechtfertigung finden die generelle, die indi-

---

[28]) So auch Danz im Recht 9 S. 89 ff. gegen Reichsgericht 32 S. 162 ff. Das Reichsgericht hat später seinen Standpunkt geändert; vgl. 62 S. 259 und Seuff. Arch. 64 S. 258 Nr. 124.

[29]) Praktisch wird diese Frage nicht nur im Falle des Nachlaßkonkurses, sondern beispielsweise auch für den Fall der Erbschaftsausschlagung. Nach beiden Richtungen hin vgl. jetzt § 167 des Reichsgesetzes über den Versicherungsvertrag.

[30]) Zu den Nicht-Verkehrsgeschäften gehört außer den oben besprochenen noch eine große Reihe von Rechtsakten, die, weil sie keine empfangsbedürftigen Willenserklärungen sind, uns für die in dieser Darstellung verfolgten Zwecke nicht interessieren: so z. B. die Okkupation, die Dereliktion, die Kindesanerkennung, die Erbschaftsannahme u. a. m. Mit Hilfe der subjektiven Auslegung lassen sich bei diesen Willenserklärungen viele Eigentümlichkeiten ungezwungen rechtfertigen, die Manigk nur mittelst des künstlichen, von ihm in die Literatur eingeführten Begriffes des Willensgeschäftes begründen zu können vermeint.

viduelle und die subjektive Auslegung, wie wir gesehen haben, in dem auf die Gebote von Treu und Glauben verweisenden § 157 des BGB. Jede von ihnen ist die richtige Auslegung, weil und soweit sie diesen Geboten entspricht. Daraus folgt, daß, wenn der Richter sich im einzelnen Falle für die eine oder die andere Art der Auslegung entscheidet, er damit gleichzeitig sagt, daß durch die von ihm gewählte Auslegung den Anforderungen des § 157 Genüge geschehen sei. Die auslegende Tätigkeit des Richters ist also weit mehr als bloß ein Akt tatsächlicher Feststellung, weit mehr als nur eine Beweisaufnahme darüber, daß die abgegebene Erklärung den und den Inhalt habe: sie ist ein Akt der Rechtsanwendung, bedeutet die Subsumption von Tatsachen unter einen Rechtsbegriff[31]). Beweisthema ist nur das Material, auf das sich die Auslegung stützt: der Wortlaut der Erklärung bezw. das sonstige vom Erklärenden beobachtete Verhalten; die individuellen Beziehungen, die bei Vornahme des Rechtsgeschäftes zwischen den Parteien bestanden haben; die besondere Bedeutung, die in einem bestimmten Verkehrskreis den gebrauchten Mitteilungszeichen beigelegt wird; Äußerungen des Erklärenden, die seinen inneren Willen offenbaren — soweit für die Auslegung auf diesen inneren Willen etwas ankommt. Die Verwertung des Materiales im Sinne einer bestimmten Auslegung gehört hingegen nicht mehr zur Beweiswürdigung, sondern enthält nach allem, was wir gesehen haben, eine Rechtsdeduktion, bedeutet die Abgabe eines juristischen Urteiles. Und darum kann auf die Behauptung, der Richter habe eine Erklärung unrichtig ausgelegt, das Rechtsmittel der Revision mit Erfolg gegründet werden: das Revisionsgericht ist nur an jene vom Unterrichter einwandfrei festgestellten Tatsachen, nicht aber auch an die Schlüsse gebunden, die er daraus gezogen hat[32]).

---

[31]) Und dabei bliebe es natürlich auch dann, wenn wir die Gesetze der Auslegung nicht aus dem § 157 BGB., sondern (vgl. oben Anm. 5) unmittelbar aus dem Erklärungsbegriff abgeleitet hätten. Denn wird von letzterem eine bestimmte Auslegung verlangt, diese aber vom Richter nicht gefunden, so hat die falsche Interpretation den Begriff der „Erklärung", also wiederum einen Rechtsbegriff verletzt.

[32]) Das ist jetzt auch durchaus herrschende Ansicht. Vgl. Wach,

§ 10.

Unsere Unterscheidung von genereller und individueller Auslegung gründete sich auf die Erwägung, daß Willenserklärungen nicht möglich wären, wenn nicht die Menschen im Verkehr untereinander mit dem von dem Einzelnen beobachteten Verhalten gewisse allgemein gültige Vorstellungen verbänden; daß

Tat und Rechtsfrage (Berlin 1881) S. 27; Bolze, Auslegung durch den Revisionsrichter in der Zeitschr. f. dtsch. Zivilpr. 14 S. 415 ff.; Stein, Das private Wissen des Richters (Leipzig 1893) S. 44 ff., 50 f., 127—134 und vor allem Danz, Auslegung S. 31 ff., 89 f., 153 ff. und D. Jur.-Ztg. 4 S. 139 ff., 5 S. 65. Siehe ferner Hellwig, Lehrb. des dtsch. Zivilprozeßrechts II S. 144, 150, 173; Stammler a. a. O. S. 504 f.; Zitelmann, Internationales Privatrecht II S. 218 Anm. 137; Hölder, Kommentar S. 301 f. und Staudinger I S. 462. Gegen die Nachprüfung der Auslegung durch den Revisionsrichter: Leonhard, Irrtum I S. 195 Anm. 1, Petersen in der D. Jur.-Ztg. 4 S. 281 ff.; Rocholl in der Zeitschr. f. dtsch. Zivilpr. 10 S. 311 ff. und Stahl im Arch. f. d. zivil. Praxis 67 S. 94 ff. Was die Praxis angeht, so haben sich das Reichsoberhandelsgericht sowohl wie das Reichsgericht und auch das Bayr. Oberste Landesgericht in zahlreichen Entscheidungen für die Revisibilität der Auslegung der Rechtsgeschäfte ausgesprochen, wennschon es an gegenteiligen Erkenntnissen nicht fehlt. Vgl. die in der vorhin zitierten Spezialliteratur und bei Boyens, Grenze zwischen Tatfrage und Rechtsfrage in dem zum 25jährigen Bestehen des Reichsgerichtes erschienenen Sonderheft des Sächs. Arch. S. 173 ff. aufgeführte Judikatur und dazu aus neuester Zeit etwa noch die Urteile des Reichsgerichtes 61 S. 350, 354; 66 S. 316; Seuff. Arch. 59 S. 55, 92; 64 S. 137, 263; Jur. Wochenschr. 35 S. 299, 348, 457, 543; 36 S. 702; 38 S. 190, 387; D. Jur.-Ztg. 11 S. 598 und Recht 11 S. 823; 12 Beil. 2 Nr. 2777; 13 Beil. Nr. 2352, 2364. Eine Frage für sich ist es, ob es sich de lege ferenda empfiehlt, die Auslegung von Rechtsgeschäften für irrevisibel zu erklären. Die Bejahung der Frage, für die Otto Fischer in Iher. Jahrb. 38 S. 313 ff. eintritt, unterliegt, wie auch Boyens a. a. O. hervorhebt, schweren Bedenken. — Weil es sich bei der Auslegung nicht um einen Akt der Beweisaufnahme, sondern um juristische Subsumptionen handelt, ist es unzulässig, Sachverständige zu dem Zwecke vorzuschlagen, damit von ihnen eine Willenserklärung interpretiert werde. Nur zur Ermittelung des Auslegungsmateriales, z. B. zwecks Nachweises eines kaufmännischen Sprachgebrauches, darf ihre Hilfe in Anspruch genommen werden. Sache des Richters aber ist es, darüber zu befinden, inwieweit der etwa nachgewiesene Sprachgebrauch für die Auslegung der umstrittenen Erklärung in Betracht zu ziehen ist. Vgl. Reichsoberhandelsgericht 11 S. 412, 13 S. 435.

infolgdessen für jede durch die Beobachtung eines bestimmten Verhaltens abgegebene Erklärung eine „übliche", „für gewöhnlich" Platz greifende Bedeutung existieren muß; daß diese regelmäßige Bedeutung aber im einzelnen Falle durch besondere Umstände außer Kraft gesetzt werden kann. Es fragt sich nunmehr, von welcher Art denn die Umstände sind, die eine Abweichung von dem gewöhnlichen Sinne einer Erklärung herbeiführen?

Keinesfalls reicht dafür, wie wir gesehen haben, die — selbst bewiesene — Behauptung einer Partei aus, sie habe der Erklärung eine von der üblichen abweichende Bedeutung beigelegt. Und auch der Nachweis würde nichts nützen, daß die Partei im Verkehr mit anderen Personen schon oft oder sogar ständig das betreffende Mitteilungszeichen in einem besonderen Sinne gebraucht habe, daß sie also bestimmten Worten statt ihres eigentlichen einen uneigentlichen Inhalt zu geben *pflege*. Ja, es ist oben schon bemerkt worden, daß auch die *Kenntnis* des Geschäftsgegners von solchen Gepflogenheiten des anderen Teiles an und für sich noch kein genügender Grund ist, die Willenserklärung anders als gemeinüblich zu deuten. Denn niemand hat ein Recht darauf, daß im Verkehr auf seine privaten Spracheigentümlichkeiten Rücksicht genommen werde[1]). Man denke

---

[1]) Nur bei der — unsere Untersuchungen nicht berührenden — Testamentsauslegung müssen in dieser Beziehung andere Grundsätze gelten. Bei diesem rein einseitigen, der Willkür eines Einzelnen dienenden Rechtsakt muß, wie auch in der Literatur hervorgehoben wird (vgl. insbesondere *Danz*, Auslegung S. 230 ff.), dem *Sondersprachgebrauch* des Erblassers in jedem Falle und im vollen Umfang Folge gegeben werden. Wenn also, um ein beliebtes Schulbeispiel herauszugreifen, der Verstorbene seinen Weinkeller als seine „Bibliothek" zu bezeichnen pflegte, und er im Testament einem seiner Freunde seine Bibliothek vermacht hat, so ist als Gegenstand der Vermächtnisverfügung der Weinkeller anzusehen (so ausdrücklich § 655 des Österreich. BGB.: „Worte werden auch bei Vermächtnissen in ihrer gewöhnlichen Bedeutung genommen; es müßte denn bewiesen werden, daß der Erblasser mit gewissen Ausdrücken einen *ihm eigenen*, besonderen Sinn zu verbinden *gewohnt* gewesen ist"). Nur muß es sich auch wirklich um einen abweichenden *Sprachgebrauch* des Erblassers handeln. Träfe diese Voraussetzung nicht zu, sondern bedeutete das Testament ein *vereinzeltes* Auseinanderfallen oon üblichem Erklärungssinn und Willensmeinung des Testators, dann

sich beispielsweise, der Inhaber einer Gastwirtschaft hätte ein aus einer Mischung verschiedenartiger Spirituosen bestehendes Spezialgetränk erfunden und auf den Namen „Madeira" getauft[2]). Hier ist sicher, daß die Stammgäste des Restaurants, die das Getränk kennen und lieben, diese Spezialmarke bestellen, wenn sie sich eine Flasche „Madeira" kommen lassen. Hingegen kann keine Rede davon sein, daß dieses Getränk auch dann den Vertragsinhalt bildet, wenn ein Fremder, der zwar früher einmal durch dritte Personen von dem eigenartigen Madeira des Gasthauses gehört hat, der aber wirklichen Madeira haben will, das Lokal betritt und Wein dieses Namens verlangt. Solange zwischen ihm und dem Wirt keine besonderen Beziehungen obwalten, kann er vielmehr beanspruchen, daß letzterer ihm gegenüber in der verkehrsüblichen Sprache rede. Und wenn darum der Wirt die auf Madeira lautende Bestellung des Fremden im Sinne seiner Weinstube auffaßt, so hat nicht etwa der Fremde, der echten Madeira trinken will, bei Abgabe seiner Offerte geirrt, sondern der Wirt hat letztere mißverstanden. Anders wäre natürlich zu entscheiden, wenn

---

würde, falls sich nicht letztere im konkreten Falle auf andere, unten angedeutete Weise durchzusetzen vermöchte, ersterer den wahren Geschäftsinhalt darstellen, und es bedürfte zu dessen Annullierung der Irrtumsanfechtung des § 2078. Jene, dem Sprachgebrauch des Erblassers sich anpassende Auslegung ist immer noch individuelle und nicht etwa schon subjektive Auslegung im früher erörterten Sinne. Denn deren Wesen bestand darin, daß die Auffassung des Zuwendenden, obwohl sie in der Erklärung nur einen unvollkommenen Ausdruck gefunden hatte, dennoch bestimmend auf den Inhalt des Rechtsgeschäftes einwirkte. Hier hingegen hat sich die Auffassung des Zuwendenden zufolge seiner bei Lebzeiten beobachteten Gewohnheit in der Außenwelt gewissermaßen objektiviert und hat darum in der mit dieser Sprachgewohnheit im Einklang stehenden letztwilligen Erklärung ihren vollkommenen Ausdruck gefunden. Die Bedenken, die Manigk, Willenserklärung S. 460 ff. gegen solche Sonderbehandlung der Testamente hat, hängen mit der diesem Schriftsteller eigentümlichen Auffassung zusammen, daß das Testament ein empfangsbedürftiges Rechtsgeschäft sei.

[2]) Vgl. den von Jhering, Jurisprudenz des täglichen Lebens (13. Aufl. 1908) S. 21 Nr. 58 mitgeteilten Rechtsfall. Dort wird ein aus Nordhäuser Kornbranntwein und Ingwer zusammengesetzter „Wein" unter der Bezeichnung „Madeira" verkauft.

der Fremde, nachdem er bei Gelegenheit seines ersten Besuches einen Einblick in die Madeiraverhältnisse des Gasthauses gewonnen hätte, wiederum dort einkehrte und zum zweiten Male Madeira bestellte. Dann würde die „Hausmarke" den Inhalt der Offerte bilden, so daß der Wirt den Antrag, wenn er ihn in diesem Sinne auffaßte, „richtig verstanden" hätte, während auf seiten des Fremden, wenn dieser abermals glaubte, echten Madeira bestellt zu haben, ein „Irrtum" vorläge. Und dabei müßte es selbst dann sein Bewenden haben, wenn der Fremde die früher gemachten Erfahrungen vergessen und darum bona fide den besonderen Sprachgebrauch des Restaurants unbeachtet gelassen hätte[3]).

---

[3]) Die hier bekämpfte Ansicht, daß jede Kenntnis von dem individuellen Sprachgebrauch des Gegners eine Auslegung im Sinne dieses Sprachgebrauches heische, ist in der Literatur namentlich von Danz vertreten. In Iher. Jahrb. 46 S. 424 sagt er, daß die gewöhnliche Bedeutung zessiere, „wenn die eine Partei die Worte in einer anderen als der verkehrsüblichen Bedeutung gebrauchte, und die Gegenpartei dies wußte, Kenntnis davon hatte". Und dem naheliegenden Einwand aus § 122 Abs. 2 begegnet er auf S. 426 mit der Forderung, diesen Paragraphen, „insoweit er von der Kenntnis des Geschädigten im Falle des § 119 spricht, einschränkend dahin auszulegen, daß nur solche Fälle hierunter fallen, in denen diese Kenntnis dem Beschädiglen erst nach Abschluß des Vertrages zukommt und demnach das Entstehen einer anfechtbaren Obligation, die mit dem Willen des Irrenden nicht übereinstimmt, nicht gehindert hat". Indessen würde solche einschränkende Interpretation, selbst wenn sie gegenüber dem klaren Wortlaut des Gesetzes zulässig wäre, doch nur dann angebracht sein, wenn wirklich Treu und Glauben verlangten, daß sich bei Kenntnis des einen Teiles vom Geschäftswillen des anderen Teiles der Erklärungsinhalt schlechthin nach diesem Geschäftswillen richte. Das ist aber, wie aus obigem Beispiel hervorgeht, durchaus nicht der Fall. Sondern unter Umständen verstößt es gegen Treu und Glauben, wenn sich derjenige, der sich mit dem gewöhnlichen Sprachgebrauch in Widerspruch setzt, auf die Kenntnis des Gegners von diesem Widerspruch beruft. Aufgabe der individuellen Auslegung ist es, die Grenze zu ziehen zwischen den Fällen, wo infolge der Kenntnis der einen Partei von der Sonderauffassung des Gegners die Erklärung einen von der generellen Bedeutung abweichenden Sinn annimmt und den anderen, wo es trotz solcher Kenntnis bei dem regelmäßigen Erklärungsinhalt zu verbleiben hat. Dem Standpunkt von Danz hat sich, wenn auch mit Einschränkungen, angeschlossen Oertmann I § 119 unter 10 b α und § 133 unter 2. Noch näher stehen der

Das eben erörterte Beispiel lehrt uns also dreierlei: einmal, daß für die individuelle Auslegung Kenntnis des einen Teiles von den sprachlichen Besonderheiten des anderen Teiles nicht vonnöten ist, sondern daß Erkennbarkeit genügt; sodann, daß nicht jedes beliebige Kennen oder Kennenmüssen ausreicht, sondern beides nur insoweit in Betracht kommt, als es im Verkehr mit dem Gegner erworben resp. durch Beziehungen zu ihm gerechtfertigt ist; und drittens haben wir durch das Beispiel eine teilweise Antwort auf die vorhin aufgeworfene Frage erhalten: welches sind denn die hierher gehörigen Beziehungen?

Denn der Grund, warum die Stammgäste jenes Restaurants und warum auch der Fremde, als er zum zweiten Male dort einkehrt, die von der üblichen abweichende Ausdrucksweise des Wirtes gegen sich gelten lassen müssen, ist natürlich in dem Kundenverhältnis zu finden, das hier entstanden ist: wer bereits einmal bei Gelegenheit eines Geschäftsabschlusses die Erfahrung gemacht hat, daß der eine Kontrahent für bestimmte Dinge außergewöhnliche Bezeichnungen verwendet und trotzdem wieder mit ihm in Geschäftsverbindung tritt, unterwirft sich damit dem Sondersprachgebrauch des Gegners. Und das gilt nicht nur für Verträge, sondern auch für einseitige Rechtsgeschäfte, beispielsweise für Bevollmächtigungen. Hat jemand einen Anderen durch Erklärung gegenüber einem Dritten bevollmächtigt, und schließen daraufhin letzterer und der Bevollmächtigte Geschäfte miteinander ab, die durch die Vollmacht, wenn man

Auffassung von Danz Manigk, Willenserklärung S. 160 f., 175, 457 ff.; Leonhard, Allgem. Teil S. 476 f., Irrtum I S. 73 f., 88, 195 und D. Jur.-Ztg. 10 S. 22; Hölder, Auslegung S. 60 f., 70; Hellmann, Krit. Viertelj. 48 S. 245 f.; Düringer-Hachenburg II S. 10; Jacobsohn in Jher. Jahrb. 56 S. 361 f. und Manasse, Anfechtung wegen Irrtums bei Geschäften des Vermögensrechtes (Breslauer Dissert. 1906) S. 65 ff. Mit der im Texte vertretenen Auffassung berührt sich die von Henle in den Götting. Gelehrten Anzeigen 1908 S. 465 ff., wo es S. 470 heißt: „Auslegungsmittel sind alle die und nur die Umstände, welche dem Empfänger beim Zugang der Erklärung erkennbar waren, und von denen er fernerhin auch annehmen mußte, daß ihr Vorliegen bei ihm (dem Empfänger) dem Erklärenden bekannt sei." Vgl. auch Walsmann ebenda S. 675 f. und unten S. 124 ff.

sie in ihrer üblichen Bedeutung nimmt, nicht mehr gedeckt sind, die aber von dem Vertretenen immer wieder gutgeheißen werden, so darf der Dritte, wenn die Vollmacht von neuem erteilt wird, und nicht bestimmte Umstände auf das Gegenteil hinweisen, darauf vertrauen, daß sie nicht den ihrem Wortlaut entsprechenden, sondern den aus dem bisherigen Verhalten des Geschäftsherrn sich ergebenden außergewöhnlichen Inhalt hat. Es hätte darum der Vertretene, wenn seine Auffassung eine andere gewesen wäre, bei Abgabe der erneuten Vollmacht geirrt, nicht hingegen hätte sie der Gegner mißverstanden. Und umgekehrt: teilt der Geschäftsherr, obwohl der Bevollmächtigte nur solche Befugnisse ausgeübt hat, die ihm die Vollmacht bei verkehrsüblicher Deutung verlieh, dem Dritten mit, daß er eigentlich keine so weitgehende Vertretungsmacht habe erteilen wollen, und daß in Zukunft seine Worte in einem bestimmten engeren Sinne aufzufassen seien, und nimmt sie der Dritte, als dieselbe Vollmacht zum zweiten Male erklärt wird, doch wieder in ihrer normalen Bedeutung, so liegt auf seiner Seite ein Mißverständnis und nicht etwa ein Irrtum auf seiten des Erklärenden vor[4]).

Bestehende Geschäftsbeziehungen sind natürlich nicht die einzigen Umstände, die eine individuelle Auslegung rechtfertigen. Sondern es kommen hier vor allem auch die vor Abschluß eines Vertrages von den Parteien gepflogenen Verhandlungen, die sogenannten Vorverhandlungen in Betracht. Ergibt sich aus ihnen für die in den Vertragserklärungen gebrauchten Worte eine andere als die gewöhnliche Bedeutung, so ist die erstere und nicht die letztere Erklärungsinhalt geworden: plerumque ea, quae praefationibus convenisse concipiuntur, etiam in stipulationibus repetita creduntur[5]). Es bittet etwa ein Verleger einen Autor, sich an einem von ihm geplanten Verlagsunternehmen zu beteiligen. In dem Briefwechsel, der

---

[4]) Vgl. zum Obigen auch Hupka, Die Vollmacht (1900) S. 180—183.

[5]) L. 134 § 1 D. de verb. obl. 45, 1. — Ähnlich sagt Manigk, Willenserklärung S. 457: „Die zwischen zwei Vertragsparteien gepflogenen Unterhandlungen und die sonstigen zwischen ihnen bestehenden Verhältnisse sind stets solche Umstände, die sich die eine Partei bei ihren Erklärungen an die andere zunutze machen wird, die sie insofern ‚mit erklärt'".

aus dieser Veranlassung zwischen den Beteiligten stattfindet, wird seitens des Verlegers als Ablieferungstermin für das Manuskript der 1. Januar des kommenden Jahres festgesetzt, dabei aber hinzugefügt, daß es mit der Fertigstellung des Werkes an sich keine Eile habe, und daß darum von ihm, dem Verleger, keine Schwierigkeiten gemacht werden würden, wenn der Schriftsteller die Frist überschritte. In dem formularmäßigen Verlagskontrakt, den letzterer, nachdem er sich mit allen von der Gegenseite gestellten Bedingungen brieflich einverstanden erklärt hat, zur Mitunterschrift in zwei Exemplaren zugeschickt bekommt, ist als Fälligkeitstermin schlechthin der nächste 1. Januar angegeben. Wenn jetzt der Autor diese Urkunde in der Meinung unterschriebe, daß es trotz jenes Datums mit dem Ablieferungstermin so ernst nicht gemeint sei, so hätte er ihren Inhalt in diesem Punkte richtig verstanden, und der Verleger würde sich im Irrtum befinden, wenn er glaubte, daß er durch Nichtaufnahme jenes Passus in das Kontraktsformular den Termin kalendermäßig fixiert habe und im Falle seiner Nichteinhaltung ohne weiteres die Verzugsfolgen geltend machen könne. Denn selbst wenn nach Lage der Sache angenommen werden müßte, daß der Vertrag nicht schon durch den voraufgegangenen Briefwechsel, sondern erst durch beiderseitige Unterzeichnung des Kontraktsformulares zustande gekommen sei, so würde doch in dem Zusenden dieses Formulares an den Autor immer nur ein auf den bisherigen Verhandlungen fußender und sie gewissermaßen zusammenfassender Antrag, aber niemals eine neue von ihnen losgelöste Offerte gefunden werden können. Und nur wenn letzteres zuträfe, wenn also hinsichtlich des betreffenden Punktes aus dem Verhalten der Parteien ein Abbrechen der Vorverhandlungen zu folgern wäre, dürfte bei der Interpretation des Vertrages von dem sich aus den letzteren ergebenden Sondersprachgebrauch abgesehen werden[6]).

Auch andere als rechtsgeschäftliche Beziehungen können

---

[6]) Vgl. auch unten S. 127 ff., insbes. S. 130 bei Anm. 39. — Im übrigen sei noch darauf hingewiesen, daß die Vorverhandlungen nicht nur Mittel, sondern auch ihrerseits Objekt der Auslegung sein können. Soweit sie letzteres sind, finden natürlich die für die Auslegung von Willenserklärungen geltenden Regeln entsprechende Anwendung.

selbstverständlich Grund zur individuellen Auslegung sein. So ist mit Recht in der Literatur darauf aufmerksam gemacht worden, daß, wenn jemand zu einem berufsmäßigen Fahrradverleiher kommt und sagt: „leihen Sie mir für diesen Nachmittag ein Fahrrad", er damit den Wunsch nach entgeltlicher Gebrauchsüberlassung zu erkennen gibt und er irren würde, wenn er glaubte, eine Leiheofferte im technischen Sinne gestellt zu haben; während wenn der Sohn des Fahrradverleihers dieselbe Bitte äußert, darin der Antrag auf Gestattung unentgeltlicher Benutzung enthalten ist, so daß dem Vater ein Mißverständnis untergelaufen wäre, wenn er den Antrag als Mietofferte aufgefaßt hätte. Und wenn sich jemand an einen Schuster zwecks Besohlung seiner Stiefel wendet, so liegt darin im allgemeinen die Aufforderung zur Eingehung eines Werkvertrages; wenn hingegen dieser Jemand ein Familienangehöriger des Schusters ist, die Bitte um Übernahme eines Auftrages bezw. um Bewirkung einer unentgeltlichen Zuwendung [7]). Und so können nicht nur familiäre, sondern unter Umständen auch freundschaftliche Beziehungen zur individuellen Auslegung führen.

Der zweifelloseste Anwendungsfall individueller Auslegung ist naturgemäß dann gegeben, wenn die Parteien eigens vereinbart haben, die und die Mitteilungszeichen nicht in ihrer gewöhnlichen, sondern in einer bestimmten, davon abweichenden Bedeutung zu gebrauchen. Sie sind etwa, um ein Schulbeispiel herauszugreifen, übereingekommen, in ihrem Geschäftsverkehr mit dem Worte „Taler" nicht die Summe von drei Mark, sondern die von zwei Mark zu bezeichnen. Obschon nun solche Vereinbarungen (wenn auch nicht gerade des eben gedachten Inhaltes) im täglichen Leben durchaus nichts Seltenes sind, so ist doch weit häufiger der andere Fall, daß der Erklärende erst bei Abgabe der Erklärung dem Adressaten mitteilt, daß er mit seinen Worten einen anderen als den üblichen Sinn verbinde. Damit ist der erstere statt des letzteren Erklärungsinhalt ge-

---

[7]) Beispiele aus Danz, Auslegung, S. 41 und Seuff. Blätter f. Rechtsanwendung 72 S. 325. Vgl. auch den von Danz, Auslegung S. 116 f. mitgeteilten Rechtsfall.

worden[8]). Nur muß der Protest des Erklärenden gegen den gewöhnlichen Sprachgebrauch spätestens gleichzeitig mit der Erklärung dem Geschäftsgegner zugehen. Nachträglich eingelegt, würde er natürlich unwirksam sein[9]). Und selbst bei gleichzeitigem Zugehen von Protest und Erklärung wird man unter Umständen an der allgemein gültigen Bedeutung der Worte festzuhalten haben. So insbesondere, wenn der Erklärende vom Adressaten eine so umgehende Antwort auf die Erklärung verlangt, daß dem anderen Teile eine Kenntnisnahme des Protestes nicht möglich ist. In großen Städten tun sich vielfach an den Bahnhöfen Transportgesellschaften auf, welche die Beförderung des Reisegepäckes in das Quartier der Reisenden übernehmen. Der Frachtvertrag kommt dadurch zustande, daß der Reisende sein Gepäck den Beamten der Gesellschaft unter Angabe seiner Adresse einhändigt. Wenn nun auf der Rückseite der Quittung, die dem Reisenden seitens der Gesellschaft über die Empfang-

---

[8]) Hingegen kann selbstverständlich der Adressat nicht der Erklärung den verkehrsüblichen Inhalt dadurch nehmen, daß er im Moment des Empfanges seinerseits erklärt, die gebrauchten Mitteilungszeichen anders als die übrigen Menschen zu verstehen. Gegenüber einer einseitigen Erklärung, zu deren Abgabe der Erklärende berechtigt war, würde ein solcher Widerspruch ohne jede privatrechtliche Bedeutung sein. Gegenüber einem Vertragsantrag würde er Ablehnung des Antrages und Stellen einer neuen Offerte bedeuten.

[9]) Über den Zeitpunkt des Zuganges siehe unten §§ 14 und 15. — Wie der Erklärende da, wo an sich generelle Auslegung Platz greift, rechtzeitig gegen die verkehrsübliche Bedeutung seiner Worte protestieren muß, wenn er diese Bedeutung nicht gegen sich gelten lassen will, so muß er da, wo Geschäfts- oder andere Beziehungen die individuelle Auslegung verlangen, rechtzeitig gegen deren Konsequenzen Verwahrung einlegen, falls er eine generelle Beurteilung seiner Worte beansprucht. — Wenn übrigens hier und im Texte ein spätestens gleichzeitig mit der Erklärung zugehender Protest verlangt wird, so darf das Wort „gleichzeitig" natürlich nicht in einer den guten Sitten und den Verkehrsanschauungen widerstreitenden Weise überspannt werden. Mit Recht bemerkt Isay, Willenserklärung S. 15, daß der Empfänger einer Willenserklärung „eine sofort erfolgende Berichtigung eines Versprechens, Verschreibens zulassen muß"; daß, „wer denjenigen, dem ein lapsus linguae oder calami passiert, trotz sofortiger Richtigstellung beim Worte halten wollte, zweifellos wider Treu und Glauben, die oberste Richtschnur des Verkehres, handeln würde".

nahme des Gepäckes ausgestellt wird, Bemerkungen angebracht sind, in welchen die Gesellschaft hinsichtlich einiger Ausdrücke, die im Transportwesen eine Rolle spielen, den für ihren Geschäftsbereich maßgebenden — mit dem allgemeinen Sprachgebrauch nicht im Einklang stehenden — Sinn festsetzt, so ist doch der Vertrag mit dem verkehrsüblichen und nicht mit dem den Sonderbedingungen der Gesellschaft entsprechenden Inhalt zustande gekommen[10]). Denn indem letztere das mit ihren Bestimmungen bedruckte Quittungsformular dem Reisenden aushändigte, wollte sie zwar dessen Offerte nur mit einer Einschränkung annehmen, hatte ihm diese Einschränkung auch gleichzeitig mit der Annahmeerklärung zugehen lassen: da sie aber die Quittung Zug um Zug gegen Überlassung des Gepäckes hingab, dem Reisenden also gar nicht die Möglichkeit gewährte, ihren Inhalt in sich aufzunehmen und sich darüber zu äußern, hat sie tatsächlich lediglich die Annahme des in genereller Weise auszulegenden Transportvertrages erklärt[11]).

---

[10]) Vgl. das Kammergericht in der Rechtspr. d. OLG. 14 S. 371 ff.

[11]) Im obigen Beispiel ist es die Eile des Geschäftsabschlusses, die eine Berücksichtigung des Sondersprachgebrauches nur bedingt, nämlich nur dann zuläßt, wenn der Gegner über ihn beim Empfang der Erklärung in besonders auffälliger Weise orientiert worden ist. Es gibt natürlich noch andere Gründe für die Ausschaltung des individuellen Sprachgebrauches trotz gleichzeitig mit der Erklärung zugehenden Protestes gegen die generelle Auslegung. So werden Versicherungsverträge regelmäßig dadurch perfekt, daß der Antragsteller auf Grund seines Antrages die Police zugestellt bekommt. Auf der Rückseite der Police finden sich häufig die wichtigsten Versicherungsbedingungen, wie sie dem Versicherten bei seiner Antragstellung vorgelegen haben, wiederholt. Hätte nun eine Versicherungsgesellschaft zwischen Antragstellung und Ausfertigung der Police ihre Bedingungen derartig geändert, daß gewisse im Versicherungsvertrag gebrauchte Wendungen jetzt einen anderen Sinn erhielten als früher, und hätte sie diese veränderten Bedingungen auf der Rückseite des dem Antragsteller gegenüber benutzten Policenformulares abgedruckt, so würde sie, wenn der Versicherte den Vertrag in dem früheren, seinem Antrag entsprechenden Sinne auslegen wollte, wahrscheinlich geltend machen, daß die Zusendung der Police eine Ablehnung seines Antrages, verbunden mit einer neuen Offerte, dargestellt habe, die vom Gegner durch Unterlassen jeglichen Widerspruches angenommen worden sei. Indessen würde hier die Auslegung, die die Gesellschaft ihrer Erklärung

Liegen aber solche Ausnahmefälle wie der eben geschilderte nicht vor, dann beeinflußt, wie gesagt, der rechtzeitig, d. h. spätestens gleichzeitig mit der Erklärung zugegangene Protest des Erklärenden den Erklärungsinhalt. Ob der Adressat von dem ihm zugegangenen Protest Kenntnis genommen hat, ist für die Frage nach dem Inhalt der Erklärung gleichgültig. Hat solche Kenntnisnahme nicht stattgefunden, so würde sich daraus eben ein Mißverständnis des Erklärungsempfängers ergeben [12]. Hingegen läßt sich nicht einheitlich die Frage beantworten, ob der Erklärende den Sondersprachgebrauch, von dem er ausgeht, bei Einlegung des Protestes genau angeben muß, oder ob er sich auf ihn auch in der negativen Form berufen kann, daß er sich lediglich gegen die Beobachtung des allgemeinen Sprachgebrauches verwahrt, über die Wortbedeutung aber, die positiv gelten soll, keine näheren Mitteilungen macht, sondern in dieser Hinsicht auf anderweitige Erkenntnisquellen, etwa Zeitungsinserate, Statuten, Geschäftsbedingungen und so weiter, verweist. Ein solches Verhalten wird man nämlich bei einseitigen Rechtsgeschäften nur unter ähnlichen Voraus-

---

gäbe, nur dann gerechtfertigt sein, wenn sie ihren Protest gegen den sich aus der gewöhnlichen Interpretation der Police ergebenden Inhalt so deutlich auf der Urkunde zum Ausdruck gebracht hätte, daß er dem Versicherten sofort in die Augen fallen mußte; denn die feierliche Form der Police bringt es mit sich, daß der Empfänger letztere stets als die definitive Annahme seines Antrages betrachtet, und daß ihm gar nicht der Gedanke kommt, sie könnte eine Ablehnung seines Antrages, verbunden mit einer neuen Offerte sein. Und weil der Versicherte in aller Regel davon ausgehen darf, daß die Police lediglich die Annahme seiner ursprünglichen Offerte ist, er also gar keine Veranlassung hat, die ihm vermeintlich von der Antragstellung her bekannten, ohne jeden Hinweis auf etwaige Änderungen in dorso abgedruckten Versicherungsbedingungen noch einmal zu lesen, ist die in der Zusendung der Police liegende Annahmeerklärung, wie auch das Reichsgericht im Recht 10 S. 1076 Nr. 2482 entschieden hat, ohne Rücksicht auf den durch die neuen Versicherungsbedingungen eingeführten Sondersprachgebrauch der Gesellschaft auszulegen.

[12]) Vgl. Reichsgericht 54 S. 182, wo der Rechtssatz aufgestellt ist, daß die vom Adressaten unterlassene Beachtung eines Schreibens, in dem der Erklärende seine Sonderauffassung vom Sinne der Erklärung darlegt, die Berücksichtigung des Schreibens bei der Auslegung der Erklärung nicht hindert.

setzungen für zulässig erachten können, unter denen diese Geschäfte auch die Hinzufügung einer Bedingung vertragen: also nur dann, wenn unter solcher Verklausulierung die Gewißheit, in die der Adressat durch die ihm gegenüber abgegebene Erklärung versetzt werden soll, nicht leidet. Handelt es sich aber um Vertragserklärungen, so steht dem obigen Verfahren nichts im Wege: denn wird eine Offerte in der gedachten Weise abgegeben, so braucht sie ja der andere Teil, wenn ihm die Erkenntnisquellen, auf die der Erklärende hinweist, nicht zugänglich sind, nicht anzunehmen; tut er es dennoch, so unterwirft er sich damit hinsichtlich der Auslegung dem, sei es auch ihm unbekannten Sprachgebrauch des Offerenten. Würde aber der Annehmende derjenige sein, der seine Erklärung so, wie oben geschildert, abgäbe, so läge darin die bekannte Antragsablehnung, verbunden mit einer neuen Offerte. Danach kann es also keinem Zweifel unterliegen, daß, wenn beispielsweise jemand sich beim Norddeutschen Lloyd einen Schiffsplatz bestellt und auf dem Billet, das er gegen die übliche Anzahlung empfängt, aufgedruckt ist: „Die Beförderung findet auf Grund der Überfahrtsbedingungen der Gesellschaft statt", der Transportvertrag auf Grund dieser Bedingungen auszulegen ist, mag der Passagier sich mit ihnen bekannt gemacht haben oder nicht[18]).

Geschäftsleute pflegen vielfach den Sondersprachgebrauch, dem sie huldigen, den Interessenten durch Zusenden von Prospekten oder auf sogenannten Fakturen mitzuteilen. Es fragt sich, welche Bedeutung solchen Äußerungen für die Auslegung der entweder von dem Geschäftsmann oder der ihm gegenüber abgegebenen Willenserklärungen zukommt. Hier ist zunächst nach dem eben Gesagten sicher, daß solche Prospekte für die Klarlegung des Erklärungsinhaltes bedeutungslos sind, wenn sie erst nach Erklärungsabgabe zugehen. In vielen Fällen werden nun Prospekte oder Fakturen vom Kaufmann an den Käufer erst in einem Zeitpunkt abgesendet, wo die bestellte Ware schon unterwegs ist. War in solchem Falle der Vertrag nach § 151

[18]) Vgl. hierzu auch § 10 des Reichsgesetzes über die privaten Versicherungsunternehmungen vom 12. Mai 1901 und dazu Toop, Die rechtliche Bedeutung der Übergabe der Versicherungsbedingungen vor Abschluß des Versicherungsvertrages, Berlin 1905.

BGB. bereits mit dem Absenden der Ware perfekt geworden, so ist klar, daß Prospekte dieser Art bei der Auslegung des betreffenden Vertrages, selbst wenn sie noch vor der Ware beim Besteller ankommen, keine Rolle spielen können. Wenn beispielsweise jemand von einem Geschäft dieselbe Ware schon öfters bezogen hätte und jetzt die Ware von neuem „so wie gehabt" bestellte, und der Verkäufer wollte der Warensendung einen Prospekt folgen lassen, der den Satz enthielte, die Bemerkung „wie gehabt", verstehe sich nur für die Qualität, nicht auch für den Preis, so würde nichtsdestoweniger die fragliche Wendung ihre generelle Bedeutung behalten, der zufolge sie sowohl für Ware wie für Preis bestimmend wäre[14]). Liegen hingegen die Voraussetzungen des § 151 nicht vor, sondern wird die Annahmeerklärung des Kaufmannes erst in dem Moment wirksam, wo auch der Prospekt zugeht, oder ist der Prospekt zwischen Abgabe der Offerte und dem Wirksamwerden der Annahmeerklärung dem Offerenten zugegangen, so stellt sich die Annahmeerklärung in Ansehung derjenigen Punkte, in welchen der Prospekt vom generellen Sprachgebrauch abweicht, regelmäßig als Ablehnung, verbunden mit einer neuen Offerte, dar. Welche Folgen solche einschränkende Annahmeerklärung für das Zustandekommen des Vertrages hat, insbesondere dann, wenn der Offerent den Prospekt nicht gelesen und sie infolgedessen teilweise mißverstanden hat, ist eine in anderem Zusammenhang zu beantwortende Frage.

Juristisch weitaus interessanter als die eben behandelten Fälle sind diejenigen, wo der Offerent den Prospekt empfängt, ehe er noch eine Offerte an den Kaufmann abgeschickt hat.

---

[14]) Besonders oft begegnet man auf solchen Prospekten bezw. Fakturen den Worten: „Reklamationen finden keine Berücksichtigung, wenn sie nicht innerhalb acht Tagen nach Erhalt der Ware bei uns eingegangen sind". Es ist selbstverständlich, daß der Verkäufer durch solche nach Vertragsabschluß abgegebene Erklärung die vom Gesetzbuch im § 477 für die Mängelansprüche normierte Verjährungsfrist nicht einseitig zu seinen Gunsten abändern kann (vgl. auch OLG. Dresden in Seuff. Arch. 56 S. 59 Nr. 33). Ebensowenig kann ein einseitiger Fakturavermerk den gesetzlichen Erfüllungsort und den damit zusammenhängenden Gerichtsstand ausschließen (vgl. Reichsgericht 65 S. 330 ff.).

Zwar läßt sich auch hier wieder eines mit Sicherheit sagen: nimmt der Offerent bei seiner Bestellung selbst Bezug auf den empfangenen Prospekt, so eignet er sich damit dessen Inhalt an, und es ist infolgedessen, soweit der Prospekt einen besonderen Sprachgebrauch seines Ausstellers erkennen läßt, die Offerte im Sinne dieses Sprachgebrauches, also individuell, auszulegen [15]. Aber wie, wenn jemand zwar einen Prospekt empfangen hat, bei der Bestellung aber sich nicht auf den Prospekt bezieht? Dann ist trotzdem die Offerte im Sinne des Prospektes auszulegen, selbst wenn der Offerent ihn nachweislich nicht gelesen hat. Denn indem der Kaufmann dem Besteller den Prospekt zusandte, begründete er zwischen sich und ihm Beziehungen, denen zufolge sein Sondersprachgebrauch für den letzteren erkennbar wurde, schuf also alle Voraussetzungen, von denen wir oben die Zulässigkeit der individuellen Auslegung abhängig gemacht haben [16]. Fraglich bleibt nur, ob man für die Berücksichtigung des Prospektes eine gewisse zeitliche Nähe zwischen dessen Empfang und der Abgabe der Offerte verlangen soll, oder ob der einmal zugesandte Prospekt, wenn er nicht selbst eine zeitliche Grenze seiner Geltung vorsieht, für alle Zukunft die Interpretation der von seinem Empfänger an seinen Versender gerichteten Willenserklärungen bestimmt. Letzteres muß nun unter allen Umständen verneint werden; wie weit aber der Geltungsbereich positiv abzustecken ist, darüber läßt sich ein

[15]) Hat darum der Offerent den Prospekt, obwohl er auf ihn Bezug genommen, nicht oder nicht vollständig gelesen und deshalb mit seiner Offerte nicht den individuellen Sinn des Oblaten, sondern die allgemein übliche Bedeutung verbunden, so hat er bei Abgabe der Offerte geirrt, und nicht etwa hat sie der Adressat, der sie in seinem Sinne auffaßte, mißverstanden. Umgekehrt muß natürlich auch der Gegner, wenn der Prospekt, vielleicht infolge eines Druckfehlers (vgl. den Rechtsfall Nr. 143 in Lenels Praktikum des Bürgerl. Rechtes, 4. Aufl., Leipzig 1909), etwas anderes besagt, als was er nach dem Willen seines Verfassers besagen sollte, den Inhalt der Drucksache gegen sich gelten lassen. Würde also der Geschäftsinhaber der auf Grund des Prospektes bestellten Offerte einen nicht im Prospekt zum Ausdruck gebrachten Sinn unterlegen, so hätte nicht der Offerent etwas anderes erklärt, als er erklären wollte, sondern der andere Vertragsteil hätte den Antrag mißverstanden.

[16]) So auch das Reichsgericht 13 S. 76ff., Recht 12 Beil. 2 Nr. 942. Anderer Meinung OLG. Rostock in Seuff. Arch. 64 S. 390 f.

Urteil nicht allgemein, sondern nur im einzelnen Falle unter Würdigung aller konkreten Umstände fällen: man wird die Absender und Empfänger von Prospekten je nach Lage des Falles bisweilen nur sehr kurze, bisweilen aber auch recht lange Zeit an deren Inhalt festzuhalten haben.

Wird dem Aussteller ein Vertragsantrag von jemandem gemacht, dem selbst kein Exemplar des Prospektes zugeschickt worden ist, der aber letzteren bei dritten Personen gesehen und von seinem Inhalt Kenntnis genommen hat, so hat die Auslegung der Offerte ebenfalls nach Maßgabe des Prospektes zu erfolgen, auch wenn seiner in der Offerte keine Erwähnung getan ist. Denn es bestehen hier bei Abgabe der Offerte insofern besondere, die individuelle Auslegung rechtfertigende Beziehungen zwischen den Parteien, als derjenige, der einen Prospekt an eine bestimmte Adresse dirigiert, in der Regel nicht nur nichts dagegen hat, sondern geradezu wünscht, daß letzterer auch anderen Interessenten zugänglich gemacht werde, so daß, wenn auf diese Weise ein Fremder von dem Sondersprachgebrauch des Prospektausstellers erfährt, er solche Kenntnis nicht durch Zufall in dem früher dargelegten Sinne, sondern durch Mitteilung des künftigen Vertragsgegners selbst erwirbt [17]). Hat der Fremde den Prospekt zwar gesehen, aber von seinem Inhalt keine Kenntnis genommen, so liegt kein Grund vor, ihn bei der Auslegung einer etwaigen späteren Offerte des Fremden zu berücksichtigen: das Kennenkönnen des gegnerischen Sondersprachgebrauches, das dort ausreichte, wo es sich um den Adressaten des Prospektes selbst handelte, genügt hier nicht [18]).

---

[17]) Wenn jemand, der mit einem Geschäftshaus, etwa mit einem Transportunternehmen, in Verbindung tritt, zwar weiß, daß und welche allgemeinen Bedingungen andere Transportgesellschaften haben, hingegen über die Geschäftsbedingungen seines Vertragsgegners keinerlei Mitteilungen empfangen hat, so ist für die individuelle Auslegung kein Raum. Vgl. OLG. Karlsruhe in der D. Jur.-Ztg. 12 S. 974 und die offenbar in derselben Sache ergangene, den Standpunkt des Berufungsgerichtes billigende Entscheidung des Reichsgerichtes 66 S. 39 f.

[18]) Vgl. dazu den vom OLG. Braunschweig abgeurteilten Rechtsfall in Seuff. Arch. 52 Nr. 221.

Der eben besprochene Fall, wo der Prospekt als Auslegungsmittel Personen gegenüber dient, denen er nicht zugeschickt worden ist, führt uns ganz von selbst auf die Frage, welche Bedeutung es denn für die von oder gegenüber jemandem abgegebenen Willenserklärungen hat, wenn dieser jemand seinen Sondersprachgebrauch nicht bestimmten einzelnen Personen, sondern schlechthin der Allgemeinheit mitgeteilt hat: etwa im Wege des Zeitungsinserates oder durch Plakate, die im Geschäftslokal oder an Anschlagsäulen angebracht sind? Hat jemand zu dem gedachten Zwecke die Zeitung benutzt, so wird man wie vorhin zu entscheiden haben; es werden also diejenigen, die den Inhalt des Inserates kennen, sei es, daß sie es selbst gelesen haben, sei es, daß ihnen davon berichtet worden ist, die Veröffentlichung, wenn sie mit dem Inserenten in rechtsgeschäftliche Beziehungen treten, gegen sich gelten lassen müssen; sie können hingegen generelle, d. h. auf das Inserat keine Rücksicht nehmende Auslegung verlangen, wenn ihnen die Publikation unbekannt geblieben ist, einerlei, ob sie im übrigen Leser der betreffenden Zeitung sind oder nicht[19]. Erkennbarkeit darf hier also dem Kennen billigerweise nicht gleichgestellt werden[20]. Dasselbe muß von etwaigen an Anschlagsäulen erlassenen Bekanntmachungen gelten. Hat hingegen ein Kaufmann in seinem Geschäftslokal Schilder ausgehängt, die das Publikum über die Besonderheiten seiner Geschäftssprache unterrichten, so wird man diesen Kundgebungen nicht nur bei tatsächlich erfolgter Kenntnisnahme, sondern schon bei vorhandener Möglichkeit der Kenntnisnahme Einfluß auf die Auslegung der im Geschäftslokal abgegebenen Willenserklärungen einzuräumen haben, wobei freilich von einer Möglichkeit der Kenntnisnahme nur gesprochen werden darf, wenn jene Plakate bei Beobachtung der im Verkehr erforderlichen Sorgfalt vom Publikum nicht übersehen werden können. Wann diese Voraussetzung zutrifft, ist natürlich quaestio facti. Zum mindesten ist Augenfälligkeit erforderlich, wie sie schon die römischen Quellen für ähnliche Fälle ver-

---

19) Nur werden diejenigen, die das Blatt halten, in welchem das Inserat erschienen ist, mit dem Beweis der Unkenntnis zu belasten sein.

20) Weitergehend offenbar Staub II § 346 Anm. 15; Düringer-Hachenburg II § 346 S. 328 und Lehmann-Ring II § 346 Nr. 2.

langen: proscribere palam sic accipimus, claris literis, unde de plano recte legi possit, ante tabernam scilicet vel ante eum locum, in quo negotiatio exercetur, non in loco remoto, sed in evidenti [21]). Im übrigen sind die Anforderungen an die Aufmerksamkeit des Publikums je nach der Art des Geschäftsbetriebes, um den es sich handelt, verschieden zu bemessen. Die das Gepäck der Reisenden vom Bahnhof ins Haus befördernde Transportgesellschaft, von der oben die Rede war, würde beispielsweise, wenn sie ihre Bedingungen durch Anschlag am Bahnhof bekanntgäbe, in Anbetracht der Eile und des Andranges, unter denen hier die den Vertragsabschluß erzeugenden Erklärungen abgegeben werden, nur bei Herstellung besonders starker Sinnenfälligkeit auf Berücksichtigung ihrer Bekanntmachungen rechnen dürfen [22]). Handelt es sich dagegen etwa um allgemeine Bekanntmachungen der Eisenbahn selbst, so wird man dem Publikum ein gesteigertes Maß von Anstrengung zuzumuten haben. Und das einmal wegen der gewissermaßen öffentlich-rechtlichen Stellung, welche die Eisenbahn im Verkehrsleben einnimmt, und sodann, weil jedermann weiß, daß die Bahnverwaltung die Räume der Stationsgebäude zu allerhand Bekanntmachungen benutzt. Es war darum vom juristischen Standpunkt aus die Bahn im Rechte, als sie seinerzeit bei Einführung der D- und L-Züge besondere Platzgebühren erhob, obwohl die Schnellzugsfahrkarten damals sämtlich noch den Vermerk „gültig für alle Züge" trugen. Denn indem sie, von Veröffentlichungen anderer Art, die sie in dieser Hinsicht erließ, ganz abgesehen, auf allen Stationen Plakate anbrachte, die das Publikum über die Neuerung orientierten, hatte sie jedermann erkennbar gemacht, daß sie unter der Wendung „alle Züge" dem gewöhnlichen Sprachgebrauch zuwider die D- und L-Züge nicht mit begreife, und es war infolgedessen der seitens der Reisenden mit der Bahn abgeschlossene Transportvertrag dieser individuellen Auffassung entsprechend auszulegen [23]).

---

[21]) L. 11 § 3 D. de instit. act. 14, 3.

[22]) Vgl. das oben in Anm. 10 berufene Urteil des Kammergerichtes.

[23]) Anderer Ansicht Cosack in der 4. Aufl. seines Lehrbuches I S. 212 f.

Schließlich sei erwähnt, daß der Erklärende auch da, wo keine besonderen Beziehungen zum Gegner bestehen, erkennen lassen kann, daß die Erklärung nach einem eventuellen Sondersprachgebrauch des Adressaten ausgelegt werden soll. Dann greift also die individuelle Auslegung kraft einseitiger, freiwilliger Unterwerfung des Urhebers der Erklärung unter die Spracheigentümlichkeiten des Gegners Platz. So liegen die Dinge beispielsweise, wenn jemand an einen Kaufmann eine Offerte „zu kundenüblichen Bedingungen" richtet. Er will dann diejenigen Bedingungen und Gewohnheiten des Kaufmannes gegen sich gelten lassen, unter denen dieser seinen übrigen Kunden zu liefern pflegt. Wann eine Bestellung als unter kundenüblichen Bedingungen erfolgt anzusehen ist, darüber haben wiederum die Grundsätze der Auslegung, d. h. also die nach diesen Grundsätzen zu würdigenden Umstände des konkreten Falles, zu entscheiden. Von ihnen hängt auch die Beantwortung der Frage ab, ob der Erklärende sich den kundenüblichen Bedingungen nur in einzelnen oder in allen das Rechtsgeschäft betreffenden Punkten unterworfen hat. Dabei kann der Erklärende solche totale oder teilweise Unterwerfung zum Ausdruck bringen entweder, obwohl er sich bewußt ist, jene Bedingungen nicht zu kennen, oder gerade deshalb, weil er mit ihnen vertraut zu sein glaubt. Letzterenfalls greift aber die Auslegung nach dem gegnerischen Sprachgebrauch auch dann Platz, wenn der Erklärende von ihm unrichtige Vorstellungen gehabt hat. Diese würden nicht für die Auslegung, sondern höchstens für die Frage der Irrtumsanfechtung von Bedeutung sein. Die Rechtslage wäre dann ähnlich, wie wenn jemand ein Verhalten beobachtet hätte, aus welchem eine kundenübliche Bestellung gefolgert werden müßte, während der Wille des Erklärenden nicht auf eine Bestellung zu kundenüblichen, sondern zu allgemein verkehrsüblichen Bedingungen gerichtet gewesen wäre. —

Die Lehre von der individuellen Auslegung, wie sie hier entwickelt worden ist, birgt eine Reihe weiterer Fragen in sich, die, wenn sie auch in diesem Zusammenhang nicht näher erörtert werden können, doch wenigstens einer kurzen Beantwortung bedürfen.

a) Da ist einmal zu prüfen, wie es sich mit den Regeln der individuellen Auslegung verhält, wenn sich die Geschäftserrichtung nicht zwischen den Parteien selbst, sondern deren Vertretern bezw. zwischen der einen Partei und dem Vertreter der anderen abspielt. Bestehen hier zwischen den Vertretern bezw. zwischen dem einen Kontrahenten und dem Vertreter des anderen Teiles Sonderbeziehungen, die nach unseren bisherigen Darlegungen eine individuelle Auslegung der abgegebenen Erklärung verlangen, so hat die Ermittelung des Erklärungsinhaltes in individueller Weise zu erfolgen, auch wenn den bezw. dem Vertretenen gegenüber die Voraussetzungen nicht gegeben sind, unter denen von der generellen Bedeutung der Worte abgewichen werden darf. Und umgekehrt sind im Verhältnis der Parteien zueinander Gründe für eine individuelle Auslegung vorhanden, so bleiben sie für die Interpretation des betreffenden Geschäftes maßgebend, auch wenn die Vertreter untereinander oder die eine Partei und der Vertreter des Gegners in einem die individuelle Auslegung rechtfertigenden Verhältnis nicht stehen. Nur dann wird man anders zu entscheiden haben, wenn entweder beide Vertreter die zur individuellen Auslegung führenden Sonderbeziehungen der Parteien nicht kennen, oder wenn der Vertreter des einen Teiles sie nicht kennt, und die andere Partei bezw. deren Vertreter um diese Unkenntnis weiß oder wenigstens wissen könnte. Und selbst in diesen Fällen muß es bei der individuellen Auslegung bewenden, wenn der Tatbestand des § 166 Abs. 2 BGB. gegeben ist, d. h. wenn der die Sonderbeziehungen der Parteien nicht kennende Bevollmächtigte nach bestimmten Weisungen seines Vollmachtgebers handelt. Nach den hier herausgestellten Rechtssätzen würden sich auch die Fälle regeln, wo ein Rechtsgeschäft teils von den Vertretern, teils von den Parteien selbst errichtet wird; es werden beispielsweise die Vorverhandlungen von Vertretern geführt, während der Geschäftsabschluß durch die Parteien selbst erfolgt; oder umgekehrt die Parteien führen die Vorverhandlungen, und der Geschäftsabschluß findet durch Vertreter statt [24]).

---

[24]) Mit solchen Fällen geteilter Geschäftserrichtung beschäftigt sich Danz, Auslegung S. 175.

b) Eine andere der Beantwortung harrende Frage geht dahin: wie verhalten sich die Sätze von der individuellen Auslegung zu der bekannten Parömie „falsa demonstratio non nocet“? In Wahrheit gibt es eine Rechtsnorm dieses weitgehenden Inhaltes überhaupt nicht[25]). Denn wollte man jene Sentenz wörtlich nehmen, so würde sie ja nicht mehr und nicht weniger besagen, als daß, wenn jemand eine Erklärung abgibt, die ihrer verkehrsüblichen Bedeutung nach nicht dem entspricht, was der Betreffende erklären wollte, nicht das Verkehrsübliche, sondern das Gewollte erklärt ist. Das aber wäre das Gegenteil von dem, was wir oben als die wahre Aufgabe der Interpretation kennen gelernt haben. Deshalb kann die Unschädlichkeit der falsa demonstratio grundsätzlich nur insoweit anerkannt werden, als im konkreten Falle die Voraussetzungen der individuellen Auslegung vorhanden sind, also besondere Beziehungen vorliegen, die es gestatten, dem vom Erklärenden beobachteten Verhalten nicht die gewöhnliche, sondern die davon abweichende, seinem Geschäftswillen entsprechende Deutung zuteil werden zu lassen. A bietet dem Vermieter B für eine Wohnung 2000, B fordert 3000 Mk.; schließlich bietet A 2400 Taler. B schlägt zu und behauptet nun, auf Grund des letzteren Angebotes müsse A wirklich 2400 Taler zahlen. Mit Rücksicht auf die Vorverhandlungen wäre hier zweifellos, daß das Gebot seinem wirklichen Sinne nach auf 2400 Mk. ginge[26]). Über die durch die individuelle Auslegung gezogene Grenze hinaus kann von einem „non nocere“ des falsch gewählten Ausdruckes höchstens dort noch gesprochen werden, wo bei Nichtverkehrsgeschäften die früher erörterte subjektive Auslegung eingreift, oder wo die falsche Bezeichnung durch andere richtige Bezeichnungen schon von selbst ihre Korrektur in der Erklärung gefunden hat. Es

---

[25]) Auch im gemeinen Rechte handelte es sich bei diesem Rechtssprichwort nur um eine relative, in der Hauptsache aus erbrechtlichen Entscheidungen abstrahierte Wahrheit. Vgl. die Ausführungen und Quellenbelege bei Savigny, System III S. 305 ff. und bei Brinz-Lotmar, Pandekten IV S. 283 ff. Dazu neuerdings Leonhard, Irrtum II S. 11 ff.

[26]) Das Beispiel ist der 4. Aufl. von Cosacks Lehrbuch I S. 211 entnommen.

reicht etwa auf die Ausschreibung eines Nachtwächterpostens A eine Offerte des Inhaltes ein, er sei bereit, unter den angegebenen Bedingungen von 10 Uhr morgens bis 5 Uhr abends die Nachtwache zu übernehmen. Der Begriff der Nachtwache korrigierte dann von selbst die fälschlich angegebenen Stunden[27]). Oder es forderte jemand, der von einem Anderen 275 Mk. zu verlangen hätte, letzteren zur Bezahlung der „schuldigen 274 Mk." auf[28]): auch hier nähme die Mahnung ganz von selbst den richtigen Inhalt an durch den Hinweis auf die ihrem objektiven Bestand nach ein für allemal fixierte Schuld. Aus dem gleichen Grunde läßt es sich ferner rechtfertigen, wenn aus einem Wechsel, der die Überschrift „für Mk. 435,25" und im Texte als Summenangabe die Worte „Vierhundertfünfunddreißig und 25 Pf." trug, der Wechselbeklagte zu 435,25 Mk. und nicht etwa zu 460 Pfennigen verurteilt worden ist[29]). Und vor allem gehören hierher die Fälle, wo eine Urkunde die einzelnen Rechnungsposten richtig, die addierte oder multiplizierte Summe aber unrichtig angibt. Es soll in Ansehung eines Ackers ein Ertrag von 110 Scheffel Kartoffeln zum Werte von 50 Mk. à Scheffel gegen Hagelschlag versichert werden. Obschon diese in der Versicherungspolice aufgeführten Faktoren als Versicherungssumme den Betrag von 5500 Mk. ergeben, lautet die Police fälschlich auf 555 Mk. Mit Rücksicht auf die von der Urkunde selbst gewährleistete Korrektur ist der Versicherungsvertrag natürlich in Höhe von 5500 Mk. zustande gekommen, und muß die dieser Summe entsprechende Prämie vom Versicherten gezahlt werden[30]).

---

27) Das Beispiel stammt aus Isay, Willenserklärung S. 12.

28) Vgl. Lenels Praktikum des Bürgerl. Rechtes (4. Aufl.) S. 72 Nr. 294.

29) Vgl. OLG. Marienwerder in Seuff. Arch. 59 S. 416 Nr. 238.

30) Vgl. Bayr. Oberst. Landesgericht in Seuff. Arch. 37 Nr. 287. — Die oben skizzierte Kategorie von Anwendungsfällen der Regel f. d. n. n. umfaßt auch die falschen juristischen Bezeichnungen, deren sich die Parteien bisweilen bei Abgabe ihrer Willenserklärungen bedienen. Jemand erklärt, vom Vertrag „zurückzutreten unter Vorbehalt seiner Schadensersatzansprüche". Es ist klar, daß er eben nicht zurücktreten, sondern in Wahrheit Schadensersatz wegen Nichterfüllung haben will (so auch Reichsgericht in der Jur. Wochensch. 36 S. 386 Nr. 3);

Überall aber, wo keine der vorhin erwähnten Eventualitäten vorliegt, muß der Erklärende das falsum — unbeschadet der Möglichkeit, sich im Wege der Irrtumsanfechtung davon zu befreien — als Erklärungsinhalt gegen sich gelten lassen. Es bietet beispielsweise jemand Petroleum zum Kaufe an und bemißt in der Offerte den Preis statt, wie er die Absicht hatte, auf 13 Mk. 50 Pf. pro 50 kg auf 13 Mk. 50 Pf. pro 100 kg, also auf die Hälfte weniger, als er wollte. Selbst wenn man hier annähme, daß der Empfänger des Antrages mit Rücksicht auf den Tagespreis des Petroleums erkennen konnte, daß dem Erklärenden eine falsche Bezeichnung untergelaufen sei, so könnte doch keine Rede davon sein, daß ohne weiteres an die Stelle der gebrauchten falschen Bezeichnung die nicht gebrauchte richtige Bezeichnung zu treten hätte, daß also die Offerte als in Wahrheit auf 13 Mk. 50 Pf. pro 50 kg lautend angesehen werden müßte. Denn es träfe keiner der oben genannten Gründe zu, aus dem heraus sich die Anwendung des Satzes „falsa demonstratio non nocet" rechtfertigen ließe. Vielmehr hätte der Offerent bei Abgabe seiner Willenserklärung in einer dem Gegner erkennbaren Weise geirrt, so daß wir es mit der vom BGB. im § 122 Abs. 2 ins Auge gefaßten Situation zu tun hätten[31]). Und ebenso wäre zu entscheiden, wenn sich jemand in einer Vertragsofferte eine Mäklergebühr für jede Quadrat-

oder es wird ein „Kaufvertrag" über Aktien geschlossen; aus den Nebenberedungen ergibt sich, daß „Leihe" vorliegt, und es wird infolgedessen der „Käufer" zur Rückgabe der Aktien verurteilt (vgl. Danz a. a. O. S. 72). Und ferner fallen unter die obige Kategorie alle die zahlreichen Quellenentscheidungen, wo Namensverwechslungen für unschädlich erklärt werden, weil die Person, um die es sich handelt, anderweitig genügend gekennzeichnet ist.

[31]) Im Gegensatz zu den Ausführungen des Textes hat das OLG. Braunschweig (vgl. Seuff. Arch. 40 Nr. 274) in dem oben behandelten Falle tatsächlich dahin entschieden, daß wegen des Kennenmüssens des Erklärungsempfängers die Offerte als auf 13,50 Mk. pro 50 kg lautend anzusehen sei. Dieses Urteil erscheint um so unangebrachter, als der Käufer im Hinblick auf den Tagespreis des Petroleums doch höchstens erkennen konnte, daß die Offerte von 13,50 Mk. pro 100 kg dem Willen des Antragstellers nicht entsprach, hingegen gar nicht zu erkennen imstande war, zu welchem Preise denn positiv der andere Teil das Petroleum hergeben wollte.

rute einer bestimmten Fläche statt für jeden Quadratfuß ausbedänge, der Andere den Schreibfehler bemerkte, aber trotz der Erkenntnis des wirklichen Willens des Antragenden sein Einverständnis zu der Offerte erklärte. Auch hier griffe (falls nicht der Annehmende seine Kenntnis des Irrtumes den besonderen Beziehungen zum Antragsteller, etwa den mit ihm gepflogenen Vorverhandlungen, verdankte), nicht der Satz von der Unschädlichkeit der falsa demonstratio ein, sondern es läge lediglich die Konstellation des § 122 Abs. 2 BGB. vor[32]).

c) Ein weiterer, der Erwähnung bedürftiger Punkt betrifft diejenigen Fälle, wo die Parteien für die Errichtung des Rechtsgeschäftes schriftliche oder gar notarielle Form verabredet haben. Es fragt sich nämlich, ob hier unsere Rechtssätze von der individuellen Auslegung schlechthin eingreifen, oder nur wenn sich die Voraussetzungen für letztere aus der Urkunde selbst ergeben. Insbesondere ist zu prüfen, ob und inwieweit die von den Parteien gepflogenen, in die Urkunde aber nicht mit aufgenommenen Vorverhandlungen bei der Feststellung des Erklärungsinhaltes verwertet werden dürfen[33]).

---

[32]) Anders das Reichsgericht 66 S. 427 ff., das — im Gegensatz zum Berufungsgericht — hier in der Annahme der Offerte eine rechtswirksame Einigung der Parteien erblickte, des Inhalts, daß die Vergütung für jeden Quadratfuß zu zahlen sei, und nur dem Antragenden die Beweislast aufbürdete, daß die von ihm gebrauchte Bezeichnung Quadratrute statt Quadratfuß ein Schreibfehler gewesen und als solcher von dem anderen Teile bei Annahme der Offerte erkannt worden sei. — Bedenklich weit gehen in der Anwendung der Regel falsa demonstr. n. nocet auch Danz, Auslegung S. 29, 126 ff. und Leonhard, Oertmann, Jacobsohn, Manigk, Hellmann, Hölder an den oben in Anm. 3 am Schluß zitierten Stellen. Sehr richtig sagt Cohn, Das neue Deutsche Bürgerl. Recht in Sprüchen (2. Aufl.) S. 39: „Erkennbarer Irrtum ist auch Irrtum." Eine Frage für sich, die uns aber hier nicht interessiert, ist es, ob da, wo ein dem Gegner erkennbarer Irrtum vorliegt, der Irrende trotzdem in der Geltendmachung seines Anfechtungsrechtes an die gewöhnlichen Fristen gebunden ist. Wegen dieser, m. E. zu bejahenden Frage vgl. Oertmann I § 121 unter 1 a γ und die dort zitierte Literatur.

[33]) Staub II § 350 Anm. 68 glaubt einen Unterschied konstatieren zu müssen zwischen der Frage, „ob zum Zwecke der Auslegung der urkundlich fixierten Willenserklärung auf die vorgängigen oder gleichzeitigen mündlichen Besprechungen und Abreden zurückgegangen werden

Die Frage läuft in letzter Linie auf eine Interpretation der betreffenden Abmachung hinaus, durch welche die besondere Form für die Gültigkeit des Geschäftes vereinbart worden ist. Eine solche Abmachung kann aber einen dreifach verschiedenen Sinn haben. Entweder haben die Parteien die bestimmte Form lediglich gewählt, um sich Beweisdokumente für den Erklärungsinhalt zu sichern. Dann kann der mit Hilfe der letzteren geführte Beweis naturgemäß durch Gegenbeweis entkräftet werden, d. h. es kann der Nachweis erbracht werden, daß der Wortlaut der Urkunde den Erklärungsinhalt nicht richtig wiedergibt, sondern daß die gebrauchten Mitteilungszeichen aus Gründen, die außerhalb der Urkunde liegen, z. B. infolge der der Abgabe der Erklärung voraufgegangenen Verhandlungen, anders als üblich aufzufassen sind. Solchenfalls würden also die Regeln von der individuellen Auslegung auch gegenüber der formalisierten Erklärung uneingeschränkte Anwendung finden. Oder der Zweck, den die Parteien mit der Festsetzung der Form verfolgten, war darauf gerichtet, sich den Ernst des rechtsgeschäftlichen Aktes zum Bewußtsein zu bringen und den Zeitpunkt seiner Vollendung genau zu fixieren: auch dann wäre in dem Formerfordernis kein Argument enthalten, das zu der Annahme berechtigte, die Parteien hätten jeden Zusammenhang zwischen dem Inhalt der Urkunde und den Umständen, die zu ihrer Abfassung führten, aufheben wollen; vielmehr müßte der Text der Urkunde auch hier auf Grund ihrer Entstehungsgeschichte und etwaiger zwischen den Parteien bestehenden Sonderbeziehungen ausgelegt werden[84]).

---

könne" (welche Frage „einfach zu bejahen sei"), und der anderen, ob eine urkundlich fixierte Willenserklärung aus solchen Faktoren heraus ergänzt werden dürfe (Anm. 59—67 daselbst). Ähnlich offenbar auch Düringer-Hachenburg II S. 41 Anm. 54 in Verbindung mit Anm. 45 ff. Dieser Anschauung liegt die irrtümliche Vorstellung zugrunde, als bestehe eine Wesensverschiedenheit zwischen der undeutlichen und der unvollständigen Willenserklärung und darum auch zwischen der Erklärungsauslegung und der Erklärungsergänzung. Daß dem nicht so ist, darüber vgl. unten § 23 unter 2c.

[84]) Daraus erhellt, daß die im Texte zur Untersuchung stehende Frage nach der Auslegung der Formvereinbarung mit der im BGB. im § 154 Abs. 2 beantworteten nicht ohne weiteres identisch ist. Es ist möglich, daß die dort aufgestellte Auslegungsregel durchgreift, der Ver-

Endlich aber kann die Meinung der Parteien, die für ihre Erklärung eine besondere Form ausmachen, dahin gehen, daß gerade durch letztere die rechtsverbindliche Erklärung von ihrem unverbindlichen Beiwerk geschieden und infolgedessen nur die sich aus der Urkunde selbst ergebenden Momente bei der Auslegung berücksichtigt werden sollen. In diesem Falle würde allerdings jeder der Urkunde nicht selbst zu entnehmende Gegenbeweis gegen ihren Wortlaut ausgeschlossen, der individuellen Auslegung also durch die Formvereinbarung eine erhebliche Schranke gezogen sein.

Nun werden wohl nach den Erfahrungen des Lebens die von den Parteien aufgestellten Formvorschriften in der Mehrzahl der Fälle die eben gedachte gesteigerte Bedeutung haben, und man wird darum der herrschenden Ansicht beipflichten müssen, daß die urkundliche Fixierung eines Rechtsgeschäftes eine Vermutung für ihre Vollständigkeit begründet[35]). Darin liegt, daß derjenige, welcher einer Urkunde gegenüber die individuelle Auslegung für sich in Anspruch nimmt, nicht nur die Tatsachen, auf die er sich stützt (z. B. die gepflogenen Vorverhandlungen), nachweisen, sondern überdies Umstände dartun muß, die eine Berücksichtigung solcher der Urkunde fremden Faktoren zulässig erscheinen lassen[36]). Derartige Umstände, die zeigen sollen, daß die Parteien mit der Formvereinbarung nicht den vorhin an dritter Stelle erwähnten Zweck verfolgt haben, können mannigfaltiger Art sein; sie können in der Natur des zu verwertenden Auslegungsmateriales, z. B. im Inhalt der Vorverhandlungen liegen, indem dieser geradezu

---

trag also erst mit der Beurkundung zustande kommt, daß aber trotzdem zum Zwecke der Vertragsauslegung auf außerurkundliches Material zurückgegangen werden darf.

[35]) Vgl. aus der früheren Gesetzgebung die besonderen Bestimmungen des § 887 Österreich. BGB. und der §§ 127–130, 265 ALR. I, 5.

[36]) Vgl. auch das Reichsgericht in Gruchots Beitr. 49 S. 883; in Soergels Rechtspr. 1906 S. 31 unter 3b und im Recht 12 Beil. 2 S. 254 Nr. 1482; ferner das OLG. Hamburg im Recht 8 S. 333 Nr. 1460. Die scheinbare Einschränkung, die das Reichsgericht 68 S. 15 macht, ist in Wahrheit nichts anderes als eine selbstverständliche Konsequenz des auch von uns oben § 9 Anm. 9 eingenommenen Standpunktes.

auf eine Geltung neben der Urkunde abzielt[37]). Oder sie können in der Flüchtigkeit und Ungenauigkeit oder der besonderen Zweckbestimmung[38]) der Urkunde zu finden sein. Oder es werden die Gründe aufgedeckt, warum der besondere Sinn, den die Parteien den in der Urkunde gebrauchten Worten beigelegt haben, in ihr nicht zum Ausdruck gebracht worden ist: es sollte beispielsweise dadurch verhindert werden, daß dritte Personen Kenntnis von ihrem Inhalt gewönnen. Bisweilen wird auch der formularmäßige Vordruck der Urkunde ein starkes Indiz gegen ihre Geschlossenheit abgeben[39]).

Danach ist sicher, um auf zwei in der Literatur behandelte Fälle zu exemplifizieren[40]), daß wenn ich von meinem Zweispänner dem A das Sattelpferd habe verkaufen wollen, und, obwohl in unseren Verhandlungen immer nur vom Sattelpferd die Rede gewesen ist, in die schriftliche Kaufurkunde

---

[37]) Vgl. etwa Reichsgericht im Recht 12 Beil. 2 S. 46 Nr. 251.

[38]) Vgl. Reichsgericht im Recht 11 S. 1311 Nr. 3249, 12 Beil. 2 S. 647 Nr. 3531.

[39]) Vgl. den oben bei Anm. 6 besprochenen Rechtsfall. — Liegen die im Texte gedachten Voraussetzungen für die Berücksichtigung des außerurkundlichen Materiales an sich vor, so fragt es sich, ob dessen Heranziehung etwa dadurch ausgeschlossen wird, daß sich auf der Urkunde der Vermerk findet: „Mündliche Vereinbarungen haben keine Gültigkeit". Ein solcher Vermerk stellt sich dar als Protest des Urkundenerrichters gegen die an sich eingreifende individuelle Auslegung. Der Protestierende will an ihre Stelle die generelle Auslegung gesetzt wissen, also bewirken, daß der Sinn der Urkunde trotz etwaiger für die individuelle Auslegung sprechenden Momente lediglich nach der den Worten im allgemeinen Sprachgebrauch zukommenden Bedeutung beurteilt wird. Ein solcher Protest gegen den individuellen Sprachgebrauch zugunsten des generellen ist gewissermaßen das Gegenstück zu dem früher besprochenen Protest, durch den jemand zuungunsten des generellen seinem individuellen Sprachgebrauch Geltung verschafft. Er untersteht darum auch denselben Grundsätzen wie jener, d. h. er wird bei der Auslegung nur berücksichtigt, wenn er auf der Urkunde so deutlich angebracht ist, daß ihn der Gegner, wenn er letztere liest bezw. unterschreibt, ohne weiteres bemerken muß. Trifft aber diese Voraussetzung zu, dann bestimmt er den Erklärungsinhalt, gegen den sich jetzt der Gegner nur noch im Wege der Irrtumsanfechtung wehren kann. Vgl. Kammergericht in Seuff. Arch. 63 S. 385 Nr. 216.

[40]) Sie finden sich bei Danz, Auslegung S. 58 und 59.

aus Versehen „Handpferd“ statt „Sattelpferd“ gesetzt wird, der Käufer von mir nicht das Handpferd, sondern nur das Sattelpferd verlangen kann; denn dieses ist trotz des entgegenstehenden Wortlautes der Urkunde Inhalt des Kaufkontraktes geworden. Und klagt jemand aus einem Kaufbrief, in welchem steht: „Beklagter hat dem Kläger die Geschäftsbücher vorzuzeigen, eventuell sie ihm zu übergeben“, auf Übergabe der Geschäftsbücher, während Beklagter seine Verpflichtung hierzu leugnet, indem er anführt und beweist, daß vor Abfassung des Schriftstückes zwischen den Parteien vereinbart worden ist: „rechtlich verbunden zur Übergabe der Bücher solle der Beklagte nicht sein; wenn er die Bücher übergeben wolle, so sei dies eine Gefälligkeit von ihm, und es solle darum seine »Verpflichtung« nur als eine »eventuelle« in die Urkunde aufgenommen werden“, so muß das Urteil auf Klagabweisung lauten, weil hier trotz des schriftlichen Kaufkontraktes das Wort „eventuell“ nicht in seinem gewöhnlichen, sondern in dem den Vorverhandlungen entsprechenden individuellen Sinne auszulegen ist[41]). In beiden Fällen also würde der Inhalt der Urkunde durch außerhalb ihrer liegende Momente bestimmt werden. Das gleiche müßte von folgendem, dem Leben entnommenen Falle gelten. In einem Mietshaus ist eine Parterrewohnung zu vermieten. Das Haus enthält außer dieser Wohnung noch eine im ersten Stockwerk und vier Mansardenzimmer im Dachgeschoß. Von diesen vier Zimmern gehört eines zur Parterrewohnung, während die drei anderen von dem Mieter des ersten Stockwerkes mitbewohnt werden. Es reflektiert jemand auf die Parterrewohnung, will sie aber nur unter der Bedingung mieten, daß der Vermieter ihm für den Fall, daß der Bewohner der ersten Etage einmal auszieht, noch eine von den übrigen drei Mansardenzimmern überläßt. Der Vermieter macht auch diese Zusage; in dem auf halbjährige Kündigung lautenden schriftlichen Mietvertrag wird aber auf Bitten des Vermieters von dieser Klausel nichts erwähnt, weil es letzterem, wie er sagt, dem Mieter des ersten

---

[41]) Ähnlich liegen die Dinge in den vom Reichsgericht 62 S. 49 f. und Jur. Wochenschr. 35 S. 226 Nr. 9 abgeurteilten Rechtsfällen.

Stockwerkes gegenüber unangenehm sei, einen solchen, seinen baldigen Auszug ins Auge fassenden, Passus in die Urkunde aufzunehmen. Dennoch wäre der auf „die Parterrewohnung nebst einem Mansardenzimmer" lautende Mietvertrag so auszulegen, daß der Vermieter bei Auszug der Bewohner des ersten Stockwerkes dem Mieter ein zweites Mansardenzimmer zu gewähren hätte, und wenn ersterer bei Unterzeichnung des Vertrages der Meinung gewesen wäre, daß jener Zusatz, weil er nicht mit in die Urkunde aufgenommen worden sei, keine Gültigkeit habe, würde er den Inhalt des Vertrages falsch beurteilt haben[42]).

Nahe verwandt, wenn auch nicht identisch mit der bisher behandelten Frage ist die andere, inwieweit zum Zwecke der Auslegung auf außerurkundliches Material da zurückgegriffen werden darf, wo die Parteien einen bereits mündlich abgeschlossenen Vertrag nachträglich schriftlich aufzeichnen[43]). Auch hier kann

---

[42]) Diese Berücksichtigung von außerhalb der Urkunde liegenden Momenten bei der Feststellung des Urkundeninhaltes kann natürlich, wenn der Vermieter das Grundstück veräußert, von erheblichen Nachteilen für den Grundstückserwerber sein. Denn dieser tritt nach § 570 BGB. in den Mietvertrag ein und übernimmt darum die Vertragspflichten so, wie sie dem Vermieter erwachsen sind, auch wenn er sie aus dem Texte der Urkunde nicht zu ersehen vermag. Dieses Resultat darf aber nicht dazu verleiten, mit Tauber in Gruchots Beitr. 49 S. 250 f. bei der Auslegung schriftlicher Mietverträge die Verwertung mündlichen Materiales in einer für den Mieter unbilligen Weise einzuschränken. Der Erwerber hat seinen Schutz lediglich in den Rechtsbehelfen zu suchen, die ihm gegen den Veräußerer zustehen. Das gilt überall, wo Dritte, sei es auf der aktiven, sei es auf der passiven Seite, in ein bestehendes Vertragsverhältnis sukzedieren. Außerdem ist bei langfristigen Mietkontrakten der Erwerber durch die Formvorschrift des § 566 geschützt (vgl. Protokolle II S. 134 ff.). Diese schließt zwar, wie wir noch sehen werden, die individuelle Auslegung ebenfalls nicht aus, kann aber bewirken, daß da, wo sich der wahre Vertragsinhalt mit dem schriftlich fixierten nicht deckt, der Vertrag (BGB. § 566 S. 2) als auf unbestimmte Zeit geschlossen anzusehen ist, so daß der Erwerber nur für die Dauer der gesetzlichen Kündigungsfrist an den ihm lästigen Kontrakt gebunden bleibt. Vgl. hierzu auch OLG. Frankfurt in der Rechtspr. der OLG. 15 S. 2 f. und OLG. Braunschweig ebenda 20 S. 113.

[43]) Vgl. dazu auch den sich mit ähnlichen Problemen befassenden Aufsatz von Leist, Die Einschränkung der Irrtums- und Täuschungs-

die Antwort nur auf Grund der Zwecke gewonnen werden, welche die Parteien mit der Niederschrift verfolgen. Gehen diese lediglich dahin, den mündlichen Vertragsinhalt zu reproduzieren, so wird die individuelle Auslegung in ihrer Wirksamkeit von der schriftlichen Fixierung des Vertrages nicht berührt. Ist hingegen die Meinung bei der Beurkundung die, den bestehenden Vertragsinhalt in einzelnen Punkten abzuändern, so gewinnt die Aufzeichnung für die Auslegung eine qualifizierte Bedeutung. Nun treffen die Gründe, die vorhin dafür sprachen, eine Vermutung der Geschlossenheit der Urkunde aufzustellen, auch hier zu[44]). Es muß darum auch für die Fälle der nachträglichen Beurkundung der Satz gelten, den wir für die im voraus vereinbarte gewonnen haben: daß nämlich derjenige, der sich bei der Auslegung eines Schriftstückes auf abweichende mündliche Vereinbarungen und Besprechungen beruft, nicht nur diese, sondern überdies Umstände dartun muß, welche die Berücksichtigung solcher außerhalb der Urkunde liegenden Momente rechtfertigen[45]). Als solcher Umstand käme beispielsweise wiederum in Betracht, daß sich die Parteien bei der Vertragsreproduktion eines vorgedruckten und darum den Bedürfnissen des individuellen Falles unzugänglichen Formulares bedient haben[46]). —

---

anfechtung in der Praxis im Arch. f. d. zivil. Praxis 102 S. 216 ff. Daselbst ältere Literatur.

[44]) So schon die im gemeinen Rechte herrschende Ansicht. Vgl. unter anderen Degenkolb im Arch. f. d. zivil. Praxis 71 S. 166 ff.; Bähr in Jher. Jahrb. 14 S. 39 ff.; Regelsberger in Endemanns Handbuch II S. 466 f. und Dernburg, Pandekten II § 10 Anm. 4.

[45]) Von neuem (vgl. oben Anm. 34) zeigt sich also, daß die Frage nach dem Auslegungsmaterial mit der im BGB. § 154 Abs. 2 geregelten nichts zu tun hat. Denn es ist nach den Ausführungen des Textes möglich, daß die vom Gesetz aufgestellte dispositive Rechtsvorschrift nicht durchgreift, der Vertrag vielmehr schon vor der Beurkundung abgeschlossen ist, und dennoch die Urkunde verbietet, aus ihr nicht ersichtliches Material zu Auslegungszwecken zu verwenden.

[46]) Hingegen läßt sich die Berücksichtigung der mündlichen Vereinbarungen bei der Auslegung der Urkunde nicht schon damit verteidigen, daß sich die letztere selbst als „Bestätigungsschreiben" bezeichnet. Denn im kaufmännischen Verkehr herrscht im allgemeinen die Anschauung, daß wenn nach perfekt gewordenem Vertragsabschluß der eine Teil dem anderen ein „Bestätigungsschreiben" sendet, dieses der erschöpfenden

d) Endlich ist noch zu untersuchen, ob und wieweit die Regeln von der individuellen Auslegung auch denjenigen Erklärungen gegenüber standhalten, deren Gültigkeit kraft Gesetzes an die Beobachtung bestimmter Formen geknüpft ist. Die Antwort auf diese Frage hat zunächst ebenso zu lauten wie bei den kraft Parteiberedung formalisierten Rechtsgeschäften: die Urkunde hat auch hier die Vermutung der Vollständigkeit für sich, und es muß darum ihr Inhalt grundsätzlich aus ihr allein entwickelt werden, so daß derjenige, der sich infolge von außerhalb der Urkunde liegenden Beziehungen eine andere Vorstellung von ihrem Inhalt gemacht hat, höchstens den Weg der Irrtumsanfechtung beschreiten kann. Und weiter: wie wir dort Ausnahmen von diesem Grundsatz kennen lernten, so sind auch hier solche Ausnahmen denkbar; unter den gleichen

---

Reproduktion des vorher vereinbarten Vertragsinhaltes dient und darum, soweit es von letzterem abweicht, eine auf Vertrags**änderung** gerichtete Offerte enthält. Schweigt der Gegner auf solches Bestätigüngsschreiben, so wird darin regelmäßig eine Genehmigung seines Inhaltes, gegebenenfalls also eine Annahme des Abänderungsantrages erblickt, was dann naturgemäß zur Folge hat, daß kein Teil mehr auf den mündlich abgeschlossenen Vertrag zurückgreifen kann. Obwohl also das Wort „Bestätigungsschreiben" das Gegenteil zu besagen scheint, so muß doch in Wahrheit derjenige, der solcher Urkunde den eben geschilderten Charakter bestreitet, durch Aufdeckung besonderer Umstände den Nachweis erbringen, daß sie im konkreten Falle ausnahmsweise wirklich nur den mündlich abgeschlossenen Vertrag „bestätigen" will. Und völlig ausgeschlossen ist ein Zurückgehen auf mündlich gepflogene Verhandlungen dann, wenn ein Vertrag von vornherein eingegangen wird „unter dem Vorbehalt konformer schriftlicher Bestätigung". Hier ist vorläufig überhaupt noch kein fertiger, sondern lediglich ein bedingter Vertrag zustande gekommen, abhängig nämlich von der Bedingung, daß eine Urkunde errichtet wird, die nach der **Ansicht beider Teile** mit den mündlichen Vereinbarungen übereinstimmt. Es wird also gewissermaßen ein Vertrag unter der Bedingung nachträglicher schriftlicher Einigung geschlossen. Und da versteht es sich von selbst, daß die später zur Herbeiführung dieser Einigung aufgesetzte Urkunde nur aus sich selbst heraus interpretiert werden darf. Vgl. wegen der kaufmännischen Bestätigungsschreiben auch **Staub** II S. 1426 und **Jacobsohn** in Iher. Jahrb. 56 S. 352 und die bei beiden verzeichnete Judikatur. Dazu etwa noch **Reichsgericht** im Recht 14 Beil. Nr. 6; OLG. **Marienwerder** in Seuff. Arch. 54 Nr. 38; OLG. **Königsberg** ebenda 57 S. 386 Nr. 205; OLG. **Posen** ebenda 62 S. 345 Nr. 199 und OLG. **Hamburg** ebenda 62 S. 346 Nr. 200.

Voraussetzungen wie dort, dürfen auch hier der Urkunde fremde Faktoren zu ihrer Auslegung herangezogen und darf ihnen ein bestimmender Einfluß auf den Erklärungsinhalt eingeräumt werden[47]). Nur erhebt sich hier naturgemäß, wenn durch die für zulässig befundene individuelle Auslegung der Erklärungsinhalt ermittelt ist, die weitere Frage, ob für diesen Inhalt die von den Parteien beobachtete Form ausreicht, oder ob er etwa, weil er von ihr nicht mehr gedeckt wird, wegen Formmangels nach § 125 BGB. nichtig ist. Diese Frage gehört aber nicht mehr der Geschäftsinterpretation, sondern der Gesetzesexegese an, denn sie betrifft die Tragweite des Formerfordernisses, die auf Grund der vom Gesetzgeber mit letzterem verfolgten Zwecke festzustellen ist. Und weil es sich hier nicht mehr um Auslegung des Formalgeschäftes, sondern um Auslegung der Formvorschrift, nicht um Ermittelung des Erklärungsinhaltes, sondern um seine Formgerechtigkeit handelt, steht die eben aufgeworfene Frage mit unserer Lehre vom Mißverständnis systematisch in keinem Zusammenhang und kann darum im Rahmen dieser Untersuchungen keine Beantwortung finden[48]).

---

[47]) Soweit nicht etwa, wie z. B. bei den Skripturobligationen, zugunsten des dritten Erwerbers die Auslegung durch positive Gesetzesvorschrift auf das aus der Urkunde ersichtliche Material beschränkt wird.

[48]) Man kann höchstens sagen, daß sie mit der Lehre von der Auslegung in einem gewissen zeitlichen Zusammenhang stehe. Wie nämlich erst mit Hilfe der Auslegung der Inhalt eines Rechtsgeschäftes klargestellt sein muß, ehe ein Urteil darüber abgegeben werden kann, ob das Rechtsgeschäft gegen die guten Sitten oder gegen ein gesetzliches Verbot verstößt, ebenso muß erst die Auslegung sich über den Erklärungsinhalt geäußert haben, ehe eine Entscheidung darüber gefällt werden kann, ob mit der beobachteten Form den gesetzlichen Anforderungen Genüge geschehen ist. Wenn beispielsweise der Verkäufer eines Hauses nach notariell abgeschlossenem Kaufvertrag zu dessen Interpretation privatschriftliche Vorverhandlungen heranzieht (etwa geltend macht, daß ihnen zufolge von dem in der Urkunde genannten Grundstück eine Parzelle nicht mit oder umgekehrt eine in der Urkunde nicht erwähnte Parzelle doch mit verkauft sei, oder daß unter der in der Urkunde gebrauchten Bezeichnung ein anderes als das scheinbar genannte Grundstück zu verstehen sei), so ist zunächst nach den vorhin im Texte angegebenen Grundsätzen im Wege der Auslegung festzustellen, ob der Vertrag den dem Buchstaben der Urkunde oder den den Vorverhandlungen entsprechenden Inhalt hat. Lautet die Antwort im ersteren Sinne, so ist der Vertrag formgerecht zustande

§ 11.

Sind Gründe für eine individuelle Auslegung der Willenserklärung nicht vorhanden, so greift, wie wir früher gesehen haben, die generelle Interpretation Platz: es wird, mit anderen Worten, der Erklärungsinhalt von der Verkehrsauffassung bestimmt. Diese ist „gleichsam der gemeinsame Nenner, unter den alle Handlungen gebracht werden, das gemeinsame Licht, das alle Erklärungen bestrahlt“ [1]). Dabei ist es einerlei, ob die Verkehrsauffassung beiden Parteien oder auch nur einer von ihnen bekannt gewesen ist oder nicht: sie haben sie nicht wegen der Vertrautheit mit ihr, sondern wegen der Macht, die sie im Rechtsleben repräsentiert, gegen sich wirken zu lassen [2]).

---

gekommen, vorbehaltlich der Befugnis des Verkäufers, sich eventuell von ihm vermittelst Irrtumsanfechtung freizumachen. Fällt hingegen die Antwort in letzterem Sinne aus, so ist des weiteren zu untersuchen, ob der unter Berücksichtigung der formlosen Vorverhandlungen festgesetzte Vertragsinhalt vor der Formvorschrift des Gesetzbuches bestehen kann, oder ob er, weil er von der beobachteten Form nicht völlig umfaßt wird, wegen Verstoßes gegen das gesetzliche Gültigkeitserfordernis des § 313 BGB. ganz bezw. teilweise unwirksam ist. Diese Frage aber liegt, wie gesagt, auf einem Gebiet, das mit dem uns in dieser Abhandlung beschäftigenden Thema nichts zu tun hat. Sie ist in der Praxis und Literatur schon vielfach, wenn auch nicht immer auf Grund richtiger Formulierung, erörtert worden. Vgl. Zeiler, Die falsa demonstratio bei formbedürftigen Rechtsgeschäften in Gruchots Beitr. 52 S. 224 ff.; Danz, Auslegung S. 134 ff., 237 ff.; Schneider, Treu und Glauben im Rechte der Schuldverhältnisse (München 1902) S. 179 ff. und die Erläuterungen, die sich in den Lehrbüchern, Jahrbüchern und Kommentaren zum § 133 BGB., § 346 HGB. und zu den einzelnen von Formvorschriften handelnden Gesetzesstellen finden.

[1]) Kohler I S. 535.

[2]) Zu Unrecht sagt also Dernburg II, 1 § 10 unter III von der Verkehrssitte: „sie hat keine Bedeutung für die Vertragsschließenden, wenn dieselben von ihrem Bestehen beiderseits nichts wußten;“ und zu Unrecht macht er da, wo sie dem Schuldner unbekannt ist, ihre Anwendung davon abhängig, daß „der' Gläubiger erwarten mußte, daß sie der Schuldner kennt“. Gegen Dernburg schon Staub II § 346 Anm. 9. Der Ansicht Dernburgs liegt in letzter Hinsicht die alte Anschauung vom Unterwerfungswillen zugrunde, mit dem man lange Zeit den Einfluß der Verkehrssitte auf die Auslegung der Willenserklärungen rechtfertigen zu müssen glaubte. Indessen bedarf es zur Motivierung dieses

Es gilt also den gewöhnlichen Sinn einer Erklärung zu ermitteln, wenn man ihren richtigen Sinn feststellen will[3]). Lebt jemand in dem Irrtum, Pfund und Zentner seien identische Begriffe, und bestellt er darum, während er ein Pfund Kaffee haben will, einen „Zentner Kaffee", so hat er eine Offerte über hundert Pfund Kaffee abgegeben. Und bietet A dem B ein Theaterbillet „Proszeniumsloge links" an, so ist darunter die vom Zuschauerraum aus linke Loge zu verstehen, auch wenn der Adressat der Erklärung glaubt, daß die von der Bühne aus linke Loge gemeint sei. Indessen ist das Leben so mannigfaltig und vielgestaltig, daß wir es nicht notwendig haben, uns mit solchen Schulbeispielen zu begnügen[4]). Mühelos läßt sich an der Hand der Judikatur der obige Lehrsatz durch eine Fülle von praktischen Rechtsfällen veranschaulichen. Um nur weniges herauszugreifen: setzt jemand bei Stellung eines Antrages eine bestimmte Annahmefrist, indem er etwa „um Antwort bittet" oder „in der Hand bleibt" „bis zum 6. dieses Monats", so ist nach dem allgemeinen Sprachgebrauch und den Anschauungen des Verkehres derjenige Zeitpunkt gemeint, bis zu dem die Annahmeerklärung spätestens angelangt sein muß, nicht etwa derjenige, bis zu dem sie noch abgesendet werden darf. Der Oblat, der die Fristbestimmung in letzterem Sinne aufgefaßt

---

Einflusses weder der Annahme eines beschränkteren oder umfassenderen Unterwerfungswillens, noch eines Hinweises auf die zwingende Kraft des im § 157 aufgestellten positiven Rechtssatzes (es braucht also weder eine „Willens"- noch eine „Gesetzestheorie" konstruiert zu werden, wie das Wedemeyer, Auslegung S. 22 ff. zur Formulierung der hier einander bekämpfenden Standpunkte tut), sondern die Berücksichtigung der Verkehrssitte bei der Geschäftsinterpretation ergibt sich schon mit innerer Notwendigkeit aus dem Erklärungsbegriff: vgl. oben § 9 Anm. 5.

[3]) Non ex opinionibus singulorum, sed ex communi usu nomina exaudiri debere (l. 7 § 2 D. de suppel. leg. 33, 10). Vgl. ferner aus früheren Gesetzgebungen: § 65 ALR. I, 4; Österreich. BGB. § 655 und Sächs. BGB. § 810.

[4]) Obwohl natürlich auch hier sehr häufig Schule und Leben dicht beieinander liegen: vgl. z. B. aus den Quellen die auf Grund der Verkehrssitte vorgenommene Auslegung von „silva caedua", „silva pascua", „stipula illecta", „novalis terra", „terra integra", „glans caduca", „pratum", „stratus", „fruges", „carbo", „lignum", „pueri", „vidua", „proiectum" und „immissum" in ll. 30, 31, 45, 77, 167, 204, 242, D. de verb. signif. 50, 16.

hätte, würde sie also mißverstanden haben[5]). Ferner: erbietet sich ein Käufer, „wöchentlich einen bis zwei Waggons einer bestimmten Ware abzunehmen", so hat der Verkäufer recht, wenn er den Antrag dahin auslegt, daß er, der Verkäufer, die Wahl habe, einen oder zwei Waggons wöchentlich zu liefern, der Käufer mithin verpflichtet sei, wenn zwei Waggons geliefert würden, auch den zweiten Waggon abzunehmen. Der Käufer, der sich ein anderes Bild vom Inhalt seiner Offerte gemacht hätte, würde also bei Abgabe seiner Erklärung geirrt haben[6]). Offeriert ein Kaufmann Ware mit dem Zusatz „März oder April Verschiffung von Japan," so hat er damit nicht nur ein in Japan zu verladendes, sondern auch dort geerntetes Produkt zum Kaufe angeboten[7]). Verspricht jemand einem Anderen, ihn aus seiner Wechselunterschrift „materiell" nicht in Anspruch zu nehmen, so umfaßt dieses Versprechen nicht nur die Unterlassung der Zwangsvollstreckung, sondern auch schon die Unterlassung der Urteilserwirkung[8]). Wer für ein zu gewährendes Darlehn die Bestellung einer Hypothek verlangt, hat damit nicht die Gewährung des Darlehns von der Einräumung einer ersten Hypothek abhängig gemacht, sondern nur Eintragung einer Hypothek an der nächsten, zurzeit freien Stelle beansprucht. Denn nach den Gewohnheiten des Verkehres pflegt derjenige, der sein Geld nur gegen Hypothek mit bestimmtem Range ausleihen will, dies besonders hervorzuheben[9]). Der Eigentümer, der sein Grundstück zum Verkauf stellt, „ohne Gewähr für einen bestimmten Flächeninhalt oder die Beschaffenheit der Gebäude", hat damit nicht nur die Gewährleistung für besondere, von ihm zugesicherte Eigenschaften, sondern auch die ihm nach BGB. § 459 Abs. 1 obliegende Haftung abgelehnt[10]). Über-

---

[5]) Vgl. die Judikaturnachweise bei Oertmann I § 148 unter 4 b. Dazu neuestens noch Reichsgericht im Recht 14 Beil. Nr. 5.

[6]) Vgl. OLG. Marienwerder im Recht 8 S. 313 Nr. 1381.

[7]) Vgl. OLG. Hamburg in Seuff. Arch. 57 S. 56 Nr. 32.

[8]) Reichsgericht im Recht 12 Beil. 2 S. 687 Nr. 3742.

[9]) Reichsgericht 55 S. 128.

[10]) So mit Recht Beer in der D. Jur.-Ztg. 10 S. 668 ff. Wegen der Bedeutung der Klausel „im augenscheinlichen Zustand" bei Hausverkäufen vgl. noch das Obergericht Wolfenbüttel im Seuff. Arch. 25

nimmt ein Dritter die Bürgschaft für alle Schulden, die ein Anderer einem bestimmten Gläubiger gegenüber hat, in der Meinung, daß diese Schulden 6000 Mk. betragen, während sie sich in Wahrheit auf 10000 Mk. belaufen, so hat er — vorbehaltlich des etwa eingreifenden Rechtes der Irrtumsanfechtung — ein Bürgschaftsversprechen in Höhe von 10000 Mk. abgegeben, da im Leben unter der Bezeichnung „alle Schulden" sämtliche dem Gläubiger gegen diesen Schuldner zustehenden Forderungen und nicht etwa nur die dem Bürgen bekannten Posten verstanden werden. Und ähnlich: verbürgt sich X für die Schulden, die dem C aus einem ihm von einem Bankier eröffneten Kredit erwachsen, mit dem Hinzufügen, daß die Bürgschaft nur gelten solle „bis zum 15. August des betreffenden Jahres", so hat der Bankier die Erklärung richtig verstanden, wenn er ihr zufolge sich wegen aller aus der Krediteröffnung bis zum 15. August entstehenden Forderungen für gedeckt hält, und der Bürge wäre im Irrtum, wenn er glaubte, durch jene Fristbestimmung zum Ausdruck gebracht zu haben, daß er nur haften wolle, wenn er vom Gläubiger bis zum 15. August, sei es gerichtlich, sei es außergerichtlich, in Anspruch genommen worden sei [11]). Bietet jemand „sein Geschäft nebst Kundschaft" zum Kaufe an, so hat der Oblat recht, wenn er aus diesem Antrag eine freiwillige Unterwerfung unter das Konkurrenzverbot herausliest, und der Verkäufer ginge fehl, wenn er glaubte, durch einen solchen Verkauf nicht gehindert zu sein, sich von neuem mit einem ähnlichen Erwerbsgeschäft in der betreffenden Stadt zu etablieren [12]). Wird in einer Vertragsklausel bestimmt, daß „von der Auflassung ab alle dinglichen Lasten und alle später fällig werdenden Abgaben von dem Käufer zu übernehmen sind," so ist darunter eine Wertzuwachssteuer nicht zu rechnen; denn diese wird von dem früheren

---

Nr. 127; wegen des Grundstücksverkaufes „mit allen Rechten und Lasten" das Reichsgericht 66 S. 316 ff.

[11]) Reichsgericht 63 S. 11 ff. Vgl. wegen einer Reihe von anderen bei der Bemessung des Umfanges der Bürgenhaftung auftauchenden Fragen Danz, Auslegung S. 174 f., 189 ff.

[12]) OLG. Colmar in der 8. Spruchsammlung der D. Jur.-Ztg. 12 S. 24 unter § 157.

Eigentümer des veräußerten Grundstückes als eine rein persönliche Abgabe erhoben [13]). Schreibt ein Hypothekarier an den Geschäftsführer derjenigen Gesellschaft, der das belastete Grundstück gehört: „ich kündige hiermit Ihnen die Hypothek," so hat er sie damit der Gesellschaft gegenüber gekündigt; denn die Geschäftssprache nimmt da, wo wie hier jede Verwechslung der in Betracht kommenden Rechtssubjekte ausgeschlossen ist, an einer solchen Identifizierung des Geschäftsführers und der Gesellschaft keinen Anstoß [14]). Die Hingabe eines Hypothekenscheines zu dem Zwecke, daß der Empfänger „sich darauf Geld verschaffe", begründet für den letzteren die Vollmacht, die verbriefte Forderung zu verkaufen oder zu verpfänden, und der Geber würde einen falschen Begriff vom Inhalt seiner Erklärung haben, wenn er meinte, sie hätte dem anderen Teile nur das Recht gegeben, die Urkunde zum Ausweis seiner Kreditwürdigkeit zu benutzen [15]). Und endlich: ist ein Gutsverwalter zum Verkauf der auf dem Gute gewonnenen Erzeugnisse und zur Einkassierung des Kaufpreises ermächtigt, so verkennt der dritte Kontrahent den Umfang der dem Verwalter eingeräumten Befugnisse, wenn er ihn auch zur Vereinbarung einer datio in solutum für berechtigt hält [16]).

Wie in jeder Sprache, so findet sich auch in der Sprache des Verkehres eine große Anzahl von Bezeichnungen, die keine feststehende, sondern eine wechselnde Bedeutung haben, denen also, je nach den Umständen, unter denen sie auftauchen, ein verschiedenfacher Sinn zukommt. Wo solche Ausdrücke gebraucht sind, empfängt die Erklärung ihren „wahren" Inhalt erst durch den Zusammenhang, in dem diese verwendet wurden: durch die Persönlichkeiten des Erklärenden und des Adressaten, durch die Zwecke, die der eine Teil in einer dem anderen erkennbaren Weise mit der Vornahme des Rechtsgeschäftes verfolgt, kurz durch alle die Momente, von denen für einen unparteiischen

[13]) So auch Reichsgericht im Recht 14 Beil. Nr. 830.

[14]) Vgl. OLG. Königsberg in der Rechtspr. der OLG. 5 S. 141.

[15]) Vgl. Seuff. Arch. 21 Nr. 271.

[16]) Vgl. Seuff. Arch. 41 Nr. 205. — Gute Beispiele für die Auslegung von Vollmachten finden sich ferner bei Hupka, Die Vollmacht S. 177 ff., insbesondere S. 185—195 und bei Danz, Auslegung S. 225 ff.

Dritten die objektive Wertung einer Willenserklärung abhängt[17]). So weist z. B. das Wort „leihen" bald auf ein Darlehn, bald auf eine Miete, bald auf eine unentgeltliche Gebrauchsüberlassung hin. Es hat im Verkehr die erstere Bedeutung, sobald als Objekt vertretbare Gegenstände in Frage kommen, während für gewöhnlich eines der beiden anderen Rechtsgeschäfte gemeint ist, wenn es sich um individuell bestimmte Sachen handelt: und zwar Miete, wenn von jemandem „geliehen" wird, der das Verleihen von Gegenständen der betreffenden Art gewerbsmäßig betreibt; unentgeltliche Gebrauchsüberlassung, wenn der um die Leihe Angegangene mit dem Verborgen solcher Sachen keine Geschäfte zu machen pflegt. Wer also ein Buch aus einer „Leihbibliothek" entnimmt, schließt mit dem Verleiher einen Mietvertrag ab, auch wenn er infolge einer Verwechslung von Leihbibliothek und Volksbibliothek der irrtümlichen Meinung lebt, daß er zur unentgeltlichen Benutzung des Buches berechtigt sei. Nur wenn die Voraussetzungen der früher besprochenen individuellen Auslegung gegeben sind, darf von den soeben aufgestellten Regeln abgesehen werden. Es ist im letzten Paragraphen schon darauf aufmerksam gemacht worden, daß, wenn der Sohn eines Fahr-

---

[17]) Das ist keine individuelle Auslegung in dem früher besprochenen Sinne. Denn diese hatte die Aufgabe, die im einzelnen Falle Platz greifende Sonderbedeutung eines Wortes im Gegensatz zu der allgemein üblichen Bedeutung zu ermitteln, also die Ausnahme zu begründen im Gegensatz zur Regel. Hier aber handelt es sich zunächst gar nicht um das Verhältnis von Regel und Ausnahme, sondern um die bekannte Erscheinung, daß die Sprache nicht immer reich genug ist, verschiedenen Dingen auch verschiedene Namen zu geben (bezw. nicht immer stark genug ist, um etwaigen Namensmißbräuchen entgegenzutreten), und daß darum doppel- und mehrsinnige Begriffe entstehen, die ihre Vieldeutigkeit erst durch die Umstände verlieren, unter denen sie angewandt werden. Da gilt es zunächst einmal, die Kriterien aufzusuchen, denen zufolge ein bestimmter Ausdruck in der einen Gruppe von Fällen die, in der anderen Gruppe von Fällen jene Bedeutung hat. Die dem betreffenden Kriterium entsprechende Bedeutung stellt dann die generelle Auslegung dar. Individuelle Auslegung würde da vorliegen, wo der auszulegende Ausdruck trotz Vorhandenseins jener Kriterien eine andere als die ihnen entsprechende Bedeutung hätte. Die Beispiele des Textes werden das Gesagte sogleich veranschaulichen.

radverleihers seinen Vater bittet, ihm für den Sonntag ein Fahrrad zu leihen, er damit trotz des vom Vater betriebenen Gewerbes einen Antrag auf unentgeltliche Gebrauchsüberlassung stellt. Und das gleiche würde natürlich gelten, wenn die Schwiegertochter eines Leihbibliothekares in den Laden ihres Schwiegervaters mit der Bitte träte, ihr den neuesten Roman zu leihen[18]). Und während dadurch, daß eine Hausfrau sich von der anderen einen Topf leiht, in der Regel ein Kommodat zustande kommt, nimmt der Vertrag die Gestalt eines Darlehns oder doch wenigstens eines darlehnsähnlichen Geschäftes an, wenn die Entleiherin der anderen Partei erklärt, daß sie den Topf haben wolle, um mit ihren Kindern „Topfschlagen" zu spielen[19]).

In noch stärkerem Maße als das Wort „leihen" ist das Wort „geben" im Verkehr der verschiedenfachsten Deutung fähig. Wenn ein Bettler zu einem Passanten sagt: „geben Sie mir einen Groschen" oder zu einem Restaurateur: „geben Sie mir einen Teller Suppe", so hat er damit einen Schenkungsantrag gemacht; wenn ein Freund zum anderen sagt: „gib mir fünf Mark", so bittet er ihn um ein Darlehn; wenn ein Gast im Wirtshaus zum Kellner sagt: „geben Sie mir eine Portion Rindfleisch", so erklärt er damit seine Bereitwilligkeit zu einem Kaufvertrag; sagt er hingegen: „geben Sie mir eine Zeitung", so will er den verlangten Gegenstand nur geliehen haben. Und in anderen Fällen (man denke an die schon mehrfach erwähnte Leihbibliothek) wird man in dem „geben Sie" eine Mietsofferte, in wieder anderen lediglich die Bitte um das Vorzeigen einer Sache zu erblicken haben[20]). Gewissermaßen sein begriffliches Widerspiel hat das „geben" in dem „haben wollen". Es ist etwas anderes, ob ein Herr seinem Diener einen abgetragenen Anzug vorlegt und ihn fragt: „wollen Sie den haben?" oder ob ein Student einem Althändler einen abgenutzten Frack anbietet, indem er dieselbe Frage an ihn richtet. Es ist juristisch

---

18) Vgl. oben S. 111 f.

19) Das Beispiel stammt von Danz, Seuff. Blätter f. Rechtsanw. 72 S. 324.

20) Vgl. dazu auch Danz, Auslegung S. 39 ff.; Iher. Jahrb. 46 S. 387 f.; D. Jur.-Ztg. 10 S. 385 und Jur. Wochenschr. 37 S. 631.

nicht einerlei, ob ein Vater seinen studierenden Sohn fragt: „willst du zehn Mark haben?" oder ob ein Kommilitone sich mit derselben Frage an einen anderen in augenblicklicher Geldverlegenheit befindlichen Kommilitonen wendet. In dem einen Falle ist im Zweifel eine Schenkungs-, im anderen Falle im Zweifel eine Darlehnsofferte gemacht.

Nach den gebrachten Beispielen bedarf die Behauptung keiner weiteren Erläuterung, daß auch den Ausdrücken „ich bestelle hiermit" oder „senden Sie mir" im Verkehr ein sehr verschiedenfacher Sinn zukommt. Man denke daran, welchen völlig anderen juristischen Inhalt die Vollmacht, „etwas zu bestellen", hat, je nachdem ich meinen Diener beauftrage, in einem Konservengeschäft für meinen Haushalt die nötigen Viktualien oder für ein Maskenfest in einer Garderobeleihanstalt ein Kostüm oder für den nächsten Tag eine Droschke „zu bestellen" [21]).

Die bisher besprochenen Fälle ließen sich noch immer nach gewissen allgemeinen Gesichtspunkten entscheiden, so daß noch eine Art von Regeln darüber aufgestellt werden konnte, wann ein mehrdeutiger Ausdruck im Verkehr die eine und wann er die andere Bedeutung hat, Regeln, von denen Ausnahmen nur bei Vorhandensein bestimmter, uns bekannter Voraussetzungen zulässig sein würden. Es ist aber im Rechtsverkehr eine große Anzahl von Ausdrucksmitteln im Gebrauch, die jeder Generalisierung spotten, deren Sinn sich jedesmal nur von Fall zu Fall ermitteln läßt, so daß bei ihnen von keiner regelmäßigen und infolgedessen auch von keiner ausnahmsweisen Bedeutung gesprochen werden kann. Hier ist kein Raum mehr für die Unterscheidung von genereller und individueller Auslegung, sondern nur noch für den einfachen Gegensatz von objektiver und subjektiver, je nachdem es sich um Verkehrs- oder um Nicht-Ver-

[21]) Vgl. noch den Rechtsfall in Seuff. Arch. 28 Nr. 221, wo jemand telegraphiert: „Sendet uns acht Stück deutsche Flaggen", und der Telegrammempfänger darin „nach der zwischen ihm und dem Besteller bestehenden Geschäftsverbindung" einen Auftrag zum Kauf erblickt und das Verlangte in diesem Sinne besorgt, während der Absender des Telegrammes die Flaggen nicht kaufen, sondern nur mieten wollte. Sehr zu Unrecht haben die angegangenen Instanzen sich übereinstimmend für die letztere Auslegung des Telegramminhaltes erklärt. Gegen diese Erkenntnisse auch Hupka a. a. O. S. 179 Anm. 1.

kehrsgeschäfte handelt. Die objektive Auslegung verwertet bei der Ermittelung des Erklärungsinhaltes nur das den beiden Parteien erkennbare „Milieu" des Falles; die subjektive nimmt bis zu einem gewissen Grade auch darauf Rücksicht, was der eine Teil erklären wollte, selbst wenn dieser Wille dem Gegner nicht vollständig erkennbar gewesen ist[22]).

Das bekannteste und eklatanteste Beispiel für eine Willensäußerung, deren rechtlicher Inhalt nur auf Grund der besonderen Fallgestaltung richtig gewürdigt werden kann, ist das Schweigen. Ob dieses Zustimmung oder Ablehnung bedeutet, darüber lassen sich allgemeine Grundsätze nicht aufstellen. Man pflegt zwar zu sagen, daß Schweigen da als Zustimmung zu gelten habe, wo Reden Pflicht gewesen wäre; indessen ist damit die Frage nicht beantwortet, sondern nur anders formuliert: denn es muß nunmehr in eine Untersuchung darüber eingetreten werden, wann denn nach Treu und Glauben für denjenigen, der die Folgen des »qui tacet, consentit« vermeiden will, eine Rechtspflicht zum Reden besteht. Und darauf läßt sich, wie ein Blick in die Judikatur lehrt, eine generelle Antwort nicht erteilen.

Aber auch unter den positiven Erklärungsmitteln gibt es viele, die jedweder allgemeinen Beurteilung unzugänglich sind. Das selbst dann, wenn es sich um Ausdrücke handelt, die vom Gesetz in einem bestimmten technischen Sinne gebraucht werden. Das BGB. spricht beispielsweise von Hypothekenlöschung nur, wenn es die Aufhebung der Hypothek im Auge hat (vgl. §§ 875 und 1183). Im Verkehr hingegen redet man in untechnischer Weise von einer Löschung der Hypothek auch da, wo es sich bloß um eine Umwandlung der Gläubigerhypothek in eine Eigentümerhypothek handelt. Wenn darum heutzutage ein Hypothekarier dem Grundstückseigentümer gegenüber seine Einwilligung in die „Löschung" der Hypothek erklärt, so ist im einzelnen Falle auf Grund des dem Gegner erkennbaren Interesses, welches der Gläubiger an der Abgabe der Erklärung hat, zu untersuchen, ob letzterer sich nur mit der Aufhebung der Hypothek einverstanden erklärt, oder ob er eine „löschungsfähige Quittung" im

---

[22]) Vgl. oben S. 94 ff.

Sinne des früheren Rechtes ausgestellt bezw. auf die Hypothek im Sinne von BGB. § 1168 verzichtet, also der Umwandlung der Hypothek in eine Eigentümerhypothek zugestimmt hat[23]). Bei Sukzessivlieferungsverträgen kommt es häufig vor, daß einer der Parteien entweder schlechthin oder unter gewissen Voraussetzungen ein „Rücktrittsrecht" eingeräumt wird. Es hängt dann wiederum von der Beurteilung aller konkreten Einzelumstände, insbesondere von dem mit der Einräumung des Rücktrittsrechtes verfolgten Zwecke ab, ob letzteres ex tunc wirken, also ein Rücktrittsrecht im technischen Sinne sein soll, oder ob ein Rücktritt ex nunc gemeint ist, der Zurücktretende also die bisherigen Lieferungen behalten und bezahlen muß und nur weitere Lieferungen ablehnen, mit anderen Worten im Sinne des Gesetzes bloß „kündigen" darf[24]).

Ist hier selbst der Sinn gesetzlich festgelegter Ausdrücke Schwankungen unterworfen, so ist eine Untersuchung von Fall zu Fall natürlich erst recht da vonnöten, wo es sich um Wendungen handelt, die der Gesetzessprache fremd sind. So läßt sich nur auf Grund der konkreten Umstände des einzelnen Falles eine Entscheidung darüber treffen, ob in den Worten „wir sind nicht abgeneigt zu kaufen" eine Offerte oder bloß eine Einladung zu Offerten enthalten ist[25]). Ähnlich ist es reine quaestio facti, ob eine telegraphische Annahmeerklärung mit dem Zusatz „Brief folgt" oder „Näheres brieflich" als definitive Annahme oder als Annahme unter Vorbehalt, mit anderen Worten als Ablehnung verbunden mit einer neuen Offerte zu gelten hat[26]). Auch die Länge der Frist, die durch Wendungen wie „Antwort erbeten mit nächster Post", „mit umgehender Post", „Drahtantwort" gesetzt wird, hängt gänzlich von den Einzelumständen

---

[23]) Vgl. OLG. Marienwerder i. d. Rechtspr. d. OLG. 15 S. 380.

[24]) Vgl. z. B. Reichsgericht im Recht 13 Beil. Nr. 3028.

[25]) Vgl. Seuff. Arch. 27 Nr. 107.

[26]) Vgl. Reichsoberhandelsgericht 12 S. 289 (= Seuff. Arch. 30 Nr. 14); Reichsgericht in Seuff. Arch. 46 Nr. 177; OLG. Stettin im Recht 10 S. 680 Nr. 1596; OLG. Colmar in der Rechtspr. d. OLG. 13 S. 326 und die Literaturnachweise bei Oertmann I § 150 unter 3 und Düringer-Hachenburg II S. 148.

des betreffenden Falles ab [27]). Man denke ferner an die Generalvollmachten und die Frage nach den durch sie noch und den durch sie nicht mehr gedeckten Geschäften; an den „Vertreter" im kaufmännischen Leben, der bald ein Stellvertreter im juristisch-technischen Sinne, bald ein bloßer Interessenvertreter ist [28]). Sehr häufig werden bei der Eingehung von Versicherungsverträgen die in den Antragsformularen an den Versicherungsnehmer gerichteten Fragen von diesem mittelst Ziehung eines Striches beantwortet oder, richtiger gesagt, nicht beantwortet. Die Bedeutung solchen Striches ist wiederum von Fall zu Fall zu ermitteln [29]). Und schließlich mag zum Beweis dafür, wie sehr gewisse Wendungen einer allgemeinen Auslegung widerstreben, noch folgende, den Zeitungen entnommene Anekdote angeführt sein. Auf dem Bahnhof in Frankfurt verlangt eines Sonntags ein Arbeiter am Billetschalter eine Fahrkarte IV. Klasse nach Hanau. Ein anderer hinter ihm stehender Arbeiter — ebenfalls im Sonntagsstaat — ruft dem Schalterbeamten zu: „dieselbe Couleur in Grün". Darauf erhält er ein Billet II. Klasse nach Hanau, was er als für ihn zu vornehm mit Entrüstung zurückweist. „Dieselbe Couleur in Grün" ist eine vulgäre Redensart, mit der ein einheitlicher Sinn kaum verbunden wird. Häufig gebraucht man sie scherzhaft, um gerade die Identität zweier Dinge zu bezeichnen; oft bedient man sich ihrer, um den geringen Unterschied zwischen zwei Gegenständen zu charakterisieren. Die Bedeutung, die ihr in unserem Falle zukommt, ergibt sich aus dessen näherer Betrachtung. Sonntägliches Gedränge vor dem Billetschalter eines großstädtischen Bahnhofes. Der Beamte vermag den Einzelnen, mit dem er verhandelt, nur schwer aus der Masse zu unterscheiden; er sieht bloß das „gut gekleidete Sonntagspublikum" vor sich. Jemand nimmt ein Billet IV. Klasse nach einem bestimmten Orte. Ein Anderer ruft: „dieselbe Couleur in Grün." Grün

---

[27]) Vgl. die Urteile in Seuff. Arch. 10 Nr. 151, 24 Nr. 58, 38 Nr. 301, 44 Nr. 12, 46 Nr. 114.

[28]) Vgl. OLG. Hamburg in der Rechtspr. d. OLG. 11 S. 28 und wegen der im Texte erwähnten Generalvollmacht das neuerdings publizierte interessante Erkenntnis des Reichsgerichtes 71 S. 219.

[29]) Reichsgericht in Seuff. Arch. 41 Nr. 137.

ist die Farbe der Fahrkarten II. Klasse. Infolgedessen wird man sich auf die Seite des Beamten stellen müssen und sagen: letzterer durfte annehmen, daß der Passagier ein Billet II. Klasse nach dem gleichen Orte haben wollte. Das Ergebnis würde also sein, daß der Beamte, als er das Billet II. Klasse verabfolgte, die Offerte des Reisenden richtig ausgelegt, dieser aber da er nur IV. Klasse fahren wollte, bei ihrer Abgabe geirrt hätte. —

Die letzten Ausführungen hatten das Gemeinsame, daß hier überall zwischen genereller und individueller Auslegung nicht mehr unterschieden werden konnte, weil die Worte, die es auszulegen galt, im Verkehr von zu vielseitiger Bedeutung waren. Hingegen läßt sich im umgekehrten Falle, wo eine Wendung zum ersten Male im Verkehr auftaucht und darum gewissermaßen noch gar keine Bedeutung hat, sehr wohl von genereller Auslegung sprechen. Denn der Richter hat dann den Sinn der Erklärung, soweit er sich nicht aus den Sonderbeziehungen der Parteien ergibt, auf Grund des Verkehrsbedürfnisses festzustellen[30]). Ähnlich liegen die Dinge, wenn ein Ausdruck bisher nur in einem bestimmten Berufskreis oder in einem bestimmten Bezirk verwendet worden ist, später aber in einen anderen Berufskreis bezw. in einen anderen Bezirk eindringt. Hier hat der Richter an der Hand des Verkehrsbedürfnisses zu untersuchen, ob dem Ausdruck in seinem neuen Geltungsgebiet derselbe Sinn zukommt wie im alten, oder ob er etwa, entsprechend den anderen Verhältnissen, die dort herrschen, seine Bedeutung gewandelt hat. Ist letzteres der Fall, so erhebt sich die weitere Frage, wie es zu halten ist, wenn ein solcher Ausdruck sich in Erklärungen findet, die Angehörige des einen Gebietes gegenüber Angehörigen des anderen Gebietes abgeben. Diese Frage aber läßt sich nicht isoliert beantworten; sie steht im Zusammenhang mit einer Gruppe von Problemen, deren Lösung im folgenden Paragraphen versucht werden soll.

---

[30]) Vgl. oben S. 90. Das Verkehrsbedürfnis ist natürlich auf Grund der mit der betreffenden Erklärung verfolgten wirtschaftlichen Zwecke zu ermitteln. Siehe den instruktiven vom Reichsgericht abgeurteilten Rechtsfall im Recht 11 S. 1255 Nr. 3051.

§ 12.

Wir haben Fälle kennen gelernt, wo sich die generelle Auslegung von der individuellen nicht mehr trennen läßt, weil die auszulegende Wendung im Verkehr in zu vielfacher Bedeutung gebraucht wird. Denkbar ist aber auch, daß ein bestimmtes Mitteilungszeichen zwar eine verkehrsübliche Bedeutung hat, diese Bedeutung aber in verschiedenen Gegenden oder in verschiedenen Berufskreisen verschieden ist. Ein Wort wird z. B. in Norddeutschland in diesem, in Süddeutschland in jenem Sinne verwendet, oder es besagt in Kaufmannskreisen etwas anderes als außerhalb der Kaufmannskreise. Solchenfalls ist zwar das Wort einer generellen Auslegung fähig, denn es kommt ihm eine „für gewöhnlich" Platz greifende Bedeutung zu. Die Verkehrsüblichkeit ist aber an örtliche oder berufliche oder beiderlei Schranken gebunden; sie ist nicht im ganzen Rechtsgebiet die gleiche, sondern wechselt nach größeren oder kleineren Berufskreisen bezw. Bezirken. Es fragt sich, welche Aufgaben aus einer so gearteten Bedeutungsverschiedenheit der Lehre von der generellen Auslegung erwachsen [1]).

Zunächst ist erforderlich, die Erscheinung, mit der wir es hier zu tun haben, noch etwas näher zu charakterisieren. Wo liegt die Grenze zwischen dem partikulären Sprachgebrauch eines Ortes bezw. eines Berufes und dem rein persönlichen Sprachgebrauch einer mehr oder minder großen Anzahl von Individuen? Rein begrifflich ist solche Grenzziehung nicht schwer: die Einzelnen, die sich für ihre Person eine besondere Sprache zurechtlegen, stellen sich damit in Gegensatz zu dem allgemein Üblichen; sie begründen eine „Ausnahme" von der „Regel", setzen eigenmächtig an die Stelle der „gewöhnlichen" Bedeutung der Worte eine „außergewöhnliche". Beim örtlich oder beruflich abgegrenzten

---

[1]) Der individuellen Auslegung erwachsen aus einer solchen örtlichen oder beruflichen Sprachverschiedenheit selbstverständlich keine besonderen Probleme. Denn bestehen zwischen den Parteien Sonderbeziehungen, die auf eine bestimmte Bedeutung der zu Erklärungszwecken gebrauchten Worte hinweisen, so ist eben diese Bedeutung für den Erklärungsinhalt maßgebend, einerlei, ob sie mit dem Sprachgebrauch des einen oder des anderen oder dem eines dritten Ortes bezw. Berufskreises übereinstimmt.

Sprachgebrauch hingegen darf jede der verschiedenen Bedeutungen den Charakter des Normalen für sich in Anspruch nehmen; nicht Regel und Ausnahme, sondern Regel und Regel stehen einander gegenüber. In praxi freilich wird es nicht immer ganz leicht sein, sich für die eine oder andere Konstellation zu entscheiden. Wir haben früher[2]) den Fall erörtert, daß der Inhaber einer Gastwirtschaft ein Spezialgetränk ausschenkt, das er auf den Namen „Madeira" getauft hat. Hier lag selbstverständlich weiter nichts als der Sprachgebrauch einer einzelnen Person vor, der nur unter bestimmten Voraussetzungen Anspruch auf Berücksichtigung erheben konnte. Aber wie, wenn ein solcher Wein nicht nur in einem, sondern in einer ganzen Reihe von Gasthäusern verkauft wird? Oder wenn der Beweis erbracht wird, daß ihn in bestimmten Straßen oder in einer bestimmten Stadtgegend alle Wirtshäuser als „Madeira" führen? Liegt dann immer noch ein vereinzelter und nicht vielmehr schon ein partikulärer Sprachgebrauch vor, auf den in ganz anderer Weise Rücksicht genommen werden muß? Und ähnliche Fragen werden laut, wenn wir an Stelle der lokalen die beruflichen Idiome ins Auge fassen. Wenn der einzige Gerber, der sich in einem Orte befindet, mit dem Worte „Grube" einen besonderen Sinn verbindet, so ist das eine rein persönliche Angewohnheit. Aber wenn das gleiche in einer kleinen Stadt seitens der vier oder fünf dort ansässigen Gerbereien geschieht? Haben wir es dann nicht schon mit einem lokal abgegrenzten Sprachgebrauch des Gerbereiberufes zu tun? Und wenn sich die Mehrzahl der Angehörigen eines Berufsstandes innerhalb einer Provinz oder eines Bundesstaates zu einer Organisation zusammentut und für den Rechtsverkehr mit ihr den Sinn bestimmter Ausdrücke festlegt, darf der Richter diesen Abmachungen die Bedeutung einer besonderen Berufssprache beilegen, obwohl die Organisation nicht alle Vertreter des betreffenden Berufes in dem fraglichen Bezirk umfaßt? Und genügt es, daß in einer bestimmten Branche alle größeren Firmen Deutschlands einem einheitlichen Sprachgebrauch huldigen, um von einer über das ganze Rechtsgebiet verbreiteten Verkehrsgewohnheit dieses Berufsstandes zu reden?

---

[2]) Vgl. oben S. 107.

Solange es nicht gelungen sein wird, das Kriterium zu finden, durch welches sich die Mehrheit von der Vielheit unterscheidet, solange wird man vergeblich nach einer Formel suchen, die eine befriedigende Antwort auf die eben gestellten Fragen gibt. Es liegt das alte Problem vor von der Zahl der Sandkörner, die notwendig ist, um einen Sandhaufen zu bilden. Wie hier die Ziffern versagen, so ist die Grenze flüssig zwischen dem zwar mehrfach auftauchenden, aber doch immer noch vereinzelten, und dem gebietsweise auftauchenden und darum partikulären Sprachgebrauch. Nur der richterliche Takt vermag im einzelnen Falle die leicht ineinander übergehenden Erscheinungen auseinanderzuhalten [3]).

Wie ist nun da, wo wirklich doppelte Sprachgebiete miteinander kollidieren, der sich daraus für die Auslegung von Willenserklärungen ergebende Konflikt zu lösen? Wir werden gut tun, bei der Untersuchung dieser Frage die Fälle auseinanderzuhalten, wo die Verschiedenheit des Sprachgebrauches örtlicher, wo sie beruflicher und wo sie sowohl örtlicher wie beruflicher Natur ist.

1. Was zunächst die Fälle des örtlich verschiedenen Sprachgebrauches angeht, so sind hier wiederum mehrere Eventualitäten voneinander zu sondern.

a) Selbstverständlich ist, daß zwei Parteien, die innerhalb desselben Sprachgebietes wohnen, einer Willenserklärung, die daselbst zwischen ihnen abgegeben worden ist, den Sprachgebrauch dieses Gebietes zugrunde zu legen haben, und daß sich, wenn nicht gerade die Voraussetzungen individueller Auslegung gegeben sind, nicht der eine Teil darauf berufen kann, daß die gefallenen Worte in anderer Gegend einen anderen Sinn haben [4]).

---

[3]) Nicht einmal das läßt sich immer sagen, daß ein lokaler Sprachgebrauch sich mindestens über eine politische Gemeinde erstrecken müsse, um für die generelle Auslegung in Betracht zu kommen, daß er also beispielsweise sich nicht nur auf einen Stadtteil beschränken dürfe. Denn diese Grenzziehung, wennschon sie für die Mehrzahl der Fälle zutreffend sein wird, könnte angesichts der heutzutage so häufigen Einverleibung ehemals selbständiger Gemeinwesen in größere Verbände zu seltsamen Resultaten führen.

[4]) Sebst dann nicht, wenn dieser andere Ort sich nach dem Inhalt

b) Weniger einfach ist schon der Fall, wo jemand, der in dem einen Sprachgebiet ansässig ist, bei zeitweisem Aufenthalt in einem anderen rechtsgeschäftliche Erklärungen dort Eingesessenen gegenüber abgibt. Man denke etwa, wie leicht es bei den buntscheckigen Münzverhältnissen, die früher in Deutschland herrschten, vorkommen konnte, daß beispielsweise ein Preuße, der in Süddeutschland reiste und dort eine Kaufofferte in Talern machte, dabei seine heimatlichen, die preußischen Taler meinte, während der Empfänger der Erklärung die süddeutschen Kronentaler im Auge hatte. Nach Analogie des Satzes »locus regit actum« wird man hier anzunehmen haben, daß die Offerte in süddeutschen Talern gemacht gewesen wäre, daß also der Offertenempfänger sie richtig verstanden, der Offerent hingegen, der in Wahrheit preußische Taler zahlen wollte, bei ihrer Abgabe geirrt hätte[5]). Und genau so wäre zu entscheiden gewesen, wenn es sich nicht um Münzen, sondern um verschiedenartige, aber gleichlautende Maße gehandelt hätte[6]).

---

des Vertrages als Erfüllungsort darstellen sollte. So hat auch das OLG. Hamburg sich anläßlich der Auslegung der bei einem Vertragsabschluß gebrauchten Klausel „frei an Bord" dahin geäußert, daß „für die Bedeutung, welche die Kontrahenten derartigen Klauseln beigelegt wissen wollen, nur entscheidend sein kann der Sinn, welcher derartigen Klauseln nicht an dem vielleicht Tausende von Meilen entfernten Erfüllungsort oder Abladeort, sondern der ihnen an dem Orte oder an den Orten beigelegt wird, wo die Vertragschließenden ihr Domizil haben". Seuff. Arch. 60 S. 326 Nr. 173.

[5]) Die Berücksichtigung des Ortes der Erklärungsabgabe beim Verkehr unter Anwesenden entspricht der Natur der Sache und darum auch der herrschenden Meinung, die gewissermaßen ihren klassischen Ausdruck in dem Digestenwort gefunden hat: erit consequens, ut id sequamur, quod in regione, in qua actum est, frequentatur (l. 34 D. de regul. juris 50, 17). Von dieser Regel enthält auch, entgegen der Behauptung von Danz, Auslegung, S. 178 Anm. 3, die Entscheidung des Reichsoberhandelsgerichtes 6 Nr. 16 S. 91 keine Ausnahme. Wenn Ihering in seinen Jahrb. 4 S. 76 ff. den Sprachgebrauch des Erklärungsortes nicht maßgebend sein lassen will, so liegt der Grund darin, daß er an der genannten Stelle andere Probleme und Fragen im Auge hat, als sie im Texte zur Erörterung stehen.

[6]) Eine Ausnahme würde sich für den Geltungsbereich des HGB. aus dessen § 361 (altes HGB. Art. 336; vgl. auch §§ 256, 257 ALR. I, 5 und Savigny, System VIII S. 267) ergeben. Danach sind nämlich

Und wollte hier jemand den Grund der Ergebnisse in der besonderen rechtlichen Natur der Maße und Münzen erblicken, die eben für jeden verbindlich seien, der sich im Lande ihrer Geltung aufhalte, so ließe sich das Irrtümliche dieser Auffassung unschwer an einer Reihe von weiteren Beispielen nachweisen. Auch wenn ein Norddeutscher in Süddeutschland in einem Gasthaus einkehren und sich aus der ihm vorgelegten Speisekarte „Pfannkuchen" zum Nachtisch aussuchen würde, in der Meinung, daß er damit das bekannte Berliner Fastnachtsgebäck bestelle, während der Süddeutsche unter Pfannkuchen Eierkuchen verstünde, würde die Offerte in letzterem Sinne auszulegen sein. Der Norddeutsche hätte wiederum eine irrtümliche Erklärung abgegeben, und von einem Mißverständnis des Gegners könnte keine Rede sein. Ähnlich wäre die Situation, wenn der Angehörige einer Nation, bei der Kopfnicken ein Zeichen der Verneinung, Kopfschütteln ein Zeichen der Bejahung ist, auf eine ihm in unseren Landen gemachte Offerte mit dem Kopfe nicken wollte: auch hier hätte nicht der andere Teil, der darin eine Annahmeerklärung erblickte, das Verhalten des Gegners unrichtig gedeutet, sondern der Nickende hätte, ohne es zu wissen, eine Annahmeerklärung abgegeben.

Natürlich wäre der Sprachgebrauch des Landes in gleicher Weise zugrunde zu legen, wenn, statt wie bisher, der Fremde an den Einheimischen, der Einheimische an den Fremden eine

---

„Maß, Gewicht, Währung, Zeitrechnung und Entfernungen, die an dem Orte gelten, wo der Vertrag erfüllt werden soll, im Zweifel als die vertragsmäßigen zu betrachten". Hier empfinge also die Erklärung ihre wahre Bedeutung aus dem Sprachgebrauch des Erfüllungsortes. Die Gesetzesbestimmung darf aber nicht etwa über ihren Wortlaut hinaus auch auf die Auslegung anderweitigen Erklärungsinhaltes erstreckt werden: so auch Reichsoberhandelsgericht 2 S. 321. Außerdem will sie nur „im Zweifel" gelten; sie käme also beispielsweise nicht zur Anwendung, wenn die Parteien einen dritten Ort als Erfüllungsort vereinbart hätten, hinterher aber übereinstimmend erklären würden, daß dieser Ort nicht auch auf die dem Vertrag zugrunde zu legende Währung von Einfluß sein sollte. In solchem Falle müßte wiederum auf die oben entwickelten Auslegungsgrundsätze zurückgegangen werden. Übrigens gibt es im HGB. noch mehrere Stellen, wo die Gewohnheiten des Erfüllungsortes eine Rolle spielen: vgl. z. B. §§ 354 Abs. 1, 359 Abs. 1, 380, 394.

infolge der Sprachverschiedenheit zweideutige Erklärung richtete. Würde der norddeutsche Gast im süddeutschen Restaurant von dem auf dem Tische stehenden Brote zulangen, in dem Glauben, daß ihm dieses unentgeltlich zur Verfügung stehe, so hätte er die ihm mit dem Hinsetzen des Brotes gemachte Offerte mißverstanden: denn diese ist in Süddeutschland auf entgeltliche und nicht, wie in Norddeutschland, auf unentgeltliche Wegnahme gerichtet.

Dabei ist es in allen diesen Fällen gleichgültig, ob der Ortsfremde den von seinem heimatlichen abweichenden Sprachgebrauch kannte oder auch nur kennen konnte. Denn es handelt sich hier um generelle Auslegung, die, wie wir von früher her wissen, bei Ermittelung des Erklärungsinhaltes lediglich von der „verkehrsüblichen Seite" der Worte auszugehen hat und keine Rücksicht darauf nehmen darf, welche Vorstellungen die eine oder die andere Partei mit den gebrauchten Mitteilungszeichen verbunden hat. Ist ja doch damit noch nicht gesagt, daß diejenige Partei, deren Vorstellungen sich mit dem wahren Sinne der Erklärung nicht decken, dem ihr fremd gebliebenen Erklärungsinhalt rettungslos verfallen sei. Von der erklärenden Partei wissen wir vielmehr zufolge der positiven Bestimmung des Gesetzbuches, daß dies nicht notwendigerweise zutrifft, sondern daß sie sich in weitem Maße von dem irrtümlich errichteten Rechtsgeschäft mittelst Anfechtung befreien kann; und inwieweit der Erklärungsgegner die mißverstandene Erklärung gegen sich gelten lassen muß, das zu untersuchen wird die Aufgabe der folgenden Kapitel sein. Die uns hier beschäftigende Auslegung soll angesichts des verschiedenen Sprachgebrauches lediglich feststellen, was in Wirklichkeit „erklärt" worden ist, und damit die für die kommenden Erörterungen wichtige Vorfrage beantworten, welche der beiden Parteien den richtigen und welche den falschen Sinn mit der umstrittenen Erklärung verbunden hat: diese Frage aber ist unabhängig davon, ob die ortsfremde Partei um den Sprachgebrauch der Gegend, in der sie Willenserklärungen abgab bezw. entgegennahm, wußte oder wissen mußte [7]).

---

[7]) Übereinstimmend Danz, Auslegung S. 110 f., 179; Oertmann I S. 304 und Hölder im Recht 5 S. 216, Theorie S. 119 (Sep.-Abdr.

Der Sprachgebrauch des Ortes, wo die Parteien verhandeln, bleibt auch dann noch für die Auslegung maßgebend, wenn der Einheimische die Unkenntnis des Fremden von der andersartigen Bedeutung der von ihm oder zu ihm gesprochenen Worte kennt[8]). Solche Kenntnis des Einheimischen kann wohl bewirken, daß er, falls dem Gegner aus seiner Unkenntnis Anfechtungsrechte erwachsen, den ihm sonst bei deren Geltendmachung zustehenden Schadensersatzanspruch verliert (§ 122 Abs. 2 BGB.); sie kann auch unter Umständen für den Fremden ein Anfechtungsrecht wegen Betruges begründen; sie vermag aber an den hier herausgestellten Auslegungsresultaten nichts zu ändern. Insbesondere hat sie nicht die Wirkung, daß der Auslegung statt des einheimischen der fremde Sprachgebrauch zugrunde gelegt wird. Diese Folge könnte nur eintreten, wenn die früher besprochenen Voraussetzungen der individuellen Auslegung gegeben wären.

c) Die Anlehnung an die Regel »locus regit actum«, die uns soeben für eine große Gruppe von Fällen zu einer sachgemäßen Entscheidung verholfen hat, ist naturgemäß nicht möglich, wenn es sich um Willenserklärungen handelt, die unter Abwesenden abgegeben werden. Es empfängt jemand aus einem anderen Sprachgebiet eine briefliche Erklärung, die er infolge der obwaltenden Verschiedenheit des Sprachgebrauches nicht in demselben Sinne versteht, den ihr Urheber ihr beigelegt hat[9]). Da hier die Erklärung durch das Auseinanderfallen von Abgabeort und Bestimmungsort gewissermaßen doppelt lokalisiert ist, so kann von einem einheitlichen »locus«, der den Erklärungsakt „regiert", keine Rede sein. Es muß also ein anderes

---

S. 29). Mit dem Moment des Kennens bezw. Kennenmüssens operieren zu Unrecht Isay, Willenserklärung S. 54 und Regelsberger, Pandekten I S. 641.

[8]) Anderer Meinung in dieser Beziehung Danz, Auslegung S. 181 unter 3 und offenbar auch Reichsgericht 53 S. 62.

[9]) Als Erklärungen unter Abwesenden haben im Sinne der hier aufgestellten Interpretationsregeln auch telephonische Gespräche zu gelten, die zwischen verschiedenen Orten stattfinden; desgleichen Verhandlungen, die von Ort zu Ort durch Boten geführt werden. Hingegen sind Erklärungen, die an Ort und Stelle durch Stellvertreter abgegeben werden, natürlich als solche unter Anwesenden anzusehen.

Kriterium gefunden werden für die Beantwortung der Frage nach dem „wahren", dem „wirklichen" Inhalt einer solchen Erklärung.

Dieses Kriterium läßt sich dem Wesen der „Erklärung" entnehmen. Wir verstehen darunter bekanntlich ein menschliches Verhalten, das nach den Anschauungen des Verkehres den Schluß auf einen bestimmten Geschäftswillen gestattet. Weil der Einzelne solchen Schluß bei seinen Rechtsgenossen voraussetzt, darum beobachtet er im konkreten Falle das betreffende Verhalten. Dann aber muß, wenn ein und dasselbe Verhalten an verschiedenen Orten zu verschiedenen Schlußfolgerungen zwingt, diejenige maßgebend sein, die dort gezogen wird, wo die Erklärungsabgabe erfolgt ist. Denn den dort herrschenden Anschauungen und Gewohnheiten hat der Erklärende normalerweise sein Handeln angepaßt[10]). Nur diese Auffassung wird dem Zwecke der Erklärung, „ein Abbild", „eine Botschaft", „eine Verkörperung" des Willens zu sein, gerecht; nur sie nimmt die Erklärung als das, was sie begrifflich ist: als den „Leib" des Rechtsgeschäftes im Verhältnis zu dem seine „Seele" bildenden Willen[11]).

Und so geht denn auch die überwiegende, ja man kann wohl sagen herrschende Meinung in der Literatur dahin, daß der Sinn der Erklärungen, die von einem Sprachgebiet ins andere gesendet werden, nicht vom Sprachgebrauch des Bestimmungsortes, sondern von dem des Ursprungsortes bestimmt wird[12]).

---

[10]) Davon muß auch dann ausgegangen werden, wenn der Ort der Erklärungsabgabe nicht der Wohnsitz des Erklärenden im Sinne von BGB. § 7 ist. Scheinbar ist dadurch die Gefahr begründet, daß jemand, der lange Zeit gewohnt gewesen ist, Erklärungen eines Anderen in bestimmtem Sinne aufzufassen, unliebsame Überraschungen erlebt, wenn dieser Andere seine Erklärungen ausnahmsweise einmal von einem vorübergehenden Aufenthaltsort aus abgibt. In Wahrheit scheidet indessen diese Befürchtung deshalb aus, weil in solchen Fällen zufolge der zwischen den Parteien bereits bestehenden Verbindung nicht die generelle, sondern die individuelle Auslegung Platz greift. Vgl. außerdem unten Anm. 25.

[11]) Gleichnis von Brinz, Pandekten (2. Aufl.) IV S. 257.

[12]) Vgl. z. B. Danz, Auslegung S. 180; Regelsberger, Zivil-

Wenn also beispielsweise ein Wiener einem Dänen für tausend Kronen ein Pferd zum Kaufe anbietet oder umgekehrt in einer an den Dänen gerichteten Offerte tausend Kronen für dessen Pferd zu zahlen verspricht, so bilden österreichische und nicht dänische Kronen den Inhalt der Offerte [13]). Und wenn jemand in einem Antrag an eine Feuerversicherungsgesellschaft die im Formular gestellte Frage nach der Bauart des zu versichernden Gebäudes mit „massiv" beantwortet, und diese Bezeichnung in der Heimat des Antragstellers eine andere Bedeutung hat als an dem Orte des Sitzes der Gesellschaft [14]), so lautet die Offerte auf die dem Gebäude vom Versicherungsnehmer beigelegte Eigenschaft, und der Versicherer würde den Antrag mißverstehen, wenn er das Wort „massiv" in seinem

---

rechtl. Erörterungen I S. 22; Brinz a. a. O. S. 292; Baron, Pandekten (8. Aufl.) S. 120; Hupka, Vollmacht S. 178; Cosack I S. 250 und Düringer-Hachenburg II S. 9 Anm. 8. In der älteren Literatur wird die Frage des Textes ex professo behandelt von Wächter, Über Auslegung der unter Abwesenden geschlossenen Verträge, Arch. f. d. zivil. Praxis 19 S. 114 ff. Aus der Judikatur ist hinzuweisen auf Reichsgericht 53 S. 59 ff., im Recht 11 S. 244 Nr. 411 und OLG. Hamburg in Seuff. Arch. 50 Nr. 256. Nur mit Einschränkung wird der Standpunkt des Textes vertreten von Enneccerus I S. 494. Von früheren Gesetzgebungen haben ihn geteilt das ALR. in § 67 I, 4 (denn die Ortszugehörigkeit darf unbedenklich als eine „Beschaffenheit der Person" im Sinne dieses Paragraphen gelten) und das Sächs. BGB. im § 811.

[13]) Den letzteren Fall, wo es sich um ein in Dänemark zum Verkauf stehendes Pferd handelt, will Enneccerus a. a. O. anders entschieden wissen. Nach ihm sollen hier im Zweifel dänische Kronen zu verstehen sein. Indessen dürfte sich für diese Auslegung, selbst wenn man sich nicht zu dem Prinzip des Textes bekennt, eine Rechtfertigung kaum finden lassen. Denn wollte man sich an den Ort des Vertragsabschlusses halten, so würde, da die Offerte von Wien ausginge, dorthin also auch die Annahmeerklärung zu senden wäre, wiederum das österreichische Münzwesen zugrunde zu legen sein. Ebenso, wenn man den Erfüllungsort als das ausschlaggebende Moment betrachtete: denn Wien wäre Leistungsort als Wohnsitz des Kaufpreisschuldners. Und den Gesichtspunkt der lex rei sitae wird Enneccerus wohl selbst nicht so überspannen wollen, daß er ihn bei einem obligatorischen Vertrag über eine bewegliche Sache zum Zwecke der Bestimmung der Gegenleistung verwendet. — Wegen des § 361 HGB. vgl. oben Anm. 6.

[14]) Vgl. den Rechtsfall in Seuff. Arch. 40 Nr. 94.

Sinne deuten wollte. Wird in einer Gegend der Weizen stets »per 100 kg« gehandelt, und macht jemand aus dieser Gegend eine Verkaufsofferte in Weizen „zu 25 Mark", so ist anzunehmen, daß derjenige, der den Preis angegeben, das in seinem Domizil handelsübliche Gewicht der Preisbestimmung zugrunde gelegt hat [15]). Schließlich mag noch an ein bekanntes, meines Wissens zuerst von Gustav Hartmann [16]) in die Literatur eingeführtes Schulbeispiel erinnert werden. In Norddeutschland versteht man unter dem ersten Stock eines Hauses die über der Parterrewohnung gelegene Etage, in Süddeutschland vielfach das unterste Stockwerk, also die Parterrewohnung selbst. Erfährt nun etwa in einer süddeutschen Universitätsstadt, wo der letztere Sprachgebrauch herrscht, ein Häuserbesitzer, dem das unterste Geschoß seines Hauses leersteht, daß ein Professor aus Norddeutschland einen Ruf in die betreffende Stadt erhalten hat, und schreibt er ihm darauf, er könne ihm eine im ersten Stocke gelegene Wohnung von sieben Zimmern zum Preise von 2000 Mark offerieren, so hat er nicht etwas anderes erklärt, als er erklären wollte, sondern die Gegenpartei, die sich unter dem Angebot die eine Treppe hoch gelegene Wohnung vorstellte, hätte die Willenserklärung falsch verstanden [17]).

---

[15]) Vgl. Ehrlich, Stillschweigende Willenserklärung S. 29.

[16]) In Iher. Jahrb. 20 S. 36.

[17]) Übrigens läßt sich von einem Sprach„gebrauch", einer Sprach„gewohnheit" des Erklärenden auch da reden, wo dieser sich einer ihm an und für sich fremden Sprache bedient. Wenn ein Hamburger nach England eine englisch geschriebene Offerte richtet, so ist bei ihrer Auslegung von demjenigen Englisch auszugehen, das in Hamburg gesprochen wird, also von dem Englisch, wie es der Durchschnitt der gebildeten Kreise des englischen Volkes selbst und der der übrigen Nationen spricht. Besteht darum hinsichtlich der vom Hamburger gebrauchten Ausdrücke an dem Orte Englands, an den die Offerte gesendet wird, ein von der gewöhnlichen Sprechweise abweichender Sprachgebrauch, so hat dieser für die Interpretation des Vertragsantrages außer Betracht zu bleiben. Der Gebrauch der englischen Sprache bedeutet also noch keineswegs eine Unterwerfung unter partikuläre englische Sprachgewohnheiten. Vgl. den instruktiven Rechtsfall in den Entscheidungen des Reichsgerichtes 11 S. 104 f. Anders natürlich, wenn es sich um internationale technische Ausdrücke eines bestimmten Berufskreises handelt, dem auch der Erklärende angehört. Darüber siehe unten S. 162 ff. und im Gegensatz zu der eben

Der Satz, daß der Inhalt einer Erklärung nach dem Sprachgebrauch des Erklärenden zu ermitteln ist, erfährt naturgemäß eine Einschränkung, wenn der Erklärende in seiner Erklärung Bezug nimmt auf Ausdrücke und Wendungen, die vorher der im anderen Sprachgebiet wohnende Erklärungsempfänger ihm gegenüber gebraucht hatte. Solche Ausdrücke sind, wie sich von selbst versteht, nach der Sprache dessen auszulegen, der sie zuerst verwendet hat, also nach der Sprache des Erklärungsempfängers. Bestellt ein Wiener bei einem dänischen Kaufmann eine Ware zu 500 Kronen auf Grund eines ihm vorher von dem Dänen zugeschickten Preisverzeichnisses, so bilden dänische und nicht österreichische Kronen den Gegenstand der Offerte. Und wenn ein Züricher Haus die Versicherung seiner Maschinen bei einer Leipziger Feuerversicherungsgesellschaft auf Grund der zuvor empfangenen Statuten beantragt, welche die Haftung für durch „Aufruhr" verursachte Brandstiftung ausschließen, so ist, wenn sich hinterher ergibt, daß in Zürich und in Leipzig unter „Aufruhr" nicht dasselbe verstanden wird, der Leipziger Sprachgebrauch für die Interpretation des Versicherungsantrages ausschlaggebend [18]). So wird auch die Betrachtung des eben besprochenen mietrechtlichen Falles zu verschiedenen Ergebnissen führen, je nachdem welche der beiden Parteien im Laufe der Verhandlungen vom „ersten Stocke" zu reden angefangen hat. Würde etwa der Norddeutsche auf Grund eines Inserates, das er in der Zeitung der süddeutschen Stadt gefunden, an den Süddeutschen schreiben: „ich bin bereit, die von Ihnen in dem und dem Blatte ausgeschriebene erste Etage unter den daselbst angegebenen Bedingungen zu mieten und bitte um umgehende Nachricht, ob ich die Wohnung haben kann", so hätte er damit selbst auf die vom Süddeutschen gewählte Bezeichnung hingewiesen und hätte darum, ohne es zu wollen, eine Mietofferte über eine Parterrewohnung gemacht [19]). Hier entschiede also, entgegen unseren früheren Aus-

zitierten die Entscheidungen des Reichsgerichtes 19 S. 33 ff. und 39 S. 65 ff.

[18]) Vgl. den von Wächter a. a. O. mitgeteilten und von ihm ebenso entschiedenen Rechtsfall.

[19]) Und hätte der Norddeutsche seinerseits in der süddeutschen

führungen, aber durchaus im Einklang mit der Rechtslogik, der Sprachgebrauch des Landes, dem der Erklärungsgegner angehörte[20]). Ähnlich wie in dem eben besprochenen Falle liegen die Dinge, wenn es sich um die bei Vertragsabschlüssen durchaus gewöhnliche Erscheinung handelt, daß die Offerte vom Empfänger nicht so, wie sie vom Antragenden gemacht wurde, sondern nur mit Einschränkungen oder Abänderungen angenommen wird. Dann stellt sich die Annahme bekanntlich als neue Offerte dar. Und diese Offerte ist wiederum mit Rücksicht auf die ihr voraufgegangene Offerte des Gegners auszulegen. Bietet etwa eine Berliner Aktiengesellschaft einem Fabrikanten in Königsberg 1200 cbm „Rotbuchenrundhölzer" unter detaillierten Maßangaben zu bestimmtem Preise an, und nimmt der Königsberger die Offerte in der Form an, daß er telegraphiert: „akzeptiere 900 Festmeter 16 Mark", so muß, wenn die hier gebrauchten Ausdrücke an den fraglichen Orten je eine verschiedene Bedeutung haben, der Begriff des Rotbuchenrundholzes nach der Berliner, der des Festmeters nach der Königsberger Sprachgewohnheit beurteilt werden, und hätte der Berliner die Gegen-

---

Zeitung eine „erste Etage" gesucht, so hätte er sich durch das Inserat in dem süddeutschen Blatte ebenfalls der süddeutschen Sprechweise bedient, also ohne es zu wissen, eine Annonce über eine „Parterrewohnung" eingerückt, und wenn jetzt der Süddeutsche schreiben würde: „die von Ihnen gewünschte Wohnung im ersten Stockwerk bin ich in der Lage, Ihnen zu dem und dem Preise anzubieten usw.", so würde er nicht irren, wenn er glaubte, damit eine im Erdgeschoß gelegene Wohnung zu offerieren, so daß der Gegner, der die Offerte in anderer Weise auffaßte, sie mißverstehen würde.

[20]) Danach ist die Entscheidung von Enneccerus a. a. O. zu berichtigen, der in Fällen wie den im Texte besprochenen, schlechthin den Ort, wo das Grundstück liegt, maßgebend sein lassen will. Offenbar schwebt ihm dabei der Gedanke der lex rei sitae vor. Indessen dieselbe Erwägung, die gegen eine prinzipielle Berücksichtigung des Erfüllungsortes spricht (vgl. oben Anm. 4), läßt sich auch gegen den Ort der belegenen Sache geltend machen: die Erklärungen der Parteien würden sehr oft nach dem Sprachgebrauch einer Gegend gewertet werden müssen, wo weder der eine noch der andere Teil seinen Wohnsitz hat, deren Gepflogenheiten darum den Beteiligten völlig fremd sind, so daß der Begriff der Willenserklärung (= Verhalten einer Person, das den Schluß auf einen bestimmten Rechtsfolgewillen rechtfertigt) offenbar Lügen gestraft würde.

offerte des Königsbergers mit der Depesche beantwortet: „einverstanden, liefere frei an Bord Danzig", so würde die letztere Klausel bei örtlich verschiedenem Sprachgebrauch wiederum auf Grund der Berliner Gepflogenheiten auszulegen sein. Und wenn in unserem früheren Beispiel der Süddeutsche dem Norddeutschen eine „erste Etage" zu 1500 Mark offerierte, und der Norddeutsche erwiderte, daß ihm das angebotene Stockwerk im übrigen recht sei, daß er aber nur 1400 Mark zu zahlen vermöge, so würde die neue Offerte, ebenso wie die erste, auf der sie fußte, den süddeutschen Anschauungen entsprechend, als auf eine Parterrewohnung gerichtet anzusehen sein[21]).

Wird eine Erklärung nicht von der Partei selbst, sondern von deren Stellvertreter abgegeben, und bestehen zwischen dessen und des Vertretenen Wohnsitz Verschiedenheiten im Sprachgebrauch, so ist für die Auslegung der Willenserklärung der Wohnort des Vertreters und nicht der des Vertretenen maßgebend[22]). Die in anderer Beziehung bedeutsame Unterscheidung, ob der Vertreter nach bestimmten Weisungen des Vertretenen gehandelt hat oder nicht (BGB. § 166 Abs. 2), kann, solange generelle und nicht individuelle Auslegung in Frage ist, von keinem Einfluß auf die Interpretation der Willenserklärung sein[23]).

Die hier für die Erklärungen unter Abwesenden gewonnenen Resultate sind ebenfalls unabhängig davon, ob der Empfänger der Erklärung den andersartigen Sprachgebrauch des Erklärenden kannte oder auch nur kennen konnte, oder ob der Erklärende um die Unkenntnis des Gegners von seiner, des Erklärenden, Sprachgewohnheit wußte oder nicht wußte. Kennen bezw. Kennenmüssen vermag hier wohl unter Umständen die im BGB. § 122 Abs. 2 genannten Rechtsfolgen auszulösen, kann auch gegebenen-

[21]) Die Konsequenzen, die sich für die Auslegung daraus ergeben, daß der Erklärende in seiner Erklärung Bezug nimmt auf eine früher vom Adressaten selbst abgegebene Erklärung, werden, nach dem dort gebrachten mietrechtlichen Beispiel zu urteilen, offenbar verkannt von Staudinger I § 155 S. 521 unter 2 b.

[22]) Das entspricht sowohl dem Wesen der Stellvertretung wie den Gedankengängen, von denen die bisherigen Entscheidungen geleitet gewesen sind.

[23]) Vgl. jedoch § 68 ALR. I, 4.

falls für die Gegenpartei ein Anfechtungsrecht wegen Betruges begründen: an den Gesetzen der generellen Auslegung etwas zu ändern, ist es aber wiederum nur bei gleichzeitigem Vorhandensein der für die individuelle Auslegung notwendigen Voraussetzungen imstande.

d) Schließlich ist in diesem Zusammenhang, wo wir von dem Einfluß örtlicher Sprachverschiedenheiten auf die Auslegung der Willenserklärungen reden, noch zweier, bisher unbeachtet gebliebener Eventualitäten zu gedenken.

Die eine betrifft den Fall, daß zwei Angehörige verschiedener Sprachgebiete sich an einem dritten Orte treffen und miteinander in rechtsgeschäftlichen Verkehr treten. Ein Berliner und Frankfurter Kaufmann kommen etwa auf der Leipziger Messe zusammen, oder ein Däne und ein Wiener schließen in Berlin einen Kaufkontrakt miteinander ab. Bestehen hier zwischen den Parteien individuelle Beziehungen, die auf einen der beiden heimatlichen Sprachgebräuche oder auch auf einen beliebigen anderen mit Sicherheit hinweisen, so hat es nach allem, was wir früher gesehen haben, bei der dadurch bestimmten Wortbedeutung sein Bewenden. Greift aber nach Lage der Sache nicht die individuelle, sondern die generelle Auslegung ein, so fragt es sich, ob das vom Erklärenden gebrauchte Wort in der betreffenden Gegend einen einheitlichen, also unzweideutigen Sinn hat oder nicht. Bejahendenfalls ist der Auslegung (wiederum nach Analogie des Satzes: locus regit actum) diese Ortsbedeutung zugrunde zu legen [24]). Trifft aber jene Voraussetzung nicht zu (ein Wiener macht beispielsweise einem Dänen in Paris eine auf „Kronen" lautende Offerte), so ist der Erklärung mit den Mitteln genereller Auslegung nicht beizukommen. Ob ihr auf andere Weise beizukommen oder ob sie wegen nicht behebbarer Unvollständigkeit dem am Ende des vorigen Kapitels angedeuteten Schicksal verfallen ist, wird im nächsten Paragraphen erörtert werden.

Die zweite Frage betrifft gewissermaßen das Gegenstück des eben besprochenen Falles: nämlich den, daß sich zwei Angehörige ein und desselben Sprachgebietes an einem dritten,

---

[24]) Ebenso Wächter a. a. O. S. 118 f.

einem anderen Sprachgebrauch huldigenden Orte treffen. Ist dann bei der Auslegung ihrer dort abgegebenen Willenserklärung von der Sprachgepflogenheit des gemeinsamen Wohnsitzes oder von den Gewohnheiten des augenblicklichen Aufenthaltsortes auszugehen? Muß, wenn zwei Norddeutsche sich in Süddeutschland begegnen, einem zwischen ihnen vorgenommenen Rechtsgeschäft die norddeutsche oder die süddeutsche Ausdrucksweise untergelegt werden? Und ist, wenn ein Deutscher in einem Lande, wo Kopfnicken „nein" bedeutet, auf eine von einem Deutschen an ihn gerichtete Offerte mit Nicken des Kopfes antwortet, in diesem Verhalten eine Annahme oder eine Ablehnung des Antrages zu erblicken? Prinzipiell wird man auch hier daran festzuhalten haben, daß Willenserklärungen nach dem Sprachgebrauch des Ortes auszulegen sind, wo sie abgegeben werden. Nur ist dabei zu beachten, daß die gemeinsame Heimat zwischen den Parteien eine Sonderbeziehung schafft, die, wenn beide Teile um sie wissen bezw. wissen müßten, unter Umständen ausreichend sein kann, die individuelle Auslegung und damit die Berücksichtigung des einheimischen Sprachgebrauches zu begründen[25]).

2. Bei der örtlichen Sprachverschiedenheit hat die Untersuchung der einzelnen in Betracht kommenden Eventualitäten zu dem Ergebnis geführt, daß der Erklärungsinhalt sich normalerweise nach dem Orte der Erklärungsabgabe richtet. Wie sind nun die Fälle zu entscheiden, wo ein nach Berufskreisen wechselnder Sprachgebrauch vorliegt?

a) Gehören beide Teile, sowohl der Erklärende wie der Erklärungsempfänger, dem Personen- bezw. Berufskreis an, für den sich der partikuläre Sprachgebrauch gebildet hat, so ist sicher, daß der Sinn der Erklärung von letzterem bestimmt wird, vorausgesetzt natürlich, daß sich die Erklärung auf die besonderen Angelegenheiten des betreffenden Standes bezieht. Soweit wie dieses der Fall ist, tritt die Berufssprache an die Stelle der

---

[25]) Mit der im Texte behandelten Situation hat eine gewisse Ähnlichkeit der Fall, daß jemand, der mit einem Anderen im gleichen Sprachgebiet wohnt, an diesen von der Reise eine Willenserklärung aus einem Orte sendet, wo abweichende Sprachgrundsätze herrschen. Die Beurteilung, die der obige Tatbestand erfahren hat, würde also auch hier Platz zu greifen haben.

allgemeinen Sprechweise, tritt das dort Übliche an die Stelle des allgemein Üblichen. Für den wichtigsten beruflichen Sondersprachgebrauch für den des Kaufmannsstandes, ist das ausdrücklich festgesetzt im §. 346 des HGB., wo es heißt: „Unter Kaufleuten ist in Ansehung der Bedeutung und Wirkung von Handlungen und Unterlassungen auf die im Handelsverkehr geltenden Gewohnheiten und Gebräuche Rücksicht zu nehmen [26])." Und wie da, wo es sich um die allgemeine Verkehrssitte handelte, nichts darauf ankam, ob diese den Parteien bekannt war oder nicht, so müssen hier die Beteiligten die besondere Verkehrssitte gegen sich gelten lassen, einerlei, ob sie bei Abgabe der Erklärung von ihr gewußt haben oder nicht. Denn die Berufssprache bindet sie wiederum nicht vermöge einer mutmaßlichen freiwilligen Unterwerfung unter sie, sondern zufolge der Macht, die sie innerhalb des Berufslebens ausübt: dieses würde verkümmern, wenn es nicht die Willenserklärungen in einheitlichem Sinne auszulegen berechtigt wäre. „Die Verkehrssitte umgibt die Parteien wie die Luft, in der sie leben [27])." Dadurch unterscheidet sich ja gerade die Auslegung, mit der wir es hier zu tun haben, von der individuellen, die uns früher beschäftigt hat, daß es sich dort um den abweichenden Sprachgebrauch einzelner handelte, auf den nur Rücksicht genommen werden konnte, wenn er nach den zwischen den Parteien bestehenden besonderen Beziehungen dem Geschäftsgegner erkennbar war, wohingegen sich hier der Sondersprachgebrauch zur Sprachgewohnheit eines ganzen Standes aus-

[26]) Mit Recht sagten Düringer-Hachenburg in der 1. Aufl. ihres Kommentares II § 346 S. 210: „Der § 346 HGB. ist ein Spezialfall der §§ 157 und 242 des BGB., wie die Regel des § 347 über das kaufmännische Verschulden eine Unterart der Bestimmung des § 276 BGB. ist."

[27]) Worte von Lehmann-Ring II § 346 Nr. 5. Die genannten Schriftsteller beziehen sie freilich nur auf die sog. „ergänzende" Usance, nicht auch auf diejenige, die als Interpretationsmittel der Willenserklärungen dient. Diese sei „Bestandteil des Rechtsgeschäfts" und gelte darum nur kraft „Akzeptation der Parteien". Indessen ist diese verschiedentliche Behandlung schon aus dem Grunde nicht durchführbar, weil kein begrifflicher Unterschied zwischen „ergänzender Usance" und Usance „als Interpretationsmittel" besteht. Vgl. unten § 23 unter 2c.

gewachsen hat, so daß die Grundsätze der generellen Auslegung Platz zu greifen haben. Diese aber fragt — vorbehaltlich der sich aus Irrtümern und Mißverständnissen ergebenden Rechtsfolgen — nichts danach, ob die Parteien um die zur Anwendung kommende Verkehrssitte wußten oder nicht wußten. Das Übliche ist eben, wenigstens in abstracto, immer „erkennbar" [28]). Und weil hier die allgemeine bürgerliche Verkehrssitte durch eine besondere Standessitte verdrängt ist, würde, wenn sich die eine oder die andere Partei auf jene statt auf diese beriefe, sie damit einen individuellen, vom üblichen abweichenden Sprachgebrauch für sich in Anspruch nehmen. Während also sonst die allgemeine Verkehrssitte nur insoweit unberücksichtigt gelassen wird, als die Voraussetzungen der individuellen Auslegung gegeben sind, müßten hier umgekehrt die Voraussetzungen der individuellen Auslegung vorliegen, wenn unter Ignorierung der besonderen Standessitte auf die allgemeine Verkehrssitte sollte zurückgegangen werden dürfen [29]).

---

[28]) Die Unbeachtlichkeit der Parteiunkenntnis betonen ebenfalls Danz, Auslegung S. 183 f. und besonders nachdrücklich Düringer-Hachenburg II § 346 Anm. 3. Vgl. auch Ehrlich a. a. O. S. 28 ff. Viel zu eng Dernburg, Preuß. Privatrecht I (5. Aufl.) S. 248 Anm. 7: „Erforderlich ist in der Regel Wissenschaft beider Vertragsparteien vom Geschäftsgebrauch, doch können sie sich auch durch Vereinbarung ihnen unbekannten Geschäftsgebräuchen unterwerfen." Siehe auch die nicht sehr glücklichen Ausführungen des Reichsoberhandelsgerichtes 6 S. 78 und des Reichsgerichtes in der Jur. Wochenschr. 32 S. 9. Gut hingegen das Reichsgericht 69 S. 125 f.: „Der Beklagte rügt, daß er als in Rathenow wohnender Kaufmann mit in Hamburg üblichen Ausdrücken („netto Kasse gegen Faktura") nicht vertraut sei und auch nicht vertraut zu sein brauche. Der Beklagte übersieht, daß eine allgemein übliche Vertragsbestimmung mit allgemein bekanntem Inhalt festgestellt ist. In einem solchen Falle müssen sich die Vertragschließenden dem unterwerfen, was nach der Verkehrssitte allgemein gilt."

[29]) Und daran ist selbst dann festzuhalten, wenn die eine Partei die Unkenntnis der anderen Partei von der in Betracht kommenden Usance kennt. Denn solche Kenntnis allein schließt die generelle Auslegung nicht aus, sondern hat an sich nur die im § 122 Abs. 2, eventuell die im § 123 BGB. vorgesehenen Folgen. Vgl. oben S. 154 u. 160 f. Anderer Ansicht in diesem Punkte offenbar Düringer-Hachenburg II § 346 Anm. 11 unter b und wohl auch Regelsberger, Pandekten I S. 101 unter 2.

Hat sich innerhalb eines Berufskreises, etwa innerhalb des Kaufmannsstandes, für einzelne Zweige ein spezieller Sprachgebrauch ausgebildet, so sind Willenserklärungen, die Angehörige dieses engeren Kreises innerhalb ihrer Sondersphäre abgeben, nach den hier geltenden Sprachgesetzen zu beurteilen. Die allgemeinen kaufmännischen Gebräuche würden zu solchen besonderen Usancen in einem ähnlichen subsidiären Verhältnis stehen wie die kaufmännischen Gebräuche zur allgemeinen Verkehrssitte.

Nach vorstehenden Ausführungen würde also eine Offerte, die ein Hamburger Haus an ein Mannheimer Haus des Inhaltes richtete[30]: „wir haben noch 50 Faß Petroleum November-Expedition, die wir zu Fr. 75 abgeben", dahin auszulegen sein, daß das Petroleum im November erst gewonnen werden und von Amerika abgehen solle, und nicht etwa dahin, daß es in diesem Monat schon in Hamburg zur Expedition bereit liege, wenn diese Auffassung der im Petroleumhandel üblichen Ausdrucksweise entspräche, und beide Teile zum Kreise derjenigen Personen gehörten, auf die sich die betreffende Usance erstreckte. Träfen diese Voraussetzungen zu, dann könnte also der Erklärungsempfänger nicht mit dem Einwand gehört werden, daß er noch nicht lange im Petroleumhandel tätig und darum mit dessen Terminologie noch nicht genügend vertraut sei; er hätte vielmehr jene Erklärung, wenn er ihr einen anderen als den eben ermittelten Sinn beilegte, „mißverstanden". Nur wenn zwischen den Parteien Sonderbeziehungen beständen, denen zufolge nicht die generelle, sondern die individuelle Auslegung am Platze wäre, dürften die Worte „November-Expedition" in der Bedeutung, die ihm wohl im allgemeinen bürgerlichen Rechtsverkehr zukäme, bezw. in dem sonstigen sich aus den Sonderbeziehungen ergebenden Sinne genommen werden.

Wenn ein Prinzipal einen Gehilfen, Arbeiter oder Lehrling „aushilfsweise auf vier Wochen sucht", und in dem betreffenden Geschäftszweig nachweislich unter der Wendung „vier Wochen" die Frist von einem Monat verstanden wird, so ist als Inhalt der Offerte ein Engagement von einem Monat anzusehen[31].

---

[30]) Vgl. den von Gustav Hartmann in Jher. Jahrb. 20 S. 66 mitgeteilten Rechtsfall.

[31]) Dabei kommt nichts darauf an, ob derjenige, mit dem der

Ist es in den maßgebenden Handelskreisen üblich, daß ein Vertrag, ohne daß ein Vorbehalt gemacht zu werden braucht, erst mit dem Austausch von „Bestätigungsschreiben" perfekt wird, so würde der Akzeptant, der durch seine Annahme der Offerte bereits den Vertragsabschluß herbeigeführt zu haben glaubte, über die Tragweite seiner Erklärung irren, während der Offerent, der sich noch nicht für gebunden hielte, sie richtig auffaßte[32]. Gehören zwei Parteien dem Kaufmannsstand einer Stadt an, in welcher der Gebrauch besteht, bei „sofort zu bewirkenden" Leistungen eine kleine Lieferungsfrist von wenigen Tagen zu gewähren, so ist die auf „sofort" lautende Offerte nicht nach dem gewöhnlichen Sinne dieses Wortes, sondern dahin zu interpretieren, daß in den nächsten Tagen geleistet werden soll[33]. Man denke ferner an Kunstausdrücke wie „Ziel drei Monate", zahlbar „nach Belieben" oder „nach Bequemlichkeit" oder „wie es paßt", Zahlung „Anfang" oder „Mitte" oder „Ende" des Monates, Lieferung „netto Kasse" oder „netto Kasse gegen Faktura" oder „gegen Akzept" oder „gegen Dokumente", Lieferung „fob" oder „frei an Bord" oder „frei ab Lager" oder „frei ab Boden" oder „frei Quaiwaggon" und vieles andere mehr. Überall ist hier von der spezifisch kaufmännischen Bedeutung dieser Worte und nicht etwa von dem Sinne auszugehen, den sie nach dem allgemeinen Sprachgesetz haben[34]. Eine wichtige und frucht-

---

Prinzipal kontrahiert, schon vorher Angehöriger des betreffenden Berufskreises gewesen ist oder nicht. Denn die auf der Grenze liegenden Fälle, wo jemand durch das abzuschließende Rechtsgeschäft erst Mitglied des Standes, in dem der Sondersprachgebrauch herrscht, *werden* will, sind richtigerweise zugunsten dieses Sondersprachgebrauches zu entscheiden, weil der Außenstehende, der Verhandlungen um Aufnahme in einen solchen Berufsstand anbahnt, damit bereits das Gebiet der partikulären Sprachsitte betritt.

[32]) Vgl. OLG. *Marienwerder* in der Rechtspr. d. OLG. 8 S. 427.

[33]) Vgl. *Reichsoberhandelsgericht* 4 S. 354, 13 S. 366.

[34]) Vgl. die zahlreichen Judikaturnachweise zum § 346 HGB. bei *Staub* II Anm. 17, *Düringer-Hachenburg* II Anm. 14 und 15 und *Lehmann-Ring* Nr. 8—13. Darauf, ob sich der kaufmännische Sprachgebrauch vom Standpunkt des Philologen betrachtet als eine sprachliche Inkorrektheit oder, um mit dem Titel eines bekannten Buches zu reden, als eine „Sprachdummheit" darstellt, kommt selbstverständlich gar nichts an.

bare Quelle partikulärer Sprachgewohnheiten ist besonders auch der Börsenverkehr. Die „Börsenusancen" oder „Börsenbedingungen" sind jedenfalls den Willenserklärungen aller derer zugrunde zu legen, die die Börse, sei es berechtigter, sei es unberechtigter Weise besuchen und Rechtsgeschäfte dort abschließen.

b) In eine eigentliche Kollision mit der allgemeinen Verkehrssprache gerät die Berufssprache natürlich erst dann, wenn nicht jeder Teil, sondern nur die eine Partei, also nur der Erklärende oder nur der Erklärungsempfänger, dem betreffenden Beruf angehört. Ist der Auslegung einer solchen Willenserklärung die allgemeine Sprechweise oder die besondere Standessprache zugrunde zu legen? Und wenn jede Partei in einem Beruf steht, der einen eigenen Sprachgebrauch ausgebildet hat, welches der beiden Idiome gilt dann? bezw. gilt keines von ihnen, sondern ist die neutrale Sprache der Allgemeinheit anzuwenden?

Bei der örtlichen Verschiedenheit des Sprachgebrauches hatte sich, wie wir uns erinnern, die Auslegung nach dem Orte der Erklärungsabgabe zu richten. Vielleicht möchte analogerweise in unseren Fällen mancher die Berufssprache des Erklärenden entscheiden lassen, so daß der Personenkreis, dem der Einzelne angehörte, gewissermaßen die Funktionen des Aufenthaltsortes übernähme. Indessen würde eine Auslegung, die nach diesem Rezept verfahren wollte, dem Wesen und Zwecke der Willenserklärung nicht gerecht. Letztere ist ein den Schluß auf einen bestimmten Rechtsfolgewillen gestattendes Verhalten. Normalerweise muß also, wie früher schon einmal betont wurde, davon ausgegangen werden, daß der Erklärende sein Verhalten dem Urteilsvermögen seiner Umgebung anpaßt, es so einrichtet, daß die Gemeinschaft von Rechtsgenossen, in der er sich gerade befindet, den seinem Rechtsfolgewillen entsprechenden Schluß daraus zieht. Das führte eben für die örtlichen Kollisionsfälle zur Berücksichtigung des Handlungsortes, für die Fälle, wo Berufsgenossen miteinander verkehrten, zur Berücksichtigung der betreffenden Berufssprache. Nun gehört zwar jemand, der sich an einem bestimmten Orte aufhält, zurzeit nur diesem einen bestimmten Orte an; hingegen hört derjenige, der Mitglied eines bestimmten Kreises von Berufsgenossen ist, damit nicht auf, gleichzeitig im allgemeinen Rechtsverkehr zu stehen. Der Schluß aber, daß jemand sein Verhalten bestimmten Berufsgebräuchen angepaßt hat, kann folgerichtig nur gezogen werden, wenn es sich um den Verkehr mit Berufsgenossen handelt. Ist letzteres nicht der Fall, so muß angenommen werden, daß der Erklärende bei der Beobachtung seines Verhaltens die allgemeine Verkehrssitte im Auge gehabt hat.

Wir kommen also zu dem Resultat, daß Willenserklärungen, die ein Außenstehender dem Angehörigen eines bestimmten Berufskreises oder umgekehrt ein Angehöriger dieses Berufskreises einem Außenstehenden gegenüber abgibt, nicht nach den Sprachgepflogenheiten des betreffenden Berufes, sondern nach der allgemeinen Verkehrssprache auszulegen sind[35]). Dieses aus der Natur der Willenserklärung abgeleitete Ergebnis findet gewissermaßen seine gesetzliche Bestätigung im § 346 des HGB., wo die Berücksichtigung der im Handelsverkehr geltenden Gewohnheiten und Gebräuche ausdrücklich auf den Verkehr „unter Kaufleuten" beschränkt wird[36]). Und bei dieser Ausschaltung des beruflichen Sondersprachgebrauches müßte es nach allem, was wir früher gesehen haben, selbst dann bewenden, wenn der Außenstehende zufällig von ihm wüßte oder wissen könnte. Nur wenn das Kennen oder Kennenmüssen die Folge von besonderen Parteibeziehungen wäre, so daß nicht die generelle, sondern die individuelle Auslegung Platz griffe (der eine Teil hat etwa den anderen von der abweichenden beruflichen Ausdrucksweise zuvor verständigt, oder letztere ist zwischen den Parteien schon anläßlich früherer Geschäftsabschlüsse Gegenstand der Erörterung gewesen), würde die Erklärung ihren Inhalt von dem partikulären Sprachgebrauch empfangen[37]).

---

[35]) Nicht ganz auf demselben Standpunkt steht Danz, Auslegung S. 185; desgleichen nicht Dernburg, Preuß. Privatrecht I S. 248 zufolge der sehr allgemein gehaltenen §§ 67, 69 ALR. I, 4. Vgl. zum Obigen aber auch OLG. Frankfurt im Recht 12 Beil. 2 Nr. 688.

[36]) Daß es sich hier um eine vom Gesetzgeber absichtlich gemachte Einschränkung und nicht etwa nur um eine unbedachte Formulierung handelt, ergibt sich schon daraus, daß die oben zitierten, jetzt an der Spitze des Paragraphen stehenden Worte in den Entwürfen fehlten und erst auf Betreiben der Reichstagskommission in das Gesetz hineingekommen sind.

[37]) Daß ein beruflicher, z. B. kaufmännischer Sprachgebrauch im

Auch hier mögen einige Beispiele die Tragweite der gewonnenen Sätze veranschaulichen. Ein Gerber kauft ein Grundstück von seinem Nachbarn und verpflichtet sich im Kaufkontrakt, keine Gruben darauf anzulegen. Über die Bedeutung des Wortes „Grube" entsteht später Streit, indem der Gerber nach der in seinem Beruf herrschenden Terminologie nur Lohgruben (Vertiefungen, worin die schon enthaarten Häute auf längere Zeit mit Lohbrühe bearbeitet werden) und nicht auch Äscher (in den Boden gesenkte Behälter, worin die rohen Häute mit Kalkwasser vorbereitet werden) als „Gruben" anerkennt, während der Verkäufer, der sich durch die Klausel des Kaufkontraktes vor jeder übelriechenden Gerbereianlage schützen wollte, verlangt, daß dem Worte der weite Sinn beigelegt wird, den es im allgemeinen Rechtsverkehr hat[38]). Nach dem vorhin Gesagten kann es keinem Zweifel unterliegen, daß die Erklärung des dem Gerbereiberuf fern stehenden Verkäufers, er willige in den Kauf nur ein, wenn ihm die Nicht-Anlage von Gruben auf dem Kaufgrundstück garantiert werde, nach dem gewöhnlichen und nicht nach dem den Gerbern eigentümlichen Sprachgebrauch auszulegen ist. Hatte der Käufer mit ihr wirklich einen anderen als den gemeinüblichen Sinn verbunden, so hatte er sie eben mißverstanden. Im Ziegeleigewerbe werden gewisse

---

Verkehr mit Außenstehenden dann Anwendung zu finden hat, wenn er sich unter den Außenstehenden ebenfalls verbreitet hat, versteht sich von selbst. Denn solchenfalls hat er eben, indem er unter Sprengung der beruflichen Grenzen sein Anwendungsgebiet erweiterte, den partikulären Charakter ganz oder teilweise verloren, ist also allgemeine oder doch wenigstens Verkehrssitte eines größeren Kreises geworden. So sind z. B., wenn Wertpapiere, die an der Berliner Börse gehandelt werden, den Gegenstand eines in Magdeburg abgeschlossenen Geschäftes bilden, kraft Magdeburger Usance für dieses Geschäft die von der Sachverständigen-Kommission der Berliner Fondbörse gefaßten Beschlüsse maßgebend (vgl. Behrend und Gutsche, Handelsgebräuche im Großhandel und Schiffahrtsverkehre Magdeburgs [Magdeburg 1905] S. 107 § 1). Insoweit sind also die Magdeburger Bankiers für den Sprachgebrauch der Berliner Börse keine „Außenstehenden", sondern Personen, auf die er sich mit erstreckt, und es bedürfte hier umgekehrt seine Nichtbeachtung der für die individuelle Auslegung erforderlichen Voraussetzungen.

[38]) Siehe den Rechtsfall in Seuff. Arch. 18 Nr. 227.

Dachziegeln als „Biberschwänze" bezeichnet. Wenn nun ein Ziegeleibesitzer unter Angabe seines Berufes in einer Tageszeitung 300 Stück „Biberschwänze" zum Verkauf stellt, und daraufhin ein Angehöriger des Baugewerbes eine Kaufofferte macht, so bilden Dachziegeln den Inhalt des Angebotes, auch wenn der Offerent zufällig von diesem Sondersprachgebrauch keine Kenntnis gehabt und infolgedessen mit seinem Antrag die Schwänze der bekannten Tiere gemeint haben sollte. Hätte hingegen auf Grund des Inserates ein der Ziegeleibranche Fernstehender „Biberschwänze" bestellt, so würde, einerlei, ob der Inserent sich als Ziegeleibesitzer bezeichnet hätte oder nicht (falls nur der eigentümliche Charakter dieser „Biberschwänze" sich nicht aus dem übrigen Inhalt der Annonce ergeben hätte), der Schwanz eines Bibers Gegenstand des Angebotes gewesen sein, und falls der Oblat, wie anzunehmen, den Antrag nicht so aufgefaßt hätte, würde er ihn mißverstanden haben[39]). Weiter: hat für gewöhnlich im kaufmännischen Verkehr die Klausel „brutto für netto" die Bedeutung, daß in dem Preis der Ware die Emballage mit bezahlt ist, im Handel mit Korkabfällen hingegen nur den Sinn, daß die Ware nicht nach dem Nettogewicht, sondern nach dem Bruttogewicht bezahlt wird[40]), so muß die Wendung, wenn ein Korkhändler sie im Verkehr mit einem einer anderen Branche angehörigen Kaufmann gebraucht, in ihrer ersteren, allgemeinen Bedeutung genommen werden. Der Erklärende, der sich ihrer im technischen Sinne bedient hätte, würde also bei Abgabe seiner Willens-

[39]) Anders wäre zu entscheiden, wenn der Ziegeleibesitzer die Annonce nicht in einer Tageszeitung, sondern in einer Fachzeitung des Ziegelei- und Baugewerbes erlassen, der Außenstehende sie zufällig darin gelesen und nun unter Bezugnahme auf dieses Inserat 100 Biberschwänze (die er für die bekannten Tierschwänze hielte) bestellt hätte. Denn in ihren Fachorganen dürfen die Berufsangehörigen ihre Berufssprache reden, und wenn ein Dritter sich auf einen aus solcher Fachzeitung herausgegriffenen Ausdruck bezieht, eignet er sich damit die Sprache des betreffenden Standes an und muß es sich darum gefallen lassen, daß seine Worte nach der partikulären Sprachsitte ausgelegt werden. Die Berufung auf die Fachzeitschrift stellt hier zwischen Offerenten und Oblaten ein Sonderverhältnis her, welches die Anwendung der individuellen Auslegung rechtfertigt.

[40]) Vgl. den Rechtsfall in Seuff. Arch. 62 S. 390 Nr. 224.

erklärung geirrt haben. Beschränkt sich ein kaufmännischer Sondersprachgebrauch auf den Kreis der Vollkaufleute, so darf er nicht zum Zwecke der Auslegung von Erklärungen benutzt werden, die Vollkaufleute Minderkaufleuten oder letztere ersteren gegenüber abgeben[41]). Beauftragt eine Firma, die sich mit dem Verkauf von künstlichen Dünge- und Futtermitteln beschäftigt, eine Firma, die sogenannte Klebadressen herstellt, „ihr sämtliche Adressen der in Deutschland befindlichen Futter- und Düngemittelhandlungen" zu liefern[42]), so kann sie nicht unter Hinweis auf die in ihren Kreisen herrschende Geschäftssprache verlangen, daß unter „Futter- und Düngemittelhandlungen" nur die Händler mit künstlichen Dünge- und Futtermitteln, nicht auch die mit gewachsenem Futter verstanden werden. Ist endlich ein Inspektor von einem Gutsbesitzer bevollmächtigt worden, „ihn bei der Brandschadenregulierung nach jeder Richtung zu vertreten", und hat darauf die Versicherungsgesellschaft dem Inspektor die Versicherungssumme ausgehändigt, so muß der Gutsbesitzer die erfolgte Zahlung gegen sich gelten lassen, auch wenn er nachzuweisen vermag, daß man in der Technik des Versicherungswesens unter „Brandschadenregulierung" nur die Verhandlungen zwischen Versicherer und Versichertem bis zur endgültigen Festsetzung der Höhe des Schadens, nicht aber auch die Auszahlung der Entschädigungssumme begreift. Denn da ein Gutsbesitzer kein Versicherungssachverständiger ist, so durfte bezw. mußte die Gesellschaft bei der Auslegung der ihr unterbreiteten Vollmacht von der im allgemeinen Rechtsverkehr üblichen Bedeutung der Worte ausgehen. Diese aber schließt offenbar die Legitimation zum Zahlungsempfang in sich ein. Die zufällige Kenntnis des Gutsbesitzers von der technischen Sprache des Versicherungswesens hat ihm also einen Irrtum bei der Erklärungsabgabe eingebracht, nicht hingegen hat sie ein Mißverständnis auf seiten des Geschäftsgegners verursacht[43]).

---

[41]) Vgl. Reichsgericht im Recht 11 S. 245 Nr. 412.

[42]) Ein von Danz, Auslegung S. 29 und Iher. Jahrb. 46 S. 421 mitgeteilter Rechtsfall.

[43]) Vgl. das von Otto Fischer in Iher. Jahrb. 38 S. 317 f. mitgeteilte reichsgerichtliche Erkenntnis. Der obige Fall ist deshalb bemerkenswert, weil hier der außerhalb des Berufskreises Stehende in der beruflichen Sondersprache redet.

Zum Schlusse sei noch bemerkt, daß die bisher aufgestellten Grundsätze über den Verkehr zwischen Berufsfremden und Berufsangehörigen dann nicht zur Anwendung kommen, wenn es sich um Rechtsgeschäfte handelt, die für gewöhnlich nur von bestimmten Berufsgenossen untereinander abgeschlossen werden, an denen sich aber ausnahmsweise einmal ein außerhalb der Berufskreise Stehender beteiligt. Ein Nicht-Bankier verbindet sich z. B. ausnahmsweise einmal mit mehreren Bankiers zu einem Konsortialgeschäft. Dann muß der Fremde die den betreffenden Rechtsverkehr beherrschenden termini technici gegen sich gelten lassen, auch wenn die Voraussetzungen der individuellen Auslegung nicht gegeben sind. Denn er wäre dann, wenn auch nur vorübergehend und nur hinsichtlich des einzelnen Geschäftes Mitglied des betreffenden Berufskreises geworden und unterstände darum, wie der Reisende der Sprache des fremden Volkes, so als Gast der Geschäftssitte dieses Standes[44]).

3. Eine bisher noch nicht besprochene Möglichkeit der Fallgestaltung ist dadurch gegeben, daß sich ein partikulärer Sprachgebrauch an einem bestimmten Orte für einen bestimmten Berufszweig ausbilden, also sowohl lokale wie berufliche Grenzen haben kann. Die Entscheidung solcher Art von Fällen bietet nach den bisherigen Erörterungen keine Schwierigkeit mehr; sie ist vielmehr in ihnen bereits enthalten. Handelt es sich um Willenserklärungen zwischen Angehörigen und Nichtangehörigen des betreffenden Berufsstandes, so berücksichtigt ja die Auslegung nach allem, was wir gesehen haben, den Sondersprachgebrauch normalerweise überhaupt nicht, einerlei, ob die Erklärung an dem betreffenden Orte unter Anwesenden abgegeben wird oder ob sie nach außerhalb geht bezw. von außerhalb kommt. Gehören aber die Parteien dem gleichen Beruf und nur verschiedenen Wohnorten an, so liegt nichts weiter als ein örtlich verschiedener Sprachgebrauch vor, für den die oben unter 1 entwickelten Grundsätze gelten. Es würde also die Erklärungsabgabe (das Wort im Gegensatz zum Erklärungs-

---

[44]) So sind auch die sich mit dem oben gebrachten Beispiel beschäftigenden Ausführungen des Reichsoberhandelsgerichtes 15 S. 251 zu verstehen.

zugang genommen) darüber entscheiden, ob der Sondersprachgebrauch des einen Ortes den Erklärungsinhalt bestimmte, oder ob der letztere seine Auslegung vom Sondersprachgebrauch bezw. wenn ein solcher nicht existierte, vom allgemeinen Sprachgebrauch des anderen Ortes erführe. Wenn ein Baumwollengeschäft in Amsterdam einer Baumwollenspinnerei in Halle „Tinnevelly-Baumwolle" offeriert, „segelnd hierher nach overland Proben sehr schöne good fair zeigend", und unter dem Ausdruck „good fair" im Amsterdamer Baumwollenhandel etwas anderes verstanden wird, als in der Baumwollenbranche in Halle, so hat sich die Bedeutung der Worte „good fair" nach der Amsterdamer Usance zu richten. Das, was „good fair" im Amsterdamer Baumwollenhandel besagt, ist vom Offerenten erklärt worden, und hat die Hallenser Firma mit der Offerte andere Vorstellungen verbunden, so hat sie sie eben mißverstanden[45]). Hat die „Zirkaklausel" in der Hamburger Kaufmannssprache einen anderen Sinn als in der Breslauer Kaufmannssprache, und bietet ein Hamburger Handlungshaus einem Breslauer Geschäft „zirka 18000 Zentner Reismehl" an, so ist der Interpretation der fraglichen Klausel die Hamburger Auffassung zugrunde zu legen[46]). Und gestattet ein Stettiner Handelsbrauch dem Verkäufer, über den Kaufpreis auf den Käufer Wechsel zu ziehen, so bedeutet eine von einem Stettiner Kaufmann an einen auswärtigen Kaufmann geschickte Offerte: „ich verkaufe diese Ware um diesen Preis," so viel wie: „ich behalte mir vor, über diesen Preis Wechsel auf den Käufer zu ziehen"[47]). Es würde darum der Stettiner, der von diesem Inhalt seiner Erklärung ausginge, nicht über ihren Sinn geirrt, sondern der Empfänger, der sich ihr zufolge lediglich zur Barzahlung verpflichtet glaubte, ihre wahre Bedeutung nicht verstanden haben[48]).

---

[45]) Vgl. das Urteil des Reichsoberhandelsgerichtes 7 S. 13.

[46]) So auch OLG. Hamburg in Seuff. Arch. 50 Nr. 256.

[47]) Vgl. den von Ehrlich a. a. O. S. 31 mitgeteilten Rechtsfall. (Übrigens findet sich bei Ehrlich Zeile 6 und 7 von unten infolge Druckfehlers eine sinnstörende Verwechslung von Käufer und Verkäufer.)

[48]) Bei der Wichtigkeit, die hiernach dem kaufmännischen Sondersprachgebrauch eines einzelnen Ortes auch für die auswärtigen Kaufleute

§ 13.

Wir haben im Verlauf der Darstellung gesehen, daß hie und da sowohl die generelle wie die individuelle Auslegung versagen, so daß der Inhalt einer zweideutigen Erklärung weder auf die eine noch auf die andere Weise ermittelt werden kann. Diese Gestaltung der Dinge ist einmal dann gegeben, wenn zwei Leute, die aus verschiedenen Sprachgebieten stammen und in keiner für die Auslegung verwertbaren Sonderbeziehung zueinander stehen, sich an einem dritten Orte treffen, wo sich für den Ausdruck, mit dem sie einen verschiedenen Sinn verbinden, eine feste Bedeutung nicht gebildet hat: ein Däne und ein Wiener finden sich in Paris zusammen, und der Eine macht dem Anderen ein Kaufangebot in „Kronen" [1]). Es gibt ferner, wie wir wissen, Ausdrücke, die überhaupt keine feste Bedeutung haben (auch innerhalb ein und desselben Sprachgebietes nicht), sondern ihren Inhalt immer erst aus den Umständen, unter denen sie gebraucht werden, empfangen [2]): hier liegt die eingangs erwähnte Situation vor, so oft die Umstände eine doppelte oder gar mehrfache Deutung der Willenserklärung zulassen. Jemand erbietet sich, Privatstunden von 8—9 Uhr zu geben, ohne daß aus den näheren Umständen, unter denen das Angebot erfolgt, ersichtlich ist, ob die Zeit von 8—9 Uhr morgens oder die Zeit von 8—9 Uhr abends gemeint sei. Oder ein Freund schreibt dem anderen, ob er von dem und dem Lehrbuch, das er durch Zufall doppelt besitze, ein Exemplar haben wolle, wobei er

---

innewohnt, ist es für die letzteren natürlich von größtem Werte, sich über die Sondergewohnheiten der einzelnen Plätze jederzeit rasch orientieren zu können. Diesem Zwecke dienen mehrere verdienstliche Sammlungen von Handelsgebräuchen. Sie sind aufgeführt bei Düringer-Hachenburg II S. 315 in Abs. 2 des Literaturverzeichnisses. Siehe dazu etwa noch Trumpler, Die neuen Frankfurter Börsenusancen verglichen mit den Berliner im Bank-Archiv 6 Heft 9 ff.; die Zusammenstellung „Deutscher Handelsgebräuche" von Zander in der Monatsschrift f. Handelsrecht u. Bankwesen 16 S. 270 ff. und die alphabetische Tabelle von Vertragsklauseln nebst Nachweisen über ihre Auslegung in der Literatur und Judikatur bei Ritter, HGB. (Berlin 1910) S. 431 ff.

[1]) Vgl. oben S. 161.

[2]) Vgl. oben S. 143 ff.

seinerseits an einen käuflichen Erwerb des Buches, der Erklärungsempfänger hingegen an eine Schenkungsofferte denkt[3]). Oder zwei überseeische Firmen beauftragen einen Dritten, ihnen für die Zwecke des Kabelverkehres eine Chiffresprache zu entwerfen, und der Dritte verwechselt in der Instruktion, die er jeder der beiden Parteien erteilt, die Bedeutung der von ihm erfundenen Phantasieworte, sagt etwa der einen, „Semilodei" bedeute Vertragsschluß „mit", der anderen „Semilodei" bedeute Vertragsschluß „ohne Garantieübernahme"[4]). Und endlich ist möglich, daß einer Erklärung zwei Empfänger gegenüberstehen, und daß zwischen dem einen und dem Erklärenden Sonderbeziehungen obwalten, welche eine individuelle Auslegung der abgegebenen Erklärung verlangen, während es zwischen dem anderen und dem Erklärenden an solchen Beziehungen fehlt, so daß in ihrem Verhältnis allein die generelle Auslegung angebracht erscheint. Führen hier beide Auslegungsarten zu verschiedenem Ergebnis, so ist, wenn die Erklärung nach Lage der Sache nicht dem einen Teile gegenüber diesen, dem anderen Teile gegenüber jenen, sondern nur einen einheitlichen Sinn haben kann, wiederum keine unserer Auslegungsmethoden anwendbar. Nur bei den die subjektive Auslegung zulassenden Nicht-Verkehrsgeschäften reichen die für die Ermittelung des Erklärungsinhaltes im Vorstehenden gegebenen Regeln auch für die ebengenannten Fälle aus; da der Geschäftswille in der mehrdeutigen Erklärung, wenn auch keinen vollkommenen, so doch immerhin noch einen Ausdruck gefunden hat, so darf hier bei der Interpretation der Erklärung auf den Willen des Erklärenden zurückgegangen werden[5]). Handelt es sich hingegen um Verkehrsgeschäfte oder wird, wie in einem der vorhin gebrauchten Beispiele gerade darüber gestritten, ob der Erklärende ein Verkehrs- oder Nicht-Verkehrsgeschäft gemeint hat, so darf nach allem, was wir wissen, der innere Wille bei der Auslegung nicht berücksichtigt werden. Wir stehen dann also vor der Frage,

---

[3]) Vgl. den Rechtsfall in Lenels Praktikum des Bürgerl. Rechtes S. 16 Nr. 60.

[4]) Vgl. hierzu den vom Reichsgericht 68 S. 6 ff. abgeurteilten Rechtsfall.

[5]) Vgl. oben S. 94 ff. Beachte auch S. 63 Anm. 1.

ob man dem mehrdeutigen Ausdruck, dem gegenüber die früher besprochenen Regeln versagen, nicht auf andere Weise beikommen kann[6])?

Sehr einfach erledigt sich die Frage natürlich da, wo die Rechtsordnung selbst der vieldeutigen Willenserklärung durch ergänzende Rechtssätze oder, was dasselbe ist[7]), durch sogenannte Auslegungsregeln zu Hilfe kommt. Finden sich für bestimmte Erklärungen Vorschriften im Gesetz, wie ihr Inhalt im Zweifel aufzufassen ist, so ist damit die Zweideutigkeit ohne weiteres gehoben. Bedingt sich z. B. jemand bei Abschluß eines Lebensversicherungs- oder eines Leibrentenvertrages die Zahlung der Versicherungssumme oder der Leibrente an einen Dritten aus, ohne daß aus den Umständen erhellt, ob der Dritte das Forderungsrecht auf die Leistung unmittelbar erwerben soll, so ist die Erklärung in diesem Sinne auszulegen, weil das BGB. in § 330 für den Zweifelsfall diese Interpretation befiehlt. Gibt eine Dienstherrschaft bei der Eingehung eines Dienstvertrages dem Dienstboten ein Draufgeld, und hat sich in Ansehung der rechtlichen Bedeutung des letzteren eine feste Sitte am Orte des Vertragsabschlusses nicht gebildet, so hat es nach der vom BGB. im § 336 Abs. 2 getroffenen Bestimmung nicht die Natur eines Reugeldes. Hätte die Dienstherrschaft geglaubt, sich durch Zahlung der arrha ein Rücktrittsrecht auszubedingen, so würde sie also über die juristische Tragweite ihres Handelns „geirrt" haben. Proponiert jemand in einer Offerte dem Gegner schriftliche Fixierung des abzuschließenden Vertrages, und kann den Umständen nichts darüber entnommen werden, ob von der Errichtung der Urkunde die Vertragsgültigkeit abhängen soll, so ist die Frage nach BGB. § 154 Abs. 2 in bejahendem Sinne zu beantworten. Der Empfänger der Offerte, der von der konstitutiven Bedeutung des vom anderen Teile vorgeschlagenen Formerfordernisses ausginge, hätte sie demnach richtig verstanden. Und in ähnlicher Weise

[6]) Diese Frage erhebt sich übrigens auch für die Nicht-Verkehrsgeschäfte, wenn hier die subjektive Auslegung im einzelnen Falle deshalb zu keinem Ziele führt, weil der Erklärende bezw. sein Erbe den behaupteten Geschäftswillen nicht zu beweisen vermag.

[7]) Vgl. unten § 23 unter 2 b.

läßt sich der „wahre", der „wirkliche" Inhalt der Erklärung mit Hilfe des Gesetzes feststellen, wenn ein Erblasser in einem Erbvertrag ein Vermächtnis aussetzt und dabei den Bedachten in einer Art bezeichnet, die auf mehrere Personen paßt, so daß der vom Erblasser Gemeinte nicht ausfindig gemacht werden kann. Nach den §§ 2073, 2279 BGB. sind in solchem Falle die mehreren Personen als zu gleichen Teilen bedacht anzusehen, so daß der Vertragsgegner, der sich eine bestimmte Person unter dem Honorierten vorgestellt hätte, die Verfügung des Erblassers mißverstanden haben würde[8]).

---

[8]) Da wir die früher besprochene generelle und individuelle Auslegung aus den §§ 133 und 157 BGB. ableiteten, anderseits die vom Gesetzbuch für bestimmte einzelne Rechtsgeschäfte aufgestellten (besonderen) Auslegungsregeln erst dann Platz greifen lassen, wenn jene zuerst genannten Auslegungsarten versagen, so geben wir implicite zu erkennen, daß nach unserer Meinung die §§ 133 und 157 den besonderen Auslegungsregeln und (da wir zwischen beiden nicht unterscheiden) den ergänzenden Rechtssätzen vorzugehen haben. Daß damit den §§ 133, 157 nur die ihnen von Rechts wegen zukommende Stellung eingeräumt ist, läßt sich mittelst der einfachen Überlegung beweisen, daß sie es ja sind, die darüber befinden, was im einzelnen Falle erklärt worden ist, daß aber auf der anderen Seite das Wesen des nachgiebigen Rechtes gerade darin besteht, daß es vor dem im einzelnen Falle ermittelten Inhalt der Parteierklärungen zurückweicht. Trotz dieser zwingenden Logik ist in der Literatur auch die entgegengesetzte Auffassung von dem Verhältnis der §§ 133, 157 zu den besonderen Auslegungsregeln vertreten. So von Oertmann I § 157 unter 2d; Düringer im Recht 5 S. 155f.; Schneider, Treu und Glauben S. 151; OLG. Breslau im Recht 10 S. 1254 Nr. 2990 und teilweise auch von Ehrlich, Das zwingende und nicht zwingende Recht im BGB. (Jena 1899) S. 95ff. Schwankend Düringer-Hachenburg II § 346 S. 316—318 Anm. 2, 4 und 7. Auf dem hier vertretenen Standpunkt, zum mindesten in Ansehung der „Auslegungsregeln", teilweise aber auch in Ansehung der „ergänzenden Rechtssätze" stehen: Danz, Auslegung S. 92f., 111ff. und Iher. Jahrb. 38 S. 454ff., 463ff., 54 S. 27f.; Rehbein I S. 162; Staub II § 346 Anm. 10; Lehmann-Ring II § 346 Nr. 5 a. E.; Hölder, Theorie S. 118, 125 (Sep.-Abd. S. 28, 35), Recht 5 S. 216ff. und Krit. Viertelj. 42 S. 492; Stammler, Lehre vom richtigen Rechte S. 340; Wedemeyer, Auslegung S. 26ff. und Riesenfeld, Breslauer Handelsgebräuche (Breslau 1900) S. XXXII. Über die Frage, ob mit Rücksicht auf die derogierende Kraft, die nach dem Gesagten den §§ 133, 157 den einzelnen Auslegungsvorschriften gegenüber zukommt, die im § 157 berufene Verkehrssitte als Gewohnheitsrecht anzusprechen ist, vgl. unten § 23 unter 2 a.

Aber wie, wenn es in Fällen, wo die generelle und die individuelle Auslegung versagen, an solcher gesetzlichen Ergänzung der undeutlichen und darum lückenhaften Erklärung fehlt? Ist hier ein anderer Ausweg gegeben, die Mehrdeutigkeit in Eindeutigkeit zu verwandeln?

Im gemeinen Rechte hatte man auch für solche scheinbar hoffnungslosen Fälle eine Reihe heilender Rezepte in Bereitschaft.

Hierher gehört einmal der auch heute noch oft zitierte Rechtssatz, daß mehrdeutige Erklärungen gegen denjenigen auszulegen seien, der den undeutlichen Ausdruck gebraucht habe. Wer nicht klar genug rede, solle für die entstandene Unklarheit büßen. Indessen dürfte sich für diese aus l. 26 (27) D. de rebus dubiis 34, 5 und l. 38 § 18, l. 99 pr. D. de verb. oblig. 45, 1 abgeleitete Regel[9]) in Wahrheit kaum ein rechtfertigender Grund finden lassen. Denn entweder handelt es sich — und das ist der häufigere Fall — um eine undeutlich abgegebene Offerte: dann ist nicht einzusehen, inwiefern an den sich aus der Annahme der Offerte ergebenden Auslegungsschwierigkeiten den Offerenten ein größeres Maß von Schuld treffen soll als den Akzeptanten, der bei der Annahme des Antrages die Möglichkeit hatte, die unklaren Punkte klarzustellen bezw. den Antrag wegen seiner Unklarheit abzulehnen. Oder die undeutliche Erklärung ist keine Offerte, sondern ein empfangsbedürftiges Rechtsgeschäft anderer Art: dann hat freilich der Erklärungsempfänger keine Macht, auf die Klarstellung des Erklärungsinhaltes einzuwirken; aber daraus folgt nur, daß die mit den gewöhnlichen Mitteln der Auslegung nicht zu behebende Mehrdeutigkeit ihm nicht zu unverdientem Schaden gereichen darf. Ein solcher Schaden aber erwächst dem Erklärungsempfänger

---

[9]) „Cum quaeritur in stipulatione, quid acti sit, ambiguitas contra stipulatorem est." „In stipulationibus cum quaeritur, quid actum sit, verba contra stipulatorem interpretanda sunt." „Ac fere secundum promissorem interpretamur, quia stipulatori liberum fuit verba late concipere." (Damit freilich merkwürdig kontrastierend l. 96 D. de regul. juris 50, 17: in ambiguis orationibus maxime sententia spectanda est eius, qui eas protulisset). Vgl. auch § 266 ALR. I, 5; Code civil Art. 1162; Österreich. BGB. § 915.

auch dann nicht, wenn man die „Auslegung contra stipulatorem" verwirft: denn dann bleibt als Folge der auf normalem Wege nicht heilbaren Undeutlichkeit nur die Unwirksamkeit der Erklärung übrig. Diese Unwirksamkeit aber ist Erklärendem und Erklärungsempfänger gleichmäßig erkennbar gewesen, so daß die Interessen keines der beiden Beteiligten verletzt sind. Der hier bekämpfte Satz hingegen, der dem Gegner des Erklärenden geradezu die Befugnis verleiht, zwischen den verschiedenen in der Erklärung verborgenen Inhaltsmöglichkeiten die ihm am meisten zusagende auszuwählen [10]), bedeutet eine einseitige und darum ungerechte Bevorzugung des Erklärungsempfängers. Nun wird freilich in der Literatur darauf hingewiesen, daß die Auslegung gegen den Erklärenden in einer Reihe von Fällen gerade ein soziales Bedürfnis sei, also nicht eine Ungerechtigkeit, sondern im Gegenteil ein Gebot ausgleichender Gerechtigkeit darstelle. So überall, wo der Erklärende im Verhältnis zum Erklärungsempfänger der bei weitem wirtschaftlich stärkere oder geschäftsgewandtere Teil sei. Aus diesem Gesichtspunkt heraus forderte man beispielsweise im Römischen Rechte die Auslegung gegen den Verkäufer und den Vermieter [11]), und fordert man heutzutage die Auslegung gegen die ihre Bedingungen nicht klar formulierenden Transport- oder Versicherungsgesellschaften [12]). Soweit hier ein wirtschaftliches Bedürfnis wirklich vorliegt, muß es von der Auslegung natürlich befriedigt werden.

---

[10]) Diese Konsequenz tritt klar zutage in der l. 106 D. de verb. oblig. 45, 1 (vgl. auch l. 34 pr. D. de contr. empt. 18, 1 in der richtigen Beleuchtung, die sie durch Gustav Hartmann in Iher. Jahrb. **20** S. 53 ff. erfahren hat): qui ex pluribus fundis, quibus idem nomen impositum fuerat, unum fundum sine ulla nota demonstrationis stipuletur, incertum stipulatur, id est eum fundum stipulatur, quem promissor dare voluerit. Die gleiche Unbilligkeit würde sich ergeben, wenn man mit Danz, Auslegung S. 223 ff. und Regelsberger, Pandekten I S. 595 f. die Vollmacht in zweifelhaften Fällen durchgängig zuungunsten des Vollmachtgebers auslegen wollte.

[11]) Vgl. l. 39 D. de pactis 2, 14; ll. 21, 33 D. de contr. empt. 18, 1; l. 172 D. de regul. juris 50, 17 und dazu Code civil Art. 1602.

[12]) Vgl. Dernburg, Pandekten I § 124 S. 288; v. Tuhr in der Zeitschr. f. Schweizer. Recht 37 S. 298; Reichsoberhandelsgericht **4** S. 60, **5** S. 243 f., **11** S. 272, **14** S. 437 und Reichsgericht **10** S. 160, **18** S. 144, **19** S. 63 ff.

Nur hat dieser Fall mit der uns augenblicklich beschäftigenden Frage nichts zu tun. Denn für uns handelt es sich darum, ob es Auslegungsregeln gibt, die uns zu einer Ermittelung des Erklärungsinhaltes da verhelfen, wo die generelle und individuelle Auslegung jeden Dienst versagen. Solange sich aber der Sinn eines zweifelhaften Ausdruckes aus einem vorhandenen Verkehrsbedürfnis ableiten läßt, ist das Anwendungsgebiet der generellen Auslegung noch nicht überschritten. Im Gegenteil: die Bedeutung der Worte den Bedürfnissen des Verkehrslebens abzulauschen, ist eine der wichtigsten Aufgaben dieser Auslegungsart [13]). Wir kommen also zu dem Ergebnis, daß die Regel, unklare Ausdrücke seien zuungunsten desjenigen zu deuten, der sich ihrer bedient habe, soweit wie sie den Anforderungen von Treu und Glauben im Verkehr entspricht, in der generellen Auslegung von selbst enthalten ist, daß sie hingegen, soweit sie sich aus letzterer nicht ergibt, mit den Geboten von Treu und Glauben auch nicht im Einklang steht. Damit ist erwiesen, daß jene Regel für unsere Zwecke wertlos ist.

Ein anderer viel berufener Rechtssatz geht dahin, daß zweifelhafte Willenserklärungen „zugunsten des Verpflichteten" auszulegen seien. Auch hinter diesem Ausdruck verbergen sich Gedanken verschiedenfacher Art. Soweit man ihm einen allgemeinen Charakter beimißt und ihn als Heilmittel in allen Fällen verwenden will, wo die gewöhnlichen Interpretationsregeln nicht ausreichen [14]), ist er offenbar ebenso einseitig und ungerecht wie

---

[13]) Vgl. oben S. 90. So ist es generelle Auslegung, wenn das Kammergericht (Rechtspr. der OLG. 8 S. 176) entscheidet, daß zu den im Versicherungsvertrag als Gründen der Anspruchsausschließung genannten „schweren Krankheiten" die Zuckerkrankheit nicht gehöre; oder wenn das Reichsgericht 50 S. 76 urteilt, daß in der einem Agenten erteilten Befugnis, allein die Police zu unterschreiben und sie dem Versicherungsnehmer auszuhändigen, die Vollmacht zum Abschluß von Versicherungsverträgen liege. Vgl. auch das Reichsgericht in Seuff. Arch. 44 Nr. 175.

[14]) Vgl. vor allem l. 34 D. de regul. juris 50, 17: semper in stipulationibus et in ceteris contractibus id sequimur, quod actum est: aut, si non pareat, quid actum est, erit consequens, ut id sequamur, quod in regione, in qua actum est, frequentatur. quid ergo, si neque regionis mos appareat, quia varius fuit? ad id, quod minimum est, redi-

die vorhin besprochene, sich schlechthin contra stipulatorem wendende Regel. Er ist darum als allgemeiner Rechtsbehelf ebenso zu verwerfen wie diese. Aber die Forderung »in dubio pro reo« oder, was dasselbe besagt, »in dubio minus« oder »in dubio mitius« wird oft auch nur für ein beschränkteres Gebiet erhoben. Ähnlich wie die vorige wird sie aus der wirtschaftlichen Natur bestimmter einzelner Rechtsgeschäfte abgeleitet und bloß für diese als Auslegungsmaxime aufgestellt. So soll sie bald für Verzichte[15]), bald für Konventionalstrafen[16]), bald für Vergleiche, bald für Schenkungsversprechen[17]), bald für alle „einseitigen Verträge“[18]) gelten. Wir brauchen hier der Frage nicht näher zu treten, ob wirklich das Verkehrsbedürfnis bei den genannten Geschäften eine solche einschränkende Auslegung verlangt. Denn selbst wenn dem so wäre[19]), so

---

genda summa est. Ferner l. 9 eodem („semper in obscuris quod minimum est, sequimur“), l. 56 eodem („semper in dubiis benigniora praeferenda sunt“), l. 192 § 1 eodem („in re dubia benigniorem interpretationem sequi non minus iustius est quam tutius“). Vgl. auch §§ 253, 255, 260, 267, 268, ALR. I, 5; Code civil Art. 1162 und Sächs. BGB. § 813. Aus der älteren Judikatur siehe Reichsoberhandelsgericht 7 S. 14 und aus der neueren das von Soergel in seiner Rechtsprechung 1905 S. 35 f. unter c zitierte Erkenntnis des Bayr. Oberst. Landesgerichtes.

[15]) So beispielsweise Sächs. BGB. § 135.

[16]) So z. B. Danz, Auslegung S. 193 f.; vgl. die zahlreichen Judikaturnachweise daselbst.

[17]) So z. B. § 269 ALR. I, 5 und Danz, Auslegung S. 131.

[18]) So beispielsweise Österreich. BGB. § 915 und Reichsgericht 9 S. 179. — Vgl. auch noch aus den römischen Quellen die Auslegungsregeln zugunsten der dos und zugunsten der libertas in ll. 20, 85, 122 D. de regul. juris 50, 17.

[19]) Tatsächlich liegt ein solches Verkehrsbedürfnis, wenigstens in dem weiten Umfang, in dem es vielfach behauptet wird, nicht vor. Wo bei Verzichten, Strafgedingen, einseitigen Verträgen eine einschränkende Auslegung am Platze ist, ergibt sie sich aus den besonderen Umständen des konkreten Falles und nicht aus der „Natur“ dieser Geschäfte, die keineswegs dem einseitigen Interesse der wirtschaftlich Starken dienen. Ähnlich Regelsberger, Pandekten I S. 643 unter 4. Aber auch für das Schenkungsversprechen ist die Existenz eines schlechthin den Verpflichteten bevorzugenden Sprachgebrauches zu leugnen, ein Satz, der praktische Bedeutung dann gewinnt, wenn die bei Schenkungen

würde doch die diesem Bedürfnis entgegenkommende Auslegung nach allem, was wir vorhin gesehen haben, nichts weiter als ein Anwendungsfall der generellen Auslegung sein, mithin in keiner Beziehung stehen zu dem Problem, um dessen Beantwortung wir uns an dieser Stelle mühen. Das gleiche gilt von dem dritten möglichen Inhalt, der sich für den Satz »in dubio minus« denken läßt. Es kann nämlich gemeint sein, daß da, wo eine Erklärung einen bestimmten Sinn zweifellos erkennen läßt und nur darüber gestritten wird, ob sie nicht überdies noch einen anderen, weitergehenden Sinn hat, das deutliche minus von dem undeutlichen plus nicht berührt wird. Der Sinn des Satzes würde dann der sein, daß die wegen unbehebbarer Undeutlichkeit eintretende Nichtigkeit des plus im Zweifel nicht auch das minus ergreife. Wenn jemand eine Quittung ausstellt, die in Buchstaben auf elftausend, in Ziffern auf 1100 Mark lautet[20]), so ist damit jedenfalls ein Empfangsbekenntnis über elfhundert Mark abgegeben, und streiten läßt sich nur, ob in der Urkunde noch der Empfang von weiteren 9900 Mark zugestanden ist oder nicht. Kann dieser Streit in Ermangelung geeigneter Auslegungsmittel nicht ausgetragen werden[21]) und besitzt darum die Urkunde hinsichtlich des Empfanges der 9900 Mark weder Beweis- noch Gegenbeweiskraft, so behält sie doch in Ansehung von 1100 Mark ihre volle rechtliche Wirkung. Wenn die Auslegung in dieser Weise aus einem undeutlichen plus das deutliche minus herausschält, so ist gegen ein solches Verfahren sicherlich nichts einzuwenden; aber ebenso sicher ist, daß der ihr dieses Verfahren gestattende Rechtssatz keine Abhilfe gegen die Schwierigkeiten gewährt, deren Lösung wir hier anstreben. Denn

---

an sich eingreifende subjektive Auslegung wegen Beweisschwierigkeiten versagt: vgl. oben S. 97 f. und Anm. 6 dieses Paragraphen.

[20]) Vgl. den vom Reichsgericht abgeurteilten Rechtsfall in Seuff. Arch. 59 S. 55 Nr. 29.

[21]) Der sich für die in Buchstaben ausgedrückte Summe entscheidende Art. 5 der WO. ist auf andere als Wechselurkunden nicht anwendbar. So auch das Reichsgericht a. a. O. Dieselbe zurückhaltende Auslegung wird man gegenüber dem § 6 des neuen Reichsscheckgesetzes zu beobachten haben.

was er besagt, ist im Grunde nur die alte Rechtswahrheit: »utile per inutile non vitiatur.« [22])

Es gibt endlich noch eine dritte Regel, der die Zauberkraft innewohnen soll, da etwas auszurichten, wo die Auslegung mit ihrem gewöhnlichen Handwerkszeug nicht weiter kann. Nach einer sehr verbreiteten Theorie ist nämlich in zweifelhaften Fällen derjenige Sinn der Willenserklärung zu bevorzugen, „bei welchem das Rechtsgeschäft Bestand haben kann" [23]). Soweit dieser

---

[22]) Natürlich muß bei der Beantwortung der Frage, ob in einem undeutlichen plus ein unzweideutiges minus enthalten ist, mit der nötigen Vorsicht verfahren werden. Die Quellenaussprüche: „in eo, quod plus sit, semper inest et minus", oder: „in toto et pars continetur", enthalten eine sehr fragwürdige Weisheit. Nicht überall, wo es sich um die Wahl zwischen einer kleineren und einer größeren Ziffer handelt, kann man sagen, daß die erstere jedenfalls erklärt sei. Wenn jemand ein notarielles Schenkungsversprechen abgibt, und die Urkunde in Buchstaben die Summe von tausend, in Ziffern die Summe von 10000 nennt, so ist allerdings sicher, daß mindestens tausend versprochen worden sind. Denn wer sich zur Schenkung von 10000 bereit erklärt, gibt damit zu erkennen, daß er auch 1000 zu schenken gewillt ist. Zweifellos falsch aber wäre es, wenn man daraus schließen wollte, daß derjenige, der in Worten fünfzehn, in Ziffern 13 Stück Rindvieh als Käufer oder Verkäufer offeriert, jedenfalls 13 Stück angeboten habe. Denn die Offerte von „fünfzehn" kann hier ebensogut „nicht mehr" wie „nicht weniger" als „fünfzehn Stück Rindvieh" bedeuten; der Erklärungsinhalt läßt sich also nicht so charakterisieren: jedenfalls dreizehn, unentschieden ob nicht vielleicht fünfzehn, sondern nur so: unentscheidbar, ob dreizehn oder fünfzehn. Und erst recht kann selbstverständlich keine Rede davon sein, daß wenn jemand eine Wohnung zu 200 Mark monatlich offeriert, und der Andere 100 versteht und dementsprechend akzeptiert, eine Einigung jedenfalls in Höhe von 100 erzielt sei, während umgekehrt, wenn jemand etwas zu 100 offeriert, der Andere hingegen 200 versteht und einschlägt, in der Regel „100" als übereinstimmend erklärt anzusehen sein werden. Vgl. hierzu auch Reichsgericht in der Leipziger Zeitschr. 1 S. 657 und über das Gefährliche der Regel „in eo, quod plus sit" usw. noch Zitelmann, Irrtum S. 606 ff.

[23]) Vgl. beispielsweise Isay, Willenserklärung S. 53; dazu l. 12 (13) D. de rebus dubiis 34, 5 (quotiens in actionibus aut in exceptionibus ambigua oratio est, commodissimum est id accipi, quo res de qua agitur magis valeat quam pereat); l. 21 § 1 eodem; l. 80 D. de verb. oblig. 45, 1 (quotiens in stipulationibus ambigua oratio est, commodissimum est id accipi, quo res qua de agitur, in tuto sit); ferner § 74 ALR. I, 4; Code civil Art. 1157; Sächs. BGB. § 813.

Rechtssatz nichts anderes sagen will, als daß der deutliche Teil einer Erklärung unter etwaigen undeutlichen Teilen nicht leiden darf, ist er nach dem, was wir eben gesehen haben, zwar inhaltlich zutreffend, aber für unsere Zwecke belanglos. Soweit man ihm aber einen darüber hinausgehenden Inhalt beilegt, ist er ein Rechtssatz von sehr problematischer Wahrheit. Zunächst wäre er überhaupt nur anwendbar, wenn die mehreren in der Erklärung eingeschlossenen Inhaltsmöglichkeiten von der Art sein würden, daß die Erklärung, falls sie den einen Inhalt hätte, gültig, falls sie den anderen Inhalt hätte, ungültig wäre: es wiese etwa die Erklärung mit der einen Bedeutung auf einen erlaubten, mit der anderen Bedeutung auf einen verbotenen Geschäftszweck hin. Jener Satz wäre hingegen unanwendbar überall da, wo die verschiedenen Deutungen sämtlich einen tauglichen Geschäftsinhalt ergäben, und es sich darum nicht um die Alternative: gültig oder ungültig, sondern um die Frage handelte, ob das Rechtsgeschäft mit dem Inhalt x oder dem Inhalt y zustande gekommen sei. Unsere dritte Regel könnte also, selbst wenn sie an und für sich brauchbar wäre, doch immer nur für eine kleine Gruppe von Fällen in Betracht kommen. Aber sie ist bei näherer Untersuchung überhaupt nicht haltbar. Denn da, wo die generelle und individuelle Auslegung zu einem non liquet führen, ließe sich das Herausgreifen desjenigen Erklärungsinhaltes, bei welchem das Rechtsgeschäft Erfolg haben kann, höchstens damit rechtfertigen, daß man auf diese Weise dem mutmaßlichen Willen des Erklärenden am meisten gerecht werde. Indessen ganz abgesehen davon, daß diese Vermutung in vielen Fällen dem wahren Sachverhalt nicht entsprechen wird, wissen wir von früher her, daß nur bei einer einzigen Gattung von Rechtsgeschäften die Auslegung imstande ist, Rücksicht auf den inneren, der Außenwelt nicht erkennbaren Willen des Erklärenden zu nehmen: nämlich nur bei den Nicht-Verkehrsgeschäften [24]). Hier aber bedarf es nicht der besonderen Regel, daß im Zweifel zugunsten der Geschäftsgültigkeit zu interpretieren sei; denn soweit damit im einzelnen Falle der Wille des Erklärenden wirklich getroffen wird, ist dieser Satz im Be-

[24]) Vgl. oben S. 94 ff.

griff der subjektiven Auslegung von selbst enthalten[25]). Bei den Verkehrsgeschäften hingegen gilt objektive Auslegung; und weil hier nur der Außenwelt erkennbare Umstände als Auslegungsmaterial verwertet werden dürfen, kann da, wo das vom Erklärenden beobachtete Verhalten zwei verschiedene Auffassungen zuläßt, nicht die eine deshalb gewählt werden, weil sie sich hinterher als die dem Willen des Erklärenden entsprechende erweist[26]). Sind hinwiederum äußere, dem Gegner erkennbare Umstände vorhanden, die zugunsten des gültigen Erklärungsinhaltes sprechen, so greift dieser, ohne daß man dazu eine Sonderregel braucht, schon nach allgemeinen Auslegungsgrundsätzen durch[27]). So teilt der dritte hier besprochene Rechtssatz das Schicksal der beiden anderen: soweit er brauchbar ist, enthält er nichts, was sich aus den früher erörterten Auslegungsgesetzen nicht schon von selbst ergäbe, und kann darum nicht da aushelfen, wo diese versagen; soweit er aber über diese Gesetze hinausgeht, ist er schlechterdings unbrauchbar.

Es zeigt sich also, daß keine der hier aufgeführten Regeln geeignet ist, helfend einzuspringen, wenn die generelle und die individuelle Auslegung am Ende ihrer Kunst angelangt sind[28]).

---

[25]) § 2084 BGB. ist also neben den §§ 133, 157 entbehrlich.

[26]) Die römischen Quellen machen zwar in den bekannten Eingangsworten der l. 3 D. de rebus dubiis 34, 5 den Versuch, das Problem in diesem falschen Sinne zu lösen. Denn dort heißt es: „In ambiguo sermone non utrumque dicimus, sed id dumtaxat, quod volumus." Indessen korrigiert sich die Stelle gewissermaßen selbst, indem sie — freilich auch nur teilweise richtig — fortfährt: itaque qui aliud dicit quam vult, neque id dicit, quod vox significat, quia non vult, neque id quod vult, quia id non loquitur. Dabei zeigen die beiden einander widersprechenden und „wie zum Hohne" (Isay a. a. O. S. 53 Anm. 1) noch durch itaque verbundenen Hälften, wie wenig man von den allgemeinen Auslegungsregeln des Corpus juris civilis zu halten hat, und daß es kein Wunder ist, wenn die Materie der Geschäftsinterpretation im gemeinen Rechte so im argen gelegen hat. Für das geltende Recht will an dem Satze „in ambiguo sermone" usw. festgehalten wissen Leonhard, Allgem. Teil S. 359 f.; nicht ganz ablehnend steht ihm auch Kipp bei Windscheid I S. 444 Anm.* zu § 84 gegenüber.

[27]) Vgl. oben S. 143 f.

[28]) Folglich sind alle die Regeln: „in dubio contra stipulatorem", „in dubio minus", „in dubio id, quo res magis valeat quam pereat",

Andere Hilfsmittel aber sind seitens der Doktrin nicht vorgeschlagen worden und können auch nicht vorgeschlagen werden. Denn es gibt eben für die Auslegung keine anderen Mittel und Wege, den wahren Inhalt einer mehrdeutigen Willenserklärung festzustellen, als die in den voraufgegangenen Paragraphen dargelegten, aus allgemeinen Grundsätzen und dem Verkehrsbedürfnis abgeleiteten Behelfe. Daraus folgt, daß, wenn diese versagen, und die Rechtsordnung nicht ihrerseits mit ergänzenden Bestimmungen eingreift, die Mehrdeutigkeit der Erklärung überhaupt nicht gehoben werden kann. Es ist dann also der am Schlusse des vorigen Kapitels ins Auge gefaßte Fall der unheilbaren Undeutlichkeit gegeben. Diese aber bewirkt, wie wir dort gesehen haben, die Ungültigkeit der betreffenden Erklärung: das Geschäft ist nichtig, weil der Rechtsfolgewille nicht in einer den Anforderungen des Rechtes entsprechenden Weise „geäußert" worden ist. Danach ist unwirksam die an einen Masseur gerichtete Offerte, er möge zwischen 7 und 8 Uhr zum Massieren kommen, da sich nicht entscheiden läßt, ob die Morgen- oder die Abendstunde gemeint ist[29]); ungültig der Antrag des Studiosus A an den Studiosus B, „er habe infolge Erbganges Cosacks Lehrbuch ganz neu und unaufgeschnitten doppelt; B möge ihm mitteilen, ob er ein Exemplar haben wolle", denn es kann hierin ebensogut die Aufforderung zu einem Kaufgeschäft wie das Angebot einer Schenkung liegen[30]); ungültig die Bestellung beim Buchhändler, er solle umgehend ein Exemplar von „Hohenlohes Memoiren" oder von Kohlers „Konkursrecht" schicken, da die gewählte Bezeichnung, wenn sie nicht durch die Begleitumstände ergänzt wird, in dem einen Falle sowohl auf

---

wissenschaftlich wertlos, und es geschieht ihnen fast zu viel Ehre, wenn Regelsberger in Endemanns Handbuch II S. 393 davor warnt, sie „als starre Vorschriften" oder als „Ruhekissen" zu betrachten, „auf welchen sich der Richter die gewissenhafte Erwägung der gesamten Umstände des einzelnen Falles erspart". Wie wir urteilt Crome I S. 408 Anm. 9 über sie, wenn er ihnen einen „irreführenden" Charakter und teilweise „Unvereinbarkeit mit dem Gesetz" vorwirft. Vgl. auch Stammler a. a. O. S. 499 f.

[29]) Vgl. das ähnliche Beispiel bei Zitelmann, Irrtum S. 496.

[30]) Vgl. auch den von v. Tuhr a. a. O. S. 309 mitgeteilten Rechtsfall.

die Denkwürdigkeiten des Reichskanzlers Hohenlohe wie auf die Erinnerungen des Prinzen Kraft zu Hohenlohe-Ingelfingen, im anderen Falle ebenso auf Kohlers Lehrbuch wie auf seinen Leitfaden des Konkursrechtes paßt[31]). Aus ähnlichem Grunde wäre unwirksam eine Erklärung, in der jemand, der mehrere Pferde besäße, „sein Pferd" zum Verkauf stellte[32]). Und endlich würde nichtig sein eine Kündigung, die der Mieter eines Hauses, der beim Vermieter ein vierteljährlich kündbares Kapital stehen hätte, in die Worte fassen würde: „ich kündige Ihnen zum 1. April", weil darin sowohl eine Kündigung von Kapital und Wohnung wie eine Kündigung lediglich des Kapitales oder lediglich der Wohnung gefunden werden könnte[33]). Handelt es sich aber hier überall um Erklärungen, die schon von seiten des gebrauchten Erklärungsmittels ungültig sind, so ist sicher,

---

[31]) Beispiele dieser Art lassen sich angesichts der vielen einander ähnlichen Büchertitel beliebig häufen; man denke etwa noch an „Mommsens Staatsrecht" oder „Burckhardts Renaissance", zwei Paradigmata, mit denen v. Tuhr a. a. O. S. 297 f., 313 operiert.

[32]) Henle in den Götting. Gelehrt. Anzeigen 1908 S. 477 bestreitet, daß solche Offerte mehrdeutig sei. Denn sie könne objektiv nur den Sinn haben: ich verkaufe dasjenige von meinen Pferden, an das ich denke. Das ist indessen nicht richtig. Die Wendung „mein Pferd" besagt bei genereller Auslegung (wenn also die Individualität des Pferdes nicht anderweitig, aus Sonderbeziehungen der Parteien ersichtlich ist) keineswegs: das Pferd, an das ich denke, sondern das Pferd, das ich besitze, und wenn der Offerent mehrere Pferde besitzt, so leidet seine Offerte an einer durch keine Auslegungskunst zu behebenden inhaltlichen Unbestimmtheit.

[33]) Leonhard, Allgem. Teil S. 476, hebt hervor, daß in Fällen, wie den oben gedachten, die Partei, welche die undeutliche Ausdrucksweise verschuldet habe, dem Gegner de lege lata nicht schadensersatzpflichtig sei, da § 122 nicht eingreife und eine besondere Vorschrift, die den schuldigen Urheber haftbar mache, sich im Gesetzbuch nicht finde. Aber er meint, daß sich de lege ferenda „gegen eine solche Vorschrift nichts einwenden lasse". M. E. spricht gegen sie die einfache Erwägung, daß, wenn eine Erklärung unheilbar undeutlich ist, dies der Adressat ebensogut zu erkennen vermag wie der Urheber, und daß es darum eigene Schuld des Adressaten ist, wenn er, statt die undeutliche Erklärung in den Papierkorb zu werfen, auf ihre Wirksamkeit vertraut, bei Verträgen insbesondere die mehrdeutige Offerte annimmt, ehe die Zweifel, die sie in sich birgt, beseitigt sind.

daß wir uns im folgenden nicht weiter mit ihnen zu beschäftigen haben. Denn wir haben uns hier die Aufgabe gesetzt, den Einfluß des Mißverständnisses auf die Gültigkeit eines Rechtsgeschäftes zu untersuchen. Dann aber können uns diejenigen Willenserklärungen nicht interessieren, die schon „als solche" nichtig sind, so daß, selbst wenn sie „mißverstanden" werden, das „Mißverständnis" doch nicht das die Nichtigkeit verursachende Moment darstellt[34]).

---

[34]) Vgl. oben S. 74ff. — Es könnte höchstens umgekehrt die Frage aufgeworfen werden, ob eine wegen ihrer Undeutlichkeit an und für sich nichtige Erklärung nicht wenigstens dann als gültig angesehen werden muß, wenn zufällig beide Parteien mit ihr den gleichen Sinn verbunden haben. Die Beantwortung dieser Frage liegt freilich außerhalb des Rahmens unseres Themas, denn wir wollen ja hier untersuchen, ob eine an sich gültig abgegebene Erklärung dadurch unwirksam wird, daß sie der Gegner unrichtig versteht, und nicht, ob eine an sich unwirksam abgegebene Erklärung dadurch gültig wird, daß sie der Gegner richtig versteht, ganz abgesehen davon, daß da, wo eine Erklärung unheilbar undeutlich ist, von einem „richtigen" und „falschen" Verständnis im technischen Sinne überhaupt nicht mehr gesprochen werden kann. Indessen soll jener Frage um der nahen Berührungspunkte willen, die sie mit unserer Lehre hat, doch wenigstens in Kürze näher getreten werden. In der Literatur wird sie verschiedentlich dahin beantwortet, daß wenn der Empfänger einer wegen unbehebbarer Undeutlichkeit an sich wirkungslosen Erklärung diese so verstanden habe, wie sie vom Erklärenden gemeint gewesen sei, der letztere sich auf die durch die Zweideutigkeit entstandene Ungültigkeit der Erklärung nicht berufen könne. So offenbar Kipp a. a. O. S. 448; Leonhard, Irrtum I S. 120 unter 3 und S. 171; v. Tuhr a. a. O. S. 296; Manigk, Willenserklärung S. 513f. und Wedemeyer, Auslegung S. 18 Anm. 2. Insbesondere soll nach der Meinung dieser Schriftsteller, wenn ich recht urteile, derjenige, der eine mehrdeutige Offerte abgibt, an sie dann gebunden sein, wenn sie vom anderen Teile in dem Sinne angenommen wird, in dem sie gestellt war. Dieser Standpunkt ist aber in Wahrheit nicht haltbar; weder läßt er sich mit dem Wesen des Vertragskonsenses noch allgemein mit dem Hinweis auf Treu und Glauben im Verkehr begründen. Vielmehr würde es widerspruchsvoll sein, wollte man auf der einen Seite sagen: eine an unheilbarer Undeutlichkeit leidende Erklärung ist, weil sich der Wille des Erklärenden nicht in einer den Anforderungen des Rechtes entsprechenden Weise geäußert hat, nichtig; und auf der anderen Seite dem Erklärenden verwehren, die Tatsache geltend zu machen, daß er seinen Willen nur in unvollkommener Weise geäußert hat. Der Erklärungsempfänger war doch nicht verpflichtet, die rechtlich unerhebliche

Die Abgrenzung des Untersuchungsgebietes ist damit beendet. Insbesondere haben wir jetzt die nur unvollkommen

---

Erklärung wie eine rechtlich erhebliche zu behandeln; ja angesichts der Doppelsinnigkeit der Willensäußerung läßt sich nicht einmal sagen, daß er in berechtigtem Vertrauen getäuscht worden sei. Und wie er befugt sein muß, die Erklärung, auch wenn er sie anfänglich so, wie sie gemeint war, verstanden, nachher aber ihre Mehrdeutigkeit erkannt hat, unter Preisgabe des ursprünglich in sie hineingelegten Sinnes zu ignorieren, so muß auch derjenige, der die mehrdeutige Kündigung oder die mehrdeutige Offerte abgegeben hat, das Recht haben, jederzeit die Konsequenzen aus der mit der Undeutlichkeit verbundenen Ungültigkeit zu ziehen. Doch darf dabei zweierlei nicht übersehen werden. Einmal daß der Erklärende, wenn er das mehrdeutige Verhalten *absichtlich* beobachtet hat, um den anderen Teil irrezuführen und dadurch zu schädigen, er diesem nach BGB. § 826 den aus der undeutlichen Erklärungsabgabe entstandenen Schaden — vorbehaltlich des nach § 254 zu berücksichtigenden eigenen Verschuldens des Geschädigten — zu ersetzen hat. Und sodann sind die Parteien einer wegen ihrer Undeutlichkeit unwirksamen Erklärung durch nichts gehindert, sich nachträglich auf einen bestimmten Erklärungsinhalt zu *einigen*. Letzterer wird dann gewissermaßen im Wege der authentischen Interpretation festgestellt. So würde in dem oben gebrachten Beispiel die Kündigung des Mieters zwar nicht in dem Moment wirksam, wo sie dem Vermieter zuginge, wohl aber würde sie nach rückwärts hin gültig, wenn am 1. April der Vermieter dem Mieter das betreffende Kapital zurückbrächte und letzterer es entgegennähme. Denn damit hätten beide einander zu erkennen gegeben, daß die Kündigung als *Darlehns*kündigung angesehen werden solle. Und wenn jemand beim Buchhändler „die Memoiren Hohenlohes" bestellte, so läge darin noch keine wirksame Offerte; würde aber daraufhin jener die Denkwürdigkeiten Fürst Chlodwigs abschicken *und der Besteller sie behalten*, so hätten die Parteien durch den mittelst Senden und Nehmen abgeschlossenen Kontrakt jenem vieldeutigen Angebot einen eindeutigen Inhalt gegeben. Immer aber setzt, wie ersichtlich, die authentische Interpretation wechselseitig geäußertes Einverständnis über den Erklärungsinhalt, m. a. W. einen irgendwie betätigten *Vertragsschluß* zwischen Erklärendem und Erklärungsempfänger voraus. Und wie bei der authentischen Interpretation auf dem Gebiet der *Gesetzes*exegese „der neue Rechtssatz ganz auf eigenen Füßen steht und selbst dann gilt, wenn er nachweisbar den Sinn des früheren Rechtssatzes verfehlt" (*Regelsberger*, Pandekten I S. 142), so steht auch hier der der authentischen Auslegung dienende *Vertrags*schluß durchaus selbständig da und gilt, einerlei ob der Erklärungsinhalt, so wie er ihn wiedergibt, der früheren Auffassung der Parteien konform ist oder nicht. Und ist die *Legal*-Interpretation nichts anderes als „Aufstellung eines neuen *Rechtssatzes* mit rückwirkender Kraft", so ist die authentische Auslegung von deutliche und darum für unsere Zwecke noch in Betracht kommende Erklärung gesondert von der vollkommen undeutlichen und darum uns nichts mehr angehenden Willensäußerung. Wir haben ferner die Methode kennen gelernt, wie scheinbare Mehrdeutigkeit in Eindeutigkeit verwandelt wird, und sind darum imstande, überall, wo Erklärender und Erklärungsempfänger über den Erklärungssinn streiten, die für uns wichtige Vorfrage zu beantworten, ob sich der Inhalt der Erklärung mit dem deckt, was der eine Teil erklären wollte, oder mit dem, was der andere Teil aus ihr herausgelesen hat, und ob wir es infolgedessen mit einer „irrtümlich" abgegebenen oder mit einer „mißverständlich aufgenommenen" Willenserklärung zu tun haben.

Nachdem so der Boden bereitet ist, können wir nunmehr an die Frage nach den Wirkungen des Mißverständnisses herantreten.

Willenserklärungen nichts anderes als Errichtung eines neuen Geschäftes mit rückwirkender Kraft. Dabei ist es eine nicht hier, sondern in der Lehre von den Formerfordernissen zu beantwortende Frage, ob, wenn das Gesetz für eine Willenserklärung eine bestimmte Form vorschreibt, auch die authentische Auslegung der Erklärung dem Formenzwang unterworfen ist.

Zweiter Teil.

Die Wirkungen des Mißverständnisses.

Erstes Kapitel.

Die Wirkungen des Mißverständnisses bei einseitigen Rechtsgeschäften.

§ 14.

Das BGB. bestimmt in § 130: „Eine Willenserklärung, die einem Anderen gegenüber abzugeben ist, wird, wenn sie in dessen Abwesenheit abgegeben wird, in dem Zeitpunkt wirksam, in welchem sie ihm zugeht." Danach werden wir uns, wenn wir im folgenden die Wirkungen des Mißverständnisses auf empfangsbedürftige Rechtsgeschäfte ins Auge fassen, in erster Linie mit dem Begriff des Zuganges auseinanderzusetzen haben. Denn es ist klar, daß die Antwort auf die uns hier interessierende Frage je nach der Vorstellung, die man mit letzterem verbindet, verschieden ausfallen muß. Sollte „Zugang" identisch sein mit „Kenntnisnahme", so wäre möglicherweise in der zitierten Gesetzesbestimmung dem Mißverständnis ein Einfluß auf die Gültigkeit der Rechtsgeschäfte eingeräumt: könnte doch der mißverstandenen Erklärung gegenüber kaum von erfolgter Kenntnisnahme geredet werden; zum mindesten bedürfte die Zulässigkeit solcher Auslegung einer eingehenden Untersuchung. Sollte hingegen unter dem Zugang ein vor der Kenntnisnahme liegender Zeitpunkt zu verstehen sein, so würde sich aus jener Gesetzesstelle die Einflußlosigkeit des Mißverständnisses auf die Gültigkeit der Willenserklärung ohne weiteres ergeben. Denn bleibt letztere wirksam, auch wenn der Adressat von ihrem

Inhalt keine Kenntnis erhalten hat, so kann die falsche Kenntnisnahme ihrer Rechtsbeständigkeit unmöglich schaden.

Was heißt also „Zugang"? und was bedeutet es, daß das Gesetzbuch an genannter Stelle das Zugangserfordernis auf die Willenserklärungen unter Abwesenden beschränkt hat?

So umstritten diese Fragen in der Literatur auch sind, so herrscht doch in einem, und nicht dem unwichtigsten, Punkte volle Einigkeit. Man zweifelt nämlich nicht mehr daran, daß Willenserklärungen, die unter räumlich voneinander getrennten Personen durch Zusendung eines Schriftstückes abgegeben werden, zugehen und wirksam werden, ehe sie zur Kenntnis des Adressaten gekommen sind. Darin liegt ja gerade der Wert der vom Gesetzbuch adoptierten sogenannten Empfangstheorie, daß sie dem Absender nicht die Gefahr der die Urkunde in der Einflußsphäre des Empfängers treffenden Schicksale aufbürdet, die er zu tragen hätte, wenn das „Vernehmen" des Adressaten, wie es eine im gemeinen Rechte vertretene Theorie wollte, die Wirkung der Erklärung bedingte. Mögen die Ansichten darüber, welcher Moment positiv als Zeitpunkt des Zugehens zu gelten habe, auseinandergehen, darüber stimmen die Meinungen sämtlich überein, daß unter Abwesenden keine durch Übergabe eines Schriftstückes erfolgende Willenserklärung zur Kenntnis des Adressaten kommen kann, die nicht schon vorher, und sei es nur um Sekunden früher, in Wirksamkeit getreten wäre. Denn ob man nun den Besitzerwerb am Schriftstück oder den Eintritt der Urkunde in den „Herrschafts-" oder „Machtbereich", in den „Gewahrsam" oder die „Verfügungsgewalt" des Empfängers für ausschlaggebend ansieht, immer hat die Urkunde, wenn sie vom Adressaten in der Hand gehalten und gelesen wird, bereits ein Stadium durchlaufen, in welchem sie zugegangen und dadurch zur rechtlichen Existenz gelangt war. Und darum steht fest, daß bei der hier erwähnten Gattung von Willenserklärungen das Mißverständnis, mag es nun in der Gestalt des Wahrnehmungsfehlers oder in der Gestalt des Deutungsfehlers auftreten [1]), keinerlei zerstörenden Einfluß auf das Rechtsgeschäft ausüben kann [2]).

---

[1]) Wegen dieser Unterscheidung vgl. oben S. 11 ff.

[2]) Da also ein Mißverständnis nach erfolgtem Zugang unschädlich.

Mit der Negative, daß die durch Zusendung von Schriftstücken sich vollziehenden Willenserklärungen zu ihrer Wirksam-

---

vor erfolgtem Zugang entweder unmöglich oder, soweit möglich, naturgemäß ebenfalls ohne Erheblichkeit ist, so brauchen wir der Frage, welche von den eben angedeuteten Definitionen des Zuganges für die oben gedachten Willenserklärungen richtig bezw. zweckmäßig ist, an dieser Stelle nicht näherzutreten. Ich selbst habe für die Fälle der schriftlichen Übermittelung von Willenserklärungen (die Polemik, die Hölder, Theorie S. 93 [Sep.-Abdr. S. 1] wegen des Ausdruckes „schriftliche Übermittelung" gegen mich richtet, betrifft einen Streit um Worte, bei dem ich gern zugebe, daß Hölder den sprachlich korrekteren Standpunkt vertritt) folgende Begriffsbestimmung des Zugehens vorgeschlagen: „Zugegangen ist eine Willenserklärung in dem Moment, wo das sie enthaltende Schriftstück dergestalt in den Besitz des Adressaten gelangt ist, daß dieser unter normalen Verhältnissen ohne weiteres von ihrem Inhalt Kenntnis nehmen kann." Vgl. meine Abhandlung in Iher. Jahrb. 47 S. 379 ff. Es sollte mit dieser das Moment des Besitzerwerbes verwertenden Formulierung an die Stelle der herrschenden Definition, die nur mit der „normalen" oder „verkehrsüblichen" „Möglichkeit der Kenntnisnahme" und dem „Macht"- oder „Herrschaftsbereich" operiert, eine präzisere und gewissermaßen juristischere Begriffsbestimmung gesetzt werden. Ich würde von dem zur Untersuchung stehenden Thema abschweifen, wenn ich meine Definition gegen die Einwendungen, mit denen sie in der Literatur bekämpft worden ist, hier im einzelnen verteidigen wollte. Nur auf einen Punkt möchte ich in Kürze hinweisen. Es ist mehrfach behauptet worden (vgl. z. B. Hedemann, Zivil. Rundschau im Arch. f. Bürgerl. Recht 25 S. 361; Siecke, Was bedeutet das Zugehen bei den empfangsbedürftigen Willenserklärungen? [Rostocker Dissert. 1905] S. 53 ff., insbes. S. 57; Manigk, Willenserklärung S. 310), daß das von mir herangezogene besitzrechtliche Moment zum mindesten überflüssig sei und der herrschenden Lehre gegenüber keinen Fortschritt bedeute, weil ja daneben der vage Begriff der normalen Möglichkeit der Kenntnisnahme bestehen bleibe. Dabei wird indessen übersehen, daß das Erfordernis des Besitzerwerbes der Erzielung klarer Ergebnisse insofern förderlich ist, als ihm zufolge überall, wo kein Besitz am Schriftstück erworben worden ist, von „Zugang" nicht gesprochen werden kann. Auf diese Weise wird eine ganze Reihe von Fällen, denen die herrschende Lehre ratlos gegenübersteht, zweifelsfrei in negativem Sinne entschieden. Es ist also nicht, wie Manigk findet, „erstaunlich", daß ich mir den von ihm erhobenen Einwand nicht selbst gemacht habe, sondern „erstaunlich" ist, daß dieser Schriftsteller trotz der reichen von mir beigebrachten Kasuistik die Differenzen, die zwischen meiner Definition und der herrschenden Lehre bestehen, gerade im praktisch wichtigsten Punkte nicht bemerkt hat. Im übrigen dürfte es aussichtslos und darum zwecklos sein, mit Manigk keit der Kenntnisnahme nicht bedürfen, ist das Gebiet, auf dem bislang eine übereinstimmende Auslegung des § 130 erzielt worden ist, und für das darum auch gegen die eben aufgestellte Behauptung von der Einflußlosigkeit des Mißverständnisses kein Widerspruch befürchtet zu werden braucht, erschöpft. Bei allen anderen Formen der Willensübermittelung herrscht in Ansehung der Frage, wie sich der Begriff des Zuganges zum Moment der Kenntnisnahme verhalte, lebhafter Streit. Da der Wortlaut des § 130 zur Schlichtung des Streites nicht ausreicht, die Materialien aber zu seiner Beilegung ebenfalls nichts ergeben, so kann dem Kampf der Meinungen nur durch ein Zurückgehen auf die ratio legis, dieses sicherste und untrüglichste Mittel der Auslegung, ein Ende gemacht werden. Wenn wir wissen, warum das Gesetz beim schriftlichen Verkehr unter Abwesenden vom Erfordernis der Kenntnisnahme absieht und sich mit dem „Zugang" begnügt, werden wir auch für die übrigen Gruppen von Willenserklärungen imstande sein, den ihrer Eigenart entsprechenden Zeitpunkt des Wirksamwerdens ausfindig zu machen.

Der Grund für die Stellung, die die Rechtsordnung gegenüber den schriftlichen Willenserklärungen unter Abwesenden einnimmt, ist unschwer zu finden. Er liegt natürlich in der besonderen Natur des Erklärungsmittels. Weil die Urkunde, wenn sie einmal in den Herrschaftsbereich des Adressaten gekommen ist, diesem, auch wenn er von ihrem Inhalt zunächst keine Kenntnis genommen hat, für gewöhnlich die nachträgliche Kenntnisnahme ermöglicht, darum braucht das Gesetz die Gültigkeit der Erklärung von der erfolgten Kenntnisnahme nicht abhängig zu machen. Diese Regelung, die ja an und für sich dem Wesen der empfangsbedürftigen Willenserklärung am meisten entspräche, würde, wie vorhin schon angedeutet, von großer Unbilligkeit für den Absender sein. Jene Regelung

---

über den Begriff des Zugehens zu streiten. Wer diesen Begriff so verflüchtigt, daß er beim eigenhändigen Testament von einem „variierenden Modus des Zuganges" spricht (S. 329) und Fälle wie die der öffentlichen Zustellung an einen nicht Auffindbaren ebenfalls unter dem Gesichtspunkt des Zuganges betrachtet (S. 315), kann natürlich dem Versuch, den Zeitpunkt des Zugehens möglichst scharf und genau zu fixieren, kein Verständnis entgegenbringen.

befreit ihn von dieser Unbilligkeit, ohne doch eine nennenswerte Ungerechtigkeit gegen den Adressaten zu enthalten. Sie ignoriert die Kenntnisnahme, ohne sie zu verhindern: litera scripta manet[3]). Die dauernde Wahrnehmbarkeit, die der in der Urkunde verkörperten Willenserklärung im Gegensatz zum gesprochenen Worte innewohnt, ist es also, die das Verkehrsleben auch ohne das Erfordernis der Kenntnisnahme auskommen läßt und so den im § 130 angeordneten Dispens von ihr rechtfertigt[4]).

Wenn das richtig ist — und daß es richtig ist, kann eigentlich nicht bezweifelt werden —, so haben wir für unsere Zwecke schon sehr viel gewonnen. Zwar verhilft uns jene Erkenntnis vorläufig noch zu keiner Regelung derjenigen Willenserklärungen, denen der dauernde Charakter nicht innewohnt, wohl aber folgt aus ihr, daß für diejenigen Fälle von Willenserklärungen, die mit der Zusendung von Schriftstücken die Eigenschaft der dauernden Wahrnehmbarkeit teilen, die Kenntnisnahme des Adressaten vom Geschäftsinhalt zur Wirksamkeit nicht vonnöten, ein Mißverständnis des Empfängers auf die Gültigkeit des Rechtsgeschäftes also einflußlos ist. Denn die Gründe, die es dort als zulässig und zweckmäßig erscheinen ließen, statt der Kenntnisnahme nur den „Zugang" zu verlangen, treffen naturgemäß auch hier zu. Und: ubi eadem legis ratio, ibi eadem legis dispositio[5]).

---

[3]) Wenn Hölder a. a. O. gegen diesen schon in meiner vorhin zitierten Abhandlung Anm. 1 gebrauchten Ausdruck einwendet, daß sich auch die Daseinsspur des geschriebenen Wortes verwischen, ein Stück Papier z. B. leicht abhanden kommen könne, so übersieht er, daß der Begriff des Zuganges es mit der normalen Möglichkeit der Kenntnisnahme zu tun hat. Normalerweise aber bleiben Schriftstücke, die in den Gewahrsam des Adressaten gekommen sind, diesem erhalten.

[4]) Völlig übereinstimmend Breit im Sächs. Arch. f. Bürgerl. Recht 15 S. 653 ff.

[5]) Der § 130 ist demnach teils extensiv, teils restriktiv zu interpretieren. Was er sagen will, haben wir gesehen: daß Willenserklärungen, die dauernd wahrnehmbar sind, zu ihrer Wirksamkeit nicht der Kenntnisnahme, sondern nur des Zuganges bedürfen. Indem das Gesetz als den wichtigsten Repräsentanten dieser Erklärungsart mit Recht die schriftlich abgegebene Erklärung ansieht, anderseits von der ebenfalls richtigen Beobachtung ausgeht, daß schriftlich in der Regel nur unter Abwesenden

So stehen wir vor zwei gesondert zu behandelnden Gruppen von Willenserklärungen, die sich voneinander durch die Dauer der Wahrnehmbarkeit des Erklärungsmittels unterscheiden[6]).

Zu der einen Gruppe, bei der die Wahrnehmbarkeit dauernd und darum eine nachträgliche Kenntnisnahme möglich ist, gehört vor allem die durch Übergabe eines Schriftstückes erfolgende Willenserklärung, und zwar einerlei, ob die Übergabe unmittelbar von Partei zu Partei, also unter Anwesenden, oder ob sie unter Abwesenden (im Wege des postalischen Verkehres bezw. mit Hilfe eines Boten) erfolgt[7]). Immer aber muß es sich um

und unter Abwesenden überwiegend schriftlich verkehrt wird, kommt es dazu, die Erklärungen unter Abwesenden mit der dauernd wahrnehmbaren zu identifizieren. In Wahrheit liegt aber solche Identität nicht vor: ist doch auch unter Anwesenden schriftlicher und unter Abwesenden mündlicher Verkehr (Bote, Telephon) denkbar. Der § 130 muß also entgegen seinem Wortlaut mitunter auch auf Erklärungen unter Anwesenden und darf nicht ohne weiteres auf alle Erklärungen unter Abwesenden angewendet werden.

[6]) Wenn Hölder a. a. O. S. 94 meint, daß solche Unterscheidung dem Gesetz fremd sei, so hoffe ich, durch die obigen, auf die ratio legis gegründeten Ausführungen das Gegenteil gezeigt zu haben.

[7]) Viele Schriftsteller identifizieren die Erklärung unter Anwesenden ohne weiteres mit der mündlichen Erklärung und nehmen infolgedessen keine Stellung zu der Frage, wie es sich mit dem Begriff des Zugehens da verhält, wo eine Erklärung unter Anwesenden schriftlich abgegeben wird. Von den sich mit der Frage beschäftigenden Autoren steht jetzt die Mehrzahl auf dem oben und schon in meiner vorhin zitierten Abhandlung Anm. 1 vertretenen Standpunkt, daß es in Ansehung des Zuganges einerlei ist, ob die Übergabe des Schriftstückes unter Abwesenden oder unter Anwesenden erfolgt. Vgl. vor allem Breit a. a. O. S. 645 ff.; ferner Oertmann im Recht 10 S. 721 ff. und Kommentar § 130 unter 4 a α; Kipp bei Windscheid § 72 a. E., insbes. S. 342; Biermann I S. 145 unter 4; Staub II Exk. zu § 361 Anm. 4; Düringer-Hachenburg II S. 49; Staudinger I S. 392; Isay, Willenserklärung S. 94; Koppers in Gruchots Beitr. 46 S. 225 ff.; Samolewitz, Über das Wirksamwerden von Willenserklärungen (Heidelberger Dissert. 1907) S. 20 f.; Kunstmann, Das Zugehen der rechtsgeschäftlichen Willenserklärungen (Erlanger Dissert. 1906) S. 39. Hingegen verlangt Eltzbacher, Handlungsfähigkeit S. 237 f., in Verkennung der dem § 130 zugrunde liegenden gesetzgeberischen Gedanken, für die Wirksamkeit der schriftlichen Willenserklärungen unter Anwesenden Kenntnisnahme des

Übergabe des Schriftstückes handeln: eine schriftliche Willenserklärung, die dem Adressaten vom Erklärenden nur vorgelesen oder nur zur Lektüre vorgezeigt, also gar nicht in die Hand gegeben wird, ist nicht bleibender, sondern vergänglicher Natur und gehört darum nicht in diese, sondern in die andere Erklärungsgruppe [8]). Ja man wird noch einen Schritt weitergehen und das Wort Übergabe im streng technischen Sinne nehmen müssen und darum nur solche Fälle der Urkundenaushändigung darunter verstehen dürfen, wo der Empfänger das Schriftstück entweder für immer oder doch wenigstens eine Zeitlang behalten soll. Gibt die eine Partei dem Gegner ein Schreiben in die Hand, das dieser nur einsehen und dann sofort zurückgeben soll, so ist die Situation in der uns hier interessierenden Beziehung ebenso zu beurteilen, wie wenn der Erklärende dem Gegner die Urkunde nicht ausgehändigt, sondern

---

Adressaten vom Erklärungsinhalt. Nicht ganz auf dem Boden der hier vertretenen Ansicht steht auch Leoni, Die Tatbestandselemente der empfangsbedürftigen Willenserklärung (Freiburger Dissert. 1902) S. 66 f. Was die Judikatur angeht, so hat sich das Reichsgericht, das in der Literatur häufig als Anhänger der im Texte verfochtenen Meinung aufgeführt wird, in Wahrheit zu der hier beantworteten Frage nicht geäußert. Vielmehr hat es in dem oft zitierten Erkenntnis des VII. Zivilf. vom 27. Okt. 1905 (**61** S. 414 ff., Jur. Wochenschr. **34** S. 715) nur erklärt, daß vor der Übergabe des Schriftstückes an den anwesenden Gegner von erfolgtem Zugang nicht gesprochen werden könne, hat aber die Frage, ob die Übergabe zum Zugehen genüge, oder ob unter Anwesenden noch die Kenntnisnahme des Adressaten hinzukommen müsse, absichtlich unentschieden gelassen. Auch das Urteil in der Jur. Wochenschr. 34 S. 488 Nr. 6 läßt sich nicht im Sinne unserer obigen Ausführungen verwerten. — Selbstverständlich gilt die von uns befürwortete Gleichstellung der schriftlichen Willenserklärungen unter An- und Abwesenden nur für den Begriff des Zuganges. Ob beide Erklärungsarten auch in übrigen Beziehungen, beispielsweise (wenn es sich um einen Antrag handelt) in Ansehung der Gebundenheit des Offerenten, übereinstimmend zu behandeln sind, ist eine für sich zu erörternde, uns hier nicht interessierende Frage.

[8]) So schon meine vorhin zitierte Abhandlung in Anm. 15. Auch Koppers a. a. O. S. 232 stellt die Erklärung „durch Vorhalten eines Schriftstückes zum Lesen ohne Aushändigung desselben" dem gesprochenen Worte bezw. der Erklärung „durch vorübergehende Zeichen und Winke gleich".

nur zur Lektüre vorgezeigt hätte: wir würden es also wieder nicht mit einem Falle von dauernder Wahrnehmbarkeit, sondern mit einer Form der Erklärungsabgabe zu tun haben, die in Ansehung der Wirkungen eines etwaigen Mißverständnisses nach den für die andere Gruppe zu ermittelnden Grundsätzen zu beurteilen wäre.

Auf der anderen Seite darf man sich nicht der Meinung hingeben, als ob die Kategorie der bleibenden Mitteilungszeichen nur von den schriftlichen Erklärungen ausgefüllt würde. Auch das gesprochene Wort kann körperliche Gestalt annehmen und dadurch dauernde Wahrnehmbarkeit gewinnen. Wenn zwei Parteien sich Willenserklärungen in der Form zukommen lassen, daß die eine ihre Botschaft phonographisch fixiert und dann die Walze dem Gegner zuschickt, damit er sie in seinen Apparat einspanne und dadurch die Erklärung reproduziere, so wird das Rechtsgeschäft nicht erst in dem Moment wirksam, wo der Adressat die vom Phonographen wiedergegebenen Worte vernimmt, sondern schon in dem Augenblick, wo die Walze beim Destinatär eintrifft. Denn wenn er ihr auch den Inhalt zunächst nicht entlockt, so kann er doch das Versäumte jederzeit nachholen[9]). Zu den Willenserklärungen mit bleibendem Charakter muß sodann die durch den elektrischen Ferndrucker übermittelte Erklärung gerechnet werden. Indem dieser Apparat die Mitteilung des Aufgebers beim Angerufenen auf einem selbsttätig abrollenden Papierstreifen in Druckschrift festhält, bewahrt er die Nachricht beliebig lange auf, so daß ihr Inhalt dem Adressaten nicht verloren geht, auch wenn er sie zunächst unbeachtet läßt. Darum auch hier Wirksamkeit schon im Moment des „Zuganges" und nicht erst im Moment der Kenntnisnahme[10]). Und schließlich zählt auch die „stillschwei-

[9]) Auch Breit a. a. O. S. 655 setzt die phonographische Erklärung mit der schriftlichen auf eine Stufe. Auszunehmen sind natürlich wiederum die Fälle, wo der Adressat das Phonogramm nicht behalten, sondern nach Gebrauch dem Urheber der Erklärung zurücksenden soll. Sie würden der Erklärungsabgabe durch Vorzeigen eines Schriftstückes ähneln.

[10]) Anders Sames in der D. Jur.-Ztg. 9 S. 1179 f., der unterschieden wissen will zwischen den Fällen, wo der Adressat zur Zeit der Ankunft der Erklärung anwesend, und denen, wo er abwesend ist. Dort soll Kenntnisnahme erforderlich sein, hier Zugang genügen. Gegen diese

gende", soll heißen die durch konkludente Handlung erfolgende Erklärung unter Umständen zu den eine dauernde Wahrnehmung ermöglichenden Willenserklärungen. Wenn bei einer Alternativobligation mit Wahlrecht des Schuldners dieser die getroffene Wahl dem Gläubiger dadurch erklärt, daß er ihm den geschuldeten Gegenstand zusendet, so wird man diese Willenserklärung gewiß nicht als „schriftliche" bezeichnen dürfen; ebenso gewiß aber wird man nach § 130 BGB. den Zeitpunkt ihrer Wirksamkeit nicht erst in den Moment, wo der Empfänger den Gegenstand zu Gesicht bekommt, sondern schon in den Augenblick zu legen haben, wo der Gegenstand bei ihm eintrifft und darum von ihm wahrgenommen werden kann [11]).

Unterscheidung, die mit wertlosen Kriterien operiert und das rechtlich Bedeutsame, nämlich die dauernde Natur des Erklärungsmittels, übersieht, wenden sich mit Recht Koppers, D. Jur.-Ztg. 10 S. 159 f.; Staudinger § 130 unter 3e; Staub II Exk. zu § 361 Anm. 30 und Sokolowski, Willenserklärungen mittels Fernsprechers und Ferndruckers (Rostocker Dissert. 1908) S. 18 f. Die in der Literatur aufgeworfene Frage, in welchen Moment der Zeitpunkt des Zugehens zu legen sei, wenn die Nachricht zu ungewöhnlicher Stunde, etwa nach Kontorschluß, bei Nacht usw., anlangt (es handelt sich hier um ähnliche Probleme wie beim Briefkasten, über den man meine vorhin zitierte Abhandlung S. 434 ff. vergleichen wolle), bedarf in diesem Zusammenhang keiner näheren Erörterung, da für unsere Zwecke das Ergebnis genügt, daß die vom Ferndrucker überbrachte Nachricht jedenfalls vor der Kenntnisnahme wirksam wird, ein etwaiges Mißverständnis des Adressaten ihrer Gültigkeit also nichts anhaben kann. Natürlich ist hier überall vorausgesetzt, daß der Ferndrucker funktioniert d. h. irgendeine Nachricht von sich gegeben hat. Hat er infolge einer Störung des Apparates gar nichts zu Papier gebracht, so kann von einem Zugehen selbstverständlich keine Rede sein. Hat er eine falsche Erklärung zu Papier gebracht, so ist die falsche Erklärung zugegangen, vorbehaltlich des dem Erklärenden nach Maßgabe der §§ 119 ff. zustehenden Anfechtungsrechtes.

[11]) Vgl. meine Abhandlung Anm. 58. — Nach dem Entw. I § 74 sollten „stillschweigende Willenserklärungen" erst mit der Kenntnisnahme Wirksamkeit erlangen, ein Erfordernis, an dem Fischer-Henle, Handausgabe § 130 Anm. 3, Neumann, Handausgabe § 130 S. 138 unter I 2b und Friedeberg, Die Vertretung im Empfang von empfangsbedürftigen Willenserklärungen (Freiburger Dissert. 1903) S. 22 f. auch dem BGB. gegenüber festhalten. Indessen selbst wenn sich herausstellen sollte, daß für die unkörperlichen Erklärungen die Kenntnisnahme notwendig sei, so zeigt doch das Beispiel des Textes, daß durchaus nicht

Wenn nun auch die durch Übergabe eines Schriftstückes sich vollziehenden Willenserklärungen nicht die einzigen sind, die durch Mitteilungszeichen bleibenden Charakters erfolgen, so stellen sie doch zweifellos den praktisch bei weitem wichtigsten Anwendungsfall dieser Erklärungsgruppe dar. Da sich ferner die schriftliche Willenserklärung in der weitaus größten Mehrzahl aller Fälle durch Übergabe des Schriftstückes (in dem vorhin erwähnten technischen Sinne) vollzieht, so werden wir im folgenden um des kürzeren Ausdruckes willen die dauernd wahrnehmbaren mit den schriftlichen Erklärungen identifizieren. Wenn wir von letzteren reden, so sind also unter dieser Bezeichnung die sämtlichen der bisher besprochenen Gruppe angehörigen Erklärungsfälle und nur diese zu verstehen [12]).

Die andere Gruppe besteht aus den „vergänglichen" Willenserklärungen. Sie hinterlassen nach ihrer Abgabe keinerlei Daseinsspur [13]). Bei ihnen ist darum, wenn der Empfänger den Augenblick der Wahrnehmungsmöglichkeit verpaßt hat, keine nachträgliche Kenntnisnahme denkbar. Hierher gehört in erster Linie das gesprochene, rasch verhallende Wort, also die in mündlicher Form abgegebene Erklärung, einerlei wiederum,

---

alle konkludenten Handlungen zu den unkörperlichen Erklärungen gehören. Es muß also hinsichtlich ihrer eine unterschiedliche Behandlung Platz greifen. Ähnlich auch Kipp a. a. O. unter c und Zitelmann, Grundriß S. 96 unter c.

[12]) Der Vorwurf der Unvollständigkeit, den Hölder a. a. O. gegen die Einteilung der Willenserklärungen in schriftliche und mündliche erhebt, dürfte damit seine Erledigung gefunden haben.

[13]) Wenn Hölder a. a. O. S. 93 meint, daß die nicht körperlichen Willenserklärungen „in der Erinnerung" des Empfängers haften bleiben und insofern eine Daseinsspur hinterlassen, so ist das ebenso zutreffend wie für die hier zur Erörterung stehenden Fragen bedeutungslos. Denn da, wo der Adressat die ihm gegenüber abgegebene und zu seiner Kenntnis gekommene Willenserklärung in der Erinnerung festhält, kann an dem erfolgten Zugang und der damit eingetretenen Wirksamkeit der Erklärung nicht gezweifelt werden. Aber gerade darum sind solche Normalfälle ohne jedes Interesse. Dieses hebt erst an, wenn der Empfänger die Erklärung nicht oder nicht richtig verstanden hat. Für diese Fälle aber wird auch Hölder nicht leugnen wollen, daß die nicht verkörperte Willenserklärung dem Empfänger jede Reproduktion des Erklärungsinhaltes unmöglich macht.

ob sie von ihrem Urheber an den ihm Auge in Auge gegenüberstehenden Gegner gerichtet wird, oder ob sie zu dem räumlich entfernten Adressaten, sei es durch einen Boten, sei es durch das Telephon, getragen wird [14]). Die Besonderheit des Erklärungsmodus, nicht die räumliche An- oder Abwesenheit der Parteien ist das für die uns hier interessierenden Fragen Entscheidende [15]). Gleich-

---

[14]) Die Motive I S. 160 sagen vom telephonischen Verkehr, es spräche „manches für die Annahme", daß auf ihn „die Grundsätze des mündlichen Erklärens unter Anwesenden Anwendung zu finden haben". Es spricht nicht nur manches, sondern es spricht alles dafür. Infolge der in der Literatur weit verbreiteten Identifizierung der mündlichen Erklärung mit der Erklärung unter Anwesenden wird die richtige Rubrizierung der durch Fernsprecher oder durch mündliche Botenbestellung übermittelten Willenserklärungen vielfach so ausgedrückt, es handele sich bei diesen Erklärungen „um Erklärungen unter Anwesenden", bezw. es handele sich bei ihnen „nicht um Erklärungen unter Abwesenden". Wennschon der Gedanke, der sich hinter solchen Wendungen verbirgt, richtig ist, so ist es doch abusiv, da, wo sich die Parteien gerade mit Rücksicht auf ihre Abwesenheit des Telephons oder des Boten bedienen, von Willenserklärungen unter Anwesenden zu sprechen. Im übrigen haben sich viele Schriftsteller die richtige Klassifizierung der telephonischen Erklärung und der mündlichen Botenbestellung dadurch erschwert, daß sie bemüht gewesen sind, durch den Platz, den sie ihnen im System anweisen, zu zwei durchaus heterogenen Fragen gleichzeitig Stellung zu nehmen: nämlich einmal zu der Frage, ob die mündliche Erklärung, um wirksam zu werden, von demjenigen vernommen sein muß, zu dem die Worte gesprochen worden sind; und sodann zu der anderen, davon gänzlich verschiedenen Frage, ob die mündlichen Erklärungen ebenso wie die schriftlichen auch an einen Hausangehörigen oder Angestellten des Destinatärs gültig abgegeben werden können. Manche, die die erstere Frage bejahen möchten, zählen trotzdem unsere Erklärungen zu den Erklärungen „unter Abwesenden", um nicht die letztere Frage verneinen zu müssen; und umgekehrt, manche, die jene Frage verneinen möchten, erblicken dennoch in unseren Erklärungen solche „unter Anwesenden", um nicht diese Frage bejahen zu müssen. In Wirklichkeit haben die beiden genannten Fragen nichts miteinander zu tun, sondern ist jede, wie wir später noch sehen werden, für sich zu beantworten.

[15]) Nur für letztere wird der räumlichen Abwesenheit der Parteien beim telephonischen Verkehr und bei der mündlichen Botenbestellung die rechtliche Erheblichkeit abgesprochen. In anderer Hinsicht kann die Abwesenheit selbstverständlich sehr wohl eine Rolle spielen: vgl. z. B. wegen der Auslegung oben § 12 Anm. 9. — Daß § 147 Satz 2 den Vertragsschluß mittelst Fernsprechers ausdrücklich dem Vertragsschluß unter

gültig ist auch, wie wir vorhin schon sahen, ob der Erklärende den Inhalt seines Geschäftswillens in freier Rede vorträgt oder aus einem Schriftstück abliest. Aber nicht nur die sich an das Ohr des Adressaten, sondern auch die sich an sein Auge wendenden Mitteilungszeichen können vergänglichen Charakters sein. Wir haben als solchen Fall schon diejenige Form der schriftlichen Willenserklärung kennen gelernt, bei der das Schriftstück dem Empfänger nicht zum Behalten, sondern nur zur momentanen Einsicht überlassen wird [16]). Weiter kommen hier diejenigen Erklärungen in Betracht, die durch verabredete Zeichen, Aufziehen von Signalen usw. abgegeben werden. Und vor allem ist auf die große Menge derjenigen konkludenten Handlungen hinzuweisen, bei denen das Verhalten, aus dem der Schluß auf den Geschäftswillen des Erklärenden gezogen wird, nur vorübergehend wahrnehmbar ist.

Diese zweite Gruppe von Willenserklärungen können wir nach ihrem wichtigsten Repräsentanten in erlaubter Breviloquenz als die Gruppe der mündlichen Willenserklärungen bezeichnen.

Über ihr Verhalten zu einem Mißverständnis des Adressaten vermögen wir einstweilen noch nichts auszusagen. Die bisherigen Untersuchungen haben darüber noch kein Ergebnis gezeitigt.

Hingegen haben wir für die erste Gruppe von Willenserklärungen auf Grund unserer Auslegung des § 130 bereits einen wichtigen positiven Rechtssatz gewonnen, den wir etwa so formulieren können: Willenserklärungen von dauernd wahr-

---

Anwesenden gleichstellt, ist für die uns oben beschäftigenden Fragen, obwohl man die Bestimmung vielfach in ihrem Interesse verwertet hat, völlig bedeutungslos. Denn § 147 Satz 2 hat es ausschließlich mit der Gebundenheitsfrist des Offerenten und nicht mit dem Zeitpunkt des Wirksamwerdens einer Willenserklärung zu tun.

[16]) Wenn wir Erklärungen solcher Art hinsichtlich des Zeitpunktes ihres Wirksamwerdens den mündlichen Erklärungen gleichstellen, so ist damit natürlich nicht gesagt, daß sie auch in anderen Beziehungen den mündlichen Erklärungen gleichzuachten seien. Darum ist unabhängig von den Ausführungen des Textes die uns hier nichts angehende Frage zu beantworten, ob da, wo Gesetz oder Vertrag für eine Erklärung die Schriftlichkeit vorschreiben, das Formerfordernis nur durch Übergabe oder auch durch bloßes Vorzeigen der Urkunde erfüllt wird. Vgl. darüber Breit a. a. O. S. 695 f.

nehmbarem Charakter sind, alle übrigen Gültigkeitserfordernisse als erfüllt vorausgesetzt, wirksam, auch wenn der Empfänger den Erklärungsinhalt falsch oder gar nicht verstanden hat.

Kündigt also ein Gläubiger das seinem Schuldner gewährte Darlehn brieflich oder mittelst Ferndruckers oder mittelst Phonographen zum „1. Juni", so ist die Kündigung wirksam zu diesem Tage erfolgt, auch wenn der Schuldner dem Schreiben bezw. den Apparaten fälschlich das Wort „1. Juli" entnimmt. Und empfängt jemand, während er fieberkrank zu Bett liegt, einen Brief, in dem der Vertragsgegner den abgeschlossenen Kontrakt wegen Irrtumes anficht, so ist die Anfechtung gültig, der Vertrag also hinfällig, auch wenn der Adressat infolge seines fiebrigen Zustandes die Buchstaben nicht zu entziffern vermag und darum den Sinn des Schreibens nicht erkennt. Denn die Willenserklärung war bereits in dem Moment wirksam geworden, wo das Schriftstück an der Wohnung des Destinatärs abgegeben wurde, und an dieser einmal eingetretenen Wirksamkeit vermag das nachträgliche Mißverständnis des Adressaten nichts zu ändern[17]). Aus diesem Grunde darf auch an der Gültigkeit einer Willenserklärung nicht gezweifelt werden, die in einem Telegramm verkörpert war, welches der Empfänger beim Öffnen so lädiert hat, daß dadurch sein Inhalt bis zur Unleserlichkeit entstellt worden ist. Und was vom Wahrnehmungsfehler gilt, gilt natürlich erst recht vom Deutungsfehler. Schickt jemand einem Anderen eine Vollmachtserklärung, so kommt die Vollmacht mit dem sich aus der objektiven Würdigung dieser Erklärung ergebenden Inhalt zustande, selbst wenn der Adressat infolge unrichtiger Auslegung der Urkunde den Umfang der Vollmacht für größer hält, als er in Wahrheit ist.

---

[17]) In der Literatur ist zwar der Versuch gemacht worden, für die Wirksamkeit der Willenserklärungen schlechthin die Erkenntnisfähigkeit des Adressaten zu verlangen (vgl. Isay, Willenserklärung S. 87; Endemann I § 66 Anm. 22; Gottschalck, Die empfangsbedürftige Willenserklärung [Erlanger Dissert. 1903] S. 51 f.). Es hat aber der Vorgang keine Nachfolger gefunden. Ist doch auch gerade die gewundene Fassung des § 105 BGB. zu dem Zwecke gewählt worden, damit durch sie zum Ausdruck komme, daß vorübergehende Bewußtlosigkeit zwar der gültigen Abgabe, nicht ohne weiteres aber auch dem gültigen Empfang von Willenserklärungen entgegenstehe.

Und empfängt ein Schuldner nach Fälligkeit der Forderung von seinem Gläubiger eine schriftliche Leistungsaufforderung, die nach den im Verkehr herrschenden Anschauungen als Mahnung anzusehen ist, so fällt er in Verzug, auch wenn er des Glaubens ist, daß dem an ihn gerichteten Schreiben der Charakter der Mahnung fehle. Hätte endlich derselbe Gläubiger in seinem Briefe geschrieben, daß er mit Rücksicht auf die unpünktliche Lieferung von dem Vertrag zurücktrete und Schadensersatz wegen Nichterfüllung verlange, und wäre das in den betreffenden Kreisen die gewöhnliche Wendung für die Geltendmachung des Schadensersatzanspruches, so hätte der Schuldner Schadensersatz zu leisten, auch wenn er den Inhalt des Schreibens für einen den Ersatzanspruch ausschließenden Rücktritt im technischen Sinne hielte[18]).

In allen diesen Fällen also muß der Adressat die Folgen des Mißverständnisses auf sich sitzen lassen. Weder kann er um des letzteren willen die Gültigkeit der Erklärung „anfechten", noch kann er den ihm etwa entstandenen Schaden vom Absender vergütet verlangen. Eine Anfechtung ist ausgeschlossen, weil solche nur dem Urheber der Willenserklärung zusteht. Setzt sie doch nach § 119 voraus, daß sich Geschäftswille und Erklärungsinhalt nicht decken. Der Empfänger aber hat als Empfänger überhaupt keinen Geschäftswillen, sondern ist an der Willenserklärung rein passiv beteiligt. Und ein Schadensersatzanspruch steht ihm, selbst wenn den Absender der Vorwurf treffen sollte, daß er sich deutlicher hätte ausdrücken können, aus dem Grunde nicht zu, weil undeutliche Erklärungsabgabe, soweit sie nicht dolo malo erfolgt, keine zum Schadensersatz verpflichtende unerlaubte Handlung im Sinne des BGB. ist. Wenn nun auch der von Cosack[19]) als Schreckbeispiel konstruierte Fall, daß der Adressat infolge des ihm untergelaufenen Mißverständnisses in Konkurs gerät, im Leben glücklicherweise selten vorkommen wird, so läßt sich doch nicht leugnen, daß unter Umständen aus einem Mißverständnis dem Empfänger sehr erheblicher Schaden erwachsen kann. Soweit der Adressat

[18]) Vgl. zu den letzten beiden Beispielen Reichsgericht in der Jur. Wochenschr. 36 S. 386 Nr. 3.

[19]) I S. 265.

bei Aufwendung der erforderlichen Sorgfalt das Mißverständnis hätte vermeiden können, ist es billig, daß er diesen Schaden trage. Das Gesetzbuch kommt ihm aber auch dann nicht zu Hilfe, wenn er schuldlos das Opfer eines Mißverständnisses geworden ist. Das mag auf den ersten Blick hart erscheinen, namentlich wenn man bedenkt, daß das BGB. den Erklärenden selbst gegen die Folgen grobfahrlässigen Irrtumes in Schutz nimmt. Indessen dürfte es de lege ferenda nicht möglich sein, dem Adressaten zu helfen, ohne die Empfangstheorie im Prinzip preiszugeben. Die Kosten solcher Preisgabe aber würde die Verkehrssicherheit zu tragen haben.

Der Grundsatz von der Einflußlosigkeit des Mißverständnisses auf die Gültigkeit der schriftlichen Willenserklärung greift selbst da durch, wo sich der Erklärende der Schwierigkeiten bewußt ist, welche die Kenntnisnahme dem Adressaten bereitet. Weiß jemand, daß sein Geschäftsgegner infolge Blindheit oder Augenentzündung Geschriebenes nicht zu lesen vermag, und händigt er ihm trotzdem eine schriftliche Willenserklärung ein, so wird letztere im Moment der Briefübergabe wirksam und bleibt wirksam, auch wenn derjenige, von dem sich der Adressat später den Inhalt des Schreibens vorlesen läßt, diesen Inhalt, sei es aus Vorsatz, sei es aus Fahrlässigkeit, unrichtig wiedergibt. Und wenn in Deutschland eine Zimmervermieterin ihrem Chambregarnisten eine in deutscher Sprache abgefaßte Kündigung auf seine Stube legt, obwohl ihr bekannt ist, daß er als Ausländer die deutsche Sprache nicht versteht, so ist nichtsdestoweniger die Kündigung mit der Niederlegung des Briefes in Kraft getreten und bleibt in Kraft, auch wenn die Urkunde dem Adressaten später von einem Dritten falsch übersetzt wird. Denn weder läßt sich in den genannten Fällen die Unwirksamkeit des Rechtsgeschäftes aus dem Wesen der Willenserklärung ableiten [20]), noch kann man sagen, daß es bei ihnen am Erfordernis des Zuganges fehle [21]). Letzteres würde in dem an erster Stelle

---

[20]) Vgl. oben S. 67—69.

[21]) Vgl. meine Abhandlung über den Zeitpunkt des Zugehens S. 419 bei Anm. 62. Zustimmend Breit a. a. O. S. 689. Was vom Blinden und dem sprachunkundigen Ausländer gilt, gilt in gleichem Maße auch vom Analphabeten. Darum unrichtig die Behauptung von Gott-

gebrachten Beispiel nur dann zutreffen, wenn die Übergabe des Schriftstückes an den Blinden bezw. Augenkranken in einer Weise erfolgt wäre, die dem Empfänger das Bewußtsein vom Erwerb des Besitzes der Urkunde nicht verschafft hätte. Der Erklärende hat etwa das mangelnde Sehvermögen des Adressaten dazu benutzt, ihm den Kündigungsbrief unvermerkt in die Rocktasche zu stecken. Doch würde sich auch aus solcher Situation kein neues Problem für unsere Lehre vom Mißverständnis ergeben[22]). Denn sie wäre nicht anders zu beurteilen, wie wenn jemand einem Adressaten von normaler Sehkraft die abzugebende Willenserklärung heimlich in die Tasche praktizierte. In solchem Falle wäre die Willenserklärung mangels eines den gesetzlichen Anforderungen genügenden Zuganges zunächst unwirksam[23]). Sie würde hingegen zugehen und somit Gültigkeit erlangen, sobald der Adressat sie hinterher entdeckte, einerlei ob er in diesem Augenblick von ihrem Inhalt Kenntnis nähme oder nicht[24]). Es würde also weder für die Unwirksamkeit der Erklärung ein vorhandenes noch für die Wirksamkeit der Erklärung ein fehlendes Mißverständnis die Ursache sein.

So sehen wir, daß die schriftlichen einseitigen Willens-

---

schalck a. a. O. S. 46: „Dem anwesenden, des Lesens unkundigen Analphabeten geht eine geschriebene Willenserklärung nicht zu".

[22]) Hätte der Erklärende dem Blinden das Schriftstück in die Tasche gesteckt unter gleichzeitiger mündlicher Mitteilung von diesem Vorgang, und würde der Blinde die zu ihm gesprochenen Worte überhört haben, so daß er in Wahrheit von dem Empfang des Schriftstückes nichts wüßte, so wäre die Frage, ob dieses Überhören dem Zugang des Schriftstückes hinderlich gewesen sei, nach den gleichen Grundsätzen zu beantworten, die wir im folgenden Paragraphen über die Wirkungen des Mißverständnisses bei mündlichen Willenserklärungen kennen lernen werden.

[23]) Weil der Besitzerwerb kein solcher wäre, daß er normalerweise dem Adressaten die Möglichkeit der Kenntnisnahme verschaffte. Oder mit spezieller Anwendung auf den Blinden: der Besitzerwerb wäre nicht geeignet, den Blinden normalerweise zu veranlassen, sich den Inhalt des Schriftstückes von Anderen vorlesen zu lassen. Es ist eben im Sinne unserer Lehre nur derjenige Besitzerwerb normal, der entweder dem Adressaten bewußt geworden ist oder doch wenigstens so beschaffen ist, daß er ihm bei regelmäßigem Verlauf der Dinge bewußt werden muß.

[24]) Vgl. meine Abhandlung S. 411 f.

erklärungen dem Mißverständnis in jeder Beziehung gewappnet gegenüberstehen[25]). Fragen wir uns nunmehr, wie es sich in dieser Beziehung mit den mündlichen Willenserklärungen verhält.

§ 15.

Als Inhalt des § 130 haben wir den Satz kennen gelernt, daß dauernd wahrnehmbare (wir sagen kurz: schriftliche) Willenserklärungen nicht erst mit erfolgter Kenntnisnahme, sondern schon in einem früheren Zeitpunkt, dem Moment des „Zuganges", wirksam werden. Für die mündlichen Erklärungen findet sich weder in diesem Paragraphen noch anderswo im Gesetzbuch eine entsprechende Bestimmung. Aus dieser Tatsache sind in der Literatur die verschiedensten Schlüsse gezogen worden. Vier Interpretationsmöglichkeiten sind hier an sich gegeben, von denen zwei nur in der Begründung, aber nicht im Ergebnis voneinander abweichen.

Denkbar wäre zunächst eine extensive Auslegung des § 130. Ihre Vertreter würden argumentieren, der Gesetzgeber habe sich, als er das Zugangserfordernis auf eine bestimmte Gruppe von Willenserklärungen beschränkte, enger ausgedrückt, als seinem Gedanken entspreche, er habe „in dem Gesetzeswortlaut ein spezialisierendes Element als Vertreter der Gattung angeführt" [1]), und es müsse darum, was er für die Willenserklärungen „unter Abwesenden" verordnet habe, in Wahrheit für alle Willenserklärungen gelten.

Eine andere begriffliche Möglichkeit, die hier vorläge, wäre sodann die analoge Anwendung des § 130. Ihre Anhänger würden davon ausgehen, daß der Grund, der das Gesetzbuch für die schriftlichen Willenserklärungen zur Annahme der Empfangstheorie bestimmte, gleichmäßig auch für die mündlichen

---

[25]) Daß natürlich auch bei ihnen eine an unheilbarer Undeutlichkeit leidende Willenserklärung nichtig ist, steht damit nicht in Widerspruch. Denn für diese Nichtigkeit ist das unzulängliche Erklärungsmittel, nicht das Mißverständnis kausal. Ja, es läßt sich einem nicht bestimmbaren Erklärungsinhalt gegenüber von einem Mißverständnis überhaupt nur im untechnischen Sinne reden: vgl. oben § 13 Anm. 34.

[1]) Aus der Definition, die Regelsberger, Pandekten I S. 153 von der ausdehnenden Auslegung gibt.

Erklärungen zutreffe, und daß darum diese der gleichen Regelung wie jene zu unterwerfen seien.

Beide Wege führten zu demselben Ziele. Auf dem einen oder anderen wandeln, sei es bewußt, sei es unbewußt, diejenigen Schriftsteller, die für alle Willenserklärungen, schriftliche sowohl wie mündliche, einen einheitlichen Zugangsbegriff aufstellen, der natürlich, weil er heterogene Fälle zu umfassen hat, sehr vage und allgemein gehalten sein muß. Die Zahl derer, die in der Literatur diese Richtung einschlagen, ist, wennschon sie neuerdings abnimmt, doch noch immer sehr groß[2]).

Dennoch erweisen sich jene beiden Wege bei richtiger Betrachtung der Dinge als Irrwege. Denn der ausdehnenden Auslegung des § 130 steht der klare Wortlaut des Gesetzes entgegen. Indem das BGB. im § 130 sagt: „Eine Willenserklärung, die einem Anderen gegenüber abzugeben ist, wird, wenn sie in dessen Abwesenheit abgegeben wird, in dem Zeitpunkt wirksam, in welchem sie ihm zugeht," läßt es unzweideutig erkennen, daß die Bestimmung nicht für alle, sondern nur für eine bestimmte Gruppe von Willenserklärungen gelten soll. Man kann, wie wir, zu dem Resultat kommen, daß das Gesetzbuch in der Bezeichnung dieser Gruppe fehlgegriffen habe, daß deren Grenze nicht nach dem von ihm genannten, sondern einem anderen, den Verkehrserscheinungen besser entsprechenden Kriterium abzustecken sei, keinesfalls aber

---

[2]) Vgl. z. B. Endemann I § 66 S. 314 unter 4 (die ersten Auflagen vertraten eine andere Ansicht); Cosack I § 59 S. 200; Crome I § 88 S. 392, der zwar im Texte „Kenntnisnahme" verlangt, dies Erfordernis aber selbst in der Anmerkung als „normale Erkenntnismöglichkeit" definiert; Leonhard, Allgem. Teil S. 284; Hellmann, Vorträge S. 89, der seinen Standpunkt merkwürdigerweise mit einem argumentum e contrario aus § 130 begründet; Müller-Meikel, Bürgerl. Recht I S. 133; Gareis, Kommentar zum Allgem. Teil des BGB. (Berlin 1900) S. 159; Staudinger I S. 392; Hölder, Kommentar S. 291 f. und Theorie S. 127 f. (Sep.-Abdr. S. 37 f.); Neumann, Handausgabe S. 137 § 130 unter 2 a β; Fischer-Henle § 130 Anm. 2; Isay, Willenserklärung S. 91 in Verb. mit S. 94; Manigk, Willenserklärung S. 311, 333 f.; Koppers in Gruchots Beitr. 46 S. 225 ff.; Fritze im Arch. f. Bürgerl. Recht 14 S. 214 f.; Gottschalck a. a. O. S. 40 und Siecke a. a. O. S. 55 ff.

darf man angesichts jenes Konditionalsatzes die Behauptung aufstellen, daß der § 130 für alle Willenserklärungen gleiches Recht schaffe. Damit würde man den Inhalt des Gesetzes gerade in sein Gegenteil verkehren. Und was die analoge Anwendung des § 130 auf mündliche Willenserklärungen angeht, so liegt ihre Unzulässigkeit offen zutage. Analogie ist nach Dernburgs treffender Formulierung[3]) „Anwendung einer für gewisse Verhältnisse bestimmten Rechtsnorm auf verwandte Verhältnisse wegen Gleichheit des Grundes". Als Grund für den Dispens von der Kenntnisnahme, den das Gesetzbuch bei den schriftlichen Willenserklärungen gewährt, haben wir die dauernde Wahrnehmbarkeit des Erklärungsmittels kennen gelernt. Den mündlichen Erklärungen aber fehlt, wie wir gesehen haben, gerade diese Eigenschaft, und es nähme sich darum fast wie ein Hohn auf das Wesen der Analogie aus, wollte man den von den schriftlichen Willenserklärungen handelnden § 130 einfach auf jene übertragen.

Ein dritter Schluß, der aus dem oben wiedergegebenen Inhalt des § 130 vielleicht gezogen werden könnte, wäre das argumentum e contrario. Seiner bedienen sich die zahlreichen Schriftsteller, die für die Wirksamkeit der mündlichen Willenserklärung schlechthin die Kenntnisnahme des Erklärungsempfängers verlangen[4]). Sie lassen sich mehr oder minder bewußt von der

---

[3]) Pandekten I § 38 S. 83.

[4]) Hierhin gehören: Breit a. a. O. S. 652 ff., insbes. S. 658; Oertmann im Recht 10 S. 725 f. und Kommentar § 130 unter 4 a β; Kipp bei Windscheid I § 72 a. E. S. 341 ff. (allerdings mit einer Einschränkung hinsichtlich der konkludenten Handlungen, bei denen es nach Kipp genügt, daß der Adressat der Erklärung in die Lage kommt, ohne weiteres von ihnen Kenntnis nehmen zu können); Enneccerus I § 149 S. 378; Biermann I S. 143 f.; Zitelmann, Grundriß S. 96; Planck, I S. 234 ff.; Rehbein I S. 122; Düringer-Hachenburg II S. 49 f.; Eltzbacher, Handlungsfähigkeit S. 237 ff.; David in Gruchots Beitr. 46 S. 235; Franz Leonhard in Iher. Jahrb. 41 S. 33; Joerges in Goldschmidts Zeitschr. f. Handelsr. 56 S. 69; Leoni a. a. O. S. 62 ff. (mit erheblichen Konzessionen an die Empfangstheorie); Samolewitz a. a. O. S. 23 f.; Kunstmann a. a. O. S. 38 ff.; Sokolowski a. a. O. S. 17 ff.; Bieber, Zugang empfangsbedürftiger mündlicher Willenserklärungen (Würzburger Dissert. 1908) S. 9 ff. und Falkmann, Rechtsstellung des Boten (Erlanger Dissert. 1908) S. 29 ff.

Empfindung leiten, daß die Vernehmungstheorie diejenige Art der Regelung sei, die dem Begriff des richtungsbedürftigen Rechtsgeschäftes am meisten entspreche, daß das Gesetzbuch trotzdem für die schriftlichen Willenserklärungen aus praktischen Gründen der Empfangstheorie Konzessionen gemacht habe, daß aber solche Ausnahme sich nicht über das Gebiet hinaus erstrecken dürfe, für das sie ausdrücklich angeordnet worden sei. So folgerichtig auch diese Sätze auf den ersten Blick erscheinen, so sind sie doch in Wahrheit nicht haltbar. Selbst wenn es uns die Materialien nicht bezeugten, daß der Schluß aus dem Gegenteil den Redaktoren des § 130 ferngelegen habe, so würde doch schon die Fassung, die diese Gesetzesstelle nachgerade gefunden, dem argumentum e contrario entgegenstehen. Denn von diesem zweischneidigen Auslegungsmittel darf nur einem Rechtssatz gegenüber Gebrauch gemacht werden, der durch seine scharfe und klare Formulierung den Doppelinhalt, den ihm der Schluß aus dem Gegenteil zumutet, deutlich zu erkennen gibt. Ein Paragraph, der die tastende und unsichere Hand des Gesetzgebers so wenig verleugnet, wie der § 130, ist als argumentum e contrario nicht verwertbar.

Hat sich somit keiner von den drei Wegen, die sich uns aufzutun schienen, als gangbar erwiesen, weder die ausdehnende Auslegung noch der Analogieschluß noch das argumentum e contrario, so bleibt nur noch eine letzte Auffassung über das Verhältnis des § 130 zu den mündlichen Willenserklärungen übrig. Diese geht dahin, daß besagter Paragraph für die Regelung der mündlichen Willenserklärungen überhaupt keinen Fingerzeig enthalte, sondern daß er sich ausschließlich mit den schriftlichen Willenserklärungen befasse, ohne damit der Normierung der nicht schriftlichen Erklärungen irgendwie vorgreifen zu wollen. Hinsichtlich der letzteren habe die Wissenschaft freie Hand, und es sei ihre Sache, den Augenblick des Wirksamwerdens dieser Erklärungen selbständig auf Grund des Verkehrsbedürfnisses zu bestimmen.

Diese Auffassung halten wir für allein richtig, und wir wollen im folgenden die Aufgabe, vor die sie uns stellt, zu lösen versuchen.

Ehe wir aber daran gehen, für die mündlichen Willenserklärungen den Zeitpunkt der Wirksamkeit zu ermitteln, um danach den Einfluß festzustellen, den ein Mißverständnis auf ihre Gültigkeit hat, möge der Deutlichkeit halber folgendes hervorgehoben bezw. in Erinnerung gebracht werden.

Einmal: die in Aussicht genommenen Untersuchungen beziehen sich nur auf solche Erklärungen, die zwar vom Adressaten mißverstanden worden sind, deren wahrer Sinn aber doch objektiv feststeht, bei denen sich also der Inhalt, wenn er auch dem Adressaten nicht klar geworden ist, doch vom Richter in eindeutiger Weise bestimmen läßt. Ist das nicht der Fall, hat der Erklärende nur „gemurmelt", statt „gesprochen", oder haben seine Worte einen mit keinem Auslegungsmittel zu erschließenden Doppelsinn, so ist das Rechtsgeschäft, wie wir früher gesehen haben, wegen unheilbarer Undeutlichkeit nichtig; die Willenserklärung ist schon ungültig „abgegeben", und es kann darum die Frage nach dem Moment ihres Wirksamwerdens und nach den Folgen eines etwaigen Mißverständnisses gar nicht aufgeworfen werden. Ja, es kann hier, wo es an jedem fixierbaren Erklärungsinhalt fehlt, von einem Mißverständnis im technischen Sinne, d. h. von einer Inkongruenz zwischen Inhalt und Aufnahme der Erklärung überhaupt nicht geredet werden[5]).

Ferner: außerhalb unseres Untersuchungsgebietes liegen, wie wir wissen, auch diejenigen Fälle, wo jemand vorsätzlich oder fahrlässig ein der Wahrnehmung des Gegners unzugängliches Erklärungsmittel gebraucht, sich etwa mündlich an einen Tauben oder Schlafenden oder Fieberkranken wendet, oder mit einem des Deutschen unkundigen Gegner mündlich in deutscher Sprache verhandelt. Denn solchenfalls hat der Erklärende kein Verhalten beobachtet, das einen Schluß auf den Geschäftswillen gestattete, die Erklärung ist wiederum bereits ungültig „abgegeben", so daß der Frage nach den Wirkungen des Ausbleibens der Kenntnisnahme gar nicht näher getreten werden kann[6]). Die Schriftsteller, die zum Zwecke der Verteidigung

---

[5]) Vgl. schon die Anm. 25 des vorigen Paragraphen.

[6]) Das Einzelne vgl. oben S. 65 ff. Hierher gehört auch der von Cosack I S. 200 gebildete Rechtsfall, daß C seinem Vermieter D, als dieser in der Trambahn an ihm vorbeifährt, zuruft, „er kündige ihm

der Vernehmungstheorie mit Fällen, wie den eben geschilderten, operieren, haben durch ihre Heranziehung lediglich Verwirrung in unsere Lehre getragen und sich selbst die Untersuchung des „Zuganges" bei mündlichen Willenserklärungen erschwert.

Und drittens: wir setzen im folgenden durchweg voraus, daß derjenige, mit dem der Erklärende verhandelt, der Geschäftsgegner selbst ist, lassen also vorläufig diejenigen Fälle unberücksichtigt, wo jemand eine für diesen bestimmte Botschaft an einen von dessen Hausangehörigen oder Bediensteten bestellt. Denn erst muß feststehen, wann Worte demjenigen zugehen, zu dem sie gesprochen wurden, ehe an die andere, davon sehr verschiedene, in der Literatur aber leider oft mit ihr verquickte Frage[7]) herangegangen werden kann, ob dadurch, daß Worte demjenigen zugehen, zu dem sie gesprochen wurden, unter Umständen der gleichzeitige Zugang für einen Anderen begründet wird, mit dem der Erklärende nicht gesprochen hat. Von der letzteren Frage, die sich auch so formulieren läßt: inwieweit können mündliche Erklärungen statt gegenüber dem Destinatär selbst dritten Personen gegenüber wirksam abgegeben werden? wollen wir erst an späterer Stelle reden[8]).

Wenden wir uns nunmehr der Frage nach dem Zeitpunkt der Wirksamkeit der mündlichen Willenserklärungen und der damit zusammenhängenden Frage nach dem Einfluß des Mißverständnisses auf ihre Gültigkeit zu. Die Frage dreht sich naturgemäß in der Hauptsache darum: läßt sich das Ideal, auf welches die schriftlichen Erklärungen verzichten mußten (daß nämlich die Wirksamkeit erst mit erfolgter Kenntnisnahme eintritt), bei den mündlichen Willenserklärungen erreichen, oder müssen auch hier im Interesse des Verkehrslebens Konzessionen gemacht werden, und wenn ja, dürfen die Konzessionen hier so weit gehen, wie es bei den schriftlichen Erklärungen zufolge der vom Gesetzbuch adoptierten Empfangstheorie der Fall war?

Um diese Frage erschöpfend und befriedigend zu beant-

---

hiermit". Solche Kündigung ist schon als Erklärung ungültig, ganz einerlei, was der Gegner von ihr verstanden hat.

[7]) Vgl. Anm. 14 des vorigen Paragraphen.

[8]) Vgl. unten § 18.

worten, müssen wir auf eine begriffliche Unterscheidung zurückgreifen, auf die wir zu Beginn der Darstellung hingewiesen haben: auf den Gegensatz von Wahrnehmungsfehlern und Deutungsfehlern [9]). Denn die Wahrscheinlichkeit spricht dafür, daß die Fälle, wo der Adressat schon das Verhalten des Erklärenden nicht richtig wahrgenommen und dadurch den Erklärungsinhalt falsch verstanden hat, eine andere Erledigung erheischen als die Fälle, wo er die Mitteilungszeichen fehlerfrei gehört bezw. gesehen, aber mit ihnen einen falschen Sinn verbunden hat. Und selbst wenn diese Vermutung trügerisch sein sollte, beide Gruppen von Fällen in Wahrheit also juristisch gleichwertig wären, so dürften wir doch angesichts ihrer unverkennbaren äußeren Verschiedenheit von der Tatsache, daß sie sich rechtlich gleichstehen, nicht von vornherein als einer selbstverständlichen ausgehen, sondern müßten mindestens die Frage, ob dem so ist, eingehend untersuchen. Solche Untersuchung aber würde ebenfalls eine getrennte Behandlung beider Kategorien notwendig machen, so daß es unter allen Umständen methodisch richtig ist, Wahrnehmungsfehler und Deutungsfehler im folgenden auseinanderzuhalten.

Fangen wir mit den Wahrnehmungsfehlern an: der Adressat hat, als ihm zum 1. Juli gekündigt wurde, 1. Juni verstanden; oder er hat der Urkunde, die ihm nicht übergeben, sondern nur vorgezeigt wurde, falsche Worte entnommen; oder hat infolge von Taubheit die mündliche Erklärung, die der Andere ihm gegenüber abgab, überhaupt nicht gehört; oder infolge von Kurzsichtigkeit oder sonstiger das Sehvermögen beeinträchtigenden Umstände das Kopfnicken des Gegners für ein Kopfschütteln gehalten.

Ist in solchen Fällen die Willenserklärung wegen des Mißverständnisses unwirksam oder trotz des Mißverständnisses wirksam? Wir wollen zunächst die erstere Alternative ins Auge fassen. Denn sie ist identisch mit der sogenannten Vernehmungstheorie. Von dieser aber haben wir schon mehrfach gesehen, daß sie die dem Begriff des empfangsbedürftigen Rechtsgeschäftes entsprechendste Art der Regelung darstellt. Würden wir jetzt finden, daß die Vernehmungstheorie auch mit dem

[9]) Vgl. oben S. 11 ff.

Verkehrsbedürfnis vereinbar ist, so könnte der Standpunkt, auf den wir uns zu stellen hätten, nicht länger zweifelhaft sein.

Daß die Interessen des Adressaten durch die Vernehmungstheorie am sichersten gehütet sind, daß er am besten fährt, wenn Erklärungen, die von ihm nicht wahrgenommen worden sind, nicht gegen ihn wirken, ist unbestreitbar. Ebenso unbestreitbar ist, daß der Erklärende sich bei dieser Theorie am schlechtesten steht. Denn er muß Willenserklärungen, auf deren Wirksamkeit er vertraute, unter Umständen als unwirksam gegen sich gelten lassen. Es sind die bekannten Interessenkollisionen, die anläßlich des gemeinrechtlichen Theorienstreites [10]) und später auch in der Literatur des BGB. zur Genüge erörtert worden sind, und die sich hier, wo nicht dauernd wahrnehmbare, sondern vergängliche Erklärungsmittel in Frage stehen, naturgemäß mit besonderer Schärfe geltend machen.

Da der Verkehr keine Veranlassung hat, in dem Interessenstreit einseitig zugunsten des Adressaten oder des Erklärenden Partei zu nehmen, so wird er sich der Vernehmungstheorie nur dann anschließen, wenn die Nachteile, die sie für den Erklärenden im Gefolge hat, kleiner sind als diejenigen, die dem Adressaten aus ihrer Nichtannahme erwachsen. Trifft dieses Verhältnis wirklich zu?

Zugunsten der Vernehmungstheorie möchte vielleicht mancher darauf hinweisen, daß der Erklärende bei den mündlichen Erklärungen in der Regel imstande sei, sich unmittelbar nach Erklärungsabgabe durch eine einfache Frage an den Gegner über dessen Kenntnisnahme zu vergewissern, und daß er darum, wenn er diese einfache Kontrollmaßregel nicht ergreife, die Folgen

---

[10]) Vgl. über ihn die zahlreichen Literaturnachweise bei Brinz-Lotmar, Pandekten IV S. 314 ff. und Windscheid, Pandekten II § 306 S. 244 ff. Den römischen Quellen läßt sich für unsere Zwecke nichts entnehmen. Soweit sie sich mit den Wahrnehmungsfehlern und ihrem Einfluß auf die Geschäftsgültigkeit befassen (man vgl. etwa l. 1 § 15, l. 48 D. de oblig. et action. 44, 7; l. 1 pr., § 6 D. de verb. oblig. 45, 1; Ulpiani fragm. 20, 13), tun sie es im Zusammenhang mit der Lehre vom Vertragsschluß, so daß die Frage nach der Wirksamkeit der Willenserklärung gewissermaßen nicht rein, sondern auf Grund von Erwägungen beantwortet wird, die dem nur bei Kontrakten in Betracht kommenden Erfordernis des „consensus" entnommen sind.

seiner Säumnis, nämlich die eventuelle Unwirksamkeit des Rechtsgeschäftes zu tragen habe. Indessen ganz abgesehen davon, daß sich bei solchen Fragen und Antworten ebenfalls Mißverständnisse einschleichen können, leidet jene Argumentation an einer zu weit gehenden Generalisierung. Man kann wohl mitunter, vielleicht auch häufig, keineswegs aber immer oder auch nur regelmäßig dem Erklärenden aus dem Unterlassen der Rückfrage einen Vorwurf machen, und es mag darum letzteres, wenn es sich im konkreten Falle als eine Nachlässigkeit darstellt, einen Grund für die Einschränkung der Empfangstheorie abgeben, vermag aber nicht die uneingeschränkte Geltung der Vernehmungstheorie zu rechtfertigen. Möglich, daß wir auf das in jenem Unterlassen enthaltene Schuldmoment zurückzukommen haben, wenn es sich darum handelt, die Interessen des Erklärenden und des Adressaten auf einer mittleren Linie zu vereinigen; als Beweis für die grundsätzliche Zulässigkeit der Vernehmungstheorie ist es jedenfalls nicht verwertbar.

Anderseits spricht nicht zu Ungunsten der Vernehmungstheorie der oft gegen sie geltend gemachte Umstand, daß ihr zufolge der Adressat, wenn er sich die Ohren zustopfe oder zuhalte oder sonst irgendwie die normalen Funktionen seiner Sinneswerkzeuge ausschalte, imstande sei, die Wirksamkeit der ihm gegenüber abgegebenen Erklärung willkürlich zu verhindern. Denn ähnliche Gefahr besteht für den Erklärenden auch bei Geltung der Empfangstheorie. Auch hier hat der Adressat zahlreiche Mittel in der Hand, den „Zugang“ und damit das Wirksamwerden der Erklärung zu vereiteln. Ist dieser Übelstand aber weder hier noch dort vermeidbar, so kann er für unsere pro et contra anzustellenden Erwägungen nicht ins Gewicht fallen. Es wird sich übrigens später noch zeigen[11]), daß er überhaupt nicht so gefährlich ist, wie er auf den ersten Blick erscheint: denn wenn auch die Rechtsordnung gegen den Widerstand des Adressaten im Moment, wo er geleistet wird, machtlos ist, so vermag sie doch sehr wohl dem Erklärenden hinterher die wünschenswerte restitutio in integrum zu verschaffen.

Was hingegen nach meinem Dafürhalten die Vernehmungs-

---

[11]) Vgl. unten § 17 unter 1 b.

theorie für die mündlichen Erklärungen unannehmbar macht, ist folgendes:

Diejenigen, die ihr anhängen, wollen dem Erklärenden die Gefahr etwaiger gegnerischen Wahrnehmungsfehler aufbürden. In Wahrheit aber belasten sie ihn mit einer viel weitergehenden Gefahr. Gar nicht selten nämlich wird der Adressat den Inhalt der Erklärung im Moment ihrer Abgabe richtig verstehen, ihn aber nachträglich wieder aus dem Gedächtnis verlieren. Es liegt in der Unvollkommenheit des menschlichen Erinnerungsvermögens begründet, daß der Empfänger, wenn es jetzt zum Rechtsstreit kommt, nicht dolo malo, sondern durchaus bona fide behaupten wird, das, was er zurzeit für den Erklärungsinhalt hält, damals als solchen verstanden zu haben, bezw. damals nichts verstanden zu haben, wenn er den Erklärungsinhalt unterdessen vollständig vergessen hat. Er wird darum, falls er im Prozeß zu schwören hat, auch unbedenklich einen dementsprechenden Eid leisten. Bei der Vernehmungstheorie trägt also im praktischen Ergebnis der Erklärende nicht nur die Gefahr der unrichtigen Aufnahme der Erklärung durch den Gegner, sondern vielfach auch die Gefahr ihrer unrichtigen Konservierung. Und das ist meines Erachtens mehr, als von ihm gerechterweise verlangt werden kann. Der Nachteil, den der Erklärende hier erleidet, ist gegenüber dem Vorteil, den die Vernehmungstheorie dem Adressaten bringt, unverhältnismäßig groß.

So soll also auch bei den mündlichen Willenserklärungen Empfangstheorie gelten? Natürlich kann hier von ihr, wenn überhaupt, so doch nur im übertragenen Sinne die Rede sein. Denn die Bezeichnung „Empfangstheorie" paßt zunächst nur auf verkörperte Willenserklärungen, da man Unkörperliches nicht eigentlich in „Empfang nehmen" kann. Gemeint kann also nur sein, ob auch bei den mündlichen Erklärungen die Wahrnehmung durch die Wahrnehmbarkeit ersetzt werden darf. Die Rolle, die bei den schriftlichen Erklärungen „das Gelangen der Erklärung in den Besitz des Empfängers" spielt, würde hier dem „Gelangen der Erklärung in die Wahrnehmungssphäre des Adressaten" zufallen, so daß die von uns aufgeworfene Frage genauer so zu lauten hätte: ist es auch für die Wirksamkeit der mündlichen Willenserklärungen ausreichend, daß der Erklärende die Erklärung dem Adressaten so nahe gebracht hat, daß dieser unter normalen Verhältnissen von ihrem Inhalt Kenntnis nehmen konnte?

Es liegt in der Natur der Sache, daß wir bei den mündlichen Willenserklärungen der Empfangstheorie, auch in dieser abgewandelten Form, mit einem gewissen Mißtrauen entgegenkommen. Denn der Grund, aus dem sich das Gesetzbuch bei den schriftlichen Willenserklärungen zu ihr bekannt hat (nämlich die dauernde Wahrnehmbarkeit des Erklärungsmittels), trifft hier gerade nicht zu. Indessen kann diese Erwägung allein noch nicht ausschlaggebend sein. Denn wenn auch die Gründe, die dort die Empfangstheorie rechtfertigten, hier fehlen, so ist damit noch nicht gesagt, daß hier nicht andere Rechtfertigungsgründe für sie vorhanden sind. Auch damit kann man die Empfangstheorie nicht abtun, daß man sagt, sie sei bei den mündlichen Willenserklärungen mit dem Begriff des empfangsbedürftigen Rechtsgeschäftes unvereinbar. Denn dieser Begriff ist bei den mündlichen Erklärungen kein anderer wie bei den schriftlichen, und wenn die Empfangstheorie dort nicht begriffswidrig war, so ist sie es auch hier nicht.

Wohl aber sprechen gegen sie dieselben Argumente, aus denen wir vorhin die Vernehmungstheorie abgelehnt haben. Die Anhänger der Empfangstheorie wollen, daß der Adressat die Gefahr etwaiger Wahrnehmungsfehler trage. Aber auch hier geht die Gefahrtragung, die sie ihm auferlegen, über diejenige, die sie ihm auferlegen wollen, in Wahrheit weit hinaus. Denn es ist klar, daß auch da, wo der Adressat die Erklärung richtig verstanden hat, seine Wahrnehmung also mit den vom Erklärenden tatsächlich gebrauchten Erklärungszeichen übereinstimmte, doch der Erklärende, wenn er zufällig etwas anderes erklärt hat, als er zu erklären beabsichtigte, oder er den Inhalt seiner Erklärung später vergessen hat, der festen Überzeugung sein wird, daß er das, was er jetzt für den Inhalt seiner Erklärung hält, damals auch wirklich erklärt hat. Und falls der Beweis dafür durch einen von ihm zu schwörenden Eid erbracht werden soll, wird er diesen Eid optima fide leisten. Auf dem Adressaten würde also im Effekt nicht nur die Gefahr der eigenen unrichtigen Wahrnehmung, sondern gar nicht selten auch die

Gefahr des gegnerischen Erklärungsirrtumes bezw. der gegnerischen Vergeßlichkeit lasten. Und das ist wiederum mehr, als die Rechtsordnung dem Adressaten billigerweise zumuten darf.

So ist also für die mündlichen Willenserklärungen weder die reine Vernehmungstheorie noch die reine Empfangstheorie brauchbar. Trotz der Vergänglichkeit des Erklärungsmittels dürfen wir jene nicht schlechthin akzeptieren und diese nicht schlechthin ablehnen. Dann aber muß, da der hier vorhandene Interessenkonflikt natürlich nicht ungelöst bleiben kann, ein Ausweg gesucht werden, der zwischen beiden Theorien vermittelt. Solche Vermittelung aber ist nur in der Weise möglich, daß die Gefahr der unrichtigen Erklärungsaufnahme weder ganz von der einen, noch ganz von der anderen Partei, sondern von jeder zum Teile getragen wird. Nur darf die Teilung nicht in der Weise erfolgen, daß etwa dem Erklärenden die Gefahr des völligen Nichtverstehens, dem Adressaten die Gefahr des bloßen Falschverstehens aufgebürdet wird, so daß die gar nicht wahrgenommene Erklärung nichtig, die nur falsch wahrgenommene Erklärung gültig wäre. Denn ganz abgesehen davon, daß sich zwischen Nichtverstehen und Falschverstehen keineswegs eine so sichere Grenze ziehen läßt, wie es auf den ersten Blick den Anschein hat, so bekämen wir durch solche äußerliche und willkürliche Unterscheidung ein Ergebnis, das entweder die Nachteile der Empfangstheorie oder die der Vernehmungstheorie aufwiese und darum im einen Falle den Bedenken, die gegen diese, im anderen Falle den Bedenken, die gegen jene sprächen, unterläge. Damit aber wäre uns nicht gedient[12]).

---

[12]) Es läßt sich nicht sicher sagen, ob nicht der eine oder der andere der in Anm. 4 aufgeführten Anhänger der Vernehmungstheorie in Wahrheit die im Texte angedeutete und dort zurückgewiesene Mittelmeinung vertritt. Denn nur die wenigsten der a. a. O. genannten Schriftsteller sprechen sich darüber aus, ob sie unter dem Erfordernis der „Vernehmung" nur die fehlerfreie Wahrnehmung verstehen, oder ob es ihnen genügt, daß der Adressat von den an ihn gerichteten Worten irgend etwas, wenn auch nur Spärliches, wahrgenommen hat. Zu den wenigen, die ein offenes Bekenntnis im Sinne der hier reprobierten Vermittelungstheorie ablegen, zählen z. B. Düringer-Hachenburg, die zwar, wie oben schon mitgeteilt, auf S. 49 f. die Kenntnis des Adressaten für die Erklärungswirksamkeit fordern, aber auf S. 107 vom Falle der mündlichen Botenbestellung sagen: „Nicht unter § 120 BGB.

Vielmehr brauchen wir eine Formel, die in jedem einzelnen Falle eine Vereinigung der beiden miteinander kämpfenden Extreme anstrebt. Diese Formel läßt sich aber nur dadurch gewinnen, daß die Gefahr eines Wahrnehmungsfehlers grundsätzlich dem Adressaten als demjenigen auferlegt wird, in dessen Person er sich eingestellt hat; daß sie ihm aber dann nicht aufgebürdet wird, wenn der Erklärende unmittelbar nach der Erklärungsabgabe den Mangel der gegnerischen Wahrnehmung entweder bemerkt hat oder doch wenigstens bei Aufwendung der im Verkehr erforderlichen Sorgfalt bemerken konnte. Damit ist ein billiger Ausgleich zwischen den kollidierenden Interessen geschaffen und eine Lösung gefunden, die der Gerechtigkeit und dem Verkehrsbedürfnis entspricht [13]).

Die Verschiedenheit, die zwischen schriftlichen und mündlichen Erklärungen hinsichtlich der Dauer der Wahrnehmbarkeit besteht, hat also zu einer verschiedenen Regelung des Wirksamwerdens beider Erklärungsarten geführt. Allerdings sind die Abweichungen nicht so groß, wie vielleicht mancher erwartet hat. Denn da, wo der Erklärende den Mangel der Wahrnehmung auf seiten des Gegners nicht erkennen kann, gilt bei den mündlichen Willenserklärungen ebenso wie bei den schriftlichen „Empfangstheorie". Die Tatsache, daß diese Theorie bei den mündlichen, jede nachträgliche Wahrnehmung ausschließenden Erklärungen den Adressaten erheblich härter trifft

---

gehört der Fall des Mißverstehens des Empfängers. Hier ist diesem die Erklärung fehlerlos zugegangen. Bei einem einseitigen Rechtsgeschäft treten die Wirkungen der abgegebenen Erklärung trotz des Mißverständnisses des Empfängers ein. Er muß die Folgen seines Mißverständnisses tragen."

[13]) Auch werden dadurch die Bedenken hinfällig, die Oertmann im Recht 10 S. 725 gegen die reine Empfangstheorie geltend macht, wenn er sagt, sie „enthöbe den Erklärenden der Notwendigkeit, im eigenen Interesse möglichst unzweideutige Erklärungsmittel zu setzen, und sie müßte im Sinne der Motivationspolitik vielfach geradezu schädlich wirken, indem sie Anreize dafür auslöste, durch geflissentliche Undeutlichkeit der Erklärung, durch Herbeiführung von Mißverständnissen auf Kosten des Gegners im Trüben zu fischen".

als bei den schriftlichen, ist von der vorhin angestellten unparteiischen Interessenabwägung nicht als ausschlaggebend befunden worden. Hingegen besteht ein bedeutsamer Unterschied zwischen schriftlichen und mündlichen Erklärungen da, wo der Erklärende sofort nach der Erklärungsabgabe um die mangelnde Kenntnisnahme des Adressaten weiß oder wissen müßte. Bei den schriftlichen Erklärungen brauchte im Hinblick auf den bleibenden Charakter des Erklärungsmittels auch für diese Fälle keine Ausnahme von der Empfangstheorie gemacht zu werden; ja der Zugang fand hier sogar gegebenenfalls dann statt, wenn der Erklärende die Unfähigkeit des Adressaten, das Schriftstück zu lesen, im voraus kannte. Bei den mündlichen, den vergänglichen Erklärungen würde es aber gegen Treu und Glauben und die Verkehrssitte verstoßen, wenn sich jemand auf die Wirksamkeit einer Erklärung sollte berufen dürfen, von der er gemerkt hätte oder doch wenigstens achtsamerweise hätte merken können, daß sie der Gegner nicht bezw. nicht richtig verstanden habe. Hier muß eben der Erklärende auf die dem Adressaten fehlende Möglichkeit der nachträglichen Kenntnisnahme Rücksicht nehmen. Doch gilt das, wie gesagt, nur dann, wenn der Erklärende den Wahrnehmungsdefekt auf seiten des Gegners unmittelbar nach der Erklärungsabgabe bemerkt bezw. bemerken könnte. Entdeckt der Erklärende erst einige Zeit später, daß der Adressat die Erklärung bei ihrer Abgabe falsch oder gar nicht verstanden hat, so kann dadurch an der bereits eingetretenen Wirksamkeit nichts mehr geändert werden.

Der mehrfach als Schulbeispiel verwendete Rechtsfall, daß jemand mündlich zum 1. Juli kündigt, der Adressat aber „1. Juni" versteht, läßt sich also weder schlechthin im Sinne der Geschäftsgültigkeit, noch im Sinne der Geschäftsnichtigkeit entscheiden. Sondern wir wissen jetzt, daß es darauf ankommt, ob der Erklärende das Mißverständnis des Adressaten sofort erkannt hat bezw. erkennen konnte oder nicht.

Damit aber ist die Frage, die wir uns in diesem Paragraphen gestellt haben: welche Wirkungen hat ein Mißverständnis des Adressaten auf die Gültigkeit mündlicher Willenserklärungen? noch nicht erschöpfend beantwortet. Denn wir haben bisher nur untersucht, welche Folgen das auf einem Wahrnehmungsfehler beruhende Mißverständnis hat. Es bleibt noch übrig, den Einfluß zu erörtern, den ein in einem Deutungsfehler wurzelndes Mißverständnis des Erklärungsempfängers ausübt: letzterem wird von seinem Vertragsgegner „zu Kaisers Geburtstag" gekündigt; er hört die Worte richtig, ist aber der Meinung, daß dieser Tag auf den 30. Januar falle; oder jemand hört die längere Rede, in der sich sein Gläubiger über das Ausbleiben der Leistung beschwert, aufmerksam an, hält sie aber nicht für eine Mahnung im technischen Sinne, obwohl sie nach der Auffassung des Verkehres diesen Charakter hat; oder der eine Teil erblickt in dem Schweigen des anderen Teiles eine bejahende Antwort, während es unter den obwaltenden Umständen als Verneinung anzusehen ist; oder X, dem gegenüber A zur Empfangnahme von Erklärungen verschiedener Art seitens des B bevollmächtigt wird, glaubt, daß in dieser Vollmacht, deren Wortlaut er richtig vernommen hat, die Befugnis zur Annahme von Zahlungen nicht enthalten sei, während die verkehrsübliche Auslegung der Vollmacht auch diesen Inhalt beilegt. Wird in solchen Fällen der Bestand des Rechtsgeschäftes von dem Mißverständnis irgendwie alteriert?

Sicher ist hier, daß der Deutungsfehler jedenfalls keinen größeren Einfluß auf die Gültigkeit der Willenserklärung haben kann als der Wahrnehmungsfehler. Denn er ist im Vergleich zu diesem als die minder schlimme Art des Mißverständnisses anzusehen. Dies deshalb, weil der Wahrnehmungsfehler, wenn er sich einmal eingeschlichen hat, nachträglich vom Adressaten allein nicht korrigiert werden kann: haften einmal die falschen Worte, die dieser gehört, in seiner Erinnerung, so hat er weder die Möglichkeit noch irgendwelche Veranlassung, an die Stelle der gehörten unrichtigen die nicht gehörten richtigen Worte zu setzen. Der bloße Deutungsfehler hingegen befähigt allerdings den Adressaten, das ihm untergelaufene Mißverständnis hinterher aus eigener Kraft zu korrigieren: der Empfänger kann, da sein Gedächtnis die richtigen Worte festhält, sich des falschen Sinnes, den er anfänglich mit ihnen verbunden hat, später bewußt werden und so die entsprechende Umdeutung vornehmen. Wenn wir also schon für die Wahrnehmungsdefekte die reine Vernehmungstheorie ablehnten, weil sie dem Adressaten einen zu weitgehenden Schutz gewähre (nämlich einen weitergehenden, als mit den Interessen des Erklärenden verträglich sei), dann kann von ihr bei den Deutungsdefekten erst recht keine Rede sein. Es wäre ein völlig unhaltbarer Zustand, wenn der Destinatär, dessen Sinne die vom Erklärenden zum Zwecke der Willenskundgabe gebrauchten Zeichen fehlerfrei perzipiert hätten, die Erklärung deshalb nicht gegen sich gelten lassen wollte, weil er aus ihnen einen verkehrten Sinn herausgelesen habe. Die Frage kann darum hier überhaupt nicht lauten: Vernehmungstheorie oder nicht? sondern sie darf nur so gestellt werden: ist bei den Deutungsfehlern dieselbe Ausnahme von der „Empfangstheorie" zu machen wie bei den Wahrnehmungsfehlern, oder greift hier die Empfangstheorie in dem weiten Umfang wie bei den schriftlichen Willenserklärungen durch, so daß die Vernehmungstheorie nicht einmal dann statt hat, wenn der Erklärende das Mißverständnis des Adressaten sofort nach Erklärungsabgabe bemerkt bezw. bemerken könnte?

Die meisten werden geneigt sein, die Frage mindestens dann im Sinne der ersteren Alternative zu beantworten, wenn der Erklärende die falsche Auffassung, die der Gegner vom Erklärungsinhalt hat, nicht nur bemerken könnte, sondern tatsächlich bemerkt. Denn was wäre arglistiger, als wenn jemand, obwohl er sähe, daß die andere Partei mit der ihr gegenüber abgegebenen Erklärung einen unrichtigen Sinn verbände, und obwohl er die Möglichkeit sofortiger Korrektur hätte, dennoch stillschwiege, um später den ahnungslosen Geschäftsgegner mit der wahren Bedeutung der Erklärung zu überraschen? Indessen darf hier zweierlei nicht miteinander verwechselt werden. Daß der Erklärende, der durch sein doloses Schweigen den Adressaten in der falschen Auffassung vom Erklärungsinhalt bestärkt, aus seiner Arglist keinen Vorteil ziehen darf, ist sicher. Dafür sorgt die Rechtsordnung in der Form, daß sie dem Adressaten das Recht gibt, vom Gegner den Schaden ersetzt zu verlangen, den ersterer dadurch erleidet, daß er auf die Gültigkeit einer Erklärung des von ihm angenommenen Inhaltes vertraut. Indessen sind das keine Rechtsfolgen, die dem Mißverständnis als solchem eignen, sondern es sind spezifische

Deliktsfolgen, die sich aus § 826 BGB. ergeben. Sie tauchen nicht nur hier beim Deutungsdefekt, sondern ebenso beim Wahrnehmungsdefekt, nicht nur bei den mündlichen, sondern ebenso bei den durch Übergabe eines Schriftstückes erfolgenden Erklärungen und nicht nur dann auf, wenn der Erklärende das Mißverständnis unmittelbar nach Erklärungsabgabe bemerkt hat, sondern in gleicher Weise auch dann, wenn die Entdeckung von ihm geraume Zeit später gemacht worden ist. In jedem Falle muß der Erklärende, wenn er das Mißverständnis des Adressaten vorsätzlich in einer gegen die guten Sitten verstoßenden Weise unterhält, den eben geschilderten Rechtsnachteil auf sich nehmen. Und weil es sich hier um deliktisches Sonderrecht, also um Ergebnisse handelt, die nicht aus rein rechtsgeschäftlichen Erwägungen fließen, ist der Fall des dolus nicht geeignet, den Ausgangspunkt für die Beantwortung der Frage nach der Gültigkeit oder Ungültigkeit der Willenserklärung zu bilden. Lassen sich aber dem arglistigen Verhalten des Erklärenden keine entscheidenden Gesichtspunkte für die hier aufzustellenden Regeln abgewinnen, so brauchen wir uns mit solchem dolosen Handeln des Erklärenden nicht weiter zu befassen[14]. Das Bedeutsame der für die Wahrnehmungsfehler getroffenen Regelung lag gerade darin, daß des Erklärenden Kenntnis bezw. fahrlässige Unkenntnis der Erklärung die Wirksamkeit nahm, einerlei, ob der Erklärende die Möglichkeit sofortiger Korrektur des Mißverständnisses hatte oder nicht, und ob, wenn er sie hatte, das Unterlassen der Korrektur den Tatbestand des § 826 erfüllte oder keine zum Schadensersatz verpflichtende unerlaubte Handlung war. Die bloße Tatsache, daß der Erklärende den Mangel der gegnerischen Wahrnehmung sofort nach Erklärungsabgabe bemerkte oder doch wenigstens bemerken konnte, genügte, um die Empfangstheorie zugunsten der Vernehmungstheorie zu verdrängen. Und diese Frage, ob das Kennen oder Kennenmüssen als solches die Gültigkeit des Rechtsgeschäftes beeinträchtige, bedarf für die Fälle des Deutungsdefektes der Beantwortung.

Und zwar führt die nähere Prüfung der Frage zu einer

---

[14]) Wie wir es ja auch oben bei den schriftlichen Willenserklärungen unberücksichtigt gelassen haben.

verneinenden Antwort. Denn die Gründe, die bei den Wahrnehmungsfehlern die Einschränkung der Empfangstheorie notwendig machten, treffen hier nicht zu. Wie vorhin schon erwähnt, kann der Adressat einen bloßen Deutungsfehler bei den mündlichen Willenserklärungen aus eigener Kraft und Initiative nachträglich entdecken und demgemäß beseitigen, so daß in dieser Beziehung seine Lage mit der des Empfängers einer schriftlichen Willenserklärung, wenn auch keineswegs völlig gleich, so doch auch nicht ganz unähnlich ist. Sodann aber besteht bei den mündlichen Erklärungen zwischen den Wahrnehmungsfehlern und den bloßen Deutungsfehlern noch folgender tiefgreifende Unterschied. Der Wahrnehmungsfehler stellt sich zwar in der Person des Adressaten ein, die Ursachen aber, die ihn herbeiführten, können außerhalb der Sphäre des Adressaten liegen: sie können in einem mit Lärm verbundenen Naturereignis, in Geräuschen dritter Personen, in der undeutlichen Sprechweise des Erklärenden, bei konkludenten Handlungen in mangelhafter, die Beobachtung erschwerender Beleuchtung usw. zu suchen sein. Werden dagegen die vom Adressaten richtig wahrgenommenen Erklärungszeichen von ihm falsch gedeutet, wird also mit ihnen nicht derjenige Sinn verbunden, den sie unter Berücksichtigung der konkreten Fallgestaltung nach den früher besprochenen Auslegungsregeln haben, so kann der Grund dafür nur im Adressaten selbst gefunden werden. „Sich mitteilen," sagt Goethe, „ist Natur; Mitgeteiltes aufzunehmen, wie es gegeben wird, ist Bildung." Ein Deutungsfehler hat, wenn man so will, seine Veranlassung immer in einer mangelhaften allgemeinen oder juristischen Bildung des Adressaten. Es ist aber nur gerecht, daß letzterer die Folgen seiner unzulänglichen Bildung allein trage, daß sie ihm also auch da nicht abgenommen werden, wo der Erklärende die unrichtige Auslegung des Gegners gleich bei der Erklärungsabgabe bemerken konnte, ja selbst da nicht, wo er sie tatsächlich bemerkt hat — vorbehaltlich, wie gesagt, der dem Adressaten aus etwaigem dolus des Erklärenden erwachsenden Schadensersatzansprüche [15]).

---

[15]) Um es an einem Schulbeispiel zu veranschaulichen: A trifft den

So haben die Untersuchungen, die wir in diesem Paragraphen über die Wirkungen des Mißverständnisses bei mündlichen Willenserklärungen anstellten, zu keinem einheitlichen Ergebnis geführt. Vielmehr ist zu unterscheiden: beruht das Mißverständnis lediglich auf einem Deutungsfehler, so hat es auf die Gültigkeit keinen Einfluß; beruht es aber auf einem Wahrnehmungsfehler, so nimmt es dem Rechtsgeschäft seine Wirksamkeit dann, wenn es vom Erklärenden unmittelbar nach der Erklärungsabgabe erkannt worden ist oder doch wenigstens hätte erkannt werden müssen. Als allgemeiner Satz läßt sich nur die Negative aufstellen, daß auch bei den mündlichen Willenserklärungen die Kenntnisnahme des Adressaten vom Er-

---

B auf der Straße und erklärt ihm, daß er die bei ihm seinerzeit hinterlegte Sache zu „Kaisers Geburtstag" zurück haben wolle (vgl. BGB. § 695). B zieht sein Notizbuch aus der Tasche und notiert unter den Augen des A als Rückgabetermin den 26. Januar. Wie A ihn auf die Verwechslung aufmerksam machen will, reißt sich B mit den Worten: „entschuldigen Sie, dort kommt meine elektrische Bahn", von A los. Hier würde trotz des Mißverständnisses die Kündigung des Hinterlegungsvertrages wirksam für den 27. Januar erfolgt sein. Zwar hat der Erklärende das Mißverständnis des Gegners unmittelbar nach Erklärungsabgabe bemerkt, es liegt aber ein bloßer Deutungsfehler vor, und dem Erklärenden kann der Vorwurf dolosen, sittenwidrigen Handelns nicht gemacht werden; denn im Augenblick war A durch das plötzliche Verschwinden des B zur Korrektur des Versehens außerstande, und eine nachträgliche schriftliche Aufklärung des B wird ihm von den „guten Sitten" nicht zugemutet. Er könnte also, wenn B schon am 26. Januar die Sache brächte, sie (da hier die Auslegungsregel des § 271 Abs. 2 nicht durchgriffe) zurückweisen, ohne in Annahmeverzug zu fallen. Ganz anders läge die Sache, wenn A dem ihm auf der Straße begegnenden B das ihm seinerzeit geliehene Darlehn zum 1. Juni kündigte, B erwiderte: „schön, zum 1. Juli sollen Sie Ihr Geld haben," und B sofort, ehe A seine Erklärung wiederholen könnte, in der vorhin geschilderten Weise verschwände. Obwohl wir es auch hier mit keinem dolus und mit keiner zum Schadensersatz verpflichtenden Handlung des A zu tun hätten, wäre doch die Erklärung unwirksam, die Kündigung also nicht erfolgt. Denn das Mißverständnis des B beruhte auf einem Wahrnehmungsfehler, und der Erklärende hätte den Mangel der Wahrnehmung unmittelbar nach Erklärungsabgabe bemerkt. Und das bloße Kennen des Erklärenden, ja sogar sein Kennenmüssen reichen hier beim Wahrnehmungsfehler aus, um die Entstehung des Rechtsgeschäftes zu verhindern.

klärungsinhalt kein notwendiges Erfordernis für die Geschäftsgültigkeit ist. Während wir aber bei den schriftlichen Erklärungen sagen konnten, daß sich die Wirksamkeit stets vor erlangter Kenntnisnahme, und sei es nur um Sekunden früher, vollzieht, dürfen wir bei den mündlichen Willenserklärungen so weit nicht gehen. Denn ist das Mißverständnis durch einen Wahrnehmungsfehler hervorgerufen, so hängt die Frage, ob die dem Adressaten verschaffte Möglichkeit der Kenntnisnahme zur Wirksamkeit des Rechtsgeschäftes ausreiche, davon ab, wie sich die Situation im unmittelbaren Anschluß an die Erklärungsabgabe gestaltet: ist sie von der Art, daß sie dem Erklärenden das Mißverständnis verbirgt, so wird das Rechtsgeschäft gültig, obwohl der Adressat von seinem Inhalt keine oder nur eine mangelhafte Kenntnis bekommen hat; ist hingegen das Mißverständnis für den Erklärenden bemerkbar, so hat die dem Adressaten verschaffte Möglichkeit der Kenntnisnahme kein gültiges Rechtsgeschäft erzeugt. Wollen wir hiernach die Lehre vom Wirksamwerden mündlicher (d. h. aller nicht verkörperten) Willenserklärungen in einer knappen Formel zusammenfassen, so hat diese etwa zu lauten:

Eine Willenserklärung, die einem Anderen gegenüber abzugeben ist, wird, wenn sie mündlich erfolgt, wirksam, sobald sie dem Adressaten so nahe gebracht worden ist, daß dieser sie unter normalen Umständen wahrnehmen konnte. Die Erklärung wird nicht wirksam, wenn der Adressat die Erklärungszeichen nicht oder nicht richtig wahrgenommen hat, und der Erklärende den Mangel der Wahrnehmung unmittelbar nach der Erklärungsabgabe bemerken mußte.

Die Konsequenzen dieser Formel sollen uns im folgenden des näheren beschäftigen.

§ 16.

1. Was den negativen Teil der Formel, also die Voraussetzungen der Geschäftsungültigkeit betrifft, so lassen sich dazu einzelne Erläuterungen kaum geben. Die Frage, wann sich von zeitlicher „Unmittelbarkeit" des Bemerkens reden läßt, ist ebenso eine quaestio facti, wie die andere, wann vom Erklärenden gesagt werden darf, daß er den Wahrnehmungsfehler des Adres-

saten „bemerken mußte". Er „mußte" ihn dann bemerken, wenn sich nach den Umständen des konkreten Falles das Nichtbemerken als ein Außerachtlassen der im Verkehr erforderlichen Sorgfalt darstellt. Von den konkreten Umständen hängt es insbesondere auch ab, ob dem Erklärenden daraus ein Vorwurf gemacht werden kann, daß er nicht sofort nach Erklärungsabgabe durch eine entsprechende Frage an den Gegner die Richtigkeit der Erklärungsaufnahme kontrolliert hat.

Behauptet der Adressat die Ungültigkeit der Erklärung, weil er letztere unrichtig bezw. gar nicht vernommen habe, und der Wahrnehmungsfehler für den Gegner bemerkbar gewesen sei, so hat er sowohl die eigene mangelnde Wahrnehmung, wie das Kennen oder Kennenmüssen des Gegners zu beweisen.

Gleichgültig ist es für die Rechtslage, ob der Erklärende lediglich bemerkt hat, daß er vom Adressaten nicht verstanden worden ist, oder ob er geradezu bemerkt hat, was der Adressat infolge des Wahrnehmungsfehlers verstanden hat. Auch in letzterem Falle hat es bei der Unwirksamkeit der abgegebenen Erklärung sein Bewenden, und es tritt nicht etwa eine Erklärung mit dem vom Adressaten verstandenen Inhalt in Kraft. Denn eine Erklärung solchen Inhaltes hatte der Erklärende nicht abgegeben [1]). Selbst wenn er es dolo malo unterließe, den Gegner über das Mißverständnis aufzuklären, könnte dieser mittelst der Schadensersatzklage nicht verlangen, so gestellt zu werden, wie er stehen würde, wenn die Erklärung den von ihm vermuteten Inhalt gehabt hätte, sondern dürfte er nur denjenigen Schaden ersetzt begehren, den er dadurch erlitten, daß er auf die Gültigkeit einer Erklärung dieses Inhaltes vertraute.

Wird eine Willenserklärung mehreren Personen gegenüber abgegeben, und bemerkt der Erklärende, daß sie einer

[1]) Denkbar ist natürlich, daß der Erklärende hinterher dem Gegner gegenüber ein Verhalten beobachtet, aus dem die Einwilligung in den vom Adressaten verstandenen Erklärungsinhalt gefolgert werden muß. Dann ist ein Rechtsgeschäft mit diesem Inhalt nicht auf Grund der ursprünglichen Erklärungsabgabe, sondern auf Grund des nachträglich beobachteten Verhaltens, das eine neue Willenserklärung darstellt, zustande gekommen. Die Besonderheiten dieser Fallgestaltung haben aber nichts mehr mit den uns hier beschäftigenden Fragen zu tun.

der Adressaten nicht verstanden hat, so ist sie diesem Gegner gegenüber unwirksam. Den anderen Beteiligten gegenüber verliert sie ihre Gültigkeit durch das Mißverständnis des einen jedenfalls dann, wenn es sich um Erklärungen handelt, die, wie etwa das Rücktrittsrecht (vgl. BGB. § 356) allen gegenüber nur einheitlich abgegeben werden können. In den Fällen hingegen, wo diese Voraussetzung nicht zutrifft, hängt die Frage, ob die in der Person des einen Adressaten begründete Geschäftsnichtigkeit sich auch auf die anderen Erklärungsempfänger erstreckt, vom § 139 BGB. ab [2]).

Stehen umgekehrt einem Adressaten mehrere Geschäftsgegner gegenüber, und hat ersterer nur die Erklärung eines von ihnen in einer dem Urheber erkennbaren Weise unrichtig wahrgenommen, so ist die Erklärung dieses einen natürlich nichtig. Aber an und für sich ist auch nur sie nichtig [3]). Bloß wenn es sich um Erklärungen handelt, die entweder kraft positiven Rechtes (vgl. wiederum § 356) oder begriffsnotwendig (mehrere Testamentsvollstrecker oder Vormünder kündigen eine Hypothek oder ein Darlehn) nicht anders als einheitlich abgegeben werden können, würde die Ungültigkeit der einen Erklärung die der anderen zur unabweislichen Folge haben.

---

[2]) Daß der Geschäftsteil, von dem § 139 redet, auch in persönlicher Hinsicht zu verstehen ist, also auch die Frage nach dem Einschluß oder Ausschluß des einen oder anderen Erklärungsgegners betrifft, darf als herrschende Ansicht gelten: vgl. Neumann, Handausgabe § 139 S. 150 unter 2a und Oertmann § 139 unter 1cα, woselbst weitere Literaturnachweise.

[3]) Wobei diese Nichtigkeit unter Umständen durch die Gültigkeit der von den Anderen abgegebenen Erklärungen unschädlich gemacht wird. A, B und C, die seinerzeit eine Sache gemeinschaftlich gekauft haben, fechten den Kauf mündlich dem Verkäufer gegenüber an. Dieser versteht die Erklärungen des A und B richtig, die des C in einer dem letzteren sofort erkennbaren Weise falsch. Dann ist durch die Anfechtung des A und B der Kaufkontrakt auch für C hinfällig (seine Anfechtung also in diesem Punkte wirksam) geworden, wenn die dem A und B gegenüber eingetretene Nichtigkeit des Kaufes auf diese beiden Kontrahenten nicht beschränkt werden kann, sondern nach § 139 BGB. auch auf C ausgedehnt werden muß. Ob solchenfalls den C die negative Schadenshaftung aus § 122 BGB. trifft, ist eine uns hier nicht interessierende (richtigerweise wohl zu verneinende) Frage.

2. Liegen die Dinge nicht so, daß der Erklärende nach der Erklärungsabgabe den Wahrnehmungsfehler auf seiten des Adressaten bemerken konnte, so ist unserer Formel zufolge die Erklärung wirksam, falls der Erklärende sie dem Gegner „so nahe gebracht hatte, daß dieser sie unter normalen Umständen wahrnehmen konnte". Der Adressat muß dann also die Erklärung, obwohl er sie nicht wahrgenommen hat, gegen sich gelten lassen. Ebensowenig wie bei den schriftlichen Willenserklärungen hat er wegen des ihm untergelaufenen Mißverständnisses ein Anfechtungsrecht, und ebensowenig wie dort kann er den Erklärenden, von dem wir ja hier annehmen, daß ihn nicht einmal der Vorwurf der Fahrlässigkeit trifft, auf Ersatz des ihm aus der Gültigkeit der Erklärung erwachsenden Schadens belangen[4]).

Wann läßt sich nun sagen, daß die Erklärung dem Adressaten so nahe gebracht ist, daß er sie normalerweise wahrzunehmen vermag?

Die Frage erledigt sich sehr einfach. Denn sie ist in letzter Linie gleichbedeutend mit der anderen schon mehrfach beantworteten: wann liegt da, wo die Parteien mündlich miteinander verkehren, eine Erklärung im Rechtssinne vor? Wann darf von der „Abgabe"[5]) einer „mündlichen Willenserklärung" gesprochen werden?

„Erklären" heißt ja ein Verhalten beobachten, das auf das Vorhandensein eines bestimmten Geschäftswillens schließen läßt. Da wo jemand seinen Geschäftswillen einem Anderen gegenüber mündlich kundgibt, rechtfertigt sein Verhalten den Schluß auf den Geschäftswillen aber nur dann, wenn er es dem Gegner so nahe gebracht hat, daß dieser, falls im Besitz normaler Sinnesfunktionen, es wahrnehmen mußte. Konnte der Erklärende um etwaige der Wahrnehmung entgegenstehende Störungen im Sinnesorganismus des Adressaten wissen, und nahm er dennoch bei der Auswahl des zu beobachtenden Verhaltens keine Rücksicht auf sie, so scheidet sein Verhalten, wie schon öfters betont

---

[4]) Vgl. oben S. 204 f.

[5]) Das Wort in dem technischen Sinne genommen, in dem es das Gesetzbuch selbst verwendet, um den Akt des Erklärens begrifflich vom Moment des Wirksamwerdens der Erklärung zu unterscheiden.

wurde, aus dem Erklärungsbegriff überhaupt aus. Und umgekehrt: konnte der Erklärende von gewissen Wahrnehmungshindernissen, insbesondere von gewissen Gebrechen des Adressaten wie Taubheit, Schwerhörigkeit usw. nichts wissen, so sind sie bei der Würdigung des Verhaltens als „Erklärung" unberücksichtigt zu lassen; in seiner Eigenschaft als taugliches Erklärungsmittel ist das Wort des Erklärenden so zu werten, wie wenn die anomalen, ihm den Weg zum Ohr des Adressaten versperrenden Umstände nicht vorhanden gewesen wären. Der Tatbestand des „normalen Nahebringens der Erklärungszeichen" und der Tatbestand der „Erklärung" sind also insoweit identisch; sagt man von einem Verhalten, es sei eine „mündliche Erklärung", so sagt man damit gleichzeitig, daß jemand einem Anderen bestimmte Worte so nahe gebracht hat, daß dieser sie unter normalen Umständen wahrnehmen konnte.

Daraus folgt, daß der Wahrnehmungsfehler des Adressaten der Gültigkeit der Erklärung nicht nur dann unschädlich ist, wenn er auf einer Unaufmerksamkeit oder Zerstreutheit oder vorübergehenden Erkrankung des Hörvermögens oder eines anderen Sinnesorganes beruht, sondern auch dann, wenn er seinen Grund in dauernder Schwerhörigkeit, ja sogar in völliger Taubheit des Erklärungsempfängers hat. Auch wenn der Adressat seiner individuellen Veranlagung nach gar nichts von der Erklärung verstehen *konnte*, ist letztere dennoch, wenn so abgegeben, daß er sie bei normaler Hörkraft verstanden hätte, voll wirksam. Zwar wird hier meistens der Erklärende sofort nach der Erklärungsabgabe den Mangel der Wahrnehmung erkennen oder doch wenigstens erkennen können, und darum die Erklärung aus den vorhin unter 1 besprochenen Gründen unwirksam sein. Die Dinge können aber auch einmal anders liegen, und wo das der Fall ist, muß, wie gesagt, der Adressat die Erklärung gegen sich gelten lassen, obwohl er nichts von ihr gehört hat. Sein *anomaler* Zustand hat gegenüber der vom Erklärenden geschaffenen *normalen* Möglichkeit der Kenntnisnahme außer Betracht zu bleiben [6]). Und genau so

---

[6]) Darüber, daß durch die hier befürwortete Gültigkeit der einem Tauben gegenüber abgegebenen Willenserklärung nicht das den empfangs-

wäre zu entscheiden, wenn es sich um eine schriftliche, aber nicht durch Aushändigung, sondern durch Vorzeigung der Urkunde abgegebene Willenserklärung handelte, und der Adressat infolge von Augenschwäche oder gar von Blindheit nichts von dem Erklärungsinhalt in sich aufgenommen hätte. Diese Ergebnisse dürften auch vom Standpunkt der Gerechtigkeit aus zu billigen sein. Denn „haben wir nur die Wahl zwischen der Bestimmung eines Nachteiles für den Einen oder den Anderen, so ist es angemessen, daß jedem der Nachteil einer solchen Störung zufalle, die innerhalb seines Lebensgebietes sich ereignet hat [7])." Wer sich, obwohl er taub oder blind ist, ohne entsprechende Vorsichtsmaßregeln in den Verkehr begibt, darf sich nicht beschweren, wenn er dabei Schaden erleidet.

Der Fall, daß trotz unterbliebener oder unrichtiger Wahrnehmung die Willenserklärung dennoch wirksam ist, weil dem Adressaten die normale Möglichkeit der Kenntnisnahme verschafft worden war, kann sich namentlich leicht beim telephonischen Gespräch ereignen. Denn da sich hier die Parteien nicht Auge in Auge gegenüberstehen, wird häufig ein die Wahrnehmungsfähigkeit ausschließender Zustand des Adressaten dem Erklärenden verborgen bleiben. Der Erklärungsempfänger ist beispielsweise völlig betrunken. Tritt diese Betrunkenheit in dem telephonischen Gespräch nicht zutage, so ist das vom Erklärenden beabsichtigte Rechtsgeschäft durch die von ihm ins Telephon hineingerufenen Worte gültig zustande gekommen: weder liegt ein Grund vor, dem Verhalten des Erklärenden den Charakter der Erklärungs„abgabe" abzusprechen, noch hat der vorübergehende Zustand der Bewußtlosigkeit dem Adressaten die für die Wirksamkeit der Erklärung erforderliche Geschäftsfähigkeit genommen (vgl. Abs. 2 des § 105 BGB. im Gegensatz zu Abs. 1), noch treffen die Bedingungen zu, unter denen unsere obige Formel die Nichtigkeit des Rechtsgeschäftes vorschreibt. Und ebensowenig würde es der Gültigkeit der Willenserklärung schaden, wenn der vom Erklärenden ans Telephon

---

bedürftigen Rechtsgeschäften eigentümliche Richtungserfordernis verletzt wird, vgl. oben § 7 Anm. 8.

[7]) Worte Hölders, die sich (in anderem Zusammenhang) Theorie S. 100 (Sep.-Abdr. S. 10) finden.

gerufene Adressat während der Erklärungsabgabe den Hörer zeitweilig vom Ohr absetzte, so daß ihm, ohne daß es der Erklärende bemerken könnte, ein wesentlicher Teil des Erklärungsinhaltes verloren ginge. Es kann ja auch unmöglich einen Unterschied machen, ob der Adressat das unter Anwesenden gesprochene Wort nicht hört, weil er seine Gedanken spazieren gehen läßt, oder ob er das unter Abwesenden gesprochene Wort nicht hört, weil er den den Gedankenaustausch vermittelnden Apparat nicht richtig bedient. Aber selbstverständlich muß, wenn das Rechtsgeschäft trotz des gegnerischen Mißverständnisses wirksam sein soll, das Telephon auch wirklich die vom Erklärenden gesprochenen Worte wiedergegeben haben: hat es infolge von Leitungsstörungen die Worte des Erklärenden unrichtig reproduziert, dann muß dieser, vorbehaltlich des ihm nach den §§ 119, 120 BGB. zustehenden Anfechtungsrechtes, die entstellte Erklärung gegen sich gelten lassen. Es liegt dann also im Rechtssinn kein Mißverständnis, sondern ein Irrtum vor[8]). Und hat das Telephon von den ihm anvertrauten Worten überhaupt nichts oder nur undeutliche Geräusche vermittelt, dann ist eine „Erklärung" gar nicht abgegeben, das Rechtsgeschäft also aus diesem Grunde nicht zustande gekommen[9]). So scharf sich hiernach auch begrifflich die Fälle des Mißverständnisses von denen der mangelhaften Erklärungsabgabe sondern lassen, so schwierig können sich im einzelnen Falle die Beweisfragen gestalten, wenn es sich darum handelt, ein seinem Inhalt nach umstrittenes Telephongespräch unter die eine oder die andere Rechtsfigur zu subsumieren.

---

[8]) Vgl. hierzu auch Joerges a. a. O. S. 69; Planck § 130 unter 3 und Goldmann-Lilienthal I S. 151 Anm. 10.

[9]) Wird jemand beim telephonischen Verkehr mit einer anderen als der dem Amt bezeichneten Person verbunden, so ist, wenn die falsche Verbindung in der Erklärung zum Ausdruck kommt, das Rechtsgeschäft nichtig, weil es nicht an diejenige Person gerichtet ist, mit welcher der Erklärende redet. Ist hingegen die unrichtige Verbindung nicht aus der Erklärung selbst erkennbar, so ist die Erklärung allerdings als an denjenigen gerichtet anzusehen, mit welchem ihr Urheber augenblicklich spricht. Weil er ihr aber diese Richtung irrtümlich gegeben hat (er glaubt ja mit jemand anderem verbunden zu sein), darf er das Geschäft nach § 119 anfechten. So auch Oertmann § 120 unter 3d und Düringer-Hachenburg II S. 105 Anm. 156.

3. Es fragt sich, ob wir den Zeitpunkt, in welchem nach den bisher angestellten Ermittelungen mündliche Willenserklärungen wirksam werden, als „Zugang" bezeichnen sollen. Nachdem wir im Voraufgegangenen das Wirksamwerden mündlicher Erklärungen selbständig, d. h. unabhängig von den im Gesetzbuch für die schriftlichen Erklärungen erlassenen Rechtssätzen erörtert haben, kommt der eben aufgeworfenen Frage eine rein terminologische Bedeutung zu. Vom Standpunkt terminologischer Zweckmäßigkeit betrachtet dürfte sie aber richtigerweise zu verneinen sein. Zwar nicht aus dem mitunter geltend gemachten Grunde, weil der Begriff des Zugehens nach den Sprachgesetzen nur auf körperliche, nicht auch auf unkörperliche Erklärungen anwendbar sei[10]). Denn auch bei den körperlichen Erklärungen wird das Wort „zugehen" nicht in seinem ursprünglichen, sondern in einem bildlichen Sinne verwendet, und es ist nicht ersichtlich, warum solche Bildersprache nur bei der einen, nicht auch bei der anderen Gruppe von Willenserklärungen erlaubt sein soll[11]). Auch daraus läßt sich kein Argument gegen die Benutzung des Zugangsbegriffes bei mündlichen Willenserklärungen ableiten, daß man sagt, bei diesen falle die Abgabe der Erklärung mit der Wirksamkeit der Erklärung zeitlich zusammen, und es sei darum neben dem Begriff der Erklärungs„abgabe" für einen besonderen Erklärungs„zugang" kein Raum übrig. Soweit hier eine Identität zwischen „Abgeben" und „Wirksamwerden" der Erklärung wirklich besteht, handelt es sich um ein rein positivrechtliches, nicht um ein begriffsnotwendiges Zusammentreffen. Denn der Begriff der Erklärungs„abgabe" besagt nur, daß ein Verhalten beobachtet worden ist, das auf einen bestimmten Geschäftswillen schließen läßt. Wann dieses Verhalten da, wo es einem Anderen gegenüber beobachtet werden muß, Wirksamkeit erlangt, ist eine außerhalb des Erklärungsbegriffes zu beantwortende Frage[12]). Wie wenig bei den mündlichen Willenserklärungen

---

[10]) Dieser Meinung sind beispielsweise Oertmann im Recht 10 S. 724 und Breit a. a. O. S. 653, 658.

[11]) Ähnlich Bieber a. a. O. S. 21.

[12]) Die übrigens nicht dadurch gefördert wird, daß man mit der „Vollendung" der Willenserklärung operiert. Da die Erklärungs-

ein zeitliches Zusammenfallen von Erklärungsabgabe und Erklärungswirksamkeit durch eine begriffliche Notwendigkeit bedingt ist, geht schon daraus hervor, daß nach unseren bisherigen Untersuchungen in sehr vielen Fällen (nämlich überall da, wo der Erklärende den Wahrnehmungsfehler des Adressaten gleich nach der Erklärungsabgabe bemerkt bezw. bemerken könnte) die Erklärung trotz fehlerfreier „Abgabe" unwirksam bleibt. Und wenn diejenigen Schriftsteller recht hätten, die für die mündlichen Erklärungen die Vernehmungstheorie schlechthin vertreten, könnte von einer zeitlichen Koinzidenz überhaupt nie die Rede sein, indem ja dann unter allen Umständen der Zeitpunkt der Gültigkeit dem Zeitpunkt der Abgabe, und sei es nur um Bruchteile von Sekunden, nachfolgte.

Der wahre Grund, warum wir bei den mündlichen Willenserklärungen den Zugang als terminus technicus vermeiden möchten, ist folgender. Der Zeitpunkt des Wirksamwerdens ist für die schriftlichen und mündlichen Willenserklärungen nicht der gleiche. Selbst nicht einmal von einer „entsprechenden" Gleichheit läßt sich reden. Solche würde allenfalls vorliegen, wenn sich der Unterschied darin erschöpfte, daß die schriftliche Erklärung, um Wirksamkeit zu erlangen, in den Besitz, die mündliche in die Wahrnehmungssphäre des Adressaten gelangt sein müsse. Aber die Verschiedenheit greift ja erheblich weiter. Wir wissen, daß es bei den schriftlichen Willenserklärungen

---

„vollendung" kein technischer Begriff ist (das BGB. spricht wohl von Vollendung der Geburt, von Vollendung des Lebensalters, von Vollendung der Verjährung, von Vollendung eines Werkes, aber nie von der Vollendung einer Willenserklärung), so sind die einzelnen Schriftsteller nicht gehindert, darunter sehr Verschiedenartiges zu begreifen. Daher kommt es, daß manche unter Vollendung der Willenserklärung den Zeitpunkt der Wirksamkeit verstehen, während andere mit der gleichen Wendung den Augenblick bezeichnen wollen, wo sich der Begriff der Willenserklärung erfüllt, wo also das den Rückschluß auf den Geschäftswillen gestattende Verhalten beendet und darum die Erklärung abgegeben ist. Vgl. die Literaturnachweise bei Oertmann § 130 unter 2. Es ist klar, daß solche schwankende Terminologie die literarische Verständigung außerordentlich erschwert, und es wäre darum zur Vermeidung unfruchtbaren Streites sehr erwünscht, statt von Vollendung einer Willenserklärung immer nur, je nachdem der eine oder andere Moment gemeint ist, von Erklärungswirksamkeit oder Erklärungsabgabe zu sprechen.

unter allen Umständen zur Wirksamkeit ausreicht, wenn der Erklärende dem Adressaten mit dem Besitz des Schriftstückes die normale Möglichkeit der Kenntnisnahme verschafft, mag ihm auch bekannt sein, daß die abstrakte Möglichkeit sich vorläufig noch nicht in konkrete Wirklichkeit umsetzen läßt. Mündliche Willenserklärungen hingegen bleiben trotz der dem Adressaten verschafften normalen Möglichkeit der Kenntnisnahme unwirksam, wenn der Erklärende die nicht erfolgte Kenntnisnahme gleich nach der Erklärungsabgabe erkennt oder erkennen könnte. Wollten wir also auch bei den mündlichen Erklärungen den Zeitpunkt des Wirksamwerdens als „Zugang" bezeichnen, so würden wir einen doppelten Zugangsbegriff bekommen: der Zugang würde anders zu definieren sein, wenn es sich um schriftliche und anders, wenn es sich um mündliche Willenserklärungen handelte. Ist nun ein solcher, heterogene Fälle umfassender Doppelbegriff an sich schon irreführend und darum terminologisch unzweckmäßig, so ist er in unserem Falle auch aus Gründen der juristischen Logik zu verwerfen. Denn wenn er logische Berechtigung haben sollte, so müßte den beiden Spezies des „Zuganges" ein gemeinsames Genus, den Unterbegriffen ein Oberbegriff des Zugehens entsprechen. Welchen Inhalt aber sollte dieser Oberbegriff haben? Von diesem einheitlichen „Zugang" ließe sich nichts weiter sagen, als daß er den Augenblick darstelle, in welchem die Willenserklärung Wirksamkeit erlange. Die Formel: empfangsbedürftige Willenserklärungen werden in dem Moment wirksam, wo sie dem Gegner zugehen, würde also lediglich besagen, daß empfangsbedürftige Erklärungen „in dem Zeitpunkt wirksam werden, wo sie wirksam werden." Mit anderen Worten: die Übertragung des Zugangsbegriffes auf mündliche Willenserklärungen führt in letzter Linie zu einer inhaltsleeren Tautologie.

Wir müssen es darum ablehnen, bei mündlichen Willenserklärungen von einem Zugehen im technischen Sinne zu sprechen. Damit soll natürlich nicht verschworen sein, daß wir nicht im untechnischen Sinne auch bei den nicht verkörperten Erklärungen gelegentlich, namentlich wenn wir den Zeitpunkt ihres Wirksamwerdens möglichst kurz bezeichnen wollen, von einem „Zugehen" reden. Dann handelt es sich aber um eine abusive Verwendung dieses Begriffes, die nach dem Vorangegangenen keiner Mißdeutung begegnen wird.

4. Verleiht das Mißverständnis des Adressaten dem Erklärenden die Befugnis, die abgegebene Erklärung zu widerrufen? Die Antwort auf diese Frage ist in unserer obigen Formel ohne weiteres enthalten. Denn entweder liegen die Dinge so, daß der Erklärende gleich nach der Erklärungsabgabe die mangelnde Wahrnehmung des Gegners zu erkennen vermag, dann ist, wie wir wissen, die Erklärung unwirksam und der Erklärende selbstverständlich nicht an sie gebunden. Hat also der Adressat gemerkt, daß ihm gegenüber etwas erklärt worden ist, aber nicht gehört, was erklärt worden ist, und bittet er infolgedessen den Erklärenden, das Gesagte zu wiederholen, so kann dieser die mißglückte Erklärung noch einmal abgeben, er kann aber statt dessen auch eine andere Erklärung oder gar keine abgeben. Hinwiederum: waren die Umstände nicht so geartet, daß der Erklärende den Wahrnehmungsfehler auf seiten des Adressaten erkennen konnte, so ist die Erklärung nach unseren früheren Ausführungen trotz der unterbliebenen Wahrnehmung gültig zustande gekommen, und wie der Adressat so muß auch der Erklärende sie gegen sich gelten lassen. Erfährt also ersterer nachträglich den Inhalt der von ihm seinerzeit nicht verstandenen Erklärung, so kann er den Gegner an ihr festhalten. Das ist angesichts der einmal eingetretenen Wirksamkeit der Erklärung selbstverständlich und hätte darum eigentlich keiner besonderen Hervorhebung bedurft. Es würde auch nicht besonders hervorgehoben worden sein, wenn sich nicht in der Literatur die gegenteilige Ansicht vertreten fände. Hölder hat in seinem Kommentar zunächst de lege ferenda die Behauptung aufgestellt [18]), daß es zwar im Sinne des Verkehrsbedürfnisses liege, Willenserklärungen wirksam werden zu lassen, ehe sie noch zur Kenntnis des Adressaten gelangt sind, daß aber keine Veranlassung bestehe, dem Erklärenden schon vor diesem Zeitpunkt das Widerrufsrecht abzuschneiden. „Es ist praktisches Bedürfnis und ist gerecht, daß ich eine Erklärung muß gelten lassen, die ohne ein in meiner Person begründetes Hindernis zu meiner Kenntnis gelangt wäre.

[18]) S. 293 unter 4. Vgl. dazu auch S. 323 unter 4.

Es ist aber weder ein praktisches Bedürfnis noch gerecht, daß ich einen zu meiner Kenntnis gelangten Widerruf nicht muß gelten lassen, weil die widerrufene, erst später zu meiner Kenntnis gelangte Erklärung eine solche ist, die schon früher hätte zu meiner Kenntnis gelangen können." Hölder befürwortet hier also die Aufstellung eines doppelten Zeitpunktes für das Wirksamwerden der Willenserklärungen: eines früheren, wenn es der Erklärende, eines späteren, wenn es der Adressat ist, der sich auf die Gültigkeit des Geschäftes beruft [14]). Diese ihm wünschenswert erscheinende Regelung hat Hölder später als geltendes Recht ausgegeben, also für das BGB. selbst in Anspruch genommen. In seinem schon öfters zitierten Beitrag „Zur Theorie der Willenserklärung" [15]) unterscheidet er geradezu einen Erklärungszugang im engeren und im weiteren Sinne: im weiteren Sinne ist die Erklärung zugegangen mit der dem Gegner vom Erklärenden verschafften Möglichkeit der Kenntnisnahme; von diesem Moment an darf der Erklärende sie geltend machen; im engeren Sinne ist sie zugegangen mit der vom Adressaten erlangten Kenntnisnahme; von diesem Augenblick an darf dieser sie geltend machen. „Im engeren Sinne", sagt Hölder wörtlich [16]), ist dem Gegner „die Erklärung zugegangen, wenn sie zu seiner Kenntnis gelangt ist infolge der Gelegenheit zu ihrer Kenntnisnahme, die ihm dadurch gegeben war, daß ihm die Erklärung im weiteren Sinne zugegangen ist." Hölder gibt selbst zu, daß seine Annahme „einer doppelten Bedeutung des Zugehens und der durch dieses gegebenen Wirksamkeit der Erklärung" „ohne Anhalt in den Worten des Gesetzes ist". Sie sei aber erfordert „durch Treu und Glauben mit Rücksicht auf die Verkehrssitte".

Diesen Ausführungen kann nicht beigepflichtet werden, weder de lege lata noch de lege ferenda. Der Behauptung Hölders, daß der Erklärende seine Erklärung, solange sie nicht zur Kenntnis des Adressaten gelangt sei, widerrufen dürfe, steht der klare Wortlaut des § 130 entgegen. Indem das Gesetzbuch hier

---

[14]) Vgl. dazu auch Zitelmann, Rechtsgeschäfte I S. 105 unter d.

[15]) Vgl. insbes. S. 109 ff., 128 ff. (Sep.-Abdr. S. 19 ff., 38 ff.).

[16]) S. 130 (Sep.-Abdr. S. 40). Vgl. neuerdings auch seine Abhandlung in Iher. Jahrb. 55 S. 459 ff.

im ersten Satze bestimmt, daß eine empfangsbedürftige Willenserklärung in dem Zeitpunkt wirksam wird, in welchem sie dem Gegner zugeht, und dann in einem Nachsatz fortfährt, daß „sie nicht wirksam wird, wenn dem Anderen vor oder gleichzeitig mit ihr ein Widerruf zugeht", gibt es zweifelsfrei zu erkennen, daß der Zeitpunkt, in dem die Erklärung (zugunsten des Erklärenden) Wirksamkeit erlangt, und der Zeitpunkt, bis zu dem allein der Widerruf zulässig ist, nicht auseinanderfallen dürfen. Und dieser vom Gesetzbuch eingenommene Standpunkt, der im § 130 nur für die Willenserklärungen „unter Abwesenden" zum Ausdruck gebracht worden ist, der aber, weil er nicht durch die Natur eines bestimmten Erklärungsmittels bedingt ist, gleichmäßig für alle empfangsbedürftigen Willenserklärungen gelten muß, verdient, rechtspolitisch betrachtet, uneingeschränkte Billigung. Hölder begründet seine abweichende Auffassung in der Hauptsache damit, daß der Adressat kein Interesse habe, einem zwar nach dem „Zugang", aber noch vor der Kenntnisnahme der Erklärung erfolgenden Widerruf zu widersprechen. Indessen läßt sich hier mit dem mangelnden Interesse des Adressaten allein nicht operieren. Denn das Interesse an der Unwiderruflichkeit der Erklärung wird letzterem sehr häufig auch dann noch fehlen, wenn er vom Inhalt der Erklärung bereits Kenntnis genommen hat. Man denke sich etwa, daß jemand, dem gekündigt worden ist, eine Widerrufserklärung zu einer Zeit erhält, wo er die Kündigung zwar bereits gelesen, sich aber noch nicht die geringsten Gedanken über den nunmehr notwendig werdenden Wohnungswechsel gemacht hat. Soll das Interesse des Adressaten über die Zulässigkeit des Widerrufes entscheiden, so muß in solchen Fällen der Widerruf gültig sein, obwohl die widerrufene Erklärung bereits zur Kenntnis des Erklärungsempfängers gelangt war: ist er doch durch den Widerruf nicht schlechter gestellt, wie wenn die widerrufene Erklärung ihm gegenüber niemals abgegeben worden wäre. Wer also die Rechtmäßigkeit des Widerrufes vom Interesse des Adressaten abhängig macht, begibt sich auf eine abschüssige Bahn, auf der nur schwer noch ein Halten ist; lediglich die Umstände des konkreten Falles begrenzen dann die Dauer des Widerrufsrechtes. Damit aber wäre die Verkehrssicherheit aufs höchste gefährdet. Diese verlangt, daß die Widerruflichkeit der Erklärung in einem vom Gesetz genau bestimmten, nach juristischen Merkmalen möglichst sicher zu ermittelnden Zeitpunkt erlischt, ohne Rücksicht darauf, ob der Adressat an der Unwiderruflichkeit ein Interesse hat oder nicht. Und als solcher Zeitpunkt kann nach dem Wesen und dem Zwecke der Willenserklärung nur der Moment des Wirksamwerdens, nicht der der Kenntnisnahme in Frage kommen. Denn eine Willenserklärung „abgeben" heißt, wie wir wissen, nichts anderes, als ein Verhalten beobachten, das den Schluß auf einen vorhandenen Geschäftswillen gestattet. Im Begriff der Willenserklärung liegt es also eingeschlossen, daß sie die Reife des rechtsgeschäftlichen Willens erkennen läßt. Nach der Parömie: „ein Mann, ein Wort" darf sich die Rechtsordnung darauf verlassen, daß Willenserklärungen abgegeben werden, um Gültigkeit zu erlangen, und nicht, um widerrufen zu werden, und es hat darum keinesfalls der Erklärende Grund zur Beschwerde, wenn seine Erklärung unmittelbar nach der „Abgabe" in Wirksamkeit tritt [17]). Wenn trotzdem die Rechtsordnung unter Umständen die Wirksamkeit der Erklärung der „Abgabe" zeitlich nachfolgen läßt, so tut sie das nicht dem Erklärenden zuliebe, also nicht, um ihm die Möglichkeit des Widerrufes zu verschaffen, sondern sie tut es dem Adressaten zuliebe, damit dieser die Erklärung nicht eher gegen sich gelten zu lassen braucht, als sie in seine Wahrnehmungssphäre gelangt ist [18]). Und nur weil das Hinausschieben der Wirksamkeit bis zum Moment des „Zuganges" dem Erklärenden die Gefahr der Erklärungsübermittelung aufbürdet, gibt ihm das Gesetzbuch nach dem Grundsatz »cuius est periculum, eius est commodum« das Recht des Widerrufes. Dieses ist also nichts weiter als eine Prämie für die Gefahr-

[17]) Vgl. schon oben § 4 Anm. 14 und meine Abhandlung in Iher. Jahrb. 47 S. 394 f.

[18]) Sehr richtig sagt Leoni a. a. O. S. 35: „In der Befähigung des Erklärenden, auf die Erklärung auch nach ihrer Abgabe noch einwirken zu können, liegt ein Vorteil, den ihm die Hinausschiebung des Beginnes ihrer Wirksamkeit gebracht hat. Ihm diesen Vorteil zu gewähren, war aber nicht Zweck des Aufschubs. Vielmehr ist die Aufnahme der objektiven Voraussetzung wie das Erfordernis der Richtung aus dem Wunsche, den Adressaten zu schützen, herausgewachsen."

tragung: weil der Erklärende mit dieser belastet ist, soll er ausnahmsweise von der abgegebenen Erklärung wieder abgehen dürfen. Darum fehlt es für die Einräumung eines Widerrufsrechtes an jedem vernünftigen Grunde, sobald der Erklärende dadurch, daß die Erklärung zu seinen Gunsten in Wirksamkeit getreten ist, keine Gefahr der Übermittelung mehr zu tragen hat. Mit dieser Erkenntnis aber fällt die Behauptung Hölders, daß dem Erklärenden bis zu dem Moment, wo der Adressat Kenntnis von der Erklärung genommen habe, ein Widerrufsrecht zustehe oder doch wenigstens billigerweise zustehen sollte, in sich zusammen [19]).

Es bleibt also bei dem oben erwähnten Resultat, daß, soweit die Empfangstheorie reicht, das Mißverständnis des Adressaten auch bei den mündlichen Willenserklärungen dem Erklärenden kein Widerrufsrecht verschafft. Damit soll natürlich nicht geleugnet werden, daß faktisch sich sehr häufig aus dem Wahrnehmungsfehler des Adressaten für den Erklärenden die Möglichkeit ergeben wird, seine Erklärung zu widerrufen. Denn wenn der Adressat letztere nicht oder nicht richtig verstanden hat, wird er in der Mehrzahl der Fälle gar nicht in der Lage sein, einer nachträglichen Sinnesänderung des Erklärenden zu widersprechen. Dann handelt es sich aber für diesen nicht um die Geltendmachung eines Widerrufsrechtes, sondern um die Vornahme eines Widerrufes, zu dem ihm kein Recht (vielmehr nur die Gelegenheit) zusteht — ähnlich wie wenn A, weil er ein in seinem Briefkasten vorgefundenes Schreiben des B noch vor der Lektüre aus Versehen verbrannt hätte, den B ersuchte, ihm den Inhalt des Schriftstückes noch einmal mitzuteilen, und nun B, der die in der Urkunde enthaltene Willenserklärung längst bereute, den glücklichen Zufall, der sich ihm böte, benutzte, an Stelle des zwar wirksam gewordenen aber unbekannt gebliebenen Rechtsgeschäftes ein neues mit verändertem Inhalt vorzunehmen.

5. Wir haben bisher nur die Fälle ins Auge gefaßt, wo

---

[19]) Gegen Hölder hat sich auch Oertmann § 130 unter 3e gewendet.

der Erklärende in eigener Person die mündliche Erklärung dem Destinatär gegenüber abgibt. Vielfach wird er sich aber zum Zwecke der Erklärungsabgabe der Hilfe dritter Personen bedienen. Es fragt sich dann, ob aus solcher Zuziehung dritter Personen Besonderheiten für unsere Lehre folgen.

Das ist offenbar nicht der Fall, wenn der Dritte Vertreter des Erklärenden ist. Denn alsdann ist er alter ego der Partei, und es gilt darum von ihm alles das, was im Vorstehenden von der Person des Erklärenden gesagt worden ist. Die Erklärung erlangt also Wirksamkeit, wenn der Vertreter sie dem Adressaten so nahe gebracht hat, daß dieser sie unter normalen Umständen wahrnehmen konnte, und sie erlangt keine Wirksamkeit, wenn der Vertreter gleich nach der Erklärungsabgabe einen Mangel der Wahrnehmung auf seiten des Gegners bemerkt hat oder doch wenigstens hätte bemerken müssen. Nur in dem seltenen Falle, daß die Erklärung vom Vertreter in Gegenwart des Vertretenen abgegeben worden ist und der Vertreter den Wahrnehmungsfehler des Adressaten nicht bemerken konnte, während der Vertretene ihn bemerkt hat bezw. bemerken mußte, wird man sich für die Ungültigkeit der Erklärung zu entscheiden haben. Die Gründe, die uns früher veranlaßten, der Vernehmungstheorie in gewissem Umfang Raum zu geben, treffen auch hier zu.

Der Dritte, welcher der Partei bei der Vornahme des Rechtsgeschäftes Dienste leistet, kann aber auch und wird sehr häufig bloßer Bote sein[20]). Daß solchenfalls die Erklärung

[20]) Ich habe früher gelegentlich einer Anzeige des bekannten Schloßmannschen Werkes über die Stellvertretung der Ansicht dieses Schriftstellers zugestimmt, daß zwischen Stellvertreter und Boten ein begrifflicher Unterschied nicht bestehe (vgl. Jurist. Literaturbl. 14 S. 135). Bei erneuter Prüfung der Frage vermag ich diese Zustimmung nicht aufrechtzuerhalten. Die Unterscheidung von Stellvertretung und Botenschaft ist gewissermaßen mit dem Erklärungsbegriff von selbst gegeben. Da, wo die Partei bereits das Verhalten beobachtet hat, das auf den betreffenden Geschäftswillen schließen läßt, wo also die Erklärung bereits von ihr „abgegeben" ist, und es sich nur noch darum handelt, diese abgegebene Erklärung weiterzubefördern, liegt Botenschaft vor. Wo hingegen die Partei noch kein zum Schluß auf einen bestimmten Geschäftswillen ausreichendes Verhalten beobachtet hat, das dazu Erforderliche

nicht schon in dem Moment wirksam wird, wo der Auftraggeber die Erklärung dem Boten mitteilt, die er mündlich überbringen soll, versteht sich nach unserer obigen Formel ganz von selbst. Solche Äußerungstheorie würde auch mit dem vom Gesetzbuch in § 130 für die verkörperten Willenserklärungen eingenommenen Standpunkt völlig unvereinbar sein. Denn wenn wir auch im allgemeinen den Analogieschluß aus diesem Para-

---

vielmehr erst durch einen Dritten geschehen, durch ihn also erst die Erklärung „abgegeben" werden soll, haben wir es mit Stellvertretung zu tun. Es handelt sich sonach um einen Gegensatz, den das Gesetzbuch selbst im § 130 durch die Unterscheidung von Erklärungs„zugang" und Erklärungs„abgabe" zum Ausdruck gebracht hat. Die hier vertretene Auffassung wird sich in sehr vielen Fällen faktisch mit der herkömmlichen Lehre decken, welche den Unterschied zwischen Boten und Stellvertreter darin erblickt, daß letzterer an der Bildung des Geschäftswillens Anteil habe, ersterer nicht. Begrifflich aber fallen beide Betrachtungsweisen keineswegs zusammen. Denn wenn jemand ein vom Gesetz formalisiertes (etwa an die Schriftform geknüpftes) Rechtsgeschäft errichten will und einem Anderen den Inhalt der Erklärung erschöpfend angibt mit dem Auftrag, die Urkunde nunmehr aufzusetzen und für ihn, den Auftraggeber, zu unterschreiben, so ist der Andere nach jener Lehre Bote, nach unserer (auch der natürlichen Anschauungsweise entsprechenden) Auffassung hingegen Vertreter. Die Partei hatte hier eben das vom Gesetz für die Erklärungsabgabe geforderte Verhalten noch nicht beobachtet, sondern die Erklärung wurde erst vom Anderen „abgegeben". Diese Bedeutung, die gerade der Begriff der Erklärungs„abgabe" oder, was schließlich dasselbe ist, der Erklärungsbegriff schlechthin für den Gegensatz von Vertreter und Boten hat (und die hier, wo es sich nur um eine kurze Präzisierung der eigenen Stellungnahme handelt, nicht weiter verfolgt und erörtert werden kann), wird übersehen in der jüngsten eingehenden Zurückweisung, die der Botenbegriff erfahren hat, nämlich in dem Werke von Rosenberg, Stellvertretung im Prozeß (Berlin 1908) S. 175—300. So wertvoll auch seine weit ausholenden und an der Hand eines reichen wissenschaftlichen Apparates angestellten Untersuchungen für die Erkenntnis des augenblicklichen literarischen Standes des Problemes sind, und so zutreffend in vielen Stücken seine Kritik der Unterscheidungsmerkmale ist, mit denen die herrschende Lehre operiert, so wenig vermag ich seiner völligen Verwerfung des Gegensatzes von Botenschaft und Stellvertretung beizupflichten. Übrigens leugnet Rosenberg nicht nur die Berechtigung der Unterscheidung, sondern bestreitet auch, daß letztere im BGB. anerkannt sei. Da sie aber dessen Normen zweifellos zugrunde liegt, so stehen viele der von Rosenberg getroffenen Entscheidungen im Widerspruch mit dem geltenden Rechte.

graphen für die mündlichen Willenserklärungen abgelehnt haben, in diesem einen Punkte ist er offenbar zwingend: reicht die durch Übergabe des Schreibens an den Boten erfolgte Erklärungs„abgabe" zur Gültigkeit des Rechtsgeschäftes nicht aus, so ist auch die durch mündliche Instruktion und Absendung des Boten erfolgte „Abgabe" nicht genügend, sondern bedarf noch eines weiteren, den Erklärungsinhalt dem Adressaten zuführenden Vorganges. Die durch den Boten mündlich bestellte Erklärung ist also wiederum erst wirksam, wenn der Bote dem Adressaten hinsichtlich ihrer die normale Wahrnehmungsmöglichkeit verschafft hat[21]). Darin liegt nicht nur ausgesprochen, daß die anomale Wahrnehmungs*un*möglichkeit (dem Boten nicht erkennbare Taubheit oder Schwerhörigkeit des Adressaten usw.) der Gültigkeit der Erklärung nicht im Wege steht, sondern auch, daß die anomale Wahrnehmungsmöglichkeit die Gültigkeit der Erklärung nicht herbeiführt. Wenn beispielsweise mein Bote auf dem Wege zum Adressaten in einem Gasthaus einkehrt, dort einem Bekannten den Inhalt der ihm aufgetragenen Botschaft ausführlich erzählt, und der ihm unbekannte Adressat zufällig daneben sitzt und die Erzählung mit anhört, so ist trotz der Kenntnisnahme seitens des Destinatärs die Erklärung nicht wirksam geworden. Denn der Adressat hat die Kenntnis erworben durch eine zufällige, weil vom Boten nicht beabsichtigte

[21]) Wird die Erklärung vom Boten entstellt, also anders, als sie ihm vom Erklärenden aufgetragen worden war, übermittelt, so greift § 120 BGB. Platz: die Erklärung tritt vorbehaltlich des dem Absender zustehenden Anfechtungsrechtes mit ihrem entstellten Inhalt in Kraft. Dabei ist es einerlei, ob der Bote, als ihn der Erklärende instruierte, dessen Worte richtig verstanden, aber nicht richtig im Gedächtnis behalten hat, oder ob er die ihm aufgetragene Botschaft von vornherein mißverstanden hat. Und auch darauf kommt nichts an, ob letzterenfalls der Erklärende das dem Boten untergelaufene Mißverständnis bei der Erteilung der Instruktion bemerkt hat bezw. bemerken konnte. Insbesondere läßt sich nicht etwa in diesem Falle unter unrichtiger Verwertung der sonst solchem Kennen bezw. Kennenmüssen des Erklärenden zuteil gewordenen Behandlung die Unwirksamkeit des Rechtsgeschäftes behaupten. Denn wenn der Erklärende sogar bei unverschuldeter Entstellung der Botschaft die Haftung aus § 120 auf sich zu nehmen hat, so muß er sie natürlich erst recht tragen, wenn er die falsche Übermittelung selbst verschuldet hat.

Wahrnehmungsgelegenheit. Und da hier nicht einmal die vom Adressaten erworbene richtige Kenntnis des Erklärungsinhaltes das Rechtsgeschäft in Wirksamkeit treten läßt, so kommt eine unrichtige, d. h. unter dem Einfluß eines dem Adressaten beim Zuhören untergelaufenen Mißverständnisses erworbene Kenntnisnahme juristisch natürlich erst recht nicht in Betracht. Zu beachten ist ferner, daß die vom Boten dem Adressaten mündlich überbrachte Erklärung ein wirksames Rechtsgeschäft nur dann erzeugt, wenn jener auch wirklich mit der mündlichen Ausrichtung der Botschaft betraut war. Hat der Absender die Erklärung dem Boten schriftlich mitgegeben, dieser aber das Schriftstück unterwegs verloren und darum vor dem Destinatär die Erklärung mündlich reproduziert, so ist die von der Partei „abgegebene" Erklärung nicht zur Wirksamkeit gelangt. Denn der Betreffende war nur zur Beförderung eines Schriftstückes, nicht aber zur Überbringung einer mündlichen Botschaft vom Absender bestellt. Ließe man hier die mündlich überbrachte Erklärung wirksam sein, so würde man ja zufolge der §§ 120, 122 BGB. dem Absender die Gefahr der unrichtigen Übermittelung aufbürden, während dieser doch dadurch, daß er die Erklärung schriftlich fixierte, solche Gefahr gerade nicht tragen wollte[22]).

Wie die Erklärung dadurch wirksam wird, daß der Bote sie in die normale Wahrnehmungssphäre des Adressaten bringt, so bleibt die Erklärung zufolge unserer obigen Formel unwirksam, wenn der Adressat die vom Boten gesprochenen Worte nicht bezw. nicht richtig wahrgenommen hat, und der Bote den Mangel der Wahrnehmung unmittelbar nach Ausrichtung der Botschaft bemerkt hat bezw. hätte bemerken müssen[23]). In-

[22]) War hingegen umgekehrt dem Boten die Ausrichtung einer mündlichen Erklärung aufgetragen, hat er aber, weil er den Gegner nicht zu Hause traf, die Botschaft schriftlich hinterlassen, so kann gegen diese vom Auftrag abweichende Erklärungsabgabe rechtlich nichts eingewendet werden. Denn der Absender läuft hier kein größeres Risiko, als er freiwillig auf sich genommen hatte. Vgl. meine Abhandlung in Iher. Jahrb. 47 S. 398, Koppers in Gruchots Beitr. 46 S. 231 und Oertmann § 120 unter 5d.

[23]) Danach ist die Erklärung selbstverständlich unwirksam, wenn der Bote von vornherein merkt, daß er sich mit seinen Worten an einen

sofern hat also die Folgen der Unaufmerksamkeit oder der Ungeschicklichkeit des Boten die Partei zu tragen, die ihn entsendet hat: sie muß eine Erklärung als unwirksam gegen sich gelten lassen, auf deren Wirksamkeit sie vertraute. Das entspricht auch durchaus den bei den schriftlichen Willenserklärungen geltenden Rechtssätzen. Wenn hier der Bote das ihm übergebene Schriftstück, anstatt es in den Briefkasten des Adressaten zu werfen oder an seiner Haustür abzugeben, im Treppenhaus niedergelegt hat, von wo es, ehe es noch in den Gewahrsam des Adressaten gelangte, durch einen Dritten gestohlen wurde, so ist es ebenfalls zum Schaden des Auftraggebers „nicht zugegangen". Und es ist ja auch nur logisch, daß, wenn die Partei, wie wir vorhin sahen, für die inhaltlich richtige Übermittelung ihrer Botschaft einzustehen hat, sie auch für des Boten übriges Verhalten, soweit davon die Gültigkeit des Rechtsgeschäftes abhängt, die Verantwortung auf sich nehmen muß. Dagegen läßt sich auch nicht einwenden, daß das BGB. im § 166 nur für die Fälle der Stellvertretung die Bestimmung getroffen hat, es solle das Kennen oder Kennenmüssen der Mittelsperson zu Lasten des Geschäftsherrn wirken. Denn es wäre verfehlt, aus diesem Paragraphen ein argumentum e contrario des Inhaltes abzuleiten, daß das Kennen oder Kennenmüssen des Boten dem Herrn niemals zugerechnet werden dürfe. Vielmehr ist die Frage, ob und in welchem Umfang der Geschäftsherr auch für

---

Wahrnehmungsunfähigen (Schlafenden, Tauben, Betrunkenen) wendet. Wir sahen früher, daß die vom Erklärenden selbst in solcher Situation an den Gegner gerichteten Worte ebenfalls nichtig sein würden. Aber der theoretische Grund für die Nichtigkeit ist in beiden Fällen verschieden. Wenn der andere Teil selbst seine Worte zu einem Gegner spricht, dessen mangelnde Wahrnehmungsfähigkeit er kennen muß, so hat er kein den Schluß auf den Rechtsfolgewillen gestattendes Verhalten beobachtet, das Rechtsgeschäft ist schon in puncto „Erklärung" nichtig, oder, anders ausgedrückt, die Erklärung ist überhaupt nicht gültig „abgegeben". Wenn hingegen der Bote für die Ausrichtung seiner Botschaft einen Zeitpunkt wählt, in dem, wie er (aber nicht sein Herr) weiß, der Gegner zur Wahrnehmung der Erklärung nicht fähig ist, so ist letztere unwirksam nicht wegen fehlerhafter Erklärungsabgabe — denn diese war durch Absendung des Boten gültig erfolgt —, sondern weil es trotz der gültigen Abgabe an dem erforderlichen „Zugang" fehlt.

die Wissensmängel des Boten einstehen soll, vom BGB., das sich ja überhaupt mit dem Botenrecht nur sehr wenig befaßt hat, nicht beantwortet worden und muß darum von der Wissenschaft geregelt werden, die hier aber wegen der Verschiedenartigkeit der in Betracht kommenden Tatbestände keinen allgemeinen Grundsatz aufstellen, sondern die zu normierenden Fälle nur gruppenweise entscheiden kann.

Also bloß wenn der Bote von dem Wahrnehmungsfehler auf seiten des Gegners nichts gemerkt hat und nichts merken konnte, ist die von ihm ordnungsmäßig übermittelte Erklärung gültig[24]). Dabei mag übrigens noch bemerkt werden, daß unter Umständen der Adressat die Erklärung des Boten sogar richtig verstanden haben kann, und die Erklärung dennoch als unwirksam erachtet werden muß. Das ist nämlich dann der Fall, wenn der Bote sich nicht in dieser seiner Eigenschaft zu legitimieren vermag, und der Erklärungsempfänger deshalb die Erklärung entweder dem Boten oder dem Absender gegenüber unverzüglich zurückweist. Dieser Rechtssatz ist zwar im Gesetzbuch nur für die von einem Vertreter vorgenommenen Rechtsgeschäfte aufgestellt (§ 174 S. 2); die ratio, die der Bestimmung zugrunde liegt, trifft aber so sehr auch für die Übermittelung von einseitigen empfangsbedürftigen Willenserklärungen durch Boten zu, daß die Übertragung der Norm auf diese Fälle nicht nur einem Wunsche de lege ferenda, sondern der richtigen Auslegung der lex lata entsprechen dürfte[25]). Da es

---

[24]) Doch wird man sich, ähnlich wie vorhin beim Vertreter, trotz Vorhandenseins dieser Voraussetzungen für die Ungültigkeit der Erklärung dann zu entscheiden haben, wenn der Bote letztere in Gegenwart seines Auftraggebers abgegeben hat, und zwar nicht er, aber sein Mandant das Mißverständnis des Gegners bemerken konnte bezw. tatsächlich bemerkt hat. Solche Situation ist, wenn sie auch nicht gerade häufig vorkommen wird, doch immerhin denkbar beim Dolmetscher, der nach dem, was wir vorhin in Anm. 20 gesehen, juristisch als Bote aufzufassen ist.

[25]) Ähnlich Cosack I S. 200 (nach dem unter II 1 gebrachten Beispiel zu urteilen); Rehbein I S. 122; Planck § 130 unter 4 und Leoni a. a. O. S. 73 f. — Mit der im Texte vertretenen Ansicht, daß der Adressat die Erklärung entweder dem Absender oder dem Boten gegenüber zurückweisen könne, steht auch nicht im Widerspruch die Entscheidung des Kammergerichtes in der Rechtspr. d. OLG. 12 S. 250. Dort

sich hier indessen nicht mehr um ein der Lehre vom Mißverständnis angehörendes Problem und nicht mehr um eine Erörterung des „Zugangserfordernisses" handelt, kann auf Berechtigung und Umfang jener Gesetzesanalogie in diesem Zusammenhang nicht näher eingegangen werden.

6. Endlich ist noch die Möglichkeit ins Auge zu fassen, daß eine Erklärung sowohl in verkörperter wie in nicht verkörperter Gestalt abgegeben wird: jemand erklärt seinen Willen zunächst in mündlicher Form und überreicht im Anschluß daran dem Gegner ein Schriftstück, in dem der Inhalt der mündlichen Erklärung fixiert ist [26]).

Wenn hier die Dinge so liegen, daß die Gültigkeit der Erklärung von Gesetzes wegen oder kraft Parteivereinbarung an die Schriftform geknüpft ist, so erzeugt die der Urkunde voraufgehende mündliche Erklärung kein Rechtsgeschäft, und

---

hatte ein bevollmächtigter Rechtsanwalt namens seiner Partei eine Hypothek gekündigt, und zwar hatte er, ohne die ihm von der Partei ausgestellte Vollmachtsurkunde beizulegen, das Kündigungsschreiben dem Gegner durch einen Gerichtsvollzieher zustellen lassen. Der Gegner hat unter Berufung auf den mangelnden Nachweis einer Vollmacht des Anwaltes dem Gerichtsvollzieher gegenüber die Kündigung zurückgewiesen, der davon dem Anwalt keine oder doch nur eine verspätete Mitteilung machte. Und diese Zurückweisung hat das Kammergericht mit Recht als unwirksam angesehen, weil sie dem Anwalt (oder, wie wir hinzufügen können, der Partei) gegenüber hätte erfolgen müssen und nicht gegenüber dem lediglich die Stellung eines Boten bekleidenden Gerichtsvollzieher. Denn die Zurückweisung erfolgte ja hier nicht wegen mangelnder Legitimation des als Boten fungierenden Gerichtsvollziehers (daß dieser zur Übermittelung des Schriftstückes legitimiert war, daran zweifelte der Adressat nicht und konnte er auch nicht gut zweifeln), sondern weil sich der Anwalt nicht legitimierte, der im Namen seiner Partei den Boten entsendet hatte. Es handelte sich also überhaupt nicht um die im Texte angeregte analoge Anwendung des § 174 auf den Fall mangelnden Botenausweises, sondern um einen diesem Paragraphen unmittelbar unterstehenden Fall von Zurückweisung wegen fehlender Vertreterlegitimation.

[26]) Diesem Falle würde, früher Gesagtem zufolge, juristisch der andere gleichstehen, daß jemand eine Erklärung durch Vorzeigen einer Urkunde abgäbe, die er hinterher dem Gegner aushändigte. Soweit es die Natur des ersteren Erklärungsmittels zuläßt, gelten also die im Texte anzustellenden Erörterungen für diese Fälle mit.

es ist darum für dessen Entstehung einerlei, ob der Adressat sie gar nicht oder falsch oder richtig versteht.

War hingegen die Wirksamkeit der Erklärung an keine Schriftform gebunden, geschah also die Aushändigung des Schriftstückes lediglich der Sicherheit halber, zu Beweiszwecken usw., so ist die Erklärung bereits durch die mündliche Willensmitteilung abgegeben. Es fragt sich, ob solchenfalls die bisher entwickelten Regeln über den Einfluß des Mißverständnisses eine Abänderung dadurch erfahren, daß der mündlichen Erklärung die schriftliche nachfolgt.

Ist die mündliche Erklärung vom Adressaten mißverstanden worden, ohne daß der Erklärende den Wahrnehmungsfehler bemerkte oder bemerken konnte, so steht nach unserer obigen Formel das Mißverständnis der Wirksamkeit der Erklärung nicht im Wege. Letztere hat also, obwohl sie nicht oder nicht richtig verstanden worden ist, Gültigkeit erlangt. An diesem Resultat eine Änderung im Hinblick auf die nachfolgende schriftliche Willensübermittelung vorzunehmen, liegt um so weniger Anlaß vor, als ja der Empfang des Schriftstückes eine erhebliche Verbesserung der Position des Adressaten im Vergleich zu den übrigen Fällen der mündlichen Willenserklärung bedeutet. Denn anders als sonst ist hier der Adressat imstande, das ihm untergelaufene Mißverständnis mit Hilfe der Urkunde nachträglich zu korrigieren [27]).

Hat der Adressat von der mündlichen Erklärung gar nichts verstanden und der Erklärende diesen völligen Mangel der Wahrnehmung bemerkt oder doch nur infolge von Fahrlässigkeit nicht bemerkt, so ist nach der von uns befürworteten

[27]) Stimmt der Inhalt der Urkunde mit dem Inhalt der mündlichen Erklärung nicht überein (die Partei hat sich z. B. bei der Abfassung des Schriftstückes verschrieben), so kann nicht etwa von einer Anfechtung der Urkunde aus § 119 die Rede sein, weil ja die Aushändigung des Schreibens kein selbständiges Rechtsgeschäft, sondern nur die Reproduktion einer schon vorher abgegebenen und in Wirksamkeit getretenen Willenserklärung darstellt. Gegen die Urkunde ist vielmehr in solchem Falle der einfache Beweis ihrer Unrichtigkeit zulässig. Vgl. den Rechtsfall in der Rechtspr. der OLG. 8 S. 27, wo freilich die Situation insofern eine umgekehrte ist, als der Erklärende bei Abgabe der mündlichen Erklärung geirrt und der Adressat die nachfolgende schriftliche Erklärung mißverstanden hat.

Regelung die Erklärung als unwirksam anzusehen. Überreicht nunmehr die Partei dem Gegner, von dem sie weiß bezw. wissen müßte, daß ihm die voraufgegangene mündliche Erklärung entgangen ist, ein Schriftstück gleichen Inhaltes, so kann bei objektiver Auslegung in diesem Verhalten nur eine erneute, schriftliche Vornahme des Rechtsgeschäftes erblickt werden, und es untersteht darum diese zweite Erklärungsabgabe durchaus den für die Wirksamkeit schriftlicher Willenserklärungen geltenden Rechtssätzen: das Geschäft erlangt also Wirksamkeit in dem Moment, wo die Urkunde durch ihre Übergabe dem Adressaten zugeht [28]).

Hat der Adressat die mündliche Erklärung unrichtig verstanden und der Erklärende das Mißverständnis bemerkt oder fahrlässigerweise nicht bemerkt, so ist nach unseren früheren Darlegungen die Willenserklärung ebenfalls nicht gültig geworden. Aber auch hier wird man, wenn die Partei jetzt dem Gegner den Erklärungsinhalt schriftlich übermittelt, darin einen neuen Akt der Geschäftserrichtung zu sehen haben. Insofern ist hier die Situation die gleiche wie in dem eben geschilderten Falle. In einem Punkte aber weicht sie doch wesentlich von ihm ab. Dort hatte der Adressat von der mündlichen Willenserklärung überhaupt nichts wahrgenommen, so daß, als er das Schriftstück empfing, in gewisser Beziehung noch res integra war. Hier hingegen hat sich der Erklärungsempfänger infolge des Mißverständnisses bereits eine bestimmte falsche Vorstellung vom Erklärungsinhalt gebildet, und weil er diesen zu kennen glaubt, hat er in der Regel keine Veranlassung, das ihm vom Gegner ohne weitere Aufklärung übergebene Schreiben sofort nach der Einhändigung zu lesen. Die Bedürfnisse des Verkehres und die ihn beherrschenden Grundsätze von Treu und Glauben verlangen darum, daß die schriftliche Erklärung hier nicht schon mit ihrem Zugang, also mit ihrer Überreichung, sondern im Hinblick auf die voraufgegangene, vom Adressaten mißverstandene mündliche Er-

---

[28]) Und weil hier die Aushändigung des Schriftstückes eine selbständige Erklärungsabgabe bedeutet, unterliegt letzteres, wenn sein Inhalt mit dem wahren Geschäftswillen nicht übereinstimmt, anders als vorhin in Anm. 27, der Irrtumsanfechtung aus § 119.

klärung erst in dem Moment wirksam wird, wo der Empfänger die Urkunde liest und dadurch auf das ihm untergelaufene Mißverständnis aufmerksam wird bezw. aufmerksam werden müßte.

§ 17.

Die bisherigen Untersuchungen haben ergeben, daß normalerweise das Mißverständnis auf die Gültigkeit der schriftlichen (der verkörperten) Willenserklärungen keinen Einfluß ausübt und bei den mündlichen (den nicht verkörperten) Erklärungen einen Einfluß nur dann hat, wenn der Erklärende unmittelbar nach der Erklärungsabgabe den Wahrnehmungsfehler des Gegners bemerkt hat bezw. bemerken mußte. Es fragt sich, ob von dieser Regel Ausnahmen zu machen sind, sei es nach der Richtung hin, daß bei den mündlichen Willenserklärungen auch das dem Erklärenden erkennbare gegnerische Mißverständnis ohne Einfluß auf die Gültigkeit des Geschäftes bleibt, sei es nach der Richtung hin, daß sowohl bei den schriftlichen wie bei den mündlichen Erklärungen die Kenntnis des Gegners vom Erklärungsinhalt für die Gültigkeit des Rechtsgeschäftes verlangt wird, und darum jedes, selbst das vom Erklärenden nicht erkannte und ihm nicht erkennbare Mißverständnis des Adressaten der Wirksamkeit der Erklärung im Wege steht.

1. Die Frage, ob nicht unter Umständen bei den mündlichen Erklärungen auch dasjenige Mißverständnis, das der Erklärende sofort erkannt hat bezw. erkennen konnte, der Regel zuwider ignoriert werden muß, bedarf aus dreifachem Anlaß der näheren Untersuchung.

Einmal, weil das BGB. bei gewissen empfangsbedürftigen Rechtsgeschäften oder Rechtshandlungen [1]) vom Erfordernis des „Zuganges" absieht, indem es teils explicite, teils implicite verfügt, daß für ihre Wirksamkeit die „Absendung" der Erklärung genügen soll [2]). Diese zunächst auf den schriftlichen Verkehr zugeschnittenen Bestimmungen legen die Vermutung nahe, daß, wenn hier zur Erzeugung der betreffenden Rechts-

---

[1]) Vgl. hierzu oben S. 17 f.

[2]) Daß es sich hier trotz des mangelnden Zugangserfordernisses mit Rücksicht auf das vorhandene Richtungserfordernis um empfangsbedürftige Rechtsakte im Sinne der herrschenden Lehre handelt, darüber vgl. oben S. 29.

wirkung die bloße Abgabe der Erklärung genügt, es im Falle der mündlichen Erklärung einerlei ist, ob letztere vom Gegner wahrgenommen worden ist oder nicht, und wenn nein, ob der Wahrnehmungsmangel vom Erklärenden bemerkt oder nicht bemerkt werden konnte.

Der andere Fall, wo man sich versucht fühlen möchte, selbst das vom Erklärenden erkannte Mißverständnis des Adressaten unbeachtet zu lassen, betrifft die absichtliche Vereitelung der Kenntnisnahme seitens des Adressaten: letzterer hält sich die Augen zu, um die ihm vorgezeigte Urkunde nicht sehen zu müssen; oder der Erklärende, der seine die Kündigung enthaltenden Worte mit zu Boden gesenkten Blicken gesprochen hat, bemerkt, wie er aufschaut, daß der Gegner sich während der Erklärungsabgabe die Ohren zugehalten hat oder gar aus dem Zimmer gegangen ist; oder der Telephonierende wird, nachdem er am Fernsprecher den Rücktritt vom Vertrag erklärt hat, gewahr, daß der Gegner den Apparat schon vor Beendigung des Gespräches verlassen hat.

Und der dritte Fall, der die eingangs gedachten Zweifel anregt, liegt da vor, wo der Adressat auf die Wahrnehmung bezw. die richtige Wahrnehmung der unkörperlichen Erklärung verzichtet hat.

Wir wollen die drei Gruppen von Fällen im folgenden getrennt voneinander betrachten.

a) Fälle, wo die „Absendung" einer Erklärung, also deren Abgabe in Richtung auf einen bestimmten Gegner ausreicht, um die mit der Erklärung verbundenen Wirkungen hervorzubringen, finden sich im geltenden Rechte vielfach. Das bekannteste Beispiel ist die handelsrechtliche Mängelrüge, von der § 377 Abs. 4 HGB. sagt: „Zur Erhaltung der Rechte des Käufers genügt die rechtzeitige Absendung der Anzeige." In ähnlicher Weise bestimmt § 414 Abs. 3 HGB., daß die Ansprüche gegen den Spediteur wegen Verlustes, Minderung, Beschädigung oder verspäteter Ablieferung des Gutes nach der Vollendung der Verjährung nur aufgerechnet werden können, „wenn vorher der Verlust, die Minderung, die Beschädigung oder die verspätete Ablieferung dem Spediteur angezeigt oder die Anzeige an ihn abgesendet worden ist". Nach § 485 BGB. verliert der Käufer eines Tieres die ihm wegen eines Mangels zustehenden Rechte, wenn er nicht spätestens zwei Tage nach dem Ablauf der Gewährfrist den Mangel dem Verkäufer anzeigt oder die Anzeige an ihn absendet[3]). An anderen Stellen bringt die Rechtsordnung das Ausreichende der Erklärungsabsendung nicht mit der gleichen Deutlichkeit zum Ausdruck, läßt aber doch nach dem Zwecke, dem die betreffende Vorschrift dient, erkennen, daß an dem Erfordernis des Zuganges nicht festgehalten wird. Die der Literatur geläufigen Schulbeispiele[4]) sind die nach HGB. § 373 und nach BGB. § 384 beim Selbsthilfeverkauf und die nach den §§ 1220, 1234, 1237, 1241 BGB. beim Pfandverkauf und der Pfandversteigerung vorgeschriebenen Androhungen und Benachrichtigungen[5]). Es kann aber keinem Zweifel unterliegen, daß sich unter den vielfachen Anzeigen, Mitteilungen und Benachrichtigungen, die das BGB. und die privatrechtlichen Reichsspezialgesetze kennen, noch eine große Anzahl von Fällen findet, wo die ratio legis ebenfalls von dem „Zugang" abzusehen gebietet[6]). Besondere Beachtung hat

[3]) Vgl. auch § 478 BGB. und die §§ 10 Abs. 1 u. 104 S. 1 des Reichsgesetzes über den Versicherungsvertrag.

[4]) Vgl. unter anderen H. A. Fischer, Der Schaden nach BGB. S. 123; Breit a. a. O. S. 179; M. Sohm in Goldschmidts Zeitschr. f. Handelsr. 53 S. 401 ff.; Staub II § 373 Anm. 31 und 49 und Lehmann-Ring II § 373 Nr. 19.

[5]) Wie sie, so gehört natürlich auch die Androhung des § 303 hierher, die der zur Herausgabe eines Grundstückes verpflichtete Schuldner dem morosen Gläubiger gegenüber vornehmen muß, wenn er den Besitz des Grundstückes aufgeben will. Übrigens ist die von uns im Einklang mit der herrschenden Lehre vertretene Auffassung der im Texte genannten Erklärungen keine ganz unbestrittene: vgl. Goldmann-Lilienthal I S. 423 Anm. 10 und Planck II § 384 unter 1 und 4.

[6]) Es wäre ein leichtes, an der Hand des Wortverzeichnisses von Gradenwitz die unter den einschlägigen Stichworten zitierten Stellen daraufhin zu untersuchen, ob sie von nur absendungsbedürftigen oder von zugangsbedürftigen Erklärungen reden. Doch muß hier von der Verfolgung dieses Themas Abstand genommen werden, weil es sich im Rahmen unserer Erörterungen nicht um die Frage handelt: bei welchen Erklärungen des BGB. genügt die bloße Absendung?, sondern um die andere: gelten da, wo für den schriftlichen Verkehr ausnahmsweise die bloße Absendung der Anzeige genügt, im Falle der mündlichen Erklärungsabgabe eigene, von den früher dargestellten abweichende Regeln?

in dieser Beziehung in der Wissenschaft des BGB. der § 149 gefunden, der gegenüber einer rechtzeitig abgesendeten, aber verspätet angekommenen Annahmeerklärung dem Offerenten eine unverzügliche Anzeigepflicht auferlegt[7]).

Welchen Einfluß hat nun die Tatsache, daß Erklärungen der gedachten Art im schriftlichen Verkehr nur der Absendung bedürfen, auf die Regelung der Fälle, wo solche Erklärungen mündlich erfolgen? Genügt hier auch die bloße Erklärungsabgabe, so daß die betreffende Rechtswirkung selbst dann eintritt, wenn der Erklärende erkennen mußte, daß der Gegner das ihm Gesagte nicht oder nicht richtig verstanden hat?

Selbstverständlich haben wir hier nicht die Fälle im Auge,

---

[7]) Freilich fehlt es der Behauptung, daß die Anzeige des § 149 nicht zuzugehen brauche, ebenfalls nicht an Dissentienten: vgl. Leonhard, Allgem. Teil S. 285 Anm. 2; Manigk, Willenserklärung S. 708 und Peter Klein, Anzeigepflicht im Schuldrecht (Berlin 1908) S. 36 ff., der übrigens — in Übereinstimmung mit Neumann, Handausgabe § 130 S. 137 unter 1a a. E. — für keinen der im Texte genannten Fälle, nicht einmal für die der §§ 478, 485, eine Ausnahme von der Empfangsbedürftigkeit zugesteht. — Nicht in die Klasse der hier zur Besprechung stehenden Erklärungen gehört die Anfechtungserklärung des § 119. Zwar ist im § 121 ebenfalls bestimmt, daß die einem Abwesenden gegenüber erfolgte Anfechtung als rechtzeitig erfolgt gilt, wenn die Anfechtungserklärung unverzüglich abgesendet worden ist. Daraus darf aber nicht, wie es Bekker in Iher. Jahrb. 49 S. 47 f. tut, geschlossen werden, daß eine rechtzeitig abgesendete, aber dem Adressaten niemals zugegangene Anfechtungserklärung die Nichtigkeit des angefochtenen Rechtsgeschäftes herbeiführe. Daß jemand eine Anfechtung gegen sich gelten lassen müßte, von deren Inhalt er niemals imstande gewesen wäre Kenntnis zu nehmen, widerspricht der ganzen Ausgestaltung, die das Anfechtungsrecht im BGB. erfahren hat. In Wahrheit will der § 121 nichts weiter besagen, als daß durch die unverzügliche Absendung der Anfechtungserklärung die (relative) Präklusivfrist, an welche das Gesetzbuch die Anfechtung bindet, gewahrt ist, und daß darum, wenn jetzt innerhalb der absoluten Ausschlußfrist von dreißig Jahren dem Gegner diese — oder im Falle ihres Verlustes eine ihr ohne schuldhaftes Zögern nachgesandte — Anfechtungserklärung zugeht, die Anfechtung rechtzeitig und somit wirksam ist. Wie hier Oertmann § 121 unter 2, Staudinger § 121 unter 4 und Planck § 121 unter 3. Ähnlich auch Manigk, Willenserklärung S. 339, der freilich wiederum darin fehlgeht, daß er mit dem § 121 BGB. den anders gearteten § 92 des Reichsgesetzes über den Versicherungsvertrag auf eine Stufe stellt.

wo jemand eine der obigen Anzeigen mündlich macht, obwohl er weiß oder wissen müßte, daß der Adressat taub ist und infolgedessen von der Mitteilung nichts in sich aufzunehmen vermag. Denn alsdann würde eine Anzeige im Rechtssinne überhaupt nicht vorliegen, so daß die Frage, ob die unterbliebene Wahrnehmung für die Gültigkeit der Erklärung wesentlich oder unwesentlich sei, gar nicht aufgeworfen werden könnte. Wir haben ja schon früher gesehen, daß als Willenserklärung nur ein den Schluß auf den Geschäftswillen gestattendes Verhalten bezeichnet werden kann, und daß darum derjenige keine Willenserklärung abgibt, der sich vorsätzlich oder fahrlässig an einen des Hörens Unfähigen mündlich wendet. Nun handelt es sich allerdings bei unseren „Anzeigen" und „Mitteilungen" nur in den seltensten Fällen um echte Willenserklärungen, weswegen sich hier mit dem Schluß auf den Geschäftswillen nicht operieren läßt. Immerhin sind doch jene Akte „Rechtshandlungen" und müssen deshalb, wenn auch nicht von einem Geschäftswillen, so doch wenigstens von einem „Anzeige-", „Mitteilungs-" oder „Benachrichtigungswillen" getragen sein [8]). Und dieser fehlt eben oder tritt doch mindestens nach außen nicht hervor, wenn jemand demjenigen eine mündliche Anzeige erstattet, dessen mangelndes Hörvermögen er kennen muß.

Wenn wir uns also im folgenden die vorhin aufgeworfene Frage zur Beantwortung vorlegen, so denken wir, wie bei den echten Willenserklärungen, immer nur an solche Fälle, wo jemand erst nach der Erklärungsabgabe merkt oder merken muß, daß der Gegner ihn nicht oder nicht richtig verstanden hat. Für diese Fälle wollen wir untersuchen, ob die vorhin zitierten und die ihnen verwandten Gesetzesbestimmungen uns zu einer Ausnahme von der früher aufgestellten Regel zwingen, daß der dem Erklärenden erkennbare Wahrnehmungsfehler des Gegners die Unwirksamkeit der mündlichen Erklärung zur Folge hat.

Am rascheſten kommen wir zum Ziele, wenn wir uns den Grund vergegenwärtigen, aus dem sich das Gesetzbuch bei den gedachten Erklärungen mit der bloßen Absendung des Schrift-

---

[8]) Ähnlich Zitelmann, Rechtsgeschäfte I S. 33. Vgl. auch Crome I S. 320.

stückes begnügt. Der Gedankengang, von dem es sich dabei hat leiten lassen, dürfte etwa folgender sein. Die empfangsbedürftigen Willenserklärungen sind ihrer Natur nach dazu bestimmt, zur Kenntnis des Gegners zu gelangen. Das begrifflich Richtige wäre darum, für die empfangsbedürftigen Willenserklärungen die erfolgte Kenntnisnahme zur Gültigkeitsvoraussetzung zu machen. Da diese Regelung aber die Interessen des Erklärenden zu sehr schädigen würde, als daß der Verkehr bei ihr bestehen könnte, muß ein Ausweg gefunden werden, der die Kenntnisnahme des Adressaten, ohne von ihr die Wirksamkeit der Erklärung abhängig zu machen, doch nach Möglichkeit gewährleistet. Darum wird das Richtungs- und das Zugangserfordernis aufgestellt. Dadurch ist dem Erklärenden die Gefahrtragung in Ansehung derjenigen Ereignisse, die das Schriftstück nach seiner Ankunft beim Empfänger treffen, abgenommen und ihm nur die Gefahr der richtigen Adressierung und des Transportes aufgebürdet. Bei einigen Erklärungen nun, nämlich bei den uns hier interessierenden Anzeigen, Mitteilungen, Androhungen usw., erweist sich das Interesse des Adressaten an der Kenntnisnahme im Vergleich zum Interesse des Erklärenden, nicht mit der Gefahr des Transportes des Schriftstückes belastet zu werden, so sehr als das geringere, daß es billig erscheint, das Schreiben seine Reise auf Gefahr des Empfängers machen zu lassen. Und daher die Bestimmung, daß bei ihnen die Absendung des Briefes zur Erzeugung der Rechtswirkung ausreicht.

Sie will also dem Absender lediglich die Gefahr etwaiger Zufälligkeiten abnehmen, von denen der Brief auf der Reise betroffen wird. Hingegen verbleibt bei ihm die Gefahr der richtigen Adressierung (Richtungserfordernis), und es trifft ihn selbstverständlich die von der Verkehrssitte für die Erklärungsabgabe vorgeschriebene Diligenzpflicht. Die Absendung des Schreibens würde beispielsweise die damit an sich verbundene Rechtsfolge nicht erzeugen, wenn der Brief infolge ungenügender Frankierung oder postalisch ungenauer Ortsbezeichnung nicht ankäme. Mit dieser Erkenntnis aber ist die Frage, um deren Lösung wir uns hier bemühen, beantwortet. Denn die von uns früher gewonnene Regel, daß mündliche Erklärungen unwirksam bleiben, wenn sie der Gegner nicht wahrgenommen hat und der Mangel der Wahrnehmung dem Erklärenden erkennbar gewesen ist, wurzelte in dem Gedanken, daß der Erklärende die ihm nach Treu und Glauben obliegenden Verkehrspflichten verletze, wenn er den anderen Teil an einer Erklärung festhalte, von der ihm bekannt sein müßte, daß dieser sie nicht oder nicht richtig verstanden habe. Wollten wir also da, wo das Gesetzbuch für den schriftlichen Verkehr vom „Zugang" dispensiert, um dieses Dispenses willen im mündlichen Verkehr von der seinerzeit aufgestellten Regel abgehen, so würden wir damit dem Erklärenden nicht nur die Gefahr der Erklärungsübermittelung, sondern darüber hinaus die ihm vom Verkehr auferlegte Diligenzpflicht abnehmen. Darin aber würde nach allem, was wir gesehen haben, eine Verkennung der Zwecke liegen, denen jene Gesetzesbestimmungen dienen.

So kommen wir zu dem Ergebnis, daß auch da, wo sich das Gesetzbuch mit der Absendung des Schriftstückes begnügt, im Falle der mündlichen Erklärungsabgabe das Mißverständnis des Adressaten seinen gewöhnlichen Einfluß ausübt, also der Gültigkeit der Erklärung dann im Wege steht, wenn der Erklärende es unmittelbar nach der Abgabe der Erklärung bemerkt hat oder doch wenigstens bemerken konnte.

Damit ist gleichzeitig ausgesprochen, daß, wenn ein Bote beauftragt wird, eine solche Anzeige, Mitteilung oder Androhung mündlich zu überbringen, und er die Ausrichtung der Botschaft — einerlei ob schuldhaft oder schuldlos — unterläßt, der Auftraggeber sich nicht darauf berufen kann, daß er die betreffende Erklärung ordnungsmäßig abgesendet habe. Denn dem Boten war ja hier bekannt, daß der Adressat von der ihm zugedachten Botschaft nichts vernommen hat, und diese Kenntnis muß, früher Gesagtem zufolge, der Erklärende gegen sich gelten lassen[9]).

---

[9]) Siehe oben S. 244 ff. Mit dem letzten Ergebnis des Textes stimmt überein Markus im Recht 11 S. 45 unter II. Auch Staub II § 377 Anm. 26 betont (unter Aufgabe des in früheren Auflagen eingenommenen Standpunktes), daß gegenüber einer nicht angekommenen Mängelanzeige der Käufer sich nicht darauf berufen könne, er habe sie durch einen „zuverlässigen Boten abgesendet".

b) Wie steht es mit der Geltung unserer Grundregel in denjenigen Fällen, wo der Adressat sich der Wahrnehmung der Erklärung, sei es durch Zuhalten der Ohren, sei es auf andere Weise, absichtlich entzieht?

In der Literatur wird fast einstimmig die Ansicht vertreten, daß der Wahrnehmungsmangel des Adressaten die Wirksamkeit der Willenserklärung dann nicht hindere, wenn dieser von der ihm gebotenen Wahrnehmungsmöglichkeit absichtlich keinen Gebrauch mache. Diejenigen Schriftsteller, die sich auch für die mündlichen Erklärungen auf den Boden der reinen Empfangstheorie stellen, folgern dieses Ergebnis unmittelbar aus der dem Erklärungsempfänger verschafften Wahrnehmungsmöglichkeit; diejenigen Autoren hingegen, die für die mündlichen Erklärungen grundsätzlich der Vernehmungstheorie anhangen, machen, in bewußter oder unbewußter Anlehnung an den seinerzeit von Zitelmann aufgestellten Grundsatz »dolus bezw. culpa pro facto est« [10]) für Fälle wie die gedachten ausdrücklich eine Ausnahme von dem nach ihrer Meinung sonst geltenden Prinzip, daß zur Gültigkeit der mündlichen Erklärung die Kenntnisnahme des Gegners erforderlich sei [11]).

Wir haben uns der Vernehmungstheorie nur für die Fälle des dem Erklärenden erkennbaren gegnerischen Wahr-

[10]) Vgl. seine Rechtsgeschäfte I S. 103.

[11]) Vgl. Endemann I § 66 S. 314 Anm. 27 a. E.; Enneccerus I § 149 S. 378; Goldmann-Lilienthal I § 42 S. 173; Müller-Meikel, Bürgerl. Recht I § 48 S. 133; Planck § 130 S. 235; Staudinger § 130 S. 453; Rehbein I S. 122; Hölder, Kommentar S. 292 oben; Manigk, Willenserklärung S. 333 f.; Breit a. a. O. S. 661; Habicht in der D. Jur.-Ztg. 6 S. 265 ff.; Koppers in Gruchots Beitr. 46 S. 226; David, ebenda S. 237 f.; Thiele im Arch. f. d. zivil. Praxis 89 S. 132; Hellwig in der Jur. Wochenschr. 34 S. 357 Anm.*; Landau, Die vom Adressaten vereitelte Willenserklärung (Göttinger Dissert.) S. 40; Siecke a. a. O. S. 64; Leoni a. a. O. S. 67 f. und Gottschalck a. a. O. S. 60. — Eine Ausnahme von der communis opinio macht Franz Leonhard, der in Jher. Jahrb. 41 S. 33 sagt: „Zur Wirksamkeit einer Erklärung, die unter Anwesenden erfolgt, ist nötig, daß sie von dem Empfänger auch wirklich verstanden wird. Wenn dieser dazu nicht imstande ist oder auch absichtlich das Verstehen verhindert, so ist die Erklärung ohne Erfolg, sofern er den Sinn nicht etwa auch ohne das Hören der Worte verstanden hat."

nehmungsfehlers angeschlossen. Da aber in der überwiegenden Mehrzahl aller Fälle, in denen der Adressat die Wahrnehmung absichtlich vereitelt, deren Ausbleiben dem Erklärenden erkennbar ist, so erhebt sich auch für uns die Frage, ob wir uns zu einer Ausnahme verstehen sollen von dem Rechtssatz, daß das dem Erklärenden sofort bemerkbare Mißverständnis die Gültigkeit der Willenserklärung im Keime erstickt?

Die Gründe, die uns bei Aufstellung der Regel geleitet haben, müssen uns auch über die Notwendigkeit der Ausnahme Aufschluß geben.

Die Regel aber verdankte, wie schon öfters betont, ihren Ursprung der Erwägung, daß es wider Treu und Glauben im Verkehr verstoße, wenn eine Willenserklärung in Kraft trete, von welcher der Erklärende unmittelbar nach der Erklärungsabgabe bemerken konnte, daß sie vom Gegner nicht wahrgenommen worden sei, und von der er wisse, daß sie nachträglich nicht mehr wahrgenommen werden könne. Ändert sich die Billigkeit dieser vom Verkehrsbedürfnis eingegebenen Rechtssätze dadurch, daß der Mangel der Wahrnehmung vom Adressaten selbst herbeigeführt worden ist?

Die Frage ist richtigerweise zu verneinen. Sie wäre nur dann zu bejahen, wenn die Unwirksamkeit der Willenserklärung die Vornahme des betreffenden Rechtsgeschäftes völlig unmöglich machte. Das ist aber durchaus nicht der Fall; vielmehr bleibt es ja dem Erklärenden unbenommen, den mißglückten Versuch der Geschäftserrichtung hinterher mit besserem Erfolg, etwa durch Zusendung eines Schriftstückes oder, wenn der Empfänger auch hier den Zugang vereiteln sollte, durch Zustellung mittelst Gerichtsvollziehers zu wiederholen[12]). Dem scheint das Bedenken entgegenzustehen, daß die Abgabe der Willenserklärung an eine Frist gebunden gewesen sein und der Erklärende durch die vom Gegner verursachte Ungültigkeit des Geschäftes die Wahrung der Frist versäumt haben kann. Aber auch in diesem Falle ist es, selbst wenn die Interessen des Er-

[12]) Und der letzteren Art von Erklärungsabgabe kann sich der Adressat rechtlich nicht widersetzen: vgl. BGB. § 132 Abs. 1 in Vbd. mit ZPO. §§ 182, 186 und dazu meine Ausführungen in Iher. Jahrb. 47 S. 445 ff.

klärenden als schutzwürdig befunden werden sollten, nicht notwendig, ihnen zuliebe den Grundsatz zu durchbrechen, daß der vom Erklärenden erkannte Wahrnehmungsfehler des Adressaten die Wirksamkeit der Willenserklärung hindere. Sondern es genügt hier, wenn man zugunsten des Erklärenden die von ihm versäumte Frist verlängert, so daß, wenn er die Erklärung zum zweitenmal und diesmal siegreich abgibt, letztere trotz Fristablaufes wie eine rechtzeitig abgegebene Erklärung behandelt wird. Allerdings nötigt hier der Erklärungsempfänger den Erklärenden zu einer doppelten Erklärungsabgabe, und darin möchte mancher vielleicht eine unbillige Zumutung an diesen erblicken. Wenn man aber die kleine Belästigung, die hier dem Erklärenden angesonnen wird, mit dem vergleicht, was dem Adressaten zugemutet würde, wollte man die von ihm offensichtlich nicht wahrgenommene und auch nachträglich nicht mehr wahrnehmbare Erklärung gegen ihn wirken lassen, so erscheint jenes dem Erklärenden auferlegte Opfer als so geringfügig, daß es selbst dann von ihm verlangt werden darf, wenn der Adressat sich der Wahrnehmung (was ja keineswegs immer zuzutreffen braucht) doloserweise entzogen hat. Auch in diesem Falle hat der Erklärende keinen Anspruch auf Wirksamkeit der vom Adressaten nicht wahrgenommenen Erklärung, sondern höchstens auf Fristverlängerung zum Zwecke nachträglicher gültiger Erklärungsabgabe. Weitergehende Rechte des Erklärenden lassen sich auch nicht aus der den Adressaten nach § 826 treffenden Schadensersatzpflicht ableiten. Denn einen Schaden hat der Erklärende durch den Wahrnehmungsfehler des Adressaten, wie schon einmal angedeutet, zunächst nicht erlitten [13]). Einen solchen erleidet er erst dann, wenn das von ihm unter Besiegung des gegnerischen Widerstandes erneut vorgenommene Rechtsgeschäft wegen der inzwischen verstrichenen Zeit nicht mehr diejenigen Rechtswirkungen ausüben kann, die es damals bei normalem Verhalten des Adressaten gehabt hätte. Zur Reparatur dieses Schadens genügt es aber, wenn die nachträgliche

---

[13]) Vgl. auch Eltzbacher, Handlungsfähigkeit S. 240. Hingegen wird diese Auffassung nicht geteilt von Joerges in Goldschmidts Zeitschr. f. Handelsr. 56 S. 75 f. und von Samolewitz a. a. O. S. 42.

Erklärung in ihren Wirkungen auf den Zeitpunkt der ersten Erklärungsabgabe zurückdatiert wird. Die vom Adressaten nicht wahrgenommene Erklärung nach dem Satze dolus pro facto est schlechthin als wahrgenommen zu fingieren, würde also auch hier weit über das im Interesse des Erklärenden notwendige Ziel hinausschießen [14]).

Der Rechtssatz, daß ein dem Erklärenden erkennbarer Wahrnehmungsmangel des Adressaten keine wirksame Willenserklärung zur Entstehung kommen läßt, behält also seine Geltung auch da, wo der Adressat absichtlich von der Wahrnehmungsmöglichkeit keinen Gebrauch gemacht hat. Und dabei ist es natürlich einerlei, ob der Adressat sein ablehnendes Verhalten gegenüber dem Erklärenden selbst oder etwa gegenüber dessen Abgesandtem beobachtet hat. Auch wenn der Bote des Gegners vom Adressaten nicht vorgelassen worden ist, oder letzterer ihn zwar vorgelassen hat, aber, um die Botschaft nicht hören zu müssen, sich die Ohren zugehalten hat oder gar, weil er eine ihm unliebsame Erklärung befürchtete, den Boten durch Geschenke bestochen hat, die Ausrichtung der Botschaft zu unterlassen, ist ein wirksames Rechtsgeschäft nicht zustande gekommen [15]). Und ebensowenig macht es einen Unter-

---

[14]) Bei den schriftlichen Willenserklärungen hat man für die Fälle der Annahmeverweigerung und des dadurch verhinderten Zuganges eine entsprechende Fiktion, nämlich die Fiktion des erfolgten Zuganges, aufstellen zu dürfen geglaubt. Vgl. die in meiner Abhandlung a. a. O. S. 448 Anm. 105 zitierte Literatur. Das Reichsgericht, das in der Doktrin häufig zu den Anhängern der Fiktionstheorie gezählt wird, gehört in Wahrheit nicht hierher. Denn in der vielbesprochenen Entscheidung des V. Zivils. vom 13. Juli 1904 (58 S. 406 f., Seuff. Arch. 60 S. 184 Nr. 94, Jur. Wochenschr. 33 S. 481, D. Jur.-Ztg. 9 S. 1091, Recht 8 S. 502) hat es nicht gesagt, daß ein durch Arglist bezw. Verschulden des Adressaten nicht erfolgter Zugang als erfolgt zu fingieren sei, sondern daß wenn nach voraufgegangener Annahmeverweigerung der Zugang nachträglich bewirkt wird, der in Wahrheit verspätete Zugang als rechtzeitiger zu fingieren sei — was, wie oben im Texte gezeigt wurde, etwas sehr Verschiedenes ist. Eine der zitierten zeitlich voraufgegangene Entscheidung des III. Zivils. vom 29. April 1904 (Jur. Wochenschrift 33 S. 337; Recht 8 S. 385 Nr. 1687) läßt sich geradezu gegen jene weitgehende Fiktionstheorie verwerten.

[15]) Hölder, Kommentar S. 292 vertritt die Ansicht, daß wenn ich den „sich meldenden Boten zur Ausrichtung seiner Botschaft nicht

schied aus, ob die Parteien sich bei dem Versuch der mündlichen Erklärungsabgabe Auge in Auge gegenüberstehen, oder ob sie durch den Fernsprecher miteinander verkehren. Bricht der am Telephon Angerufene in einer dem Erklärenden erkennbaren Weise die hergestellte Verbindung ab, um dem Gegner die Fortsetzung des Gespräches unmöglich zu machen, so ist wiederum letzterer außerstande, ein gültiges Rechtsgeschäft zu errichten.

Dem Standpunkt der Gegner, die vom Adressaten absichtlich vereitelte Wahrnehmung als erfolgt zu fingieren, liegt offenbar das Bestreben zugrunde, die Gültigkeitsvoraussetzungen der mündlichen Willenserklärung so zu formulieren, daß ihre Verwirklichung möglichst keiner Mitwirkung des Adressaten bedarf, der Erklärende also bei der Vornahme des Rechtsgeschäftes vom anderen Teile möglichst unabhängig ist. Indessen birgt der Versuch solcher doppelten Aufgabelösung die Gefahr in sich, daß die Gültigkeitserfordernisse der mündlichen Willenserklärung weiter gefaßt werden, als mit dem Verkehrsbedürfnis, insbesondere mit den Interessen des Adressaten verträglich ist. Wie bei den schriftlichen Willenserklärungen die Frage nach dem Zeitpunkt des Zugehens darunter gelitten hat, daß sie mit der anderen verquickt worden ist, auf welche Weise der Absender zu schützen sei, falls der Gegner den Zugang erfolgreich vereitele[16]), so wird auch bei den mündlichen Willenserklärungen die Frage

---

zulasse", die Rechtslage eine andere sei, als wenn ich „jemand" (soll heißen die Partei selbst) „zur Abgabe einer Erklärung nicht zulasse". Dort sei die Erklärung vollendet (also wirksam) „durch die wenngleich von mir zufällig oder absichtlich überhörte Mitteilung des Boten". Denn die Erklärung sei „schon durch die Absendung des Boten abgegeben", und der Empfänger könne „nicht ihre Vollendung dadurch hindern, daß er sich weigere, sie entgegenzunehmen". Gegen diese Entscheidung hat schon Breit a. a. O. S. 662 mit Recht geltend gemacht, daß es undenkbar sei, die Kündigung des Vermieters für unwirksam auszugeben, wenn er sich selbst zwecks Abgabe der Erklärung vor die verschlossene Wohnungstür des Mieters bemühe, sie dagegen für wirksam zu halten, wenn er die Übermittelung der Nachricht seinem Lehrling oder seiner Tochter überlasse.

[16]) Vgl. meine Abhandlung a. a. O. S. 391 Anm. 24, 403 Anm. 42, 411 Anm. 52.

nach dem Zeitpunkt des Wirksamwerdens nicht dadurch gefördert, daß man mittelst der Art ihrer Beantwortung gleichzeitig das andere Problem zu erledigen versucht, wie der Erklärende gegen die vom Adressaten verschuldete Ungültigkeit der Erklärung sichergestellt werden könne. Aber gerade, weil wir diesen Fehler zu vermeiden gesucht haben und an dem Satze, daß es der Wirksamkeit der Willenserklärung entgegenstehe, wenn der Erklärende den Wahrnehmungsmangel des Adressaten gleich nach der Erklärungsabgabe bemerken konnte, auch da festhalten, wo der Adressat sich der Wahrnehmung absichtlich entzogen hat, erwächst uns nunmehr die Aufgabe, die Grenzen näher festzulegen, innerhalb deren dem Erklärenden gegen die vom Adressaten verursachte Ungültigkeit der Erklärung in der vorhin angedeuteten Weise geholfen werden kann.

Für die schriftlichen Willenserklärungen habe ich an anderer Stelle vorgeschlagen, die Voraussetzungen und den Inhalt der dem Absender gegen die vom Adressaten verursachte Vereitelung des Zuganges zu gewährenden Hilfe in folgender Formel zusammenzufassen: „Ist eine befristete Willenserklärung ordnungsmäßig abgegeben, ihr rechtzeitiges Zugehen aber aus Gründen gescheitert, die in der Person des Adressaten liegen, so muß dieser die Willenserklärung gegen sich gelten lassen, auch wenn sie ihm erst angemessene Zeit nach Fristablauf zugeht." [17]) Der Gedankengang, der zur Aufstellung dieses Satzes geführt hat, ist etwa folgender gewesen. Nach der vom Gesetzbuch adoptierten Empfangstheorie werden schriftliche Willenserklärungen zweifellos wirksam, wenn sie in der Wohnung oder in dem Geschäftslokal des Adressaten seinen Haus- oder Geschäftsangehörigen ausgehändigt oder in einen dort angebrachten Briefkasten geworfen werden. Das gilt, da für den Zugang die normale Wahrnehmungsmöglichkeit entscheidend und darum die anomale Wahrnehmungsunmöglichkeit gleichgültig ist, auch dann, wenn der Erklärende weiß, daß der Adressat, sei es infolge von Krankheit, sei es infolge von Abwesenheit, das Schriftstück nicht zu lesen vermag. Auf diese Weise wird die schriftliche Willenserklärung gewissermaßen zur bequemsten und

[17]) Meine Abhandlung a. a. O. S. 454.

zugleich zur sichersten Art der Willensübermittelung und darf deshalb auch als die im Verkehr gebräuchlichste angesehen werden. Die Partei, die dem Gegner ein Schriftstück zusendet, hat damit den für die Vornahme von Rechtsgeschäften gangbarsten Weg beschritten und den vom Verkehr gestellten normalen Erfordernissen genügt. Und zwar wird ihr nicht mehr als eine einfache Zusendung des Schriftstückes zugemutet; wählt sie dafür eine qualifizierte Form, etwa die Zustellung mittelst Gerichtsvollziehers (die ja den Vorteil hat, daß sich ihr der Adressat auf keinerlei Weise entziehen kann), so mag sie das zu ihrer eigenen größeren Sicherheit oder zur Erlangung brauchbarer Beweismittel tun, der Gegner hat jedenfalls kein Recht, sie von vornherein auf diesen Weg zu verweisen, ihr also ein Außerachtlassen verkehrsüblicher Sorgfalt vorzuwerfen, wenn sie die Vornahme des Rechtsgeschäftes zunächst mit landläufigen Mitteln versucht. Aus dem Gesagten ergibt sich, daß wenn jemand ein Rechtsgeschäft innerhalb bestimmter Frist vorzunehmen hat, er in der Regel so lange warten darf, als die fristgerechte Zusendung des Schriftstückes an den Gegner bei ordnungsmäßiger Beförderung noch möglich ist. Zwar muß der Erklärende, wenn die von ihm gewählten Beförderungsmittel wider Erwarten versagen, die Folgen der etwa verspäteten Ankunft und des damit verbundenen Fristablaufes auf sich nehmen. Wenn aber die Beförderungsmittel richtig funktionieren, das Schriftstück also rechtzeitig ankommt und dem Gegner nur deshalb nicht oder nicht pünktlich zugeht, weil dieser sein Haus verschlossen und keine zur Entgegennahme von Briefen taugliche Person oder Einrichtung zurückgelassen hat, so muß dem Erklärenden gegen den vom Adressaten verhinderten Zugang selbst dann geholfen werden, wenn dem Adressaten die Vereitelung des Zuganges im konkreten Falle zum Verschulden nicht zugerechnet werden kann. Denn der Zustand, den er herbeigeführt, ist jedenfalls im Sinne des Verkehrslebens anomal, und es ist recht und billig, daß wenn durch solchen Zustand ein Nachteil entsteht, letzterer von demjenigen getragen wird, der, sei es auch ohne Schuld, die außergewöhnlichen Verhältnisse geschaffen hat, und nicht von demjenigen, der im Einklang mit den Gepflogenheiten des Verkehres gehandelt hat. Da es nun auf der anderen Seite zu weitgehend und auch mit dem Gesetz nicht vereinbar wäre, den in Wahrheit nicht erfolgten Zugang kurzerhand als erfolgt zu fingieren, so ist die hier von der Verkehrssicherheit gebotene Hilfe in der Form zu leisten, daß dem Erklärenden zum Zwecke nachträglicher Bewirkung des Zuganges die bereits abgelaufene Frist verlängert wird.

Es ist nicht erforderlich und darum auch nicht zulässig, diese Deduktionen und ihr Resultat gegen die Bedenken zu verteidigen, die hinsichtlich ihrer in der Literatur aufgetaucht sind[18]). Denn für die mündlichen Willenserklärungen, mit denen wir es jetzt allein zu tun haben, ist ein so weitgehender Schutz, wie er eben für die Fälle der schriftlichen Erklärungsabgabe ver-

[18]) Vgl. z. B. Breit in Seuff. Blättern f. Rechtsanw. 71 S. 589 ff., der die Fristverlängerung nur im Falle schuldhafter Vereitelung des Zuganges, und v. Blume in Iher. Jahrb. 51 S. 1 ff., der sie sogar in der Regel nur bei vorsätzlicher und widerrechtlicher Zugangsverhinderung zulassen will. Ähnlich wie Breit: Kipp bei Windscheid I S. 344 § 72 a. E. und OLG. Kolmar in der Rechtspr. der OLG. 12 S. 64; ähnlich wie v. Blume: Biermann I S. 147. Mit solcher geringen Rechtshilfe aber ist den Verkehrsbedürfnissen, die, wie oben gezeigt wurde, eine Sicherstellung des Erklärenden auch gegen zufällige, in der Person des Adressaten vorliegende Hindernisse fordern, nicht genügt. Das Reichsgericht hat in der früher zitierten Entscheidung 58 S. 406 ff. die Frage, ob die Fristverlängerung auch im Falle zufälliger Verhinderung des Adressaten zu gewähren sei, offen gelassen, da in dem zur Aburteilung stehenden Falle die Unmöglichkeit der Briefbestellung zweifellos auf einem Verschulden des Empfängers beruhte. Enneccerus I S. 377 tritt, wie wir, auch bei unverschuldeten Hindernissen für Fristverlängerung ein, macht aber die (praktisch nicht unbedenkliche) Einschränkung, daß es sich um Hindernisse handeln müsse, auf deren „Nichtvorhandensein der Erklärende rechnen durfte". Noch über den von mir a. a. O. eingenommenen Standpunkt hinaus geht Landau, der a. a. O. S. 70 zwar auch den Satz aufstellt, daß durch die rechtzeitig abgegebene Erklärung die Frist gewahrt ist, wenn „das Zugehen der Erklärung infolge von Umständen, die mit der Person des Adressaten zusammenhängen, verspätet erfolgt", der aber aus Gründen, die dem Gedankengang des Textes fernstehen, selbst im Falle äußerer, d. h. weder mit der Person des Erklärenden noch der des Adressaten zusammenhängenden Verspätung grundsätzlich für eine Fristverlängerung eintritt — ein Ergebnis, welches das erstrebenswerte und nach dem Gesetzbuch allein erreichbare Ziel weit hinter sich läßt.

langt wurde, zweifellos **nicht** geboten[19]). Und zwar deshalb nicht, weil die mündlichen Erklärungen nicht in dem Maße wie die schriftlichen den Erklärenden zu der Erwartung berechtigen, der Adressat werde jederzeit zur Entgegennahme der Erklärung bereit und imstande sein. Wir werden später noch sehen[20]), daß die mündlichen Willenserklärungen im Gegensatz zu den schriftlichen nicht schon in dem Moment wirksam werden, wo sie an einen Hausangehörigen des Adressaten abgegeben werden. Wer also will, daß seine mündliche Erklärung schon im Moment ihrer Abgabe Gültigkeit erlangt, muß in aller Regel das Rechtsgeschäft in Gegenwart der anderen Partei bezw. deren Vertreters vornehmen. Die Herstellung dieser Gegenwart ist aber in sehr vielen Fällen, nämlich überall, wo sie nicht auf Verabredung beruht, mehr oder minder ein Werk des Zufalles. So zweifellos, wenn jemand seinen Geschäftsgegner auf der Straße oder unerwarteterweise an drittem Orte trifft und bei dieser Gelegenheit ihm gegenüber eine Willenserklärung abgibt. Aber auch da, wo der Erklärende zum Zwecke der mündlichen Erklärungsabgabe den Gegner in seiner Wohnung aufsucht, ist dessen Anwesenheit bezw. seine Bereitschaft zur Entgegennahme der Erklärung in gewissem Sinne eine zufällige. Denn der Adressat hätte bei Ankunft des Anderen ebenso gut verreist oder ausgegangen oder durch Krankheit oder sonstige Gründe verhindert sein können, den Erklärenden zu empfangen. Muß aber letzterer, wenn er sich zum Adressaten bemüht, damit rechnen, daß er diesen nicht zu Gesicht bekommt, so ist an sich nicht einzusehen, woher er das Recht zur Beschwerde nehmen soll, wenn der Adressat zwar anwesend ist, sich aber der Wahrnehmung der Erklärung und damit der Wirksamkeit des Rechtsgeschäftes entzieht. Steht sich doch der Erklärende in diesem Falle nicht schlechter, als wenn er den Adressaten, worauf er ja auch gefaßt sein mußte, nicht zu Hause getroffen hätte. Jedenfalls zeigt sich, daß wenn jemand eine an bestimmte Frist gebundene Erklärung kurz vor Fristablauf in mündlicher Form

---

[19]) Zu Unrecht wird von **Sokolowski** a. a. O. S. 35 die von mir für die **schriftlichen** Erklärungen aufgestellte Formel schlechthin auch auf die **mündlichen** Erklärungen für anwendbar erklärt.

[20]) Vgl. unten § 18 unter 4 (S. 314 ff.).

abzugeben versucht, hier nicht, wie bei den schriftlichen Erklärungen, aus dem Charakter des Erklärungsmittels ein Bedürfnis dafür hergeleitet werden kann, den Erklärenden schlechthin gegen alle Hindernisse zu schützen, die sich seitens des Adressaten der Erklärungsabgabe entgegenstellen. Solcher weitgehende Schutz wäre um so unangebrachter, als ja der Erklärende meistens noch in der Lage sein wird, sich vor den Folgen des Fristablaufes dadurch zu bewahren, daß er die Erklärung unverzüglich zu Papier bringt und sich dann der von der Mitwirkung des Adressaten erheblich weniger abhängigen schriftlichen Erklärungsabgabe bedient, sei es, indem er die Urkunde im Zimmer des Adressaten zurückläßt, sei es, indem er sie an dessen Dienstpersonal aushändigt oder in den an der Tür angebrachten Briefkasten legt. Sollten aber die Verhältnisse des Adressaten auch den Zugang des Schriftstückes unmöglich machen, so würde der Erklärende sich nunmehr auf die ihm aus der Vereitelung des Zuganges schriftlicher Willenserklärungen erwachsenden Befugnisse berufen können.

Wenn nun auch bei den mündlichen Willenserklärungen dem Erklärenden kein so allgemeines und weitgehendes Recht auf Fristverlängerung zuerkannt werden darf wie bei den schriftlichen Erklärungen, so ist doch nicht gesagt, daß sich nicht bisweilen für den Erklärenden ein solcher Anspruch aus den besonderen Umständen des konkreten Falles ableiten läßt. Besondere Umstände in diesem Sinne liegen aber nur unter folgenden zwei Voraussetzungen vor.

Einmal, wenn der Adressat sich zur Entgegennahme der mündlichen Willenserklärung vertragsmäßig verpflichtet hat. Ist nämlich von ihm die Empfangsbereitschaft dem Gegner durch besonderen Vertragsschluß zugesichert worden, so kann solche Vereinbarung nach Treu und Glauben und nach den Verkehrsbedürfnissen nicht anders ausgelegt werden, als daß der Adressat, falls ihm die Erfüllung der übernommenen Verpflichtung entweder durch Zufall oder durch Verschulden unmöglich werden und dadurch die für die Abgabe der Erklärung laufende Frist verstreichen sollte, dem Gegner zur Vornahme des Rechtsgeschäftes eine entsprechende Nachfrist gewähren will. Wie bei den schriftlichen Willenserklärungen, so liegt auch hier die Rechtfertigung für die Fristverlängerung darin, daß der Erklärende auf die Empfangsbereitschaft des Adressaten vertrauen durfte. Nur daß dort das Vertrauen seinen Grund in der Eigenart und der verkehrsmäßigen Bedeutung des Erklärungsmittels hatte, während es hier in der vom Gegner übernommenen Vertragspflicht wurzelt. Dort durfte der Erklärende mit den ihm aus der Erfolglosigkeit der Erklärungsabgabe erwachsenden Nachteilen deshalb nicht dauernd belastet werden, weil er bei der Auswahl des Erklärungsmittels „verkehrsmäßig" gehandelt hatte; hier darf er es deshalb nicht, weil er sein Erklärungsmittel so gewählt hat, wie es zu wählen ihm vom Gegner ausdrücklich gestattet worden war.

Wann kann man nun sagen, daß der Adressat zum Empfang der Erklärung vertragsmäßig verpflichtet sei? Keinesfalls genügt dazu, daß zwischen dem Adressaten und dem anderen Teile zur Zeit, wo die Vornahme des Rechtsgeschäftes versucht wird, ein im übrigen Rechte und Pflichten erzeugendes Vertragsverhältnis besteht. So folgt aus einem Darlehnsvertrag an sich noch keine Kontraktspflicht des Gläubigers, darauf bedacht zu sein, daß der Schuldner das Darlehn rechtzeitig kündigen könne, und verpflichtet der unter Einräumung eines Rücktrittsrechtes abgeschlossene Kaufvertrag an sich den Verkäufer nicht, dafür zu sorgen, daß der Käufer bei Abgabe der Rücktrittserklärung auf keine Schwierigkeiten stoße; und selbst beim Mietverhältnis würde es zu weit führen, wollte man eine Vertragspflicht des Vermieters konstruieren, den Mieter zu empfangen, der sich am Quartalsersten zwecks Kündigung der Wohnung bei ihm melden ließe[21]). Aber auch das reicht zur Begründung einer Entgegennahmepflicht nicht aus, daß der Adressat durch sein Verhalten dem Gegner die Möglichkeit, ja sogar die hochgradige Wahrscheinlichkeit der Empfangsbereitschaft in Aussicht gestellt hat. Wenn ein Teil beim anderen anfragte, ob er ihn zu der und der Zeit zu Hause treffe, und von dem anderen Teile eine bejahende Antwort erhielte, oder wenn jemand öffentlich bekannt machte, daß er um die und die Stunde zu sprechen sei, so würde trotz solcher Äußerungen der Betreffende an dem

---

[21]) Vgl. hierzu meine Abhandlung a. a. O. S. 450 ff.

gedachten Tage bezw. zu der angegebenen Stunde von Hause abwesend sein dürfen oder könnte, ohne eine Haftung auf sich zu laden, die Annahme des Besuches verweigern. Denn es hätte sich hier nur um eine unverbindliche Zusage der Empfangsbereitschaft und nicht um die Übernahme einer Rechtspflicht zum Erklärungsempfang gehandelt. Soll von letzterer die Rede sein, dann müssen die Parteien die Pflicht des einen Teiles, bei der Erklärungsabgabe des Gegners mitzuwirken bezw. sie nicht zu vereiteln, geradezu als selbständigen Vertragsinhalt vereinbart haben. Es schreibt etwa A dem B, er könne sich darauf verlassen, daß er, der A, sich zu der verabredeten Zeit und an dem verabredeten Orte zwecks Empfanges der Willenserklärung einfinden werde. Wenn hier der Adressat sich, sei es vorsätzlich, sei es aus Vergeßlichkeit, sei es infolge eines von ihm nicht zu vertretenden Umstandes, der Entgegennahme der Erklärung entzöge, so wäre er kraft der von uns dem Vertrag gegebenen Auslegung genötigt, die dem Gegner etwa verloren gegangene Frist zwecks nachträglicher Vornahme des Rechtsgeschäftes zu verlängern. Aus dem Gesagten erhellt aber zur Genüge, daß die Fälle, wo sich jemand vertragsmäßig zur Entgegennahme von Willenserklärungen verpflichtet, im Leben nicht allzu häufig sind, und daß darum die Fristverlängerung ex capite contractus im Rechtsverkehr nur eine bescheidene Rolle spielt[22]).

Ähnlich ist es mit der noch außenstehenden zweiten Gruppe von Tatumständen bestellt, die ein Recht des Erklärenden auf Fristverlängerung begründet. Diese andere Möglichkeit, dem Urheber der Willenserklärung zu einer Nachfrist zu verhelfen, ist nämlich dann gegeben, wenn der Erklärende wegen des erlittenen Fristverlustes einen außerkontraktlichen Schadensersatzanspruch gegen den Adressaten hat. Denn muß der Adressat wegen der unterlassenen Wahrnehmung der Erklärung und der dadurch herbeigeführten Geschäftsnichtigkeit Schadensersatz leisten, so hat er, wie wir

[22]) Ob und wie weit die Stellung eines Antrages für den Offerenten die Pflicht begründet, die zur Perfektion der Annahmeerklärung notwendige Mitwirkung nicht zu versagen, wird im folgenden Kapitel zu untersuchen sein (vgl. unten § 21 S. 360 ff.).

früher schon einmal andeuteten, aus dem Gesichtspunkt der Naturalrestitution dem Gegner die zur erneuten Vornahme des Rechtsgeschäftes erforderliche Nachfrist zu gewähren. Die Fälle aber, in denen der Adressat durch Nichtentgegennahme der Erklärung sich einer unerlaubten Handlung im Sinne des BGB. schuldig macht, sind eng begrenzt. Wie wir gesehen haben, darf ja nicht einmal da, wo zwei Personen in einem Rechtsverhältnis zueinander stehen, ohne weiteres eine wechselseitige Verpflichtung zur Entgegennahme von Willenserklärungen aufgestellt werden. Dann kann aber erst recht keine Rede davon sein, daß eine allgemeine außervertragliche Rechtspflicht zur Empfangsbereitschaft gegenüber Erklärungen dritter Personen existiere. Es gibt kein allgemeines subjektives Recht, kraft dessen jeder von jedem die Annahme von Willenserklärungen fordern könnte[23]. Darum ist es nicht möglich, auf den Adressaten, der sich — sei es vorsätzlich, sei es fahrlässig — der Wahrnehmung einer mündlichen empfangsbedürftigen Willenserklärung entzieht, § 823 Abs. 1 des BGB. anzuwenden[24]. Scheidet aber dieser Para-

---

[23]) Übereinstimmend v. Blume a. a. O. S. 15.

[24]) Das Gegenteil wird behauptet von Breit in Seuff. Blättern f. Rechtsanw. 71 S. 595 f. Er geht davon aus, daß die Fähigkeit einer Person, in einem konkreten Falle eine mit Rechtswirkungen verbundene einseitige Willenserklärung abzugeben, stets der Ausfluß einer von der Existenz bestimmter Voraussetzungen abhängigen Rechtsmacht sei, nämlich der Rechtsmacht, anzufechten, zu widerrufen, zurückzutreten usw. Da diese Rechtsmacht ein subjektives Recht, ein sog. Gestaltungsrecht oder „Recht des rechtlichen Könnens" sei, so verletze der Adressat, der den Gegner an der Abgabe solcher Erklärungen hindere, ein „sonstiges Recht" desselben im Sinne von § 823 Abs. 1 und mache sich also, wenn er das vorsätzlich oder fahrlässig tue, schadensersatzpflichtig. Indessen ist diese Konstruktion aus doppeltem Grunde unhaltbar. Denn erstens besagt das „Recht des rechtlichen Könnens" nichts weiter, als daß der Berechtigte, wenn er die vom Gesetz dafür geforderten Voraussetzungen erfüllt, die Fähigkeit hat, in der Rechtssphäre des Gegners gewisse Veränderungen hervorzubringen. Keineswegs aber legt jenes Recht dem Gegner die Verpflichtung auf, zur Herstellung dieser Voraussetzungen seinerseits mitzuwirken; vielmehr ist es gerade ein Charakteristikum des „Gestaltungsrechtes" (vgl. Seckel in der Festgabe für Richard Koch, Berlin 1903, S. 215), daß ihm auf seiten desjenigen, gegen den es sich richtet, eine korrespondierende Pflicht nicht gegenübersteht. Aber selbst wenn man diese Auffassung nicht teilen sollte, so gewährt doch das Recht des

graph für die Begründung einer Schadensersatzpflicht und damit für die Begründung einer Fristverlängerung aus, so läßt sich zur Herbeiführung dieser Rechtswirkungen nur noch der § 826 heranziehen. Denn wenn dessen Voraussetzungen erfüllt sind, kann der Erklärende den Adressaten wegen seines Verhaltens selbstverständlich schadensersatzpflichtig machen. Wir kommen also zu dem Ergebnis, daß bei mündlichen Willenserklärungen der Erklärende, dem gegenüber der Adressat sich zur Entgegennahme der Erklärung nicht besonders verpflichtet hatte, wegen der vom Adressaten verursachten Unwirksamkeit des Rechtsgeschäftes Fristverlängerung nur dann beanspruchen kann, wenn der Gegner ihm den Schaden vorsätzlich in einer wider die guten Sitten verstoßenden Weise zugefügt hat. Also beispielsweise keine Nachfrist, wenn der vom Adressaten der Vornahme des Rechtsgeschäftes geleistete Widerstand auf einem Irrtum beruht, der Destinatär sich die Ohren etwa deshalb zuhält, weil er vom Gegner eine Schmeichelei zu hören fürchtet, während dieser eine Willenserklärung abgeben will. Aber auch dann keine Fristverlängerung, wenn sich der Adressat zwar der Wahrnehmung in schädigender Absicht entzieht, die Entziehung indessen nicht im Widerspruch mit den guten Sitten steht. A weiß, daß B, der sich bei ihm melden läßt, zu dem Zwecke kommt, eine ihm, dem A, unliebsame Erklärung abzugeben, und er weigert sich infolgedessen unter dem Vorwand der Unpäßlichkeit oder des Zeitmangels oder der Abwesenheit, ihn zu empfangen. Oder X ahnt beim Ertönen der Telephonglocke, von wem und aus welchem Anlaß er angerufen wird, und erscheint darum am Fernsprechapparat nicht. In diesen Fällen kann von einer Anwendung des § 826 deshalb keine Rede sein, weil niemand verpflichtet ist, sich gegen seinen Willen von dritten

---

rechtlichen Könnens Befugnisse in aller Regel nur gegen einzelne bestimmte Gegner und gehört also, wenn man es in der bekannten Zweiteilung unterbringen will, der Klasse der relativen und nicht der Klasse der absoluten Rechte an, die allein nach der jetzt herrschenden und auch richtigen Meinung durch den § 823 Abs. 1 geschützt sind. Gegen Breit auch v. Blume a. a. O. S. 18 ff. Hingegen stehen der Breitschen Interpretation des § 823 mehr oder minder nahe Samolewitz a. a. O. S. 40 ff. und das Reichsgericht 50 S. 195.

Personen, sei es persönlich, sei es telephonisch, sprechen zu lassen. Hingegen verstößt es allerdings gegen die guten Sitten, wenn jemand dem Gegner die Gelegenheit, ihn zu sprechen, gibt, den Gegner aber, wenn er von ihr zu rechtsgeschäftlichen Zwecken Gebrauch macht, durch absichtliches Unterlassen der Wahrnehmung an der Abgabe einer gültigen Willenserklärung hindert. So liegen z. B. die Dinge, wenn der Adressat, um das Rechtsgeschäft des anderen Teiles zu verhindern, sich die Ohren bezw., falls es sich um die Vorzeigung eines Schriftstückes handelt, die Augen zuhält, oder wenn er vor dem Gegner, um die Wirkungen der Willenserklärung von sich abzuwenden, davonläuft bezw. beim Fernsprechverkehr die telephonische Verbindung mitten im Gespräch abbricht. Hier überall könnte der Erklärende verlangen, daß, falls er durch das Verhalten des Adressaten die Frist zur Erklärungsabgabe versäumt hätte, die Erklärung aber nach Fristablauf von ihm unverzüglich nachgeholt worden wäre, die in Wahrheit verspätete Erklärung wie eine rechtzeitige angesehen würde [25]).

Liegen die Voraussetzungen vor, unter denen der Erklärende wegen der vom Adressaten verschuldeten Geschäftsnichtigkeit Schadensersatz begehren kann, so darf er natürlich auch wegen solcher Nachteile, die nicht in einem Fristverlust bestehen, Entschädigung fordern. Hierhin gehören einmal die durch den fruchtlosen Versuch der Erklärungsabgabe dem Erklärenden erwachsenen Unkosten. Hierher gehört sodann aber auch der durch die Verzögerung einer nicht befristeten Willenserklärung entstandene Schaden. Es will etwa ein Mitglied eines Vereines, nach dessen Statuten die Mitgliedschaft jederzeit kündbar ist, dem Vorstand seinen Austritt aus dem Verband mündlich erklären, ist aber nicht imstande, seinen Vorsatz auszuführen, weil sich der Gegner

[25]) Vorausgesetzt natürlich immer, daß es zwischen dem Verhalten des Adressaten und dem vom Erklärenden erlittenen Fristverlust nicht am Kausalzusammenhang fehlt. Darum kann, wie oben schon einmal angedeutet wurde, von Fristverlängerung da niemals die Rede sein, wo der Erklärende nach Lage der Sache zwischen der Wahrnehmungsverweigerung des Adressaten und dem Ablauf der Frist Zeit und Gelegenheit hatte, den fehlgeschlagenen mündlichen Erklärungsversuch durch schriftliche Erklärungsabgabe zu ersetzen.

dem Erklärungsempfang entzieht, so daß die Mitgliedschaft länger, als beabsichtigt, nämlich bis zum Zugang der nunmehr schriftlich abgegebenen Erklärung, fortdauert; oder ein Mandatar entzieht sich der Wahrnehmung des ihm gegenüber mündlich erklärten Widerrufes des Mandates, so daß der Auftraggeber die inzwischen, nämlich bis zum Eintreffen der schriftlichen Widerrufserklärung, vom Beauftragten abgeschlossenen Geschäfte gegen sich gelten lassen muß. Auch in diesen Fällen darf die vereitelte Willenserklärung nicht als nicht vereitelt, die nicht wahrgenommene nicht als wahrgenommen fingiert werden. Wohl aber kann, falls die Voraussetzungen der Schadenshaftung gegeben sind, der Erklärende verlangen, daß wenn er hinterher die Vornahme des Rechtsgeschäftes mit besserem Erfolg wiederholt, er im Effekt so gestellt wird, wie er stehen würde, wenn der erste Versuch der Erklärungsabgabe zu einem gültigen Rechtsgeschäft geführt hätte.

Kehren wir zu dem Punkte, von dem die Untersuchungen dieses Abschnittes ihren Ausgang nahmen, zurück, so dürfen wir als Resultat festhalten: die Regel, daß der dem Erklärenden erkennbare Wahrnehmungsmangel des Adressaten die Willenserklärung unwirksam macht, gilt auch dann, wenn sich der Adressat der Wahrnehmung absichtlich entzogen hat. Die dem Urheber der Willenserklärung solchenfalls zu leistende Rechtshilfe ist auf andere Weise als mittelst Ausnahme von dieser Regel zu gewähren.

c) Der dritte Fall, der uns seinerzeit die Frage nach etwaigen Ausnahmen von unserer für die Wirksamkeit der mündlichen Willenserklärungen aufgestellten Grundregel nahelegte, betraf den Verzicht des Adressaten auf die Kenntnisnahme der ihm gegenüber abgegebenen Erklärung. Solcher Verzicht liegt da vor, wo der Adressat weiß, daß er die an ihn gerichtete Erklärung nicht wahrgenommen hat und sich dennoch dem Gegner gegenüber bereit erklärt, ihren Inhalt gegen sich gelten zu lassen[26]). Nun wird zwar

[26]) Diese Bereitwilligkeit des Adressaten begründet den Unterschied zwischen den jetzt zur Erörterung gestellten Fällen und den eben besprochenen, wo der Adressat die Kenntnisnahme ebenfalls absichtlich unterließ, aber gerade, um die Erklärung nicht gegen sich gelten lassen zu müssen.

solcher Verzicht bei den wirklich mündlichen Erklärungen kaum vorkommen. Die „mündliche" Erklärung ist ja aber für uns nur eine Breviloquenz gewesen, unter der wir alle nicht dauernd wahrnehmbaren Erklärungen zusammengefaßt haben. Es gehören also, wie wir von früher her wissen, auch diejenigen schriftlichen Erklärungen hierher, die nicht durch Aushändigung, sondern nur durch Vorzeigung eines Schriftstückes abgegeben werden. Und bei diesen ist es sehr leicht denkbar, daß der Adressat trotz absichtlicher Nicht-Kenntnisnahme die erfolgte Kenntnisnahme dem Gegner in einer Weise bestätigt, welche die Annahme begründet, daß er die Erklärung auch ohne Kenntnisnahme gegen sich wirken lassen will. Man denke etwa, daß jemand die die Willenserklärung enthaltende Urkunde dem Anderen mit der Bitte vorlegt, über die erfolgte Einsichtnahme auf dem Schriftstück zu quittieren, und daß dieser, ohne auch nur einen Blick in die Urkunde geworfen zu haben, den Vermerk „zur Kenntnis genommen" darauf setzt und das Papier dem Erklärenden sofort zurückgibt[27]). Soll sich hier der Adressat später darauf berufen können, daß er die Urkunde nicht gelesen habe, und daß der Mangel der Wahrnehmung dem Erklärenden erkennbar bezw. bekannt gewesen sei, die Willenserklärung demnach keine Wirksamkeit erlangt habe?

Es leuchtet ohne weiteres ein, daß man sich hier für die Gültigkeit der Willenserklärung zu entscheiden hat. Denn im Hinblick auf den vom Adressaten offenbarten Verzichtswillen handelt hier der Erklärende sicher nicht wider die im Verkehr herrschenden Anschauungen von Treu und Glauben, wenn er, obwohl er weiß, daß der Gegner die Erklärung nicht wahrgenommen hat und auch nachträglich nicht mehr wahrnehmen kann, ihn an letzterer festhält. Wie es auf der aktiven Seite des Rechtsgeschäftes, also bei der Erklärungs**abgabe**, möglich ist, daß jemand eine Urkunde ungelesen unterzeichnet und sich so gewissermaßen kraft Blankettwillens deren Inhalt zu eigen macht, so ist es auch auf der passiven Seite, also beim Erklärungs**empfang**, denkbar, daß sich jemand kraft Blankett-

---

[27]) Vgl. den in der Rechtspr. d. OLG. 10 S. 64 mitgeteilten Rechtsfall.

willens einer Erklärung unbekannten Inhaltes unterwirft. Zwar kann man in der Literatur häufig — und mit Recht — lesen, daß die Entgegennahme von Willenserklärungen, verkörperter sowohl wie nicht verkörperter, keinen Willensakt des Adressaten darstelle, sondern in einem rein passiven Verhalten des Erklärungsempfängers bestehe[28]). Mit dieser Wendung soll aber doch nur gesagt sein, daß, wenn es dem Erklärenden gelingt, die gesetzlichen Gültigkeitsvoraussetzungen der empfangsbedürftigen Erklärung (Zugang bei der schriftlichen, Wahrnehmungsmöglichkeit bezw. Wahrnehmung bei der mündlichen) ohne oder gar gegen den Willen des Erklärungsempfängers herzustellen, das Rechtsgeschäft nicht deshalb ungültig ist, weil der Adressat mit der Verwirklichung jener Erfordernisse nicht einverstanden gewesen ist. Da aber, wo die gesetzlichen Gültigkeitsbedingungen (mangels Zuganges oder infolge eines dem Erklärenden erkennbaren Wahrnehmungsfehlers) nicht erfüllt sind, ist allerdings eine besondere, den Verzicht auf diese Bedingungen dokumentierende Willenskundgebung des Adressaten notwendig, wenn die ihm gegenüber abgegebene Erklärung trotzdem als gültig angesehen werden soll[29]).

Mit diesen Ausführungen ist freilich nur bewiesen, daß der Adressat, wenn er durch sein Verhalten auf die Kenntnisnahme der Erklärung verzichtet hat, sich hinterher nicht darauf berufen kann, daß der Erklärende um die nichterfolgte Kenntnisnahme gewußt habe. Eine andere Frage ist es, ob solcher Verzicht des Adressaten auch den Erklärenden binde, oder ob letzterer, wenn er es nachträglich lieber sähe, die Erklärung nicht abgegeben zu haben, deren Unwirksamkeit mit der Begründung geltend machen könne, daß sie vom Gegner nicht wahrgenommen

---

[28]) Darüber treffend Leoni a. a. O. S. 52 ff.

[29]) Und weil hier die gesetzlichen Gültigkeitserfordernisse durch einen Willensakt des Erklärungsempfängers ersetzt werden, kann eine solche Erklärung Wirksamkeit nur erlangen, wenn der Adressat zu der Zeit, als er den Verzichtswillen äußerte, die zu der Vornahme von Rechtsgeschäften notwendige Fähigkeit besaß. Darum würde im obigen Beispiel die Erklärung trotz des vidi-Vermerkes des Adressaten unwirksam bleiben, wenn sich herausstellte, daß letzterer ihn im Zustand völliger Trunkenheit auf die Urkunde gesetzt hätte.

worden sei, und er, der Erklärende, den Mangel der Wahrnehmung gleich nach der Erklärungsabgabe erkannt habe. Das Problem ist allgemeiner Natur und taucht nicht nur bei den mündlichen, den unkörperlichen, sondern mutatis mutandis auch bei den schriftlichen, den verkörperten Erklärungen auf. Denn auch hier ist es möglich, daß der Adressat eine ihm gegenüber „abgegebene", ihm aber nicht oder noch nicht „zugegangene" Erklärung wie eine zugegangene gegen sich gelten lassen will. Und es fragt sich dann ebenfalls, ob sich der Absender solchen Verzicht auf das Zugangserfordernis (der natürlich erfolgt sein muß, ehe die Erklärung in gültiger Weise widerrufen worden ist) gefallen zu lassen braucht. Die Antwort hierauf hat richtigerweise bejahend zu lauten. Denn die Bestimmung des § 130, daß schriftliche Erklärungen, die einem Anderen gegenüber abzugeben sind, nicht eher Wirksamkeit erlangen, als sie ihm zugehen, und die von uns für die nicht verkörperten Erklärungen aufgestellte Regel, daß der vom Erklärenden gleich nach der Erklärungsabgabe bemerkte Wahrnehmungsfehler des Adressaten das Rechtsgeschäft ungültig macht, sind Vorschriften, die ausschließlich dem Interesse des Erklärungsempfängers dienen, und auf deren Nichtbeobachtung er darum zu verzichten imstande sein muß[80]).

---

[80]) Nur ist natürlich der Verzicht an eine feste zeitliche Grenze zu binden. Denn andernfalls könnte der Erklärende zu seinem Nachteil damit überrascht werden, daß Willenserklärungen, die er mangels der gesetzlichen Gültigkeitserfordernisse für unwirksam gehalten hätte, nachträglich Wirksamkeit erlangten. Und zwar wird man für die nicht verkörperten Erklärungen zu fordern haben, daß der Verzicht, wie in dem vorhin im Texte gebrauchten Beispiel, im unmittelbaren Anschluß an die Erklärungsabgabe ausgesprochen werde. Was die verkörperten Erklärungen betrifft, so wird er bis zu dem Zeitpunkt zu äußern sein, in welchem die Urkunde oder der sonst die Erklärung verkörpernde Gegenstand bei regelmäßigem Verlauf der Dinge zugegangen sein würde. Danach ist er jedenfalls rechtzeitig, wenn er noch vor Erklärungsabgabe zum Ausdruck gebracht wird. Rechtlich zulässig wäre es also, daß jemand einem Anderen eine Eröffnung des Inhaltes machte: „Da ich es aus bestimmten Gründen vermieden sehen möchte, daß Briefe, die unsere Rechtsbeziehungen betreffen, in meiner Wohnung abgegeben werden, so ersuche ich Sie, alle mit unserem Rechtsverhältnis in Zusammenhang stehenden Willenserklärungen in dem Ihnen bekannten hohlen Baume am Waldeingang niederzulegen, von wo ich sie mir auf meinen täglichen Spaziergängen

Dem läßt sich auch nicht mit dem Argument begegnen, daß dadurch die Interessen des Erklärenden verletzt werden, indem dieser angesichts des Verzichtes des Adressaten das Widerrufsrecht nicht mehr ausüben kann, das ihm sonst noch zugestanden hätte. Denn es ist schon mehrfach darauf hingewiesen worden[31]), daß das Interesse des Erklärenden an der Widerrufsmöglichkeit an und für sich kein schutzwürdiges Interesse ist. Der Erklärende hat niemals Grund zur Beschwerde, wenn die von ihm „abgegebene" Erklärung in Wirksamkeit tritt, da alsdann nur die Rechtsfolge realisiert wird, die er selbst herbeigewünscht hat. Das Widerrufsrecht ist denn auch vom Gesetzbuch nicht als ein jus quaesitum des Erklärenden, sondern nur als eine Prämie für die ihm hinsichtlich der Willensübermittelung zugemutete Gefahrtragung gedacht. Hat der Erklärende solche Gefahr nicht oder nicht mehr zu tragen, weil der Adressat auf die zu seinen Gunsten statuierten Gültigkeitsrequisite verzichtet hat, so ist damit jedes Bedürfnis nach einem Widerrufsrecht geschwunden[32]).

---

abholen werde." Wenn daraufhin der andere Teil an der bezeichneten Stelle eine Anfechtungserklärung oder einen Kündigungsbrief deponierte, so würde die betreffende Erklärung in diesem Moment wirksam werden, nicht weil sie, wie bisweilen in der Literatur behauptet wird (vgl. z. B. Hölder, Theorie S. 107 [Sep.-Abdr. S. 17] und Manigk, Willenserklärung S. 344), dem Adressaten in diesem Zeitpunkt zugegangen wäre (denn daß die Niederlegung in dem Baume den „Zugang" der Urkunde begründet hätte, kann im Ernste nicht behauptet werden), sondern weil ein gültiger Verzicht auf den Zugang stattgefunden haben würde.

[31]) Vgl. oben S. 33 f. Anm. 14 und S. 239 f.

[32]) Keinen Beweis gegen die Verzichtbarkeit des Zugangserfordernisses enthält der § 151 BGB., und Kunstmann hat unrecht, wenn er a. a. O. S. 25 Anm. 5 sagt: „Es liegt auf der Hand, daß das Gesetz in § 130 bestimmt hat, daß nur die zugegangene Willenserklärung unter Abwesenden wirksam ist, und daß die Beteiligten diese gesetzliche Bestimmung nicht ändern können, außer wo es das Gesetz — wie in § 151 — zuläßt." Abgesehen davon, daß es sehr fraglich ist, ob sich dem § 151 überhaupt ein argumentum e contrario entnehmen läßt, betrifft der Verzicht, um den es sich im § 151 handelt, nicht nur das Zugangs-, sondern gleichzeitig das schwerer wiegende Richtungserfordernis, so daß der Schluß vom Gegenteil für uns, die wir es im Texte nur mit dem ersteren, vom Gesetz selbst des öfteren (vgl. oben unter a) preisgegebenen Requisit zu tun haben, keinesfalls verwertbar ist.

Wir kommen also, anders als bei den unter a und b besprochenen Fällen, zu dem Ergebnis, daß der Verzicht des Adressaten auf die Kenntnisnahme allerdings eine Ausnahme von unserer Grundregel darstellt, indem hier mündliche Willenserklärungen Wirksamkeit erlangen, auch wenn der Erklärende den Mangel der Wahrnehmung gleich nach der Erklärungsabgabe erkannt hat.

2. Die andere Frage, der wir in diesem Paragraphen näher treten wollten, ging dahin, ob es nicht ausnahmsweise empfangsbedürftige Willenserklärungen gibt, die zu ihrer Wirksamkeit geradezu die Kenntnisnahme des Adressaten fordern, und die darum, einerlei ob schriftlich oder mündlich abgegeben, solange keine Gültigkeit erlangen, als sie der Erklärungsempfänger nicht oder nicht richtig wahrgenommen hat. Handelte es sich vorhin um Erklärungsfälle mit weniger als den normalen Wirksamkeitsvoraussetzungen, so suchen wir jetzt nach Willenserklärungen, die mehr als die gewöhnlichen Gültigkeitsbedingungen beanspruchen, und die deshalb dem zerstörenden Einfluß des Mißverständnisses in anomal starkem Maße ausgesetzt sind.

Zunächst ist sicher, daß zwei Parteien mittelst Vertrages festsetzen können, daß im Rechtsverkehr unter ihnen bestimmte Willenserklärungen nicht schon mit dem „Zugang", sondern erst dann in Wirksamkeit treten sollen, wenn sie zur Kenntnis des Gegners gelangt sind[33]). Dabei wäre es Sache der Vertragsauslegung, zu ermitteln, ob der Gültigkeit solcher Erklärungen nur die völlig unterbliebene Wahrnehmung oder auch die falsche Wahrnehmung oder gar schon ein etwaiger Deutungsfehler im Wege stehen soll. Im Zweifel wird man die gedachte Vereinbarung auf Fälle der ersteren Art zu beschränken haben.

Schwieriger ist die Frage, ob, wie vorhin der Adressat einseitig auf gewisse Gültigkeitserfordernisse verzichten konnte, so etwa hier die eine oder die andere Partei die Hinausschiebung

---

[33]) Nur muß sich eine derartige Abmachung auf einzelne bestimmte Erklärungen oder doch wenigstens auf bestimmte Erklärungsgruppen beziehen. Denn wenn sie schlechthin für alle im Rechtsverkehr zwischen zwei Personen auftauchenden Willenserklärungen getroffen würde, müßte sie, weil gegen die vom Gesetz im § 130 verfolgten Zwecke verstoßend, für nichtig angesehen werden.

der Erklärungsgültigkeit bis zur Kenntnisnahme des Empfängers einseitig anordnen darf. Vom Adressaten liegt nun ohne weiteres auf der Hand, daß er solche Bestimmung nicht treffen kann. Denn er würde, wenn er dem Gegner schriebe, daß er künftighin die und die Erklärungen erst vom Moment der Kenntnisnahme an gegen sich gelten lassen wolle, die vom Gesetzgeber im § 130 angeordnete Gefahrtragung zuungunsten des Erklärenden abändern, wozu er selbstverständlich nicht die Macht hätte. Aber auch dem Erklärenden kann nicht die Befugnis zugesprochen werden, seiner Erklärung den Zusatz beizufügen, daß sie nicht vor erlangter Kenntnisnahme seitens des Gegners in Wirksamkeit treten soll. Zwar dient die Bestimmung des § 130, die vom Erfordernis der Kenntnisnahme absieht und sich statt dessen mit dem bloßen Zugang begnügt, den Interessen des Erklärenden. Aber doch eben nur insofern, als sie an die Stelle der Kenntnisnahme den Zugang setzt. Sie dient hingegen den Interessen des Adressaten, insofern sie den Zugang an die Stelle der Erklärungsabgabe setzt. Wir haben ja schon öfters hervorgehoben, daß der Erklärende keinen Grund zur Beschwerde hat, wenn er an seiner Erklärung gleich nach ihrer Abgabe festgehalten wird, und daß nicht ihm, sondern dem Gegner zuliebe der Eintritt der Wirksamkeit bis zum Zeitpunkt des Zuganges hinausgeschoben wird. Und wie darum der Adressat nach dem vorhin Ausgeführten auf das zu seinen Gunsten aufgestellte Zugangserfordernis verzichten kann, so hat er ein Recht darauf, spätestens vom Augenblick des Zuganges an den Erklärenden beim Worte zu nehmen[34]). Und dieses Recht kann ihm letzterer nicht dadurch illusorisch machen, daß er unter freiwilliger Übernahme einer längeren Gefahrtragung den Zeitpunkt des Wirksamwerdens der Willenserklärung eigenmächtig verändert.

Es bleibt also nur noch zu untersuchen übrig, ob nicht das Gesetz von sich aus bei einzelnen Willenserklärungen die

---

[34]) Vgl. dazu auch oben S. 236 ff., wo wir darlegten, daß das Widerrufsrecht des Erklärenden mit erfolgtem Zugang auch dann erlischt, wenn der Adressat in diesem Zeitpunkt von der Erklärung noch keine Kenntnis erhalten hat.

Wirksamkeit von der Kenntnisnahme des Adressaten abhängig gemacht hat.

In der Literatur ist diese Frage mehrfach bejaht worden. So hat z. B. Monich behauptet, daß es im BGB. neben den empfangsbedürftigen auch wahrnehmungsbedürftige Rechtsgeschäfte gebe[35]). Ferner hat de Claparède die Ansicht verfochten, daß die Mahnung nicht nur eine empfangsbedürftige, sondern, wenn nicht geradezu eine „vernehmungsbedürftige", so doch wenigstens eine „vernehmungsfähige" Willenserklärung, d. h. eine solche sei, deren „Kenntnisnahme durch den Destinatär nur durch dessen Vorsatz oder Fahrlässigkeit vereitelt werden könne"[36]). Vor allem aber hat Bekker[37]) auf die Ausnahmen hingewiesen, die, wie er glaubt, das Gesetzbuch von der im allgemeinen adoptierten Empfangstheorie zugunsten der Vernehmungstheorie mache, Ausnahmen, die wenn man erst einmal auf sie aufmerksam geworden sei, nach Bekkers Meinung „geradezu massenhaft heranströmen". Insbesondere sollen alle Ermächtigungen (und dazu zählt Bekker außer der Vollmachtserteilung auch die Auftragserteilung, die Vertragsofferte, die Mitteilung des Zedenten an den Zessus über die erfolgte Zession, und anderes mehr) zu der sich nicht mit dem „Empfang" begnügenden, sondern die Kenntnisnahme des Adressaten fordernden Erklärungsgruppe gehören[38]).

---

[35]) Willenserklärung und Rechtsgeschäft nach dem BGB. (Berlin 1900) S. 71 u. 139.

[36]) Beiträge zur Lehre vom Leistungsverzug 1. Teil (Genf 1903) S. 90 ff., 138 ff. — In seiner Kritik des Entw. I hat Zitelmann, Rechtsgeschäfte I S. 105 de lege ferenda die Forderung erhoben, daß der dem Dritten gegenüber erklärte Widerruf der Vollmacht nicht schon vom Moment des Zuganges, sondern erst vom Moment der Kenntnisnahme wirken solle. De lege lata aber nimmt er für die gedachte Willenserklärung keinen Ausnahmerechtssatz in Anspruch: vgl. seinen Grundriß S. 121.

[37]) „Sprachliches und Sachliches zum BGB." in Iher. Jahrb. 49 S. 1 ff.; vgl. insbes. S. 9, 11, 17 f., 27, 38 f., 42 f., 47 ff.

[38]) Von der oben erwähnten Mahnung sagt Bekker, daß „der Entscheid nicht ganz leicht zu treffen sein möchte". („Wer die culpa zum Tatbestandsstück der mora stempelt, wird der zwar zugegangenen, aber nicht zur Kenntnis gelangten Mahnung wenig Beachtung schenken dürfen.")

Was ist von dieser Lehre zu halten? Sind solche Ausnahmen von der Empfangstheorie, wie sie hier dem Gesetzbuch zugeschrieben werden, nach ihm wirklich anzuerkennen?

Die Frage ist mit aller Entschiedenheit zu verneinen. Und zwar aus dem einfachen Grunde, weil es für derartige Ausnahmen an jedem Anhaltspunkt im Gesetz fehlt.

Die vorhin genannten Schriftsteller führen denn auch zur Begründung ihres Standpunktes, soweit sie solche überhaupt versuchen, nichts anderes an, als daß es im Verkehr Willenserklärungen gebe, auf die der Empfänger vor erlangter Kenntnisnahme gar nicht reagieren und bei denen darum der Gesetzgeber ein Wirksamwerden vor diesem Zeitpunkt unmöglich gewollt haben könne. „Niemand kann einen Antrag annehmen oder ablehnen, den er nicht kennt; niemand einen Auftrag ausführen, der nicht zu seiner Kenntnis gelangt wäre.“ [39]) Das Unzulängliche dieser Argumentation liegt auf der Hand. Denn ihr zufolge müßte man die Empfangstheorie nach dem Gesetzbuch überhaupt eliminieren. Wie der Oblat naturgemäß den Antrag nicht annehmen oder ablehnen kann, ehe ihm sein Inhalt zur Kenntnis gekommen ist, und wie der debitor cessus naturgemäß keine Veranlassung hat, an den Zessionar zu zahlen, ehe er von dem Gläubigerwechsel erfahren hat, so trifft auch der Kündigungsgegner die infolge der Kündigung erforderlichen wirtschaftlichen Maßnahmen nicht eher, als bis er die Kündigung vernommen hat, ergreift auch der Anfechtungsgegner die ihm infolge der Anfechtung notwendig erscheinenden Maßregeln nicht früher, als bis er die Anfechtungserklärung in sich aufgenommen hat, und dreht der Dritte dem ihm gegenüber Bevollmächtigten nicht eher den Rücken, als bis der Widerruf der Vollmacht ihm bekannt geworden ist. Es liegt im Wesen *jeder* empfangsbedürftigen Willenserklärung, daß sie den Gegner nicht früher zum Handeln veranlassen, in diesem Sinne also nicht früher faktischen oder wirtschaftlichen Erfolg haben kann, als bis der Destinatär Kenntnis von ihr bekommen hat. Die Frage, die uns beschäftigt, geht gerade dahin, ob der Gesetzgeber den *rechtlichen* Erfolg der Willenserklärung von diesem

---

[39]) *Bekker* a. a. O. S. 39.

faktischen Erfolg abhängig gemacht hat. Und das ist zufolge der von ihm sanktionierten Empfangstheorie eben nicht der Fall. Natürlich sind von dem gesetzlichen Prinzip Ausnahmen begrifflich denkbar. Sie lassen sich aber nicht in der eben bekämpften Weise begründen, sondern dürfen nur insoweit anerkannt werden, als das Gesetzbuch selbst sie gemacht hat. Das hat es aber unseres Wissens nur an einer einzigen Stelle getan: im § 571 Abs. 2 S. 2, wo hinsichtlich der Veräußerung eines vermieteten Grundstückes bestimmt ist, daß der Vermieter von der ihm auferlegten Bürgenhaftung befreit wird, wenn der Mieter von dem Übergang des Eigentumes durch Mitteilung des Vermieters Kenntnis erlangt und nicht das Mietverhältnis für den ersten zulässigen Termin kündigt. Hier wird also die Mitteilung des Vermieters in Ansehung seiner Haftpflicht erst wirksam, wenn sie zur Kenntnis des Adressaten gekommen ist[40]). Bei allen übrigen Erklärungen und

---

[40]) Hingegen stellen keine Ausnahmebestimmungen im Sinne des Textes die §§ 111 und 174 des BGB. dar, obwohl man auf den ersten Blick versucht sein könnte, sie dazu zu rechnen. Sie handeln von dem einseitigen Rechtsgeschäft eines Minderjährigen bezw. Bevollmächtigten und geben bekanntlich dem Geschäftsgegner das Recht, die Willenserklärung des Minderjährigen bezw. Bevollmächtigten zurückzuweisen, wenn dieser nicht die Einwilligung des Vertreters bezw. die Bevollmächtigung in schriftlicher Form vorzulegen vermag. Es heißt dann wörtlich: „Die Zurückweisung ist ausgeschlossen, wenn der Vertreter (§ 174: der Vollmachtgeber) den Anderen von der Einwilligung (§ 174 von der Bevollmächtigung) in Kenntnis gesetzt hatte." Hiernach hat es den Anschein, als wenn die Erklärung des Vertreters oder Vollmachtgebers das Zurückweisungsrecht des Dritten nur dann zum Erlöschen bringe, wenn sie von letzterem nicht nur empfangen, sondern auch vernommen worden sei. Indessen wird man kaum darin fehl gehen, daß der Ausdruck „in Kenntnis setzen", dessen sich der Gesetzgeber hier bedient, synonym mit „mitteilen" oder „benachrichtigen" ist, und daß darum jene Erklärung des Vertreters bezw. Vollmachtgebers hinsichtlich des Zeitpunktes ihrer Wirksamkeit den gewöhnlichen für die empfangsbedürftigen Rechtsgeschäfte geltenden Regeln untersteht. So auch Planck § 111 unter 4 und Manigk, Willenserklärung S. 628. Anderer Meinung Oertmann § 111 unter 2c und § 174 unter 4aα und Hölder, Kommentar § 111 unter 2a. — Was die Anzeige des Zedenten an den debitor cessus betrifft, so darf in ihr nicht um deswillen eine Ausnahme von der Regel erblickt werden, weil § 407 dem Schuldner die Leistung

Mitteilungen aber ist (soweit nicht früher Gesagtem zufolge die bloße Absendung der Urkunde genügt) mangels entgegenstehender gesetzlichen Bestimmungen der § 130 anzuwenden, der die Wirksamkeit der Erklärungen mit dem Zugang eintreten läßt[41]). Wie der Wortlaut dieses Paragraphen es uns seinerzeit unmöglich machte, einer allgemeinen Kombination von Empfangs- und Vernehmungstheorie zuzustimmen, der zufolge die Berufung auf letztere zwar dem Adressaten, nicht aber auch dem Erklärenden versagt sein sollte[42]), so müssen wir es hier ablehnen, bei einzelnen Gruppen von Willenserklärungen die Empfangstheorie geradezu durch die Vernehmungstheorie zu ersetzen[43]).

---

an den alten Gläubiger so lange gestattet, als jener die erfolgte Abtretung noch nicht „kennt". Denn die Kenntnis, die hier vom Gesetz für die Haftung des Schuldners verlangt wird, braucht keine durch Mitteilung des Zedenten vermittelte zu sein. Jede, auch die von dritter Seite glaubhaft erlangte Kenntnis nimmt dem Schuldner die Möglichkeit, sich durch Zahlung an den alten Gläubiger zu liberieren. Ist aber die Kenntnis als solche und nicht die auf Grund einer Anzeige des Zedenten erlangte Kenntnis für die Haftung des Schuldners gegenüber dem neuen Gläubiger wesentlich, so läßt sich, wenn eine Anzeige erfolgt ist, in diesem Punkte weder von deren Wirksamkeit noch von deren Unwirksamkeit reden. Da, wo das Gesetzbuch die Anzeige ihrerseits mit Rechtswirkungen bekleidet (vgl. §§ 409 Abs. 1 und 2, 410 Abs. 2), ist nichts davon gesagt, daß diese Wirkungen an die Vernehmung statt an den Zugang gebunden sein sollen.

[41]) Man kann Bekker hier nicht besser als mit seinen eigenen Worten widerlegen: „Wo das Gesetz sagt: wenn a geschehen ist, gilt b, da darf niemand herauslesen: wo a geschehen ist, gilt b bisweilen und gilt bisweilen auch nicht; wo das Gesetz nur eine Bedingung der Gültigkeit nennt, besteht auch nur eine und darf keine zweite dazu erfunden werden."

[42]) Vgl. oben S. 236 ff.

[43]) Vgl. hierzu auch Manigk, Willenserklärung S. 707. Gegen Bekker hat sich auch Peter Klein a. a. O. S. 40 ausgesprochen. Er lehnt es also, ebenso wie wir, ab, für bestimmte einzelne Willenserklärungen der Vernehmungstheorie stattzugeben. Dennoch deckt sich sein Standpunkt mit dem unserigen nicht völlig. Denn die Ablehnung Kleins bezieht sich (vgl. S. 34 Anm. 95) nur auf die Anzeigen unter Abwesenden und die schriftlichen Anzeigen unter Anwesenden, während er für die mündlichen Anzeigen unter Anwesenden allgemein der Vernehmungstheorie das Wort redet.

So bedarf also nur die eine, eben erwähnte Ausnahme des § 571 Abs. 2 einer kurzen Betrachtung. Wenn das Gesetzbuch hier die Befreiung des Vermieters von seiner Haftung an die Bedingung knüpft, daß der Eigentumswechsel dem Mieter mitgeteilt worden und die Mitteilung zu seiner Kenntnis gekommen ist, so wird man den Begriff der Kenntnis in diesem Zusammenhang nicht zu sehr überspannen dürfen. Offenbar ist der Wille des Gesetzgebers an der gedachten Stelle auf nichts anderes gerichtet, als dem Vermieter im Interesse der größeren Sicherheit des Mieters eine über das normale Maß hinausgehende Gefahrtragung hinsichtlich der Nachrichtenübermittelung aufzuerlegen. Daraus ergeben sich für die Fälle der schriftlichen Benachrichtigung einerseits, für die der mündlichen anderseits folgende Konsequenzen.

Im Falle der schriftlichen Mitteilung hat der Vermieter die Gefahr der Reise des Schriftstückes nicht nur bis zu dem Moment zu tragen, wo es dem Mieter zugeht, sondern auch die Gefahr desjenigen Zufalles auf sich zu nehmen, von dem die Urkunde nach erfolgtem Zugang innerhalb der Herrschaftssphäre des Adressaten betroffen wird. Er hört also nicht zu haften auf, wenn der Brief zwar beim Mieter eingetroffen, aber durch einen Zufall (Diebstahl, Unterschlagung, Brand, Krankheit usw.) nicht zu seinen Augen gekommen ist. Aber weiter wird man auch nicht gehen dürfen. Ist der Brief vom Mieter fahrlässigerweise nicht wahrgenommen worden, oder hat er ihn zwar wahrgenommen, aber absichtlich oder aus Nachlässigkeit seine Lektüre unterlassen, so muß die Haftung des Vermieters erlöschen, obwohl der Mieter die vom Gesetz geforderte Kenntnis nicht erlangt hat. Und zwar ist es die dira necessitas, die zu dieser Entscheidung drängt, indem andernfalls der Mieter imstande sein würde, durch sein Verhalten die vom Gesetzgeber im § 571 Abs. 2 angestrebten Zwecke willkürlich zu vereiteln[44]).

---

[44]) Nur als ultima ratio läßt sich die Fiktion, die in jener Gleichstellung der schuldhaft verabsäumten mit der tatsächlich erfolgten Kenntnisnahme liegt, rechtfertigen. Darum ist sie unzulässig, wenn der Mieter nicht sowohl die Kenntnisnahme als bereits den Zugang des Schriftstückes vereitelt hat. Denn hier kommt die Rechtsordnung dem Vermieter durch die Möglichkeit nachträglicher Zustellung und restitutio in integrum

Hat der Vermieter dem Mieter die Mitteilung mündlich gemacht, so genügt es, im Gegensatz zu der früher von uns aufgestellten Regel, nicht, daß dem Adressaten die normale Wahrnehmungsmöglichkeit verschafft worden ist, und daß der Erklärende einen Wahrnehmungsmangel weder bemerkt hat noch bemerken konnte, sondern hier ist die Mitteilung nur dann gültig, wenn der Mieter sie wirklich wahrgenommen hat. Aber mit der erfolgten Wahrnehmung muß der vom Gesetz verlangte Tatbestand der „Kenntnis" auch als erfüllt angesehen werden. Hat der Mieter die richtig wahrgenommenen Erklärungszeichen unrichtig gedeutet und dadurch den Inhalt der Mitteilung falsch verstanden, so tritt nichtsdestoweniger die im Gesetz vorgesehene Befreiung des Vermieters von seiner Haftung ein. Ein Deutungsfehler des Adressaten steht also der „Kenntnis" im Sinne unseres Paragraphen nicht im Wege. Hat der Destinatär die Wahrnehmung absichtlich vermieden, so kann von der vorhin befürworteten Gleichstellung der unterlassenen mit der erfolgten Wahrnehmung hier bei den mündlichen Erklärungen keine Rede sein. Die strenge Maßregel wäre hier ungerechtfertigt, weil sie überflüssig wäre. Denn wenn sich bei mündlichen Erklärungen der Adressat der Kenntnisnahme entzieht, so vermag, wie wir früher gesehen haben, die Rechtsordnung den Erklärenden auf andere, den Gegner weniger hart treffende Weise zu schützen[45]).

§ 18.

Wir haben bisher nur Fälle betrachtet, wo die mündliche Erklärung unmittelbar demjenigen gegenüber abgegeben wurde, der nach dem Gesetzbuch als ihr richtiger Adressat in Betracht kam, und wo gleichzeitig dieser richtige Adressat der mit seinem eigenen Interesse am Erklärungsinhalt beteiligte „Andere", also die Gegenpartei des Geschäftes war. Es ist nun denkbar, daß sich der Erklärende zwar an den

---

bei eventueller Fristversäumnis zu Hilfe (vgl. meine Abhandlung a. a. O. S. 445 ff.). Während also normalerweise für die Wirksamkeit von Erklärungen der Zugang notwendig und genügend ist, tritt er uns im Falle des § 571 Abs. 2 gewissermaßen als das Mindesterfordernis entgegen.

[45]) Vgl. oben S. 257 ff.

richtigen Adressaten, aber nicht an die Gegenpartei selbst wendet, oder umgekehrt, daß er sich zwar an die Gegenpartei selbst wendet, diese aber nicht der richtige Adressat ist. Das erstere liegt vor, wenn statt der Partei ein Vertreter die Erklärung entgegennimmt, das letztere, wenn beispielsweise jemand seine Erklärung einem Geschäftsunfähigen gegenüber abgibt. Möglich ist auch, daß derjenige, zu dem die Worte des Erklärenden gesprochen werden, weder die Gegenpartei noch deren Vertreter ist. So liegen die Dinge, wenn die Erklärung in Abwesenheit der Gegenpartei an einen ihrer Bediensteten oder Hausangehörigen bestellt wird. Wir müssen im folgenden die Rechtswirkungen erörtern, die sich aus der einen oder anderen der gedachten Situationen für unsere Lehre vom Mißverständnis ergeben.

1. Wird die Erklärung nicht an die Gegenpartei selbst, sondern an deren Vertreter gerichtet, so müssen die für die Wirksamkeit mündlicher Willenserklärungen von uns aufgestellten Voraussetzungen selbstverständlich diesem gegenüber erfüllt sein, mit anderen Worten: die Erklärung ist nur dann für und gegen den Vertretenen gültig, wenn sie dem Vertreter so nahe gebracht worden ist, daß er sie unter normalen Umständen wahrnehmen konnte, und sie ist nicht gültig, wenn der Erklärende oder dessen Vertreter oder Bote[1]) unmittelbar nach der Erklärungsabgabe einen Mangel der Wahrnehmung auf seiten des gegnerischen Vertreters bemerkt hat bezw. bemerken mußte. Das gilt, einerlei, ob es sich um Erklärungen an einen gesetzlichen oder einen gewillkürten oder einen Vertreter ohne Vertretungsmacht handelt, nur daß in letzterem Falle natürlich, wenn ein gültiges Geschäft zustande kommen soll, noch die in § 180 S. 3 normierten Erfordernisse, nämlich das „Einverständnis" des Vertreters und die „Genehmigung" des Vertretenen, erfüllt sein müssen[2]). Ist die Erklärungsabgabe gegen-

---

[1]) Vgl. oben S. 241 ff.

[2]) Von großer Bedeutung für die Lehre vom Mißverständnis ist die Frage nach dem Objekt der vom Gesetzbuch in § 180 S. 3 verlangten Genehmigung des Vertretenen. Man denke sich, daß der falsus procurator die Erklärung in einer dem Erklärenden nicht erkennbaren Weise mißverstanden hat, infolgedessen dem Vertretenen vom Inhalt der Erklärung eine falsche Mitteilung macht, und der Vertretene auf die

über mehreren Vertretern des Adressaten erfolgt, und hat sich nur auf seiten eines Vertreters ein dem Erklärenden bemerkbarer Wahrnehmungsfehler eingestellt, so hängt die Beantwortung der Frage, ob das Mißverständnis des einen die Wirksamkeit des Rechtsgeschäftes beeinträchtige, davon ab, ob die Erklärung nach dem Willen der Rechtsordnung der Vertretermehrheit gegenüber nur gemeinschaftlich abgegeben werden durfte, oder ob zur Erzeugung der gewünschten Rechtsfolge schon die Erklärung an einen Vertreter genügte. Letzteres würde beispielsweise hinsichtlich der mehreren Vorstandsmitglieder eines Vereines zutreffen (BGB. § 28 Abs. 2; vgl. auch § 86 BGB.; § 171 Abs. 3 ZPO.; §§ 125, 232 HGB. und § 35 des Reichsgesetzes über die Gesellschaften mit beschränkter Haftung) und im Zweifel wohl auch bei der gewillkürten, sich auf eine Vollmacht gründenden Stellvertretung (man denke etwa an mehrere Prokuristen) anzunehmen sein. Erstere Konstellation hingegen könnte sich im Falle einer Mehrheit von Vormündern (BGB. § 1797) und bei der durch Rechtsgeschäft erteilten Vertretungsmacht dann ergeben, wenn der Vertretene eine dahingehende Bestimmung getroffen hätte[3]).

Mitteilung hin die Erklärungsabgabe genehmigt. Ist dann durch die Genehmigung trotz des untergelaufenen Mißverständnisses die Erklärungsabgabe gültig geworden, mit anderen Worten: bezieht sich die Genehmigung nur auf den dem Vertretenen bekannt gewordenen Erklärungsinhalt oder auf die Erklärungsabgabe als solche? Eine Frage, die natürlich ebenso auftaucht, wenn der Vertreter die Erklärung zunächst richtig verstanden, aber nicht richtig im Gedächtnis behalten hat und aus diesem Grunde dem Vertretenen ein falsches Bild vom Erklärungsinhalt entwirft. Wir müssen uns an dieser Stelle damit begnügen, die Frage aufgeworfen zu haben, und werden später auf sie zurückkommen, wenn wir am Schlusse des Buches (vgl. unten § 24 a. E.) den Einfluß des Mißverständnisses auf solche Rechtsgeschäfte näher untersuchen, zu deren Zustandekommen ein Zusammenwirken von mehr als zwei Personen erforderlich ist.

[3]) Bei der Mitvormundschaft ließe sich freilich im Hinblick auf den § 171 Abs. 3 ZPO. die Frage aufwerfen, ob hier nicht auch die nur einem Vormund zugegangene Erklärung bereits die Wirksamkeit des Rechtsgeschäftes begründe. Denn die ratio, die zu der Bestimmung geführt hat, daß „bei mehreren gesetzlichen Vertretern sowie bei mehreren Vorstehern die Zustellung an einen derselben genügt", trifft sicherlich gleichermaßen auch auf das Zugehen der betreffenden Willenserklärungen zu.

Wird eine Erklärung dem Vertreter gegenüber, aber in Gegenwart des Vertretenen abgegeben, und liegen die Dinge so, daß der Erklärende merkt, der Vertreter hat die Erklärung falsch, hingegen der Vertretene hat sie richtig verstanden, so bleibt sie nichtsdestoweniger unwirksam, eben weil sie an den Vertreter gerichtet gewesen ist. Diese Entscheidung dürfte ebenso der Analogie des § 166 BGB. wie dem Verkehrsbedürfnis und der Billigkeit entsprechen. Denn der Erklärende muß sich in solchem Falle sagen, daß der Vertreter es möglicher- oder sogar mutmaßlicherweise sein wird, der die infolge der erhaltenen (aber mißverstandenen) Erklärung notwendig erscheinenden Dispositionen zu treffen hat. Anders hätte natürlich das Urteil zu lauten, wenn die von dem Einen falsch, von dem Anderen richtig verstandene Erklärung sowohl an den Vertreter wie an den Vertretenen adressiert gewesen wäre. War endlich die nur an den Gegner gerichtete Erklärung in Gegenwart seines Vertreters (Prokuristen) abgegeben worden, so hat es selbstverständlich auf die Gültigkeit der Willenserklärung keinen Einfluß, wenn die vom Vertretenen richtig wahrgenommene Erklärung vom Vertreter in einer dem Erklärenden erkennbaren Weise mißverstanden worden ist. —

Möglich ist, daß das Mißverständnis, dem der Adressat einer Willenserklärung zum Opfer fällt, gerade darin besteht, daß er den Inhalt der ihrem Wortlaut nach richtig wahrgenommenen Äußerung auf sich selbst bezieht, während die Erklärung ihm gegenüber nur in seiner Eigenschaft als Vertreter eines Dritten abgegeben worden ist, oder umgekehrt, daß jemand eine Erklärung, die an ihn als Partei gerichtet wurde, fälschlicherweise für eine solche hält, die den von ihm vertretenen Dritten angeht. Man denke etwa, daß X bei einem Bankier ein Darlehn für sich selbst und ein Darlehn für den von ihm vertretenen Verein aufnimmt, und daß später der Bankier dem X gegenüber schlechthin „das Darlehn" kündigt. Es läßt sich unschwer zeigen, daß aus solcher Fallgestaltung unseren Untersuchungen keine neuen Probleme erwachsen. Denn entweder war die vom anderen Teile abgegebene Erklärung so mehrdeutig, daß der Adressat sie mit gleichem Rechte auf sich als Partei wie auf sich als Vertreter beziehen durfte, dann ist die

Erklärung nach dem, was wir früher gesehen haben, wegen unbehebbarer Undeutlichkeit nichtig. Oder aber es läßt sich im Wege der Auslegung feststellen, ob der Erklärungsinhalt den Adressaten selbst oder die von ihm vertretene Partei betrifft, dann hat der Adressat, wenn er der Erklärung einen von ihrem wahren Sinne abweichenden Inhalt beilegte, einen Deutungsfehler begangen, der, wie wir wissen, nicht hindert, daß die Erklärung mit ihrem richtigen, im Wege der Auslegung ermittelten Inhalt Wirksamkeit erlangt.

2. Nicht zu verwechseln mit den Fällen, wo die Erklärung an einen Vertreter des Gegners gerichtet wird, sind diejenigen, wo sie gegenüber einem Boten des Adressaten abgegeben wird. Man hat solche Personen, die, ohne Vertreter des Adressaten zu sein, von ihm mit der Entgegennahme von Erklärungen beauftragt sind, als Empfangsboten bezeichnet. Freilich ist die Berechtigung der Unterscheidung von Botenschaft und Stellvertretung beim Erklärungsempfang noch lebhafterem Widerspruch begegnet als bei der Erklärungsabgabe[4]). Indessen sehr zu Unrecht. Weder aus dem Begriff des Boten noch aus dem des Erklärungsempfanges läßt sich ein Bedenken gegen den „Empfangsboten" herleiten. Denn der Botenbegriff

[4]) Siehe vor allem Rosenberg, Stellvertretung im Prozeß, wo es S. 202 heißt: „Der Bote ist begrifflich überhaupt nur ein Organ zur Übermittelung von Willenserklärungen. Ein Bote als Empfangsorgan ist undenkbar"; und Hellwig, der in der Jur. Wochenschr. 34 S. 357 gelegentlich der Besprechung eines reichsgerichtlichen Urteiles über das Zugehen von Willenserklärungen sagt: „Es gibt keinen Boten des Erklärungsempfängers, sondern nur einen Boten des Erklärenden. Denn der Bote ist Werkzeug zur Übermittelung einer Erklärung, niemals zum Empfang." Vgl. ferner Hellwig, Lehrbuch des deutschen Zivilprozeßrechts II S. 355 ff.; Oertmann, Vorbemerk. zu § 164 unter 7e; Aßmann, Die Rechtsstellung des Boten (Berlin 1906) S. 65 ff., insbes. S. 71; Bieber a. a. O. S. 25 ff. und Sokolowski a. a. O. S. 42 ff. Wenn übrigens Rosenberg a. a. O. zu denjenigen, die den Begriff des Empfangsboten verwerfen, auch Hölder zählt, so befindet er sich im Irrtum. Hölder unterstellt zwar den Empfangsboten wesentlich anderen Grundsätzen, als wir es tun werden, aber für den Begriff des Empfangsboten tritt er mit aller Entschiedenheit ein. Heißt es doch an der von Rosenberg zitierten Stelle ausdrücklich (Theorie S. 102 [Sep.-Abdr. S. 12]), es „könne keine Rede davon sein, daß ein solcher Bote nicht ein bloßer Bote, sondern ein Vertreter wäre".

enthält nach dem Sprachgesetz und der Auffassung des Lebens nichts, was uns nötigte, ihn auf die Fälle zu beschränken, wo sich der Erklärende eines Dritten zur Weiterbeförderung der Erklärung bedient; und vom Erklärungsempfang wird zwar mit Recht gesagt, daß er kein Willensakt des Adressaten, sondern etwas rein Passives sei, aber damit soll doch nur ausgedrückt sein, daß wenn es der Erklärende fertig gebracht hat, diejenigen Bedingungen zu verwirklichen, die das Gesetzbuch bei den empfangsbedürftigen Willenserklärungen noch außer der „Abgabe" zur Geschäftsgültigkeit verlangt („Zugang"), die Erklärung der Wirksamkeit nicht deshalb entbehrt, weil jene Bedingungen vom Erklärenden ohne oder gar gegen den Willen des Adressaten erfüllt worden sind[5]). Hingegen hindert der passive Charakter, den juristisch der Erklärungsempfang hat, nicht, daß der Adressat da, wo er an letzterem interessiert ist, dem Erklärenden die Herstellung des Zugangserfordernisses in irgendeiner Form erleichtert, entweder dadurch, daß er an seinem Hause gewisse Empfangsvorrichtungen (Briefkasten, Telephon) anbringt, oder den Gegner zu sich bittet und sich seinetwegen zu bestimmter Stunde im Hause aufhält, oder sich selbst zur Gegenpartei zum Zwecke der Entgegennahme der Erklärung bemüht, oder die Erklärung mittelst eines Boten beim anderen Teile abholen läßt.

Aber nicht nur, daß der Begriff des Empfangsboten mit der juristischen Logik durchaus im Einklang steht: er wird auch vom Verkehrsbedürfnis dringend gefordert. Denn es kommen im Rechtsleben zahlreiche Fälle vor, wo die Erklärungsabgabe in der Weise erfolgt, daß der Erklärende sich mit seinen die Erklärung enthaltenden Worten an eine Mittelsperson wendet, ohne daß diese als Bote des Erklärenden oder als Vertreter des Adressaten angesehen werden dürfte. Man denke sich, daß jemand einem Anderen durch einen Boten, sei es schriftlich, sei es mündlich, eine Offerte macht und ihm dabei sagen läßt, er könne die Antwort dem Boten gleich mündlich mitgeben, oder — da wir ja hier die Fälle des Vertragsschlusses einstweilen außer acht lassen und uns nur mit den einseitigen Rechtsgeschäften befassen wollen — daß jemand, wie er nach Hause

---

[5]) Vgl. schon oben S. 274.

kommt, erfährt, X habe ihn in seiner Abwesenheit sprechen wollen, und er nun seinen Diener zu X schickt mit der Bitte, er, der X, möge ihm sagen lassen, zu welchem Zwecke er ihn aufgesucht habe, und X daraufhin ihm durch diesen Diener die Kündigung übermittelt, die er ihm bei dem vergeblichen Besuch selbst hatte überbringen wollen. Bezeichnete man hier den Diener als Boten des X bezw. im ersten Falle als Boten des Oblaten, so würde man damit den Erklärenden die Gefahr in Ansehung der Richtigkeit der Erklärungsübermittelung tragen lassen. Denn die unrichtig bestellte Erklärung würde gegen ihn wirken, und wenn er sie auch nach § 120 BGB. anfechten könnte, so müßte er die Ausübung dieses Rechtes doch mit der Haftung auf das negative Geschäftsinteresse bezahlen. Diese Verteilung der Gefahr widerspräche aber offenbar den einfachsten Grundsätzen der Billigkeit, da der Adressat, indem er selbst den Mittelsmann, der die Erklärung in Empfang nehmen sollte, auswählte, zu erkennen gegeben hätte, daß er mit der Gefahr etwaiger bei der Ausrichtung der Botschaft sich einschleichenden Fehler den Gegner nicht allein belasten wolle[6]). Anderseits: würde man in jenem Diener einen Ver-

[6]) Für die grundsätzliche Unanwendbarkeit des § 120 auf die durch den Boten des Adressaten bestellte Willenserklärung haben sich ebenfalls ausgesprochen: OLG. Braunschweig in Seuff. Arch. 61 S. 223 Nr. 128; Boswinkel, Die unrichtige Übermittelung von Willenserklärungen durch den Empfangsboten im Arch. f. Bürgerl. Recht 32 S. 386 ff., insbes. S. 390 f.; Hölder a. a. O.; Cosack I S. 268 oben unter III; Goldmann-Lilienthal I S. 151; Oertmann § 120 unter 8; Staudinger § 120 unter 7; Düringer-Hachenburg II S. 109 und Rehbein I S. 141 unter h. Vor der Anwendung des § 120 auch auf den vom Adressaten entsendeten Boten scheut nicht zurück Aßmann a. a. O. — Übrigens findet sich die Verwendung eines Empfangsboten nicht nur bei mündlichen, sondern ebenso und noch viel häufiger bei schriftlichen Willenserklärungen. Nur spielt hier die Frage nach der Anwendbarkeit oder Nichtanwendbarkeit des § 120 eine geringere Rolle, weil die schriftliche Fixierung eine unrichtige Übermittelung der Erklärung regelmäßig ausschließt. Indessen taucht hier doch bisweilen eine analoge Frage auf, indem für die Fälle des telegraphischen Verkehres ebenfalls darüber gestritten wird, ob die durch den Telegraphen vermittelte Erklärung auch dann als Willensäußerung des Absenders zu gelten habe, wenn dieser sich des Telegraphen auf Aufforderung der Gegenpartei bedient hat (man denke an die Formel „bitte Drahtantwort" oder gar an

treter des Erklärungsempfängers erblicken, so würde man wiederum diesem eine größere Gefahr aufbürden, als mit den Anschauungen von Recht und Billigkeit verträglich wäre. Denn dann müßte letzterer die Erklärung gegen sich gelten lassen, auch wenn den Diener unterwegs der Tod überraschte und sie darum gar nicht bis zum Adressaten gelangte — eine Bevorzugung des Erklärenden, die um so unbegründeter sein würde, als sie ihn von der Tragung einer Gefahr befreite, gegen die er sich auch bei eigener, sorgfältigster Auswahl des Boten nicht zu schützen vermocht hätte.

Der Begriff des Empfangsboten ist demnach in der Lehre vom Zustandekommen der Rechtsgeschäfte nicht zu entbehren. Wie sich auf der aktiven Seite der Willenserklärung der Bote vom Stellvertreter dadurch unterscheidet, daß letzterer die Erklärung selbst „abgibt", während ersterer die bereits „abgegebene" Erklärung weiterbefördert[7]), so unterscheiden sich auf der passiven Seite Stellvertreter und Bote dadurch voneinander, daß ersterer selbst als Adressat der Erklärung fungiert, der „Zugang" sich also ihm gegenüber vollzieht, während der Bote

Telegramme mit bezahlter Antwort). Die Dinge liegen hier ähnlich, aber doch auch wieder anders als beim eigentlichen Empfangsboten. Denn es wird hier dem Erklärenden nicht eine bestimmte Einzelperson, sondern eine öffentliche, nicht nur ihm, sondern jedermann zugängliche Transportanstalt für die Erklärungsübermittelung empfohlen. Richtigerweise wird man diese Telegraphenfälle nicht einheitlich entscheiden, sondern die Beantwortung der Streitfrage davon abhängig machen, wie die Aufforderung zur telegraphischen Antwort im einzelnen Falle auszulegen ist. In solcher Aufforderung kann die Übernahme der Gefahr nach Analogie des Empfangsboten enthalten sein; es kann aber darin unter Umständen lediglich die Erklärung liegen, für die Rückäußerung keine längere als die bei Benutzung des Telegraphen erforderliche Frist gewähren zu wollen. Zu einseitig also Schiller, Unrichtige Übermittelung von telegraphischen Erklärungen (Rostocker Dissert. 1902) S. 47 f., der die Gefahr der Übermittelung stets dem Adressaten aufbürdet, welcher die telegraphische Antwort verlangt hat; einseitig aber auch Jakubezky (dessen Ausführungen sich Staudinger § 120 unter 3 angeschlossen hat), wenn er in seinen Bemerkungen zu dem Entwurf eines BGB. (München 1892) sagt: „Die telegraphisch abgegebene Erklärung ist Erklärung des Absenders, auch wenn dieser sich des Telegraphen nur deswegen bedient hat, weil der andere Teil telegraphische Antwort verlangt hatte."

[7]) Vgl. oben § 16 Anm. 20.

nicht der Adressat der Erklärung im technischen Sinne ist, sondern nur das Gelangen der Erklärung zum Adressaten vermittelt[8]).

Und aus dem begrifflichen Gegensatz folgt des weiteren, daß zwar die an den Vertreter gerichtete mündliche Erklärung in dem Augenblick Wirksamkeit erlangt, wo sie ihm gegenüber abgegeben wird, die an den Empfangsboten gerichteten Worte hingegen grundsätzlich nicht eher Rechtsfolgen äußern, als bis letzterer seine Botschaft dem Herrn, der ihn entsendet, bestellt hat[9]). Denn da, wie wir eben gesehen haben, gerade das Bedürfnis, den Erklärenden einen Teil der Transportgefahr tragen zu lassen, zu der Unterscheidung von Empfangsboten und Empfangsvertreter nötigt, so wäre es widerspruchsvoll, wollte man auch beim Empfangsboten den Zeitpunkt der Wirksamkeit in den Augenblick der Erklärungsabgabe verlegen[10]). Außerdem würde ja solche Regelung überhaupt nur dann möglich sein, wenn sich entweder im Augenblick der Erklärungsabgabe der „Zugang" gegenüber dem Adressaten vollendete, oder wenn man sagen könnte, daß in der Entsendung eines Empfangsboten verkehrsüblicherweise ein Verzicht auf die gesetzlichen Wirksamkeits-

---

[8]) Der Begriff des Empfangsboten wird denn auch, zum mindesten der Sache nach, anerkannt von Hölder, Voswinkel, Goldmann-Lilienthal, Cosack, Düringer-Hachenburg, Staudinger, Rehbein an den in Anm. 4 und 6 angegebenen Orten. Er wird ferner anerkannt von Crome I S. 451 f. (von ihm stammt wohl auch die Bezeichnung „Empfangsbote"); Biermann I S. 287; Max Rümelin im Arch. f. d. zivil. Praxis 93 S. 160; Markus im Recht 11 S. 45; Monich, Willenserklärung und Rechtsgeschäft S. 83; Leoni a. a. O. S. 56 f., 75 und Friedeberg a. a. O. S. 25 f.

[9]) Wie denn die dem Empfangsboten mitgegebene schriftliche Willenserklärung richtiger Ansicht nach erst gültig wird, wenn der Empfangsbote mit der Erklärung in das Haus seines Herrn zurückkehrt. — Daß bei der schriftlichen Erklärung die bloße Rückkehr genügt, bei der mündlichen die Bestellung erforderlich ist, entspricht dem früher betonten Wesensunterschied, der zwischen schriftlichen und mündlichen Willenserklärungen besteht.

[10]) In diesen Widerspruch verwickeln sich Crome, Hölder, Monich, Voswinkel, Staudinger a. a. O., die den Begriff des Empfangsboten anerkennen und dennoch der Meinung sind, daß die Erklärung schon in dem Augenblick Gültigkeit erlange, wo sie jenem gegenüber abgegeben werde.

erfordernisse enthalten sei. Beides ist aber zweifellos nicht der Fall. Bedeutet doch „Zugang" Erlangung der normalen Möglichkeit der Kenntnisnahme seitens des Adressaten. Durch die Abgabe einer Erklärung an den Empfangsboten wird aber (anders als durch den Einwurf eines Schriftstückes in den Briefkasten, mit dem der Empfangsbote zwar verglichen werden kann, aber nicht, wie es bisweilen geschieht, auf eine Stufe gestellt werden darf) die normale Möglichkeit der Kenntnisnahme für den Adressaten nicht begründet. Und ebensowenig kann davon die Rede sein, daß der Adressat, der durch Entsendung eines Empfangsboten dem Gegner die Abgabe der Willenserklärung erleichtert, damit freiwillig jedwede Transportgefahr auf sich nehme. Daß der Adressat, wie vorhin erwähnt wurde, durch sein Verhalten zu erkennen gibt, der Gegner solle die Gefahr der Übermittelung nicht allein tragen, berechtigt noch nicht zu dem umgekehrten Schluß, der Adressat wolle die Gefahr ausschließlich den eigenen Schultern aufbürden. Solche Interpretation stünde auch im Widerspruch mit der Billigkeit: ist der Bote, um den es sich handelt, der des Adressaten, so ist doch die Botschaft, die er ausrichten soll, die des Erklärenden.

Wenn hier dem Begriff des Empfangsboten Wesenheit und Berechtigung zugesprochen wird, so soll doch nicht verkannt werden, daß im einzelnen Falle bei der Charakterisierung eines Drittmannes als Empfangsboten mit der äußersten Vorsicht verfahren werden muß. So ist für den Begriff des Empfangsboten nicht nur erforderlich, daß der Adressat überhaupt den Boten mit der Abholung der gegnerischen Erklärung beauftragt hat (darum also niemals Empfangsbote, wenn der Gegner den an ihn abgesandten Boten aus eigener Initiative mit der Übermittelung der Antwort betraut), sondern es muß weiter verlangt werden, daß demjenigen, den der Adressat ausgeschickt hat, die Willenserklärung eines Anderen einzuholen, die Erklärung auch wirklich in der Form mit auf den Weg gegeben wird, die dem vom Erklärungsempfänger erteilten Auftrag entspricht. Wenn also etwa B seinen Diener mit einer Botschaft zum A sendet und ihm sagen läßt, er möge sein Antwortschreiben dem Diener gleich mitgeben, und A die Antwort dem Gegner durch den Diener mündlich schickt, so kann letzterer als Empfangsbote nicht mehr in Betracht kommen. Denn die Mitnahme einer mündlichen Erklärung deckte sich nicht mit dem Auftrag, den der Diener vom B erhalten hatte; A verwendete hier den Boten zu einer Funktion, zu der er vom anderen Teile nicht legitimiert worden war, und es würde darum an jedem Grunde fehlen, die Gefahr, die das Gesetzbuch im § 120 dem Erklärenden auferlegt, auch nur teilweise auf den Adressaten abzuwälzen. Vielmehr würde im konkreten Falle der Diener, wenn er dem B die Erklärung des A überbrächte, ausschließlich als Bote des A zu gelten haben, so daß dieser eine etwaige unrichtige Übermittelung vorbehaltlich des ihm zustehenden Anfechtungsrechtes gegen sich wirken lassen müßte. Und die gleiche Entscheidung wäre erst recht zu treffen, wenn jemand einem Anderen durch einen Boten eine rechtlich irrelevante Nachricht, sagen wir eine Einladung zum Mittagessen, mit der Bitte schicken würde, dem Überbringer die Antwort gleich mündlich zu erteilen, und der Eingeladene den Boten dazu benutzen würde, ihm außer den die Einladung betreffenden Komplimenten auch noch eine Erklärung rechtsgeschäftlichen Charakters an den Herrn aufzutragen. Dann wäre der Bote eben nur in Ansehung des auf die Einladung bezüglichen Teiles seiner Botschaft Empfangsbote, hinsichtlich der rechtsgeschäftlichen Erklärung hingegen Bote des Erklärenden[11]). Ja, mit Rücksicht auf die große Gefährlichkeit, die mündlichen Botschaften infolge ihrer Unzuverlässigkeit innewohnt, läßt sich der Auslegungsrechtssatz aufstellen, daß derjenige, der seinem Gegner gestattet bezw. ihn bittet, sich des an ihn entsandten Boten zur Übermittelung der abzugebenden Erklärung zu bedienen, im Zweifel erwartet, daß seinem Boten die Erklärung schriftlich mitgegeben wird, daß also der Erklärende, wenn er sich mit einer mündlichen Erklärungsabgabe begnügt, in der Regel auf seine Gefahr handelt. Nur wenn aus den Umständen mit aller Deutlichkeit erhellt, daß der Herr seinen Boten dem Gegner auch zur mündlichen Antworterteilung zur Verfügung gestellt hat, darf der mit einer mündlichen Antwort an seinen Herrn Zurückgeschickte als Empfangsbote angesehen werden.

---

[11]) Vgl. die ähnlichen Gedankengänge bei Voswinkel a. a. O. S. 395 ff.

Aber nicht nur nach der Seite des Erklärungs**abgabe**boten ist der Begriff des Empfangsboten jedesmal genau abzugrenzen, sondern es ist im einzelnen Falle auch dafür Sorge zu tragen, daß nicht ein vom Adressaten bestellter **Vertreter** mit einem bloßen Empfangsboten verwechselt werde. Denn die Versuchung liegt für den Adressaten sehr nahe, die Gefahr der Weiterbeförderung der Erklärung, die er durch Bestellung eines zur Entgegennahme der Erklärung befugten Vertreters auf sich genommen hatte, hinterher dadurch abzuschwächen, daß er behauptet, der vermeintliche Vertreter sei lediglich ein Empfangsbote gewesen. Nur da, wo die Verkehrsanschauung in der mit dem Erklärungsempfang betrauten Persönlichkeit wirklich nichts weiter als einen **Boten** des Adressaten erblickt, darf mit dem Begriff des Empfangsboten operiert werden. Wo sich hingegen aus den Umständen ergibt, daß der Adressat sich durch den Anderen in der Entgegennahme der Willenserklärung **vertreten** lassen wollte, hat es bei dem bekannten Rechtssatz sein Bewenden, daß die Erklärung für und gegen den Destinatär in dem Augenblick Wirksamkeit erlangt, wo sie der Mittelsperson gegenüber abgegeben wird. Von welchen Umständen der Verkehr die Qualifikation der Mittelsperson als eines Empfangs**boten** oder eines Empfangs**vertreters** abhängig macht, darüber kann eine allgemeine Auskunft natürlich nicht erteilt werden. Sondern die Frage nach dem rechtlichen Charakter der Mittelsperson läßt sich immer nur unter Würdigung aller dem konkreten Falle eigentümlichen Momente beantworten. Höchstens die eine Behauptung darf gewagt werden, daß der Drittmann als Empfangsvertreter zweifellos dann zu gelten hat, wenn er außer mit der Entgegennahme der Erklärung auch noch damit betraut ist, die für den Destinatär infolge der empfangenen Erklärung etwa notwendig werdenden Dispositionen zu treffen [12]. Bildungsgrad und soziale Stellung des Dritten können mitunter für seine rechtliche Beurteilung einen Anhalt gewähren, sind aber keineswegs von ausschlaggebender Bedeutung.

---

[12]) Der „Vizewirt", der sich in den Miethäusern der großen Städte findet, ist darum **Vertreter** des Hauseigentümers, nicht bloßer Empfangsbote, wie **Voswinkel** a. a. O. S. 388 — unter irrtümlicher Berufung auf **Rehbein** — meint.

Die Tatsache, daß der Dritte vor der Entgegennahme der betreffenden Erklärung schon öfters Vertreter des Adressaten gewesen ist, vermag zwar ebenfalls als Fingerzeig für die richtige Rubrizierung der Mittelsperson zu dienen, hat aber wiederum auf die Entscheidung keinen maßgebenden Einfluß. Denn es kann jemand häufig, ja sogar für gewöhnlich, Vertreter des Adressaten sein und doch in einem einzelnen Falle lediglich die Rolle eines Empfangsboten spielen.

Wie gestalten sich nun da, wo der Drittmann den Charakter eines Empfangsboten wirklich hat, die Rechtsfolgen etwaiger zwischen den beteiligten Personen sich einschleichenden Mißverständnisse?

Zunächst ist sicher, daß die Willenserklärung ungültig ist, wenn der Empfangsbote sie bei ihrer Entgegennahme infolge eines Wahrnehmungsfehlers mißverstanden hat, und der Erklärende dieses Mißverständnis unmittelbar nach der Erklärungsabgabe bemerkt hat oder doch wenigstens bemerken konnte. Diese Entscheidung bedarf nach allem, was wir früher gesehen haben, keiner weiteren Rechtfertigung.

Auch dagegen läßt sich kein Bedenken geltend machen, daß wenn der Empfangsbote die seinerseits richtig verstandene Erklärung dem Adressaten richtig übermittelt, dieser sie aber falsch oder gar nicht wahrnimmt, ohne daß der Bote den Mangel der Wahrnehmung zu bemerken vermag, die Willenserklärung trotz des dem Adressaten untergelaufenen Mißverständnisses gültig ist. Sie tritt dann eben in dem Moment in Wirksamkeit, wo der Bote dem Adressaten die normale Wahrnehmungsmöglichkeit verschafft hat.

Mit diesen Ergebnissen ist aber das Problem, das der Empfangsbote der Lehre vom Mißverständnis stellt, bei weitem nicht erschöpft.

Vor allem gehören unserer Lehre noch diejenigen Fälle an, wo der Empfangsbote die Erklärung unrichtig, also anders, als sie der Erklärende abgegeben hat, übermittelt, sei es, daß er sie seinerseits (aber ohne konkurrierende Kenntnis oder fahrlässige Unkenntnis des Erklärenden) mißverstanden hat, sei es, daß er sie fehlerfrei verstanden, aber nicht richtig im Gedächtnis behalten hat. Als wir uns mit dem Boten des Erklärenden zu beschäftigen hatten, war der entsprechende Fall nicht unserer, sondern der Irrtumslehre zuzuweisen, denn er stellte eine Divergenz von Wille und Erklärung dar (§ 120 BGB.). Hier aber, wo der Bote Werkzeug des Adressaten ist, bedeutet jene Sachlage eine Inkongruenz zwischen Erklärungsabgabe und Erklärungsaufnahme, trägt also alle Merkmale der von uns als Mißverständnis bezeichneten Verkehrserscheinung an sich [13]).

Wie ist nun der von uns ins Auge gefaßte Fall rechtlich zu regeln?

Zwei Möglichkeiten sind hier offenbar nur gegeben. Entweder man sagt: die Erklärung kommt trotz ihrer unrichtigen Übermittelung mit dem ihr vom Erklärenden verliehenen Inhalt zustande. Dann muß also der Adressat das Geschäft so gegen sich gelten lassen, wie es der Gegner vorgenommen hat [14]). Oder man sagt: die unrichtig übermittelte Erklärung erlangt überhaupt keine Gültigkeit, weil sie so, wie sie übermittelt worden, nicht abgegeben, und so, wie sie abgegeben, nicht übermittelt worden ist [15]).

Die erstere Lösung besticht durch ihre Einfachheit und den Reiz einer gewissen, ihr innewohnenden juristischen Logik. Wir haben bisher immer an der Formel festgehalten, daß das dem Erklärenden nicht erkennbare gegnerische Mißverständnis der Wirksamkeit der Willenserklärung nicht im Wege steht. Hier aber handelt es sich stets um einen Wahrnehmungsmangel des Adressaten, den der andere Teil bei der Erklärungsabgabe nicht

---

[13]) Daß es sich hier um ein Mißverständnis im technischen Sinne handelt, erkennt auch Voswinkel a. a. O. S. 392 an.

[14]) Diesen Standpunkt vertreten natürlich alle diejenigen Schriftsteller, die, wie die in Anm. 10 zitierten Autoren, der Willenserklärung schon in dem Moment Wirksamkeit zusprechen, in welchem sie dem Empfangsboten gegenüber abgegeben wird. Aber auch unabhängig von dem Zeitpunkt der Wirksamkeit haben sich Rehbein I S. 141 und Düringer-Hachenburg II S. 109 dafür entschieden, daß, wenn „der Bote des A eine Erklärung an B übermitteln und die Erklärung des B zurückbringen soll, und der Bote des A die Erklärung des B falsch übermittelt, A die richtige Erklärung des B gegen sich gelten lassen muß".

[15]) Dieser Anschauung sind Goldmann-Lilienthal a. a. O. und Cosack a. a. O.

erkennen konnte. Außerdem wissen wir, daß nach BGB. § 120 der Erklärende, wenn sein Bote die ihm aufgetragene Botschaft falsch übermittelt, an die unrichtige Erklärung gebunden ist, also allein die Gefahr der Botschaftsentstellung zu tragen hat. Es erscheint darum nur folgerichtig, daß der Adressat hinsichtlich seines Boten ebenfalls die Garantie der richtigen bezw. die Gefahr der unrichtigen Übermittelung auf sich nehme. Und doch müßte solche Lösung auf schwerwiegende Bedenken stoßen. Der Erklärende hat in Ansehung seines Boten die Gefahr in jeder Beziehung zu tragen, sowohl hinsichtlich der Entstellung der Botschaft wie hinsichtlich ihrer völligen Nichtausrichtung. Dem Adressaten aber ist, wie wir schon gesehen haben, die Erklärung dann nicht zugegangen, wenn der Empfangsbote durch einen während ihres Transportes erlittenen Unfall die Botschaft nicht bis zu seinem Herrn zu bringen vermag: denn gerade dadurch unterscheidet sich ja nach unserer Meinung der Empfangsbote vom Empfangsvertreter, daß derjenige, der sich des ersteren bedient, mit der Gefahr zufälliger Ereignisse, die die Mittelsperson treffen, vom Verkehr nicht belastet wird. Würden wir also die vom Erklärenden abgegebene Erklärung auch im Falle ihrer unrichtigen Übermittelung durch den Empfangsboten gegen den Adressaten wirken lassen, so würde sich dessen Gefahrtragung anders gestalten, wenn die Botschaft falsch, anders, wenn sie gar nicht zu ihm gelangte. Diese zwiespältige Regelung aber würde juristisch ebenso unelegant wie ungerechtfertigt sein. Zu diesem einen gesellt sich noch ein zweites Bedenken. Der Erklärende kann, wennschon er zunächst an die von seinem Boten unrichtig überbrachte Erklärung gebunden ist, sich ihrer doch nachträglich im Wege der Anfechtung entledigen. Zwar trifft ihn dann eine negative Schadensersatzpflicht. Aber in vielen Fällen wird der Gegner keinen negativen Schaden erlitten haben, und da, wo er solchen erlitten hat, wird doch für den Erklärenden die Ersatzpflicht häufig das geringere Übel sein im Vergleich zu dem Nachteil, der ihn träfe, wenn er an der entstellten Erklärung dauernd festgehalten würde. Dem von seinem Empfangsboten unrichtig bedienten Adressaten hingegen kann, wenn die Erklärung ihm gegenüber mit ihrem wahren Inhalt Wirksamkeit erlangt hat, ein Anfechtungsrecht nicht eingeräumt werden. Denn er ist ja nicht Erklärender, sondern Erklärungsempfänger. Er würde darum, wenn wir die falsch übermittelte Erklärung mit ihrem ursprünglichen Inhalt wirksam werden ließen, eine doppelte Haftung zu tragen haben: er müßte eine Willenserklärung gegen sich gelten lassen, von deren Inhalt er nichts erfahren hätte, und dürfte diejenige Erklärung nicht geltend machen, auf deren Inhalt er vertraut hätte. Der Adressat würde also für den Empfangsboten viel strenger haften, als nach dem Gesetz der Erklärende für seinen Boten aufzukommen hat. Diese Regelung aber stünde im umgekehrten Verhältnis zu der wahren Beschaffenheit der hier miteinander kämpfenden Interessen. Denn nicht der Erklärungsempfänger, sondern der Erklärende ist es, der vom Gesetz härter angefaßt zu werden verdient. Wenn letzterer einen Boten entsendet, so besorgt er damit lediglich sein eigenes Geschäft: der Adressat hätte die Abgabe der Erklärung weder erzwingen noch ihren Zugang auf die Dauer verhindern können. Wenn aber der Adressat einen Boten dem Erklärenden entgegenschickt, so geriert er, selbst wenn er am Empfang der Willenserklärung ein Interesse hat, doch mindestens zum Teile die negotia des Erklärenden: denn daß dieser an der Abgabe der Erklärung ebenfalls ein Interesse hat, zeigt er ja dadurch, daß er die ihm durch den Empfangsboten verschaffte Möglichkeit der Erklärungsabgabe nicht unbenutzt vorübergehen läßt. Er wird also durch letzteren einer Mühe enthoben, der er sich sonst hätte unterziehen müssen, nämlich der Mühe, selbst für den Zugang der Willenserklärung zu sorgen. Dazu kommt noch, daß der Adressat, wenn er dem Erklärenden einen Empfangsboten zum Zwecke mündlicher Willensübermittelung zur Verfügung stellt, den Gegner lediglich ermächtigt, keineswegs aber nötigt, der Mittelsperson Worte statt eines Schriftstückes mit auf den Weg zu geben, das heißt also: der Erklärende ist stets imstande, sich durch schriftliche Fixierung des Erklärungsinhaltes vor den Folgen falscher Botenbestellung zu schützen. Und so richtig es ist, daß mit Rücksicht auf das eigene Interesse des Adressaten am Erklärungsempfang und im Hinblick auf die von ihm getroffene Auswahl des Boten die Gefahr der fehlerhaften Übermittelung nicht ausschließlich dem Erklärenden aufgebürdet wird, so unrichtig wäre es, wollte man das Risiko der Verstümmelung der Botschaft allein auf die Schultern des Adressaten legen. Es genügt, wenn er die Gefahr in der Beziehung trägt, daß er auf die Richtigkeit der ihm zugetragenen Erklärung nicht unbedingt bauen kann; hingegen würde es zu weit führen, die abgegebene, aber entstellt angelangte und darum ihm unbekannt gebliebene Erklärung gegen ihn wirken zu lassen.

Aus alledem ergibt sich: die uns hier interessierenden Fälle des Mißverständnisses können nicht in der Weise geregelt werden, daß die Erklärung trotz der unrichtigen Übermittelung mit ihrem wahren, ursprünglichen Inhalt Wirksamkeit erlangt. Dann bleibt aber nach dem, was wir oben gesehen haben, nur die andere Lösung übrig: die vom Empfangsboten falsch übermittelte Erklärung ist nichtig. Und in der Tat wird diese Normierung den hier zu befriedigenden Bedürfnissen am meisten gerecht. Sie versetzt uns nicht in die Notwendigkeit, zwischen der gar nicht erfolgten und der unrichtig erfolgten Übermittelung zu unterscheiden, sondern sie läßt die Willenserklärung gleichmäßig scheitern, wenn die physischen wie wenn die intellektuellen Kräfte des Boten versagen, und sie belastet anderseits mit der Gefahrtragung weder allein den Adressaten noch allein den Erklärenden, sondern verteilt die Gefahr in gerechter Interessenabwägung auf beide Parteien: der Erklärende riskiert, daß die Erklärung, an deren Wirksamkeit er glaubt, in Wahrheit unausgerichtet und deshalb unwirksam bleibt, der Adressat muß damit rechnen, daß die ihm überbrachte Erklärung nicht der abgegebenen Erklärung entspricht und darum keine Gültigkeit besitzt.

Freilich bedarf diese an sich gewiß der Billigkeit entsprechende Gefahrverteilung in einem Punkte noch der Ergänzung. Er betrifft die Fälle, wo die dem Empfangsboten mitgegebene Erklärung in ihrer Wirksamkeit an eine Frist gebunden ist. Hier erhebt sich nämlich die Frage: wenn die Erklärung nicht wirksam wird, weil sie der Empfangsbote unrichtig oder gar nicht oder verspätet bestellt, soll dann der Erklärende unter dem inzwischen eingetretenen Fristablauf zu leiden haben, oder muß ihm nicht im Wege der Fristverlängerung die Möglichkeit gültiger Geschäftserrichtung offen gelassen werden?

Die Antwort hat im Sinne der zweiten Alternative zu lauten. Denn wenn wir es vorhin ablehnten, die vom Empfangsboten unrichtig übermittelte Botschaft mit dem ihr vom Erklärenden gegebenen Inhalt gegen den Adressaten wirken zu lassen, so geschah es deshalb, weil diese Regelung für letzteren eine übertriebene und durch die Verhältnisse nicht gebotene Härte bedeuten würde. Und zwar läge die Härte, wie gesagt, darin, daß der Adressat eine Erklärung gegen sich gelten lassen müßte, hinsichtlich deren ihm die normale Wahrnehmungsmöglichkeit nicht verschafft worden wäre. Dieses Bedenken entfällt, sobald der Erklärende dem Gegner durch erneute Erklärungsabgabe die Wahrnehmungsmöglichkeit nachträglich verschafft. Es bleibt dann für den Empfänger nur der andere Nachteil übrig, daß ihm gegenüber eine befristete Willenserklärung trotz Fristablaufes in Kraft tritt. Aber dieser Nachteil ist, zumal ja, wie wir gesehen haben, der Adressat auf die Wirksamkeit der seinerzeit vom Empfangsboten überbrachten mündlichen Erklärung nicht unbedingt bauen konnte, erheblich kleiner als der Schaden des Erklärenden sein würde, wenn ihm durch die vom Empfangsboten verursachte Nichtigkeit die Möglichkeit der gültigen Geschäftserrichtung schlechthin abgeschnitten wäre. Eine entsprechende Fristverlängerung zu seinen Gunsten ist darum gewissermaßen der natürliche Preis, den der Adressat für den Schutz zu zahlen hat, den wir ihm dadurch zuteil werden ließen, daß wir der von seinem Boten falsch überbrachten Erklärung jede Wirksamkeit versagten. Und gilt das schon für den Fall der falschen Erklärungsübermittelung, so gilt es noch viel mehr für den Fall der Nichtausrichtung der Botschaft. Auch hier erlangt das vom Erklärenden vorgenommene Rechtsgeschäft nach der von uns befürworteten Regelung zunächst keine Gültigkeit. Während aber der Erklärende auf die Wirksamkeit des ungültig gebliebenen Geschäftes vertraut, weiß der Adressat, der den Boten entsendet bezw. bestellt hat, daß die erwartete Erklärung ihm nicht oder noch nicht hinterbracht ist. Angesichts dieser günstigen Lage des Erklärungsempfängers würde hier die von uns dem Erklärenden zugemutete Gefahrtragung ohne das Korrektiv der Fristverlängerung völlig indiskutabel sein. So entschieden wir uns also seinerzeit weigerten, in dem Entsenden eines Empfangsboten seitens des Adressaten die freiwillige Übernahme jeder Transportgefahr zu erblicken, so gewiß werden wir den Bedürfnissen und damit auch den Anschauungen des Verkehres gerecht, wenn wir das in der Entsendung bezw. Bestellung eines Empfangsboten liegende Versprechen der Empfangsbereitschaft dahin auslegen, daß der Adressat sich einer Nachfrist unterwirft, falls die Erklärung durch Umstände, die in der Person des Empfangsboten oder des Adressaten eintreten, nicht rechtzeitig zur Wirksamkeit gelangt[16]).

Kehrt demnach beispielsweise der Empfangsbote (sei es aus Bosheit, sei es infolge eines unterwegs erlittenen Schlaganfalles) nicht in das Haus des Adressaten zurück, so daß die Willenserklärung unbestellt bleibt, oder kehrt er zurück, richtet aber die Erklärung anders, als ihm aufgetragen war, aus, so daß sie aus diesem Grunde keine Gültigkeit erlangt, und nimmt der Erklärende unverzüglich, nachdem er von diesen Dingen Kenntnis erlangt hat, das Rechtsgeschäft von neuem vor, so muß es der Adressat gegen sich gelten lassen, auch wenn die Erklärungsfrist im Augenblick des Zuganges bereits verstrichen ist. Und kommt der Empfangsbote (sei es, weil er sich tagelang umhergetrieben hat, sei es, weil ihm unterwegs ein Ungemach zugestoßen ist) verspätet zum Adressaten zurück, oder trifft er zwar rechtzeitig ein, kann aber dem Adressaten, weil dieser krank darniederliegt, die Botschaft erst nach einer Woche bestellen, so wird, falls nicht der Erklärende schon vorher von der Verzögerung Kenntnis erlangt und infolgedessen die Erklärungsabgabe wiederholt hat, die verspätete Erklärung ohne weiteres wie eine rechtzeitige Erklärung behandelt.

Mit den vorstehenden Erörterungen hat gleichzeitig der letzte Fall von Mißverständnis, der in der Lehre vom Empfangsboten zu besprechen noch übrig ist, seine Erledigung gefunden: nämlich der Fall, daß der Empfangsbote die Erklärung fehlerfrei ausrichtet, der Adressat sie aber falsch versteht, und der

[16]) Vgl. zu dieser Auslegung oben S. 266 f.

Bote das Mißverständnis gleich nach der Erklärungsabgabe erkennt bezw. erkennen könnte. Da wir die falsche Übermittelung der Erklärung durch den Drittmann beiden Parteien zur Last legten, indem wir das Geschäft für nichtig erklärten, so können wir das Verhalten der Mittelsperson, durch das sie in der jetzt gedachten Hinsicht ihre Botenpflichten verletzt, naturgemäß nicht anders behandeln. Es ist also das Rechtsgeschäft auch dann ungültig, wenn der Adressat die richtig bestellte Botschaft in einer dem Boten erkennbaren Weise mißversteht [17]). Aber auch hier ist dem Erklärenden, falls er durch die Geschäftsnichtigkeit eine Frist versäumt, der Schutz der Fristverlängerung zuzubilligen [18]). —

Von den Regeln, die in diesem Abschnitt über die Abgabe von Willenserklärungen mittelst Empfangsboten aufgestellt worden sind, ist eine sich aus der Natur der Sache ergebende Ausnahme zu machen. Sie betrifft den Fall, daß der Adressat auf die vorhin zu seinen Gunsten statuierten Gültigkeitserfordernisse verzichtet hat. Wir haben ja schon früher gesehen, daß der Erklärungsempfänger auf den vom Gesetz verlangten Zugang bezw. bei mündlichen Willenserklärungen auf die dem Zugang entsprechenden Wirksamkeitsbedingungen zu verzichten imstande ist. Beim Empfangsboten war für die Gültigkeit der mündlichen Erklärung zum mindesten notwendig, daß jener in Ansehung der letzteren dem Adressaten die normale Wahrnehmungsmöglichkeit verschaffte. Auf die Erfüllung dieser in seinem Interesse aufgestellten Voraussetzung kann der Erklärungsempfänger dadurch verzichten, daß er dem Gegner bei Entsendung des Boten, sei es ausdrücklich, sei es durch konkludente Handlung, zu verstehen gibt, er wolle die Erklärung auch dann gegen sich gelten lassen, wenn sie ihm nicht oder nicht richtig zugetragen worden sei, falls sie nur dem Boten gegenüber wirksam abgegeben worden sei. So sicher es ist, daß in der bloßen Bestellung oder Entsendung eines Empfangsboten solcher Verzicht noch

---

17) In diesem Punkte stimmt die Regelung beim Empfangsboten mit der beim Boten des Erklärenden überein. Vgl. oben S. 244 f.

18) In diesem Punkte weicht die Regelung des Empfangsboten von der des Erklärungsboten ab. Denn bei letzterem hat der Erklärende die Gefahr des Transportes in jeder Hinsicht zu tragen.

nicht erblickt werden darf, so sicher ist es, daß mit der Entsendung bezw. Bestellung eines Empfangsboten solcher Verzicht verbunden werden kann. Und ist er damit verbunden worden, so erlangt die Erklärung in dem Moment Gültigkeit, wo sie dem Empfangsboten „zugegangen" ist, d. h. also, wo dieser die normale Wahrnehmungsmöglichkeit erhalten hat, ohne daß dem Erklärenden ein etwaiger Wahrnehmungsfehler des Boten bemerkbar geworden ist. Das Resultat ist dann augenscheinlich dasselbe, wie wenn sich der Adressat statt eines Empfangsboten eines Empfangsvertreters bedient hätte. Denn auch hier würde die Gültigkeit der Erklärung von den weiteren Schicksalen der Übermittelung unabhängig sein. Immerhin ist die theoretische Unterscheidung des Empfangsvertreters und des unter Verzicht auf gewisse gesetzliche Wirksamkeitserfordernisse entsendeten Empfangsboten nicht ohne praktische Bedeutung. Das zeigt sich, wenn die Erklärung von dem zu ihrer Übermittelung verwendeten Dritten nicht oder nur entstellt ausgerichtet wird und dieser Dritte eine geschäftsunfähige Person ist. Dann würde, wenn wir lediglich den Begriff des Empfangsvertreters hätten, die dem Geschäftsunfähigen gegenüber abgegebene Willenserklärung unter allen Umständen nichtig sein, da, wenigstens nach der richtigen und herrschenden Lehre, das BGB. für den Vertreter mindestens beschränkte Geschäftsfähigkeit verlangt [19]). Nicht so hingegen, wenn die Mittelsperson als ein Empfangsbote aufgefaßt wird, in Ansehung dessen der Adressat die Gefahr des Transportes freiwillig auf sich genommen hat. Dann ist die Erklärung trotz der gescheiterten Übermittelung und trotz der Geschäftsunfähigkeit des Drittmannes zur Wirksamkeit gelangt.

Dabei erhebt sich die Frage, inwieweit wir im einzelnen Falle berechtigt sind, die Bestellung eines Empfangsvertreters, dessen Vertretereigenschaft ein gesetzliches Hindernis im Wege steht, als Entsendung eines Empfangsboten aufrechtzuerhalten. Hier wird man sagen dürfen, daß jeder Adressat im Zweifel seinen Empfangsvertreter, wenn ihm das Gesetz die Übernahme der Vertreterrolle nicht gestattet, als Empfangsboten angesehen wissen will. Aber natürlich nur als einen einfachen Empfangs-

---

[19]) Anders freilich, aber zu Unrecht Rosenberg a. a. O. S. 252 ff.

boten, d. h. als einen solchen, auf den die oben für Empfangsboten dargestellten Regelrechtssätze Anwendung finden. Hat also der zum Vertreter bestellte Geschäftsunfähige die entgegengenommene Erklärung seinem Herrn richtig überbracht, so kann dieser die Wirkungen der Erklärung nicht dadurch von sich abwälzen, daß er sich auf den nachträglich in Erfahrung gebrachten Mangel der Vertretereigenschaft des Dritten beruft. In majore minus. Die Erklärung ist dann zwar nicht im Moment ihrer Abgabe, wohl aber im Moment ihrer Ankunft beim Adressaten in Wirksamkeit getreten. Bisweilen aber wird man über die eben verfochtene Auslegungsregel noch hinausgehen müssen. Liegen nämlich die Dinge so, daß der Adressat, als er den Dritten zu seinem Empfangs*vertreter* ernannte, die Tatsachen *kannte*, um derentwillen das Gesetz die Vertretereigenschaft nicht zur Entstehung kommen läßt, so wird man im Zweifel die fehlgeschlagene Vertretung nicht nur als Empfangsbotenschaft aufrecht zu halten, sondern zugleich anzunehmen haben, daß es sich um eine Empfangsbotenschaft handelt, bei welcher der Adressat auf die die Übermittelung betreffenden Wirksamkeitserfordernisse verzichtet, alle Transportgefahr also freiwillig auf sich genommen hat. Die Erklärung ist dann nicht erst im Moment ihrer Ankunft beim Adressaten, sondern schon in dem früheren Zeitpunkt gültig geworden, wo sie der Mittelsperson gegenüber abgegeben wurde[20]). Man denke sich, A sagt dem B am Vormittag, er werde ihn möglicherweise am Nachmittag aufsuchen, um ihm eine rechtsgeschäftliche Erklärung zu überbringen, und B erwidert, er sei am Nachmittag nicht zu Hause, werde aber seinen schon sehr verständigen, bald siebenjährigen Sohn daheimlassen, dem A *an seiner Stelle* die Erklärung abgeben könne. Kommt

[20]) Freilich wird man da, wo sich der Adressat *wissentlich* eines Geschäfts*unfähigen* als Mittelsperson bedient hat, mit der Beantwortung der Frage, *ob* er überhaupt einen *Vertreter* bestellen wollte, doppelt vorsichtig sein müssen. Vielfach wird gerade die Geschäftsunfähigkeit des Drittmannes ein Fingerzeig dafür sein, daß ihm von vornherein die Rolle eines bloßen, den gewöhnlichen Grundsätzen unterstehenden Empfangs*boten* zugedacht war. Da aber, wo wirklich die Umstände auf die Absicht des Adressaten hinweisen, den Geschäftsunfähigen zu seinem *Vertreter* zu machen, wird man regelmäßig den oben im Texte entwickelten Auslegungsrechtssatz anzuwenden haben.

jetzt A am Nachmittag und richtet, wie verabredet, seine Worte an den Jungen, so ist das Rechtsgeschäft in diesem Moment wirksam vorgenommen — einerlei, ob der Junge die Erklärung seinem Vater überhaupt und ob er sie ihm richtig hinterbringt. Nicht deshalb, weil der Junge Vertreter des Vaters gewesen wäre — das konnte er ja nach dem Gesetz gar nicht sein —, sondern weil er Vertreter des Vaters sein sollte und darum als qualifizierter Empfangsbote in dem eben dargelegten Sinne anzusehen ist. Damit dürfte diejenige Entscheidung gewonnen sein, die einzig und allein den Bedürfnissen des Verkehres und unseren Anschauungen von Recht und Billigkeit entspricht.

3. Die bisher besprochenen Fälle zeichneten sich sämtlich dadurch aus, daß der Erklärende sich mit seinen Worten nicht an die Gegenpartei selbst, sondern an einen „Dritten" wendete, dieser Dritte aber, sei es als Empfangsvertreter, sei es als Empfangsbote, zur Entgegennahme der Erklärung befugt war. Möglich ist nun, wie schon eingangs des Paragraphen betont wurde, auch das Umgekehrte, daß nämlich der Erklärende seine Worte an die Gegenpartei selbst richtet, diese aber kein von der Rechtsordnung zur Empfangnahme der Erklärung legitimierter Adressat ist.

So liegen einmal die Dinge, wenn die Erklärung gegenüber einem Geschäftsunfähigen abgegeben wird, oder die Abgabe zwar gegenüber einem beschränkt Geschäftsfähigen erfolgt, aber ohne daß die Erklärung lediglich von rechtlichem Vorteil für diesen wäre, oder der gesetzliche Vertreter in die Adressierung an den beschränkt Geschäftsfähigen eingewilligt hätte.

Es handelt sich hier um die bekannten Schranken, die das Gesetzbuch im § 131 für die Empfangsfähigkeit aufgestellt hat, und die sich mit den der Geschäftsfähigkeit gezogenen Grenzen decken[21]).

---

[21]) Rein begrifflich schließt allerdings die mangelnde Geschäftsfähigkeit nicht ohne weiteres schon die mangelnde Empfangsfähigkeit in sich. Denn die mangelnde Geschäftsfähigkeit hat ihren Grund in der Unfähigkeit bezw. beschränkten Fähigkeit, einen rechtlich relevanten Geschäftswillen zu haben. Beim Empfang von Willenserklärungen aber gibt es keinen Geschäftswillen, weil das „Anerklärtwerden", wie schon öfters betont worden ist, für den Adressaten einen rein passiven Vorgang

Der § 131 bildet, wie an dem Platze zu erkennen ist, den er im System des Gesetzbuches gefunden hat, eine Fortsetzung bezw. Ergänzung des § 130. Gleich diesem handelt er also von den „Erklärungen unter Abwesenden", worunter nach unseren früheren Untersuchungen die schriftlichen Erklärungen zu verstehen sind. Diese sollen, wenn sie einem nicht voll Geschäftsfähigen gegenüber abgegeben werden, grundsätzlich nicht eher wirksam werden, als sie dem gesetzlichen Vertreter zugehen.

Wie beim § 130 haben wir auch beim § 131 die entsprechende Norm für die mündlichen Erklärungen aus deren Wesen und Besonderheit selbständig abzuleiten. Und zwar führen die hier anzustellenden Erwägungen zu folgenden Ergebnissen.

Wird eine mündliche Willenserklärung (ohne daß eine der beiden vorhin erwähnten Ausnahmen des § 131 Abs. 2 vorliegt) an einen nicht voll Geschäftsfähigen gerichtet, und macht letzterer von der empfangenen Erklärung seinem gesetzlichen Vertreter keine Mitteilung, so ist das Rechtsgeschäft zweifellos nichtig.

---

darstellt. Anderseits aber bezweckt der Erklärungsempfang die Erlangung der Kenntnis vom Erklärungsinhalt, und diese Kenntnis wiederum soll erworben werden, damit der Adressat imstande ist, die infolge der ihm gegenüber abgegebenen Erklärung für ihn etwa notwendig werdenden Dispositionen zu treffen. Darum fordert der Erklärungsempfang, wenn er von Nutzen sein soll, ähnlich wie die Erklärungsabgabe, eine gewisse Reife des Intellektes, die nicht bei allen Menschen und vor allem nicht bei allen Altersklassen vorhanden ist. Muß sonach eine Einteilung der Rechtssubjekte in Empfangsfähige und nicht oder nur beschränkt Empfangsfähige getroffen werden, so empfiehlt es sich im Interesse der Praktikabilität des Rechtes, die Voraussetzungen der Empfangsfähigkeit mit denen der Geschäftsfähigkeit zusammenfallen zu lassen. Nur diese und keine anderen Erwägungen liegen dem § 131 zugrunde, der also weder einen Stützpunkt für die von Endemann I S. 312 § 66 Anm. 20 vertretene Auffassung bildet, daß die Empfangnahme von Erklärungen ein Willensakt des Adressaten sei, noch auch die von Isay, Willenserklärung S. 85 ff. und teilweise auch von Endemann a. a. O. Anm. 22 befürwortete Auslegung zuläßt, daß für die hier verlangte Geschäftsfähigkeit nicht die Merkmale des § 104, sondern die „Erkenntnisfähigkeit" ausschlaggebend seien. Mit unserer Auffassung vollständig übereinstimmend Breit im Sächs. Arch. 15 S. 641 ff., 665 ff.

Und weil es unwirksam ist, ist es auch einerlei, ob der Mündel die Erklärung falsch oder ob er sie richtig verstanden hat.

Aber wie steht es mit der Gültigkeit der Erklärung in denjenigen Fällen, wo der nicht Geschäftsfähige die ihm gegenüber mündlich abgegebene Erklärung seinem gesetzlichen Vertreter hinterbringt? Da, wo die Erklärungsabgabe schriftlich erfolgt ist, wird das Rechtsgeschäft mit der Aushändigung der Urkunde an den gesetzlichen Vertreter wirksam, mag der Erklärende um die mangelnde Geschäftsfähigkeit des Adressaten gewußt oder nicht gewußt haben, und mag er ihn im ersteren Falle mit der Weiterbeförderung des Schriftstückes ausdrücklich beauftragt haben oder nicht. Denn die herrschende Meinung nimmt mit Recht an, daß die an den nicht Geschäftsfähigen gerichtete Erklärung im Zweifel auch als an den Vertreter adressiert zu gelten hat, falls er und nicht der Vertretene der vom Gesetz „Anzuerklärende" ist. Es wird also mit dem Empfang der Erklärung durch den Vertreter sowohl dem Zugangs- wie dem Richtungserfordernis genügt. Und in der Tat hat ja hier der Erklärende alles Interesse daran, daß diese Regelung so erfolgt, da die Vorteile, die sie ihm bringt, mit keinerlei Nachteilen für ihn verbunden sind. Denn da die Erklärung von ihm schriftlich fixiert ist, läuft er nicht Gefahr, durch eine unrichtige Übermittelung der Erklärung die Haftung aus den §§ 120, 122 BGB. auf sich zu laden.

Aber gerade dieser letztere Punkt hindert uns, die mündlichen Willenserklärungen mit den schriftlichen völlig auf eine Stufe zu stellen. Denn wollten wir auch hier die dem Vertreter vom Vertretenen überbrachte Erklärung schlechthin als wirksam ansehen, so würden wir damit, da der Vertretene nicht anders denn als Bote des Erklärenden aufgefaßt werden könnte, dem letzteren die Gefahr der Übermittelung nach § 120 BGB. uneingeschränkt zu tragen geben. Und damit würden wir ihm ein Risiko aufzwingen, das er in der Regel freiwillig kaum auf sich genommen hätte[22]). Anderseits würde es wiederum zu weit gehen und die Interessen

[22]) Trotzdem wenden den § 131 teils ausdrücklich, teils stillschweigend auch auf die mündlichen Willenserklärungen an: Cosack I S. 178 a. E.; Crome I S. 364; Leonhard, Allgem. Teil S. 274; Hölder, Kommentar S. 295; Staudinger § 131 unter 3; Bieber a. a. O. S. 43 ff.;

des Erklärenden selbst vielfach verletzen, wenn die mündliche Erklärung trotz ihrer Übermittelung an den gesetzlichen Vertreter unter allen Umständen nichtig bleiben sollte [23]). Wir werden hier vielmehr richtigerweise verschiedene Fallgestaltungen auseinanderzuhalten haben.

Ist nämlich dem Erklärenden die mangelnde Geschäftsfähigkeit des Gegners erkennbar gewesen, und hat er trotzdem die mündliche Willenserklärung ihm gegenüber abgegeben, dann muß in solchem Verhalten der Auftrag des Erklärenden an den nicht Geschäftsfähigen erblickt werden, die Erklärung dem gesetzlichen Vertreter zu überbringen. Es müßte denn sein, der Erklärende hätte gerade dadurch, daß er sich wissentlich an einen nicht Geschäftsfähigen wandte, das Fehlen jedes Geschäftswillens auf seiner Seite zum Ausdruck bringen wollen. Dann läge überhaupt keine „Erklärung" im Rechtssinn vor. Wo aber diese Auffassung nach Lage der Dinge ausgeschlossen ist, bleibt eine andere als die eben gedachte Auslegung nicht übrig.

Der Geschäftsunfähige oder beschränkt Geschäftsfähige ist dann also Bote des Erklärenden, und es greifen hinsichtlich einer etwaigen falschen Übermittelung die §§ 120, 122 des BGB., hinsichtlich eines dem Adressaten unterlaufenden Mißverständnisses die früher über den Einfluß des Mißverständnisses

---

Friedeberg a. a. O. S. 37; Fischer-Henle, Anm. 1 zu § 131 und Goldmann-Lilienthal I S. 173 (wo sich freilich ein Widerspruch insofern findet, als nach dem Texte „dieselben Grundsätze, wie bei den Willenserklärungen unter Abwesenden gelten sollen", während es in der Anmerkung heißt: „für die Willenserklärungen unter Anwesenden sind die aus der Natur der Sache sich ergebenden Grundsätze maßgebend").

[23]) Anderer Meinung Zitelmann, Rechtsgeschäfte I S. 109; Breit a. a. O. S. 671; Dittenberger, Schutz des Kindes gegen die Folgen eigener Handlungen (Berlin 1903) S. 23 ff.; Planck § 131 unter 4; Oertmann § 131 unter 2 a δ; Hachenburg, Vorträge über das BGB. (2. Aufl., Mannheim 1899) S. 463; Endemann I S. 314 Anm. 27 und grundsätzlich auch Enneccerus I S. 380 unter 2. Diese Schriftsteller wollen die Willenserklärung nur dann gültig sein lassen, wenn der nicht Geschäftsfähige vom Erklärenden zum Boten „bestellt" gewesen ist. Da es aber eben an solcher „Bestellung" vielfach fehlen wird, so ist damit dem Erklärenden nicht oder nicht ausreichend geholfen.

auf die Wirksamkeit von Botenerklärungen aufgestellten Grundsätze Platz[24]).

War hingegen dem Erklärenden, als er die mündliche Erklärung abgab, die mangelnde Geschäftsfähigkeit des Gegners nicht erkennbar gewesen, dann ist weiter zu unterscheiden, ob der Vertretene die empfangene und vorläufig noch unwirksame Erklärung seinem Vertreter richtig überbracht hat oder nicht. Ist das erstere der Fall, dann muß billigerweise der nicht Geschäftsfähige wiederum als (natürlicher) Bote des Erklärenden angesehen werden, genau so, wie er als dessen Bote fungiert, wenn er eine vom Erklärenden unter gleichen Verhältnissen empfangene schriftliche Erklärung an den Vertreter abliefert. Die Erklärung wird also in dem Moment wirksam, wo sie der nicht Geschäftsfähige seinem gesetzlichen Vertreter hinterbringt. Es würde auch an jedem Rechtsgrund fehlen, der richtig überbrachten Botschaft die Rechtswirkung zu versagen. Denn die vorhin aufgestellte Auslegungsregel, daß die an den nicht Geschäftsfähigen gerichtete Erklärung im Zweifel auch als an den Vertreter adressiert zu gelten hat, trifft, wenn die Übermittelung richtig erfolgt, sicherlich auch für die Fälle der mündlichen Willenserklärung zu. Es ist also durch die fehlerfreie Ausrichtung der Botschaft sowohl dem Richtungs- wie dem Zugangsbedürfnis Genüge geschehen. Die gegenteilige Meinung, die der Erklärung, auch wenn sie durch den Vertretenen zur Kenntnis des Vertreters gelangt ist, jede Rechtswirkung abspricht, wäre ja für den Erklärenden von großer Härte. Denn ihr zufolge wird der Erklärende in der großen Zahl der Fälle, wo es sich um befristete Willenserklärungen handelt, trotz der rechtzeitigen „Abgabe“ und des ebenfalls noch rechtzeitigen „Zuganges“ der Erklärung regelmäßig einen nicht wieder gut zu machenden Fristverlust erleiden. Dagegen kann die hier verfochtene Auffassung für keinen der Beteiligten zu einem unbilligen Ergebnis führen. Weder im Hinblick auf den § 120, denn dieser greift, da wir ja gerade die fehlerfreie Übermittelung voraussetzen, nicht ein. Noch auch durch die Folgen, die sich aus der Boteneigenschaft des Vertretenen für den Fall ergeben, daß

[24]) Vgl. oben S. 241 ff., insbes. S. 244 f.

die richtig übermittelte Erklärung vom Vertreter mißverstanden wird. Denn dieses Mißverständnis ist entweder von der Art, daß der Vertretene es nach Ausrichtung der Botschaft nicht bemerken konnte. Dann ist die Willenserklärung trotz des Wahrnehmungsfehlers gültig. Der Vertreter muß zwar hier eine ihm unbekannt gebliebene Erklärung gegen sich gelten lassen; dieses Schicksal aber hätte ihm auch widerfahren können, wenn der Erklärende sich unmittelbar an ihn gewendet oder sich wissentlich des nicht Geschäftsfähigen als Boten bedient hätte. Oder das Mißverständnis ist ein solches, daß es der Vertretene gleich nach Übermittelung der Erklärung bemerken mußte: dann ist allerdings die Willenserklärung ungültig, obwohl der Erklärende auf ihre Gültigkeit vertraut hat, aber der letztere steht sich hier nicht schlechter, als wenn — was er sich doch ebenfalls hätte gefallen lassen müssen — der nicht Geschäftsfähige die Erklärung überhaupt nicht an den gesetzlichen Vertreter weitergegeben, sondern für sich behalten hätte.

Liegen endlich die Dinge so, daß der Erklärende bei der Abgabe der mündlichen Willenserklärung die fehlende Geschäftsfähigkeit des Gegners nicht kennen konnte, und ist die Erklärung dem Vertreter vom Vertretenen u n r i c h t i g überbracht worden, so bleibt das Rechtsgeschäft trotz der vom Vertretenen geleisteten Übermittelungsdienste unwirksam. Denn wollte man auch hier in letzterem einen natürlichen Boten des Erklärenden erblicken, so würde man nicht nur die Interessen des Erklärenden auf das schwerste schädigen, sondern sich auch mit seinem klar zutage getretenen Geschäftswillen in Widerspruch setzen. Denn der Erklärende müßte dann die vom Geschäftsunfähigen bezw. beschränkt Geschäftsfähigen verstümmelte Erklärung nach § 120 BGB. gegen sich gelten lassen, obwohl er doch dadurch, daß er sich mit seinen Worten an denjenigen wandte, den er für den richtigen Adressaten hielt, zu erkennen gegeben hätte, daß er das mit der Übermittelung von Willenserklärungen durch Zwischenpersonen verbundene Risiko nicht zu laufen wünschte.

Gegen die hier aufgestellten Unterscheidungen läßt sich auch nicht einwenden, daß durch sie für den Vertreter ein unerträglicher Zustand der Unsicherheit begründet werde, indem er doch oft nicht wissen könne, ob der Erklärende die mangelnde Geschäftsfähigkeit des Gegners gekannt habe oder nicht, und in letzterem Falle, ob die Erklärung vom Vertretenen richtig oder unrichtig übermittelt worden und infolgedessen wirksam oder unwirksam sei. Denn wenn es auch zutrifft, daß der gesetzliche Vertreter durch unsere Unterscheidungen in diese Ungewißheit versetzt wird, so steht er ja doch schließlich nicht schlechter da als jeder Adressat, dem eine mündliche Erklärung von einem Boten zugetragen wird. Hat doch bei dieser Art der Erklärungsabgabe der Gegner so lange keine Garantie für die Gültigkeit der ihm überbrachten Erklärung, als er nicht weiß, daß die Mittelsperson auch wirklich vom anderen Teile mit dem Botengang beauftragt worden ist. Und weil er keine Gewähr dafür hat, darum gaben wir ihm ja früher das Recht, die empfangene Erklärung dem Boten oder dem Absender gegenüber zurückzuweisen, wenn der Bote sich in dieser seiner Eigenschaft nicht zu legitimieren vermag[25]). Dieses Recht aber hat natürlich auch der gesetzliche Vertreter, wenn ihm der Vertretene die zu Unrecht empfangene mündliche Erklärung hinterbringt. Er darf dann ebenfalls die Erklärung dem Vertretenen oder der anderen Partei gegenüber mit der Motivierung zurückweisen, daß er nicht habe erkennen können, ob der Vertretene mit der Ausrichtung der Botschaft beauftragt gewesen sei. Macht er von diesem Rechte Gebrauch, so ist die Willenserklärung, falls sie nicht schon vorher ungültig war, jedenfalls durch die Zurückweisung ungültig geworden, und der Vertreter infolgedessen aller Zweifel enthoben. Macht er von dem Rechte keinen Gebrauch, so hat er den Zustand der Ungewißheit, in dem er sich befindet, sich selbst zur Last zu legen[26]). —

---

[25]) Vgl. oben S. 246 f.

[26]) Selbstverständlich kann ein Geschäftsunfähiger bezw. beschränkt Geschäftsfähiger auch in den ihn selbst betreffenden Angelegenheiten vom gesetzlichen Vertreter zum Empfangsboten bestellt werden, oder er kann (wenigstens, soweit es sich um den beschränkt Geschäftsfähigen handelt) als Empfangs*vertreter* des gesetzlichen Vertreters fungieren, also — sei es mit, sei es ohne Vertretungsmacht — in dessen *Namen* die Erklärung entgegennehmen. Da, wo im einzelnen Falle diese Verhältnisse vorliegen, kommen natürlich nicht die im Vorstehenden entwickelten

Die Fälle, daß sich jemand mit seinen Worten zwar an die Gegenpartei, aber doch nicht an den richtigen Adressaten wendet, kommen nicht nur da vor, wo jemand seine Erklärung gegenüber einem nicht Geschäftsfähigen abgibt. Es ist möglich, daß jemand seine Worte an die Gegenpartei richtet, daß diese auch vollkommen geschäftsfähig und dennoch nicht der vom Gesetz geforderte Adressat ist. So liegen die Dinge beispielsweise, wenn gegenüber einer verheirateten und mit ihrem Manne im Güterstand der Verwaltung und Nutznießung lebenden Frau eine Willenserklärung abgegeben wird, die sich auf ihr eingebrachtes Gut bezieht. Denn diese Willenserklärung hätte nach § 1403 Abs. 1 BGB. an den Mann gerichtet werden müssen. Erfolgt nun in einem Falle wie dem gedachten die Erklärungsabgabe mündlich, und wird die Erklärung von der Gegenpartei, also von der Frau, dem richtigen Adressaten, also dem Manne, überbracht, so finden die Rechtssätze, die wir vorhin zwecks Ergänzung des § 131 entwickelt haben, naturgemäß entsprechende Anwendung[27]).

Ebenso sind unsere obigen Untersuchungen entsprechend zu verwerten, wenn eine mündliche Willenserklärung, die nach dem Gesetzbuch **mehreren** gegenüber abzugeben ist (vgl. z. B. BGB. §§ 356, 709, 744, 1403 Abs. 2, 1472 Abs. 1, 1797 S. 1, 2038 S. 1, 2224 S. 1), nur gegenüber einem der Beteiligten abgegeben worden ist, dieser Eine sie aber den übrigen Gemeinschaftern zugetragen hat[28]).

Regeln, sondern die davon verschiedenen Rechtssätze zur Anwendung, die wir oben unter 1 und 2 in diesem Paragraphen aufgestellt haben.

[27]) Unverständlich **Breit** a. a. O. S. 681, der im Gegensatz zu der Auffassung des Textes meint, „man könne nicht sagen, der Erklärende habe im Zweifel seine Erklärung auch für den Ehemann bestimmt gehabt"; das „wäre eine Fiktion, für die es an der notwendigen Unterlage fehlt". Welche Veranlassung sollte bestehen, die Erklärungsabgabe gegenüber einer verfügungsbeschränkten Ehefrau und gegenüber einem beschränkt Geschäftsfähigen in dem uns hier interessierenden Punkte verschieden zu behandeln? Vgl. auch die zutreffenden, zwar hier nicht unmittelbar einschlagenden, aber doch auch für den obigen Fall verwendbaren Ausführungen von **Danz** über „Die Adressierung der empfangsbedürftigen Willenserklärung" in der Zeitschr. f. Rechtspfl. in Bayern 3 S. 137 ff.

[28]) Wegen der Mitvormundschaft, auf die oben durch Berufung

4. Wenn auch nicht häufig, so kommt es doch mitunter vor, daß jemand, der eine Willenserklärung einem Anderen mündlich überbringen will, diese Erklärung, weil er den Adressaten nicht zu Hause trifft, an einen Familienangehörigen (Ehefrau, Abkömmling usw.) oder an eine sonst mit dem Destinatär in Hausgemeinschaft stehende Person (Logierbesuch, Dienstbote) oder auch, falls der Gegner in einem größeren Miethaus oder gar in einem Hotel wohnt, an den Portier bezw. Hausmeister abgibt. Es fragt sich dann, welche Wirkung es auf die Gültigkeit der betreffenden Erklärung hat, daß sie von demjenigen, der sie entgegengenommen hat, mißverstanden worden ist. Die Antwort hierauf hängt natürlich von der Vorfrage ab, welche rechtliche Bedeutung überhaupt einer Erklärungsabgabe an Personen der gedachten Art zukommt.

In der Doktrin sind darüber sehr verschiedene Meinungen laut geworden.

So ist zunächst die Ansicht vertreten, daß mündliche Willenserklärungen, die zwar nicht an den Adressaten selbst, aber in seiner Wohnung an einen mit ihm in Hausgemeinschaft lebenden Dritten abgegeben werden, grundsätzlich in dem Zeitpunkt Gültigkeit erlangen, in welchem sie von diesem Dritten entgegengenommen werden. Wenn diese Regelung richtig sein sollte, so könnte sie sich nur entweder darauf gründen, daß mündliche Willenserklärungen hinsichtlich ihrer Abgabe an Hausangehörige des Adressaten den schriftlichen (die ja zweifellos im Moment ihrer Aushändigung an das Personal des Destinatärs in Wirksamkeit treten) gleich zu achten seien, oder darauf, daß die Hausangehörigen bei der Entgegennahme von mündlichen Willenserklärungen als V e r t r e t e r des Adressaten fungieren, und dieser darum die i h n e n „zugegangene" Erklärung gegen sich gelten lassen müsse. Und in der Tat ist in der Literatur beides, aber sicherlich zu Unrecht, behauptet worden.

Denn wie wir es früher schon mehrfach abgelehnt haben, die für schriftliche Willenserklärungen geltenden Rechtssätze auf mündliche zu übertragen, so müssen wir uns auch in dem hier

---

des § 1797 angespielt worden ist, beachte freilich auch das in Anm. 3 dieses Paragraphen Gesagte.

zur Erörterung stehenden Punkte vor jeder übereilten und ungerechtfertigten Analogie hüten. Wenn bei den schriftlich fixierten Erklärungen die Urkunde, sobald sie in der Behausung des Adressaten dem Dienstboten, der Ehefrau, den Kindern usw. übergeben worden ist, als jenem zugegangen anzusehen ist, so hat das darin seinen Grund, daß mit der Übergabe des Schriftstückes an diese Personen der Destinatär normalerweise die Möglichkeit erlangt hat, vom Inhalt der Erklärung Kenntnis zu nehmen. Denn es entspricht der Erfahrung des Lebens, daß Briefe, die das Personal in der Wohnung des Adressaten entgegengenommen hat, letzterem sobald als möglich ausgehändigt und von diesem sofort gelesen werden. Wesentlich anders liegen hingegen die Dinge bei den mündlichen Willenserklärungen. Solche werden den Hausangehörigen des Adressaten normalerweise überhaupt nicht anvertraut. Darum läßt sich da, wo es ausnahmsweise geschieht, nicht sagen, daß durch die Entgegennahme der Erklärung seitens der dem Hausstand des Adressaten angehörigen Person für den letzteren die normale Möglichkeit der Kenntnisnahme geschaffen sei. Ganz im Gegenteil: derjenige, der sich mit seiner Erklärung an die Ehefrau, das Dienstmädchen, den Sohn wendet, befindet sich in der Regel darüber nicht im Zweifel, daß für den Ehemann, den Hausherrn, den Vater die Möglichkeit der Kenntnisnahme in diesem Augenblick nicht begründet ist. Ja, noch mehr. Es ist nicht nur im Augenblick keine normale Möglichkeit der Kenntnisnahme gegeben, sondern man hat auch nicht einmal das Recht, von einer normalen Möglichkeit nachträglicher Kenntnisnahme zu reden. Denn jedermann weiß, wie unzuverlässig im allgemeinen die Weitergabe mündlicher Willenserklärungen durch die Angehörigen des Hausstandes, insbesondere durch das Dienstpersonal ist. Wird doch für gewöhnlich von letzterem nicht einmal die Tatsache, daß jemand in Abwesenheit des Hausherrn da gewesen ist und ihn zu sprechen gewünscht hat, pünktlich berichtet, geschweige denn daß es den Namen des Erklärenden und den Inhalt der Erklärung richtig behielte[29]).

[29]) „Unsicherheiten und Mißverständnisse würden geradezu heraufbeschworen, wenn man jede gegenüber einem Hausgenossen abgegebene

Angesichts dieser Verhältnisse, die eine tiefgreifende Verschiedenheit zwischen mündlichen und schriftlichen Willenserklärungen begründen, erscheint es gänzlich ausgeschlossen, das Wirksamwerden mündlicher Erklärungen im Zeitpunkt ihrer Abgabe an einen Hausangehörigen des Adressaten mit dem Hinweis auf die entsprechenden Rechtssätze von den schriftlichen Erklärungen zu rechtfertigen[80]).

Ebensowenig aber ist es möglich, die gedachte Regelung damit zu motivieren, daß die Hausangehörigen bei der Ent-

---

mündliche Bestellung oder Erklärung gegen sich gelten lassen müßte; wer Dienstboten hält, weiß nur zu gut, daß kaum die Hälfte der so ausgerichteten Erklärungen ihrem Adressaten überhaupt jemals zu Ohren kommt." Oertmann im Recht 10 S. 726.

[80]) Trotzdem wenden auf die im Texte zur Besprechung stehenden Willenserklärungen prinzipiell den § 130 an, lassen also grundsätzlich mit der Abgabe an den Hausangehörigen den Zugang für den Adressaten sich vollziehen: Staudinger § 130 unter 3d; Hölder, Kommentar S. 293; Habicht in der D. Jur.-Ztg. 6 S. 267 f.; Fritze im Arch. f. Bürgerl. Recht 14 S. 214 ff.; Müller-Meikel, Bürgerl. Recht I S. 134; Leoni a. a. O. S. 71 f.; Siecke a. a. O. S. 33 ff. und in der Hauptsache auch Endemann I § 66 S. 313 Anm. 23. Leider muß auch das Reichsgericht hierher gezählt werden zufolge des bekannten Urteiles des V. Zivils. vom 29. März 1905: vgl. 60 S. 334, Jur. Wochenschrift 34 S. 317, Recht 9 S. 249. Nur ist die Stellungnahme des Reichsgerichtes, dem sich Staub II Exk. zu § 361 Anm. 8 angeschlossen hat, insofern eine eigenartige, als es zwar die in Abwesenheit des Adressaten dem Hausgenossen (z. B. der Ehefrau) abgegebene Erklärung in diesem Zeitpunkt zugehen läßt, aber bloß, sofern die Erklärung dem Adressaten „wirklich und richtig mitgeteilt ist". Darin liegt aber, wie schon von Breit a. a. O. S. 665 hervorgehoben worden ist, zweifellos ein Widerspruch. Denn entweder ist die Erklärung schon im Moment ihrer Abgabe an den Hausgenossen „zugegangen", dann kann unmöglich etwas darauf ankommen, ob sie nachträglich zur Kenntnis des Adressaten gelangt oder nicht; oder die Weitergabe der Erklärung an den Adressaten ist für deren Gültigkeit erforderlich, dann kann man aber auch nicht sagen, daß sie schon im Moment ihrer Abgabe an den Hausgenossen „zugegangen" sei. — Wenn übrigens die vorhin zitierten Schriftsteller und auch das Reichsgericht zur Einschränkung ihrer Theorie gewöhnlich betonen, daß die Abgabe der Erklärung an einen „an sich geeigneten", in der Regel also an einen „erwachsenen" Hausgenossen erfolgen müsse, so sind damit, wie aus dem Texte erhellt, die Unzuträglichkeiten, zu denen die Theorie führt, keineswegs beseitigt.

gegennahme von mündlichen Willenserklärungen als Vertreter des Adressaten zu betrachten seien. Diejenigen, die diesen Standpunkt einnehmen, gehen davon aus, daß der Adressat die Erklärung gegen sich gelten lassen müsse, nicht weil sie ihm, sondern weil sie der Ehefrau, dem Sohne, dem Dienstboten usw. „zugegangen" sei, indem der für diese Personen bewirkte Zugang die Gültigkeit der Erklärung für den Hausherrn nach BGB. § 164 Abs. 3 zur Folge habe. Indessen wenn das richtig sein sollte, so müßten jene Personen für die Entgegennahme mündlicher Willenserklärungen mit Vertretungsmacht ausgestattet sein. Aber solche Vertretungsmacht könnte nur entweder aus einem besonderen Rechtsgeschäft (Vollmacht) oder unmittelbar aus dem Gesetz fließen. Nun wird es gewiß ab und an vorkommen, daß jemand seiner Frau oder seinen Kindern oder seinem Diener zur Entgegennahme einer einzelnen bestimmten Willenserklärung Vollmacht erteilt[31]): daß jemand aber jedem Hausangehörigen eine Generalvollmacht zur Entgegennahme aller Willenserklärungen erteilt, wird sich sicher niemals ereignen. Bliebe also nur die Möglichkeit einer gesetzlichen Vertretungsmacht übrig. Diese besitzt zweifellos die Ehefrau innerhalb der Grenzen ihrer Schlüsselgewalt. Für die übrigen Hausangehörigen aber und für die nicht mehr durch ihre Schlüsselgewalt gedeckte Ehefrau ließe sich die Vertretungsmacht nur darauf stützen, daß nach der Verkehrsanschauung in der Anstellung eines Dienstboten oder in der Aufnahme eines Menschen in die häusliche Gemeinschaft eine „stillschweigende" Bevollmächtigung zum Empfang von mündlichen Willenserklärungen liege, ähnlich wie nach Handelsrecht der „in einem Laden oder in einem offenen Warenlager Angestellte als zu Verkäufen und Empfangnahmen ermächtigt gilt". Doch sprechen gegen jene Annahme dieselben Gründe, die es uns vorhin verwehrten, in der Abgabe der mündlichen Willens-

[31]) Man wandle beispielsweise deh oben S. 305 fingierten Rechts fall dahin um, daß der „schon sehr verständige" Junge nicht „bald", sondern bereits „über" sieben Jahre alt ist. Da, wo in concreto eine Bevollmächtigung zum Empfang von Willenserklärungen stattgefunden hat, greifen natürlich die Grundsätze von der Empfangsvertretung in vollem Umfang ein.

erklärung an den Dienstboten eine Verschaffung der normalen Möglichkeit der Kenntnisnahme für den Adressaten zu erblicken. Denn haben wir bereits festgestellt, daß nicht die meisten, sondern nur die wenigsten der an den Hausangehörigen abgegebenen Erklärungen mit ihrem wahren Inhalt bis zum Ohr des Adressaten gelangen, so bedarf es keines weiteren Nachweises, daß eine Verkehrsanschauung, die alle Hausangehörigen zu Empfangsvertretern macht, unmöglich existieren kann. Verkehrsanschauungen entstehen ja nicht im Widerspruch, sondern im Einklang mit den tatsächlichen Verhältnissen und Bedürfnissen. Der Verkehr aber würde, wie wir gesehen haben, dem Einzelnen geradezu etwas Sinnwidriges zumuten, wenn er ihn vor die Alternative stellen wollte, entweder auf Hausangehörige und Dienstboten zu verzichten, oder alle an seine Adresse ihnen gegenüber abgegebenen Willenserklärungen, auch wenn sie nicht oder nur entstellt zu seiner Kenntnis gelangt wären, gegen sich wirken zu lassen[32]).

[32]) Trotzdem statten die Hausangehörigen mit solcher Vertretungsmacht aus: Friedeberg a. a. O. S. 47 f. und Rosenberg a. a. O. S. 205 ff., der selbst bei der Übergabe von schriftlichen Willenserklärungen an Hausangehörige den dadurch für den Adressaten bewirkten Zugang auf die Vertretungsmacht seines Personals zurückführt. — Was übrigens den § 56 des HGB. betrifft, auf den eben angespielt wurde, so ist sicher, daß zu den „Empfangnahmen", von denen er redet, wenn auch in erster Linie darunter Zahlungen zu verstehen sind, doch auch die Entgegennahme von Willenserklärungen gehört. Soweit hiernach und nach den voraufgehenden §§ 54, 55 HGB. die „Empfangsermächtigung" reicht, zählt das Kontor- und Ladenpersonal des Kaufmannes zweifellos zu den Empfangsvertretern (vgl. auch Reichsgericht 61 S. 125 ff. Wenn das Reichsgericht hier von der gültigen Erklärungsabgabe bestimmte Tagesstunden [die Börsenzeit und die Zeit kurz vor Börsenbeginn] ausnimmt, so bezieht sich das nur auf die gerade im konkreten Falle in Frage stehende Willenserklärung. Denn deren Inhalt bestand im Widerruf eines auf Abschluß eines Börsengeschäftes gerichteten Auftrages, und solcher Widerruf muß naturgemäß so zeitig erfolgen, daß bei ordnungsmäßigem Geschäftsgang eine Verhinderung der Ausführung des Auftrages noch möglich ist). Soweit aber Willenserklärungen abgegeben werden, deren Entgegennahme durch das Kontor- oder Ladenpersonal des Kaufmannes von den §§ 54 ff. HGB. nicht mehr gedeckt wird, gelten für deren Wirksamkeit die gleichen Grundsätze, wie sie im Texte für die an Hausangehörige abgegebenen Willenserklärungen gefunden werden sollen.

Um diese Unbilligkeit zu vermeiden und doch anderseits an der Abgabe gegenüber dem Hausangehörigen als dem Zeitpunkt des Wirksamwerdens der Willenserklärung festzuhalten, hat Hellwig einen Mittelweg eingeschlagen[33]). Er erblickt zwar in dem Hausangehörigen einen Empfangsvertreter, aber einen Vertreter ohne Vertretungsmacht. Er läßt darum nach BGB. § 180 S. 3 die Willenserklärung erst gültig werden, wenn sie der Vertretene genehmigt, so daß sie ohne dessen Willen nicht gegen ihn wirken kann; ist sie aber genehmigt worden, dann ist ihre Wirksamkeit nach Hellwig mit rückwirkender Kraft in den Moment zu verlegen, wo sie dem Hausangehörigen gegenüber abgegeben wurde. Und wirklich scheint auf den ersten Blick diese Konstruktion alle hier vorhandenen Bedürfnisse bestens zu befriedigen. In Wahrheit aber ist auch sie nicht haltbar. Denn sie leidet an einer Verkennung der tatsächlichen Verhältnisse. Von einem Empfangsvertreter, sei es mit, sei es ohne Vertretungsmacht, läßt sich nämlich nur sprechen, wenn jemand eine Willenserklärung nicht an den Geschäftsgegner, sondern für ihn an einen Dritten richtet, damit die an diesen adressierte und ihm zugegangene Willenserklärung gegen jenen wirke. Diese Situation hat das Gesetzbuch im Auge, wenn es im § 164 Abs. 3 sagt: „Die Vorschriften des Absatzes 1 finden entsprechende Anwendung, wenn eine ‚gegenüber einem Anderen' abzugebende Willenserklärung ‚dessen Vertreter gegenüber' erfolgt." Wer sich aber mit seiner mündlichen Willenserklärung an den Hausangehörigen wendet, will sie in aller Regel nicht an diesen adressieren, damit sie zu Lasten des Geschäftsgegners wirke, er will sie also nicht im technischen Sinne „dem Hausangehörigen gegenüber" abgeben, sondern Adressat der Erklärung soll der Geschäftsgegner selbst sein; der Hausangehörige wird nur als das Instrument benutzt, das der an den Adressaten gerichteten Willenserklärung zu dem etwa noch erforderlichen Zugang verhelfen soll. Die Dinge liegen hier nicht so, wie wenn jemand eine Kündigung demjenigen gegenüber ausspricht, den er zu unrecht

[33]) Vgl. seine Besprechung des in Anm. 30 zitierten reichsgerichtlichen Erkenntnisses in der Jur. Wochenschr. 34 S. 356 ff.

für den Vizewirt des Hauses oder für den Testamentsvollstrecker oder für den Vormund seines Vermieters hält. Solchenfalls wendet sich der Erklärende wirklich an einen Dritten, von dem er will, daß er als alter ego des Geschäftsgegners fungiere. In jenen Fällen des Hausangehörigen fehlt hingegen solcher Wille dem Erklärenden vollständig. Und mit dieser bei unbefangener Betrachtung der Dinge nicht wegzuleugnenden Tatsache fällt die Möglichkeit, das Problem der Abgabe von Willenserklärungen an Hausangehörige mit Hilfe der Rechtssätze von der Stellvertretung ohne Vertretungsmacht zu lösen, in sich selbst zusammen[34]).

Also auf keinerlei Weise läßt sich der Rechtssatz verteidigen, daß mündliche Willenserklärungen gleich den schriftlichen in dem Zeitpunkt Gültigkeit erlangen, in welchem sie im Hause des Adressaten an eine dort tätige Person abgegeben werden.

Die Erkenntnis dieser Wahrheit hat manche Schriftsteller dazu verleitet, gewissermaßen in das andere Extrem zu verfallen. Einige Autoren nämlich lassen die uns hier beschäftigenden Willenserklärungen nicht nur nicht in dem Zeitpunkt wirksam werden, in welchem sie an den Hausangehörigen abgegeben werden, sondern sprechen ihnen überhaupt jede Gültigkeit ab[35]). Aber damit ist den Verkehrsinteressen sicherlich ebensowenig gedient, ganz abgesehen davon, daß es, sobald solche Erklärungen richtig übermittelt worden sind, für ihre Nichtigkeit an jedem gesetzlichen Grunde fehlt. Denn der Erklärende hat,

---

[34]) Damit soll natürlich nicht gesagt sein, daß nicht die Beteiligten, wenn sie wollen, diese Rechtsfigur wählen können. Selbstverständlich hat der Erklärende das Recht, seine Erklärung an den Hausangehörigen als an einen vollmachtlosen Stellvertreter des Adressaten zu richten, und wenn der Hausangehörige zu der ihm zugedachten Rolle sein „Einverständnis" erteilt, greifen zweifellos in Ansehung eines etwaigen Mißverständnisses die früher (vgl. oben S. 285) erwähnten Rechtssätze des § 180 S. 3 ein. Für die Annahme, daß diese Rechtslage gewollt sei, müssen aber stets besondere Umstände vorhanden sein. Sie entspricht nicht den normalen, regelmäßigen, „im Zweifel" obwaltenden Verhältnissen, mit denen es die Untersuchungen des Textes allein zu tun haben.

[35]) So z. B. Kohler I S. 500 und Peter Klein, Anzeigepflicht im Schuldrecht S. 35 Anm. 95 Abs. 3.

indem er sich mit seinen Worten an das Dienstmädchen wandte, zweifellos ein den Schluß auf den Geschäftswillen gestattendes Verhalten beobachtet, die Erklärung ist also unleugbar „abgegeben"; er hat ferner dadurch, daß er um Weitergabe der Erklärung an den Adressaten bat, diesem gegenüber das Richtungserfordernis gewahrt, und schließlich ist die Erklärung, indem sie dem Hausherrn fehlerfrei übermittelt wurde, auch „zugegangen." An welchem Gültigkeitserfordernis sollte es also fehlen? Und wäre es nicht außerordentlich unbillig, wenn der Adressat, dem die Erklärung richtig bestellt worden wäre, dem Erklärenden, der nach einiger Zeit die für ihn auf Grund der abgegebenen Erklärung entstandenen Ansprüche geltend machte, erwidern könnte, daß die damals von dem Hausangehörigen entgegengenommene Erklärung ungültig geblieben und die Frist, die für die Abgabe bestanden, unterdessen abgelaufen sei? Und sollte etwa gar der Erklärende selbst, wenn er vom Adressaten an der diesem zugetragenen Erklärung festgehalten würde, sich unter Hinweis auf die dem Hausangehörigen gegenüber erfolgte Abgabe auf die Geschäftsnichtigkeit berufen dürfen?

Nicht die Annullierung, sondern nur die richtige Datierung der uns hier interessierenden Willenserklärungen kann demnach das Ziel der sich mit ihnen beschäftigenden Untersuchungen sein. Da nun aber der Moment, wo die Abgabe der Erklärung an den Hausangehörigen erfolgt, als geeigneter Zeitpunkt für das Wirksamwerden nicht befunden wurde, so kommt hierfür nur noch der Augenblick in Betracht, wo die Erklärung dem Adressaten hinterbracht wird. *In diesem Zeitpunkt tritt die Willenserklärung in Kraft.*

Dabei wäre es offenbar die an sich wünschenswerteste Regelung, wenn die vom Hausangehörigen empfangene Willenserklärung nur dann Wirksamkeit erlangte, wenn sie dem Adressaten richtig übermittelt würde, hingegen bei unrichtiger Übermittelung unwirksam bliebe (wobei natürlich dem Adressaten zum Schutze gegen die sich daraus ergebende Unsicherheit das Recht der Zurückweisung der Erklärung nach Analogie des § 174 eingeräumt werden müßte), ein Ergebnis also, wie wir es oben gewannen, als wir den Fall besprachen, daß jemand seine Erklärung zwar der Gegenpartei, aber ohne es zu wissen, nicht dem vom Gesetz geforderten Adressaten gegenüber abgibt, seine Worte beispielsweise an den für geschäftsfähig gehaltenen Mündel, statt an den Vormund richtet. Indessen ist hier dieses Resultat nicht nur erstrebenswert, sondern auch ohne weiteres erreichbar gewesen, weil der Fall, um den es sich handelte, eine ausdrückliche Regelung im Gesetzbuch nicht gefunden hatte, und, soweit sich letzteres im § 131 mit analogen Tatbeständen befaßt hatte, die daselbst getroffene Normierung dem von der Billigkeit für die mündlichen Willenserklärungen verlangten Rechtssatz nicht nur nicht entgegenstand, sondern vielmehr selbst auf ihn hinwies. Hingegen bei den jetzt zur Untersuchung stehenden Fällen liegen die Dinge so, daß jemand sich mit seinen die Erklärung enthaltenden Worten an eine Person wendet, von der er weiß, daß sie der Gegner nicht ist, ja an eine Person, die von ihm gar nicht als Adressat der Erklärung ins Auge gefaßt ist, sondern von der er nur will, daß sie die empfangene Erklärung an den von ihm bezeichneten Adressaten weiter befördere. Wenn aber jemand die an den Gegner gerichtete Willenserklärung vor einem Dritten zu dem Zwecke abgibt, damit der Dritte sie an den Adressaten weiterbefördere, so ist der Dritte seiner juristischen Qualifikation nach Bote. Über die Erklärungsabgabe mittelst Boten finden sich aber in der Gesetzgebung bezw. in der Doktrin bestimmte Rechtssätze, an die wir natürlich auch in unserem Falle gebunden sind. Es fragt sich nur, für wen der Hausangehörige Botendienste leistet: für den Erklärenden oder für den Adressaten?

In letzterem Falle würde er Empfangsbote sein. Indessen sprechen gegen diese Annahme ebenso sehr praktische Unzuträglichkeiten, wie theoretische Bedenken. Zwar bliebe nach unserer Lehre von der Empfangsbotenschaft die Erklärung, wenn sie vom Hausangehörigen nicht oder nicht richtig weitergegeben würde, unwirksam, so daß die vorhin als wünschenswert bezeichnete Lösung insoweit wenigstens verwirklicht wäre. Aber bei befristeten Willenserklärungen dürfte sich der Adressat, wenn ihm die Erklärung von seinem Dienstboten verspätet überbracht würde, auf den eingetretenen Fristablauf nicht berufen; und wenn ihm die Erklärung gar nicht oder unrichtig überbracht würde und infolgedessen ungültig bliebe, müßte er dem anderen

Teile, der durch die Nichtigkeit des Geschäftes die Frist versäumt hätte, eine Fristverlängerung zum Zwecke erneuter Vornahme des Rechtsgeschäftes zubilligen. Und das wäre übermäßig hart für ihn. Dazu kommt auch hier noch, daß es für eine allgemeine Ernennung der Hausangehörigen zu Empfangsboten an jedem Rechtsgrund fehlt. Denn daß jemand allen zu seinem Hausstand gehörigen Personen den Auftrag erteilte, Willenserklärungen jeder Art für ihn entgegenzunehmen, ist völlig ausgeschlossen[36]). Ebensowenig aber läßt sich sagen, daß nach der Verkehrsanschauung mit der Aufnahme in die Hausgemeinschaft die Bestellung zum Empfangsboten ohne weiteres verbunden sei. Denn der Verkehr erblickt im Hausangehörigen alles andere eher als ein der allgemeinen Benutzung offenstehendes Sprachrohr. Nach seiner Auffassung gibt die Tatsache, daß der Adressat dritte Personen zu Mitgliedern seines Haushaltes gemacht hat, niemandem das Recht, diese Personen als solche zu betrachten, die dazu da seien, ihm die Abgabe von mündlichen Willenserklärungen zu erleichtern[37]).

So bleibt also nur die Lösung übrig, daß der Hausangehörige, dem gegenüber in der Wohnung des Adressaten eine an diesen gerichtete Willenserklärung abgegeben wird, als Bote

---

[36]) Hingegen ist natürlich möglich, daß jemand in einem einzelnen Falle einen seiner Hausangehörigen mit der Entgegennahme und Weitergabe einer Willenserklärung betraut. Man denke sich etwa, daß jemand einem Bekannten, der für den Nachmittag seinen Besuch zum Zwecke der Abgabe einer Willenserklärung angekündigt hat, schreibt: „Infolge dringender Geschäfte ist es mir leider nicht möglich, zu der angegebenen Zeit zu Hause zu sein. Ich habe aber meinem Sohne eingeschärft, daß er genau aufpassen soll, was Sie ihm sagen werden, und ich werde dafür Sorge tragen, daß er mir, sobald ich nach Hause komme, Ihre Erklärung ausrichtet." In diesem Falle würde der Sohn des Adressaten selbstverständlich als Empfangsbote anzusehen sein, und es fänden auf die Übermittelung der Willenserklärung durch ihn die oben in diesem Paragraphen unter 2 herausgestellten Grundsätze Anwendung.

[37]) Dennoch will Voswinkel a. a. O. S. 388, 395 den Hausangehörigen als Empfangsboten angesehen wissen. Seine Stellungnahme ist für den Adressaten um so härter, als ja nach der von ihm vertretenen Lehre (vgl. oben S. 292 bei Anm. 10) Willenserklärungen, die an einen Empfangsboten abgegeben werden, schon im Moment ihrer Entgegennahme durch diesen Wirksamkeit erlangen.

des Erklärenden fungiert. Mit dieser Erkenntnis ist aber die Frage nach der Wirkung von etwaigen bei der Übermittelung der Willenserklärung sich einschleichenden Mißverständnissen bereits erledigt: das Rechtsgeschäft ist bloß dann nichtig, wenn der Adressat die ihm vom Hausangehörigen zugetragene Erklärung infolge eines Wahrnehmungsfehlers unrichtig verstanden hat, und der Wahrnehmungsmangel von demjenigen, der sie überbrachte, entweder sofort bemerkt worden ist oder doch wenigstens hätte bemerkt werden können. Hatte hingegen bereits der Hausangehörige die Erklärung (sei es in einer dem Erklärenden erkennbaren, sei es in einer ihm nicht erkennbaren Weise) mißverstanden, und ist infolgedessen ihr Inhalt dem Adressaten entstellt übermittelt worden, so erlangt die Erklärung mit diesem entstellten Inhalt Wirksamkeit, vorbehaltlich der Befugnis des Erklärenden, das Rechtsgeschäft nach § 120 BGB. gegen Übernahme der negativen Schadensersatzpflicht anzufechten[88]).

Freilich fährt zufolge der Notwendigkeit, entweder die falsch übermittelte Erklärung gegen sich gelten zu lassen oder die mit der Anfechtung verbundene negative Schadensersatzpflicht auf sich zu nehmen, der Erklärende bei unserer Auffassung des Hausangehörigen schlechter als bei den vorhin zurückgewiesenen Konstruktionen. Indessen kann der Verkehr eine Benachteiligung des Erklärenden leichter ertragen als eine solche des Adressaten. Denn der Erklärende kann sich gegen die ihm hier zugemutete Gefahrtragung auf die denkbar einfachste Weise dadurch schützen, daß er mündliche Willenserklärungen in Abwesenheit des Adressaten nicht abgibt. Wem es nicht gelungen ist, den Adressaten selbst zu sprechen, mag seine Willenserklärung schriftlich hinterlassen. Greift der Betreffende statt dessen zu dem unter Abwesenden stets unsicheren Mittel der mündlichen Erklärungsabgabe, so darf er sich über das damit verbundene Risiko nicht beschweren[89]).

---

[88]) Vgl. oben S. 241 ff.

[89]) Als Bote des Erklärenden wird der Hausangehörige ebenfalls betrachtet von Oertmann § 130 unter 4c; Düringer-Hachenburg II S. 50; Koppers in Gruchots Beitr. 46 S. 228 ff. und D. Jur.-Ztg. 11 S. 75; Joerges in Goldschmidts Zeitschr. f. Handelsr. 56 S. 73

5. Schließlich sei noch die Frage aufgeworfen, ob die in diesem Paragraphen entwickelten Grundsätze eine Änderung dadurch erfahren, daß der Erklärende und der die Erklärung entgegennehmende Dritte telephonisch miteinander verkehren.

Die Frage ist offenbar zu verneinen, wenn es sich um einen Empfangsvertreter handelt. Es hat dann auch hier sein Bewenden bei der Regel, daß das dem Erklärenden nicht erkennbare Mißverständnis des Vertreters der Gültigkeit des Rechtsgeschäftes nicht im Wege steht, daß hingegen die Willenserklärung unwirksam ist, wenn der Erklärende den auf der anderen Seite entstandenen Wahrnehmungsmangel gleich nach der Erklärungsabgabe erkannte bezw. fahrlässigerweise nicht erkannte [40]).

---

und im wesentlichen auch von Bieber a. a. O. S. 33 ff. — Wenn Leoni a. a. O. S. 73 meint, daß das Dienstmädchen doch „nur mit Zwang" als „mein Erklärungswerkzeug" angesehen werden könne, so haben die Ausführungen des Textes ganz im Gegenteil gezeigt, daß jede andere Konstruktion des Hausangehörigen eine Vergewaltigung der tatsächlichen Verhältnisse bedeuten würde. Und wenn Hellwig a. a. O. S. 358 meint, daß als Bote nur derjenige bezeichnet werden könne, der dem Erklärenden im Falle der Nichtausrichtung der Botschaft ex contractu haftbar werde, so erhebt er damit ein Kriterium, von dem er selbst sagt, daß es „nur das interne Verhältnis zwischen Bote und Geschäftsherrn betreffe", unrichtigerweise zu einem Merkmal des Botenbegriffes. Solche Kontraktshaftung kann, muß aber nicht mit der Botenschaft verbunden sein. — Hingegen ist richtig, was das OLG. Braunschweig kürzlich ausgeführt hat (vgl. Rechtspr. der OLG. 18 S. 12), daß eine Botenschaft des Hausangehörigen, beispielsweise der Ehefrau, dann nicht vorliegt, wenn diese gegenüber dem Erklärenden die Weiterbeförderung der Willenserklärung ausdrücklich abgelehnt, hinterher aber dem Adressaten von dem Vorgang Mitteilung gemacht hat. Von einer Wirksamkeit der Erklärung kann hier schon um deswillen keine Rede sein, weil es bereits am Erfordernis der Erklärungs„abgabe" fehlt, indem bei Willenserklärungen mittelst Boten von einer solchen natürlich nur dann gesprochen werden kann, wenn sich der Erklärende an ein zur Übernahme der Botschaft fähiges und bereites Werkzeug wendet. Was in unserem Falle zum Adressaten gelangt, ist nicht die Erklärung selbst, sondern die Nachricht, daß jemand in seiner Abwesenheit eine Erklärung abzugeben „versucht" hat.

[40]) Vgl. hierzu auch oben S. 232 bei Anm. 8 u. 9. — Mit obigem Texte, demzufolge der Vertretene das dem Telephonierenden nicht erkennbare Mißverständnis des Empfangsvertreters gegen sich gelten lassen muß,

Ebensowenig gilt etwas Besonderes, falls der Dritte, mit dem der Erklärende telephonisch verhandelt, Empfangsbote des Adressaten ist. Wie sollte sich auch an der Anwendbarkeit der im zweiten Teile dieses Paragraphen aufgestellten Normen dadurch etwas ändern, daß die Mittelsperson die Erklärung nicht unmittelbar den Lippen des Erklärenden, sondern dem von ihm benutzten Fernsprecher entnimmt?

Aber auch bei der vorhin erörterten Erklärungsabgabe an Hausangehörige des Adressaten macht es keinen Unterschied, ob jene dem Erklärenden Auge in Auge gegenüberstehen, oder ob sie seine Erklärung am Telephon entgegennehmen. Auch im letzteren Falle ist an dem von uns gewonnenen Auslegungsrechtssatz festzuhalten, daß der Hausangehörige bei der Weitergabe der Erklärung an den Adressaten im Zweifel als Bote des Erklärenden auftritt[41]). Daraus ergibt sich, daß wenn

---

stimmt überein das Urteil des Kammergerichtes in der D. Jur.-Ztg. 2 S. 23. Freilich hat das Kammergericht mangels allgemeiner Rechtssätze über die Wirkungen des Mißverständnisses sein Urteil lediglich auf die im konkreten Falle den Vertretenen treffende culpa in eligendo bezw. culpa „in instruendo“ gegründet. Soweit sich Meili, Telephonische Gespräche und ihre Rechtsfolgen, D. Jur.-Ztg. 3 S. 457 ff., gegen diese Urteilsbegründung wendet, ist ihm beizutreten. Soweit er aber das Resultat bekämpft, ist seine Polemik, immer vorausgesetzt, daß es sich wirklich um Empfangsvertreter handelt, ungerechtfertigt. — Einerlei ist es natürlich, ob der Vertreter sich als solchen kenntlich macht, oder ob er sich dem Erklärenden gegenüber für den Vertretenen selbst ausgibt.

[41]) Zu einem anderen Ergebnis müssen auch hier selbstverständlich diejenigen Schriftsteller gelangen, die im Hausangehörigen ohne weiteres einen legitimierten Empfangsvertreter erblicken, und ebenso diejenigen, welche auf die Entgegennahme mündlicher Willenserklärungen durch Hausangehörige zufolge unrichtiger Auslegung des § 130 die Rechtssätze von der schriftlichen Erklärungsabgabe anwenden. So z. B. Hölder, der sich in der D. Jur.-Ztg. 6 S. 156 anläßlich eines praktischen Falles (eine Annahmeerklärung war in Abwesenheit des Offerenten dessen Ehefrau gegenüber telephonisch abgegeben worden) ausdrücklich auf den letzteren Standpunkt gestellt hat. Vgl. auch Habicht a. a. O.; Francke im Recht 5 S. 201; Goldmann-Lilienthal I S. 173 f.; Endemann I § 66 S. 314 Anm. 26; Staub II Exk. zu § 361 Anm. 31; Neumann, Handausgabe § 130 unter I 1a; Gottschalck a. a. O. S. 46; Bruhn, Beiträge zur Lehre vom Abschluß der Verträge durch Telephon (Erlanger Dissert. 1905) S. 34 ff. und Pagener, Beitrag zur Lehre vom Vertrags-

der Hausangehörige die Botschaft unterschlägt, die Willenserklärung unwirksam bleibt, und daß wenn der Hausangehörige mangels genügender Übung im Telephonieren die Erklärung am Fernsprechapparat mißversteht und sie infolgedessen dem Adressaten in entstellter Form ausrichtet, der Erklärende den durch die Ungeschicklichkeit des Hausangehörigen angerichteten Schaden zu tragen hat, indem er entweder die verstümmelte Erklärung gegen sich gelten lassen oder für ihre Anfechtung nach den §§ 119, 120, 122 Ersatz leisten muß. Das entspricht freilich nicht der bisweilen erhobenen Forderung, daß der Besitzer eines Telephones verantwortlich zu machen sei für die schlechte Bedienung des Apparates durch diejenigen, die ihn mit seinem Willen oder auch nur mit seinem Wissen benutzen. Indessen ist diese Forderung, zum mindesten in ihrer Anwendung auf die uns hier interessierenden Fälle, durchaus unberechtigt. Denn wenn jemand weiß, daß ihm am Telephon nicht der Adressat selbst, sondern dessen Ehefrau oder Tochter oder Dienstmädchen gegenübersteht, und er trotzdem die Willenserklärung abgibt, so ist *er* es und nicht der Gegner, der durch Zuziehung von Mittelspersonen die Gefahr der Erklärungsabgabe erhöht. Und

---

schluß, insbes. mittelst Fernsprechers (Heidelberger Dissert. 1908) S. 21 ff. Die Ansicht des Textes wird geteilt von *Planck* § 130 unter 3; *Koppers* in der D. Jur.-Ztg. 6 S. 112 f.; *Joerges* a. a. O.; *Friedeberg* a. a. O. S. 65 f. und *Sokolowski* a. a. O. S. 39. In dem eben erwähnten speziellen Falle, der den Ausführungen der genannten Schriftsteller sämtlich zugrunde liegt, durfte übrigens im Hinblick auf das vorhin in Anm. 39 am Schlusse Gesagte die Ehefrau nicht einmal als Botin betrachtet werden. Denn sie hatte dem Erklärenden auf seine Erklärung erwidert, „daß ihr Mann verreist sei, daß sie von der Angelegenheit keine Kenntnis habe und sich auf nichts einlassen könne,“ hatte also die Übernahme der Botschaft ausdrücklich abgelehnt. Eine andere Frage ist es, ob in diesem Falle die Gültigkeit der telephonischen Willenserklärung etwa um deswillen zu bejahen war, weil sich der Adressat zu ihrer Entgegennahme gewissermaßen verpflichtet hatte, indem er selbst dem Erklärenden die Tagesstunden vorgeschrieben hatte, innerhalb deren die Vornahme des Rechtsgeschäftes erfolgen sollte. Vgl. darüber oben S. 257 ff. und unten S. 359 ff. — Die Wirksamkeit der einem Kaufmann gegenüber abgegebenen und von seinem Kontor- oder Ladenpersonal entgegengenommenen telephonischen Willenserklärung richtet sich nach den oben in Anm. 32 aufgestellten Grundsätzen.

es wäre doch offenbar widerspruchsvoll, wollte man die Folgen der Vergeßlichkeit des Hausangehörigen auf den Erklärenden, die Folgen seiner unzulänglichen telephonischen Begabung auf den Adressaten abwälzen. Muß der Erklärende darunter leiden, wenn der Hausangehörige die richtig verstandene Erklärung fehlerhaft weitergibt, so muß er erst recht darunter leiden, wenn jener die Erklärung von Anfang an fehlerhaft entgegennimmt. Wer das hierdurch geschaffene Risiko nicht laufen will, soll — falls er nicht eine andere Art der Erklärungsabgabe vorzieht — mit der Vornahme des Rechtsgeschäftes so lange warten, bis er den Adressaten selbst oder einen Stellvertreter ans Telephon bekommt, in welchem Falle ja die Folgen jedes dem Erklärenden nicht erkennbaren Mißverständnisses ohne weiteres dem Gegner zur Last fallen.

Nach dem Gesagten versteht es sich von selbst, daß die Charakterisierung des Hausangehörigen als eines Boten des Erklärenden nur dann zulässig ist, wenn der Erklärende weiß oder wissen muß, daß er das telephonische Gespräch nicht mit dem Adressaten persönlich führt, wenn also auf die Frage: „ist Herr X am Telephon?" die Gegenseite etwa antwortet: „hier Frau X" oder „hier Fräulein X" oder „hier Dienstmädchen von X" oder „hier Markthelfer von X". Eine ganz andere Frage ist es, wie es sich mit der Gültigkeit der Willenserklärung da verhält, wo der am Telephon erschienene Hausangehörige sich nicht als solchen kenntlich macht, sondern sich für den Adressaten selbst ausgibt, so daß der Erklärende, wenn er den wahren Sachverhalt nicht gerade am Klange der Stimme zu merken imstande ist, des Glaubens sein muß, daß er es mit dem ans Telephon zitierten Gegner in Person zu tun habe. Es fehlt in der Literatur und auch in der Judikatur nicht an Stimmen, welche unter Berufung auf die schon vorhin angedeutete, dem Telephonbesitzer aufzuerlegende Verantwortlichkeit dafür eintreten, daß in solchem Falle die Willenserklärung im Moment ihrer Abgabe Gültigkeit erlange[42]). Indessen steht dieser weit-

[42]) Zunächst müssen diesen Standpunkt wiederum alle diejenigen Schriftsteller teilen, die den Hausangehörigen ohne weiteres als Empfangsbevollmächtigten betrachten, oder die auf seine Entgegennahme von Willenserklärungen unrichtigerweise das „Zugangsprinzip" des § 130

gehende Vertrauensschutz, der hier dem Erklärenden durch die rigorose Haftung des Adressaten zuteil wird, nicht im Einklang mit dem geltenden Rechte. Das BGB. enthält weder explicite noch implicite eine Bestimmung, der zufolge der Besitzer einer Einrichtung aufzukommen habe für allen Mißbrauch, den dritte Personen, und seien es selbst Hausgenossen, mit ihr treiben[43]). Aber auch de lege ferenda läßt sich eine so strenge Behandlung des Telephonbesitzers nicht verteidigen. Sie wäre nur zu billigen, wenn das Telephon dem ausschließlichen Interesse des Erklärungsempfängers diente, oder man doch wenigstens sagen könnte, daß derjenige, der sich am Fernsprechnetz beteilige, dadurch die Rechtsgenossen zum telephonischen Verkehr mit ihm nötige. Beides ist aber offensichtlich nicht der Fall. Gewiß verfolgt derjenige, der sich ein Telephon zulegt, in erster Linie seine eigenen Interessen; aber ebenso zweifellos ist, daß er mit seinem Anschluß an das Telephonnetz gleichzeitig den Interessen aller derer dient, die ebenfalls Besitzer einer Fernsprecheinrichtung sind, und die nun in erleichterten Formen mit ihm verkehren können. Und was den anderen Punkt angeht, so kann keine Rede davon sein, daß man durch Erwerb eines Fernsprechapparates seine Mitmenschen zum Telephonieren zwinge. Sondern wenn wir dem Fernsprechverkehr beitreten und diesen Beitritt öffentlich bekannt machen, so gewähren wir dadurch dritten Personen lediglich die Möglichkeit, sich künftighin uns gegenüber, wenn sie die damit verbundenen Gefahren und Kosten auf sich nehmen wollen, dieses Kommunikationsmittels zu bedienen[44]).

---

anwenden. Aber auch unabhängig von diesen Konstruktionsfragen ist der oben erwähnte Rechtssatz verfochten worden: vgl. z. B. Rosenberg a. a. O. S. 294 f.; OLG. Braunschweig in Goldschmidts Zeitschr. f. Handelsr. 40 S. 450 und das LG. Leipzig im Sächs. Arch. 5 S. 182.

[43]) Mit Recht weisen Meili a. a. O. S. 458 und Frankenburger in der D. Jur.-Ztg. 9 S. 847 darauf hin, daß auch diejenigen, die kraft ihres Berufes mit Formularen zu arbeiten genötigt sind und darum solche im Besitz haben, nicht ohne weiteres für allen Mißbrauch verantwortlich gemacht werden, den Angehörige oder Angestellte mit diesen Papieren treiben.

[44]) Die oben bekämpfte, zu weit gehende Lehre ist denn auch abgelehnt worden von den in der vorigen Anmerkung genannten Schrift-

Es fehlt also an jedem Grunde, die gegenüber einem sich unter der Maske des Adressaten versteckenden Hausangehörigen telephonisch abgegebene Willenserklärung schon im Moment der Abgabe wirksam werden zu lassen. Anderseits ist es, wie wir sahen, auch nicht angängig, da, wo der Erklärende gar nichts davon weiß und auch nichts davon wissen kann, daß ihm nicht der Adressat, sondern ein Anderer gegenüber steht, diesen Anderen schlechthin als Boten des Erklärenden zu betrachten, und infolgedessen letzterem die mit der Zuziehung von Mittelspersonen verbundene Haftung aufzuerlegen. Ebensowenig aber wäre es zu billigen und würde den Interessen des Erklärenden

---

stellern; außerdem von Joerges a. a. O. S. 72; von Lehmann-Ring I § 54 Nr. 6; Düringer-Hachenburg I S. 381 § 54 Anm. 6, II S. 50 f. und dem OLG. Hamburg in Seuff. Arch. 59 S. 198 Nr. 109 und in der D. Jur.-Ztg. 2 S. 288. — Noch weniger übrigens als für den Fall der Erklärungs**entgegennahme** ist die strenge Haftung des Telephonbesitzers da ein Bedürfnis, wo es sich um einen Mißbrauch des Telephones bei der Erklärungs**abgabe** handelt. Denn der Erklärende, der sich mit der Telephonnummer seines Gegners verbinden läßt, damit dieser eine Willenserklärung von ihm entgegennehme, kann sich immerhin noch mit einigem Grunde der Erwartung hingeben, daß derjenige, der am Telephon erscheint und sich für den Adressaten ausgibt, der Adressat auch wirklich ist; jedenfalls ist hier eine Täuschung des Erklärenden, ohne daß die Telephoneinrichtung des Gegners mißbraucht wird, in der Tat schwer denkbar, so daß die Frage nach der Notwendigkeit eines Vertrauensschutzes des Erklärenden gegenüber dem Adressaten, wenn sie auch verneint werden muß, doch wenigstens diskutabel erscheint. Der Angerufene hingegen hat an und für sich gar kein Recht zu der Annahme, daß derjenige, der ihn angerufen hat, auch wirklich die Person ist, die zu sein er behauptet. Denn Erklärungen **abgeben** kann man nicht nur von einem bestimmten, sondern von jedem Fernsprechapparat aus, und der Angesprochene vermag die Nummer, von der aus das Gespräch geführt wird, nicht zu kontrollieren, ganz abgesehen davon, daß ihm solche Kontrolle ebenfalls nicht zu einer Feststellung der Persönlichkeit des Sprechenden verhelfen würde. Es braucht darum derjenige, der eine Erklärung unter fremdem Namen abgibt, keineswegs den Apparat desjenigen zu mißbrauchen, dessen Namen er sich zugelegt hat. Hat aber der Angerufene keine Veranlassung, darauf zu vertrauen, daß die ihm gegenüber abgegebene Erklärung von derjenigen Stelle kommt, von der zu kommen sie behauptet, so kann auch von einem auf seiner Seite vorliegenden schutzwürdigen Vertrauensinteresse gegenüber einem bestimmten Telephonbesitzer keine Rede sein.

entsprechen, wollte man eine solche Willenserklärung unter allen Umständen, also selbst für den Fall, daß sie dem Adressaten hinterher fehlerlos vom Hausangehörigen überbracht würde, als nichtig ansehen. Es muß hier darum ein die verschiedenen Bedürfnisse möglichst gleichmäßig befriedigender Mittelweg eingeschlagen werden. Und dieser Mittelweg läßt sich unschwer finden.

Wir brauchen uns dazu nur zu vergegenwärtigen, daß der Erklärende, der, ohne es zu wissen, mit dem Hausangehörigen statt mit dem Adressaten selbst durch das Telephon redet, die Erklärung doch an den letzteren gerichtet, also im technischen Sinne ihm gegenüber abgegeben hat: es ist also sowohl das Moment der Erklärungsabgabe als das Richtungserfordernis gewahrt. Wird nun die Erklärung vom Hausangehörigen dem Adressaten richtig überbracht, so ist damit auch die Bedingung des „Zuganges" erfüllt. Denn da wir früher, als wir von den Fällen handelten, daß jemand sich mit seiner Erklärung zwar an den richtigen Gegner, aber an den unrichtigen Adressaten, beispielsweise an den Mündel, statt an den Vormund wendete, den Mündel, der die Erklärung seinem Vormund fehlerfrei überbrachte, als natürlichen Boten des Erklärenden ansehen durften, so sind wir per argumentum a maiore zu dieser Auffassung erst recht hinsichtlich des Hausangehörigen in den uns hier interessierenden Telephonfällen befugt: spricht doch die Situation hier insofern noch mehr zugunsten des Erklärenden wie dort, als dort der Erklärende, wenn auch ohne Wissen und Schuld, doch tatsächlich einen unrichtigen Adressaten angegangen war, während hier der Erklärende, indem er den Gegner anklingelte, sich den richtigen Adressaten ausgesucht hat. Hier wäre es offenbar noch weniger zu verstehen, wenn man die von der freiwilligen Mittelsperson dem Adressaten fehlerfrei überbrachte Erklärung nicht dem Erklärenden zugute kommen lassen wollte.

Hat hingegen der Hausangehörige die empfangene Erklärung dem Adressaten entstellt übermittelt, so ist diesem die „abgegebene" Erklärung überhaupt nicht zugegangen. Dafür aber, daß ihm eine andere als die abgegebene Erklärung zugegangen ist, kann, wie gesagt, der Erklärende um deswillen nicht verantwortlich gemacht werden, weil er sich auf die telephonische Verhandlung nur in der Meinung eingelassen hatte, daß der Gegner selbst am Fernsprechapparat erschienen sei. Indem er den Adressaten selbst zu sprechen wünschte, gab er zu erkennen, daß er bei der Erklärungsabgabe die mit der Zuziehung von Mittelspersonen verbundenen Gefahren nicht auf sich nehmen wolle. Kann darum von einer Anwendung der §§ 119, 120, 122 BGB. keine Rede sein, so bleibt nichts anderes übrig, als das vorgenommene Rechtsgeschäft für nichtig zu erklären, und zwar ohne daß sein Urheber dem Adressaten das negative Geschäftsinteresse zu ersetzen brauchte.

Wir dürfen also als Resultat unserer Untersuchungen den Rechtssatz aufstellen: hat sich ein Haus- oder Geschäftsangehöriger, der keine Vertretungsmacht besitzt, am Telephon für den Adressaten selbst ausgegeben, so wird die Willenserklärung, wenn er sie dem Adressaten richtig überbringt, in dem Moment, wo er sie überbringt, wirksam; sie bleibt hingegen unwirksam, wenn er sie dem Adressaten gar nicht oder nur verstümmelt zuträgt. Dieses Ergebnis stimmt mit demjenigen überein, das wir in dem vorhin schon berufenen dritten Teile dieses Paragraphen bei Erledigung der dort zur Besprechung stehenden Fälle gewannen. Es mag darum hinsichtlich aller weiteren Einzelheiten auf die früheren Ausführungen verwiesen sein[45]).

[45]) Vgl. oben S. 310 ff. — Nur zwei, allerdings nicht mehr rechtsgeschäftliche Wirkungen des Mißverständnisses betreffende Fragen erfordern hier eine besondere Erörterung. Die eine geht dahin, ob der Adressat, falls er nachträglich den mit seinem Telephon getriebenen Mißbrauch bemerkt, dem Erklärenden die etwaige Unwirksamkeit der Erklärung unverzüglich anzeigen und im Falle schuldhaft unterlassener Anzeige Schadensersatz leisten muß. Diese Haftung ist zweifellos innerhalb der Grenzen des § 826 BGB. zu bejahen. Sie darüber hinaus auszudehnen, wie das offenbar Meili a. a. O. S. 459, Frankenburger a. a. O. S. 848 und Joerges a. a. O. S. 72 Anm. 68 wollen, scheint mir weder nach geltendem Rechte zulässig, noch de lege ferenda notwendig zu sein. Die andere Frage handelt davon, ob der Hausangehörige, der die empfangene Erklärung nicht oder nicht richtig weitergegeben und dadurch ihre Nichtigkeit herbeigeführt hat, dem Erklärenden schadensersatzpflichtig ist. Zwar wird die Haftung des Hausangehörigen aus naheliegenden Gründen nicht allzu häufig praktisch werden; immerhin sind doch Fälle, wo er hinreichendes Vermögen zur

§ 19.

Wir haben in diesem Kapitel gesehen, daß das Mißverständnis des Adressaten der Gültigkeit der Willenserklärung grundsätzlich nicht im Wege steht, sondern daß es deren Unwirksamkeit nur dann herbeiführt, wenn es auf einem Wahrnehmungsfehler des Adressaten beruht und der Erklärende diesen Wahrnehmungsfehler gleich nach der Erklärungsabgabe bemerken mußte. Es fragt sich, ob es bei der prinzipiellen Einflußlosigkeit des Mißverständnisses auf den Bestand des Rechtsgeschäftes auch dann sein Bewenden hat, wenn sich zu dem Mißverständnis des Empfängers ein Irrtum auf seiten des Erklärenden gesellt: jemand, der zum 1. Februar kündigen will, sagt aus Versehen „1. März"; der Gegner versteht „1. Mai". Schon früher haben wir darauf hingewiesen, daß hier die Möglichkeit einer weiter tragenden Wirkung des Mißverständnisses jedenfalls gegeben ist. Denn die Regelung der Irrtumslehre

---

Schadloshaltung besitzt, und darum seine Ersatzpflicht für den Erklärenden von Wert ist, denkbar. Nun ist auch hier die Haftung unzweifelhaft zu bejahen, wenn die Voraussetzungen des § 826 erfüllt sind: hat der Hausangehörige sich absichtlich für den Adressaten ausgegeben oder doch wenigstens die Weiterbeförderung der Erklärung absichtlich unterlassen, um den Erklärenden zu schädigen, so ist er selbstverständlich zum Ersatz des angerichteten Schadens verpflichtet. Darüber hinaus wird sich aber, soweit nicht etwa im einzelnen Falle die Rechtssätze von der negotiorum gestio eingreifen, eine Haftbarkeit höchstens durch analoge Heranziehung des § 179 BGB. erzielen lassen, indem man argumentiert, daß, wenn sogar derjenige vom Gesetz schadensersatzpflichtig gemacht wird, der sich, ohne Vertretungsmacht zu haben, für einen Bevollmächtigten ausgibt, erst recht derjenige haften muß, der nicht nur ein Bevollmächtigter des Geschäftsgegners, sondern dieser selbst zu sein behauptet. Freilich werden in unseren Fällen die Hausangehörigen häufig minderjährige Personen sein, so daß ihre Inanspruchnahme auch nach § 179 (vgl. Abs. 3 S. 2) nicht möglich ist. Außerdem werden sie, selbst wenn sie großjährig sind, von ihrer mangelnden Befugnis, den Adressaten zu vertreten, regelmäßig keine klare Vorstellung haben, so daß auch bei Annahme der Schadenshaftung diese sich meistens nur auf das negative Geschäftsinteresse des Erklärenden erstrecken wird (Abs. 2 des § 179). Soweit aber hiernach eine Möglichkeit, den Hausangehörigen zum Schadensersatz heranzuziehen, übrig bleibt, scheint mir der analogen Verwertung der im § 179 zum Ausdruck gebrachten Rechtsgrundsätze kein Bedenken entgegenzustehen.

im BGB. baut sich auf dem Gedanken auf, daß der Erklärende an der irrtümlich abgegebenen Erklärung zum Schutze des Adressaten festgehalten werden müsse. In dessen Interesse wird die Willenserklärung trotz des fehlenden Geschäftswillens mit Wirksamkeit bekleidet, so daß sie nur im Wege der mit der Verpflichtung zum negativen Schadensersatz verbundenen Anfechtung beseitigt werden kann. Danach liegt die Vermutung nahe, daß wenn der Adressat die Erklärung gar nicht richtig verstanden hat, ein Bedürfnis nach Vertrauensschutz für ihn also nicht besteht, nicht die Anfechtbarkeit, sondern die sich auf die Abwesenheit des Erfolgswillens gründende Nichtigkeit des Rechtsgeschäftes die in Wahrheit zutreffende Lösung darstelle [1]). Ist diese Vermutung, der zufolge das Mißverständnis des Gegners das irrtümlich vorgenommene Rechtsgeschäft nichtig macht, richtig?

Der Gedankengang, der ihr zugrunde liegt, hat auf den ersten Blick etwas Bestechendes. Wenn A die Erklärung x hat abgeben wollen, tatsächlich aber y gesagt und B z verstanden hat, welches Interesse soll dann B haben, A an der Willenserklärung y, die er, der B, gar nicht vernommen hat, festzuhalten, und welches Interesse soll A haben, diese Erklärung, die er gar nicht hat abgeben wollen, dem B gegenüber geltend zu machen? Indessen scheinen die Dinge einfacher zu sein, als sie bei näherem Zusehen sind. Zwar ist selbstverständlich, daß wenn an der abgegebenen, aber von der einen Seite nicht gewollten, von der anderen Seite nicht vernommenen Erklärung keiner der beiden Teile ein Interesse hat, A und B sich unschwer über die Unwirksamkeit des Rechtsgeschäftes einigen werden. Aber daraus folgt gerade, daß da, wo Erklärender oder Adressat, nachdem der wahre Sachverhalt bekannt geworden ist, sich auf den Bestand des Rechtsgeschäftes beruft, er an der Gültigkeit der von ihm ursprünglich nicht gewollten oder nicht wahrgenommenen Erklärung doch ein Interesse hat. Und man kann nicht einmal dem Adressaten das Festhalten an der Erklärung y um deswillen versagen, weil der Erklärende imstande sei, ihr, selbst wenn sie gültig sein sollte, die Gültigkeit im Wege der

---

[1]) Vgl. oben S. 45 f.

Anfechtung sofort zu nehmen, ohne dem Adressaten, der ja bei der Abgabe ihren Inhalt nicht verstanden und also auch nicht auf ihn „vertraut" habe, Schadensersatz leisten zu müssen. Denn es ist einmal möglich, daß der Adressat nachträglich von dritter Seite zwar über sein Mißverständnis, nicht aber über den Irrtum des Gegners aufgeklärt wird und sich infolgedessen, wenn auch nicht schon bei der Erklärungsabgabe, aber doch hinterher auf den Geschäftsinhalt y verläßt und dementsprechende Dispositionen trifft; und es ist sodann möglich, daß der Erklärende in dem Zeitpunkt, wo sich der andere Teil auf die Gültigkeit der abgegebenen Erklärung beruft, sein Anfechtungsrecht bereits nach § 121 Abs. 1 BGB. verloren hat[2]). Wenn also jemand x sagen will, aber aus Versehen y sagt, und der andere Teil z versteht, und dann eine der beiden Parteien auf y als den wahren Erklärungsinhalt zurückgreift, so darf richtigerweise die Frage nicht lauten: „hat die Partei überhaupt ein Interesse daran, den Gegner an dieser Erklärung festzuhalten?", sondern sie muß vielmehr so formuliert werden: „hat der Gegner ein berechtigtes Interesse, dem anderen Teile die Berufung auf y zu wehren?" Und so betrachtet gewinnt das Problem, mit dem wir uns hier beschäftigen, ein erheblich anderes Gesicht. Denn wenn der Adressat an der abgegebenen Erklärung, obwohl er sie seinerzeit mißverstanden hat, festhalten will, wie kommt dann der Urheber des irrtümlich vorgenommenen Rechtsgeschäftes dazu, dessen Zustandekommen mit dem Hinweis auf das Mißverständnis des Gegners zu bemängeln, da er doch sonst in aller Regel aus solchem Mißverständnis einen Ungültigkeitsgrund nicht abzuleiten vermag? Und umgekehrt: wenn der-

---

[2]) Der Erklärende wird beispielsweise nachträglich darauf aufmerksam gemacht, daß er seinerzeit etwas anderes erklärt habe, als er erklären wollte. Obwohl er annehmen muß, daß der Gegner damals die Erklärung richtig, d. h. so, wie sie abgegeben war (y), verstanden habe, unterläßt er dennoch die sofortige Anfechtung. Vorausgesetzt wird hier also überall, daß das dem Adressaten untergelaufene Mißverständnis für den Erklärenden nicht sofort nach Erklärungsabgabe erkennbar gewesen ist. Denn wenn das der Fall war, dann ist die Erklärung ja schon aus diesem Grunde von Anfang an nichtig, so daß die Fragen, um deren Beantwortung wir uns im Texte bemühen, gar nicht auftauchen können.

jenige, der etwas anderes erklärt hat, als er erklären wollte, trotz seines Irrtumes bei der abgegebenen Erklärung stehen bleiben will, soll dann der Adressat wegen der doppelten Inkongruenz, an der die Erklärung leidet, ihre Nichtigkeit geltend machen können, während doch sonst sein Mißverständnis kein Hindernis für die Erklärungsgültigkeit ist, und während für gewöhnlich die Berufung auf den Irrtum doch dem Irrenden allein vorbehalten wird?

Läßt sich also aus der Interessenlage heraus die Nichtigkeit der Willenserklärung schwerlich rechtfertigen, so läßt sie sich noch weniger mit dem Wortlaut der lex lata in Einklang bringen. Denn wenn von letzterer auch, wie oben gesagt wurde, das irrtümlich vorgenommene Rechtsgeschäft um des Vertrauensschutzes willen, auf den der Gegner Anspruch hat, mit Wirksamkeit bekleidet worden ist, so hat doch das Gesetzbuch im § 119 die Gültigkeit der Willenserklärung keineswegs davon abhängig gemacht, daß der Adressat auch wirklich im einzelnen Falle in die Erklärung des Gegners ein schutzwürdiges Vertrauen gesetzt, insbesondere also sie richtig verstanden habe. Sondern das Gesetzbuch ist von der Idee ausgegangen, daß derjenige, der eine Erklärung abgebe, für gewöhnlich im Adressaten den Glauben an das Vorhandensein des der Erklärung entsprechenden Geschäftswillens erwecke, und darum — vorbehaltlich eines etwaigen Anfechtungsrechtes — an dieser Erklärung auch im Falle des Irrtumes festzuhalten sei. Daß aber das Gesetzbuch die Wirksamkeit der irrtümlichen Erklärung deswegen noch nicht an die Bedingung geknüpft hat, daß der Erklärende im einzelnen Falle diesen Glauben auch wirklich erzeugt habe, ergibt sich aus § 122 Abs. 2, wonach das Rechtsgeschäft auch dann in Kraft tritt, wenn der Adressat den Irrtum des Erklärenden bei der Erklärungsabgabe gekannt hat. Wenn aber selbst hier das Gesetzbuch keine Ausnahme von der Gültigkeit und der damit geschaffenen Anfechtungsbedürftigkeit des unter dem Einfluß eines Irrtumes vorgenommenen Rechtsgeschäftes macht, so sind wir erst recht nicht befugt, im Falle eines dem Adressaten untergelaufenen Mißverständnisses die Anwendung des § 119 auszuschließen. Vielmehr zwingt uns dessen allgemeine Fassung dazu, die Regeln, die das Gesetzbuch über den Irrtum, und die wir über das Mißverständnis aufgestellt haben, auch dann zu beobachten, wenn beide, Irrtum und Mißverständnis, vereint auftreten[3]).

Damit ist gleichzeitig die Frage beantwortet, wie wir es zu halten haben, wenn gegenüber einer irrtümlich abgegebenen Willenserklärung des A das Mißverständnis des B darin besteht, daß er der Erklärung statt ihres wirklichen Inhaltes gerade denjenigen entnimmt, den sie nach der Absicht des Erklärenden haben sollte, so daß sich zwar nicht Geschäftswille und Erklärung, auch nicht Erklärung und Erklärungsaufnahme, wohl aber Geschäftswille und Erklärungsaufnahme decken. A will zum 1. März kündigen, sagt aus Versehen 1. Mai, B versteht 1. März. Auch hier gilt der eben verfochtene Grundsatz, daß eine Kombination von Irrtum und Mißverständnis nichts an den gesetzlichen Bestimmungen ändert, denen jeder einzelne der beiden Defekte unterliegt. Wenn also jemand x sagen will, statt dessen y sagt, der Gegner aber durch Zufall x versteht, so kommt, vorbehaltlich des dem Urheber der Erklärung zustehenden Anfechtungsrechtes, die Erklärung y gültig zustande. Zwar werden sich auch hier die Parteien, wenn sie gleichmäßig an x interessiert sind, ohne weiteres auf diesen Erklärungsinhalt einigen. Hingegen kann wider ihren Willen keine Partei gezwungen werden, an x festzuhalten, insbesondere ist der Erklärende, wenn der Adressat ihm die Geltung von x anbietet, nicht genötigt, auf diesen Vorschlag einzugehen, sondern kann sich auf die Gültigkeit von y berufen; ja er kann, wenn er will, y anfechten, so daß weder x noch y als Erklärungsinhalt übrig bleibt[4]). Damit ist freilich im praktischen Effekt dem Erklärenden

---

[3]) Einen von dem hier eingenommenen Standpunkt abweichenden vertritt offenbar Hölder, Auslegung S. 70: „Ist der Inhalt der Erklärung weder mit der Meinung ihres Urhebers noch mit der Meinung ihres Empfängers über ihn identisch, so gibt es keinen unabhängig von der Meinung beider schlechthin gegebenen Inhalt derselben."

[4]) Und zwar wird er dieses Anfechtungsrecht in der Regel frei von jeder Schadensersatzpflicht ausüben können. Denn er ist dem B nur denjenigen Schaden zu ersetzen verbunden, den dieser durch sein Vertrauen auf die Wirksamkeit von y erlitten hat. Da aber B y gar nicht

ein Reurecht eingeräumt. Denn letzterer entzieht sich hier den Folgen des Rechtsgeschäftes nicht deshalb, weil Wille und Erklärung auseinandergegangen sind, sondern weil es ihm nachträglich lieb ist, die Erklärung, die er abgeben wollte, nicht abgegeben zu haben. Indessen hat solches Reurecht durchaus nichts Schreckhaftes an sich, ganz abgesehen davon, daß es an jeder Handhabe fehlt, Befugnisse, für deren Erwerb alle gesetzlichen Voraussetzungen erfüllt sind, lediglich deshalb nicht entstehen zu lassen, weil ihre Ausübung dem Berechtigten noch andere als die vom Gesetz gewollten Vorteile gewährt. Auch dem Käufer sind die ädilizischen Rechtsbehelfe nur wegen der Mangelhaftigkeit der Ware verliehen, und trotzdem kann es nicht verhindert werden, daß er einen Fehler der Sache, der ihm bei steigender Konjunktur höchstens Anlaß zu einer nicht erheblichen Preisminderung gegeben hätte, bei sinkenden Kursen zur Geltendmachung des Wandlungsrechtes benutzt[5]). Und wenn ein Mieter gestorben ist, können seine Erben den Mietvertrag nach § 569 auch dann kündigen, wenn der Tod des Erblassers sie an und für sich zum Aufgeben der Wohnung nicht bestimmt hätte, sie aber die Gelegenheit, die sich ihnen bietet, rasch ergreifen, ihre Verbindung mit dem ihnen schon längst unsympathischen Vermieter zu lösen. Und so liegt auch kein Grund zum Protest vor, wenn einmal — häufig werden solche Fälle ohnedies nicht sein — ein Irrender sein Anfechtungsrecht dazu mißbraucht, nicht nur die Erklärung, die er nicht abgeben wollte, sondern auch die Erklärung, die er abgeben wollte, wirkungslos zu machen[6]).

---

verstanden hat, kann er auch auf y nicht gebaut, also in dieser Beziehung auch keinen durch getäuschtes Vertrauen entstandenen Schaden erlitten haben. Nur dann würde eine Klage auf Ersatz des negativen Geschäftsinteresses denkbar sein, wenn der Adressat nach der Vornahme des Rechtsgeschäftes von dritter Seite zwar über sein Mißverständnis, aber nicht über den Irrtum des Gegners aufgeklärt worden wäre.

[5]) Es gilt im Handelsverkehr geradezu als sprichwörtliche Wahrheit, daß bei fallenden Preisen „der Kaufmann doppelte Brillen aufsetzt".

[6]) Auch hier anderer Meinung Hölder a. a. O.: „Haben meine Worte an sich einen anderen Inhalt bezeichnet, als den sie bezeichnen sollten, so habe ich trotzdem dem Anderen den von mir gemeinten

Zweites Kapitel.

Die Wirkungen des Mißverständnisses bei Verträgen.

§ 20.

Der Vertrag setzt sich aus Offerte und Annahme zusammen. Offerte und Annahme sind, auch wenn man jede für sich betrachtet, keine einseitigen Rechtsgeschäfte im technischen Sinne, d. h. in dem Sinne, in welchem das BGB. diesen Begriff verwendet. Denn letzteres versteht unter einseitigen Willenserklärungen, wie schon früher einmal ausgeführt wurde, nur solche, die nicht Bestandteile eines Vertrages sind. Indessen wenn auch das Gesetzbuch die einseitigen Rechtsgeschäfte einerseits, Offerte und Annahme anderseits in mancherlei Hinsicht verschiedenartigen Rechtssätzen unterstellt (man denke an die §§ 108, 109, 111, 177, 178, 180 und die zahlreichen, diesen Paragraphen nachgebildeten Rechtsvorschriften), so besteht doch

Inhalt kundgegeben, wenn dieser erkannt hat, daß und wie ich in ihrer Wahl mich vergriffen hatte, wie auch, wenn meinem Fehler, durch den ich ein anderes Wort als das gewollte sprach oder schrieb, der umgekehrte Fehler des Anderen entsprach, durch den er anstatt des wirklich von mir gebrauchten Wortes das Wort, das ich hatte brauchen wollen, hörte oder las." Vgl. schon im gemeinen Rechte Zitelmann, Irrtum S. 428 unter 3. — Ausführlich ist das dem Irrenden im Texte zugesprochene Reurecht bekanntlich von Gradenwitz bekämpft worden in seiner geistvollen und anregend geschriebenen Studie „Anfechtung und Reurecht beim Irrtum" (Berlin 1902). Siehe auch das Referat über seinen denselben Gegenstand betreffenden Vortrag in der D. Jur.-Ztg. 6 S. 155 f. Gradenwitz will das Reurecht dem Irrenden regelmäßig sogar dann absprechen, wenn der Gegner die Erklärung richtig, d. h. so, wie sie abgegeben war, verstanden hat, aber der Anfechtung des Erklärenden gegenüber bereit ist, das Geschäft mit dem vom Erklärenden gewollten Inhalt gegen sich gelten zu lassen. Solchenfalls soll also der Erklärende bei dem gewollten, wenn auch nicht erklärten Geschäftsinhalt festgehalten werden. Die Ausführungen von Gradenwitz, die meiner Meinung nach mit dem geltenden Rechte nicht in Einklang zu bringen sind, haben in der Literatur eine sehr verschiedenfache Beurteilung kein Zweifel, daß beide Arten von Rechtsgeschäften auch von einer großen Menge einheitlicher Regeln beherrscht werden. Wie natürlich: denn beide Gruppen fallen unter den gemeinsamen Oberbegriff der Willenserklärung. Zu denjenigen Rechtsvorschriften, die sowohl für die einseitigen Erklärungen wie auch für Antrag und Annahme gelten, gehört in erster Linie der § 130. Eine schriftliche Offerte oder eine schriftliche Annahmeerklärung wird ebenso im Zeitpunkt ihres Zuganges wirksam, wie eine schriftliche Kündigung oder Anfechtungserklärung. Nun haben wir die Regeln, die wir im vorigen Kapitel über die Wirkungen des Mißverständnisses aufstellten, teils unmittelbar dem § 130 entnommen, teils — nämlich soweit es sich um die Fälle von mündlicher Erklärungsabgabe handelte — zwar selbständig aus den Verkehrsbedürfnissen abgeleitet, aber nur um damit die von der Rechtsordnung in § 130 offen gelassene Lücke zu ergänzen. Hingen doch die Lehre vom Mißverständnis und die vom Zeitpunkt des Wirksamwerdens der Willenserklärung auf das innigste zusammen: sie waren beide gewissermaßen nur verschiedene Variationen ein und desselben Themas. Wenn

---

erfahren. Vgl. einerseits: Schneider im Arch. f. Bürgerl. Recht 25 S. 278 ff.; Wendt im Arch. f. d. zivil. Praxis 100 S. 239 ff.; Biermann I S. 246; Planck § 119 unter 1 a. E.; Oertmann § 119 unter 10c und Kipp bei Windscheid I § 77 III a. E.; anderseits: Laubhardt in der D. Jur.-Ztg. 6 S. 349 f.; Stammler, Lehre vom richtigen Rechte S. 522 f.; Dernburg I S. 489 Anm. 26; Regelsberger in der Krit. Viertelj. 44 S. 434 und in der Zeitschr. f. Rechtspfl. in Bayern 4 S. 257 f.; dazu noch Hölder ir Jher. Jahrb. 55 S. 477 f. und Zitelmann, Rechtsgeschäfte II S. 153 § 103b Abs. 3. — Die Frage nach dem Neurecht kommt übrigens nicht nur bei den Irrtumsfällen vor, sondern taucht in ähnlicher Gestalt auch anderweitig, beispielsweise bei der Vollmachtsüberschreitung auf. Wenn A den B bevollmächtigt, mit C über die Lieferung von x zu kontrahieren, und B, sei es absichtlich, sei es, weil er die Vollmacht mißverstanden hat, mit C im Namen des A über y abschließt, so braucht A diesen Vertrag nicht gegen sich gelten zu lassen. Vielleicht wird Gradenwitz auch hier der Meinung sein, daß wenn jetzt C nach Aufdeckung des Sachverhaltes sich zur Leistung von x bereit erklärt, A sich dies gefallen lassen müsse, während sich das Reichsgericht (Seuff. Arch. 61 S. 385 Nr. 217) in einem solchen Falle richtigerweise auf den gegenteiligen Standpunkt gestellt hat.

aber jene von uns gefundenen Regeln dieselbe Funktion versehen sollen, wie der § 130 BGB., so haben sie auch Anspruch darauf, hinsichtlich ihres Geltungsbereiches mit ihm auf eine Stufe gestellt zu werden: auch sie müssen gleichmäßig für einseitige Willenserklärungen wie für Angebot und Annahme gelten. Zwar haben wir absichtlich im vorigen Kapitel von letzteren Erklärungstypen vollständig abgesehen und die Regeln vom Mißverständnis an der Hand streng einseitiger Willenserklärungen entwickelt. Doch geschah das nur, weil uns hier das Bild des an der Vornahme des Rechtsgeschäftes aktiv beteiligten Erklärenden und des sich lediglich passiv verhaltenden Erklärungsempfängers in der reinsten Form entgegentrat. Auf diese Weise war jede Möglichkeit und infolgedessen auch jede Versuchung ausgeschaltet, mit dem Problem vom Wirksamwerden der Willenserklärung Erwägungen zu verquicken, die ausschließlich der Lehre von dem „das Wesen des Vertrages ausmachenden consensus" angehören. Solange wir aber die Offerte und die Annahme jede für sich, d. h. ohne Rücksicht auf die Frage betrachten, ob sie durch ihren Zusammenklang einen gültigen Vertrag ergeben, haben wir dasselbe einfache Bild vor uns: einen Erklärenden und einen Erklärungsempfänger. Wir müssen darum auch hier die Rechtssätze anwenden, die wir im vorstehenden über das Mißverständnis und seinen Einfluß auf die Erklärungsgültigkeit gewonnen haben. Da also, wo es sich, ohne daß dem Urteil über das Schicksal des Vertrages vorgegriffen werden soll, nur darum handelt, ob eine vom Gegner mißverstandene Offerte oder eine vom anderen Teile nicht richtig verstandene Annahmeerklärung den an eine Willenserklärung zu stellenden Wirksamkeitserfordernissen entspricht, brauchen wir in neue Untersuchungen nicht einzutreten, sondern können einfach auf unsere Ausführungen über die einseitigen Willenserklärungen verweisen.

Vergegenwärtigen wir uns noch einmal rasch die einzelnen Konsequenzen dieses Ergebnisses.

Sie liegen zunächst für die Fälle der *schriftlichen* Offerte oder der *schriftlichen* Annahme[1]) in dem Satze, daß es der

---

[1]) Wir erinnern daran, daß „schriftliche Erklärung" in unseren

Wirksamkeit der betreffenden Erklärung nichts schadet, wenn sie, sei es infolge eines Wahrnehmungsfehlers, sei es infolge eines Deutungsfehlers, vom Gegner mißverstanden wird [2]). Wir erhalten ferner die Regel, daß grundsätzlich auch die Gültigkeit der mündlichen Offerte oder der mündlichen Annahme durch ein Mißverständnis des anderen Teiles nicht beeinträchtigt wird, es sei denn, daß es auf einem Wahrnehmungsfehler beruht, und der Erklärende die mangelnde Wahrnehmung des Adressaten unmittelbar nach der Erklärungsabgabe entweder tatsächlich bemerkt hat oder doch wenigstens hätte bemerken können [3]). Weiter folgt aus unseren früheren Darlegungen, daß das Mißverständnis des Gegners, abgesehen von den Fällen, wo es die Ungültigkeit der Willenserklärung herbeiführt, dem Offerenten oder Akzeptanten kein Widerrufsrecht verschafft: nicht erst vom Moment der gegnerischen Kenntnisnahme, sondern schon von dem Augenblick an, wo er sich auf die Erklärung berufen darf, muß er sie gegen sich gelten lassen [4]). Auch das, was oben über den Einfluß des Mißverständnisses bei doppelter, nämlich sowohl mündlicher wie schriftlicher Erklärungsabgabe [5]), und was über die Wirkungen eines eventuellen Verzichtes des Adressaten auf die Kenntnisnahme [6]) gesagt wurde, ist der unmittelbaren Anwendung auf die Offerte und die Annahmeerklärung fähig. Ist die Offerte oder die Annahme mündlich durch einen Boten bestellt worden, so ist sie nichtig, wenn der Bote den Wahrnehmungsfehler des Gegners gleich nach der Erklärungsabgabe erkennen mußte; hat hingegen der Bote die ihm aufgetragene Erklärung selbst falsch verstanden und infolgedessen unrichtig bestellt, so erlangt letztere — vorbehaltlich des dem Erklärenden zustehenden An-

---

Ausführungen nur die abgekürzte Bezeichnung für „körperliche", mündliche nur die Abkürzung für „unkörperliche Erklärung" ist. Vgl. oben S. 200 und 202.

[2]) Vgl. oben S. 202 f. — Wegen der Unterscheidung von Wahrnehmungs- und Deutungsfehler vgl. oben S. 11 ff. u. 61 f.

[3]) Vgl. oben S. 218 ff., insbes. S. 226.

[4]) Vgl. oben S. 236 ff.

[5]) Vgl. oben S. 247 ff.

[6]) Vgl. oben S. 272 ff.

fechtungsrechtes — mit dem falschen Inhalt Wirksamkeit[7]). Ist eine Offerte oder Annahme weder dem Adressaten noch dessen Vertreter, sondern einem Empfangsboten gegenüber erklärt worden, so ist die Erklärung nichtig, wenn der Empfangsbote, sei es infolge eigenen Mißverständnisses, sei es ohne solches dem Adressaten die Botschaft verstümmelt überbringt, oder wenn er sie zwar richtig überbringt, jener aber die Erklärung in einer dem Boten erkennbaren Weise mißversteht; das Angebot oder die Annahme ist hingegen gültig, wenn der Empfänger die ihm richtig überbrachte Erklärung infolge eines für den Boten nicht bemerkbaren Wahrnehmungsfehlers mißversteht[8]). Wird eine Offerte oder Annahmeerklärung in Abwesenheit des Gegners an einen Hausangehörigen, den der Adressat weder als Vertreter noch als Empfangsboten zurückgelassen hat, abgegeben, so fungiert der Hausangehörige als Bote des Erklärenden, so daß die Wirkungen eines etwaigen Mißverständnisses nach den für die Botenschaft geltenden, vorhin kurz skizzierten Grundsätzen zu beurteilen sind[9]). Ruft jemand einen Anderen ans Telephon, um ihm gegenüber ein Angebot oder eine Annahme zu erklären, und erscheint, ohne daß es der Erklärende bemerkt oder auch nur bemerken kann, nicht der Adressat selbst, sondern eine dritte Person am Telephon, die, ohne daß sie Vertretungsmacht hätte, sich für den Adressaten selbst ausgibt, so ist die Offerte oder die Annahme wirksam, wenn sie von dem Dritten an den Adressaten fehlerfrei weitergegeben wird, hingegen ungültig, wenn sie der Dritte dem Adressaten unrichtig überbringt oder zwar richtig überbringt, der Adressat sie aber infolge eines dem Dritten erkennbaren Wahrnehmungsfehlers falsch versteht[10]). Dieselbe Regelung greift — mutatis mutandis — Platz, wenn eine Annahmeerklärung, die wegen der mangelnden Geschäftsfähigkeit des Gegners dessen gesetzlichem Vertreter gegenüber hätte erklärt werden müssen, oder eine Offerte, die wegen der Geschäftsunfähigkeit des anderen Teiles an dessen Mundwalt zu

---

[7]) Vgl. oben S. 241 ff.

[8]) Vgl. oben S. 288 ff.

[9]) Vgl. oben S. 314 ff., insbes. 323 f.

[10]) Vgl. oben S. 328 ff.

richten gewesen wäre[11]), infolge der Unbekanntschaft des Erklärenden mit den persönlichen Verhältnissen des Adressaten gegenüber dem Mündel selbst abgegeben wird[12]). Und endlich: die Rechtssätze über den Einfluß des Mißverständnisses auf die Wirksamkeit der Offerte oder der Annahmeerklärung erfahren dadurch keine Änderung, daß sich zu dem Mißverständnis des Adressaten ein Irrtum auf seiten des Erklärenden gesellt. Es kommt dann eben gegebenenfalls eine Offerte oder eine Annahme mit einem Erklärungsinhalt zustande, der weder der Vorstellung, die sich der Adressat von ihm gemacht hat, noch dem Geschäftswillen des anderen Teiles entspricht[13]).

Indessen nicht diese einfache Übertragung der für die einseitigen Willenserklärungen gefundenen Rechtssätze auf die Offerte und die Annahme ist die in diesem Kapitel uns interessierende Aufgabe. Sondern wir wollen hier die Folgen ins Auge fassen, die das Mißverständnis auf den Vertrag als einheitliches Rechtsgeschäft äußert. Gewiß ist dazu erforderlich, zuvor die Wirkungen festzustellen, die das Mißverständnis auf Angebot und Annahme in ihrer Eigenschaft als einzelne Willenserklärungen hat. Denn der Vertrag setzt sich aus diesen beiden Geschäften zusammen, und wir müssen darum den Einfluß des Mißverständnisses auf diese Teile kennen, wenn wir die Wirkung auf das Ganze mit Erfolg betrachten wollen. Aber Offerte und Annahme erzeugen, selbst wenn sie, jede für sich genommen, allen an eine Willenserklärung zu stellenden Anforderungen genügen, einen Vertrag normalerweise nur dann, wenn sie *zusammenklingen*, wenn sie sich inhaltlich decken und sich dadurch als Ausfluß ein und desselben, auf das gleiche Ziel gerichteten Geschäftswillens zweier Rechtssubjekte darstellen: pactio est duorum pluriumve in idem placitum et consensus. Um die Störungen zu beurteilen, die ein Mißverständnis beim Vertragsschluß hervorruft, genügt es darum

---

11) Beschränkt Geschäftsfähige kommen bei der Offerte nicht in Frage, da diese ein Geschäft ist, welches dem Gegner lediglich rechtliche Vorteile bringt und darum gegenüber dem Vertretenen selbst vorgenommen werden kann.

12) Vgl. oben S. 310 ff.

13) Vgl. das Nähere im vorigen Paragraphen.

nicht, zu wissen, wie es auf die Offerte und die Annahme je in ihrer Isoliertheit wirkt, sondern es ist notwendig, sein Verhältnis zu dem das Wesen des Vertrages ausmachenden Moment der Einigung zu untersuchen. Und diese Frage ist es, die uns im folgenden allein beschäftigen wird. Wir wollen uns also in diesem Kapitel lediglich mit der Bedeutung befassen, die es für den zum Zustandekommen des Vertrages erforderlichen „consensus" hat, wenn der Oblat die Offerte oder der Offerent die Annahmeerklärung mißversteht.

Dabei soll zunächst der Fall, wo die Annahmeerklärung, und erst wenn dieser erledigt ist, der Fall geprüft werden, wo die Offerte mißverstanden wird. Ferner empfiehlt sich hier wie dort eine getrennte Behandlung des auf Wahrnehmungsfehlern und des auf Deutungsfehlern beruhenden Mißverständnisses, so daß wir insgesamt vier verschiedene Gruppen von Fällen zu betrachten haben: unrichtige Deutung der Annahmeerklärung, mangelnde bezw. mangelhafte Wahrnehmung der Annahmeerklärung, mangelnde oder mangelhafte Wahrnehmung der Offerte und unrichtige Deutung der Offerte.

Gegen die in dieser Einteilung liegende Untersuchungsmethode möchte vielleicht mancher einwenden, daß sie von einer nicht überall zutreffenden Voraussetzung ausgehe. Denn sie rechne damit, daß sich in jedem einzelnen Falle eines Vertragsschlusses mit Sicherheit sagen lasse, welche der beiden Parteien der Offerent und welche der Akzeptant gewesen sei, während doch häufig der Vertrag erst nach langem Hin- und Herreden der Parteien und zahlreichen Vor- und Gegenvorschlägen zustande komme, so daß hinterher selbst durch die sorgfältigste Beweisaufnahme nicht ermittelt werden könne, welcher von den Paziszenten hinsichtlich eines bestimmten Stückes des Vertragsinhaltes die Rolle des Offerenten und welcher die des Akzeptanten gespielt habe. Indessen wird sich später zeigen, daß diese Bedenken gegenstandslos sind. Denn wenn wir auch im folgenden, um induktiv zu Werke zu gehen, die Fälle des Offerten- und die des Annahmemißverständnisses getrennt untersuchen, so werden wir doch finden, daß beide zum großen Teile die gleiche Wirkung auf die Perfektion des Vertrages haben, wodurch sich dann jede Prüfung der Rollenverteilung von selbst erübrigt.

Da aber, wo die Wirkungen verschieden sind, und die Prüfung darum vorgenommen werden muß, liegen, wie sich ebenfalls herausstellen wird, die Dinge stets so, daß der Nachweis des Offerenten und des Akzeptanten keine Schwierigkeiten bereitet[14]).

---

[14]) Nicht zu verwechseln mit den Fällen, bei denen es, wie vorhin angedeutet, schwer hält, nach erfolgtem Vertragsschluß die Person des Offerenten und die des Akzeptanten anzugeben, sind die anderen, wo zweifellos feststeht, daß beide Parteien sowohl die Rolle des Offerenten wie des Akzeptanten innegehabt haben. Diese Situation kann sich ergeben, wenn zwei Personen einander gleichzeitig über denselben Vertragsinhalt Offerten zusenden: es bietet etwa A dem B brieflich sein Pferd für 1000 Mark zum Kaufe an, und gleichzeitig sendet B an A einen Antrag ab, der auf Erwerb eben dieses Pferdes zum Preise von 1000 Mark gerichtet ist. Dann ist durch die sich kreuzenden Offerten allein ein Vertrag noch nicht zustande gekommen. (Ebenso Windscheid II S. 243 § 305 Anm. 2 und Schott, Kühn, Kohler an den bei Windscheid zitierten Stellen; ferner Hölder, Pandekten S. 220 und Kommentar S. 321; Bekker, Pandekten II S. 88; Degenkolb im Arch. f. d. zivil. Praxis 71 S. 17 Anm. 3c; Düringer-Hachenburg II S. 132; Oertmann I S. 452; Endemann I § 68 S. 319 Anm. 5; Cosack I S. 212 unter II; Leonhard, Irrtum I S. 81 Anm. 2 und S. 133 bei Anm. 1. Anderer Meinung: Schloßmann, Hauser, Köppen, Marsson an den bei Windscheid zitierten Stellen; ferner Dernburg I S. 433 unter IV und Pandekten II § 11 Anm. 2; Zitelmann, Rechtsgeschäfte I S. 121; Regelsberger, Pandekten S. 552 Anm. 19, Zivilrechtl. Erörterungen S. 12 und Endemanns Handbuch II S. 445; Crome I S. 396; Enneccerus I S. 382 Anm. 4; Planck I S. 259; Staudinger I S. 498 und Wedemeyer, Vertragsabschluß S. 38. Wenn das Sächs. BGB. in § 814 sagte: „die beiderseitigen Willenserklärungen bei einem Vertrag können gleichzeitig erfolgen", so war damit, nach dem übrigen Inhalt des Paragraphen zu urteilen, etwas anderes als ein Vertragsschluß durch sich kreuzende Offerten gemeint. So auch Werthauer in seiner sich an das Sächs. BGB. anschließenden Studie über den Einfluß des Irrtumes auf Verträge [Breslau 1887] S. 24 Anm. 1.) Wohl aber ist es möglich, daß die sich kreuzenden Offerten im weiteren Verlauf zu einem Vertragsschluß führen. Ob sie es tun, hängt von dem Verhalten ab, welches die Parteien nach Eintreffen der beiderseitigen Angebote beobachten. Schreibt jeder dem Anderen, daß er dessen Offerte ablehne, so ist kein Vertrag perfekt geworden. Lehnt der eine Teil ab, so weist er damit das Angebot des Gegners zurück, ohne deswegen von der Gebundenheit an seine eigene Offerte frei zu werden. Nimmt der eine Teil an, während der Gegner ablehnt, so kommt ein Vertrag zustande, bei dem der Annehmende ausschließlich als Akzeptant, der Gegner ausschließlich als Offerent

§ 21.

1. Betrachten wir also zunächst die Fälle, wo der Offerent die auf seine Offerte ergangene Antwort des Oblaten mißversteht. Dabei setzen wir voraus, daß das Mißverständnis des Offerenten die einzige Anomalie ist, die der Vertragsschluß aufweist, daß also alle übrigen für das Zustandekommen eines gültigen Kontraktes erforderlichen Bedingungen erfüllt sind. Insbesondere nehmen wir an, daß über den Inhalt der Offerte selbst zwischen den Parteien keinerlei Meinungsverschiedenheit obwaltet.

Wenn solchenfalls der Offerent die seinen Antrag beantwortende gegnerische Erklärung infolge eines Deutungsfehlers mißversteht, so kann ein solches Mißverständnis nur von dreifacher Art sein: entweder wird eine Erklärung des Oblaten, die sich in Wahrheit als „Annahme unter Erweite-

---

mitgewirkt hat. Lassen beide Teile nach Eintreffen der Offerte gar nichts voneinander hören, so kommt es darauf an, wie nach den Umständen des konkreten Falles das Schweigen aufzufassen ist. Liegen die Dinge so, daß das Schweigen nach den Gesetzen der Geschäftsinterpretation nicht als Annahmeerklärung ausgelegt werden kann, so haben wir es wiederum mit einer beiderseitigen Ablehnung der Offerten, also mit dem Gegenteil eines Vertragsschlusses, zu tun. Sind hingegen die Verhältnisse so, daß das beiderseitige Schweigen als Annahmeerklärung zu gelten hat (und im Zweifel werden die Verhältnisse so sein), oder teilen sich gar beide Teile ihren Annahmewillen ausdrücklich mit, dann wird durch die beiderseitige Annahme ein Vertrag perfekt, bei dem jede Partei gleichmäßig den Charakter des Akzeptanten wie den des Offerenten hat; oder richtiger gesagt: es werden zwei Verträge existent, die beide auf den gleichen Inhalt gehen. Freilich nicht im Sinne Schloßmanns, der a. a. O. S. 77, um die von ihm bekämpfte Theorie ad absurdum zu führen, aus ihr die Konsequenz zieht, daß im obigen Beispiel der Verkäufer zweimal liefern müsse, sondern in dem selbstverständlichen Sinne, in dem uns auch sonst vielfach in der Rechtsordnung die Konkurrenz von complures causae in eandem rem entgegentritt. Aus alledem ergibt sich, daß zwei sich kreuzende Offerten zu einem Doppelvertrag führen können, aber ihn nicht notwendigerweise herbeizuführen brauchen. Jede Offerte ist eben durchaus selbständiger Natur und unterliegt ihrem eigenen Schicksal. Wer die Probe macht, wird darum finden, daß die Rechtssätze vom Mißverständnis, die im folgenden entwickelt werden sollen, sich auf alle hier herausgestellten Eventualitäten unschwer anwenden lassen, so daß auch aus dem Falle der sich kreuzenden Offerten unserer Lehre kein besonderes Problem erwächst.

rungen, Einschränkungen oder sonstigen Änderungen" (also als teilweise Annahme und teilweise Ablehnung) darstellt, vom Offerenten als glatte Annahme oder glatte Ablehnung aufgefaßt; oder es wird eine Erklärung, die in Wahrheit eine glatte Ablehnung des Antrages enthält, vom Antragsteller fälschlich für eine totale oder teilweise Annahme der Offerte gehalten; oder endlich es wird einer Erklärung, die in Wirklichkeit den Antrag in seinem ganzen Umfang annimmt, vom Empfänger die Bedeutung einer totalen oder partiellen Ablehnung beigelegt[1]).

Beispiele für den ersten Fall lassen sich unschwer konstruieren. A will seine alten Möbel verkaufen. B bietet ihm dafür 120 Mk. A akzeptiert brieflich, wenn B Barzahlung leisten wolle. Darauf antwortet B nicht weiter, hält aber gleichwohl den Vertrag für perfekt, da er ja keinen Kredit verlangt habe[2]). Bei sinngemäßer Auslegung besagt die Erklärung des A, daß er annehme, wenn ihm der Gegner sofortige Zahlung zusichere. Daß der andere Teil keine Stundung gefordert hat, ist für den Gegner kein Grund, sich die Barzahlung nicht besonders versprechen zu lassen. Wie der Oblat seine Annahme von jeglicher Bedingung abhängig machen kann, so kann er sie auch davon abhängig machen, daß der Offerent sich über einen, sei es auch ihm selbstverständlich erscheinenden Punkt noch einmal äußere. A's Annahme ist also eine Annahme unter einer Einschränkung, und wenn B letztere wegen ihrer vermeintlichen Selbstverständlichkeit übersah, so hat er die Erklärung des A mißverstanden. Oder ein Verkäufer akzeptiert eine Bestellung auf Kredit unter dem Vorbehalt, Erkundigungen über den Käufer einzuziehen. Nach richtiger Auffassung bedeutet diese Erklärung eine Annahme verbunden mit der Ausbedingung eines Rücktrittsrechtes für den Fall, daß Zweifel über die Kreditwürdigkeit des Käufers laut werden[3]). Letzterer hingegen hält sie für ein unein-

[1]) Die Frage, wann eine Erklärung in Wahrheit als Annahme und wann als Ablehnung und wann als teilweise Annahme oder teilweise Ablehnung zu gelten hat, beantwortet sich ausschließlich nach den im dritten Kapitel unseres ersten Teiles über die Ermittelung des Erklärungsinhaltes aufgestellten Grundsätzen, auf die hier natürlich nicht noch einmal eingegangen werden kann.

[2]) Der Fall ist Lenels Praktikum des Bürgerl. Rechtes S. 35 Nr. 125 entnommen.

[3]) Vgl. Rechtspr. der OLG. 15 S. 311 Anm. 1.

geschränktes Akzept, dem der Absender die — rechtlich irrelevante — Mitteilung hinzugefügt habe, daß er sich noch weiter nach ihm erkundigen werde. Ähnlich liegen die Dinge, wenn der Empfänger einer Offerte telegraphiert: „akzeptiere; Brief folgt," und diese Erklärung nach den im konkreten Falle durchgreifenden Interpretationsregeln[4]) nur die grundsätzliche, eine Reihe von Abänderungsvorschlägen sich vorbehaltende Zustimmung des Oblaten zu der Offerte des anderen Teiles zum Ausdruck bringt, während der Offerent in ihr eine bedingungslose Annahme sieht, verbunden mit der rechtlich gleichgültigen Ankündigung eines unterwegs befindlichen Schreibens. Schließlich denke man noch an die Fälle, wo eine Warenbestellung vom Verkäufer sofort effektuiert, der Sendung aber eine Faktura beigelegt wird, deren Text den vom Käufer in der Offerte verlangten Vertragsbedingungen in wesentlichen Punkten widerspricht. Liest hier der Käufer die Faktura nicht, so wird er wiederum die in der Zusendung der Ware liegende Willenserklärung des Verkäufers, durch welche dieser die Bestellung in Wahrheit nur unter Einschränkungen akzeptiert hat, für eine vorbehaltlose Annahme seiner Offerte halten.

In allen diesen Fällen handelt es sich um eine vom Offerenten verkannte „Annahme unter Erweiterungen, Einschränkungen oder sonstigen Änderungen". Eine derartig verklausulierte Annahme gilt aber nach BGB. § 150 Abs. 2 als Ablehnung verbunden mit einem neuen Antrag. Wenn also der Offerent eine solche Annahme mißversteht, so mißversteht er im Grunde eine sich ihm gegenüber als Offerte darstellende Willenserklärung. Verwandelt sich nach der zitierten Gesetzesbestimmung die Annahme in einen Antrag, so muß sich auch das Annahmemißverständnis in ein Antragsmißverständnis verwandeln. Wir haben es dann also mit derselben Rechtsfigur zu tun, die uns später beschäftigen soll, wenn wir vom Mißverständnis des Oblaten in Ansehung der ihm gemachten Offerte handeln. Die dort zu ermittelnden Rechtssätze müssen demnach auch hier Anwendung finden. Und darum brauchen wir uns mit den Fällen, wo der Oblat die Offerte unter Abänderung ihres Inhaltes annimmt, und diese

[4]) Vgl. oben § 11 bei Anm. 26.

Annahme vom Offerenten mißverstanden wird, an dieser Stelle nicht weiter zu befassen, sondern können hinsichtlich ihrer auf die künftigen Erörterungen verweisen[5]).

Der andere Fall von Mißverständnis, der auf seiten des Offerenten möglich ist, war der, daß der Antragsteller die in Wahrheit als Ablehnung des Antrages anzusehende Willenserklärung des Oblaten fälschlicherweise für eine Annahme seines Antrages hält. Diese Situation ist sowohl da denkbar, wo der Antragsempfänger auf die Offerte eine sei es schriftliche, sei es mündliche Antwort erteilt, als auch besonders da, wo der Oblat den Antrag unbeantwortet läßt, sich also dem Offerenten gegenüber vollständig ausschweigt. Namentlich in den letzteren Fällen wird es leicht vorkommen, daß der Offerent die Voraussetzungen für gegeben erachtet, unter denen das Schweigen als Annahme des Antrages aufzufassen sei, während es in Wirklichkeit als Ablehnung der Offerte ausgelegt werden muß.

Hat nun der Offerent die einerlei in welcher Art zum Ausdruck gebrachte Ablehnung unrichtig gedeutet, so geht dadurch der Ablehnung von ihrer Wirkung nichts verloren. Denn wir erinnern uns von früher her, daß die Gültigkeit einer Willenserklärung von etwaigen Deutungsfehlern des Erklärungsempfängers unberührt bleibt. Obwohl also der Offerent an die Annahme seines Antrages glaubt, ist doch tatsächlich in Ermangelung solcher Annahme ein Vertrag nicht abgeschlossen worden. Hat aber bereits die Ablehnung der Offerte die Entstehung des zum Vertrag notwendigen „consensus" gehindert, so kann von einer störenden Einwirkung des Mißverständnisses auf das Zustandekommen des Vertrages nicht mehr die Rede sein: die unrichtige Deutung, durch die der Offerent seine vom Gegner zurückgewiesene Offerte als angenommen betrachtet, hat also in der Lehre von der Perfektion der Verträge keinen Anspruch auf Interesse[6]).

---

[5]) Vgl. den folgenden Paragraphen.

[6]) Das gilt selbst dann, wenn der Oblat das Mißverständnis des Offerenten bemerkt hat. Hat er freilich, statt den Gegner nunmehr aufzuklären, ihn doloserweise bei seiner falschen Meinung gelassen, so wird er dem Antragsteller schadensersatzpflichtig, und zwar hat er ihm den durch das Vertrauen auf die Gültigkeit des Vertrages erlittenen

Es bleibt nun noch als dritte Möglichkeit des Offerentenmißverständnisses der Fall übrig, daß der Antragsteller die uneingeschränkte gegnerische Annahme für eine Ablehnung und demgemäß seinen Vertragsvorschlag für gescheitert ansieht. Diese Konstellation kann wiederum besonders leicht da vorkommen, wo der Oblat auf die Offerte geschwiegen hat, und der Offerent in diesem Schweigen eine Weigerung, auf den Antrag einzugehen, erblickt, während es nach den Umständen des konkreten Falles als Annahme zu gelten hat. Aber auch innerhalb der sogenannten ausdrücklichen Annahmeerklärungen lassen sich Beispiele mühelos bilden. Man denke sich, daß der Oblat auf die Frage des Offerenten mit dem Kopfe nickt, was dieser unrichtigerweise [7]) nach der Sitte seines Heimatlandes als Zeichen der Verneinung auffaßt; daß in einem Antwortschreiben die tatsächlich darin enthaltene Annahmeerklärung hinter so vielen Bedenken und Zweifeln versteckt ist, daß der Antragsteller bei flüchtiger Durchsicht des Briefes aus ihm nur das „Nein" herausliest; oder daß die Annahme in einem Zeitpunkt eintrifft, wo nach der Meinung des Offerenten die gesetzliche Frist für seine Gebundenheit bereits abgelaufen ist, während bei richtiger Würdigung der konkreten Umstände die Gebundenheit noch andauert.

Ebensowenig wie vorhin die Ablehnung erleidet hier die Annahmeerklärung als solche durch das in einem Deutungsfehler bestehende Mißverständnis des Offerenten eine Einbuße in ihrer Gültigkeit, so daß bei der fehlerfreien Offerte und der vom Rechte nicht beanstandeten Annahme der Gültigkeit des Vertrages von seiten der einzelnen ihn bildenden Teile nichts im Wege steht. Wie aber verhält es sich mit dem Erfordernis des consensus? Auch dieses ist, selbst wenn man seine Grenzen noch so eng zieht [8]), bei näherem Zusehen gewahrt: sind doch

---

Schaden zu ersetzen. Dadurch kann der Offerent unter Umständen so gestellt werden, als wäre der Vertrag wirksam zustande gekommen. Diese Rechtsfolge ist dann aber nicht durch das Mißverständnis des Antragstellers, sondern durch den dolus des Gegners erzeugt, sie gehört also der Delikts- und nicht der uns hier beschäftigenden Vertragslehre an. Vgl. auch oben S. 222 ff.

[7]) Vgl. oben S. 152 und 162.

[8]) Im gemeinen Rechte stritt man bekanntlich darüber, ob unter

beide Parteien von dem auf den gleichen Rechtserfolg gerichteten Geschäftswillen beseelt, und haben sie doch beide diesem Willen den entsprechenden Ausdruck verliehen. Woran es gebricht, ist nicht der consensus, sondern die Kenntnis des Offerenten von der Existenz des consensus. Diese Kenntnis wird aber vom Gesetzbuch zum Zustandekommen des Vertrages nicht verlangt. Müßte doch zufolge der vom BGB. adoptierten Empfangstheorie der Antragsteller den Kontrakt auch dann gegen sich gelten lassen, wenn ihm das Annahmeschreiben unmittelbar nach erfolgtem Zugang gestohlen und infolgedessen niemals zu Gesicht gekommen wäre.

So hindert also die vom Offerenten verkannte Annahme nicht die Entstehung eines vollwirksamen Vertrages. Weder macht der Deutungsfehler den Kontrakt nichtig noch anfechtbar, noch gibt er dem Antragsteller irgendwelche Rechte auf Schadensersatz [9]).

In der Literatur hat man den Fall, wo der Offerent die Ablehnung für eine Annahme, und den anderen, wo er die Annahme für eine Ablehnung hält, unter den Begriff des Dissenses zu bringen versucht [10]). Es fragt sich, ob die Verwendung dieses Begriffes an dieser Stelle angebracht ist.

Das Wort dissensus wird, wie wir später noch sehen werden, in der Literatur in sehr verschiedenfachem Sinne und zu sehr verschiedenen Zwecken benutzt. In dem hier gebrauchten Zusammenhang will es besagen, daß die Parteien verschiedener Meinung sind über die Existenz eines bestimmten Vertrages. Sie sind zwar einig über den Vertragsinhalt, falls der Vertrag perfekt geworden ist; sie streiten aber darüber, ob er perfekt geworden ist, indem der eine Teil die Annahme, der andere Teil die Ablehnung des vom Offerenten gestellten Antrages behauptet. Soll hier der Kunstausdruck „Dissens" einen Sinn und Zweck haben, so muß er uns in den Stand setzen,

---

consensus nur die Übereinstimmung der beiderseitigen Geschäftswillen oder nur die Übereinstimmung der beiderseitigen Erklärungen oder sowohl die Übereinstimmung der Geschäftswillen wie der Erklärungen zu verstehen sei. Wir werden auf die Frage später noch einzugehen haben.

[9]) Vgl. aber auch hier die obige Anm. 6.

[10]) Siehe z. B. Zitelmann, Irrtum S. 485 f.

die Rechtsfolgen der eben geschilderten Meinungsverschiedenheit der Parteien auf eine möglichst knappe und treffende Formel zu bringen. Eine solche Formel könnte aber nach allem, was wir gesehen haben, nur lauten: der Dissens über die Antragsannahme oder Antragsablehnung ist auf das Schicksal des Vertragsschlusses ohne Einfluß. Diese Formel würde aber in Wirklichkeit etwas Unwahres oder doch wenigstens Ungenaues aussagen. Denn wir werden nachher, wenn wir vom Wahrnehmungsdefekt handeln, sehen, daß nicht jedes Mißverständnis des Offerenten über die Annahme oder Ablehnung seines Antrages für das Zustandekommen des Vertrages gleichgültig ist. Jene vom Begriff des „Dissenses" uns an die Hand gegebene Formel ist also nur brauchbar, wenn sie gleichzeitig die Art des Mißverständnisses namhaft macht, auf der im konkreten Falle der Dissens beruht. Läßt sich aber der uns hier entgegengetretene Dissensbegriff als technischer nicht verwerten, ohne daß jedesmal der Typ des ihm zugrunde liegenden Mißverständnisses aufgedeckt werden muß, so ist er für die juristische Terminologie das Gegenteil einer Ersparnis. Nimmt man hinzu, daß er überdies durch die verschiedenartige Verwendung, die das Wort Dissens in der Literatur gefunden hat, zu Unklarheiten und Irrtümern verleitet, so wird man uns sowohl vom Standpunkt der juristischen Logik wie der juristischen Ökonomie beipflichten, wenn wir die obige Kategorie des „Dissenses" als unbrauchbar ablehnen. Der Begriff des Mißverständnisses in dem technischen Sinne, in dem wir ihn dieser Arbeit zugrunde gelegt haben, reicht vollständig aus, die hier vorhandenen Bedürfnisse der Systematik zu decken.

Die bisher besprochenen Fälle zeichneten sich sämtlich dadurch aus, daß es sich um Willenserklärungen des Oblaten handelte, die einen bestimmten bezw. im Wege der Auslegung bestimmbaren Inhalt aufzuweisen hatten (indem sie sich entweder als eingeschränkte oder als uneingeschränkte Annahme oder als Ablehnung darstellten), die aber vom Offerenten anders als es die Auslegung forderte, aufgefaßt wurden. Nichts zu tun mit diesen Fällen haben solche, wo die Antwort des Oblaten sich nicht mit Sicherheit als bedingte oder als glatte Annahme oder als Ablehnung ansprechen läßt, sondern wo sie sowohl den einen wie den anderen Inhalt haben kann und infolgedessen von dem einen Teile so, vom anderen Teile anders verstanden wird. Mit solchen Erklärungen, die an einer unheilbaren, im Wege der Auslegung nicht zu behebenden Undeutlichkeit leiden, haben wir uns schon früher beschäftigt und dabei gesehen, daß sie keinen Anwendungsfall für unsere Lehre vom Mißverständnis abgeben[11]). Denn diese setzt voraus, daß der Empfänger einer Erklärung deren wahren Inhalt nicht erkannt hat. Eine Erklärung aber, die keinen einheitlichen, keinen „wahren", keinen „wirklichen Inhalt" hat, kann von ihrem Empfänger weder richtig noch falsch beurteilt werden. Solche Willenserklärungen sind, wie wir wissen, nichtig. Sie sind nichtig in puncto Erklärung, weil der in der Regel wohl vorhandene Geschäftswille des Erklärenden keinen den Verkehrsbedürfnissen entsprechenden Ausdruck gefunden hat. Ist aber die Willenserklärung des Oblaten infolge Untauglichkeit des gewählten Erklärungsmittels nichtig, so kann, selbst wenn sie von ihrem Urheber als Annahme gemeint gewesen sein sollte, ein gültiger Vertrag natürlich nicht entstehen. Auch hier wird es für viele nahe liegen, die Unwirksamkeit des Vertrages aus dem Gesichtspunkt des „Dissenses" zu begründen. Indessen auch hier ist dieser Begriff zu verwerfen. Denn er ist einmal überflüssig, indem zur Rechtfertigung der Vertragsnichtigkeit der Hinweis auf die Mehrdeutigkeit und die damit verbundene Ungültigkeit der Willenserklärung des Akzeptanten genügt. Und er ist überdies gefährlich, indem die Versuchung besteht (der die Doktrin, wie wir später sehen werden, auch verschiedentlich erlegen ist), die Geschäftsnichtigkeit, die dieser Dissens im Gefolge hat, auf anders geartete Dissensfälle zu übertragen. Außerdem legt die Verwendung des Dissensbegriffes die Vermutung nahe, daß der Kontrakt nur dann nichtig sei, wenn der undeutlichen Willenserklärung des Oblaten von beiden Parteien ein verschiedener Sinn beigemessen werde, während in Wahrheit der Vertrag — vorbehaltlich der Möglichkeit nachträglichen gültigen Geschäftsabschlusses durch konkludente Handlung — auch dann unwirksam ist, wenn der

[11]) Vgl. oben S. 82 und 186 ff.

Offerent die Erklärung so aufgefaßt hat, wie sie der Oblat verstanden wissen wollte [12]).

2. Wir sind bisher davon ausgegangen, daß das Mißverständnis des Offerenten auf einem Deutungsfehler beruht. Es kann aber ebensogut einmal seinen Grund in einem Wahrnehmungsfehler haben: der Offerent hat sich, als der Gegner ihm auf seinen Antrag antwortete, verlesen oder verhört und infolgedessen andere als die vom Oblaten geschriebenen oder gesprochenen Worte in sich aufgenommen, oder er hat vielleicht — sei es infolge der Gebrechlichkeit seiner Sinnesorgane, sei es aus anderen Ursachen — von der Willenserklärung des Oblaten überhaupt nichts vernommen. Auch hier sind wieder, wenn wir über den Inhalt der Offerte volles Einverständnis der Parteien voraussetzen, nur die drei Möglichkeiten gegeben, daß der Antragsteller entweder eine vom Oblaten unter Einschränkungen erklärte Annahme für eine glatte Annahme bezw. glatte Ablehnung hält, oder daß er in einer uneingeschränkten Annahme eine Ablehnung oder in einer totalen Ablehnung eine Annahme seiner Offerte sieht. Es fragt sich, ob diese verschiedenen Fälle hier ebenso wie vorhin zu entscheiden sind.

Was zunächst die erste der drei Alternativen angeht, so verwandelt sich wiederum, da die Annahme unter Einschränkungen juristisch als Gegenofferte gilt, der bisherige Antragsteller somit zum Antragsempfänger wird, das Mißverständnis des Offerenten in das Mißverständnis eines Oblaten. Es untersteht darum dieser Fall denjenigen Regeln, die wir später gewinnen werden, wenn wir den Einfluß der Wahrnehmungsfehler des Oblaten auf das Zustandekommen des Vertrages untersuchen [13]).

Bei den beiden anderen Eventualitäten ist — im Gegensatz zu dem vorhin beim Deutungsfehler beobachteten Verfahren — zu unterscheiden, ob das Mißverständnis des Offerenten sich auf eine schriftliche (verkörperte) oder auf eine mündliche (unkörperliche) Willenserklärung des Oblaten bezieht.

Trifft das erstere zu, so bleibt die Erklärung des Antragsempfängers in ihrer Gültigkeit von dem Wahrnehmungsfehler des Offerenten ebenso unberührt, wie sie von dem durch einen

[12]) Vgl. oben § 13 Anm. 34.

[13]) Vgl. den dritten Abschnitt dieses Paragraphen.

Deutungsfehler erzeugten Mißverständnis des Offerenten unberührt blieb. Denn die Erklärung tritt hier bereits mit dem Moment in Wirksamkeit, wo sie dem Antragsteller zugeht. Ist sie aber einmal in diesem Augenblick wirksam geworden, so ist sie in ihrer Rechtsbeständigkeit gegen alle weiteren Schicksale, insbesondere gegen etwaige mangelhafte Kenntnisnahme des Adressaten gefeit. Wenn also der Oblat auf den Antrag des Offerenten „nein" schreibt und letzterer aus Versehen „ja" liest, so steht diese fehlerhafte Wahrnehmung der Gültigkeit der Ablehnung ebensowenig im Wege, wie es der Wirksamkeit der Annahme schadet, wenn der Oblat einen Brief mit seinem Jawort an den Antragsteller abschickt, dieser aber das Schreiben, obwohl es bei ihm eingetroffen, nicht zu Gesicht bekommt und infolgedessen seine Offerte für abgelehnt hält. Behält aber dort die Ablehnung, hier die Annahme des Oblaten ihre Gültigkeit, so steht nach dem, was wir im ersten Abschnitt dieses Paragraphen gesehen haben, fest, daß das Mißverständnis des Offerenten weder in dem einen Falle das Scheitern, noch in dem anderen Falle das Zustandekommen des Vertrages hindert.

Erteilt der Oblat seine Antwort auf den Antrag des Offerenten mündlich, so kommt es für die Wirksamkeit der Willenserklärung des Oblaten, wie wir wissen, darauf an, ob dieser imstande ist, den Wahrnehmungsfehler des Adressaten unmittelbar nach der Erklärungabgabe zu bemerken, oder ob er dazu nicht imstande ist. Trifft letzteres zu, so verliert die Erklärung des Antragsempfängers durch den Wahrnehmungsmangel des Gegners wiederum nichts von ihrer Gültigkeit. Die Situation ist also die gleiche, wie wir sie soeben bei der schriftlichen Willenserklärung kennen gelernt haben. Danach hat auch dieses Offerentenmißverständnis auf das Schicksal des Vertragsabschlusses keinerlei Einfluß: der Kontrakt kommt im Falle der Antragsablehnung nicht zustande, auch wenn der Offerent an Stelle des „Nein", das der Oblat spricht, ein „Ja" versteht; und er erlangt im Falle der Antragsannahme volle Wirksamkeit, auch wenn der Antragsteller statt des „Ja" des Oblaten ein „Nein" hört, bezw. die Antwort des Gegners gänzlich überhört [14]).

---

[14]) Hat der Oblat die Offerte abgelehnt und der Offerent die Ablehnung infolge Mißverständnisses für eine Annahme gehalten, und klagt

Anders hingegen liegen die Dinge, wenn der Wahrnehmungsfehler des Offerenten gleich nach der Erklärungsabgabe vom Oblaten bemerkt wird oder doch wenigstens bemerkt werden könnte. In solchem Falle ist nach unseren früheren Untersuchungen die mißverstandene Erklärung nichtig. Diese Unwirksamkeit der Antwort des Oblaten ist nun freilich ohne praktische Bedeutung, wenn der Inhalt dieser Antwort eine Ablehnung des Antrages ist. Denn dann kommt es überhaupt zu keiner Vertragserrichtung, mag die Ablehnung gültig oder mag sie ungültig sein[15]). Die Unwirksamkeit der Erklärung des Antragsempfängers ist aber von erheblicher Tragweite, wenn diese Erklärung die Annahme des Antrages enthält. Denn ist die Annahmeerklärung nichtig, so bleiben die Vertragsfolgen aus, die sonst eingetreten wären. Hat also der Offerent infolge eines dem Gegner erkennbaren oder gar von ihm erkannten Wahrnehmungsfehlers die Annahme für eine Ablehnung gehalten, so wird trotz der gültigen Offerte und des vom anderen Teile erklärten Annahmewillens ein Vertragsschluß nicht perfekt. Es ist dies in der Vertragslehre der erste uns begegnende Fall einer durch ein Mißverständnis verursachten Kontraktsnichtigkeit[16]).

---

dieser nun aus dem seiner Meinung nach zustandegekommenen Vertrag auf Erfüllung, so hat er, wenn der Gegner die Annahme bestreitet, diese, und nicht etwa hat der Gegner die Ablehnung zu beweisen. Denn derjenige, der einen Vertragsabschluß behauptet, muß das Vorhandensein der ihn erzeugenden Faktoren, also den Antrag und die Antragsannahme dartun.

[15]) Theoretisch wäre höchstens hervorzuheben, daß die Ungültigkeit der Ablehnung den Nichteintritt der im § 146 vorgesehenen Antragserlöschung zur Folge hat, daß also der Oblat, wenn ihn die Ablehnung gereut, und die Gebundenheit des Offerenten noch andauert, die Offerte nachträglich noch annehmen kann. Praktisch ist das deshalb bedeutungslos, weil der Offerent, der ja infolge seines Mißverständnisses an die Antragsannahme glaubt, schon von selbst gegen die veränderte Absicht des Oblaten nichts einzuwenden haben wird. — Ob der Oblat, der erkannt hat oder erkennen konnte, daß der Offerent aus der Ablehnung eine Annahme herausgehört hat, dem Antragsteller den Schaden ersetzen muß, den dieser durch sein Vertrauen auf die Perfektion des Vertrages erleidet, ist eine deliktsrechtliche und darum uns hier nicht weiter interessierende Frage. Vgl. Anm. 6 dieses Paragraphen.

[16]) Wegen der Beweislast vgl. oben S. 227.

Und da hier kein gültiger Vertrag entsteht, ist der Oblat an die dem Gegner gegenüber abgegebene, von diesem nicht verstandene Annahmeerklärung nicht gebunden. Sondern kommen hinterher dem Offerenten Zweifel, ob er die Antwort des Oblaten richtig vernommen hat, und fragt er ihn infolgedessen, welches der Inhalt seiner Erklärung gewesen ist, so braucht der Antragsempfänger dem Offerenten, um von ihm loszukommen, keine „Ablehnung" des Antrages vorzulügen, sondern kann die Tatsache der Vertragsnichtigkeit unter offener Darlegung des Sachverhaltes geltend machen[17]). Anderseits hat aber auch der Offerent, falls nicht etwa die Gebundenheitsfrist des § 146 noch läuft, das Recht, nachdem er jetzt den wahren Hergang der Dinge erfahren, auf der Ungültigkeit des Vertrages zu bestehen, und wenn er das nicht tut, sondern auf Bitten des Gegners in die Wirksamkeit des Vertrages einwilligt, so handelt es sich dabei für ihn um die Annahme einer neuen, ihm nunmehr vom Gegner gemachten Offerte. Daraus folgt des weiteren, daß wenn die Gebundenheit des Offerenten noch andauert, und der Oblat sich auf jene Frage zu seiner früheren Annahmeerklärung bekennt, er damit dem Offerenten nicht Mitteilung von einem vorher erfolgten Vertragsschluß macht, sondern jetzt

---

[17]) Ich kann diesen Satz nicht besser illustrieren, als mit einer Stelle aus Merlin, Répertoire universel et raisonné de jurisprudence 16 (3. édit., Paris 1821) S. 519 (s. v. „vente"), die schon Regelsberger, Zivilrechtl. Erörterungen S. 12 zitiert, und die es ihrer Anschaulichkeit wegen verdient, hier wieder abgedruckt zu werden. Sie lautet: Je me trouve en présence d'un sourd, qui me dit: voulez vous m'acheter telle chose, moyennant tel prix? Je lui réponds: je le veux bien; mais il ne m'entend pas, il me déclare ne m'avoir pas entendu, et il me prie de lui mettre par écrit la réponse qu'il juge, d'après le mouvement de mes lèvres, lui avoir été faite par moi. Alors, je prends une plume, et je lui trace ces mots: je vous ai dit que je le voulais bien; mais toutes réflexions faites, votre proposition ne me convient pas. Cet homme pourra-t-il prétendre que, par la réponse que je conviens lui avoir faite de vive voix, je me suis lié irrévocablement envers lui? non certainement; et s'il me poursuit, le juge le déboutera sans hésiter. Treffend bemerkt Regelsberger zu dieser Beispielszene: „Ob solche Fälle häufig oder selten sind, bleibt hier gleichgültig, wo es sich sozusagen um die Erforschung der psychologischen Natur des Vertrages handelt."

erst durch seine Annahmeerklärung den Vertragsschluß herbeiführt [18]).

Wir erinnern uns von früher, daß der dem Erklärenden gleich nach der Erklärungsabgabe erkennbare Wahrnehmungsfehler des Adressaten der Gültigkeit der Willenserklärung selbst dann im Wege steht, wenn der Adressat sich absichtlich der Wahrnehmung entzogen hat. Wir haben dabei gleichzeitig gesehen, daß wenn es sich um befristete Willenserklärungen handelt, der Urheber der Erklärung gegen die vom Gegner verursachte Geschäftsnichtigkeit in gewissem Umfang durch Fristverlängerung geschützt werden kann, die ihm die Möglichkeit gewährt, den vom anderen Teile vereitelten Erklärungsversuch mit besserem Erfolg zu wiederholen. Zu den befristeten Willenserklärungen gehört aber auch die Annahmeerklärung, da sie ja nur Wirksamkeit äußert, wenn sie während der Dauer der Gebundenheit des Offerenten abgegeben wird. Hat nun auch der Oblat ein solches Recht auf Fristverlängerung, wenn der Offerent durch selbstverschuldete, dem Gegner erkennbare Nicht-Wahrnehmung der Annahmeerklärung die Ungültigkeit des Vertrages bewirkt?

Im Gegensatz zu den Fällen der schriftlichen Willenserklärung, wo nach dem von uns für richtig gehaltenen Standpunkt der Absender *stets* einen Anspruch auf Nachfrist hat, wenn der Zugang des Schreibens aus Gründen scheitert, die in der Person des Empfängers liegen, ist bei den mündlichen Willenserklärungen, wie seinerzeit dargetan wurde, dem Erklärenden nur dann zu helfen gegen Beeinträchtigungen der Geschäftsgültigkeit durch den Adressaten, wenn sich entweder letzterer durch die Vereitelung der Kenntnisnahme dem anderen Teile nach deliktsrechtlichen Grundsätzen, also nach § 826 BGB. schadensersatzpflichtig macht, oder wenn er sich ihm zur Entgegennahme der mündlichen Erklärung durch besonderen Vertrag verpflichtet hat. Ersterenfalls ist das Recht auf Nachfrist in dem Anspruch auf Schadensersatz enthalten; letzterenfalls folgt es aus der nach Treu und Glauben vorzunehmenden *Auslegung* des auf Empfangsbereitschaft gerichteten *Ver-*

---

[18]) Vgl. hierzu auch oben S. 236.

sprechens[19]). Nun wird jene deliktsrechtliche Voraussetzung, die einen dolus malus des Adressaten verlangt, nicht einmal in der Hälfte aller Fälle gegeben sein, wo ein Offerent durch sein Verhalten dem Oblaten die Möglichkeit rechtzeitiger Annahme der Offerte nimmt. Es hängt darum die Frage nach der dem Oblaten zu gewährenden Fristverlängerung in der Hauptsache davon ab, ob man sagen kann, daß das Stellen eines Vertragsantrages das Versprechen des Offerenten enthalte, zum Empfang der gegnerischen Antwort jederzeit bereit zu sein. Natürlich wäre ein solches Versprechen kein vertragsmäßiges, sondern ein einseitiges. Doch würde das für unsere Zwecke belanglos sein. Denn wenn sich ergibt, daß die Vertragsofferte neben den übrigen Rechtsfolgen, die sie trotz ihres einseitigen Charakters hat, auch ein auf Empfangsbereitschaft lautendes Versprechen in sich birgt, so kann die Wirkung dieses Versprechens selbstverständlich keine andere sein, als die gewesen ist, zu der uns die Auslegung der vertragsmäßig übernommenen Bereitschaftspflicht des Adressaten geführt hat.

Im allmeinen läßt sich nun zweifellos nicht sagen, daß der Offerent gleichzeitig mit der Antragstellung das Versprechen abgebe, während des Laufes der Annahmefrist jederzeit zur Entgegennahme der mündlichen Annahmeerklärung bereit zu sein. Eine solche weitgehende Verpflichtung wird weder vom Verkehrsbedürfnis gefordert, noch läßt sie sich nach geltendem Rechte aus der Gebundenheit des Offerenten ableiten. Denn diese Gebundenheit bedeutet nur, daß wenn es dem Oblaten gelingt, innerhalb bestimmter Frist eine gültige Annahmeerklärung abzugeben, dann durch diese Erklärung der Vertrag zustande kommt. Sie bedeutet aber nicht, daß der Offerent verpflichtet sei, den Gegner bei der Herstellung der für die Gültigkeit der Annahme notwendigen Voraussetzungen zu unterstützen. Es kann darum keine Rede davon sein, daß A, wenn er dem B einen Antrag gemacht und sich an diesen Antrag für einen Monat gebunden hat, dem B eine Nachfrist gewähren muß, falls dieser am letzten Tage der Frist zum Zwecke der Annahme des Antrages zu A geht, dort aber niemanden zu Hause

---

[19]) Vgl. oben S. 266 ff.

trifft, oder wegen Krankheit des A oder aus anderen triftigen Gründen nicht vorgelassen wird[20]). Niemand ist gehalten, lediglich deshalb, weil hinsichtlich eines früher gestellten Antrages die Annahmefrist noch läuft, eine geplante Reise oder einen geplanten Spaziergang aufzugeben, oder auch nur einen Empfangsvertreter oder einen Empfangsboten im Hause zurückzulassen, oder im Falle der Anwesenheit den sich meldenden Oblaten zu jeder Stunde und unter allen Umständen zu empfangen. Bisweilen aber können die Dinge doch auch anders liegen. Man denke sich, daß jemand einem Anderen telephonisch eine Offerte zugehen läßt und dabei bemerkt, er erwarte die Antwort innerhalb der nächsten zwei Stunden, und daß, als der Oblat kurz vor Ablauf der zwei Stunden beim Offerenten anklingelt, dort niemand oder doch nur eine zur Entgegennahme von Erklärungen nicht befugte Person am Telephon erscheint. Oder man stelle sich vor, daß A bei einer zufälligen Begegnung, die er auf der Straße mit B hat, eine Offerte an diesen richtet, aber kaum, daß er das getan hat, und ehe noch der Andere die Annahme zu äußern imstande gewesen ist, mit dem Ausruf: „mir fällt eben ein, daß ich zu Hause etwas vergessen habe," auf Nimmerwiedersehen verschwindet und nun, als er am nächsten Morgen das schriftliche Akzept des B erhält, sich darauf beruft, daß nach BGB. § 147 der einem Anwesenden gemachte Antrag nur sofort angenommen werden könne. In Fällen solcher Art hat man allerdings die Empfindung, daß der Offerent eine dem Oblaten gegenüber durch die Antragstellung übernommene Verpflichtung verletzt hat, und daß darum dem Oblaten, einerlei ob das vom Offerenten der Vertragsannahme bereitete Hindernis dem Antragsteller zur culpa zugerechnet werden kann oder nicht,

---

[20]) Wenigstens könnte B die Nachfrist nicht unter Berufung auf den mißglückten mündlichen Erklärungsversuch verlangen. Etwas anderes wäre es, wenn er — was wir im konkreten Falle nicht annehmen — dem erfolglosen Schritte sofort den Versuch schriftlicher Erklärungsabgabe hätte folgen lassen, er aber auch das Schriftstück, sei es infolge von Annahmeverweigerung, sei es mangels geeigneter der Aufnahme von Briefen dienenden Einrichtungen, nicht hätte loswerden können. Solchenfalls würde er sich allerdings, wie wir schon vorhin im Texte andeuteten, ein Recht auf Nachfrist erworben haben.

die Annahme der Offerte auch noch nach Ablauf der vom Offerenten oder vom Gesetz statuierten Frist gestattet werden muß. Und die Rechtfertigung für die Ansicht, daß hier dem Offerenten die Pflicht zur rechtzeitigen Entgegennahme der Annahmeerklärung aufzulegen ist, läßt sich unschwer darin finden, daß bei der Kürze der Annahmefrist und der Eigenart der Situation der Oblat, anders als sonst, keine Möglichkeit zur fristgerechten schriftlichen Abgabe der Annahmeerklärung hat, sondern auf die mündliche Erklärungsform ausschließlich angewiesen ist, so daß, wenn jene Pflicht zur Empfangsbereitschaft geleugnet würde, die vom Gesetz in Übereinstimmung mit der Verkehrssitte normierte Gebundenheit des Offerenten illusorisch wäre. Da also, wo nach Lage der Dinge dem Oblaten zur Annahme des Antrages ein anderer Weg als der der mündlichen Willenserklärung nicht offen steht oder — was rechtlich dasselbe wäre — vom Verkehr nicht zugemutet wird, enthält die Offerte, richtig ausgelegt, in der Tat das Versprechen des Offerenten, sich der Wahrnehmung der Antwort nicht zu entziehen, und wiederum aus dieser vom Offerenten übernommenen Wahrnehmungspflicht folgt nach den früher von uns angestellten Untersuchungen das Recht des Oblaten auf angemessene Fristverlängerung, wenn ihm der Gegner durch — sei es schuldhafte, sei es schuldlose — Nichterfüllung dieser Pflicht die rechtzeitige Abgabe einer gültigen Annahmeerklärung unmöglich macht[21]).

Zum Schlusse dieses Abschnittes mag noch darauf hingewiesen sein, daß der dem Erklärenden erkennbare Wahr-

---

[21]) Keinesfalls darf also der vorläufig nicht angenommene Antrag als angenommen fingiert werden, sondern er muß, wenn ein gültiger Vertrag zustandekommen soll, wenigstens nachträglich angenommen werden. — Über die Stellung der Literatur zu den Sätzen des Textes sind keine genauen Angaben möglich, da ihr die von uns hier durchgeführte strenge Scheidung von schriftlichen und mündlichen Willenserklärungen noch nicht genügend geläufig ist. Die Frage, ob sich aus der besonderen Natur der Offerte eine Bereitschaftspflicht des Offerenten hinsichtlich des Empfanges der Annahmeerklärung ableiten läßt, ist von v. Blume in Iher. Jahrb. 51 S. 15f., 23 gestreift und dabei schlechthin verneint worden, eine Entscheidung, die wir, wie gezeigt, nur mit dem Vorbehalt von Ausnahmen für richtig halten können.

nehmungsfehler des Adressaten nach den Ausführungen des vorigen Kapitels nicht der einzige Fall ist, wo eine Willenserklärung infolge Mißverständnisses ungültig ist. Wir haben vielmehr seinerzeit auch Fälle kennen gelernt, wo das auf einem Wahrnehmungsfehler beruhende Mißverständnis, ohne daß es dem Erklärenden erkennbar zu sein braucht, die Willenserklärung der Gültigkeit beraubt. Es handelte sich dabei überall um Geschäftserrichtungen mittelst dritter Personen: unrichtige Beförderung der Willenserklärung durch den Empfangsboten, mißverstandene und darum falsch weitergegebene Erklärung seitens des nicht Geschäftsfähigen, demgegenüber irrtümlicher- aber gutgläubigerweise der Erklärende das Geschäft vorgenommen hat, und nicht verstandene und deshalb nicht richtig bestellte Erklärung seitens des Dritten, der sich am Telephon des Adressaten zu Unrecht für diesen ausgegeben und dadurch die für ihn bestimmte Erklärung in Empfang genommen hat[22]). Wäre also in den gedachten Fällen die Erklärung, um die es sich handelte, eine Annahmeerklärung, die dem Offerenten fälschlicherweise als Ablehnung des Antrages hinterbracht würde, so wäre die Annahmeerklärung wiederum nichtig und darum der Vertragsabschluß nicht zustande gekommen. Die Frage nach der dem Oblaten eventuell zu gewährenden Nachfrist bedarf hier keiner weiteren Untersuchung, da im Falle des Empfangsboten dem Oblaten ein solches Recht auf Fristverlängerung bereits auf Grund der durch das Auftreten des Empfangsboten geschaffenen Rechtsbeziehungen zusteht[23]), während es umgekehrt in den beiden anderen Fällen durch die Natur der Umstände ganz von selbst ausgeschlossen ist.

Geht die Stellung eines Antrages von mehreren Offerenten aus, und liegen die Voraussetzungen, unter denen die Annahmeerklärung wegen Mißverständnisses nichtig ist, nur einem Offerenten gegenüber vor, oder umgekehrt, wird bei einem an mehrere Oblaten gestellten Antrag die Annahmeerklärung eines von ihnen in einer dem Erklärenden erkennbaren Weise vom Offerenten nicht oder nicht richtig wahrgenommen,

---

[22]) Vgl. hierzu oben S. 296 ff., 311 und 331 f.

[23]) Vgl. oben S. 300 ff.

so ist nach § 139 BGB. der ganze Vertrag ungültig, wenn jene Beteiligung des Einen nicht von der Art ist, daß angenommen werden muß, die Übrigen würden den Vertrag auch ohne seine Mitwirkung abgeschlossen haben[24]).

3. Eine dritte Form, in der bei Verträgen das Mißverständnis eine Rolle spielen kann, wird durch die Fälle dargestellt, wo der Oblat infolge eines Wahrnehmungsfehlers die Offerte mißversteht.

a) Auf Grund unserer früheren Untersuchungen wissen wir, daß eine falsch wahrgenommene Willenserklärung trotz des damit verbundenen Mißverständnisses wirksam bleibt, wenn es sich um schriftlichen Rechtsverkehr handelt; und wir wissen ferner, daß sie auch im Falle mündlicher Abgabe Gültigkeit erlangt, wenn der Erklärende nicht imstande ist, die mangelnde Wahrnehmung gleich nach Erklärungsabgabe zu bemerken. Danach erleidet also unter den gleichen Voraussetzungen auch eine vom Oblaten nicht oder nicht richtig wahrgenommene Offerte keine Einbuße in ihrer Rechtsbeständigkeit. Wenn aber in beiden Fällen die Offerte als solche in ihrer Gültigkeit vom Mißverständnis nicht berührt wird, so müssen auch die weiteren Folgen, die sich hinsichtlich der Perfektion des Vertrages aus dem Mißverständnis ergeben, beide Male dieselben sein, wie ja die zwei Fallgestaltungen auch vorhin beim Offerentenmißverständnis der gleichen rechtlichen Behandlung teilhaftig wurden. Wir können darum im folgenden die schriftliche Offerte und diejenige mündliche Offerte, bei welcher die falsche Wahrnehmung des Oblaten dem Offerenten nicht sofort erkennbar ist, gemeinschaftlich betrachten.

Bietet jemand einem Anderen eine Ware zu vier Mark das Pfund an, und versteht der Andere, weil er sich verliest oder verhört, „fünf Mark", so ist nichtsdestoweniger der Offerent in Höhe von „vier Mark" gebunden. Lehnt nun mit den Worten „ich bedaure, von Ihrem Anerbieten keinen Gebrauch machen zu können", oder mittelst eines einfachen „Nein" der Oblat die von ihm mißverstandene Offerte ab, so glaubt er, eine Offerte über fünf Mark (Vertragsinhalt y) abgelehnt zu

---

[24]) Vgl. hierzu oben § 16 Anm. 2.

haben, während er in Wahrheit eine Offerte über vier Mark (Vertragsinhalt x) abgelehnt hat. Er hat sich also bei Abgabe seiner Erklärung in einem Irrtum befunden. Und dieser Irrtum war kein bloßer Irrtum im Motiv, sondern ein Erklärungsirrtum. Indem A bei seiner Ablehnung explicite oder implicite auf die Offerte Bezug nahm, nahm er deren Inhalt in seine Erklärung auf, so daß das kurze „Nein", aus dem letztere vielleicht bestand, in die Rechtssprache übertragen lautete: „ich will mich auf einen Vertragsinhalt x mit dir nicht einlassen." Da aber A sagen wollte: „ich will mich auf einen Vertragsinhalt y mit dir nicht einlassen", so ist er bei der Abgabe seiner Willenserklärung „über deren Inhalt im Irrtum" gewesen und kann darum nach § 119, wenn die von diesem Paragraphen sonst noch geforderten Voraussetzungen vorliegen, die Ablehnung anfechten. Nun bringt zwar solche Anfechtung der Ablehnung dem Oblaten einen praktischen Gewinn nur dann, wenn die Gebundenheit des Offerenten nicht bereits durch Zeitablauf erloschen ist, eine negative Bedingung, die nur selten erfüllt sein wird. Aber einerlei, ob dem Oblaten die Beseitigung der durch seine Ablehnung nach § 146 eingetretenen Rechtsfolge noch etwas nützt oder nicht, für uns ist jedenfalls die theoretische Erkenntnis von großem Werte, daß das Mißverständnis des Oblaten, der die Offerte ablehnt, einen Erklärungsirrtum auf seiten des Antragsempfängers auslöst oder sich, wie wir uns auch ausdrücken könnten, in einen Erklärungsirrtum des Antragsempfängers verwandelt[25]).

Und der gleiche bezw. entsprechende juristische Vorgang spielt sich ab, wenn der Oblat die von ihm mißverstandene Offerte nicht ablehnt, sondern annimmt. Wiederum ist die Offerte, wie wir voraussetzen, trotz des Mißverständnisses gültig

[25]) Diese Verwandlung hat selbst dann statt, wenn der Oblat die Offerte auch bei Kenntnis ihres wahren Inhaltes abgelehnt hätte. Denn es bleibt solchenfalls die Tatsache bestehen, daß der Antragsempfänger eine Erklärung abgibt, deren Inhalt sich nicht mit der Vorstellung deckt, die er sich bei der Abgabe von ihm gemacht hat. Nur kann hier natürlich der Erklärungsirrtum mangels jeden Kausalzusammenhanges zwischen ihm und der eingetretenen Rechtsfolge (vgl. auch § 119 „bei Kenntnis der Sachlage und bei verständiger Würdigung des Falles") niemals ein Anfechtungsrecht begründen.

errichtet, der Offerent also an ihren wahren Inhalt (x) gebunden. Sagt oder schreibt jetzt der Oblat: „mit Ihrem Antrag bin ich einverstanden", oder antwortet er auf die Offerte mit einem kurzen „Ja", so heißt das in die ausführlichere Rechtssprache übersetzt: „ich bin bereit, einen Vertrag des Inhaltes x mit Ihnen abzuschließen." Damit ist infolge Kongruenz von Antrags- und Annahmeerklärung ein Vertrag x zwischen beiden Parteien zustande gekommen. Da aber der Antragsempfänger infolge des ihm untergelaufenen Mißverständnisses, das in ihm die Vorstellung y vom Inhalt der Offerte erzeugt hat, mit seiner Antwort sagen wollte: „ich bin bereit, einen Vertrag des Inhaltes y mit Ihnen abzuschließen," so hat er sich bei Abgabe seiner Annahmeerklärung über deren Inhalt geirrt und ist infolgedessen, die übrigen Erfordernisse des § 119 als vorhanden unterstellt, zur Anfechtung dieser Erklärung und damit zur Anfechtung des Vertrages berechtigt. Bietet, um beim vorigen Beispiel zu bleiben, jemand eine Ware zu fünf Mark das Pfund an, während der Andere, weil er sich verliest oder verhört, „vier Mark" versteht, und nimmt der Oblat mit einem kurzen „Einverstanden" den Antrag an, so ist ein Vertrag über fünf Mark das Pfund abgeschlossen worden, der freilich vom Oblaten wegen Irrtumes angefochten werden kann, der aber anderseits auch vom Oblaten, wenn er ihn nicht gegen sich gelten lassen will, angefochten werden **muß**. Er ist also wegen des Mißverständnisses nicht von Anfang an nichtig, sondern es äußert sich der „fehlerhafte Konsens" in bloßer Anfechtbarkeit. Für das Schicksal des Vertrages ist es demnach gleichgültig, ob der Offerent bei der Abgabe seiner Offerte irrt (statt fünf Mark aus Versehen vier Mark schreibt), oder ob der Oblat eine mißverstandene Offerte annimmt (sie akzeptiert, obwohl er vier Mark statt fünf Mark verstanden hat): hier wie dort entsteht zwar ein Kontrakt, aber ein Kontrakt, der eventuell von einem der Paziszenten um den Preis der negativen Schadensersatzpflicht wieder beseitigt werden kann. Nur daß das Anfechtungsrecht in dem einen Falle der Offerent, in dem anderen Falle der Oblat besitzt[26]). Es ist eben derjenige Vertragsteil

[26]) Hat sowohl der Offerent bei der Abgabe der Offerte geirrt, als

anfechtungsberechtigt, dessen Vorstellungen vom Vertragsinhalt sich mit dem wahren Vertragsinhalt nicht decken; einerlei, ob diese falschen Vorstellungen von vornherein die Form des Irrtumes hatten, oder ob sie zuerst in der Gestalt eines Mißverständnisses der Offerte auftauchten und erst durch das weitere Handeln des Oblaten zum Irrtum wurden [27]). Wie sich dieses

---

auch der Oblat die von ihm später angenommene Offerte mißverstanden, so haben beide Parteien ein Anfechtungsrecht. Diese Situation kann sich sogar dann ergeben, wenn der Geschäftswille beider Parteien auf denselben Gegenstand gerichtet gewesen ist. A will x anbieten, schreibt aber aus Versehen y; B liest aus Versehen x und telegraphiert: „nehme an". Vgl. dazu oben § 19. — Wenn übrigens Eck in seinen Vorträgen über das BGB. I (Berlin 1903) S. 146 zur Illustration solcher Fälle das Beispiel bringt: „beide Teile sind über einen schriftlich zu errichtenden Kauf des Grundstückes a einig, in der Vertragsurkunde aber wird durch ein Versehen, das keiner von beiden bemerkt, als Kaufsache das Grundstück b bezeichnet," so dürfte hier die Entscheidung doch anders zu lauten haben. Denn zufolge der voraufgegangenen Verhandlungen und der dadurch eingreifenden individuellen Auslegung würde das Grundstück a den wahren Erklärungsinhalt bilden, so daß eine Diskrepanz zwischen Wille und Erklärung in Wirklichkeit nicht vorläge, vielmehr nur über die Frage gestritten werden könnte, ob das Rechtsgeschäft der Formvorschrift des § 313 BGB. genüge. Vgl. dazu oben S. 110 f. und 134 ff.

[27]) Und wie der Offerent, wenn er wegen seines Irrtumes den Vertrag anfechten will, die Voraussetzungen des Anfechtungsrechtes im Streitfall beweisen muß, so muß der Oblat, wenn er auf das ihm untergelaufene Mißverständnis das Recht zur Irrtumsanfechtung gründet, sein Mißverständnis und den daraus sich ergebenden Irrtum dartun. Leitet also der Offerent aus einem vom Oblaten mißverständlich angenommenen Antrag Ansprüche ab, so wäre es unrichtig, wollte man vom Kläger, weil er den Klagegrund darzutun habe, den Beweis des fehlerfreien Zustandekommens des die Klage stützenden Vertrages verlangen, mit anderen Worten, ihm die Beweislast dafür aufbürden, daß seine Offerte vom Gegner richtig verstanden worden sei. Vielmehr hat der Kläger seiner Beweispflicht genügt, wenn er den Zugang der Offerte und den Zugang der Annahmeerklärung beweist. Wird letztere vom verklagten Oblaten wegen Irrtumes angefochten, so ist das prozessual keine Leugnung des Klagegrundes, sondern die Geltendmachung eines Gegenrechtes, dessen Voraussetzungen der Beklagte zu beweisen hat. So hat auch das Reichsgericht entschieden in einem Falle, wo ein telephonischer Vertragsabschluß in der Weise erfolgt war, daß der Offerent am Schlusse sagte: „also Herr Schulze, wir verkaufen Ihnen hiermit den Eiskeller für 2000 Mark; sind Sie damit einverstanden?",

Resultat zu der Lehre vom sogenannten versteckten Dissens verhält, werden wir im folgenden Paragraphen des näheren zu erörtern Gelegenheit haben. Hier soll die Konstatierung der Tatsache genügen, daß wie bei der Ablehnung so auch bei der Annahme der mißverstandenen Offerte die Rechtsfigur des Mißverständnisses sich in die Rechtsfigur des Irrtumes verwandelt.

Aus diesem Satze folgt übrigens ganz von selbst, daß das Mißverständnis auch dann in einen Irrtum übergeht, wenn der Oblat die von ihm nicht richtig verstandene Offerte teilweise annimmt und teilweise ablehnt, wenn er sie also, anders ausgedrückt, unter Einschränkungen, Bedingungen oder Abänderungen annimmt. Schreibt jemand, der sich hinsichtlich eines ihm gemachten Antrages verhört oder verlesen hat: „ich bin mit Ihrer Offerte grundsätzlich einverstanden, möchte Ihnen nur wegen der Zahlungszeit und des Ablieferungsortes folgende Gegenvorschläge machen", so nimmt er, soweit er der Offerte zustimmt, deren Inhalt auf, und hatte er diesen mißverstanden, so hat er nach BGB. § 150 Abs. 2 einen Gegenantrag gestellt, über dessen Bedeutung und Tragweite er unrichtige Vorstellungen hat, so daß sich bei ihm Erklärung und Geschäftswille wiederum nicht decken.

Jener Satz, daß das Mißverständnis des Oblaten zum Erklärungsirrtum führt, gilt ferner nicht nur für die Fälle, wo der Antragsempfänger die Offerte *unrichtig* wahrgenommen, sondern auch für die Fälle, wo er von der Offerte *gar nichts* wahrgenommen hat. Zwar wird die These hier um deswillen regelmäßig nicht praktisch werden, weil infolge des völligen Mangels der Wahrnehmung die Offerte meistens unbeantwortet bleiben und demgemäß durch Fristablauf erlöschen wird. Bisweilen bewährt aber auch hier das Mißverständnis seine Irrtum erzeugende Kraft. Man denke, daß A dem B, von dem

---

worauf Beklagter antwortete: „ja", und wo sich hinterher letzterer darauf berief, „daß er anders gehört habe, als von Braunschweig gesprochen sei". Mit Recht sagt hier der Oberste Gerichtshof (Seuff. Arch. 61 S. 3 Nr. 2; Jur. Wochenschr. 34 S. 525 Nr. 3), der Beklagte müsse beweisen, „wie er die ihm gestellten Fragen verstanden habe"; „denn etwas müsse er doch verstanden oder zu verstehen geglaubt haben. sonst hätte er die gestellten Fragen nicht mit ja oder jawohl beantworten können".

er nicht weiß, daß er taub ist, eine Offerte macht, und daß B, der von den zu ihm gesprochenen Worten nichts gehört, sondern nur an der Lippenbewegung des Anderen gemerkt hat, daß er angeredet worden ist, mit dem Kopfe nickt, um seine Taubheit zu verbergen. Dann hat er durch sein Verhalten die Annahme der ihm unbekannt gebliebenen Offerte erklärt, kann aber, da er einen Annahme willen nicht gehabt hat, den Vertrag hinterher wegen Irrtumes anfechten [28]). Oder man fingiere, daß jemand eine schriftliche Offerte, die ihm zugegangen ist, nicht zu Gesicht bekommt, oder daß er das Schreiben zwar ausgehändigt erhält, es aber ungelesen in die Tasche steckt. Liegen hier die Dinge so, daß Schweigen auf die Offerte nach den Regeln der Interpretation als Annahme zu gelten hat [29]), so hat der Oblat, indem er auf den Antrag nicht antwortete, die ihm unbekannte Offerte angenommen und dadurch unwissentlich einen Vertrag abgeschlossen, den er wiederum nur im Wege der Irrtumsanfechtung aus der Welt schaffen kann [30]). Die Verteidigung dieser Er-

---

[28]) Diese Entscheidung hat freilich die Autorität oder doch wenigstens den Wortlaut der römischen Quellen gegen sich. Sagt doch schon Gajus (Instit. III §§ 105, 106): „Mutum neque stipulari neque promittere posse palam est. idem etiam in surdo receptum est; quia et is qui stipulatur verba promittentis, et qui promittit verba stipulantis exaudire debet." Vgl. ferner l. 1 § 15, l. 48 D. de oblig. et act. 44, 7; l. 1 pr. D. de verb. oblig. 45, 1; Ulpiani fragm. 20, 13. Aber abgesehen davon, daß uns jene Normen, selbst wenn sie sich nicht an einem uns nicht mehr bekannten Formalkontrakt entwickelt hätten, heute nicht mehr binden, ist es mir mehr als zweifelhaft, ob die Römer mit solchen allgemeinen Sentenzen wirklich eine Regelung der so sehr verschieden gearteten Fälle des Mißverständnisses haben geben und nicht vielmehr lediglich einen Rechtssatz des oben S. 65 f. besprochenen Inhaltes haben aufstellen wollen.

[29]) Vgl. z. B. den vom Reichsgericht 54 S. 176 ff. abgeurteilten Rechtsfall.

[30]) Besonders häufig werden solche Fälle dann sein, wenn die mißverstandene Offerte sich als ein Antrag im Sinne von § 150 Abs. 2 BGB. darstellt. Jemand verlangt vom Kaufmann Waren unter bestimmten Bedingungen. Der Kaufmann schickt die Waren auch an den Besteller ab, macht aber in dem Begleitschreiben, das er ihnen beilegt, hinsichtlich einzelner Punkte, etwa der Zahlungszeit und der Gewährschaft, andere Vorschläge. Wenn jetzt der Besteller das Schreiben, weil er in ihm lediglich die Rechnung vermutet, uneröffnet in den für unbezahlte Rechnungen bestimmten Kasten legt und die nach seiner Meinung unter

gebnisse gegen etwaige Angriffe, die sie von der sogenannten Dissenslehre zu gewärtigen haben, wird, wie gesagt, später noch folgen. Hingegen ist es im Rahmen dieser Erörterungen nicht möglich, sie gegen einen anderen naheliegenden Einwand sicher zu stellen. Es könnte hier nämlich entgegnet werden, daß der § 119 BGB. nur von solchen Fällen handele, wo wahrer und erklärter Geschäftswille sich nicht decken, daß er also voraussetze, daß der Irrende einen Geschäftswillen überhaupt gehabt, mit anderen Worten, rechtsgeschäftliche Zwecke wirklich verfolgt habe. In jenen Beispielen aber liege dem Betreffenden jede rechtsgeschäftliche Absicht völlig fern; er ahne gar nicht, daß das von ihm beobachtete Verhalten von rechtlicher Bedeutung sei, so daß der äußere Tatbestand einer Willenserklärung gewissermaßen durch einen casus hervorgerufen werde. Da aber für den casus niemand verantwortlich gemacht werden dürfe, so brauche hier der scheinbar Irrende die „Willenserklärung" nicht erst im Wege der Anfechtung zu beseitigen, sondern könne sich ohne weiteres auf den Mangel jeglichen Geschäftswillens berufen. Die Widerlegung dieser Argumente würde uns zu einer Exegese des § 119 nötigen, die nur auf breiterer Grundlage vorgenommen werden könnte, und die darum einer besonderen Untersuchung vorbehalten bleiben muß. Wir bitten also den Leser, es uns einstweilen ohne weitere Beweisführung zu glauben, daß jene Verwendung der Irrtumsanfechtung dem richtig verstandenen geltenden Rechte entspricht[31]).

b) Wir haben bisher nur die Fälle der schriftlichen und derjenigen mündlichen Offerte ins Auge gefaßt, deren Mißverständnis dem Offerenten nicht gleich nach der Erklärungsabgabe erkennbar war. Hier verwandelte sich das Mißverständnis

---

den von ihm verlangten Bedingungen gekaufte Ware konsumiert, so hat er, ohne es zu wissen, die Gegenofferte des Kaufmannes angenommen und kann von dem nach dessen Vorschlägen abgeschlossenen Vertrag nur mit Hilfe der Irrtumsanfechtung loskommen.

[31]) Es ist denn auch die Möglichkeit von „ungewollten Willenserklärungen" neuerdings ausdrücklich von Hölder (Zeitschr. f. Rechtspfl. in Bayern 6 S. 1 ff.) gegen den ablehnenden Standpunkt Manigks (Zeitschr. f. Handelsr. 65 S. 282) in Schutz genommen worden. Vgl. auch Jacobsohn in Jher. Jahrb. 56 S. 348 ff.

des Oblaten in einen Erklärungsirrtum. Einen — freilich weniger in der juristischen Struktur als im praktischen Ergebnis — anderen Charakter tragen diejenigen Fälle mündlicher Offerte, wo der Antragsteller die mangelhafte Wahrnehmung des Oblaten gleich nach Abgabe der Offerte bemerkt oder doch nur infolge von Fahrlässigkeit nicht bemerkt. In solchen Fällen führt zwar, wenn der Oblat auf die mißverstandene Offerte „ja" sagt, also ihren Inhalt in seine Antwort aufnimmt, das Mißverständnis ebenfalls zu einem Erklärungsirrtum, aber der Erklärungsirrtum kann hier zu keinem Anfechtungsrecht führen. Denn eine Erklärung, die der Gegner in einer für den Erklärenden erkennbaren Weise falsch wahrnimmt, ist, wie wir wissen, nichtig. Also ist auch eine Offerte nichtig, deren fehlerhafte Wahrnehmung seitens des Oblaten der Offerent erkennen mußte. Ist aber eine Offerte nichtig, so kann sich auf ihr kein gültiger, auch nicht einmal ein anfechtbarer Vertragsschluß aufbauen. Hat der Offerent gleich nach Erklärungsabgabe bemerkt oder bemerken können, daß der Oblat den Antrag nicht richtig wahrgenommen hat, so kommt auch im Falle der Antragsannahme kein gültiger Vertrag zustande; der Kontrakt ist vielmehr von Anfang an nichtig, so daß der Oblat seine Wirkungslosigkeit geltend machen kann, ohne erst zu der mit der negativen Schadensersatzpflicht belasteten Irrtumsanfechtung greifen zu müssen. Bietet A dem B eine Ware zu 5 Mk. an, und versteht B 4 Mk. oder versteht er infolge Taubheit gar nichts, und ist die fehlende Wahrnehmung dem A gleich nach Stellung des Antrages erkennbar gewesen, so kann sich A nicht darauf berufen daß B auf die Offerte mit ja geantwortet oder zum Zeichen des Einverständnisses mit dem Kopfe genickt habe[32]). Die Nichtigkeit des Vertrages beruht hier nicht sowohl auf dem „mangelhaften Konsens" — denn dieser begründet nach BGB., wie wir gesehen haben, an sich nur die Anfechtbarkeit des Ver-

[32]) Die Beweislast für die Nichtigkeit des Vertrages trifft den Oblaten: vgl. oben S. 227. Wegen der Beteiligung Mehrerer am Vertragsschluß siehe vorhin S. 363 f. — Die Frage, ob A dem B Schadensersatz dafür leisten muß, daß dieser auf die Gültigkeit eines Vertrages mit dem falsch verstandenen Inhalt vertraut hat, beantwortet sich nach den Grundsätzen der außerkontraktlichen Haftpflicht: vgl. oben Anm. 6.

trages —, sondern auf der durch das erkennbare Mißverständnis verursachten Ungültigkeit der Offerte[33]). Und was von den Fällen des erkennbaren Mißverständnisses gilt, trifft auch auf die anderen Fälle zu, wo nach den in diesem Paragraphen bereits einmal verwerteten Untersuchungen des vorigen Kapitels das Mißverständnis ausnahmsweise die Unwirksamkeit der mißverstandenen Erklärung zur Folge hat. Es sind das gewisse Fälle der Erklärungsübermittelung durch dritte, die betreffende Willenserklärung unrichtig weitergebende Personen[34]). Wird hier eine Offerte von der Mittelsperson mißverstanden und infolgedessen dem Oblaten falsch überbracht, so ist der Antrag unwirksam, und wird er von dem über seinen Inhalt falsch unterrichteten Oblaten angenommen, so zeitigt das wiederum nicht einen anfechtbaren, sondern einen völlig nichtigen Vertragsschluß.

Die Nichtigkeit des Vertrages im Falle des erkennbaren Wahrnehmungsfehlers des Oblaten und der auf gleicher Stufe rangierenden unrichtigen Offertenübermittelung durch gewisse Dritte entspricht dem Ergebnis, das wir vorhin gefunden haben, als wir von dem auf einem Wahrnehmungsfehler beruhenden

---

[33]) Diejenigen Schriftsteller, die im Einklang mit der, man kann wohl jetzt sagen, herrschenden Meinung für die mündlichen Willenserklärungen die reine Vernehmungstheorie vertreten (vgl. oben § 15 Anm. 4), müßten konsequenterweise bei Verträgen das Mißverständnis in erheblich weiterem Maße, als es oben geschehen ist, als Nichtigkeitsgrund walten lassen. Denn da sie die vom Gegner nicht vernommene mündliche Willenserklärung schlechthin für ungültig halten, so müßte eigentlich jeder Vertrag, wo der Offerent die mündliche Antwort des Oblaten oder der Oblat die mündliche Offerte nicht oder nicht richtig wahrgenommen hat, nichtig sein, einerlei, ob der Erklärende den Mangel der gegnerischen Wahrnehmung zu erkennen imstande oder nicht imstande war. Damit gewänne natürlich das Gebiet der nichtigen Verträge ebenso an Umfang, wie das der Irrtumsanfechtung in einer für den Verkehr bedenklichen und darum vom Gesetz sicher nicht gewollten Weise eingeengt würde. Tatsächlich werden denn auch die gedachten Konsequenzen von jenen Schriftstellern nicht gezogen, indem diese es in der Regel einfach unterlassen, da, wo sie die Vernehmungstheorie statuieren (gewöhnlich geschieht es bei der Interpretation des § 130 BGB.), auf die Folgerungen einzugehen, die sich aus ihr für den Fall des Vertragsschlusses ergeben.

[34]) Siehe oben S. 362 f.

Mißverständnis des Offerenten sprachen. Auch hier führten die gleichen Umstände die Nichtigkeit des Vertrages herbei. Jene beiden Tatbestände — nämlich wo entweder der Offerent oder der Oblat den Wahrnehmungsmangel des Gegners gleich nach Erklärungsabgabe zu bemerken vermag, und der andere, wo entweder die Offerte oder die Annahmeerklärung durch gewisse Mittelspersonen falsch bestellt wird — sind bisher die einzigen gewesen, wo sich das Mißverständnis als Ursache der Vertragsnichtigkeit gezeigt hat. Wir können jetzt schon verraten, daß weitere Fälle, in denen der unmittelbare Grund für die Nullität eines Vertrages im Mißverständnis läge, nicht auftauchen werden.

Da, wo der Vertrag aus den gedachten Gründen nichtig ist, ist der Offerent an seine Offerte naturgemäß nicht gebunden. Er kann vielmehr, wenn er hinterher vom Antragsempfänger, dem vielleicht Zweifel über die Richtigkeit seiner Wahrnehmung gekommen sind, nach dem Inhalt des Antrages gefragt wird, eine Offerte gänzlich anderen Inhaltes abgeben oder auch jedwede Abgabe einer Offerte verweigern. Er kann aber natürlich auch die frühere Offerte wiederholen, und tut er es, sei es mündlich, sei es schriftlich, so liegt darin die Vornahme eines neuen Rechtsgeschäftes[35]).

Übrigens sei noch daran erinnert, daß nicht in allen Fällen des für den Erklärenden erkennbaren Mißverständnisses die Willenserklärung nichtig ist. Sie ist es dann nicht, wenn der Gegner auf die Wahrnehmung verzichtet hat[36]). Darum ist auch ein Vertrag trotz des für den Offerenten erkennbaren Wahrnehmungsfehlers des Oblaten nicht nichtig, wenn letzterer auf die Wahrnehmung der Offerte verzichtet hat. Es hat etwa A dem B einen schriftlichen Vertragsantrag nicht übergeben, sondern nur vorgezeigt, und B hat darauf, ohne einen Blick in die Urkunde zu werfen, erwidert, daß er mit allem einverstanden sei. Hier würde, obwohl der Offerent gesehen hätte, daß die Offerte vom Gegner nicht wahrgenommen worden wäre, ein Vertrag mit dem in der Urkunde niedergelegten In-

[35]) Vgl. oben S. 236.
[36]) Vgl. oben S. 272 ff.

halt zustande gekommen sein — vorbehaltlich wiederum eines dem Oblaten möglicherweise zustehenden Anfechtungsrechtes[37]).

---

[37]) Denn die Tatsache, daß der Oblat auf die Kenntnisnahme der Offerte verzichtet hat, ist an sich kein Grund, ihn schlechthin an den Vertrag zu binden. Sondern für die Frage, ob ein solcher Verzicht dem Oblaten das ihm sonst nach § 119 zustehende Anfechtungsrecht nimmt, kommt es auf die Absicht an, aus der heraus der Verzicht erfolgt ist. Der Oblat kann nämlich auf die Lektüre der ihm vorgehaltenen Urkunde deshalb verzichtet haben, weil er ihren Wortlaut bereits zu kennen glaubte (vgl. z. B. den vom Reichsgericht in Seuff. Arch. 50 Nr. 41 oder neuestens den in der Jur. Wochenschr. 38 S. 214 Nr. 1 abgeurteilten Tatbestand). In diesem Falle hat er, als er den Antrag annahm, bestimmte Vorstellungen von dem künftigen Vertragsinhalt gehabt, und wenn sich hinterher ergibt, daß der Inhalt des Antrages den Vorstellungen, die der Oblat sich von ihm gemacht hat, nicht entspricht, so hat letzterer nicht den Vertrag abgeschlossen, den er abschließen wollte, und kann darum das Geschäft nach § 119 BGB. anfechten. (Und das Gleiche würde gelten, wenn der Oblat sich zwar bestimmte positive Vorstellungen vom Geschäftsinhalt nicht gemacht, wohl aber angenommen hätte, daß die Offerte einen bestimmten von ihm vorgestellten Inhalt nicht habe, während sie diesen Inhalt gerade hätte. Auch dann griffe das Anfechtungsrecht Platz. Denn wie Hölder in Iher. Jahrb. 55 S. 469 Anm. 15 richtig bemerkt, kann der Irrtum über den Inhalt einer Willenserklärung „auch nur der negative sein, daß bei bewußter Unkenntnis ihres bestimmten Inhaltes doch ihr wirklicher Inhalt für ausgeschlossen gehalten wurde".) Anders hingegen liegen die Dinge, wenn der Oblat auf die Kenntnisnahme deshalb verzichtet hat, weil ihm der Inhalt gleichgültig war, wenn er also gewillt war, den Antrag unter allen Umständen anzunehmen und sich infolgedessen von seinem Inhalt keine bestimmten Vorstellungen gemacht oder zwar solche vielleicht gemacht hat, aber für den Fall ihrer Unrichtigkeit von der voluntas eventualis beseelt war, sich auch mit einem etwaigen ihm fremden Vertragsinhalt einverstanden zu erklären. Hier hat der Oblat aus einem Blankettwillen, also aus einem unbegrenzten Geschäftswillen heraus gehandelt, so daß von einer Inkongruenz zwischen Wille und Erklärung und demgemäß auch von einem rechtsgeschäftlichen Irrtum nicht die Rede sein kann. In diesem Sinne sind offenbar die zahlreichen, in den Präjudiziensammlungen veröffentlichten Entscheidungen zu verstehen, die einer Partei die Berufung auf die Unkenntnis der von ihr unterschriebenen Urkunde versagen. — Einen mit dem positiven Rechte nur schwer vereinbaren Standpunkt nimmt hinsichtlich der Unterzeichnung ungelesener oder unverstandener Urkunden (unter Beifall von Düringer-Hachenburg II S. 43 f.) v. Seeler in seinen Glossen zur Praxis des Reichsgerichtes (Halle 1908) ein, indem er (vgl. S. 25 ff.) überall, wo der Urkundeninhalt der Billig-

c) Die bisher besprochenen Fälle zeichneten sich sämtlich dadurch aus, daß der Oblat sich bei Beantwortung der von ihm mißverstandenen Offerte mit dem bloßen Hinweis auf deren Inhalt begnügte. Indem er durch sein einfaches „Ja“ oder „Nein“ den wahren Offerteninhalt in seine Antwort aufnahm, kam das ihm untergelaufene Mißverständnis in seiner Erklärung selbst nicht zum Ausdruck. Denkbar ist aber auch der andere Fall, daß das Mißverständnis des Oblaten in seiner Antwort selbst zutage tritt. Und zwar kann dieser Fall sowohl da vorkommen, wo der Oblat sich infolge des Wahrnehmungsfehlers zur Ablehnung, wie da, wo er sich zur Annahme der Offerte entschließt.

Der erstere Fall hat nur geringes praktisches Interesse. Versteht jemand, dem der Gegenstand x offeriert wird, infolge eines Wahrnehmungsfehlers y, und schreibt er zurück: „bedauere, auf Ihren Antrag nicht eingehen zu können, da ich für y keine Verwendung habe,“ so hat er einen anderen Antrag abgelehnt als er empfangen hat. Denn offeriert ist ihm x und abgelehnt hat er y. Eine Ablehnung aber, die eine gar nicht gestellte Offerte zurückweist, ist im Rechtssinn überhaupt keine Ablehnung. Sie ist ein Schlag ins Wasser, ein juristisches Nichts. Sie hat darum auch, ohne daß es einer Anfechtung bedürfte, nicht die sonst der Ablehnung zukommende Wirkung, die Gebundenheit des Offerenten aufzuheben. Der Oblat könnte also an sich die ihm zuteil gewordene Offerte noch nachträglich annehmen. Da aber die Bindung des Offerenten regelmäßig bereits durch Zeitablauf erloschen sein wird, so kann der Oblat von dieser Befugnis nur in sehr seltenen Fällen Gebrauch machen.

Juristisch wichtiger und interessanter ist der andere Fall, daß der Wahrnehmungsfehler des Oblaten sich in einer vermeintlichen Annahmeerklärung widerspiegelt. Jemand, dem eine Ware zu fünf Mark angeboten worden ist, und der aus dem Schreiben versehentlich „vier Mark“ herausgelesen hat,

---

keit offenbar widerspricht, der Partei das Recht gibt, ihn vom Richter für unverbindlich erklären und an seine Stelle entweder die einschlägigen Vorschriften des jus dispositivum oder andere, den besonderen Umständen des Falles angepaßte Bestimmungen setzen zu lassen.

erwidert dem Offerenten nicht einfach: „mit Ihrem Antrag bin ich einverstanden," sondern: „mit Ihrem Angebot von vier Mark bin ich einverstanden," oder: „ich bin bereit, für vier Mark zu kaufen." Oder jemand offeriert Kaffee, der Gegner versteht Kakao und erklärt, „den Kakao unter den angegebenen Bedingungen nehmen zu wollen." A bietet dem B brieflich eine Ware zum Preise von 20 Rthlr. an, B, der statt „Rthlr." „Mark" liest, bittet um Zusendung der angebotenen Ware zu 20 Mark[38]). Endlich: ein Wiener Handelshaus offeriert einem Handschuhhändler N in Yverdon Handschuhe, das Dutzend „zu 18 öwfl." (österreichische Gulden). N glaubt, die Preise seien in Franken angesetzt, und bestellt das Dutzend „zu 18 Fr."[39]) In diesen Fällen ist ein Vertragsschluß, auch ein anfechtbarer, nicht zustande gekommen. Denn es deckt sich hier nicht der Inhalt des Angebotes mit dem Inhalt der Annahmeerklärung, so daß nicht, wie vorhin, bei auseinandergehendem Geschäftswillen der Parteien doch wenigstens die beiderseitigen Erklärungen übereinstimmten, sondern die Erklärung des Offerenten und die des Oblaten gehen aneinander vorbei und lassen es dadurch an dem elementarsten Erfordernis fehlen, das erfüllt sein muß, wenn ein Vertrag, und sei es auch nur ein anfechtbarer, existent werden soll. Die vermeintliche Annahme des Oblaten stellt sich ihrem rechtlichen Inhalt nach als eine (durch Irrtum verursachte) Ablehnung der Offerte dar.

Natürlich wird im praktischen Leben die Frage, ob die Offerte und die auf den mißverstandenen Antrag hin erteilte „Annahmeerklärung" einander decken oder nicht decken, nicht immer so einfach und sicher wie in den eben gebrachten Schulbeispielen zu beantworten sein. Vielmehr werden sich häufig Zweifel ergeben, ob die Erwiderung des Oblaten lediglich als eine Wiederholung des Offerteninhaltes zu gelten hat, so daß trotz des auf der einen Seite untergelaufenen Mißverständnisses völlige Kongruenz zwischen beiden Erklärungen besteht, oder ob das Mißverständnis des Oblaten in seiner Antwort zum Aus-

---

[38]) Beispiel aus Eck a. a. O. S. 147.

[39]) Das Beispiel ist der schon öfters zitierten Abhandlung v. Tuhrs in der Zeitschr. f. Schweizer. Recht 37 S. 291 entnommen.

druck gekommen ist, und darum Antrag und „Annahmeerklärung", statt zusammenzuklingen, auseinandergehen. Da, wo solche Zweifel vorliegen, ist es Sache der Auslegung, festzustellen, ob der Inhalt der vom Oblaten auf die Offerte gegebenen Antwort mit dem Offerteninhalt identisch, und infolgedessen ein (allerdings auf der einen Seite anfechtbarer) Vertrag entstanden ist, oder ob solche Identität nicht vorliegt, und wir es darum mit einem abgelehnten Antrag zu tun haben. Die hier angedeuteten Schwierigkeiten sind also mit Hilfe der Regeln zu beseitigen, die wir früher, im letzten Kapitel unseres ersten Teiles, über die Ermittelung des Erklärungsinhaltes kennen gelernt haben[40]).

---

[40]) Besonders heikel ist die Frage, ob trotz des Mißverständnisses Kongruenz oder infolge des Mißverständnisses Inkongruenz der Erklärungen vorliegt, da, wo die vom einen Teil gestellte Offerte nicht durch eine besondere Antwort, sondern unmittelbar durch Bewirkung der vom Gegner geforderten Leistung angenommen wird. Hat hier nämlich der Oblat die Offerte falsch wahrgenommen und schickt er infolgedessen eine ganz andere als die in Wahrheit bestellte Ware ab (das Warenhaus liest den chiffrierten Auftrag falsch und sendet infolgedessen statt der verlangten Kleiderstoffe Konserven), so decken sich Antrag und Annahme nicht, der Oblat hat vielmehr — unwissentlich — durch den Inhalt der Sendung zum Ausdruck gebracht, daß er nicht den verlangten, sondern einen anderen Gegenstand liefern wolle. Es sind also durch die Leistung des Oblaten Vertragsbeziehungen zwischen den Parteien nicht entstanden. Weder kann der Offerent auf Lieferung der bestellten Ware bestehen, noch braucht sich der Oblat, um aller Kontraktspflichten ledig zu sein, irgendeines Anfechtungsrechtes zu bedienen. Und ähnlich wäre zu entscheiden, wenn der Oblat infolge seines Mißverständnisses zwar nicht eine gänzlich andere Sache, wohl aber eine Sache anderer Qualität als die verlangte absenden würde und der Qualitätsunterschied für den Empfänger der Ware sofort erkenntlich wäre (jemand schickt infolge eines Mißverständnisses einen Hund von einer ganz anderen als der geforderten Rasse, etwa einen Mops statt einen Pudel ab). Auch hier würde kein Kontrakt zustandegekommen sein, und von Erfüllungsklage oder Mängelansprüchen ließe sich nicht reden. Anders hingegen lägen die Dinge, wenn jemand auf eine Offerte hin eine Ware abgäbe, die zwar infolge eines Mißverständnisses des Oblaten andere als die ausbedungenen Eigenschaften hätte und insofern nicht die bestellte wäre, die aber doch nach außen hin die bestellte zu sein schiene. Es verlangt etwa jemand ein silbernes Service, und der Verkäufer schickt, weil er den Auftrag nur flüchtig gelesen hat, versilbertes Geschirr. Da hier der Mangel für die Außenwelt nicht ohne weiteres sichtbar ist,

Man hat in der Literatur die Fälle, wo der Oblat infolge eines ihm untergelaufenen Mißverständnisses eine zwar vom Annahmewillen diktierte, in Wahrheit aber nicht mit dem Antrag konforme Antwort erteilt, wiederum unter den Begriff des Dissenses zu stellen versucht. Und zwar hat man bei ihnen sowohl von „verstecktem (unbewußtem) Dissens" gesprochen, weil dem Oblaten bei Abgabe seiner Erklärung das Bewußtsein vom Mangel des Konsenses fehlt, als auch von „offenem oder äußerem Dissens", weil die Erklärungen den mangelnden Konsens erkennen lassen. Am häufigsten findet sich für die gedachten Fälle die Terminologie „Dissens im engeren Sinne" [41]). Indessen dürfte auch hier der Begriff des Dissenses — mag man ihn mit der einen oder der anderen Bezeichnung versehen — zu verwerfen sein.

Denn erstens ist er irreführend, indem er den wahren Grund der hier vorhandenen Vertragsnichtigkeit verschleiert. Er legt nämlich die Vermutung nahe, als ob es die Inkongruenz der beiderseitigen Geschäftswillen sei, die die Unwirksamkeit des Vertrages erzeuge. In Wirklichkeit aber sind es allein die auseinandergehenden Erklärungen, welche die Entstehung jeglichen Vertrages hindern. Das zeigt sich schon daran, daß vorhin, wo die Erklärungen der Parteien einander nicht widersprachen,

---

hat der Oblat durch Absendung der betreffenden Ware den Antrag so, wie er gemacht war, angenommen (den Offerteninhalt in seine Annahmeerklärung aufgenommen), und es liegt darum nicht mehr die im Texte zur Besprechung stehende Konstellation, sondern die früher erwähnte Situation der bei aller Verschiedenheit der Geschäftswillen einander deckenden Vertrags**erklärungen** vor. Es kommt also ein vom Verkäufer anfechtbarer Vertrag zustande, aus dem aber, solange er noch nicht angefochten ist, der Käufer auf Erfüllung bezw. Wandlung oder Minderung klagen könnte.

[41]) Ihm werden dann die vorhin besprochenen Fälle, wo der Oblat den Inhalt der von ihm mißverstandenen Offerte in seine Antwort aufnimmt und infolgedessen eine zwar nicht mit seinem Geschäftswillen, wohl aber mit dem Antrag übereinstimmende Annahmeerklärung abgibt, als „Dissens im weiteren Sinne" gegenübergestellt. Vgl. statt aller **Motive** I S. 202. — Bisweilen wird der Gegensatz auch durch die Unterscheidung von „äußerem" und „innerem Dissens" oder (so **Crome** I S. 421) von „**Erklärungs**- und **Willens**dissens" zum Ausdruck gebracht.

die Nichtigkeit des Vertrages nicht oder doch wenigstens nicht notwendigerweise die Folge des Oblatenmißverständnisses war [42]). Und es zeigt sich ferner darin, daß uns dasselbe Bild der einander verfehlenden Willenserklärungen und der daraus resultierenden Geschäftsnichtigkeit auch beim gewöhnlichen, durch kein Mißverständnis verursachten Erklärungsirrtum des Oblaten, also bei voller Übereinstimmung der beiderseitigen Geschäftswillen entgegentreten kann: der Oblat versteht das in Höhe von fünf Mark gemachte Angebot richtig, will es annehmen und schreibt aus Versehen: „mit Ihrem Vorschlag von vier Mark bin ich einverstanden" [43]).

Aber auch abgesehen von seinem trügerischen Charakter ist der Begriff des Dissenses in der Verwendung, die er hier ge-

---

[42]) Im gemeinen Rechte, wo man die Fälle des Textes besonders gern unter dem Kunstausdruck des „Dissenses" oder des „Irrtumes als Mißverständnis" zusammenfaßte, ist man sich sehr wohl bewußt gewesen, daß der eigentliche Nichtigkeitsgrund nicht in dem durch das Mißverständnis des einen Paziszenten erzeugten Irrtum, sondern ausschließlich in dem Auseinandergehen der Erklärungen zu suchen sei, und sprach darum von einem „nur begleitenden" Irrtum: siehe Zitelmann, Irrtum S. 419ff., insbes. S. 421; Eck in Holtzendorffs Rechtslexikon (2. Aufl.) s. v. „Irrtum"; Regelsberger, Pandekten I S. 510 unter III, 2 und Windscheid I § 77 S. 394 f. Es stellt demgegenüber keinen Fortschritt in der Systematik dar, wenn Leonhard, Irrtum I S. 6 und passim in solchen Fällen „vom Irrtum als Nichtigkeitsursache" oder „vom Ausfall einer Bedingung des Nichtirrtumes" spricht. Gegen Leonhard auch Henle in den Götting. Gelehrt. Anzeigen **1908** S. 493 f.

[43]) Fraglich ist, ob sich in den Fällen des Wahrnehmungsfehlers, von denen eben die Rede war, das Mißverständnis nicht wenigstens insofern als mittelbare Ursache der Vertragsnichtigkeit bezeichnen lasse, als es den Grund für die Divergenz der Erklärungen darstelle, auf der die Unwirksamkeit des Rechtsgeschäftes beruhe. Diese Betrachtungsweise ist allerdings da gerechtfertigt, wo anzunehmen ist, daß der Oblat die Offerte bei fehlerfreier Kenntnis ihres Inhaltes akzeptiert hätte. Überall hingegen, wo diese Annahme nicht zutrifft (und im allgemeinen würde derjenige, der akzeptiert, weil er y für offeriert hält, nicht auch dann akzeptiert haben, wenn er gewußt hätte, daß x offeriert war), ist das Mißverständnis für das Ausbleiben der Vertragswirkungen überhaupt nicht, sondern höchstens für die besondere Form kausal, in der uns das nullum negotium entgegentritt. Denn ohne das Mißverständnis wäre der Vertrag an bewußter, infolge des Mißverständnisses ist er an unbewußter Ablehnung gescheitert.

funden hat, wertlos. Denn Wert hätte er offenbar nur, wenn sich mit seiner Hilfe der Satz aufstellen ließe, daß die Folge eines Dissenses die Nichtigkeit des Vertrages sei. Nun haben wir aber bereits gesehen, daß der Begriff des Dissenses in der Doktrin in sehr verschiedenfachem Sinne gebraucht wird, und daß die Rechtsfolge, die sich an ihn knüpft, durchaus nicht immer die Ungültigkeit des Vertrages ist, sondern daß der „Dissens" die Wirksamkeit des Vertrages bisweilen überhaupt nicht, bisweilen nur in der Form der Anfechtbarkeit berührt. Jener Satz von der zerstörenden Kraft des Dissenses ließe sich also nur halten, wenn gleichzeitig gesagt würde, daß es sich um einen Dissens in dem eben besprochenen Sinne, also darum handele, daß trotz vorhandenen Annahmewillens die Parteierklärungen einander verfehlen. Ist aber die Aufdeckung dieser Tatsache doch nicht zu vermeiden, dann ist nicht einzusehen, warum der fehlende Zusammenklang der Willenserklärungen nicht unmittelbar, sondern erst auf dem Umweg des Dissenses als Grund der Vertragsnichtigkeit angegeben werden soll.

Also auch in der Bedeutung, in der er uns hier entgegengetreten ist, erweist sich der Begriff des Dissenses als irreführend und überflüssig und ist darum im Interesse einer klaren und durchsichtigen Systematik zu verwerfen[44]). —

Wir haben bisher nur konstatiert, daß in den Fällen, wo der Oblat in seiner Antwort an den Offerenten das ihm untergelaufene Mißverständnis zum Ausdruck bringt, und infolgedessen die Willenserklärungen der Parteien aneinander vorbeigehen, der vom Offerenten angeregte Vertrag durch die vom Annahmewillen diktierte Erklärung des Oblaten nicht zum Abschluß gebracht wird. Damit aber ist die juristische Bedeutung des Vorganges, mit dem wir es hier zu tun haben, noch nicht erschöpft. Es fragt sich vielmehr, ob trotz der Ablehnung, die in der Erklärung des Oblaten enthalten ist, die Offerte des Gegners nicht doch noch eine taugliche Grundlage für die Vertrags-

---

[44]) Und bedarf es wirklich eines besonderen Kunstausdruckes zur Formulierung des einfachen Rechtsgedankens, daß „inutilis est stipulatio, si quis ad id, quod interrogatus erit, non responderit, velut si sestertia x a te dari stipuler, et tu sestertia v promittas, aut si ego pure stipuler, tu sub condicione promittas" (Gajus, Instit. III § 102)?

errichtung bildet, oder ob nicht die Erklärung des Oblaten selbst zur tauglichen Grundlage einer Vertragserrichtung werden kann. Wir müssen dabei wieder verschiedene Fallgestaltungen unterscheiden.

Möglich ist zunächst, daß der Oblat, der die Offerte infolge eines Wahrnehmungsfehlers mißverstanden, also etwa statt fünf Mark vier Mark gelesen hat, dem Gegner zurückschreibt: „mit Ihrer Offerte von vier Mark bin ich einverstanden." Indem hier der Oblat sein — wenn in Wahrheit auch nicht vorhandenes — Einverständnis mit der Offerte ausdrücklich betont, gibt er dem anderen Teile zu erkennen, daß seine Erklärung nur als Antrags*annahme* gemeint sei. Darum kann der andere Teil, wenn er ihr auch infolge des dem Gegner untergelaufenen Mißverständnisses den Annahmewillen nicht zu entnehmen vermag, doch jedenfalls so viel aus ihr erkennen, daß sie keinesfalls eine *mit einem neuen Antrag* verbundene Ablehnung enthält. Die Erklärung ist zwar tatsächlich eine Ablehnung, aber auch nichts weiter als eine Ablehnung: die Anwendung des § 150 Abs. 2 ist hier durch die Fassung der Antwort des Oblaten ausgeschlossen[45]). Da aber der Oblat nichts davon weiß, daß er die Offerte abgelehnt hat, sondern des Glaubens lebt, sie angenommen zu haben, so liegt eine *irrtümliche* Ablehnung der Offerte vor. Und der Irrtum des Oblaten, um den es sich hier handelt, ist kein bloßer Irrtum im Motiv. Zwar ist der Geschäftswille des Antragsempfängers auf einen Vertragsschluß über vier Mark gerichtet gewesen, und diesen Geschäftswillen hat er auch erklärt. Aber er hat zugleich die Absicht zum Ausdruck bringen wollen, den Vertrag als einen ihm vom Gegner angetragenen abzuschließen, und hat statt dessen die Ablehnung der ihm gemachten Offerte erklärt. Darum kann der Oblat seine Erklärung anfechten, wenn sich hinterher der wahre Sachverhalt herausstellt, und die Dinge so liegen, daß jener die Offerte auch bei richtiger

---

[45]) Mit Recht sagt *Oertmann* I S. 463, daß § 150 trotz seines kategorischen Wortlautes nur den Sinn einer Auslegungsregel habe. Er kommt also nicht zur Anwendung, wenn sich aus der Fassung der Antwort des Oblaten ein anderer Erklärungsinhalt ergibt.

Kenntnis ihres Inhaltes angenommen hätte. Allerdings bringt ihm die Anfechtung nur dann einen Vorteil, wenn für den Offerenten die Gebundenheitsfrist noch nicht abgelaufen ist[46]. Trifft aber diese Voraussetzung zu, so muß sich der Offerent die Anfechtung der Ablehnung gefallen lassen, ohne seinerseits einen Anspruch auf Ersatz etwaigen negativen Schadens zu haben. Denn er konnte der Erklärung des Oblaten, wenn er auch nicht wußte, was dieser positiv erklären wollte, doch jedenfalls anmerken, daß er das nicht erklären wollte, was er in Wahrheit erklärt hat[47].

---

[46]) Leonhard, Irrtum I S. 168 f. sagt, der Empfänger des Antrages, der offenbar etwas anderes aus Versehen angenommen habe, als angeboten gewesen sei, könne, wenn er sein Mißverständnis bemerkt habe, noch nachträglich dem wirklichen Antrag zustimmen, „falls er nur, darüber befragt, dies dem Antragsteller in angemessener Frist mitteile". Dieser Satz ist entweder überflüssig oder falsch. Denn ist der Adressat nach Aufhellung des Mißverständnisses vom Offerenten „befragt" worden, ob er auf die ursprüngliche Offerte eingehen wolle, so liegt eben eine Wiederholung der Offerte vor, von der es selbstverständlich ist, daß der Adressat, wenn er will, sie annehmen und dadurch den Vertragsschluß nunmehr herbeiführen kann. Oder Leonhard legt keinen Wert darauf, daß eine solche Befragung stattgefunden habe, dann würde er dem Oblaten das Recht einräumen, den Vertragsschluß vom Offerenten zu erzwingen, ohne Rücksicht darauf, ob dessen Gebundenheit noch andauere, und ob die Erfordernisse für die Anfechtung der Ablehnung vorlägen — eine Begünstigung des Antragsempfängers, für die es im geltenden Rechte glücklicherweise an jedem Anhalt fehlt.

[47]) Wieder zeigt sich, was vorhin schon angedeutet wurde, daß die rechtliche Situation die gleiche ist wie dort, wo sich ein entsprechender Erklärungsirrtum des Oblaten ohne voraufgegangenes Mißverständnis einstellt. Es versteht jemand die Offerte so, wie sie gemacht ist (also in Höhe von fünf Mark), will sich hinsetzen und sie annehmen und schreibt aus Versehen: „mit Ihrer Offerte von vier Mark bin ich einverstanden." Auch hier würde der Oblat gegebenenfalls die in dieser Erklärung enthaltene Ablehnung nach § 119 anfechten können. Natürlich liegt bei solchen Irrtumsfällen eine Ablehnung dann nicht vor, wenn die Antwort des Oblaten nur scheinbar, nur ihrem Wortlaut nach von dem Inhalt der Offerte abweicht, während sie in Wahrheit vermöge der Platz greifenden individuellen Auslegung sich mit ihr und infolgedessen auch mit dem Geschäftswillen des Oblaten deckt. Zwei Parteien haben schon längere Zeit über den Ankauf eines Motorrades verhandelt. Schließlich bietet es der Verkäufer dem anderen Teile für 500 Mark an. Dieser

Ferner aber ist denkbar, daß der Oblat (B), wenn er statt fünf Mark vier Mark aus der Offerte herausgelesen hat, dem Offerenten (A) schlechthin antwortet: „bin mit vier Mark einverstanden." Dann enthält diese Erklärung bei richtiger, d. h. objektiver Auslegung eine Ablehnung der Offerte verbunden mit einer neuen Offerte. Da aber der Oblat mit seiner Erklärung eine glatte Annahme der ihm gemachten Offerte aussprechen und nicht eine Gegenofferte machen wollte, so hat er wiederum eine mit seinem wirklichen Geschäftswillen nicht im Einklang stehende Erklärung abgegeben. Er kann sie darum, wenn die übrigen Voraussetzungen des § 119 zutreffen, anfechten. Hat freilich A die Gegenofferte abgelehnt, so daß ein Vertrag weder mit dem ersten noch mit dem zweiten Inhalt zustande gekommen ist, so hat das Anfechtungsrecht für den B nur praktischen Wert, wenn — was nicht häufig der Fall sein wird — für den A die Gebundenheitsfrist hinsichtlich der ersten Offerte noch andauert. Hat hingegen A den neuen Antrag des B, sei es ausdrücklich, sei es durch konkludente Handlung angenommen, so kann B diesen Vertrag vermittelst seines Anfechtungsrechtes zu Falle bringen. Nur wird sich hier freilich selten sagen lassen, daß B den Vertrag bei Kenntnis der Sachlage und bei verständiger Würdigung des Falles nicht abgeschlossen hätte. Denn wenn er überhaupt einen Vertrag über vier Mark eingehen wollte, so kann es ihm in aller Regel einerlei sein, ob die Initiative zu diesem Vertrag, wie er glaubte, vom Gegner, oder ob sie, wie es in Wirklichkeit der Fall war, von ihm ausgegangen ist. Eine große Rolle kann also das Anfechtungsrecht des B weder spielen, wenn A die Gegenofferte ablehnt, noch wenn er sie annimmt. Da aber, wo es wirklich einmal Platz greift, und B von ihm Gebrauch macht, ist er dem A normalerweise zum Ersatz des negativen Geschäftsinteresses

---

antwortet, nachdem er das Schreiben gelesen und richtig verstanden, versehentlich: „nehme Ihr Anerbieten, das Motorboot zu 500 Mark zu liefern, an." Infolge der hier eingreifenden Regel falsa demonstratio non nocet würde Motorrad wahrer Inhalt der Erklärung des Antragsempfängers sein, und demnach letztere weder mit dem Antrag des Gegners noch mit dem Geschäftswillen des Oblaten im Widerspruch stehen.

verpflichtet. Denn anders als vorhin ist A hier regelmäßig nicht in der Lage, aus der Antwort des B den diesem untergelaufenen Erklärungsirrtum zu erkennen. — Eine weitere und gewiß sehr häufig vorkommende Komplikation tritt ein, wenn in den hier besprochenen Fällen der Offerent infolge eines Wahrnehmungsfehlers den Unterschied, der zwischen seiner Offerte und der Antwort des B besteht, nicht bemerkt und infolgedessen seine Offerte für rundweg vom Gegner angenommen hält. A offeriert zu fünf Mark, B liest statt dessen vier Mark und schreibt: „bin mit vier Mark einverstanden," und A, der fest auf die Annahme seiner Offerte rechnete, liest unwillkürlich, indem gewissermaßen der Wunsch zum Vater seiner Vorstellungen wird, aus dem Schreiben heraus: „bin mit fünf Mark einverstanden". Da hier A infolge seines Mißverständnisses die in Wahrheit sich als Gegenofferte darstellende Erklärung des B für eine uneingeschränkte Annahme seines Antrages ansieht, hat er naturgemäß keine Veranlassung, auf das Schreiben des B seinerseits wieder zu antworten. Er wird also schweigen bezw. wenn es sich um einen sofort zu erfüllenden Vertrag handelt, die Erfüllung bewirken. Dann kommt es darauf an, welche Bedeutung nach den Umständen des konkreten Falles dem Verhalten des Offerenten innewohnt. Liegt darin eine Ablehnung der Gegenofferte (was im Falle des Schweigens meistens zutrifft), so wird, wenn sich hinterher die beiderseitigen Mißverständnisse herausstellen, regelmäßig die Gebundenheit des A hinsichtlich der ersten wie die des B hinsichtlich der zweiten Offerte erloschen sein, so daß keine Partei von einer etwaigen Anfechtung ihrer Ablehnung Nutzen zu ziehen vermag. Ist hingegen das Verhalten des A zufolge der früher besprochenen Auslegungsregeln als Annahme der Gegenofferte aufzufassen (was beim Schweigen der Fall sein kann und bei der Erfüllung häufig — man denke an unser Schulbeispiel — der Fall sein wird), so greifen die Regeln ein, die wir oben kennen gelernt haben, als wir davon sprachen, daß jemand eine von ihm mißverstandene Offerte akzeptiert: es wird also ein Vertrag mit dem Inhalt der Gegenofferte (in unserem Beispiel über vier Mark) perfekt, das Mißverständnis des A verwandelt sich in einen Erklärungsirrtum und gibt dem A das Recht, den von ihm wider sein Wissen und Wollen abgeschlossenen Kontrakt anzufechten[48]). Stellt endlich das Verhalten des A eine dritte Offerte dar (was dann der Fall sein würde, wenn A die Erfüllung bewirkte, aber nicht in Übereinstimmung mit dem Inhalt der Gegenofferte, sondern mit dem Inhalt seiner früheren Offerte: ein Antiquar schreibt einem Interessenten, er habe die letzte Auflage von Mommsens Römischem Staatsrecht für 25 Mark zu verkaufen; der Oblat verliest sich und schreibt infolgedessen zurück: „bin bereit, Mommsens Römische Geschichte für 25 Mark zu kaufen", der Antiquar bemerkt die Abweichung nicht und schickt Mommsens Römisches Staatsrecht ab), so hätte, da jetzt A ein Gegenofferent wäre, zwischen ihm und B ein Rollenaustausch stattgefunden, und die bisher besprochenen Rechtssätze wären unter Berücksichtigung der veränderten Parteienverhältnisse von neuem anzuwenden[49]).

---

[48]) So ist auch der vorhin erwähnte, der schweizerischen Praxis entnommene Rechtsfall zu beurteilen, wo ein Wiener Handelshaus einem Handschuhhändler N in Yverdon Handschuhe, „das Dutzend zu 18 öwfl.", offeriert, und N, weil er sich verlesen hat, „das Dutzend zu 18 Fr." bestellt. Sendet jetzt das Wiener Haus die Handschuhe ab, so hat es damit einen Antrag über 18 Fr. angenommen und kann sich von diesem Geschäftsabschluß nur im Wege der Irrtumsanfechtung befreien. Anders v. Tuhr a. a. O., der hier wegen latenten Dissenses einen Vertrag überhaupt nicht zustande kommen läßt. Diese Entscheidung ist indessen, wie wir später noch sehen werden, weder nach BGB. noch nach dem ihr zugrunde liegenden schweizerischen Obligationenrecht haltbar, da letzteres (was v. Tuhr a. a. O. S. 279 ff. selbst nicht verkennt) ebenso wie unser Gesetzbuch der Erklärungstheorie insofern huldigt, als es im Falle des Irrtumes nicht die Nichtigkeit, sondern die Anfechtbarkeit des Vertrages statuiert. — Liegt übrigens einer der Ausnahmefälle vor, wo nach den vorhin im Texte entwickelten Grundsätzen auch der Oblat (B) vermöge seines durch den ersten Wahrnehmungsfehler hervorgerufenen Irrtumes die Gegenofferte anfechten kann, so haben wir es mit einem Vertragsabschluß zu tun, der einem doppelten Anfechtungsrecht ausgesetzt ist.

[49]) Mißverständnisse, die sich auf Grund von Wahrnehmungsfehlern beim Vertragsschluß einschleichen, können natürlich nicht nur den Gegenstand des Vertrages betreffen, sondern ebenso gut in falschen Vorstellungen über die Persönlichkeit des Gegenkontrahenten beruhen. A macht im Namen des X dem B eine Offerte. Dieser verhört oder verliest sich und antwortet, er sei bereit, den Vertrag mit Y einzugehen. A adressiert

Eine letzte Möglichkeit ist die, daß der Oblat (B) die Offerte des Gegners (A) unrichtig wahrnimmt, mit dem wahrgenommenen Inhalt nicht einverstanden ist, infolgedessen dem A eine andere Offerte macht, und diese Gegenofferte sich mit dem

---

eine Offerte an „Hermann Meier", der Brief wird aus Versehen an „Siegfried Meier" abgegeben, der die Verwechslung nicht bemerkt und den Antrag unter seinem Namen annimmt. Auch hier kann sich das bisher betrachtete Spiel von Offerte und Gegenofferte ergeben (und es ergäbe sich in letzterem Falle selbst dann, wenn Siegfried Meier seine Annahmeerklärung lediglich mit Meier unterschriebe, denn da die Offerte nicht „ihm gegenüber" abgegeben war, kann solche Erklärung keine Annahme im Rechtssinn, nicht einmal eine irrtümliche Annahme darstellen; vgl. auch Danz in der Zeitschr. f. Rechtspfl. in Bayern 3 S. 138 und in Jher. Jahrb. 46 S. 411 ff.); und wo es sich ergibt, sind die bisherigen Ausführungen des Textes natürlich entsprechend anzuwenden. Nicht hierher gehören hingegen die Fälle, wo jemand an Siegfried Meier schreiben will, den Brief aus Versehen aber an Hermann Meier adressiert, dem er auch ausgehändigt wird; oder wo jemand telephonisch mit Siegfried Meier verbunden zu werden wünscht, aber durch sein oder des Amtes Versehen mit Hermann Meier verbunden wird und nun, ohne daß in dem Gespräch die Verwechslung zutage tritt, mit diesem in der Meinung verhandelt, daß er mit Siegfried Meier rede. Solchenfalls liegt überhaupt kein Mißverständnis auf seiten des Oblaten, sondern lediglich ein Irrtum auf seiten des Offerenten vor. Die Offerte erlangt Hermann Meier gegenüber Gültigkeit und kann höchstens vom Offerenten nach § 119 angefochten werden (vgl. oben § 16 Anm. 9). Das Gleiche gilt nach § 120 BGB. von dem von Henle a. a. O. S. 435 fingierten Falle, daß ein Bote das richtige Geschäftslokal betritt, darin den Bruder des Adressaten trifft und, ohne sich zuvor über die Person zu vergewissern, diesem die aufgetragene Erklärung ausrichtet. Anders wiederum sind diejenigen Fälle zu beurteilen, wo jemand einen Brief an Siegfried Meier überschreibt (ihn etwa mit den Worten beginnt: „Herrn Siegfried Meier, Hamburg"), das Kuvert aber an Hermann Meier adressiert, dem der Brief von der Post zugestellt wird (vgl. den Rechtsfall Nr. 17 in der 2. Auflage der Zivilrechtsfälle von Hellwig, Tübingen u. Leipzig 1904). Hier würde zunächst eine unbehebbare Undeutlichkeit des Angebotes vorliegen, von der wir bereits wissen (vgl. oben S. 186 f. und den folgenden Paragraphen unter b), daß sie die Offerte und damit den ganzen Vertrag unwirksam macht; wenn aber Siegfried Meier, ohne die Zweideutigkeit des Schreibens zu bemerken, das unwirksame Angebot annimmt, so stellt er damit seinerseits einen Antrag, der im weiteren Verlauf zu ähnlichen Rechtsfiguren führen kann, wie sie uns im Texte begegnet sind.

Angebot des A deckt. A bietet eine Sache zu 5 Mark an, B liest 8 Mark, will 8 Mark nicht zahlen und macht darum seinerseits ein Angebot in Höhe von 5 Mark. Tut er das in der Form, daß er einfach zurückschreibt: „bin mit 5 Mark einverstanden," so liegt darin in Wahrheit eine Annahme der ihm zuteil gewordenen Offerte, und es ist darum im Moment, wo diese Erklärung dem A zugeht, der Vertrag geschlossen. B aber hat keine Annahme erklären, sondern einen Antrag stellen wollen, er ist also über den Inhalt seiner Erklärung im Irrtum gewesen. Trotzdem kann er sie nicht anfechten. Denn es ist hier keine Situation denkbar, in der man sagen könnte, daß B seine Erklärung bei Kenntnis der Sachlage und bei verständiger Würdigung des Falles nicht abgegeben hätte. Hat er doch durch seinen vermeintlichen Gegenvorschlag, dessen Annahme seitens des A er nicht hätte hindern können, einen mit dem Inhalt des jetzt zustande gekommenen Vertrages übereinstimmenden Geschäftswillen geäußert. Daraus aber, daß der von ihm selbst beabsichtigte Vertrag früher, als er glaubte, abgeschlossen worden ist, kann er ein Recht zur Vertragsauflösung nicht herleiten[50]). Anders, wenn auch häufig nicht im praktischen Ergebnis, so doch in der juristischen Struktur, liegen die Dinge da, wo B nicht einfach eine mit der Offerte übereinstimmende Erklärung abgibt, sondern in dieser Erklärung zum Ausdruck bringt, daß sie als Gegenofferte gemeint sei. A bietet eine Ware zu 5 Mark an, B liest 8 Mark, will nur 5 Mark geben und schreibt darum: „auf Ihre Offerte bedaure ich nicht eingehen zu können, hingegen bin ich nicht abgeneigt, die Ware für 5 Mark zu kaufen." In diesem Falle stellt die Erklärung des B, obwohl sie von dem

---

[50]) Damit ist nicht gesagt, daß dem B aus seiner falschen Beurteilung des Sachverhaltes nicht unter Umständen ein Schaden erwachsen kann. Denn da A, der mit Recht in der Erklärung des B eine Annahme der Offerte erblickt, regelmäßig bis zur Vertragserfüllung nichts weiter von sich hören lassen wird, so wird B seine Gegenofferte für abgelehnt halten; er wird also, während der Vertrag in Wahrheit geschlossen ist, auf die Unwirksamkeit des Vertrages vertrauen. Von dem dadurch erlittenen Schaden würde man ihn aber auch dann nicht völlig befreien, wenn man ihm wegen seines Irrtumes ein Anfechtungsrecht gäbe Denn dann müßte B dem Gegner den Schaden ersetzen, den dieser durch sein Vertrauen auf die Gültigkeit des Vertrages erlitten hat.

gleichen Geschäftswillen diktiert ist, den auch A in seiner Offerte geäußert hat, keine Antragsannahme dar. Denn wie der Oblat die Annahme der Offerte an jedwede Bedingung knüpfen kann, so kann er sie auch davon abhängig machen, daß der Offerent sich über einen und sei es auch inhaltlich gleichlautenden Gegenvorschlag noch einmal äußere. Und dieses Verlangen stellt hier B, indem er den Antrag des A trotz übereinstimmenden Geschäftswillens ablehnt und seine Erklärung ausdrücklich als Gegenvorschlag bezeichnet. Darum unterbleibt der Vertragsschluß, wenn A auf die Antwort des B schweigt, und er wird, wenn A zustimmend antwortet, erst mit dem Zeitpunkt perfekt, wo die Antwort bei B eintrifft. Dann wird B in der Regel gewahr werden, daß er sich bei Stellung des Gegenantrages in einem Irrtum befunden hat. Aber dieser Irrtum war, da B nichts erklärt hat, was er nicht erklären wollte, ein für den Bestand des Rechtsgeschäftes gleichgültiger „Irrtum im Motiv"[51]).

---

[51]) Um einen bloßen Motivirrtum handelt es sich natürlich auch dann, wenn jemand (X), weil er eine ihm gemachte Offerte falsch verstanden hat, nunmehr seinerseits einem Dritten ein Angebot macht, das anders lautet, als es lauten würde, wenn X den ihm gegenüber gestellten Antrag richtig verstanden hätte. Dem X wird von Y telegraphisch eine Ware zu 70 angeboten, er liest 40 statt 70 und offeriert darum dieselbe Ware dem Z für 50. Mit Recht hat das OLG. Hamburg (Recht 13 Beil. Nr. 962) in solchem Falle entschieden: „X wollte, als er die Offerte machte, wirklich erklären, was die Offerte enthielt. Wille und Erklärung stimmten überein. Er irrte also nicht über den Inhalt seiner Offerte, insbesondere nicht über Bedeutung und Höhe seiner Preisforderung. Sein Irrtum betraf vielmehr einen außerhalb seiner Erklärung liegenden Umstand, nämlich die Bedeutung einer ihm von seinem Lieferanten gemachten telegraphischen Mitteilung darüber, zu welchem Preise die Ware eingekauft werden konnte." Und ein solcher Irrtum berührt die Wirksamkeit der Erklärung ebensowenig wie ein Kalkulationsfehler, der einer Preisofferte zugrunde liegt. Vgl. darüber die in der Rechtsprechung der OLG. 3 S. 40 und in Seuff. Arch. 56 S. 435 Nr. 242, 62 S. 308 Nr. 176 abgedruckten Urteile desselben Gerichtshofes; ferner das Reichsgericht in der Jur. Wochenschr. 38 S. 412 Nr. 5 und neuerdings die Abhandlung von Oertmann in der D. Jur.-Ztg. 14 S. 742 ff.

§ 22.

Von den vier denkbaren Formen, in denen sich beim Vertragsschluß ein Mißverständnis einschleichen kann, haben wir die Fälle erledigt, wo der Offerent entweder auf Grund eines Deutungsfehlers oder infolge eines Wahrnehmungsfehlers die Antwort des Oblaten, des Antragsempfängers mißversteht, und haben ferner den Fall betrachtet, wo der Oblat infolge eines Wahrnehmungsfehlers die Offerte falsch versteht. Es bleibt also nur noch zu untersuchen übrig, wie sich die Dinge gestalten, wenn die Offerte vom Oblaten vermöge eines Deutungsfehlers unrichtig verstanden wird. Und diese vierte Konstellation, wo der Oblat die Offerte zwar fehlerfrei wahrnimmt, aber ihr durch falsche Deutung einen anderen als den wirklichen Sinn beilegt, stellt das eigentliche und hauptsächlichste Anwendungsgebiet der Lehre vom sogenannten Dissens dar. Wir werden uns darum hier mit diesem Begriff eingehend auseinanderzusetzen haben. Dazu ist es notwendig, die verschiedenen Gruppen von Fällen scharf auseinanderzuhalten, in denen ein Deutungsfehler des Oblaten sei es wirklichen, sei es vermeintlichen Einfluß auf das Schicksal des Vertrages ausübt.

a) Wenn A dem B eine Offerte des Inhaltes x macht, und B den Wortlaut der Offerte richtig versteht, aber mit ihm fälschlicherweise den Sinn y verbindet (A offeriert eine Ware zu zehn Talern, der Oblat bildet sich ein, der Taler betrage fünf Mark), so wird die Gültigkeit der Offerte von dieser falschen Deutung des B, wie wir wissen, unter keinen Umständen berührt[1]). Lehnt nun B diese Offerte ab, indem er etwa mit einem kurzen „Nein" oder mit einem „bedauere, auf Ihren Antrag nicht eingehen zu können", antwortet, so hat er damit einen über fünfzig Mark gemachten Antrag ablehnen wollen und hat tatsächlich einen über dreißig Mark gemachten Antrag abgelehnt. Es hat sich also, wie beim Wahrnehmungsdefekt, das Mißverständnis des Oblaten in einen Irrtum über den Inhalt der von ihm abgegebenen Erklärung verwandelt.

---

[1]) Selbst dann nicht, wenn der Offerent die Offerte mündlich abgibt und den Deutungsfehler des Oblaten gleich nach der Erklärungsabgabe bemerkt. Vgl. oben S. 222 ff.

Das dem Oblaten hieraus denkbarerweise erwachsende Anfechtungsrecht wird aber um deswillen nur sehr selten von praktischer Bedeutung sein, weil bei der Entdeckung des Irrtumes seitens des Antragsempfängers regelmäßig die Gebundenheitsfrist für den Offerenten bereits erloschen und darum eine nachträgliche Annahme des Antrages nicht mehr möglich sein wird. Und dasselbe gilt von den Fällen, wo der Oblat den Offerteninhalt nicht in seine Erklärung aufgenommen, sondern das ihm untergelaufene Mißverständnis in der Ablehnung selbst zum Ausdruck gebracht hat. Er hat etwa in dem obigen Beispiel zurückgeschrieben: „von Ihrem Anerbieten kann ich keinen Gebrauch machen, da mir fünfzig Mark für die Ware zu teuer sind." Hier hat der Oblat eine andere als die ihm zuteil gewordene Offerte abgelehnt. Seine Ablehnungserklärung ist darum, ohne daß es erst einer Anfechtung bedarf, rechtsunwirksam [2]). Aber auch hier wird er wegen Ablaufes der Annahmefrist nur in seltenen Fällen von der Nichtigkeit der Ablehnung Vorteil haben. Mit Rücksicht auf dieses geringe praktische Interesse, das da, wo eine Ablehnung der Offerte erfolgt, das dem Oblaten untergelaufene Mißverständnis bietet, wollen wir uns mit diesen Fällen im folgenden nicht weiter befassen. Von einem „Dissens" kann ja hier auch keine Rede sein. Keinesfalls von einem „versteckten". Höchstens von einem „offenen" Dissens könnte man insofern sprechen, als der Oblat durch die Ablehnung die Abwesenheit seines zur Herstellung des „consensus" erforderlichen Vertragswillens deutlich zu erkennen gegeben hätte. Indessen liegt die Tautologie, deren man sich schuldig machte, wenn man gegenüber einer glatten Antragsablehnung von einem „offenen Dissens" reden wollte, so klar zutage, daß über das Unzulässige einer solchen Verwendung des Dissensbegriffes kein Wort verloren zu werden braucht [3]).

b) Kein Deutungsfehler und kein Mißverständnis im

---

[2]) Vgl. oben S. 375.

[3]) Leonhard, Irrtum II S. 16 Anm. 3 meint freilich, daß er keinen Anstand nehmen würde, auch die Ablehnung eines Antrages als „bewußten dissensus zu bezeichnen". Der Begriff des Dissenses besagt dann aber nichts weiter als die Binsenwahrheit, daß, wenn jemand einen Antrag ablehnt, er mit dem Antrag nicht einverstanden ist.

technischen Sinne liegen vor, wenn der von A gestellte Antrag an einer nicht behebbaren Undeutlichkeit leidet, wenn er also nach den früher von uns entwickelten Auslegungsregeln sowohl x wie y bedeuten kann, und der Oblat B ihn in einem anderen Sinne auffaßt, als er vom Adressaten A gemeint war. Jemand sagt oder schreibt, um ein oft gebrauchtes Schulbeispiel anzuführen, einem Bekannten, er wolle ihm seine „Flora" abkaufen, und meint damit das jenem gehörige Pferd Flora, während der Oblat die Offerte annimmt in dem Glauben, der Gegner wolle ihm seinen Hund Flora abkaufen. Oder jemand fragt bei einem Anderen an, ob er einen bestimmten Gegenstand oder eine bestimmte Summe Geldes haben wolle, ohne daß aus den Umständen erhellt, ob er diesen Gegenstand zu verkaufen bezw. die Geldsumme zu verborgen oder beides zu verschenken beabsichtige, und obwohl er den Antrag im ersteren Sinne gestellt hat, wird er vom anderen Teile in letzterem Sinne angenommen[4]). Oder A bittet einen Privatlehrer, ihm täglich von 7—8 Uhr Stunde zu geben; B sagt zu in dem Glauben, daß der Unterricht abends von 7—8 Uhr stattfinden solle, während der Andere ihn morgens von 7—8 Uhr gewünscht hat. Oder endlich: X bestellt einen „Waggon Kistenbretter" und will darunter einen Eisenbahnwaggon zu 200 Zentnern verstanden wissen; der Gegner aber geht, als er den Auftrag annimmt, davon aus, daß X auf einen Straßenbahnwaggon zu 100 Zentnern reflektiere, und die Dinge liegen so, daß im konkreten Falle der Ausdruck „Waggon" sowohl den einen wie den anderen Sinn haben kann[5]).

In allen diesen Fällen kann die Offerte, weil sie einen bestimmten, im Wege der Auslegung zu ermittelnden Inhalt nicht hat, im Rechtssinn weder „richtig" noch „falsch" verstanden werden. Und da ihr eine einheitliche Bedeutung durch keine Auslegungskunst beigelegt werden kann, ist sie wegen unheil-

---

[4]) Vgl. auch den umgekehrten Fall in l. 18. pr. D. de reb. credit. 12, 1: „si ego pecuniam tibi quasi donaturus dedero, tu quasi mutuam accipias."

[5]) Vgl. den vom Reichsgericht im Recht 12 Beil. 2 S. 486 Nr. 2777 abgeurteilten Rechtsfall. Siehe ferner denselben Gerichtshof 66 S. 122 ff.

barer Mehrdeutigkeit nichtig[6]). Ist aber die Offerte schon als solche nichtig, so kann sich auf ihr kein gültiger Vertragsschluß aufbauen. Weder ist hier die Notwendigkeit oder auch nur die Möglichkeit einer Irrtumsanfechtung gegeben, noch bedarf es zur Begründung der Vertragsunwirksamkeit eines Zurückgehens auf die fehlende Willensübereinstimmung: der Vertrag scheitert bereits am Erklärungsbegriff, indem der Geschäftswille nicht in einer den Anforderungen des Rechtes entsprechenden Weise zum Ausdruck gebracht worden ist[7]). Selbst wenn beide Parteien die zweideutige Offerte in gleichem Sinne verstanden hätten, würde letztere noch nicht zu einem gültigen Vertragsschluß führen. Sondern ein wirksamer Vertrag käme solchenfalls erst dadurch, daß beide Parteien ihrem übereinstimmenden Geschäftswillen entsprechend tätig würden, also durch nachfolgende konkludente Handlung zustande, oder dadurch, daß der Oblat auf die undeutliche Offerte mit einer eindeutigen, sich in Wahrheit als Gegenofferte darstellenden Annahmeerklärung antwortete, die der Offerent dann seinerseits akzeptierte[8]).

Haben wir es aber in den hier besprochenen Fällen mit keinem Mißverständnis im technischen Sinne zu tun, so brauchen

---

[6]) Ein systematischer Fehler aber ist es, wenn Danz, Auslegung S. 25 diese Nichtigkeit aus § 306 BGB. ableitet. Denn § 306 geht davon aus, daß die Leistung zwar bestimmbar, aber vom Schuldner nicht erbringbar ist. Hier hingegen liegen die Dinge so, daß der Schuldner nicht weiß, welche von den mehrfachen Leistungsmöglichkeiten er erfüllen soll, selbst wenn er jede einzelne von ihnen erfüllen kann.

[7]) Überflüssig ist also dem Texte zufolge der vom österreich. Entwurf einer Novelle zum allgem. bürgerl. Gesetzbuch aufgenommene § 122, der besagt: „werden mehrdeutige Ausdrücke gleichlautender Erklärungen von beiden Teilen in verschiedenem Sinne verstanden, so entsteht kein Vertrag," und wenn Ehrenzweig in Grünhuts Zeitschrift 35 S. 637 diese Bestimmung wegen ihrer Selbstverständlichkeit tadelt, so ist ihm darin durchaus beizupflichten. Übertrieben aber dürfte es sein, wenn Ehrenzweig sie nicht nur für entbehrlich, sondern ihre Hervorkehrung im Gesetz geradezu für schädlich hält, weil durch sie „die Partei oder ihr Vertreter dazu angeregt würde, in dem unbequem gewordenen Vertrag nach zweideutigen Ausdrücken zu fahnden, um ihn zu Falle zu bringen", und weil „der Richter in Versuchung gerate, sich die Lösung einer schwierigen Auslegungsfrage dadurch zu ersparen, daß er den Vertrag wegen Zweideutigkeit eines Ausdruckes als nicht entstanden erkläre."

[8]) Vgl. hierzu oben § 13 Anm. 34.

wir uns mit dieser Gruppe der unheilbar undeutlichen Erklärungen und der Rolle, die sie in der Lehre vom Vertragsschluß spielen, im folgenden nicht weiter zu beschäftigen. Immerhin hat man in der Literatur und in der Judikatur da, wo zwei Parteien mit einer mehrdeutigen und darum unwirksamen Offerte einen verschiedenen Sinn verbinden, von „verstecktem Dissens" gesprochen. Indessen haben wir die gegen diese Verwendung des Dissensbegriffes sprechenden Bedenken schon früher dargelegt, als wir bei dem Falle verweilten, daß der Oblat auf eine von ihm richtig verstandene Offerte mit einer Erklärung antwortet, die sich gleichermaßen als Annahme wie als Ablehnung auffassen läßt und vom Offerenten anders, als sie gemeint war, aufgefaßt wird [9]). Dieselben Gründe, aus denen sich dort der Begriff des Dissenses teils als überflüssig, teils als gefährlich erwies, lassen ihn auch hier als unbrauchbar erscheinen. Das Bedürfnis der Systematik wird zur Genüge durch die Kategorie der unheilbaren Undeutlichkeit gedeckt.

c) Da wir unter Mißverständnis diejenige Rechtsfigur verstehen, wo der Adressat einer Willenserklärung sich falsche Vorstellungen vom Erklärungsinhalt macht, so stellen ferner kein Mißverständnis im technischen Sinne diejenigen Fälle dar, wo jemand die Erklärung eines Anderen, die nach richtiger Auslegung keine rechtsgeschäftliche Erklärung ist, für eine Offerte hält, diese Pseudoofferte annimmt und infolgedessen der Meinung lebt, einen Vertrag abgeschlossen zu haben. In einer Tageszeitung der Provinz Hannover wurde unlängst folgender Fall mitgeteilt. Ein Bankier in P. hat einen Bankier in H. während eines Telephongespräches nach dem Kurse der Kuxe eines Bergwerkes gefragt und die Antwort erhalten, daß er sie „für 800 Mark bekommen könnte". Darauf antwortete der Bankier in P., daß er „700 Mark anlegen würde". „Also ein Stück für Sie mit 700 Mark," rief nunmehr der Bankier in H. dem Bankier in P. zu, der, ohne etwas zu erwidern, das Telephongespräch abbrach. Das OLG. Celle verneinte, als der Bankier in H. auf Abnahme des Papieres und Zahlung des Kaufpreises klagte, das Zustandekommen eines Vertrages, weil die Äußerung des Beklagten, er würde 700 Mark an-

---

[9]) Siehe oben S. 353 f.

legen, so allgemein gehalten gewesen sei, daß aus ihr bei richtiger Interpretation die Absicht, einen Kaufvertrag abzuschließen, nicht gefolgert werden könnte. Infolgedessen könnte auch in den Worten „ein Stück für Sie mit 700 Mark" keine Antragsannahme erblickt werden. Ebensowenig ließe das Verhalten des Bankiers in P. die Auslegung zu, daß er den ihm etwa vom Gegner gemachten Antrag seinerseits angenommen hätte.

In solchen Fällen, wo jemand eine Erklärung, die in Wahrheit keine Offerte ist, für einen Antrag ansieht, liegt es wiederum nahe, von „Dissens" zu sprechen. Aber der Vertrag scheitert hier nicht an dem Mißverständnis des vermeintlichen Oblaten, sondern daran, daß es an dem elementarsten Erfordernis des Vertragsschlusses, an der Offerte fehlt [10]).

Und ähnlich wie hier liegen die Dinge, wenn eine Offerte zwar gestellt ist, der Oblat aber in unrichtiger Auslegung ihres Inhaltes die Annahmefrist länger bemißt, als sie der Offerent in Wahrheit gesetzt hat. Nimmt solchenfalls der Oblat den Antrag erst nach Ablauf der Frist, innerhalb deren der Offerent allein gebunden ist, an, so scheitert der Vertrag wiederum nicht an einem „Mißverständnis" oder „Dissens", sondern daran, daß zu der Zeit, wo der Oblat seinen Annahmewillen erklärt, eine Offerte im Rechtssinn nicht mehr besteht [11]).

Das Gegenstück zu den Fällen, wo ein Vertrag deshalb nicht zustande kommt, weil es an der erforderlichen Offerte fehlt, bilden gewissermaßen diejenigen Fälle, wo der eine Teil an den Abschluß eines Vertrages glaubt, während in Wahrheit gar keine Antwort des Oblaten, also auch keine An-

---

[10]) Vgl. hierzu auch Reichsgericht 68 S. 325.

[11]) Mit derselben Rechtslage wie im Texte hätten wir es zu tun, wenn eine Offerte abgegeben würde, deren Inhalt die Gebundenheitsfrist des Offerenten im Widerspruch mit der Auslegungsregel des § 153 begrenzte, daraufhin der Antragsteller noch vor oder kurz nach Zugang der Offerte stürbe, und der Oblat nun in Unkenntnis von dem Erlöschen des Angebotes die Offerte annähme. Auch hier würde letzterer der Meinung sein, einen Vertragsabschluß herbeigeführt zu haben, während das, was er akzeptiert hätte, im Rechtssinn ein Angebot nicht mehr gewesen wäre. Oder man denke an den Fall, daß jemand eine Offerte annimmt, ohne den ihm noch vor ihrem Eintreffen zugegangenen Widerruf bemerkt zu haben.

nahmeerklärung erfolgt ist. A offeriert etwa brieflich dem B sein Pferd zu 1000 Mark; ehe aber noch diese Offerte bei B eingetroffen ist, langt bei A ein Telegramm an, in welchem B mit den Worten: „bin bereit, Ihr Pferd für 1000 Mark zu kaufen" aus eigener Initiative einen mit dem Verkaufsangebot des A gleichlautenden Kaufantrag stellt. Da das Telegramm des B seinerseits eine Offerte und keine Annahme des dem B noch gar nicht zugegangenen gegnerischen Antrages ist, so wird durch das Eintreffen der Depesche bei A noch kein Vertrag perfekt, auch wenn A in unrichtiger Beurteilung der in Betracht kommenden Zeitmomente die Erklärung des B mißverständlich für eine Beantwortung seiner Offerte hält [12]). Zwar wird hier der weitere Verlauf der Dinge regelmäßig zum Vertragsschluß führen. Da aber, wo es nicht der Fall ist, darf die Tatsache, daß jene beiden Schreiben den Vertrag noch nicht herbeigeführt haben, wiederum nicht mit Hilfe eines hier obwaltenden Dissenses, sondern lediglich mit dem Hinweis darauf motiviert werden, daß es an der zur Entstehung eines Kontraktes notwendigen Antrags*annahme* gebricht [13]).

d) Möglich ist, daß A dem B eine eindeutige bezw. einer einheitlichen Auslegung fähige Offerte macht, daß B diese Offerte falsch deutet, und daß dieses Mißverständnis in der Annahmeerklärung, die B dem A gegenüber abgibt, *zum Ausdruck kommt*. A bietet etwa dem B eine Ware zu zehn Talern an, B, der glaubt, daß Taler die Bezeichnung für zwei Mark sei, schreibt zurück: „Ihr Angebot kommt mir sehr gelegen.

---

[12]) Natürlich kann die Meinung des A, das Schreiben des B sei eine Antwort auf seinen Antrag, nur da auftauchen, wo nicht schon Form und Inhalt des Schreibens den Mangel jeglicher Beziehung zum Antrag des A verraten.

[13]) Anders wie wir müssen den eben besprochenen Fall naturgemäß alle diejenigen Schriftsteller entscheiden, die den von uns oben § 20 Anm. 14 hinsichtlich der sich kreuzenden Offerten eingenommenen Standpunkt nicht teilen. Für uns aber bedeutet das Ergebnis des Textes eine wertvolle Ergänzung des seinerzeit aufgestellten Rechtssatzes, daß zwei sich kreuzende Offerten als solche zum Vertragsschluß nicht ausreichen. Denn wir wissen jetzt, daß das selbst dann gilt, wenn der eine Teil die Offerte des Gegners versehentlich für eine Annahme seiner Offerte hält.

Auch mit dem Preise von zwanzig Mark bin ich einverstanden. Bitte um baldige Sendung." Oder ein Norddeutscher offeriert einem Süddeutschen eine „erste Etage", macht ihm also einen Mietantrag über eine oberhalb des Parterre gelegene Wohnung, und der Süddeutsche, der unter „erster Etage" „Erdgeschoß" versteht, antwortet: „Mit Ihrem Angebot bin ich um so eher einverstanden, als ich infolge eines steifen Beines keine Treppen steigen kann und darum immer nur eine zu unterst im Haus gelegene Wohnung gebrauchen kann." Oder endlich: A fragt unter Umständen, die seine Erklärung als Kaufantrag erscheinen lassen, bei B an, ob er ihm den und den Gegenstand „senden" dürfe, und B, der hierin fälschlich eine Schenkungsofferte erblickt, erwidert: „Ich sollte Sie eigentlich schelten, daß Sie mich so mit Geschenken verwöhnen; aber die Notlage, in der ich mich nun einmal befinde, zwingt mich, auch diesen neuen Beweis Ihrer Güte dankend anzunehmen."

In allen diesen Fällen kommt selbstverständlich auf Grund der Offerte und der auf sie erteilten Antwort kein Vertrag zustande. Zur Begründung dieser Tatsache ist es aber wiederum nicht notwendig, auf die mangelnde Willensübereinstimmung zurückzugehen. Sondern es genügt hier, zur Rechtfertigung der Vertragsungültigkeit auf die Inkongruenz der Erklärungen hinzuweisen. Würde diese doch den Vertrag selbst dann nicht entstehen lassen, wenn die Offerte richtig verstanden worden wäre, der Oblat aber infolge Irrtumes eine mit ihr und seinem Annahmewillen nicht übereinstimmende Gegenerklärung abgegeben hätte. Überall, wo der Oblat etwas anderes erklärt, als ihm erklärt worden ist, scheitert der Vertrag daran, daß jener, vielleicht ohne es zu wissen und ohne es zu wollen, den Antrag ablehnt. Ist aber der wahre Grund der Unwirksamkeit des Vertrages in der Antragsablehnung zu finden, dann ist es überflüssig und — wie wir oben bereits beim Wahrnehmungsdefekt gezeigt haben — überdies gefährlich, von einem, sei es „offenen", sei es „versteckten", sei es „engeren", „Dissens" zu sprechen[14]).

[14]) Vgl. im übrigen unsere Ausführungen S. 378 ff., die hier entsprechend anzuwenden sind.

e) In der Literatur pflegt man ferner von Dissens zu reden, wo das dem Oblaten untergelaufene Mißverständnis in der Annahmeerklärung nicht erkennbar hervortritt, sondern wo sich trotz des Mißverständnisses und der sich daraus ergebenden Verschiedenheit der beiderseitigen Geschäftswillen die Erklärung des Oblaten mit der des Antragstellers deckt. A offeriert x, B versteht y, schreibt aber zurück: „nehme an", oder „bin mit Ihrer Offerte einverstanden", oder „Antrag akzeptiert". Und zwar soll es sich hier um Dissens im „weiteren Sinne" oder um „versteckten" Dissens handeln. Um Dissens im weiteren Sinne im Gegensatz zu den unter d besprochenen Fällen der auseinandergehenden Erklärungen, die man, wie vorhin angedeutet und wie früher schon einmal erwähnt wurde [15]), gern als Dissens im engeren Sinne bezeichnet. Und um versteckten Dissens deshalb, weil das Mißverständnis und der dadurch erzeugte Mangel an Willensübereinstimmung in den Erklärungen der Parteien nicht hervortritt, während „offener Dissens" da vorliegt, wo die Parteien ersichtlich und bewußtermaßen die Herstellung der Einigung aussetzen, indem etwa B auf die von ihm richtig verstandene Offerte x des A erwidert, daß er sich mit x nicht einverstanden erklären könne, wohl aber zu einem Vertragsabschluß des Inhaltes y bereit sei [16]).

So soll es also „versteckter Dissens" sein, wenn ein Norddeutscher die ihm von einem Süddeutschen gemachte Mietofferte über einen „ersten Stock" annimmt, obwohl er darunter nicht, wie der Süddeutsche, die im Erdgeschoß, sondern die darüber gelegene Etage versteht; oder wenn jemand, dem eine „Proszeniumsloge links" angeboten wird, das Billet in der Meinung kauft, damit einen Platz erworben zu haben, der, von der Bühne aus gesehen, links liegt; oder wenn ein Ausländer, der Zentner und Pfund für identische Begriffe hält, einen Antrag über „einen Zentner Kaffee" akzeptiert; oder wenn ein Freund, der die Schulden seines Kameraden, die sich in Wahrheit auf

---

[15]) Vgl. oben S. 378.

[16]) Mitunter freilich dienen die Bezeichnungen „offener" und „versteckter Dissens" auch zur Charakterisierung der vorhin unter d besprochenen Fälle der (unbewußten) Erklärungsdivergenz: vgl. wieder S. 378.

1500 Mark belaufen, auf 1000 Mark taxiert, die Bürgschaft für die „sämtlichen Schulden" des Kameraden übernimmt; oder wenn ein Grundstückskäufer, der sich verpflichtet hat, die „Kaufkosten" zu tragen, dabei nur an die Kosten des notariellen Kaufvertrages gedacht hat, während in Wahrheit auch die Kosten der Auflassung und die an den Staat zu entrichtenden Stempelgebühren darunter fallen.

Nun ist die Zusammenfassung solcher Fälle unter dem Begriff des Dissenses insofern ein gleichgültiges Beginnen, als sie, wenn sie auch die richtige Regelung dieser Fälle nicht fördert, so doch auch ihr nicht im Wege steht. Denn wir haben gesehen, daß die Bezeichnung „Dissens" für sehr verschiedenfache Erscheinungen verwendet wird und infolgedessen einer einheitlichen Rechtsfolge entbehrt. Immerhin birgt jene Terminologie wegen ihrer Vieldeutigkeit die Gefahr in sich, daß Dinge, die wesensverschieden sind, als wesensgleich behandelt werden; insbesondere liegt die Versuchung nahe, aus dem Umstand, daß der „Dissens", wie wir wissen, in einer anderen Reihe von Fällen Nichtigkeit des Vertrages wirkt, auch in Fällen der hier gedachten Art auf vorhandene Ungültigkeit des Vertrages zu schließen. Und in der Tat fehlt es in der Literatur nicht an Stimmen, die da, wo der Oblat die Offerte des Gegners mißversteht, gleichwohl aber, ohne daß das Mißverständnis dabei zum Ausdruck kommt, die Offerte annimmt, die Unwirksamkeit des Vertrages behaupten, so daß der mißverstehende Teil, wenn er den Nichteintritt jeglicher Rechtsfolge geltend machen will, weder den Vertrag anzufechten noch dem anderen Teile den etwa erlittenen negativen Schaden zu ersetzen braucht[17]. Was ist von dieser Lehre zu halten?

[17]) So unter anderen Gareis, Kommentar zum Allgem. Teil des BGB. (Berlin 1899) S. 141; Endemann I S. 340 § 70 (wenigstens nach den in Anm. 19 a. a. O. gebrachten Beispielen zu urteilen, die freilich in Widerspruch stehen zu den die richtige Ansicht vertretenden Ausführungen auf S. 341 unter b); Matthes, Irrtum und Mißverständnis in ihren Beziehungen zueinander nach den §§ 119, 155 des BGB., Leipziger Dissert. 1905, S. 34 ff. (beachte insbes. die Beispiele auf S. 42 ff. und den lehrreichen Fehler in Anm. 154 auf S. 53); Engels, Der offene und versteckte Dissens, Rostocker Dissert. 1903, S. 30 f. (freilich ebenfalls nicht, ohne sich an späteren Stellen mit dem vorher eingenommenen Standpunkt in Widerspruch zu setzen).

Wir haben im vorigen Paragraphen gesehen, als wir von den Fällen sprachen, wo der Oblat die Offerte infolge eines Wahrnehmungsfehlers mißverstand, daß wenn der Oblat der mißverstandenen Offerte schlechthin zustimmte, sein Mißverständnis sich in einen Erklärungsirrtum verwandelte: der Antragsempfänger gab eine Willenserklärung anderen Inhaltes ab, als er hatte abgeben wollen. Infolgedessen kam der Vertrag zwar mit dem von beiden Teilen erklärten Inhalt zustande, der Oblat hatte aber das Recht, ihn nach den §§ 119 ff. gegen Ersatz des dem anderen Teile etwa erwachsenen Schadens anzufechten[18]). Genau so liegen die Dinge hier beim Deutungsfehler. Wenn jemand x offeriert und der Oblat die Worte der Offerte zwar richtig hört bezw. liest, mit ihnen aber die Vorstellung y verbindet, so wird zunächst die Gültigkeit der Offerte von diesem Mißverständnis des Oblaten nicht berührt. Erwidert dieser jetzt nichts weiter als „ja" oder „einverstanden", so nimmt er den Offerteninhalt in seine Antwort auf, erklärt also seine Bereitwilligkeit zu einem Vertragsschluß x, während er sein Einverständnis zu einem Vertrag y zu erklären meinte. Er ist „über den Inhalt seiner Erklärung im Irrtum" gewesen, und es hat demnach die für diesen Fall im § 119 vorgesehene Regelung einzugreifen, nach welcher der Irrende entweder die abgegebene Erklärung gegen sich gelten lassen oder sie um den Preis der negativen Schadensersatzpflicht anfechten muß.

Nun können und wollen natürlich auch die Anhänger der hier zu bekämpfenden Lehre nicht leugnen, daß überall, wo der Oblat die von ihm, sei es auf Grund eines Wahrnehmungsfehlers, sei es auf Grund eines Deutungsfehlers, mißverstandene Offerte in einer Weise annimmt, die das Mißverständnis nicht erkennen läßt, er eine mit seinem wahren Geschäftswillen nicht im Einklang stehende Erklärung abgibt und insofern die Rechts-

---

[18]) Abgesehen von den Fällen, wo die Offerte mündlich erfolgte, und der Wahrnehmungsfehler des Oblaten dem Offerenten sofort erkennbar war. Denn dann war die Offerte und damit der ganze Vertrag nichtig. Diese Ausnahme kann hier um deswillen unbeachtet bleiben, weil beim Deutungsdefekt, wie wir wissen, selbst das vom Offerenten erkannte Mißverständnis des Oblaten die Wirksamkeit des Angebotes nicht hindert. Vgl. die Anm. 1 dieses Paragraphen.

figur des Irrtumes herstellt. Wenn jene Lehre trotzdem in allen Fällen solcher Art den Vertrag ipso jure nichtig sein läßt, so behauptet sie implicite, daß dem BGB. eine doppelte Regelung des Irrtumes innewohne: eine allgemeine, welche als Rechtsfolge des Irrtumes die Anfechtbarkeit vorsehe, und eine besondere, die kraft lex specialis für die den Charakter des Dissenses tragenden Irrtumsfälle gelte und die Nichtigkeit des irrtümlich abgeschlossenen Vertrages festsetze.

Diese begriffliche Unterscheidung zwischen Irrtum im allgemeinen und einer Spezies des Irrtumes, die darin besteht, daß ein Paziszent gewisse unrichtige Vorstellungen vom Vertragsinhalt hat, ist eine moderne Schöpfung. In der gemeinrechtlichen Doktrin, deren eindringliche Untersuchungen und zahlreiche Kontroversen den Boden bereitet haben für die geltende Regelung des Irrtumes, hat sie keine Wurzeln und kann auch dort keine haben. Denn die im gemeinen Rechte herrschende Willenstheorie hatte zur Vornahme einer solchen Unterscheidung keine Veranlassung, da sie überhaupt als Rechtsfolge des Geschäftsirrtumes die Nichtigkeit des Vertrages forderte, praktische Abweichungen von den sonstigen Fällen des Irrtumes sich also an den uns hier beschäftigenden „Dissens" nicht geknüpft hätten. Und die Vertreter der Erklärungstheorie hätten ja den Ast abgesägt, auf dem sie saßen, wenn sie aus Gründen der Verkehrssicherheit auf der einen Seite die Gültigkeit der irrtümlich abgegebenen Erklärung verlangt und auf der anderen Seite für die praktisch wichtigsten Fälle, nämlich überall, wo der eine Teil den Vertrag einginge unter dem Einfluß falscher Vorstellungen von seinem Inhalt, eine Ausnahme von diesem Grundsatz statuiert hätten. Erst mit der positiven, sowohl der Willens- wie der Erklärungstheorie Rechnung tragenden Behandlung des Irrtumes im BGB. konnte jene Lehre vom versteckten Dissens einsetzen, indem es jetzt galt, den Umfang der gesetzlichen Normierung abzustecken, wobei naturgemäß diejenigen, die diese Normierung nicht in allen Stücken befriedigte, das Anwendungsgebiet der Gesetzesbestimmungen durch Spezialisierung der Irrtumsfälle und dementsprechende Aufstellung von Sonderregeln einzuengen suchten [19]).

[19]) Auch im Schweizerischen Obligationenrecht (vgl. Art. 18, 19, 28)

Indessen sind diese Sonderregeln mit dem Gesetzesinhalt schlechterdings unvereinbar. Die gegnerische Lehre begeht nämlich den Fehler, daß sie glaubt, die Frage nach dem Wesen des zum Vertragsschluß erforderlichen „Konsenses" unabhängig von der jeweiligen Geltung der Willens- oder der Erklärungstheorie beantworten zu können. Sie konstruiert also einen dem Streite dieser Theorien entrückten Konsensbegriff, der sich aus dem Zwecke und der Natur des Vertrages ergebe, der darum von der positivrechtlichen Regelung der übrigen Irrtumsfälle nicht berührt werde, und der es a priori unmöglich mache, daß eine Vereinbarung Vertragswirkungen äußere, bei der die Übereinstimmung der Erklärungen nur dadurch zustande gekommen, daß der eine Teil von falschen Vorstellungen über den Sinn und die rechtliche Tragweite seiner Erklärungen geleitet worden sei. In Wahrheit aber läßt sich die Frage, wie der zum Vertragsschluß notwendige „Konsens" beschaffen sein müsse, nicht a priori, sondern nur vom Boden einer bestimmten Rechtsordnung aus beantworten, und ihre Willensmeinung hinsichtlich der Grenzen des Konsenses bringt die einzelne Rechtsordnung unter anderem in der Regelung zum Ausdruck, die sie den Irrtumsfällen angedeihen läßt. Die „Konsens"lehre steht also in innigstem Zusammenhang mit der Irrtumslehre; die Frage, ob A, der der

---

und im Code civil (vgl. Art. 1109, 1110, 1117) war der Irrtum richtiger Ansicht nach nur ein Anfechtungs- und kein Nichtigkeitsgrund. Nun hat man zwar diesen Rechtsquellen gegenüber in der Theorie sehr wohl zu unterscheiden gewußt zwischen den Fällen, wo bei Vertragsabschluß infolge eines untergelaufenen Mißverständnisses die Erklärungen auseinandergehen und darum kein Kontrakt, nicht einmal ein anfechtbarer, zustande kommt (unsere Fälle d), und den anderen, wo die Erklärungen übereinstimmen, die eine Partei aber die mit der gegnerischen übereinstimmende Erklärung nur irrtümlich, infolge von falschen Vorstellungen über den wahren Erklärungsinhalt abgegeben hat (unsere Fälle e). Aber man hat hier nicht den Versuch gemacht, diese Irrtumsfälle zu sonstigen Fällen des Geschäftsirrtumes in Gegensatz zu bringen und sie durch Aufstellung von Sondernormen der gesetzlichen Irrtumsregelung zu entziehen. Vgl. für das schweizerische Recht v. Tuhr a. a. O. S. 289 ff. und für das französische Recht Windscheid, Zur Lehre des Code Napoleon von der Ungültigkeit der Rechtsgeschäfte (Düsseldorf 1847) S. 252 ff.

Offerte x zugestimmt hat, obwohl er aus ihr y herausgelesen hatte, trotzdem einen Vertrag erzeugt oder wegen der Differenz zwischen Wille und Erklärung einen nichtigen Rechtsakt vorgenommen hat, ist nicht losgelöst vom Streite der Willens- und der Erklärungstheorie zu beantworten, sondern bildet vielmehr dessen wichtigsten Anwendungsfall. Ein Gesetzbuch mag als Rechtsfolge des Irrtumes die Geschäftsnichtigkeit oder die Anfechtbarkeit oder keine von beiden festsetzen; immer aber muß sich die Normierung des Irrtumes widerspiegeln in den Bedingungen, die es an einen Vertragswirkungen erzeugenden Tatbestand stellt.

Nun hat das Gesetzbuch in § 119 offenbar einen vermittelnden Standpunkt zwischen der Willens- und der Erklärungstheorie eingenommen, aus dem sich für die Begriffsbestimmung des „Konsenses" folgendes ergibt. Wie das Gesetzbuch als normale und darum vollwirksame Willenserklärung nur diejenige ansieht, bei der sich der Inhalt des Geschäftswillens mit dem Inhalt der Erklärung deckt, wie es aber im Interesse der Verkehrssicherheit auch da, wo diese Kongruenz nicht besteht und infolgedessen eine eigentliche Willenserklärung nicht vorliegt, die Wirkungen der normalen Willenserklärung so lange eintreten läßt, als sich der Erklärende auf die mangelnde Übereinstimmung von Wille und Erklärung nicht beruft, so verlangt es normalerweise auch zum Zustandekommen eines Vertrages, daß die Parteien sowohl den gleichen Geschäftswillen *haben* als auch den gleichen Geschäftswillen *zum Ausdruck* bringen, daß also der „Konsens" sowohl ein „innerer" wie ein „äußerer" sei; aber aus Verkehrsrücksichten ordnet es auch da, wo die beiderseitigen Geschäftswillen voneinander abweichen und nur die Erklärungen miteinander harmonieren, der „Konsens" also lediglich ein „äußerer" und das Rechtsgeschäft darum kein wahrer Vertrag ist, den Eintritt der Vertragswirkungen so lange an, als nicht die Divergenz der Geschäftswillen von der zuständigen Seite geltend gemacht wird. Danach ist der „äußere Konsens", das Zusammenklingen der *Erklärungen* zur Erzeugung von Vertragswirkungen unter allen Umständen erforderlich. Aber der „äußere Konsens" ist auch insofern genügend, als bei seinem Vorhandensein der Kontrakt jedenfalls nicht nichtig ist[20]). Gegen diesen Satz, der, wie gesagt, nicht in dem speziell die Vertragslehre behandelnden Teile des Gesetzbuches ausgesprochen ist, sondern aus der auch für die Vertragslehre geltenden Irrtumsregelung folgt, verstößt die hier bekämpfte Theorie des Dissenses, indem sie auch bei Übereinstimmung der Erklärungen die Ungültigkeit des Vertrages behauptet, zu dessen Abschluß der eine Paziszent durch eine falsche Auffassung vom Inhalt der Offerte bewogen worden ist. Diese Theorie hebt die ganze Irrtumslehre des Gesetzbuches aus den Angeln, nimmt dem § 119, der die Anfechtbarkeit des irrtümlich errichteten Rechtsgeschäftes statuiert, den größten Teil seines Anwendungsgebietes und beraubt denjenigen Vertragsteil, dessen Geschäftswille sich mit dem wahren Vertragsinhalt deckt, des Ersatzanspruches, den nach dem Gesetzbuch der irrtumsfreie Kontrahent gegen den sich auf seinen Irrtum berufenden Gegner haben soll. Dadurch wird das Quantum Erklärungstheorie, das das Gesetzbuch zum Zwecke gerechten Interessenausgleiches aufgenommen hat, künstlich eliminiert, und das Vertrauen in die Rede des Gegners, das die Rechtsordnung schützen wollte, in Wahrheit schutzlos gelassen.

Die Unrichtigkeit jener Lehre läßt sich aber auch noch durch andere Erwägungen dartun. Die Anhänger der Dissenstheorie lassen den Vertrag natürlich nicht nur dann nichtig sein, wenn der Oblat eine von ihm mißverstandene Offerte annimmt, sondern auch dann, wenn der Offerent seinen Antrag infolge von unrichtigen Vorstellungen über dessen Inhalt abgegeben hat. Nach ihnen

---

[20]) Insofern kann man also sagen, daß das BGB. mit dem Begriff des Konsenses den Sinn verbindet, den Leonhard in seinem schon öfters zitierten Buche „Der Irrtum als Ursache nichtiger Verträge" als die quellenmäßige Bedeutung des Wortes „consensus" in Anspruch nimmt. Aber immer ist im Auge zu behalten, daß da, wo der Konsens nur ein äußerer ist, also bloß die Erklärungen übereinstimmen, nach BGB. zwar eine Vertragswirkungen erzeugende Einigung, aber doch eine anomale, unvollkommene Art der Einigung vorliegt, die gewissermaßen unter der gesetzlichen, negativen Resolutivbedingung zustande kommt, daß diejenige Partei, deren Geschäftswillen mit dem Erklärungsinhalt nicht übereinstimmt, von ihrer Befugnis, sich auf den Mangel der Übereinstimmung zu berufen, keinen Gebrauch macht.

würde also unwirksam sein ein Vertrag über fünf Zentner Kaffee, wenn bei der Stellung des Kaufantrages der Käufer der Meinung gewesen wäre, daß Zentner so viel wie Pfund bedeute, während der Verkäufer den Antrag richtig, d. h. in der verkehrsüblichen Bedeutung des Wortes Zentner verstanden und aus dem dieser Bedeutung entsprechenden Geschäftswillen heraus angenommen hätte. Hingegen können und wollen die Anhänger der Dissenstheorie an der vom § 119 normierten Anfechtbarkeit des Vertrages dann nicht rütteln, wenn die Parteien nicht unter dem Einfluß falscher Vorstellungen vom Vertragsinhalt zum Geschäftsabschluß geschritten sind, sondern die Diskrepanz der beiderseitigen Geschäftswillen bei Kongruenz der Erklärungen die Folge eines bloßen Irrtumes in der Erklärungshandlung, also eines Verschreibens oder Versprechens ist. Sie würden also keinen nichtigen, sondern einen anfechtbaren Vertrag dann als vorliegend annehmen, wenn jemand fünf Pfund Kaffee bestellen wollte und, obwohl er an sich über den Unterschied von Pfund und Zentner nicht im unklaren wäre, aus Versehen „Zentner" schriebe. Danach würde sich also als Konsequenz jener Dissenstheorie eine verschiedenartige Behandlung der Irrtumsfälle ergeben, je nachdem es sich um einen error in judicando oder um einen error in faciendo handelte, während doch das BGB. in § 119 ausdrücklich die juristische Wesensgleichheit beider Irrtumsarten anordnet, und während, wie wir schon früher einmal betont haben[21]), auch de lege ferenda nicht der geringste Anlaß zu solcher unterschiedlichen Regelung besteht[22]).

---

[21]) Vgl. oben § 2 S. 6 f.

[22]) Auf ein anderes durchschlagendes Argument, das gegen die hier bekämpfte Lehre spricht, macht Wlassak, Das Rechtsgeschäft und das Verhältnis des Willens zur Erklärung nach dem deutschen BGB. im Österreich. Zentralbl. f. d. jurist. Praxis 20 S. 282 f. aufmerksam. Er weist darauf hin, daß der § 120 BGB., der die vom Boten oder der Transportanstalt falsch übermittelte Erklärung — vorbehaltlich wiederum des Anfechtungsrechtes ihres Urhebers — mit dem entstellten Inhalt wirksam werden läßt, in letzter Linie veranlaßt worden ist durch den bekannten Fall der 1856 vom Bankier Oppenheim in Köln an den Bankier Weiler in Frankfurt a. M. aufgegebenen Depesche, in der O. eine Kaufofferte machen wollte, tatsächlich aber infolge Verstümmelung

Wir dürfen also an dem festhalten, was wir schon im vorigen Paragraphen beim Wahrnehmungsfehler gesagt haben: wenn der Oblat die Offerte mißversteht und sie trotzdem, ohne daß das Mißverständnis in seiner Antwort zutage tritt, annimmt, so verwandelt sich das Mißverständnis in einen Erklärungsirrtum, und es finden darum auf solchen Vertragsschluß die vom Gesetzbuch für die Irrtumsfälle getroffenen Bestimmungen unmittelbare Anwendung [23]).

---

der Depesche eine Verkaufsofferte erklärte, die von W. angenommen wurde. Nun läßt sich ein schärferer Gegensatz der Geschäftswillen kaum denken, als wenn jemand einen Einkaufsauftrag zu erteilen, der Andere einen Verkaufsauftrag zu empfangen glaubt. Wenn nun selbst in solchem Falle nach dem Willen des Gesetzbuches kein nichtiger, sondern nur ein anfechtbarer Vertragsabschluß zustande kommt, wie wollen es dann die Gegner rechtfertigen, in anderen, vielleicht minder schweren Fällen mangelnder Willensübereinstimmung den Kontrakt völlig scheitern zu lassen?

[23]) Der Irrtum, in den der Oblat verfällt, wenn er die Offerte mißversteht und dennoch eine mit ihr gleichlautende Annahmeerklärung abgibt, ist immer Erklärungs(Geschäfts-)irrtum und niemals bloßer Irrtum im Motiv. Denn indem der Antragsempfänger auf der einen Seite den Inhalt der Offerte in seine Annahmeerklärung aufnimmt, auf der anderen Seite falsche Vorstellungen vom Offerteninhalt hat, gibt er stets „eine Erklärung anderen Inhaltes ab, als er abgeben wollte". Bloßer Irrtum im Motiv würde hingegen dann vorliegen, wenn der Oblat die Offerte richtig verstanden hätte, aber, obwohl er wüßte, daß sich ihr Inhalt auf gewisse Punkte nicht mehr erstreckte, weitergehende, und zwar unrichtige Vorstellungen an sie knüpfte. Um es an zwei Beispielen zu veranschaulichen: A bietet B sein Rennpferd Nixe an; B glaubt, daß diese Nixe schon mehrere Preise im Rennen gewonnen habe (während sie in Wahrheit noch nie Preisträger gewesen ist), und schreibt darum zurück: „bin bereit, Ihre Nixe zu kaufen." Hier liegt auf seiten des B Erklärungsirrtum vor. Denn er hat den Inhalt der ihm gemachten Offerte falsch gedeutet; er wähnt, ihm sei ein Preisträger offeriert, und meint darum, durch seine Annahme des Antrages erklärt zu haben, daß er einen Preisträger kaufen wolle (denn „ich kaufe die Nixe" und „ich kaufe einen Preisträger" sind ihm infolge seines Irrtumes identische Wendungen; indem er das eine sagt, bildet er sich ein, das andere zum Ausdruck zu bringen; es besteht also ein Zwiespalt zwischen dem, was B erklärt hat, und dem, was er erklärt zu haben glaubt). Ganz anders verhalten sich die Dinge in folgendem Falle. Ein Antiquar (A) offeriert einem Bibliophilen (B) ein seltenes Buch. B hat dieses Werk bereits, aber ist des Glaubens, daß es seinem Freunde C, der ebenfalls Bücher

Bezeichnet jemand einen Irrtum der gedachten Art als „Dissens", so führt er damit lediglich — in unzweckmäßiger Terminologie — einen neuen Namen für einen bereits vorhandenen Rechtsbegriff ein: Irrtum und Dissens sind dann, abgesehen von der Selbstverständlichkeit, daß der eine Begriff nur auf Verträge anwendbar ist, der andere über das Vertragsgebiet hinausreicht, synonyme Ausdrücke[24]). Jedenfalls ist es ausgeschlossen, daß nach BGB. ein Vertrag, der mittelst gleichlautender, d. h. dem Sinne nach übereinstimmender Erklärungen

---

sammelt, noch fehle (während dieser in Wahrheit das Werk auch schon besitzt), und da B dem C ein Geschenk machen will, schreibt er dem Buchhändler zurück: „senden Sie mir das angebotene Buch." Hier weiß B, so setzen wir wenigstens voraus, ganz genau, daß die Offerte darüber, ob C bereits Eigentümer eines solchen Werkes ist oder nicht ist, gar nichts enthält; er hat die Offerte richtig verstanden (nichts in sie hineingelegt, was nicht darin enthalten war) und wähnt darum auch nicht, durch Annahme dieser Offerte seinerseits über jenen Tatumstand eine Erklärung abgegeben zu haben. Er wollte auch keine Erklärung darüber abgeben, sondern das Buch so schlechthin kaufen, wie es ihm schlechthin angeboten war. Daß er über die Eigenschaft des Buches, eine Lücke in der Bibliothek seines Freundes ausfüllen zu können, irrte, war bloßer Irrtum im Motiv. In beiden Fällen, sowohl beim Erklärungs- wie beim bloßen Motivirrtum, ist demnach eine Erklärung abgegeben, die der Erklärende so, wie es geschehen ist, nicht abgegeben hätte, wenn er über gewisse Tatumstände richtig statt unrichtig informiert gewesen wäre. Der Unterschied ist nur der, daß beim Erklärungsirrtum der Geschäftswille unvollkommen in die Erscheinung tritt, obwohl der Erklärende ihn vollkommen zum Ausdruck gebracht zu haben glaubt, während beim bloßen Motivirrtum der Geschäftswille vollkommen erklärt ist, aber der wirtschaftliche Zweck nicht erreicht wird, den der Urheber der Erklärung mit ihr zu erreichen hoffte.

[24]) Wie denn die römischen Quellen „errare" und „dissentire", „error" und „dissensus" vielfach promiscue gebrauchen (vgl. etwa ll. 9, 11 D. de contr. empt. 18, 1; l. 21 § 2 D. de act. empt. vend. 19, 1; l. 34 pr. D. de acqu. v. omitt. possess. 41, 2; l. 57 D. de obl. et act. 44, 7; l. 116 § 2 D. de regul. jur. 50, 17). Und auch die Motive zum BGB., die (I S. 202) die im Texte behandelten Fälle, wo beide Parteien Übereinstimmendes erklären, aber jede Partei mit der Erklärung einen anderen Sinn verbindet, unter dem Begriff des „Dissenses im weiteren Sinne" zusammengefaßt haben, verweisen hinsichtlich der praktischen Regelung dieser „Dissens"fälle ausdrücklich auf die die Irrtumsfälle normierenden Paragraphen.

zweier Parteien eingegangen wird, aus dem Grunde nichtig ist, weil ein Teil den Erklärungsinhalt falsch beurteilt hat[25]. Wo

[25]) Ausgenommen immer den Fall, daß beim mündlichen Vertragsabschluß die falsche Beurteilung ihre Ursache in einem Wahrnehmungsfehler der betreffenden Partei hat, und der Gegner diesen Wahrnehmungsfehler gleich nach Abgabe seiner Erklärung zu bemerken imstande ist. Hier ist der Vertrag nichtig, aber nicht deshalb, weil ein Irrtum vorläge, der kraft lex specialis nicht der allgemeinen Irrtumsregelung unterstände, sondern weil es am Erfordernis des Offerten-„zuganges" fehlt, also an der allgemeinen Gültigkeitsvoraussetzung gebricht, deren die empfangsbedürftige Willenserklärung zu ihrer Wirksamkeit bedarf. Aber wie gesagt, das gilt nur dann, wenn das Mißverständnis auf einem Wahrnehmungsfehler beruht. Ist die unrichtige Vorstellung vom Vertragsinhalt dadurch entstanden, daß die eine Partei die Erklärung des Gegners trotz richtiger Wahrnehmung falsch gedeutet hat, greift die Vertragsnichtigkeit selbst dann nicht ein, wenn der Urheber der Erklärung den Deutungsfehler gleich nach der Erklärungsabgabe bemerkt hat. Vielmehr kommt hier (vgl. oben Anm. 1) der Vertrag in Gemäßheit des Inhaltes der Offerte zustande, und der Irrtum, in den sich das Mißverständnis des Oblaten durch Annahme der mißverstandenen Offerte verwandelt, begründet für letzteren bloß ein Anfechtungsrecht. Die Tatsache, daß der Offerent den Deutungsfehler des Gegners erkannt hat, ist nur insofern von Erheblichkeit, als der Oblat sein Anfechtungsrecht ausüben kann, ohne zum Ersatz des negativen Interesses verpflichtet zu sein, und als unter Umständen, nämlich wenn der Offerent das Mißverständnis des Oblaten arglistig unterhalten hat, für diesen an Stelle des Anfechtungsrechtes wegen Irrtumes das weitergehende Anfechtungsrecht wegen Betruges tritt, ähnlich wie der Offerent, wenn auch aus naheliegenden Gründen kein Anfechtungsrecht wegen Betruges, so doch einen Schadensersatzanspruch aus § 826 hat, falls er bei Abgabe seiner Offerte geirrt, und der Oblat den Irrtum bemerkt, aber den Irrenden doloserweise über seinen Irrtum nicht aufgeklärt hat. — Keinen Fall von Irrtum als Nichtigkeitsgrund stellt die sogenannte condicio in praesens vel in praeteritum collata dar. Die Parteien schließen einen Kontrakt, „falls der Kurszettel" (auf den sie Bezug nehmen) „nicht einen Druckfehler enthalte." Oder bei einem Gemäldekauf wird vereinbart: „Sollte sich vor der Lieferung wider Erwarten herausstellen, daß das Bild unecht ist, so soll der Kauf nicht gelten." Daß Verträge in dieser Weise abgeschlossen werden können, ist sicher; sicher ist auch, daß derartige Klauseln dem Vertrag „stillschweigend" einverleibt werden können. Und man mag da, wo die Kontrahenten solchen eingeschränkten Geschäftswillen erklärt haben, darüber streiten, ob die gleichen Rechtsfolgen wie bei den echten Bedingungen eintreten, oder ob man es nur mit der Vereinbarung eines Rücktrittsrechtes zu tun habe. Keinesfalls aber darf

immer die Auslegung zweier Erklärungen einen einheitlichen Sinn ergibt, da kommt — falls nicht andere, außerhalb unseres Betrachtungsgebietes liegende Hinderungsgründe, wie etwa Formfehler oder mangelnde Geschäftsfähigkeit oder anfängliche Unmöglichkeit der Leistung usw. entgegenstehen — ein mit Vertragswirkungen ausgestattetes Rechtsgeschäft zustande, das höchstens von demjenigen Kontrahenten, dessen Geschäftswille sich nicht mit dem Vertragsinhalt deckt, angefochten werden kann[26]). Dabei ist es für die Frage, wem das Anfechtungs-

---

die Kontroverse mit der Lehre vom „Irrtum" oder vom „Dissens" in Zusammenhang gebracht werden. Denn die Parteien haben dadurch, daß sie den Punkt, der ihnen möglicherweise eine Überraschung oder Enttäuschung bereiten könnte, besonders regelten, der Entstehung eines Irrtumes gerade vorgebeugt. Das hier angedeutete Problem gehört darum ausschließlich der Lehre von den rechtsgeschäftlichen Beschränkungen oder Nebenbestimmungen an, und weder diese Lehre noch die Irrtumslehre ist dadurch gefördert worden, daß man beide, statt sie scharf voneinander zu trennen, in innige Beziehung zueinander gesetzt hat, wie dies vor allem von Leonhard, Allgem. Teil S. 478 f., D. Jur.-Ztg. 10 S. 20 ff. und in seinem Buche über den Irrtum als Ursache nichtiger Verträge geschehen ist. Möglich ist natürlich, daß jemand, der sich nur eingeschränkt verpflichten will, versehentlich eine uneingeschränkte Verpflichtung erklärt. Dann liegt selbstverständlich ein Irrtumsfall vor, aber ein Irrtumsfall, der wiederum lediglich dem Irrtumsproblem angehört und gegenüber den sonstigen Anwendungsfällen dieser Lehre keine Besonderheiten aufweist.

[26]) Das ist auch der Standpunkt der herrschenden Lehre. Vgl. Kipp bei Windscheid I § 77 S. 400 f., § 84 S. 448; Cosack I § 64 S. 265 f.; Crome I S. 421; Enneccerus I S. 391 unter III; Biermann I S. 248 f. unter 4 und 5; Kohler I § 229 S. 511; Goldmann-Lilienthal I S. 191 Anm. 43 a. E.; Hellmann, Vorträge S. 135 und Krit. Viertelj. 48 S. 246; Leonhard, Allgem. Teil S. 507 ff.; Hölder, Kommentar S. 321 f.; Oertmann § 119 unter 9 b und § 155 unter 1 a; Staudinger, § 155 unter 2 b a. E.; Rehbein I S. 141 unter h a. E. (freilich nicht ohne Widerspruch zu S. 225); Düringer-Hachenburg II S. 100 f.; Neumann, Handausgabe § 155 unter 1 und 2; Manigk, Willenserklärung S. 500 ff.; Danz, Auslegung S. 25 und passim und Iher. Jahrb. 46 S. 391 ff.; Saleilles a. a. O. S. 226 § 80; Wlassak a. a. O. S. 281 ff.; Brock, Das negative Vertragsinteresse (Berlin 1902) S. 111 ff.; Manasse, Anfechtung wegen Irrtums usw. (Breslauer Dissert. 1906) S. 62 ff.; das Reichsgericht 48 S. 218 ff., 58 S. 233 ff., 68 S. 128, in Seuff. Arch. 61 S. 3 Nr. 2, 62 S. 89 Nr. 50, in der Jur. Wochenschr. 35 S. 190 Nr. 5, in der Leipziger Zeitschr. 2 S. 776, in der

recht zustehe, ganz einerlei, wer bei dem betreffenden Vertragsschluß der Offerent und wer der Oblat gewesen ist. Nur vereinzelt kann die Bestimmung der Parteienrolle wenigstens indirekt von Bedeutung sein, indem bisweilen — aber nur sehr selten — die Ermittelung des wahren Erklärungsinhaltes, also die Auslegung des Vertrages, davon abhängt, wer die Offerte zum Vertragsschluß gestellt bezw. die Initiative zum Kontrakt ergriffen hat[27]). Wo das nicht zutrifft, ist die Frage

---

Bad. Rechtspraxis 1908 S. 60 (zitiert nach Neumanns Jahrb. 7 S. 64), im Recht 10 S. 436 Nr. 1037, 11 S. 244 Nr. 411, 12 Beil. 2 S. 157 Nr. 936 und das OLG. Posen in der Rechtspr. der OLG. 2 S. 249 f.

[27]) Solche Abhängigkeit der Vertragsauslegung von der Parteienrolle der Kontrahenten besteht eigentlich nur beim Vertragsabschluß inter absentes, wenn die beiden Teile Orten mit verschiedenem Sprachgebrauch angehören, und zwischen ihnen Worte gewechselt werden, die an dem einen Orte diesen, an dem anderen Orte jenen Sinn haben. Hier richtet sich wie wir wissen, die Auslegung einer Erklärung danach, wer die Erklärung zuerst abgegeben bezw. die betreffende Wendung zuerst gebraucht hat. Vgl. oben S. 154 ff. Aus diesem Einfluß, den der örtliche Sprachgebrauch des Erklärenden auf die Vertragsauslegung hat, ergeben sich interessante Konsequenzen für den Fall der einander kreuzenden Offerten. Wir haben früher gesehen (vgl. oben § 20 Anm. 14), daß wenn sich zwei Personen gleichzeitig Offerten übereinstimmenden Inhaltes zuschicken, durch die beiden Angebote allein ein Vertragsschluß noch nicht zustande kommt, sondern daß dies erst dann geschieht, wenn mindestens einer der beiden Anträge vom Gegner angenommen wird. Senden sich nun A aus dem Sprachgebiet x und B aus dem Sprachgebiet y gleichzeitig, ohne daß eine Korrespondenz voraufgegangen wäre oder sonst Beziehungen zwischen ihnen beständen, Offerten zu, die zwar dem Wortlaut nach identisch sind, tatsächlich aber infolge der an beiden Orten herrschenden Sprachverschiedenheit jede einen anderen Sinn haben, und schreiben beide nach dem Empfang der Offerten ihrem Gegner: „bin mit Ihrem Antrag einverstanden," so werden zwei Verträge, einer mit dem Inhalt x, einer mit dem Inhalt y, perfekt, die aber beide, der erste von seiten des B, der zweite von seiten des A anfechtbar sind. Macht ein Norddeutscher als Mieter einem Süddeutschen eine Mietofferte über eine „erste Etage", und kreuzt sich mit diesem Schreiben ein Brief des Süddeutschen, in welchem dieser „seine erste Etage" anbietet, und antworten beide einander „nehme Ihren Antrag an", so kommt sowohl ein Mietvertrag über eine Parterrewohnung wie ein solcher über das darüber gelegene Stockwerk zustande, von denen der eine vom Norddeutschen, der andere vom Süddeutschen angefochten werden kann. Indessen dürften so uneingeschränkte Annahmeerklärungen, wie in den gebrachten Beispielen, bei sich kreuzenden

nach dem anfechtungsberechtigten Teile völlig unabhängig davon, ob A Offerent und B Oblat oder A Oblat und B Offerent gewesen ist. Das Anfechtungsrecht hat eben derjenige, der geirrt hat. Das kann ebenso gut der Offerent sein, indem er vom Inhalt seines Antrages falsche Vorstellungen gehabt hat, während der Oblat die Offerte ihrer wahren Bedeutung gemäß verstanden und angenommen hat, wie es der Antragsempfänger sein kann, indem dieser den wirklichen Inhalt des Antrages verkannt und infolgedessen eine vom Geschäftswillen nicht getragene Annahmeerklärung abgegeben hat [28]). Streiten also trotz Zusammentreffens der Erklärungen

Offerten nur in den seltensten Fällen abgegeben werden. Meistens wird hier der Annehmende auf seine eigene, dem Gegner unterdessen zugegangene Offerte in irgendeiner Weise Bezug nehmen, etwa dadurch, daß er schreibt: „mit Ihrem Vorschlag bin ich, wie Sie aus meinem Schreiben bereits ersehen haben, einverstanden." Ist solche Bezugnahme auf die eigene Offerte in der Annahmeerklärung irgendwie enthalten, so hat der Annehmende damit zu erkennen gegeben, daß er den Antrag des Gegners nicht schlechthin, sondern nur im Sinne seines eigenen Angebotes akzeptiere. Da nun, wie wir hier voraussetzen, der Inhalt der beiden Antragserklärungen nicht derselbe ist, so weichen Offerte des A und Annahmeerklärung des B voneinander ab; es liegt also nicht mehr der oben unter e erörterte Fall der einander deckenden Vertragserklärungen vor, mit denen nur jede Partei einen anderen Sinn verbindet, sondern der vorhin unter d behandelte der auseinandergehenden Willenserklärungen, m. a. W.: der durch Antrag und Annahme scheinbar abgeschlossene Vertrag ist in Wahrheit nichtig. Wenn demnach in dem oben angeführten mietrechtlichen Falle der Norddeutsche das Angebot des Süddeutschen annimmt und sich dabei auf den Antrag bezieht, den er dem Gegner gleichzeitig mit dessen Angebot gemacht hat, während der Süddeutsche den Antrag des Norddeutschen uneingeschränkt akzeptiert, so ergeben die vier Erklärungen nicht wie vorhin zwei anfechtbare Mietverträge, sondern einen (vom Süddeutschen) anfechtbaren Mietvertrag über das obere Stockwerk und hinsichtlich der anderen Etage einen nichtigen Vertragsabschluß, nichtig nämlich deshalb, weil bei ihm Offerte und Antwort des Oblaten sich nur scheinbar, aber nicht in Wirklichkeit decken, indem die Erklärung des Einen, richtig ausgelegt, lautet: „ich offeriere die zu unterst gelegene Wohnung," hingegen die des Anderen soviel bedeutet wie: „ich akzeptiere das darüber gelegene Stockwerk." Würden *beide* Parteien sich in ihren Annahmeerklärungen auf ihre Offerten bezogen haben, so hätte *jedes* der zwei Erklärungspaare zu einem wegen Inkongruenz von Antrag und Annahme nichtigen Vertrag geführt.

[28]) Vgl. schon oben S. 366 f.

die Parteien eines Vertrages über dessen Inhalt, so braucht nur nach den im letzten Kapitel unseres ersten Teiles ausführlich dargelegten Gesetzen der wahre Sinn der übereinstimmenden Erklärungen ermittelt zu werden. Steht dieser auf Grund der vorgenommenen Auslegung fest, so ergibt sich ganz von selbst, welche Partei die richtige und welche die falsche Anschauung von der Bedeutung des abgeschlossenen Vertrages hat, auf welcher Seite darum Geschäftswille und Erklärung auseinanderfallen, und wer infolgedessen, die sonstigen Erfordernisse des § 119 als gegeben vorausgesetzt, die Befugnis hat, den eingegangenen Vertrag im Wege der Anfechtung zu vernichten [29]).

[29]) Wir haben früher (vgl. oben S. 82 f.) gesehen, daß wenn bei einer einseitigen Willenserklärung die Parteien den Sinn der Erklärung verschieden beurteilen, die Auslegung darüber zu befinden hat, ob der Adressat die Erklärung richtig verstanden, der Erklärende hingegen falsche Vorstellungen vom Inhalt der Erklärung gehabt, bei ihrer Abgabe also „geirrt“ hat, oder ob der Erklärende das erklärt hat, was er zu erklären glaubte, der Adressat aber die Erklärung „mißverstanden“ hat. Da sich nun beim Oblaten, der die Offerte mißversteht, sie aber trotzdem so, wie sie gestellt ist, annimmt, das Mißverständnis in einen Erklärungsirrtum verwandelt, so ist es nur folgerichtig, daß wenn zwei Vertragsparteien über den Inhalt ihrer Erklärungen streiten, die Auslegung zu bestimmen hat, wer bei der Eingehung des Vertrages der irrende und wer der nicht irrende Teil gewesen ist. So hat die Auslegung in der Lehre vom Vertragsschluß (andere würden sagen in der Lehre vom „Dissens“) eine doppelte Funktion zu erfüllen. Indem sie den Inhalt der beiderseitigen Erklärungen fixiert, gibt sie einmal Auskunft darüber, ob diese trotz des verschiedenen Sinnes, den die Parteien mit ihnen verbinden, sich decken (der Fall also zu der oben zur Besprechung stehenden Gruppe e gehört), oder ob der auseinandergehende Geschäftswille auch zu auseinandergehenden Erklärungen geführt hat, der Fall also nach den vorhin unter d erörterten Grundsätzen zu beurteilen ist. Und wenn sich die erstere Rechtsfigur herausstellt, so entscheidet, wie gezeigt, die Auslegung des weiteren darüber, welche von den Parteien einem Irrtum zum Opfer gefallen ist. Die engen Beziehungen, die hiernach zwischen der Lehre vom Zustandekommen der Verträge und der Lehre von der Auslegung bestehen, sind lange Zeit nicht richtig gewürdigt worden (vgl. freilich schon Kohler in Jher. Jahrb. 28 S. 208), bis sie in neuerer Zeit durch die einschlägigen, im Vorstehenden oft zitierten Arbeiten von Danz die ihr gebührende Beachtung gefunden haben.

Wenn also, um an ein früher gebrauchtes Beispiel anzuknüpfen, ein Gastwirt die Gewohnheit hat, ein aus Kornbranntwein und Ingwer bestehendes Getränk unter dem Namen „Madeira" auszuschenken, und er die Bestellung eines Gastes, der „Madeira" verlangt, damit aber den bekannten spanischen Südwein meint, annimmt, so ist der Vertrag trotz der verschiedenfachen Vorstellungen, die beide Parteien von seinem Inhalt haben, nicht nichtig, sondern nur anfechtbar, und ob der Wirt oder der Gast anfechtungsberechtigt ist, hängt davon ab, ob im konkreten Falle die generelle Auslegung Platz greift und demgemäß der spanische Südwein, oder ob die individuelle Auslegung Platz greift und demgemäß das Spezialgetränk des Wirtes Gegenstand der beiderseitigen Erklärungen ist. Im ersteren Falle kann der Gast Lieferung des Südweines verlangen, soweit nicht der Wirt, im letzteren Falle der Wirt Bezahlung des Nordhäuser verlangen, soweit nicht der Gast von seinem Anfechtungsrecht Gebrauch macht. Ferner: wenn ein Theaterbesucher sich „eine Proszeniumsloge links" kauft und darunter fälschlicherweise die von der Bühne aus linke Loge versteht, so kommt, obwohl hier zwischen Käufer und Verkäufer ein „innerer Konsens" nicht obwaltet, ein auf eine vom Zuschauerraum aus linke Loge gerichteter Vertrag zustande, der, wenn er nicht gelten soll, erst im Wege der Anfechtung vom Käufer beseitigt werden muß[80]). Annonciert ein Ziegeleibesitzer in einer Tageszeitung, daß er „dreihundert Biberschwänze zu verkaufen habe," ohne daß sich aus der Annonce ersehen läßt, daß unter diesen „Biberschwänzen", wie es tatsächlich der Fall ist, Dachziegel gemeint sind, und bestellt daraufhin ein Kürschner, der dreihundert Schwänze der bekannten Tiere haben will, „den in der Zeitung annoncierten Posten

---

[80]) Das Gleiche würde gelten, wenn jemand eine „zweite Etage links" offerierte, und ein Anderer diese Mietofferte akzeptierte, obwohl er nicht, wie der Vermieter, die vom Eintretenden, sondern die vom Bewohner aus links gelegene Etage meinte. Denn auch bei Wohnungen hat sich, ähnlich wie im Theater, hinsichtlich der Ausdrücke „links" und „rechts" ein allgemein üblicher, zur generellen Auslegung nötigender Sprachgebrauch gebildet. Wenn dem nicht so wäre, würden sich ja jene Bezeichnungen nicht im postalischen Verkehr als Adressenangabe eingebürgert haben.

Biberschwänze", und wird die Bestellung vom Verkäufer durch ein der Offerte entsprechendes Antwortschreiben angenommen, so liegt nicht wegen der Divergenz der beiderseitigen Geschäftswillen ein negotium nullum vor, sondern es wird ein Kaufvertrag über die Lieferung von Tierschwänzen abgeschlossen, der seine Gültigkeit erst verliert, wenn er vom Verkäufer angefochten wird[81]). Ähnlich lägen die Dinge, wenn jemand in der Zeitung ein Inserat des Inhaltes fände: „für fünf Mark versende drei Stück hff. Enten", daraufhin sich solche Enten kommen ließe, die sich aber als unschmackhafte und harte Tiere erwiesen, weil der Verkäufer unter „hff." Enten nicht „hochfeine", sondern die sich durch einen tranigen Geschmack auszeichnenden Haff-Enten verstanden hätte[82]). Selbst wenn es sich hier nicht, wie zu vermuten ist, um ein betrügerisches Manöver des Inserenten handelte, käme trotz des verschiedenfachen Sinnes, den die Parteien mit der Abkürzung hff. ver-

---

[81]) Anders entscheidet den Fall Manasse a. a. O. S. 14 f., der offenbar davon ausgeht, daß die Annonce und die auf ihr fußende Offerte an einer nicht behebbaren Undeutlichkeit leiden und infolgedessen (nach den oben unter b entwickelten Grundsätzen) nicht imstande seien, Vertragswirkungen, und seien es auch nur anfechtbare, zu erzeugen. Indessen wenn jemand in einer Tageszeitung schlechthin „Biberschwänze" offeriert, so ist die Erklärung keineswegs unheilbar undeutlich, sondern sie empfängt ihren bestimmten Inhalt durch die hier einsetzende generelle Auslegung, derzufolge (vgl. oben S. 170) das Wort Biberschwanz, wenn aus den Umständen, unter denen es gebraucht wird, nicht das Gegenteil erhellt, nicht einen Dachziegel, sondern den Schwanz eines Tieres bedeutet. Hingegen müßte die Entscheidung des Textes anders lauten, wenn die Annonce, auf die sich der Offerent bezöge, nicht in einer Tageszeitung, sondern etwa in einer Fachzeitung des Ziegeleigewerbes erschienen oder der Antrag von einem Angehörigen des Baugewerbes abgegeben worden wäre. Zwar wäre alsdann der Vertrag ebenfalls wirksam, aber er würde (vgl. wieder oben S. 170) nicht auf Tierschwänze, sondern auf Dachziegel gerichtet sein, so daß das Anfechtungsrecht nicht dem Verkäufer, sondern dem Käufer, der Tierschwänze haben wollte, zustände. — Über diejenige Fallgestaltung, wo die Offerte im Sinne von Tierschwänzen auszulegen ist, vom Oblaten aber nicht durch ein besonderes, den Antrag in sich aufnehmendes Antwortschreiben, sondern unmittelbar durch Absenden der Dachziegel „angenommen" wird, vgl. oben § 21 Anm. 40, deren Ausführungen hier entsprechend anzuwenden sind.

[82]) Der Fall ist entnommen aus Stammler, Praktikum des Bürgerl. Rechtes f. Vorgerücktere (Leipzig 1898) S. 73 Nr. 91.

bänden, ein auf Lieferung hochfeiner Enten lautender Vertrag zustande, der nur eventuell vom Verkäufer angefochten werden könnte, aus dem aber, wenn er nicht angefochten würde, der Käufer auf Lieferung mangelfreier Ware klagen bezw. die ädilizischen Rechtsbehelfe geltend machen könnte[33]). In der Literatur wird besonders gern mit dem — wohl kaum dem Leben entnommenen — Falle operiert, daß jemand, der in ein und derselben Stadt zwei Häuser besitzt, von denen das eine am Markt (also im alten Stadtteil), das andere an der Promenade (also im neuen Stadtteil) gelegen ist, mit einem Dritten, dem diese Tatsachen bekannt sind, einen Kaufvertrag über sein „Stadthaus" abschließt, wobei er das an der Promenade gelegene, der Käufer hingegen das sich am Markt befindende Haus im Auge hat. Auch hier darf nicht von einem wegen „Dissenses" nichtigen Vertrag gesprochen werden, sondern es ist ein Kaufvertrag über das Haus in der Altstadt abgeschlossen, der aber — die übrigen Erfordernisse des § 119 als erfüllt vorausgesetzt — vom Verkäufer angefochten werden kann[34]). Wenn B von A

[33]) Und zwar würde es hier ohne Einfluß auf die Entscheidung sein, ob der Verkäufer den Antrag durch ein besonderes, den Offerteninhalt in sich aufnehmendes Antwortschreiben oder unmittelbar durch Absenden der Haffenten angenommen hätte. Vgl. wiederum die vorhin zitierte Anm. 40 unseres § 21.

[34]) Dieser Entscheidung liegt die Beobachtung zugrunde, daß im Munde der Bevölkerung die (gewöhnlich innerhalb des alten Stadtwalles oder der an dessen Stelle getretenen Promenade gelegene) Altstadt als die Stadt κατ' ἐξοχήν bezeichnet zu werden pflegt (wie ja auch die Vorstadtbewohner, wenn sie Besorgungen zu machen haben, gewöhnlich sagen, daß sie „in die Stadt" gehen). Darum kann im Verhältnis jener beiden Häuser zueinander unter „Stadthaus" nur das am Markt befindliche Haus verstanden werden. Schließen also zwei Parteien ohne jede nähere Bezeichnung des Kaufobjektes einen Vertrag über das „Stadthaus" ab, so haben sie zwei inhaltlich übereinstimmende (wenn auch vielleicht von verschiedenem Geschäftswillen diktierte) Erklärungen abgegeben, so daß weder ein Fall von „Dissens im engeren Sinne" (Fall der auseinandergehenden Erklärungen, unsere obige Rubrik d) vorliegt, was Endemann I § 70 S. 340 Anm. 19 und ihm folgend Manigk, Willenserklärung S. 507 annehmen, noch auch ein Fall von unbehebbarer Undeutlichkeit (unsere obige Rubrik b), was Leonhard, Allgem. Teil S. 507 behauptet. Letzteres würde nur dann richtig sein, wenn in der betreffenden Stadt die Gewohnheit, die Altstadt schlechthin mit „Stadt" zu bezeichnen, tatsächlich nicht bestände. Dann

ersucht wird, die Bürgschaft für „die Schulden" zu übernehmen, die X bei ihm, dem A, stehen habe, und B sich in der Meinung, daß die Schulden 1000 Mark betragen, unter Wahrung der gesetzlichen Schriftform „bereit erklärt, dem Wunsche des A zu willfahren", so kommt ein Bürgschaftsvertrag zwischen A und B auch dann zustande, wenn die Schulden, die X gegenüber dem A hat, sich in Wahrheit auf 4000 Mark belaufen. B muß also, wenn er seiner Bürgenverpflichtung ledig werden will, sein Versprechen gegen Ersatz des negativen Vertragsinteresses anfechten.

Und was von den sogenannten „ausdrücklichen" Willenserklärungen gilt, das gilt natürlich auch, da ein Wesensunterschied, wie wir früher gesehen haben[35]), zwischen ihnen nicht besteht, von den „konkludenten Handlungen". Zahlt ein Mieter oder Darlehnsschuldner fortgesetzt einen niedrigeren Zins als den geschuldeten, in dem Glauben, dadurch die Bitte um teilweisen Zinserlaß zum Ausdruck zu bringen, während der Gläubiger darin ein Gesuch um teilweise Stundung erblickt, so ist in der Handlungsweise der Parteien, je nachdem wie sie zufolge den Umständen des konkreten Falles auszulegen ist, die Vereinbarung eines partiellen Erlasses oder die einer partiellen Stundung enthalten. Im einen Falle wäre es der Gläubiger, im anderen Falle der Schuldner, der über den Inhalt des Abkommens geirrt hätte.

Kongruenz der beiderseitigen Erklärungen und infolgedessen Vertragswirksamkeit kann bisweilen selbst da vorliegen, wo sich

---

würde allerdings unheilbare Mehrdeutigkeit gegeben und der Vertrag um deswillen nichtig sein. Unrichtig ist es, wenn Danz in Jher. Jahrb. 46 S. 397 meint, daß in solchem Falle schlechthin dasjenige Haus als gekauft zu gelten habe, das der Verkäufer als sein „Stadthaus" zu bezeichnen pflege, eventuell also das an der Promenade gelegene Haus, falls diese Interpretation dem Sprachgebrauch des verkaufenden Häuserbesitzers entspräche. Solche Spracheigentümlichkeit des Verkäufers käme nach allem, was wir früher in der Lehre von der Auslegung gesehen haben, nur dann in Betracht, wenn sie infolge der besonderen Beziehungen, die zwischen Käufer und Verkäufer beständen, dem ersteren bei Vertragsabschluß entweder bekannt oder nur aus Fahrlässigkeit unbekannt gewesen wäre.

[35]) Vgl. oben S. 51 ff.

die Erklärungen zu widersprechen scheinen. Es telegraphiert jemand: „senden Sie 30 Zentner bessere Nüsse“, der Antragsempfänger antwortet auf demselben Wege: „werde morgen 20 bis 30 Zentner absenden“, der Offerent, der genau 30 Zentner braucht, schweigt hierauf und glaubt, durch die Nichtbeantwortung der seiner Meinung nach vom Oblaten gemachten Gegenofferte diese abgelehnt zu haben[36]. Besteht hier, wie der Oblat behauptet, in dem Berufskreis, welchem die beiden Parteien angehören, ein Sprachgebrauch, nach dem bei der Bestellung von Nüssen die verlangte Quantität „nicht ziffernmäßig genau, sondern mit einem Spielraum bis zu 10 Zentnern nach oben oder unten auszulegen ist“, so hat der Verkäufer in seiner Antwort nicht etwas anderes, sondern genau dasselbe wie der Käufer in seiner Offerte erklärt. Dieser hatte bei richtiger Interpretation „20—40 Zentner“ verlangt, und der Andere hat darauf zurückgeschrieben, daß er 20—30 Zentner senden werde. Es ist darum über diese letztere Quantität ein Kontrakt perfekt geworden, allerdings ein Kontrakt, den der Offerent unter dem Einfluß irrtümlicher Vorstellungen über den Offerteninhalt abgeschlossen hätte, und den er darum, falls die sonstigen Voraussetzungen des § 119 gegeben wären, anfechten könnte.

Selbstverständlich braucht sich die Meinungsverschiedenheit, die zwischen den Parteien über den Vertragsinhalt besteht, nicht immer auf Qualität oder Quantität des Vertragsgegenstandes zu beziehen. Sie kann z. B. auch darin beruhen, daß der eine Teil glaubt, einen bedingten Vertrag abgeschlossen zu haben, während der andere Teil den Vertrag für einen unbedingten hält. Der Käufer eines Wirtschaftsgrundstückes bringt bei den Kaufverhandlungen zum Ausdruck, daß er nur kaufe, wenn ihm die Wirtschaftskonzession erteilt werde, und der Verkäufer erwidert darauf, es unterliege keinem Zweifel, daß ihm die Konzession erteilt werden würde[37]. Auch wenn hier der Verkäufer glaubte, daß die Äußerung des Käufers nichts weiter als eine

---

[36]) Vgl. den vom Reichsoberhandelsgericht 16 S. 155 abgeurteilten Rechtsfall.

[37]) Vgl. den Rechtsfall im Recht 12 Beil. 2 S. 390 Nr. 2294.

juristisch irrelevante Aufdeckung des Kaufmotives enthalte, während der Käufer die Entstehung der Vertragswirkungen von der Konzessionserteilung abhängig machen wollte, wäre kein wegen Dissenses nichtiger, sondern — da hier die Auslegung zugunsten des Käufers spräche — ein bedingter, für den Verkäufer eventuell anfechtbarer Kaufvertrag eingegangen.

Häufig wird sich ein Meinungsstreit über den Vertragsinhalt daraus ergeben, daß die Parteien über den Kaufpreis nichts Besonderes vereinbart haben, und nun die eine Partei den Preis nach der Kundenüblichkeit bemißt, während der Gegner ihn nach anderen Faktoren ermittelt wissen will. Es bestellt etwa jemand Zigarren oder Wein „von derselben Sorte, die er früher gehabt hat". Der Händler schickt auf die Bestellung hin die Ware ab. In der nach einiger Zeit eintreffenden Rechnung ist aber ein höherer Preis berechnet als derjenige betrug, zu dem der Käufer die Ware seinerzeit bezogen hatte, weil inzwischen die Waren des Verkäufers in der Preisnotierung alle einen Aufschlag erfahren haben. Käufer weigert Zahlung, weil die Bestellung „wie gehabt" nicht nur die Qualität der Kaufsache, sondern auch das für sie zu zahlende Entgelt umfasse. Verkäufer hingegen behauptet, daß jene Klausel nur über die Sorte, nicht auch über den Preis entscheide, und daß darum für den letzteren mangels anderweitiger Bestimmung seine augenblicklichen Geschäftsbedingungen maßgebend seien[38]). Je nachdem hier bei Anwendung der uns bekannten Auslegungsregeln[39]) die Auffassung des Käufers oder die des Verkäufers die richtige ist, ist der Kaufvertrag entweder zum kundenüblichen oder zum früheren Preise abgeschlossen worden. Keinesfalls ist er wegen „Dissenses" über den Preis nichtig, sondern darf wiederum nur je nachdem vom einen oder vom anderen Teile angefochten werden.

Auch da, wo beide Parteien darüber einig sind, daß der Vertrag unter „kundenüblichen Bedingungen" abgeschlossen sein soll, können dennoch ihre Ansichten über den Vertrags-

[38]) Vgl. den Rechtsfall in Iherings Jurisprudenz des täglichen Lebens (13. Aufl.) S. 46 Nr. 76.

[39]) Vgl. über die Frage, wann eine Offerte zu kundenüblichem Preise vorliegt, auch noch Danz in der Jur. Wochenschrift 37 S. 632 f.

inhalt auseinandergehen, wenn sich nämlich der eine Teil darüber, was kundenüblich ist, bei Abgabe seiner Erklärung falsche Vorstellungen macht. Schließt jemand einen Kontrakt mit dem Norddeutschen Lloyd „auf Grund der Überfahrtsbedingungen der Gesellschaft" ab, weil er jene zu kennen glaubt, während er sie in Wahrheit nicht oder nicht richtig kennt, so kommt ein Transportvertrag zwischen ihm und dem Lloyd zustande, aber ein Transportvertrag, von dem sich der Passagier innerhalb der Grenzen des § 119 wieder frei machen kann[40]).

Einerlei ist es ferner für die rechtlichen Folgen des Irrtumes, ob er dadurch entstanden ist, daß der Oblat die von ihm mißverstandene Offerte des Antragstellers akzeptiert hat, oder dadurch, daß der Offerent die von ihm mißverstandene Gegenofferte des Oblaten angenommen hat. Verlangt A vom B eine Ware unter den für den Kaufvertrag geltenden gesetzlichen Bestimmungen, und schickt der Verkäufer die Ware ab, legt ihr aber eine Faktura bei, laut deren verschiedene dispositive Rechtssätze des Gesetzbuches zugunsten des Verkäufers außer Kraft gesetzt werden, und liest der Käufer diese Faktura entweder gar nicht, oder wird er sich trotz des Lesens der Abweichungen nicht bewußt, die zwischen dem Gesetzesinhalt und dem Fakturainhalt bestehen, so liegt, wenn der Käufer die Ware behält, ein Vertragsschluß vor, für den die in der Faktura angegebenen Bedingungen gelten, und der darum für den A ein Anfechtungsrecht erzeugt.

Endlich sei noch hervorgehoben, daß der Deutungsfehler des Oblaten eine Divergenz der Geschäftswillen nicht nur in sachlicher, sondern auch in persönlicher Hinsicht herbeizuführen vermag. Einem Kaufmann ist schon wiederholt ein Fabrikant Carl Becker in X als besonders tüchtig empfohlen worden. Eines Tages erhält er eine Offerte von C. Becker in X, glaubt, daß C. Becker nur die Abkürzung für Carl Becker sei, und nimmt infolgedessen

---

[40]) Die Tatsache, daß zu kundenüblichen Bedingungen kontrahiert worden ist, schließt also ein Anfechtungsrecht wegen Irrtumes nicht ohne weiteres, sondern nur dann aus, wenn dem Vertragsabschluß der Blankettwille zugrunde lag, die kundenüblichen Bedingungen, welche sie auch sein mögen, gegen sich gelten zu lassen. Vgl. auch oben S. 122 und Anm. 37 des vorigen Paragraphen.

den Antrag an. Auch hier steht, wenn Carl Becker und C. Becker in Wahrheit verschiedene Personen sind, der Erklärungsirrtum (um einen solchen handelt es sich, und nicht etwa um bloßen Irrtum im Motiv[41])) der Wirksamkeit des Vertrages nicht im Wege, und der Kaufmann ist darum an den Kontrakt gebunden, soweit ihm nicht wieder der § 119 BGB. zu Hilfe kommt[42]).

Wird der Vertrag auf der einen Seite von mehreren Kontrahenten geschlossen, und faßt nur einer von ihnen die Offerte des Gegners unrichtig auf, so ist der Vertrag auch nur für ihn anfechtbar. Wird die falsche Auffassung von den Oblaten sämtlich geteilt, so ist der Vertrag für jeden von ihnen anfechtbar[43]). Wenn er aber in dem einen oder anderen

---

[41]) Vgl. oben Anm. 23.

[42]) Besonders häufig wird sich ein Dissens über die Subjekte des Vertragsabschlusses da ergeben, wo es sich um die Frage handelt, ob eine der Parteien im eigenen oder im fremden Namen kontrahiert hat A bildet sich ein, Vertragsgegner des B geworden zu sein, während die Umstände, unter denen der Vertrag geschlossen wurde, darauf hinwiesen, daß B im Namen des X, dessen gesetzlicher Vertreter er ist, handelte; oder A glaubt, daß B eine Ware im Namen des X offeriere, während er sich bei richtiger Auslegung des Verhaltens des B sagen müßte, daß dieser selbst als Kontrahent auftrete. In beiden Fällen kommt ein für den A anfechtbarer Vertrag, das eine Mal mit X, das andere Mal mit B zustande. Schwieriger liegen die Dinge, wenn umgekehrt der Gegner im eigenen Namen gehandelt hat, wo er für einen Anderen handeln wollte. Zwar hat er sich bei der Errichtung des Geschäftes ebenfalls in einem Erklärungsirrtum befunden; ob aber dieser Irrtum für ihn ein Anfechtungsrecht begründet, oder der Vertrag für ihn nicht vielmehr schlechthin bindend ist, das hängt davon ab, was man in § 164 Abs. 2 BGB. unter den Worten zu verstehen hat: „es kommt der Mangel des Willens, im eigenen Namen zu handeln, nicht in Betracht." Wenn es auch de lege ferenda nicht unbedenklich ist, in dieser Vorschrift mehr als eine bloße Auslegung der vom Vertreter abgegebenen Erklärung zu erblicken, so wird man sie doch, schon um dem Gesetzbuch keine Trivialität zu unterstellen, mit der herrschenden Meinung (vgl. die Literaturnachweise aus beiden Lagern bei Oertmann § 164 unter 1 d δ) dahin interpretieren müssen, daß sie in bewußter Abweichung von § 119 dem Handelnden das ihm wegen seines Irrtumes an und für sich zustehende Anfechtungsrecht nimmt.

[43]) Ebenso Reichsgericht 56 S. 423 ff., Recht 12 Beil. 2 S. 254 Nr. 1477 und Oertmann § 119 unter 10 e.

Falle angefochten wird, dann ist er nicht nur für den Anfechtenden, sondern auch für die Übrigen nichtig, es müßte denn sein, daß das Geschäft auch ohne die Teilnahme des einen Genossen vorgenommen sein würde (§ 139 BGB.)[44]).

Ist umgekehrt der von mehreren gestellte Antrag von dem einen ihnen gegenüberstehenden Oblaten mißverstanden, aber angenommen worden, so ist hinsichtlich der Frage, ob das dem letzteren erwachsene Anfechtungsrecht gegenüber allen Kontrahenten ausgeübt werden muß, zu unterscheiden, worin der durch das Mißverständnis erzeugte Irrtum des Oblaten besteht. Bezieht er sich gerade auf die Mitbeteiligung des einen Kontrahenten am Vertrag (der Irrende glaubte das Geschäft mit A und B abzuschließen und hat es tatsächlich mit A, B und C abgeschlossen) oder auf persönliche Eigenschaften eines einzelnen Vertragsgegners, so ist das Anfechtungsrecht trotzdem allen Paziszenten gegenüber auszuüben, es müßte denn sein, daß der Kontrakt auch ohne die eine den Gegenstand des Irrtumes bildende Partei abgeschlossen sein würde. Solchenfalls wäre er nur dieser gegenüber anfechtbar, so daß, wenn die Anfechtung erfolgte, nur sie aus dem Vertrag ausschiede[45]). Bezieht sich hingegen der Irrtum auf Tatumstände, die nichts mit der Persönlichkeit eines einzelnen Kontrahenten zu tun haben, die also entweder nur den objektiven Vertragsinhalt, oder wenn den subjektiven, so doch alle Vertragsgegner gleichmäßig betreffen, so darf das Anfechtungsrecht, nach Analogie des Rücktrittsrechtes (vgl. BGB. § 356), unter allen Umständen nur gegen alle Gegner gemeinschaftlich ausgeübt werden, selbst

---

[44]) Vgl. hierzu oben § 16 Anm. 2.

[45]) Unrichtig wäre es, wollte man da, wo der Irrtum bloß die Persönlichkeit des einen Gegners betrifft, das Anfechtungsrecht diesem einen Kontrahenten gegenüber schlechthin zulassen und erst die weitere Frage, ob das dem Einen gegenüber ausgeübte Anfechtungsrecht den Vertrag nur für ihn oder auch für alle anderen Gegner vernichte, davon abhängig machen, ob der Kontrakt auch ohne den „angefochtenen" Genossen eingegangen sein würde. Denn dann müßten unter Umständen die Mitkontrahenten eine Vertragsnichtigkeit gegen sich gelten lassen, von der sie nicht nur keine Kenntnis erlangt, sondern nicht einmal die Möglichkeit der Kenntnisnahme gehabt hätten. Es muß darum das Anfechtungsrecht selbst, so wie es oben geschehen ist, beschränkt werden.

dann also, wenn die Dinge so liegen, daß man annehmen muß, der Vertrag wäre auch ohne die Mitwirkung des einen oder anderen Kontrahenten eingegangen worden. Denn dem Anfechtungsberechtigten kann unmöglich die Befugnis eingeräumt werden, durch Berufung auf irgendeinen Erklärungsirrtum und durch Aufdeckung der Tatsache, daß zur Geschäftserrichtung die Teilnahme aller Paziszenten nicht absolut notwendig gewesen sei, willkürlich einen einzelnen Vertragsgenossen zu verabschieden [46]).

Möglich ist, daß der Inhalt zweier miteinander übereinstimmenden Vertragserklärungen sich weder mit dem deckt, was der eine Teil, noch mit dem, was der andere Teil erklären wollte. A will x offerieren, schreibt aus Versehen y, B legt y im Sinne von z aus und schreibt zurück: „bin mit Ihrem Antrag einverstanden." Auch hier kommt ein Vertrag mit dem von beiden Parteien gleichmäßig erklärten Inhalt zustande. Also nicht einmal die auf beiden Seiten vorhandene Abweichung des Geschäftswillens vom wahren Geschäftsinhalt bewirkt Nichtigkeit des Kontraktes wegen „Dissenses"; vielmehr wird wiederum nur für den Irrenden, hier also für jeden der beiden Teile, ein Anfechtungsrecht begründet. Wir haben bereits im letzten Paragraphen des vorigen Kapitels, auf den hiermit verwiesen sei, gesehen, daß die Regeln über Irrtum und Mißverständnis keine Abweichung dadurch erleiden, daß im einzelnen Falle der Irrtum auf seiten des Erklärenden sich mit einem Mißverständnis auf seiten des Adressaten paart. Verwandelt sich nun beim Vertragsschluß das Mißverständnis des Adressaten in einen Erklärungsirrtum, so ist es nur folgerichtig, daß gegen-

---

[46]) Die Frage, wie sich die Ausübung des Anfechtungsrechtes bei einer Mehrheit von Anfechtungsgegnern gestaltet, ist in der Literatur sehr bestritten. Vgl. etwa die Nachweise bei Biermann I S. 192 und Oertmann § 143 unter 3. Für uns hat sie nur insoweit Interesse, als es sich um die Mehrheit von Vertragsgegnern handelt. Für diesen Fall scheint uns die einen Mittelweg einschlagende, in der Literatur sonst nicht vertretene Auffassung des Textes die angemessenste zu sein. Da wo ihr zufolge die Anfechtung den mehreren Gegnern gegenüber nur gemeinschaftlich geschehen kann, haben, wenn sich das Anfechtungsrecht auf Betrug des einen Kontrahenten gründet, die anderen Vertragsgegner für den dolus ihres Genossen insoweit mit einzustehen. Vgl. dazu auch Reichsgericht 62 S. 184 ff.

über beiden Kontrahenten die Grundsätze der Irrtumslehre anzuwenden sind[47]).

Der Satz, daß der Vertrag mit dem beiderseitig erklärten Inhalt zustande kommt, behält auch dann seine Gültigkeit, wenn die falschen Vorstellungen, die sich jede der Parteien vom Vertragsinhalt macht, zufällig die gleichen sind. A will x offerieren, bietet aus Versehen y an, B versteht unter y fälschlicherweise x und telegraphiert: „einverstanden." Obwohl hier beide Teile einen Vertrag über x abschließen wollten, haben sie doch tatsächlich einen über y abgeschlossen. Zwar ist selbstverständlich, daß die Parteien, wenn sie das Versehen bemerken und an x festhalten wollen, sich jetzt noch ex tunc auf den Vertragsinhalt x einigen können, so daß infolge des neuen Vertrages der erste Kontrakt als von Anfang an mit dem Inhalt x behaftet anzusehen ist[48]). Und auch das Andere ist zu beachten, daß in Fällen wie den hier ins Auge gefaßten, sehr häufig die Regel »falsa demonstratio non nocet« eingreifen wird, derzufolge eine Abweichung zwischen dem wahren Vertragsinhalt und dem beiderseitigen Geschäftswillen nicht besteht, so daß sich aus dem inneren und äußeren Konsens die Gültigkeit von x ganz von selbst ergibt. Da aber, wo sich für die Geltung von x weder das eine noch das andere Moment anführen läßt, hat es bei dem Grundsatz sein Bewenden, daß wenn zwei Vertragserklärungen sich decken, beide Parteien aber mit ihren Erklärungen falsche Vorstellungen verbinden, der Erklärungsinhalt für die Vertragsfolgen maßgebend ist, vorbehaltlich der Befugnis jedes Teiles, sich von dem irrtümlich eingegangenen Geschäft mittelst Anfechtung zu befreien. Setzen wir also den Fall: A hat zwei Pferde, den Rappen Kastor und den Schimmel Pollux; er will den Rappen dem B zum Kauf anbieten, offeriert aber aus

---

[47]) Vgl. auch Cosack I S. 266 § 64 unter 8a: „Denkbar ist es, daß alle beide Parteien den Antrag falsch auslegen; dann sind sie beide anfechtungsberechtigt." Siehe dazu das instruktive von ihm gebildete Beispiel. Merkwürdig und kaum verständlich ist die Auffassung, die Westerkamp, Bürgschaft und Schuldbeitritt (Berlin 1908) S. 328 vom Falle des Doppelirrtumes bei Verträgen hat.

[48]) Die rechtliche Situation ist dann eine ähnliche wie die oben § 13 Anm. 34 besprochene.

Versehen den Pollux, und B, der Pollux für den Rappen hält, schreibt zurück: „ich nehme Ihren Antrag an.“ Dann ist ein Kaufvertrag über Pollux abgeschlossen worden, der aber sowohl von A wie von B angefochten werden kann. Die herrschende Meinung entscheidet freilich anders. Nach ihr soll, wenn der Irrtum auf seiten beider Parteien der gleiche ist, der eine Irrtum gewissermaßen den anderen „heilen“, so daß im praktischen Ergebnis der nicht gewollte Erklärungssinn in den gewollten „umgewandelt“ wird[49]). Indessen vermag die herrschende Ansicht sich auf andere als Billigkeitserwägungen nicht zu stützen. Und „das Billigkeitsgefühl ist in diesen verwickelten Fragen ein schlechter Führer, der seinerseits der Führung bedarf“[50]). Das zeigt sich sofort, wenn man bedenkt, daß in unserem Beispiel der A sich seines Schreibfehlers nach Absendung der Offerte bewußt wird. Dann glaubt er beim Eintreffen der Annahmeerklärung naturgemäß, daß Pollux verkauft sei. Soll ihm jetzt B, der hinterher den Sachverhalt durch Zufall erfahren hat, den Kastor abverlangen können, oder darf nicht vielmehr A darauf bestehen, daß B, wenn er den Kauf des Pollux nicht gelten lassen will, den Vertrag erst im Wege der Anfechtung beseitigt und ihm denjenigen Schaden ersetzt, den er, der A, dadurch erlitten, daß er vom Moment der Entdeckung seines Irrtumes an auf die Rechtsbeständigkeit des über Pollux abgeschlossenen Kontraktes vertraut hat? Wie man sieht, ist die Verkehrssicherheit gefährdet, sobald an dem Fundamentalsatz, daß die Vertragsfolgen sich nach dem Erklärungsinhalt richten, gerüttelt wird, während umgekehrt das Festhalten an ihm auch im Falle des Doppelirrtumes unbedenklich ist, da die Parteien ja, wenn sie beide das Erklärte nicht, sondern das Nicht-Erklärte wollen, den Vertrag, wie schon erwähnt, jederzeit abändern können.

Die Regel, daß ein Vertrag nicht deshalb nichtig ist, weil die Parteien mit den gleichlautenden Erklärungen, die sie abgeben, verschiedene Vorstellungen verbinden, gilt nicht

[49]) Siehe unter anderen Zitelmann, Irrtum S. 428 f.; Leonhard, Irrtum II S. 32 ff.; Reichsgericht 66 S. 427 ff. Vgl. zu dem letzteren Erkenntnis auch oben § 10 Anm. 32.

[50]) Worte Henles a. a. O. S. 486.

nur für die obligatorischen Verträge, sondern auch für den dinglichen Vertrag, die sogenannte Einigung. Zwar ist die letztere ein Kontrakt, auf den sich die allgemeinen Vorschriften des Vertragsrechtes nur mit Vorsicht und nur mit Auswahl anwenden lassen. Die Normen über Willensmängel gehören aber zweifellos zu denjenigen Gesetzesbestimmungen, die, wenigstens von dem Zeitpunkt an, wo ohne den Willensmangel die Einigung für die Parteien bindend sein würde[51]), auch auf den dinglichen Vertrag Anwendung finden. Es ist also auch dem letzteren gegenüber daran festzuhalten, daß, wenn die Geschäftswillen der Paziszenten auseinandergehen, ohne daß die Divergenz in den Erklärungen zutage tritt, der Kontrakt trotz des vorhandenen Irrtumes rechtswirksam ist und erst dadurch nichtig wird, daß derjenige Teil, dessen Erfolgswille sich nicht mit dem Erklärungsinhalt deckt, von dem ihm zustehenden Anfechtungsrecht Gebrauch macht[52]).

Bei beweglichen Sachen ist die Einigung in der Mehrzahl der Fälle von der Besitzübertragung begleitet. Dennoch kann sich auch hier bei Abschluß des dinglichen Vertrages ein Mißverständnis einschleichen, indem etwa B eine Sache x, an der ihm von A das Eigentum offeriert wird, mit einer bei den Vorverhandlungen ebenfalls in Frage gewesenen Sache y verwechselt, also gewissermaßen einen Deutungsfehler hinsichtlich der Identität begeht, aber trotzdem oder vielmehr deshalb den auf Eigentumserwerb gerichteten Antrag uneingeschränkt annimmt.

---

[51]) Bis zu diesem Zeitpunkt bedarf es infolge der Widerruflichkeit der Einigung einer Berufung auf Willensmängel nicht.

[52]) Wir haben es hier nur mit der Frage zu tun, inwieweit der dingliche Vertrag da, wo er selbst infolge eines Mißverständnisses an einem Willensmangel leidet, durch letzteren in seiner Wirksamkeit beeinträchtigt wird. Davon zu unterscheiden ist die andere Frage, ob und wieweit dort, wo die Einigung sich fehlerfrei vollzieht, das zugrundeliegende Kausalgeschäft aber unter dem Einfluß eines „Dissenses" vorgenommen worden ist (die eine Partei hat verkaufen, die andere schenkungshalber erwerben wollen), der dingliche Vertrag von der Fehlerhaftigkeit des Verpflichtungsgeschäftes ergriffen wird. Dieses Problem, das es mit dem sogenannten abstrakten Charakter oder, besser ausgedrückt, mit der juristischen Selbständigkeit des dinglichen Vertrages zu tun hat, liegt außerhalb des Rahmens unserer Betrachtungen.

Dann ist auf B das Eigentum an x übergegangen, und er kann sich dieser Rechtsfolge nur dadurch entziehen, daß er — die Erfordernisse des § 119 als gegeben vorausgesetzt — die irrtümlich erfolgte Einigung anficht[53]).

Ebensowenig wie bei den beweglichen Sachen die Einigung durch die meistens gleichzeitig mit ihr erfolgende Besitzübertragung vor Mißverständnissen gesichert ist, ebensowenig ist bei unbeweglichen Sachen der dingliche Vertrag gegen Willensmängel dadurch geschützt, daß hier die Einigung regelmäßig erst auf Grund längerer Vorverhandlungen und bindend immer nur unter Beobachtung bestimmter Formen zustande kommt. Ja, der Boden ist hier für sich einschleichende Irrtümer insofern noch günstiger, als der dingliche Vertrag, anders wie bei Mobilien, absente re eingegangen zu werden pflegt. Man stelle sich vor, daß Bauer A zwei Wiesen zum Verkauf hat, über die er mit B seit längerer Zeit verhandelt, daß sich beide Teile schließlich auf die Wiese Nr. 2 einigen, unter der aber B in Wahrheit die seinem Anwesen zunächst gelegene Wiese Nr. 1 versteht, und daß nun die Auflassung von Wiese Nr. 2 erfolgt. Die Einigung ist hier wirksam vollzogen, aber sie kann von B angefochten werden. Oder K will von V ein Grundstück kaufen. Im Laufe der Vorbesprechungen wird von V mehrfach betont, daß zwei des näheren bezeichnete Parzellen des Grundstückes nicht mit verkauft sein sollen. Trotzdem lassen später die Parteien einander das Grundstück schlechthin auf, ohne die erwähnten Parzellen besonders auszunehmen. Und zwar tut dies V in der Meinung, daß sich nach allem Voraufgegangenen die Einschränkung von selbst verstehe, ein besonderer Vorbehalt also überflüssig sei,

[53]) Anders wäre zu entscheiden, wenn A, der zwei Ringe besäße, einen mit einem Smaragd, einen anderen mit einem Saphir, dem B das Anerbieten machte, er möge sich von den beiden in seiner, des A, Kommode liegenden Ringen den mit dem Smaragd aneignen, und B, in der Meinung, Smaragd sei der blaue Stein, den mit dem Saphir an sich nehmen würde. Hier läge nicht mehr Verschiedenheit der Geschäftswillen bei Einheitlichkeit der Erklärungen vor, sondern die Parteien hätten Verschiedenes gewollt und Verschiedenes erklärt. Es handelte sich also um den früher unter d erörterten „Dissens"fall, d. h. es hätte keine, nicht einmal eine anfechtbare Eigentumsübertragung stattgefunden.

während K die Erklärung des V in dem Glauben akzeptiert, daß dieser seine Wünsche hinsichtlich der beiden Parzellen fallen gelassen habe. Auch hier ist bei aller Verschiedenheit der Geschäftswillen Übereinstimmendes erklärt worden. Denn entweder liegen die Umstände so, daß die Einigung individuell, d. h. im Sinne der Vorverhandlungen auszulegen ist: dann haben, trotz des scheinbar weitergehenden Wortlautes, beide Parteien die Auflassung des Grundstückes abzüglich der beiden Parzellen erklärt. Oder aber K hatte während der Vorverhandlungen keinen Grund zu der Annahme gegeben, daß er mit dem Vorbehalt des V einverstanden sei, so daß die Auflassung generell, also ihrem Wortlaut gemäß zu interpretieren ist: dann erstreckt sich beiderseits die Auflassungserklärung auf das ganze Grundstück. Im ersteren Falle sind die Parzellen, selbst wenn im Grundbuch etwas anderes verlautbart sein sollte, Eigentum des V geblieben, und es kann der K, weil er über den Umfang der Einigung geirrt hat, die Auflassung des Restgrundstückes anfechten. Im zweiten Falle ist der V der irrende und darum anfechtungsberechtigte Teil. Keinesfalls stellt die Auflassung ein negotium nullum, ein wegen Dissenses schlechthin nichtiges Rechtsgeschäft dar[54]).

Das Gleiche gilt, wenn der Inhalt der Auflassung nicht nur mit dem Willen des einen Teiles, sondern mit der Geschäftsabsicht beider Parteien in Widerspruch steht. Die Kontrahenten erklären übereinstimmend die Auflassung von Parzelle Nr. 1; der Veräußerer stellt sich aber die Parzelle Nr. 2 und der Erwerber die Parzelle Nr. 3 darunter vor. Der Eigentumsübergang, der sich hinsichtlich der Parzelle Nr. 1 vollzieht, kann dann sowohl vom einen wie vom anderen Teile angefochten werden.

Und selbst wenn der von der Erklärung abweichende Geschäftswille auf beiden Seiten derselbe ist, darf von der bisher festgehaltenen Regel nicht abgegangen werden. Beide Parteien wollen übereinstimmend das Grundstück Nr. 1 auflassen, er-

---

[54]) Anderer Ansicht Rehbein I S. 225, der hier offenbar unter dem Einfluß der von uns S. 397 ff. bekämpften Dissenslehre steht. Wie oben Wolff im Recht 4 S. 389 ff. und 5 S. 460 f.

klären aber versehentlich beide die Auflassung von Nr. 2; oder beide sind darüber einig, daß von dem aufzulassenden Grundstück eine Parzelle dem Veräußerer verbleiben soll, erklären aber trotzdem die Auflassung des ganzen Grundstückes.

Zwar werden hier infolge der den Grundstücksveräußerungen regelmäßig voraufgehenden Verhandlungen meistens die Erfordernisse der individuellen Auslegung gegeben sein, so daß der Grundsatz falsa demonstratio non nocet heilend eingreift[55]). Alsdann besteht keine Divergenz zwischen Wille und Erklärung, sondern es ist im ersten Falle tatsächlich das Grundstück Nr. 1, im zweiten Falle das Grundstück ohne die von der Veräußerung ausgeschlossene Parzelle aufgelassen worden, und wenn das Grundbuch anders lauten sollte, genügte zur Korrektur der Rechtsverhältnisse die Bewirkung der dem wahren Auflassungsinhalt entsprechenden bezw. die Löschung der ihm widersprechenden Eintragung[56]). Da aber, wo sich wegen Unzulässigkeit der individuellen Auslegung der Satz von der Unschädlichkeit der falsa demonstratio im einzelnen Falle als unanwendbar erweist, wird auch in den zuletzt gedachten Tatbeständen die Auflassung mit dem erklärten Inhalt wirksam und bedarf zu

---

[55]) Der Gesichtspunkt der bloßen falsa demonstratio liegt auch der Entscheidung von Danz, in Iher. Jahrb. 46 S. 416 und offenbar auch dem Urteil des Reichsgerichtes 66 S. 21 ff. (vgl. auch 60 S. 338 ff.) zugrunde.

[56]) Im ersten Falle ist trotz der Eintragung des Erwerbers (B) als Eigentümer von Grundstück Nr. 2 der Veräußerer (A) Eigentümer dieses Grundstückes geblieben; es besteht ein Zwiespalt zwischen materiellem Rechte und Buchinhalt, der im Wege der Grundbuchberichtigung zu beseitigen ist; hinsichtlich des Grundstückes Nr. 1 hingegen ist A Eigentümer nicht nur geblieben, sondern auch als solcher noch eingetragen; materielles Recht und Buchrecht decken sich also; da aber zwischen A und B die Auflassung schon stattgefunden hat, bedarf es zum Übergang des Eigentumes auf den letzteren nur noch seiner Eintragung ins Grundbuch. Im zweiten Falle ist B als Eigentümer des ganzen Grundstückes eingetragen worden, während er, da sich die Auflassung nur auf einen Teil des Grundstückes bezogen hat, Eigentum nur bezüglich eines Grundstücksteiles erworben hat. Das Grundbuch ist also wiederum unwahr und muß durch Abschreibung der dem Veräußerer vorbehaltenen Parzelle richtig gestellt werden.

ihrer Annullierung erst der — jedem der beiden Teile zustehenden — Anfechtung[57]).

Durch Mißverständnis verursachte Erklärungsirrtümer kommen beim dinglichen Vertrag besonders häufig da vor, wo die Rechtsübertragung durch Vermittelung eines Stellvertreters erfolgt, indem hier vielfach der eine Teil dem anderen in dessen Eigenschaft als Vertreter eines Dritten einen Rechtserwerb offeriert, während der andere in dem Glauben akzeptiert, daß das Angebot ihm selbst gemacht sei; oder umgekehrt, indem der eine Teil dem anderen selbst den Eigentumserwerb anträgt, während dieser in der Meinung zugreift, für den Vertretenen zu erwerben; oder endlich indem A dem B als Vertreter des C einen dinglichen Antrag unterbreitet, den B annimmt, weil er wähnt, daß er dem D, der ihn ebenfalls bevollmächtigt hat, gelte. Wenn wir es nun auch in solchen Fällen — immer vorausgesetzt, daß der abweichende Geschäftswille des Oblaten in seiner Antwort nicht zum Ausdruck kommt — mit derselben Rechtsfigur, wie bisher zu tun haben, so werden doch die Folgen, die sich an sie knüpfen, vielfach andere sein. Denn statt daß diese sich nach dem Erklärungsinhalt richten und der Anfechtung des irrenden Teiles unterliegen, wird hier nicht selten für die Rechtswirkung der Einigung der interne, nicht geäußerte Wille des Stellvertreters maßgebend sein. Die Frage aber nach dem Grunde und dem Umfang dieser Erscheinung läßt sich nicht im

[57]) So auch Kipp bei Windscheid I § 77 a. E. S. 401. Merkwürdig Werner im Recht 7 S. 500 f., der mit zwei Beispielen von gleicher Rechtslage operiert und dennoch in dem einen Falle wegen Inkongruenz zwischen Erklärung und beiderseitigem Geschäftswillen Nichtigkeit der Auflassung annimmt, hingegen im anderen Falle die Auflassung schlechthin mit dem von den Parteien gewollten Inhalt gültig sein läßt. Nicht ohne inneren Widerspruch ist hier auch die Auffassung von Wolff a. a. O. S. 391 unten, der in den obigen Fällen stets die Regel falsa demonstr. n. nocet anwenden will („die unrichtig ausgesprochene Auflassung ist so zu interpretieren, wie sie beiderseits gewollt war") und trotzdem verlangt, daß „wenn ein anderes als das gemeinte Grundstück aufgelassen und umgeschrieben ist," die Rückgängigmachung dieser Umschreibung „und auf Grund einer erneuten Auflassung die Umschreibung der anderen Parzelle" bewirkt wird. Wenn einmal die Regel f. d. n. n. statthat, dann bedarf es, wie schon angedeutet, keiner neuen Auflassung zur Herbeiführung des von den Parteien angestrebten Rechtserfolges.

Zusammenhang der hier behandelten Materie erledigen, sondern ihre Lösung ist von der Seite der Stellvertretungslehre her in Angriff zu nehmen. —

Wir haben gesehen, daß wenn sich zwei Parteien über den Inhalt eines Vertrages verschiedene Vorstellungen machen, die Auslegung darüber entscheidet, wer von den Kontrahenten den Vertrag richtig und wer ihn falsch auffaßt, und wer sich darum bei Abschluß des Kontraktes im Irrtum befunden und wer irrtumsfrei gehandelt hat. Die Auslegung aber wird im Prozeß vom Richter gehandhabt, der ihr Resultat den Parteien im Urteil kundgibt. In dem Augenblick, wo der eine Teil zur Vertragserfüllung rechtskräftig kondemniert wird, erfährt er also unter Umständen erst, daß er bei Eingehung des Vertrages in einem Geschäftsirrtum befangen und darum zur Anfechtung des Vertrages berechtigt gewesen ist. Die vorsichtige Partei kann sich gegen die ihr solchenfalls aus der Rechtskraft des Urteiles erwachsenden Nachteile dadurch sichern, daß sie während des Prozesses den Vertrag „eventuell", nämlich für den Fall anficht, daß ihre Kontraktsauslegung vom Richter nicht geteilt werde. Alsdann hat letzterer, wenn er das Geschäft im Sinne des Gegners auslegt, bei der Urteilsfällung von der anfänglichen Nichtigkeit des Vertrages auszugehen[58]). Wie aber, wenn eine Partei von der Richtigkeit ihrer Auffassung des Vertragssinnes so felsenfest überzeugt ist, daß sie jede andere Beurteilung des Kontraktes für unmöglich hält und darum die Eventualanfechtung unterläßt? Man denke, A klagt aus

---

[58]) Kein Bedenken gegen die Zulässigkeit der eventuellen Anfechtung läßt sich daraus ableiten, daß letztere ein einseitiges, empfangsbedürftiges Rechtsgeschäft ist. Denn die Eventualanfechtung enthält eine bloße condicio juris, also eine Bedingung, die im Grunde nur eine überflüssige Wiederholung gesetzlicher Tatbestandsmerkmale ist („ich fechte an, falls ich anfechtungsberechtigt bin"), und deren Hinzufügung darum selbst bei solchen Willenserklärungen statthaft ist, die, wie die einseitigen, empfangsbedürftigen Rechtsgeschäfte, an und für sich „bedingungsfeindlich" sind. Vgl. statt aller E. F. Bruck, Bedingungsfeindliche Rechtsgeschäfte (Breslau 1904) S. 128 f. in Vbd. mit S. 155 ff. Und das Prozeßrecht stellt der eventuellen Anfechtung ebensowenig Hindernisse in den Weg wie der eventuellen Aufrechnung, die sich denn auch trotz der bekannten Angriffe, die sie erfahren, siegreich behauptet hat.

einem Vertrag den Gegenstand x ein; B behauptet, daß er bei richtiger Geschäftsinterpretation nicht x, sondern y schulde. Der Richter erster Instanz ist derselben Ansicht wie B und weist infolgedessen die Klage ab. Kläger legt Berufung ein; das Berufungsgericht entscheidet ebenfalls zugunsten des Beklagten. Der Kläger wendet sich nunmehr an die dritte Instanz. Selbst wenn dort Beklagter, der durch seinen doppelten Sieg immer mehr in dem Glauben bestärkt worden ist, daß seine Auslegung des Vertrages die einzig richtige sei, in der mündlichen Verhandlung den Eindruck gewinnen sollte, daß das Gericht der Auffassung des Klägers zuneige, würde er in eventum nicht mehr anfechten können, da neue materiellrechtliche Einwendungen in der Revisionsinstanz nicht mehr vorgebracht werden dürfen. Gibt nun das Reichsgericht tatsächlich dem Kläger recht und verurteilt demgemäß den Beklagten, so bekommt dieser Kenntnis davon, daß er bei Vertragsabschluß geirrt hat, erst durch Verkündung der ihn zur Leistung kondemnierenden Entscheidung. In diesem Augenblick aber beschreitet das Urteil auch bereits die Rechtskraft. Es wäre nun hart und entspräche sicherlich nicht dem Willen der Rechtsordnung, wenn eine Partei ihres Anfechtungsrechtes deshalb verlustig ginge, weil sie erst im Moment der Rechtskraft des sie zur Leistung verurteilenden Richterspruches von der Existenz der Anfechtungsbefugnis erführe[59]). Man wird darum auch jetzt noch dem Beklagten die

---

[59]) In seinem Aufsatz über das Verhältnis des Irrtumes zur Auslegung in Iher. Jahrb. 46 S. 401 sagt Danz: „Gegen einen Irrtum über die objektive Bedeutung der gebrauchten Worte wird der Irrende geschützt durch die Vorschriften über den Irrtum (§ 119 BGB.); hier muß aber der Irrende erklären, daß er nicht bei dem Vertrag stehen bleiben will, und riskiert eventuell, dem Gegner schadensersatzpflichtig zu werden (§ 122 BGB.). Herrscht dagegen lediglich ein Streit um die Auslegung des Vertrages, so erklären beide Teile damit, daß sie bei dem Vertrag stehen bleiben wollen, und unterwerfen sich damit wissentlich, da sie ja wissen, daß nur eine Partei siegen kann, und demnach nur die von einer Partei behauptete Bedeutung vom Richter als die richtige angenommen werden kann, dem Risiko, daß sie zu einer anderen Leistung verurteilt werden können als zu derjenigen, welche sie nach ihrer eigenen Meinung zu leisten haben würden." Danach hat es fast den Anschein, als ob Danz, wenn die eine Partei mit dem Gegner über den Inhalt des Vertrages streitet, aber nicht die eventuelle Anfechtung des Vertrages

Anfechtung gestatten müssen. Und die juristische Handhabe dafür dürfte der § 767 der ZPO. bieten. Denn die Anfechtung, um die es sich in unserem Falle handelt, ist offenbar eine Einwendung, „deren Gründe erst nach dem Schlusse derjenigen mündlichen Verhandlung, in welcher Einwendungen in Gemäßheit der Bestimmungen dieses Gesetzes spätestens hätten geltend gemacht werden müssen, entstanden sind und durch Einspruch nicht mehr geltend gemacht werden können". Der Beklagte kann also seinen Irrtum immer noch in der Form der sogenannten Zwangsvollstreckungsgegenklage zur Sprache bringen[60]). —

---

erklärt, darin einen Verzicht der betreffenden Partei auf jede spätere Geltendmachung des Anfechtungsrechtes erblicke. Aber woher nehmen wir das Recht, einer Partei, die durch ihr Verhalten zu erkennen gibt, daß sie jede andere Vertragsauslegung als die ihrige für unbedingt falsch und darum eine Anfechtung des Vertrages für überflüssig hält, zu unterstellen, daß sie an dem Vertrag auch dann festhalten wolle, wenn wider alles Erwarten der Vertrag einen anderen Inhalt als den behaupteten haben sollte?

[60]) Aus dem obigen Beispiel darf natürlich nicht geschlossen werden, daß der irrende Teil nur dann im Wege der Zwangsvollstreckungsgegenklage anfechten kann, wenn die Parteien die ihnen zustehenden Rechtsmittel sämtlich erschöpft haben. Ist diejenige Partei, die auf die Unfehlbarkeit ihrer Vertragsauslegung blindlings vertraut und infolgedessen von der Möglichkeit der Eventualanfechtung keinen Gebrauch gemacht hat, schon in der ersten oder in der zweiten Instanz unterlegen, so darf sie selbstverständlich jetzt schon, sofern die Voraussetzungen des § 767 ZPO. bereits vorliegen, den Kontrakt, auf Grund dessen sie verurteilt worden ist, nach Maßgabe dieses Paragraphen und des § 119 BGB. anfechten. In der Literatur hat man die sich aus dem Abhängigkeitsverhältnis von Irrtum und Auslegung unter Umständen ergebende Notwendigkeit, die Anfechtung mittelst der Zwangsvollstreckungsgegenklage zu bewirken, meines Wissens bisher nicht beachtet. — Die übri gen Fragen, die sich an die Geltendmachung der Irrtumsanfechtung im Prozeß knüpfen, berühren nicht die speziellen Probleme, um deren Lösung wir uns in der vorliegenden Arbeit bemühen, sondern gehören der Irrtumslehre insgesamt an. Ich verweise hinsichtlich ihrer vor allem auf Wedemeyer, Auslegung S. 40 ff.; vgl. ferner Danz a. a. O. S. 458 ff.; Biermann I S. 194; Hellwig, Lehrbuch des deutsch. Zivilprozeßrechts I S. 241 ff. § 35 II, 2; Schneider in der Zeitschr. f. dtsch. Zivilpr. 31 S. 271 ff.; Walsmann im Arch. f. d. zivil. Praxis 102 S. 122 ff. und Rosenberg, Stellvertretung im Prozeß S. 64 ff.

Der im vorstehenden aus der Irrtumslehre des Gesetzbuches entwickelte Satz, daß ein Vertrag, bei dem die Erklärungen der Paziszenten übereinstimmen, niemals aus dem Grunde nichtig ist, weil eine oder beide Parteien mit ihrer Erklärung einen falschen Sinn verbinden, muß noch gegen ein Bedenken sicher gestellt werden, zu dem zwei bisher absichtlich nicht beachtete Gesetzesbestimmungen Anlaß nicht nur geben könnten, sondern tatsächlich gegeben haben. Diejenigen Schriftsteller nämlich, welche die hier bekämpfte Nichtigkeit solcher Verträge behaupten, pflegen ihren Standpunkt, soweit sie ihn nicht lediglich mit einem a priori konstruierten Konsensbegriff begründen, mit einem Hinweis auf die §§ 154, 155 des BGB. zu verteidigen. Es ist darum nötig, in eine kurze Exegese dieser Paragraphen einzutreten[61]).

Ist in den §§ 154, 155 wirklich der Rechtssatz enthalten, daß es nach BGB. zum Vertragsschluß sowohl der inhaltlichen Übereinstimmung der Erklärungen als auch der Kongruenz der beiderseitigen Geschäftswillen bedarf? Wenn es der Fall wäre, dann würde in diesen Paragraphen die Legaldefinition der das Wesen des Vertrages ausmachenden Elemente zu erblicken sein. Nun ist es aber von vornherein unwahrscheinlich, daß ein Gesetzbuch, wenn es eine solche Definition zu geben für nötig erachtet, diese an den Schluß des vom Vertrag handelnden Titels stellt. Ein Gesetzbuch mag eine Aufzählung der Ver-

---

[61]) Dem Leser dürfte es vielleicht wünschenswert erscheinen, zum besseren Verständnis des Folgenden den Text der genannten Paragraphen vor Augen zu haben. Sie lauten:

„Solange nicht die Parteien sich über alle Punkte eines Vertrags geeinigt haben, über die nach der Erklärung auch nur einer Partei eine Vereinbarung getroffen werden soll, ist im Zweifel der Vertrag nicht geschlossen. Die Verständigung über einzelne Punkte ist auch dann nicht bindend, wenn eine Aufzeichnung stattgefunden hat.

Ist eine Beurkundung des beabsichtigten Vertrags verabredet worden, so ist im Zweifel der Vertrag nicht geschlossen, bis die Beurkundung erfolgt ist."

„Haben sich die Parteien bei einem Vertrage, den sie als geschlossen ansehen, über einen Punkt, über den eine Vereinbarung getroffen werden sollte, in Wirklichkeit nicht geeinigt, so gilt das Vereinbarte, sofern anzunehmen ist, daß der Vertrag auch ohne eine Bestimmung über diesen Punkt geschlossen sein würde."

tragselemente für überflüssig halten, weil es der Meinung ist, daß die Auffassung, die es von diesen Dingen habe, sich zur Genüge aus den allgemeinen Vorschriften über Willenserklärungen ergebe. Wenn es sich aber auf eine Definition der den Vertrag erzeugenden Faktoren einläßt, so kann diese Definition nur an der Spitze der Vertragslehre stehen[62]). Indessen selbst wenn sich die §§ 154, 155 statt gegen Ende am Eingang des den Kontraktsschluß regelnden Titels fänden, würden sie nicht die Bedeutung haben, die ihnen die hier zu widerlegende Ansicht zuschreibt. Denn sie würden dann immer noch mit den die Irrtumsfolgen normierenden Paragraphen des Gesetzes in Zusammenhang zu bringen sein. Diese aber ordnen, wie wir wissen, nicht die Nichtigkeit, sondern die Anfechtbarkeit der Willenserklärung an, von deren Inhalt der Erklärende sich unrichtige Vorstellungen gemacht hat. Die §§ 154, 155 würden also, selbst wenn sie einen anderen Platz im Gesetz erhalten hätten als sie erhalten haben, die Nichtigkeit als Wirkung fehlender Willensübereinstimmung nur dann statuieren, wenn gegenüber den vom Irrtum handelnden Vorschriften ihnen der Charakter einer lex specialis zukäme, sie mithin zu diesen im Verhältnis von Ausnahme und Regel ständen. Es würde dann nach BGB. eine irrtümlich abgegebene Willenserklärung im allgemeinen anfechtbar, ein irrtümlich eingegangener Vertrag aber nichtig sein. Damit wären die Vorschriften über den Irrtum des wichtigsten Teiles ihres Anwendungsgebietes beraubt, ja sie wären in ihrer Funktion so beengt, daß sich ihre Aufstellung für den Gesetzgeber kaum verlohnt hätte[63]). Schon daraus dürfte zur Genüge erhellen, daß die §§ 154, 155 den ihnen von den Gegnern beigelegten Sinn unmöglich haben können, daß sie also nicht geeignet sind, die Nichtigkeit eines

[62]) So wie etwa das Schweizerische Obligationenrecht in seinem ersten Artikel sagt: „Zum Abschluß eines Vertrages ist die übereinstimmende gegenseitige Willensäußerung der Parteien erforderlich." Oder wie der Entw. I zum BGB. im § 77 den Titel von der „Vertragschließung" mit den Worten einleitete: „Zur Schließung eines Vertrages wird erfordert, daß die Vertragschließenden ihren übereinstimmenden Willen sich gegenseitig erklären." Vgl. auch § 782 Sächs. BGB.

[63]) Vgl. dazu oben S. 403.

Vertrages zu begründen, in dem sich beispielsweise jemand, der Zentner als das Fremdwort für Pfund ansieht, zur Entnahme von zwanzig „Zentner" Kaffee verpflichtet[64]).

Aber wir wollen uns nicht mit dem negativen Nachweis begnügen, daß die §§ 154, 155 den ihnen mehrfach zugeschriebenen Inhalt nicht haben, sondern die Unrichtigkeit der gegnerischen Lehre soll vor allem dadurch dargetan werden, daß wir zeigen, welche Rechtsgedanken positiv in ihnen enthalten sind.

Die §§ 154, 155 gehören zu denjenigen Vorschriften des Gesetzbuches, die von der Literatur und Judikatur gewissermaßen als Universalinstrument benutzt werden. Sie haben in dieser Beziehung ein ähnliches Schicksal wie etwa die §§ 133, 157, 242. Für gewöhnlich pflegt man den Inhalt jener Gesetzesstellen dahin zusammenzufassen, daß man sagt, der § 154 handele vom „offenen", der § 155 vom „versteckten" oder „verdeckten" Dissens. Tatsächlich hat man denn auch alle die verschiedenartigen Erscheinungen, für die die Doktrin den konfusen Begriff des Dissenses verwendet, unter die eben gedachten beiden Paragraphen subsumiert. Abgesehen davon, daß, wie gesagt, die Anhänger der hier unter e zurückgewiesenen Lehre ihre unhaltbare Position auf die §§ 154, 155 zu stützen versuchen, hat man sich dieser Paragraphen auch bedient, um den oben unter b besprochenen Rechtssatz zu begründen, daß ein Vertrag ungültig ist, wenn sein Inhalt an einer durch keine Auslegungskunst zu beseitigenden Undeutlichkeit leidet. Und ebenso ist für die unter c erörterten Fälle der fehlenden Offerte oder der fehlenden Annahmeerklärung und vor allem für die unter d behandelte Inkongruenz zwischen Offerte und Annahmeerklärung die nicht schwer zu findende Entscheidung aus den §§ 154, 155 des Gesetzbuches abgeleitet worden.

---

[64]) Daß die §§ 154, 155 im Zusammenhang mit der Irrtumslehre des Gesetzbuches zu verstehen sind, nimmt jetzt auch die herrschende Meinung an. Vgl. als deren prägnantesten Ausdruck die Worte von Danz, Auslegung S. 26 f.: „Dieser Paragraph (nämlich der § 155) will sicher nicht die allgemein für alle Rechtsgeschäfte aufgestellte Vorschrift des § 119 BGB. gerade für die Verträge, d. h. für ihren Hauptanwendungsfall umstoßen." Vgl. auch denselben Schriftsteller in Iher. Jahrb. 46 S. 406.

In Wirklichkeit haben diese Gesetzesstellen mit den genannten Rechtsfiguren, die ihre Regelung sämtlich durch andere Normen erhalten, nichts zu tun. Sie handeln weder vom „Konsens" noch vom „Dissens". Sondern ihr Inhalt besteht, kurz gesagt, in einer Umkehrung des Satzes: utile per inutile non vitiatur. Sie beschäftigen sich mit dem Falle, daß beim Vertragsschluß der eine oder andere Paziszent die Regelung bestimmter Punkte verlangt hat, diese Regelung aber in Wahrheit nicht oder noch nicht erfolgt ist. Die alsdann auftauchende Frage, ob die geregelten Punkte ohne die nicht geregelten Wirksamkeit haben, wird vom Gesetzbuch grundsätzlich verneint[65]). Die §§ 154, 155 besagen also, daß die einzelnen Teile, in die möglicherweise ein Vertrag zerfällt, regelmäßig in solcher Abhängigkeit voneinander stehen, daß die Unwirksamkeit eines einzelnen Teiles die Unwirksamkeit des ganzen Vertrages nach sich zieht. Sie enthalten demnach denselben Rechtsgedanken, den schon der § 139 BGB. zum Ausdruck bringt[66]). Dabei unterscheiden sich der § 154

[65]) Diese Verneinung gilt aber, wie gesagt, nur dann, wenn es sich um Punkte handelt, deren Regelung wenigstens von einer Partei gewünscht worden ist. Sind Punkte unerledigt geblieben, deren Regelung von den Parteien gar nicht angestrebt worden ist, sei es absichtlich nicht, sei es, weil sie an sie gar nicht gedacht haben, so bleibt das Vereinbarte selbstverständlich gültig und wird, soweit es lückenhaft ist, vom Richter im Wege der Vertragsauslegung ergänzt. Auch diese dem Anwendungsgebiet der §§ 154, 155 gezogene Schranke ist in der Literatur und Judikatur nicht immer genügend beachtet worden.

[66]) Daß die §§ 154, 155 das Verhältnis mehrerer Vertragsstücke zueinander betreffen, zeigt sich schon in den entsprechenden Paragraphen des Entw. I. Während dessen § 78 Abs. 1 lautete: „Solange die Vertragschließenden über die nach dem Gesetz zum Wesen des zu schließenden Vertrages gehörenden Teile sich nicht geeinigt haben, ist der Vertrag nicht geschlossen," fuhr der unserem § 154 korrespondierende Abs. 2 fort: „Das gleiche gilt im Zweifel auch dann, wenn die nach der Erklärung auch nur eines der Vertragschließenden außerdem zu vereinbarenden Bestimmungen noch nicht vereinbart sind" usw. Und § 100, unser jetziger § 155, sagte: „Fehlt bei der Schließung eines Vertrages in Ansehung eines Teiles des Vertrages die Übereinstimmung des Willens der Vertragschließenden, so ist der ganze Vertrag nichtig, sofern nicht erhellt, daß der Vertrag auch ohne eine Bestimmung über jenen Teil geschlossen sein würde." Demgemäß bemerkten denn auch schon die Motive I S. 202, daß der § 100 „sich als ein Unterfall des § 114 (jetzt § 139) erweise".

und der § 155 dadurch voneinander, daß der erstere die Fälle regelt, wo die Parteien sich der noch ausstehenden Wirksamkeit eines Vertragsteiles bewußt sind, während der letztere den Fall im Auge hat, wo die Paziszenten das Fehlen des einen Vertragsstückes nicht bemerkt haben und infolgedessen an die Gültigkeit des ganzen Vertrages glauben. Praktische Konsequenzen knüpfen sich aber an diese Verschiedenheit des Tatbestandes nicht. Zwar soll nach § 154 der Vertrag „im Zweifel als nicht geschlossen gelten", während nach § 155 „das Vereinbarte gilt, sofern anzunehmen ist, daß der Vertrag auch ohne eine Bestimmung über diesen Punkt geschlossen sein würde". Beides läuft aber im Effekt auf dasselbe hinaus. Denn auch nach § 155 muß derjenige, der trotz der mangelnden Wirksamkeit eines Vertragsteiles die Wirksamkeit des Vertragsrestes behauptet, den Beweis erbringen, daß der Vertrag auch ohne die in Wahrheit nicht geregelten Punkte geschlossen sein würde[67]). Wird anderseits dieser Nachweis von einem Kontrahenten geführt, so ist damit auch im Falle des § 154 die vom BGB. getroffene Auslegungsregel außer Kraft gesetzt, und es treten auch hier die vereinbarten Punkte ohne die nicht vereinbarten in Wirksamkeit[68]). Und hier wie dort ist solchenfalls die in-

---

Freilich hat diese Erkenntnis die Motive nicht gehindert, den § 100 gleichzeitig unter dem Gesichtspunkt des „Dissenses" zu betrachten, so daß bei ihnen schon die Verwirrung anhebt, unter der die §§ 154, 155 heute noch leiden. — Soweit die letzteren den Gedanken des § 139 variieren, würden sie natürlich ohne Nachteil im Gesetz fehlen können, wie denn auch schon Zitelmann, Rechtsgeschäfte II S. 39 hinsichtlich des Entwurfes bemerkt hat, daß gegenüber dem § 114 „der § 100 einfach gestrichen werden müsse". Nur der § 154 Abs. 2 würde, weil er einen selbständigen Auslegungsrechtssatz aufstellt, beizubehalten sein.

[67]) Das ergibt sich aus der Fassung des § 155. Auch nach § 139 trifft die Beweislast denjenigen, der sich auf die teilweise Gültigkeit des Rechtsgeschäftes beruft. Die Verschiedenheit, die Oertmann § 155 unter 3 b α a. E. zwischen § 155 und § 139 konstatieren zu müssen glaubt, besteht also in Wahrheit nicht. Wie wir Staudinger § 155 unter 3. Vgl. zum § 155 den ähnlich lautenden § 140 und im Gegensatz dazu die Formulierung des § 2085, nach welcher derjenige beweispflichtig ist, der die Unwirksamkeit der ganzen Willenserklärung behauptet.

[68]) Man kann also den § 155 weder mit Staub II Exk. zu § 361 Anm. 89 und Endemann I S. 329 § 69 Anm. 17 als eine Ausnahme

folge des nichtigen Teiles im Kontrakt klaffende Lücke nach den für die Lehre von der Vertragsauslegung maßgebenden Grundsätzen auszufüllen[69]).

Aus dem Gesagten erhellt zur Genüge, daß von einer Anwendung der §§ 154, 155 überhaupt nur dann die Rede sein kann, wenn der Vertrag sich begrifflich in mehrere einer selbständigen Wirksamkeit fähige „Punkte" oder „Teile" zerlegen läßt. Die Paragraphen kommen also überall da nicht in Frage, wo der Vertrag nur aus einem einzigen „Punkte" besteht. Wenn beispielsweise A bei B anfragt, ob dieser ein Buch, das er, der A, doppelt besitze, zu „haben" wünsche, ohne daß aus den Umständen hervorgeht, ob das Angebot eine Verkaufs- oder eine Schenkungsofferte sein soll, und B den Antrag als Schenkung annimmt, während A verkaufen will, so ist es nicht nur überflüssig, sondern geradezu falsch, die Nichtigkeit eines solchen Vertrages (die zweifellos vorhanden ist; vgl. unsere obige Gruppe b) aus den §§ 154, 155 BGB. abzuleiten. Und dasselbe gilt, wenn A dem B eine Ware zu zehn Talern anbietet, und B, der glaubt, daß Taler die Bezeichnung für zwei Mark sei, zurückschreibt, daß er „mit der Preisofferte von zwanzig Mark" einverstanden sei (unsere obige Gruppe d). Denn wenn in einem Vertrag die zu regelnden Punkte lediglich Ware und Preis sind, so sind sie, weil begrifflich einer Sondergültigkeit unfähig, keine „einzelnen Punkte" im Sinne der hier zur Besprechung stehenden Gesetzesstellen. Vielmehr weist ein solcher Vertrag in deren Sinne nur einen einzigen „Punkt" auf. Hingegen kommen als Beispiele, in denen die §§ 154, 155 praktisch werden, etwa Fälle der folgenden Art in Betracht.

---

von § 154, noch mit Planck I S. 271 als eine Modifikation des § 154 bezeichnen. Goldmann-Lilienthal I S. 192 Anm. 43 nennen ihn einen „Unterfall" des § 154. Am besten läßt sich das Verhältnis der beiden Paragraphen, abgesehen von dem schon im Texte erwähnten, praktisch bedeutungslosen Unterschied, dahin charakterisieren, daß man sagt, der § 155 bringt einen in § 154 bereits enthaltenen Rechtssatz noch einmal in anderer Form zum Ausdruck.

[69]) Das Schicksal des Vertrages ist dann also das gleiche, wie in dem oben Anm. 65 gedachten Falle. Über die rechtliche Natur der hier eingreifenden Vertragsauslegung vgl. den folgenden Paragraphen unter 2 c (S. 485 ff.).

Jemand bestellt „eine Schreibmaschine Modell Nr. 5 mit allem Zubehör sowie mit einem Glaskasten, falls über dessen Preis eine Einigung erzielt wird"; es kommt aber trotz längerer Verhandlungen eine Vereinbarung über den Preis des Glaskastens nicht zustande[70]. Oder es werden beim Vertragsschluß seitens einer Partei Forderungen hinsichtlich der Zahlungsbedingungen oder der Garantieübernahme oder der Kündigungsfristen oder der Transportkosten oder des Erfüllungsortes oder bei Eingehung von Dienstverträgen Bedingungen hinsichtlich des zu gewährenden Urlaubes gestellt, ohne daß hinterher eine gültige Regelung dieser Punkte stattfindet. Auch der Fall würde hierher gehören, daß bei der Veräußerung eines Handelsgeschäftes der Verkäufer die Frage des Konkurrenzverbotes für noch erledigungsbedürftig erklärte, und dennoch über diesen Punkt keine oder keine wirksame Verständigung erreicht würde[71].

---

[70]) Vgl. den vom OLG. Hamburg entschiedenen Rechtsfall in der Rechtspr. der OLG. 10 S. 141.

[71]) Bei Warenlieferungen wird im Verkehrsleben vielfach das Verlangen des Verkäufers nach Einigung über bestimmte Nebenpunkte des Kaufvertrages erst in der der Sendung beigelegten Faktura zum Ausdruck kommen, indem hier erst bestimmte Forderungen, etwa hinsichtlich der Zahlungsbedingungen, des Erfüllungsortes, der Reklamationsfristen usw. erhoben werden. Soweit diese Erklärungen des Verkäufers mit der der Sendung voraufgegangenen Offerte des Käufers nicht im Einklang stehen, enthält die Warensendung eine Annahme des gegnerischen Antrages unter „Erweiterungen oder Einschränkungen", ist also nach § 150 Abs. 2 BGB. regelmäßig als Ablehnung, verbunden mit einem neuen Antrag, anzusehen. Wird dieser neue Antrag vom Käufer nicht akzeptiert, so wäre damit streng genommen der Kaufvertrag gescheitert; die Zusendung hätte also als unbestellte zu gelten, woraus weiter folgen würde, daß die Transportgefahr, die sonst der Käufer zu tragen gehabt hätte, beim Verkäufer geblieben wäre. Nun wird der Verkäufer, wenn man ihn vor die Wahl stellt, entweder auf eine Einigung über jene Punkte zu verzichten oder den Kaufpreis zu verlieren und die Gefahr des Warentransportes weiter zu tragen, in aller Regel sich für das erstere entscheiden. Um in dieser Beziehung den Interessen des Verkäufers entgegenzukommen, will Wedemeyer, Vertragsabschluß S. 110 (im Anschluß an Andere und unter Zustimmung von Düringer-Hachenburg II S. 146) den Vertragsantrag in solchem Falle „als vorbehaltslos und in vollem Umfang angenommen" ansehen, in der dem Antrag nicht entsprechenden Fakturaklausel „aber gleichzeitig eine Offerte auf Ände-

Die §§ 154, 155 sind also weit davon entfernt, etwas an dem durch die Irrtumsnormen des BGB. geschaffenen Rechtszustand zu ändern, nach welchem zur Erzeugung von Vertragswirkungen die inhaltliche Übereinstimmung der Erklärungen genügt. Sie wollen nicht neben diesem Erfordernis des äußeren Konsenses noch das des inneren Konsenses aufstellen, sondern lassen es bei der Regel des § 119 bewenden, wonach Verschiedenheit der Geschäftswillen bei Gleichheit der Erklärungen bloß Anfechtbarkeit und nicht Nichtigkeit des Vertrages begründet. Indem sie die Aufgabe haben, das Verhältnis mehrerer Vertragspunkte zueinander zu regeln, ordnen sie nur an, daß, wenn ein einzelner Vertragspunkt nichtig ist, die Nichtigkeit regelmäßig den ganzen Vertrag ergreift. Aber sie sagen nichts darüber aus, wann ein einzelner Vertragspunkt nichtig ist. Darüber entscheiden lediglich die auch sonst über die Frage der Geschäftsgültigkeit befindenden Vorschriften. Es würde darum verkehrt sein, anzunehmen, daß wenn bei einem Vertrag im allgemeinen Übereinstimmung sowohl hinsichtlich der Erklärungen wie hinsichtlich der Geschäftswillen herrschte, in einem einzelnen Punkte aber nur die Erklärungen und nicht auch die Geschäftswillen miteinander harmonierten, nach § 155 dieser einzelne Punkt und mithin der ganze Vertrag nichtig wären. Liegen bezüglich eines einzelnen Punktes übereinstimmende Erklärungen vor, so haben sich über ihn die Parteien im Sinne des BGB., und zwar nicht nur im Sinne des § 119, sondern auch im Sinne der §§ 154, 155 „geeinigt". Sind die miteinander gleichlautenden Erklärungen nicht auf beiden Seiten von demselben Geschäftswillen getragen, so kann dieser Umstand zur Anfechtung jenes Vertragspunktes wegen Irrtumes führen. Solange er aber nicht angefochten wird, ist der betreffende Punkt gültig geregelt, so daß von einem

---

rung des durch Ausführung der Bestellung im Sinne der Offerte zum Abschluß gelangten Vertrages" erblicken. Mir scheint das ein ziemlich künstlicher Ausweg zu sein. Viel näher liegt es offenbar, die Sendung des Verkäufers zu betrachten als eine Einigung über die wichtigsten Vertragspunkte, verbunden mit der Aufstellung neuer, der Regelung bedürftiger Punkte, wobei aber die Verkehrsanschauung — im Gegensatz zu der Auslegungsregel des § 154 — die Gültigkeit des erledigten Vertragsteiles von der Erledigung des noch ausstehenden Teiles nicht abhängig sein läßt.

nichtigen Vertragsstück, das den ganzen Vertrag in Mitleidenschaft zöge, überhaupt nicht die Rede sein kann. Erfolgt anderseits die Anfechtung, so verwandelt sich die bis dahin bestehende Gültigkeit jenes Vertragspunktes in anfängliche Nichtigkeit, und es finden nunmehr die §§ 154, 155 des BGB. Anwendung, nach denen die Nichtigkeit des Vertragsteiles sich im Zweifel auf den ganzen Vertrag erstreckt. Man setze beispielsweise den Fall, B übernimmt durch Vertragsschluß mit A den Alleinvertrieb gewisser von diesem hergestellten Fabrikate. In dem Schriftstück, das beide Teile unterschreiben, findet sich ein Passus, der besagt: „Erfüllungsort für alle sich aus dem Vertragsverhältnis ergebenden Leistungspflichten ist Hamburg." Diese Stelle hatte B, als er den Vertrag unterzeichnete, versehentlich nicht gelesen. Trotzdem wäre es unrichtig, zu sagen, es fehle an einer „Einigung" der Parteien über den Erfüllungsort, mithin sei ein von einer Partei für regelungsbedürftig erklärter Punkt nicht geregelt, und infolgedessen der ganze Vertrag nach § 155 BGB. nichtig. Vielmehr haben sich die Parteien durch Unterfertigung der Urkunde wie über alle übrigen, so auch über den gedachten Punkt im Sinne des Gesetzes „geeinigt", so daß, weil der Vertrag in allen seinen Teilen gültig ist, ein Anwendungsfall der §§ 154, 155 zunächst gar nicht vorliegt. Entspricht die Erklärung des B im Punkte des Erfüllungsortes nicht seinem wahren Geschäftswillen, so kann er, die übrigen Erfordernisse des § 119 als gegeben vorausgesetzt, diesen Teil des Vertrages wegen Irrtumes anfechten. Und tut er es, dann ist dieses Stück des Vertrages von Anfang an nichtig, und es richtet sich jetzt die Gültigkeit des Vertragsrestes nach den hier zur Erörterung stehenden §§ 154, 155[72]). Und genau so wäre zu entscheiden, wenn bei Eingehung eines Vertrages über Lieferung von Baumwollsaatmehl von den Parteien vereinbart würde: „Parität waggonfrei Schwerin," und der Verkäufer den Käufer auf Grund dieser Klausel für verpflichtet hielte, die Ware in Schwerin abzunehmen, während dieser den Passus dahin verstünde, daß er berechtigt sei, gegen Übernahme der etwa entstehenden Kosten auch einen anderen Abnahmeort

---

[72]) Vgl. hierzu das Reichsgericht 48 S. 218 ff.

zu bestimmen[73]). Auch hier wäre durch Aufnahme der Klausel in den Kontrakt der fragliche Punkt von den Parteien „geregelt" gewesen, und zwar in dem Sinne, den die nach den bekannten Gesetzen vorzunehmende Auslegung der Klausel ergäbe. Für eine Anwendung des § 155 wäre also zunächst kein Raum. Erst wenn diejenige Partei, die den Inhalt jener Worte falsch beurteilt hätte, den betreffenden Punkt des Vertrages anfechten würde, träte eine teilweise Nichtigkeit des Kontraktes ein, und nunmehr erst würden über das Schicksal des Vertragsganzen wiederum die §§ 154, 155 zu befinden haben. —

Diese Darlegungen dürften genügen, um die Einflußlosigkeit der letzteren Paragraphen auf die oben von uns aus der Irrtumslehre des Gesetzbuches gewonnenen Ergebnisse zu zeigen. Es hat also auch den §§ 154, 155 gegenüber bei der früher aufgestellten These sein Bewenden, daß wenn der Oblat das Angebot des Offerenten mißversteht, aber dennoch den Antrag uneingeschränkt annimmt, das Mißverständnis des Oblaten sich in einen Erklärungsirrtum im Sinne des § 119 verwandelt.

Verwandelt sich aber das Mißverständnis des Oblaten in solchen Fällen in einen Irrtum, so ist es offenbar überflüssig, für diesen Tatbestand außerdem den Begriff des Dissenses zu verwenden.

Nun ist dieser Begriff auch in allen anderen Fällen, in denen wir ihm bisher begegnet sind, entbehrlich gewesen. In fünffach verschiedener Bedeutung ist uns ja der „Dissens" im Laufe der Darstellung entgegengetreten. Einmal lernten wir ihn da kennen, wo die Parteien zwar über den Vertragsinhalt einig waren, falls der Vertrag zustande gekommen sei, aber darüber stritten, ob er zustande gekommen sei, indem der Offerent entweder die glatte Annahme des Oblaten für eine Ablehnung oder die glatte Ablehnung für eine Annahme hielt. Sodann fanden wir ihn da verwendet, wo eine oder beide Parteierklärungen an einer unheilbaren Undeutlichkeit litten. Drittens kam er da in Frage, wo der eine Teil eine in Wahrheit nicht vorhandene Offerte akzeptierte, oder der andere Teil etwas für eine Annahmeerklärung ansah, was über-

[73]) Vgl. den in Seuff. Arch. 63 S. 355 Nr. 200 entschiedenen Rechtsfall.

haupt keine Antwort des Oblaten war. Viertens wurde er zur Bezeichnung der Fälle gebraucht, wo die Erklärungen der Parteien sich inhaltlich nicht deckten, sei es, daß die Inkongruenz den Parteien bewußt geworden oder unbewußt geblieben war. Und endlich hat er zur Charakterisierung der eben unter e erörterten Rechtsfigur gedient, wo die Erklärungen der Parteien miteinander übereinstimmen, der Geschäftswille auf der einen Seite aber nicht der gleiche wie auf der anderen Seite ist. In allen fünf Fällen waren die unter dem Namen des Dissenses auftauchenden Erscheinungen bereits mit einer ausreichenden juristischen Etikette versehen. Im ersten Falle handelte es sich um ein „Mißverständnis", das Wort in dem technischen Sinne genommen, in dem wir mit ihm in unserer Arbeit operiert haben; im zweiten Falle lagen undeutliche, also wegen mangelnder Bestimmtheit nichtige Erklärungen vor; im dritten Falle genügte der Hinweis auf die fehlende Offerte bezw. die fehlende Annahme; im vierten Falle hatten wir es mit einer wenn auch vielleicht unbewußten Antragsablehnung, und im fünften haben wir es, wie gesagt, mit einem irrtümlichen Vertragsabschluß zu tun. Erweist sich aber der Dissensbegriff überall, wo er auftritt, als überflüssig, so ist er vom Standpunkt einer guten Systematik, für die Sparsamkeit oberstes Gesetz sein muß, ein fehlerhafter Begriff. Dazu kommt noch, daß der Dissensbegriff nicht nur überflüssig, sondern, wie wir zur Genüge gesehen haben, auch irreführend und darum gefährlich ist. Denn es knüpfen sich an ihn die heterogensten Rechtsfolgen: bald läßt er die Gültigkeit des Vertrages unangetastet, bald bewirkt er Nichtigkeit, bald Anfechtbarkeit des Kontraktes. Diesem Übelstand ist auch nicht dadurch abzuhelfen, daß man, wie es geschehen ist, die Fälle, wo die Erklärungen, aber nicht die Geschäftswillen übereinstimmen, als Dissens im weiteren, und die Fälle, wo sich nicht einmal die Erklärungen decken, als Dissens im engeren Sinne zusammenfaßt. Ein Ausweg kann darin einmal deshalb nicht liegen, weil diese Einteilung, wie ohne weiteres ersichtlich ist, nicht alle Fälle des „Dissenses" berücksichtigt, und sodann, weil sie zwischen den beiden Gruppen, auf die sie sich erstreckt, ein Verhältnis voraussetzt, das in Wahrheit nicht existiert. Fehlt es doch hier an jedem einheitlichen Oberbegriff, der den Gebrauch der logischen Kategorie des „Engeren" und des „Weiteren" rechtfertigte[74]). Die beiden für die Unterscheidung gewählten Namen sind vielmehr so willkürlich, daß sie ohne Schaden für das geltende Recht, und ohne daß ein neuer Verstoß gegen die Logik nötig wäre, miteinander vertauscht werden könnten: der engere Dissens könnte ebensogut ein weiterer und der weitere ebensogut ein engerer sein. Ein Rechtsbegriff aber, der wegen seiner Vieldeutigkeit in jedem einzelnen Anwendungsfall einer besonderen Kommentierung bedarf, ist ein juristisches Unding. Er bedeutet eine kranke Stelle am Körper des Systemes, die, wenn sie nicht als Quelle fortwährender Fehler, Unklarheiten und Verwechslungen Unheil stiften soll, beseitigt werden muß. Dazu ist freilich erforderlich, daß zunächst dem begrifflichen Gegenstück des Dissenses, nämlich dem ebenfalls mehrdeutigen „Konsens" der Laufpaß gegeben wird. An seine Statt hätten, je nachdem was im einzelnen Falle unter „Konsens" verstanden werden soll, die einfacheren und treffenderen Bezeichnungen „Willensübereinstimmung" oder „Erklärungsübereinstimmung" bezw. „Willens- und Erklärungsübereinstimmung" zu treten. Wenn man sich erst daran gewöhnt haben wird, mit dieser unmißverständlichen Terminologie zu operieren, dann werden auch der engere und der weitere, der eigentliche und der uneigentliche, der offene und der versteckte, der äußere und der innere, der bewußte und der unbewußte, der einseitige und der zweiseitige, der echte und der unechte Dissens, und was sich etwa an ähnlichen Distinktionen noch finden mag[75]), ganz von selbst aus der Rechtssprache verschwinden.

§ 23.

Die Ausführungen dieses Kapitels haben die Lehre vom Mißverständnis bis zu dem Punkte geführt, wo sie in die Irrtumslehre einmündet. Damit können wir sie verlassen. Denn die Frage nach den weiteren Schicksalen des Erklärungsirrtumes, in den sich das Mißverständnis des Oblaten ver-

---

[74]) Die in der Literatur bisweilen erörterte Frage, ob der Irrtum ein dem Dissens, oder der Dissens ein dem Irrtum untergeordneter Begriff sei, läßt sich also, weil falsch gestellt, überhaupt nicht beantworten.

[75]) Manigk, Willenserklärung S. 505 redet sogar von einem „echten Dissens im engeren Sinne".

wandelt, liegt, eben weil sie dem systematischen Zusammenhange nach ausschließlich der Irrtumslehre angehört, außerhalb des Rahmens unserer Betrachtungen. Wir haben uns hier also weder mit den im § 119 BGB. des näheren normierten Voraussetzungen noch mit der Geltendmachung oder den Wirkungen der Irrtumsanfechtung zu befassen. Nur eine Streitfrage aus der Irrtumslehre sei uns wegen der besonders nahen Beziehungen, in denen sie zu der hier behandelten Materie steht, im folgenden kurz zu berühren gestattet. Es ist das die Kontroverse, ob auch ein Rechtsirrtum zur Anfechtung einer Willenserklärung berechtigt.

Wir haben schon früher, am Schlusse unseres ersten Kapitels, bei der Besprechung der Arten des Mißverständnisses hervorgehoben, daß mancher vielleicht geneigt sein möchte, zwischen Mißverständnis über Tatsachen und Mißverständnis über Rechtsfolgen zu unterscheiden. Dennoch haben wir, als die Wirkungen des Mißverständnisses bei einseitigen Rechtsgeschäften zur Untersuchung standen, von solcher Unterscheidung abgesehen und durften davon absehen. Denn selbst wenn die Hervorkehrung des Rechtsfolgenmißverständnisses im Gegensatz zum Tatsachenmißverständnis begrifflich durchführbar und insofern berechtigt sein sollte, so gehört doch das bloße Mißverständnis über Rechtsfolgen immer derjenigen Kategorie von Mißverständnissen an, die wir als Deutungsfehler bezeichnet haben. Der Adressat einer Anfechtungserklärung, der sich einbildet, daß die Anfechtung nach BGB. nicht ex tunc, sondern ex nunc wirke, oder der Empfänger einer mittelst Postkarte erfolgten Kündigung, der diese aus dem Grunde für unwirksam hält, weil er der Meinung lebt, daß Kündigungen mittelst eingeschriebenen Briefes zu geschehen hätten, hat zwar die Worte des Erklärenden richtig wahrgenommen, sich aber von ihrer Bedeutung falsche Vorstellungen gemacht. Vom Deutungsfehler des Adressaten aber haben wir gesehen, daß er auf die Gültigkeit eines einseitigen Rechtsgeschäftes einflußlos ist. Bei Verträgen hingegen verwandelt sich, wie wir jetzt wissen, der Deutungsfehler des Oblaten in einen Erklärungsirrtum. Das Mißverständnis über Rechtsfolgen wird also zum Rechtsirrtum. Muß man aber annehmen, daß auch nur in der Hälfte aller Fälle, wo ein Vertrag auf Grund eines Rechtsirrtumes eingegangen wird, letzterer dadurch entstanden ist, daß der Oblat die Offerte hinsichtlich ihrer rechtlichen Tragweite mißverstanden hat, so darf eine, wenn auch nur kurze Stellungnahme zu den Problemen des Rechtsirrtumes gewissermaßen als Vervollständigung unserer Lehre vom Mißverständnis gelten. Außerdem wird sich zeigen, daß durch eine Betrachtung des Rechtsirrtumes auch die seinerzeit besprochenen Beziehungen, die zwischen der Auslegungslehre einerseits, der Lehre vom Mißverständnis und vom Irrtum andrerseits obwalten, in ein neues, unsere früheren Darlegungen ergänzendes Licht gerückt werden.

1. Der klaren Erkenntnis der Rolle, die der Rechtsirrtum oder, wie ihn viele nennen, der Rechtsfolgenirrtum bei der Abgabe von Willenserklärungen spielt, ist es nicht gerade förderlich gewesen, daß man bei den darüber angestellten Untersuchungen vielfach mit Fällen operiert hat, die überhaupt keine Irrtumsfälle, also auch keine Fälle von Rechtsirrtum sind. Von Irrtum läßt sich schlechterdings nur da reden, wo jemand sich über gewisse Dinge bestimmte Vorstellungen gemacht hat, diese Vorstellungen aber mit der Wirklichkeit nicht übereinstimmen. Ein Rechtsfolgenirrtum liegt demnach nur da vor, wo jemand den Eintritt bestimmter Rechtsfolgen erwartet hat, diese Rechtsfolgen aber nach dem Willen der Rechtsordnung ausbleiben, oder umgekehrt, wo jemand mit dem Ausbleiben bestimmter Rechtsfolgen gerechnet hat, diese Rechtsfolgen aber nach dem Willen der Rechtsordnung eintreten. Wer sich überhaupt keine Vorstellung davon gemacht hat, wie seine Willenserklärung hinsichtlich dieses oder jenes Punktes wirken wird (etwa weil er an den betreffenden Punkt überhaupt nicht gedacht hat), dem kann es wohl passieren, daß er hinterher, wenn die Rechtswirkungen der Erklärung in vollem Umfang zutage treten, mit den Folgen des vorgenommenen Rechtsgeschäftes „unzufrieden" ist, aber er hat nicht im technischen Sinne bei Abgabe der Willenserklärung „geirrt". Er hat ebensowenig geirrt, wie jemand, der, ohne sich Gedanken darüber zu machen, wohin ihn sein Fuß tragen werde, spazieren geht, dabei nach x gelangt und, weil ihm dieser Fleck nicht gefällt, sich nachträglich darüber ärgert, daß er die Zeit nicht zu

einem Ausflug nach y benutzt hat. „Wer kein Ziel seines Wandelns sich gesteckt hat, der kann es auch nicht verfehlen“ [1]).

So hat beispielsweise der Verkäufer nicht „geirrt“, der, weil er bei Kaufabschluß mit der Möglichkeit, daß die verkaufte Sache noch vor ihrer Übergabe bei ihm untergehen werde, nicht rechnete, sich keine Gedanken über die Gefahrtragung gemacht hat und nun unangenehm berührt ist, wie er hört, daß er infolge des Unfalles, der die Sache betroffen, die Kaufpreisforderung verloren habe. Und ebensowenig haben wir es mit einem „Irrtum“ zu tun, wenn ein Mieter, dem bei Eingehung des Kontraktes die Absicht, die Wohnung weiter zu vermieten, gänzlich ferngelegen hat, und dem darum die Frage, ob er dazu berechtigt oder nicht berechtigt sei, gar nicht in den Sinn gekommen ist, infolge nachträglich erlittener Vermögensverluste Aftermieter aufnehmen will, aber nun zu seiner Betrübnis erfährt, daß er dazu nicht befugt ist. In beiden Fällen hat der Erklärende keinen Geschäfts- oder Erfolgswillen hinsichtlich des später strittig gewordenen Punktes gehabt; weil er an ihn gar nicht gedacht hat, hat er die ihn betreffenden Rechtsfolgen weder gewollt noch nicht gewollt. Wo aber kein Wille vorliegt, da ist auch eine Differenz zwischen Wille und Rechtswirkung nicht möglich. Darin besteht ja gerade die Hauptaufgabe der dispositiven Rechtssätze, daß sie, gewissermaßen als Vormund der Parteien, diejenigen Punkte regeln, die im Verlauf eines Kontraktsverhältnisses erfahrungsgemäß praktisch werden, an die aber die Parteien bei Geschäftserrichtung nicht zu denken pflegen. Und weil die dispositiven Rechtssätze Punkte betreffen, an welche die Parteien bei Eingehung des Vertrages regelmäßig nicht denken, darum wird für den Urheber einer Willenserklärung die Berufung auf mangelnde Kenntnis des ergänzenden Rechtes meistens ausgeschlossen sein. Das läßt sich aber nicht, wie es in der Literatur vielfach geschieht, damit begründen, daß der „Irrtum“ über dispositive Normen ein unbeachtlicher und darum nicht zur Anfechtung berechtigender „Rechtsirrtum“ sei. Vielmehr erklärt sich hier die Unanfechtbarkeit der Willenserklärung

---

[1]) Worte, die Hölder, Krit. Viertelj. 14 S. 567 in anderem Zusammenhang gebraucht.

aus der bekannten Tatsache, daß die Bestimmungen der Rechtsordnung auch für diejenigen Untertanen gelten, die nicht mit ihnen vertraut sind[2]). Die Frage, inwieweit bei der Abgabe von Willenserklärungen der Irrtum über dispositive Rechtssätze beachtlich ist, kann nur da aufgeworfen und beantwortet werden, wo der Urheber der Willenserklärung bei der Erklärungsabgabe an die vom ergänzenden Rechte geregelten Punkte gedacht, sich also in dieser Beziehung über die Folgen seiner Erklärung wennschon objektiv unrichtige, so doch immerhin bestimmte Vorstellungen gemacht hat.

Ebensowenig wie in den bisher geschilderten Fällen läßt sich von einem Rechtsirrtum da sprechen, wo der Erklärende an die sich aus dem Vertragsverhältnis möglicherweise ergebenden Konflikte zwar gedacht hat, sich aber freiwillig den für solche Fälle geltenden gesetzlichen Vorschriften, ohne sie zu kennen, unterworfen hat. Es bekommt etwa ein Pferdebesitzer von einem Kauflustigen ein Vertragsangebot zugeschickt, in welchem es am Schlusse heißt: „Hinsichtlich der Mängelgewähr, des Erfüllungsortes, etwaiger Verzugsfolgen usw. greifen die Bestimmungen des Bürgerlichen Gesetzbuches Platz." Dem Verkäufer sind diese Bestimmungen nicht genau bekannt; da er aber in großer Eile ist, unterläßt er es, sich über sie zu orientieren, indem er bei sich denkt: „Die Rechtsordnung wird schon nichts Ungerechtes festgesetzt haben. Was darum auch der Inhalt des BGB. sein mag, ich akzeptiere jene Klausel." Auch hier kann es passieren, daß dem Erklärenden die Rechtsfolgen, wenn sie hinterher eintreten, keineswegs gefallen. Aber auch hier kann sich der Erklärende nicht im technischen Sinne über einen ihm

---

[2]) Der Satz, daß Rechtsunkenntnis nicht vor Rechtsanwendung schützt (daß Rechtsunkenntnis „schade", wie man sich gewöhnlich ausdrückt), und die Kontroverse, ob da, wo der Irrtum gewisse Befugnisse verleiht, diese Befugnisse auch vom Rechtsirrtum ausgelöst werden, haben also begrifflich nichts miteinander zu tun. Dennoch sind sie (samt der dritten Streitfrage, ob, falls gewisse Rechte nur bei entschuldbarem Irrtum gewährt werden, auch der Rechtsirrtum entschuldbar sein kann) vielfach in der Literatur und Judikatur miteinander verwechselt worden. Gegen solche Verquickung wendet sich mit Recht Oertmann, Der Rechtsirrtum im bürgerl. Rechte in Seuff. Blättern f. Rechtsanwendung 67 S. 1 ff., 25 ff.

untergelaufenen „Irrtum" beschweren. Denn er hatte die Geschäftswirkungen, die ihm jetzt Ärgernis bereiten, herbeiführen wollen. Vermöge des Blankettwillens, den er gefaßt hatte, war von ihm erklärt worden, dasselbe zu wollen, was das BGB. will. Es fehlt also am Irrtum nicht, wie vorhin, deshalb, weil der Urheber des Rechtsgeschäftes hinsichtlich gewisser Punkte überhaupt keinen Geschäftswillen gehabt hätte und darum eine Inkongruenz zwischen Wille und Erklärung unmöglich wäre, sondern es liegt kein Irrtum vor, weil das, was als gewollt erklärt wurde, auch wirklich gewollt gewesen ist. Wo aber überhaupt kein Irrtum, da wiederum natürlich keine Anfechtbarkeit wegen Rechtsirrtumes [3]).

Endlich ist zu betonen, daß der Streit, der über die Anfechtbarkeit einer Willenserklärung wegen Rechtsirrtumes besteht, sich immer nur darum dreht, ob der Rechtsfolgenirrtum das Anfechtungsrecht in gleichem Umfang wie der Tatsachenirrtum begründe. Hingegen herrscht darüber Einstimmigkeit, daß der error juris das Anfechtungsrecht, wenn überhaupt, so jedenfalls nicht in stärkerem Maße auslösen kann, als der error facti. Und da letzterer zur Anfechtung grundsätzlich dann nicht berechtigt, wenn er sich im einzelnen Falle als bloßer Irrtum im Motiv darstellt, so ist sicher, daß von einer Anfechtung wegen Rechtsirrtumes niemals die Rede sein kann, wenn der Erklärende trotz seines Irrtumes dasjenige erklärt hat, was er erklären wollte, wenn also die rechtsirrtümlichen Vorstellungen, von denen er beherrscht war, lediglich den Beweggrund betrafen, aus dem heraus er die Willenserklärung abgegeben hat. Es hinterläßt etwa jemand in seinem Testament seiner Ehefrau den Pflichtteil und setzt ihr überdies noch ein Vermächtnis aus. Die Ehefrau schlägt den Pflichtteil aus, weil sie sich einbildet, daß sie das Vermächtnis nur verlangen könne, wenn sie auf den Pflichtteil verzichte [4]). Oder ein Sohn, der ein grundsätzlicher Gegner der Erbschaftssteuer ist, schlägt die Erbschaft

---

[3]) Vgl. hierzu auch oben § 21 Anm. 37.

[4]) Vgl. den vom OLG. Colmar entschiedenen Rechtsfall in der Jur. Zeitschr. f. Elsaß-Lothringen 28 S. 469 (zitiert nach Neumanns Jahrbuch II S. 55 unter d).

seines Vaters aus, um dem Fiskus diese Steuer nicht entrichten zu müssen, während in Wahrheit nach dem in Frage kommenden Rechte die Deszendenten von der Erbschaftssteuer gar nicht getroffen werden. Oder man denke sich, daß ein Vermieter seinem Mieter die von diesem innegehabte Wohnung kündigt, weil er der Meinung ist, daß jene nicht den Anforderungen entspreche, welche die neue Baupolizeiordnung an bewohnbare Räume stelle, während sie in Wirklichkeit diesen Vorschriften durchaus gemäß ist; oder daß ein Reserveoffizier sich für die bevorstehende Übung eine neue Uniform bestellt, weil er wähnt, daß nach der seit seiner letzten Einberufung erlassenen Bekleidungsordnung die Kleidungsstücke alter Probe nicht mehr erlaubt seien, während die gedachte Verordnung das Auftragen alter Uniformen ausdrücklich gestattet. In allen diesen Fällen kann das vorgenommene Rechtsgeschäft zweifellos nicht wegen Irrtumes angefochten werden; aber nicht deshalb nicht, weil ein Rechtsirrtum vorläge, sondern weil der Rechtsirrtum, der vorliegt, ein bloßer Irrtum im Motiv ist.

Indem wir also alle das Problem nicht berührenden Fallgestaltungen ausscheiden, haben wir, wenn wir im folgenden die Bedeutung des Rechtsirrtumes für die Anfechtbarkeit von Willenserklärungen untersuchen, nur solche Fälle im Auge, wo die nach dem Inhalt der abgegebenen Erklärung eingetretenen Rechtsfolgen sich nicht mit denjenigen decken, deren ausschließlichen Eintritt der Urheber der Willenserklärung sich vorgestellt hat.

Die Frage, ob der sogenannte Rechts- oder Rechtsfolgenirrtum zur Anfechtung berechtige, kann heutzutage jedenfalls nicht mehr, wie es im gemeinen Rechte mehrfach geschah, damit verneint werden, daß der Rechtsirrtum unentschuldbar sei. Denn selbst wenn letzterer Satz für das geltende Recht zuträfe[5]), so

[5]) In Wahrheit trifft er nicht zu. So auch **Oertmann** in der Anm. 2 zitierten Abhandlung. Es kann also jemand sich zur Abwendung der ihm aus § 823 drohenden Schadensersatzpflicht sehr wohl darauf berufen, daß er infolge entschuldbaren Irrtumes seinen schädigenden Eingriff für rechtmäßig gehalten und darum nicht fahrlässig gehandelt habe, oder, im Falle des § 823 Abs. 2, daß ihm die Existenz des betreffenden Schutzgesetzes aus verzeihlichen Gründen unbekannt geblieben sei. Vgl. beispielsweise das Urteil des **Reichsgerichtes** in der D. Jur.-Ztg. 12 S. 539.

wäre er doch nicht imstande, unsere Frage zu entscheiden, und zwar aus dem einfachen Grunde nicht, weil nach BGB. die Entschuldbarkeit des Irrtumes keine Voraussetzung für die Entstehung des Anfechtungsrechtes ist.

Diejenigen, die heute die Beachtlichkeit des Rechtsirrtumes leugnen, pflegen sich denn auch nicht mehr hinter seine Unentschuldbarkeit zu verschanzen, sondern sie begründen ihren ablehnenden Standpunkt regelmäßig damit, daß sie dem Rechtsirrtum den Charakter eines Erklärungs- bezw. Inhalts- oder Geschäftsirrtumes abstreiten. Sie gehen davon aus, daß nur der Tatsachenirrtum ein Irrtum über den Inhalt der Willenserklärung sein könne; der Rechtsfolgenirrtum hingegen betreffe niemals „den Inhalt der Erklärung", er sei vielmehr stets außergeschäftlicher Irrtum und könne darum nach dem vom Gesetz in § 119 eingenommenen Standpunkt ein Anfechtungsrecht grundsätzlich nicht erzeugen[6]).

Diese Ansicht ist deshalb unhaltbar, weil Erklärungsirrtum und Rechtsfolgenirrtum in Wahrheit identische Begriffe sind, so daß auch Tatsachen- und Rechtsfolgenirrtum keinen begrifflichen Gegensatz in der Anfechtungslehre darstellen[7]).

In der Literatur wird ja bekanntlich noch immer darüber gestritten, ob der Geschäftswille, der der Abgabe einer Willens-

---

[6]) So Planck § 119 unter 2 a a. E.; Hölder, Kommentar S. 265 f.; Staudinger § 119 unter V 2; Rehbein I S. 138; Hellwig, Lehrbuch des dtsch. Zivilprozeßrechts II S. 147 Anm. 26; Reichsgericht 51 S. 283 (vgl. auch 58 S. 81 ff.) und Recht 9 S. 14 Nr. 5; Kammergericht in Seuff. Arch. 58 S. 412 Nr. 216; OLG. Marienwerder in der Rechtspr. d. OLG. 11 S. 39 f.; Landgericht Berlin I im Recht 4 S. 460 Nr. 484. Siehe ferner v. Tuhr in der Zeitschr. f. Schweizer. Recht 37 S. 306 f. unter a und Schloßmann, Der Irrtum über wesentl. Eigenschaften (Jena 1903) S. 92. Bei Leonhard, Allgem. Teil S. 474 Anm. 2 findet sich die widerspruchsvolle Behauptung, daß „bei der Anfechtung selbst Rechtsirrtum beachtet werde, jedoch wohl nicht ein Irrtum über die Rechtsfolgen des Erklärten".

[7]) Darum ist auch die Mittelmeinung nicht richtig, die Enneccerus I § 157 S. 400 vertritt, wenn er sagt: „Irrtum über die Rechtsfolgen der Erklärung ist an sich kein Irrtum über den Inhalt der Erklärung, kann es aber sein, wenn jene Rechtsfolgen den Inhalt der Erklärung bilden."

erklärung zugrunde liegt, auf die Erzeugung einer Rechtsfolge gerichtet sein muß, oder ob es genügt, daß der Urheber eines Rechtsgeschäftes bei seiner Errichtung wirtschaftliche Folgen im Auge gehabt hat. Aber selbst diejenigen Schriftsteller, die den letzteren Standpunkt vertreten, verkennen nicht, daß die Wirkungen, die sich an die Vornahme eines Rechtsgeschäftes knüpfen, Rechtsfolgen sind. Und in der Tat konnten wir früher, als wir von der Auslegung handelten, fortwährend beobachten, wie derjenige, der eine Willenserklärung interpretiert, im Grunde nichts anderes tut, als die Rechtsfolgen zu fixieren, die sich an die Erklärungsabgabe knüpfen[8]).

Anderseits wissen wir von der Auslegung, daß sie es ist, die den „wahren", den „wirklichen", den „richtigen" Erklärungsinhalt zu entfalten hat. Läßt sich aber das Wesen der Auslegung gleichmäßig als Fixierung der Erklärungsfolgen wie als Aufdeckung des Erklärungsinhaltes bezeichnen, so kann zwischen dem Inhalt der Erklärung und den Rechtsfolgen der Erklärung kein Unterschied obwalten. Ja, man kann den Erklärungsinhalt gar nicht besser definieren, denn als Summe der durch die Erklärung erzeugten Rechtsfolgen[9]). Dann aber muß der Irrtum über den Inhalt einer Erklärung immer auch gleichzeitig ein Irrtum über die Rechtsfolgen der Erklärung sein: es gibt, mit anderen Worten, keinen Erklärungsirrtum,

[8]) So bezeichnet denn auch Danz, Auslegung S. 4 als Zweck und Resultat der Auslegung kurzerhand „die Feststellung der eingetretenen Rechtsfolge". Vgl. auch daselbst S. 53, 155 u. passim und denselben Schriftsteller in Jher. Jahrb. 46 S. 386.

[9]) Auch Biermann I S. 240 ist der Meinung, daß man unter dem Inhalt der Willenserklärung ihre Rechtswirkung zu verstehen habe. Aber er fügt doch hinzu, „daß nicht jede Rechtsfolge zum Inhalt der Willenserklärung gehöre." Diese in Wahrheit nicht haltbare Einschränkung entspringt wohl nur dem berechtigten Wunsche, die Anfechtung in solchen Fällen auszuschließen, wo die Rechtsfolgen der Erklärung Punkte betreffen, an die der Erklärende bei Vornahme des Geschäftes gar nicht gedacht und hinsichtlich deren er sich darum keinerlei bestimmte Vorstellungen gemacht hat. Indessen ist es für diesen Zweck weder nötig noch statthaft, den Begriff des Erklärungsinhaltes künstlich einzuengen. Sondern es genügt zur Erreichung jenes Zieles, wenn, wie es oben S. 445 f. geschehen ist, der Begriff des Irrtumes auf sein richtiges Maß zurückgeführt wird.

der nicht gleichzeitig Rechtsfolgenirrtum wäre[10]). Weit entfernt also, daß der Begriff des Erklärungsirrtumes nur den Tatsachen- und nicht auch den Rechtsfolgenirrtum umfaßte, ist vielmehr zu sagen, daß ein Irrtum, der lediglich Tatsachen- und nicht zugleich Rechtsfolgenirrtum ist, niemals Erklärungsirrtum sein kann. Wenn Meyer den Müller auf der Straße trifft und ihn fragt, welche Hausnummer der Schulze habe, und Müller aus Versehen statt Nr. 13, wo Schulze wirklich wohnt, Nr. 14 sagt, so ist der in Meyer erregte Irrtum zunächst rein faktischer Art, aber darum auch vorläufig ohne jede Bedeutung für das Recht. Für letzteres wird er relevant erst in dem Moment, wo Meyer über das Haus Nr. 14, weil er glaubt, daß dieses die von ihm begehrte Wohnung des Schulze sei, einen Mietvertrag abschließt: dann aber wird der faktische Irrtum, indem er sich in einen Erklärungsirrtum verwandelt, unfehlbar auch zum Rechtsfolgenirrtum; denn Meyer glaubt, die Wohnung des Schulze gemietet zu haben, während die mietrechtlichen Folgen, die er erklärt hat, sich auf ein anderes als das Schulzesche Haus erstrecken. Und unterzeichnet eine kurzsichtige Dame eine Urkunde, die ihr von ihrem Sekretär mit dem Bemerken vorgelegt worden ist, daß sie eine Quittung enthalte, während sie in Wahrheit ein Bürgschaftsversprechen darstellt, so interessiert uns an diesem Irrtum weniger seine faktische Seite, derzufolge die Dame auf dem Papier andere Worte vermutet, wie darauf geschrieben sind, als seine rechtliche, nach der die Urheberin der Willenserklärung eine Quittung, also eine Beweisurkunde über empfangene Zahlung auszustellen glaubt, während sie in Wirklichkeit die Haftung für eine Schuldverbindlichkeit übernimmt.

Und wie es keinen Erklärungsirrtum gibt, der nicht zugleich Rechtsfolgenirrtum wäre, so gibt es für die Anfechtungslehre keinen Rechtsfolgenirrtum, der nicht zugleich Erklärungs-

[10]) Treffend ist es darum, wenn Leonhard, Allgem. Teil S. 488 den Inhalts- oder Erklärungsirrtum definiert als „den Widerspruch zwischen dem beabsichtigten und dem angeordneten Rechtserfolg". Freilich hat diese richtige Begriffsbestimmung des Geschäftsirrtumes Leonhard nicht vor der oben in Anm. 6 erwähnten falschen Auffassung des Rechtsfolgenirrtumes bewahrt.

irrtum wäre. Denn der Begriff des Rechtsfolgenirrtumes besagt, daß jemand mit seiner Erklärung bestimmte Rechtsfolgen und nur sie herbeizuführen glaubt, in Wahrheit aber andere oder noch andere, als die ausschließlich gewollten herbeiführt. Wo aber diese Situation vorliegt, kann sie ihren Grund immer nur darin haben, daß die nicht gewollten Rechtsfolgen vom Urheber des Rechtsgeschäftes als gewollt erklärt worden sind. Denn wenn die Erklärung nicht auf sie gelautet hätte, wären sie ja nicht eingetreten. Wir haben also, wenn jemand über die Rechtsfolgen seiner Erklärung irrt, stets den Fall vor uns, daß er etwas anderes erklärt hat, als er nach seinem Erfolgs- oder Geschäftswillen erklären wollte. Die Inkongruenz zwischen Erklärungsinhalt und Geschäftswille ist aber gerade diejenige rechtliche Erscheinung, die wir meinen, wenn wir in der Doktrin von Erklärungs- oder Geschäftsirrtum reden. Und in der Tat, wer wollte leugnen, daß wir es mit einem Irrtum über den Inhalt der Willenserklärung zu tun haben, wenn ein Konkursverwalter erklärt, daß er in einen vom Gemeinschuldner abgeschlossenen, von beiden Seiten noch nicht erfüllten Sukzessivlieferungsvertrag eintrete, weil er fälschlicherweise glaubt, damit nur die Verpflichtung zur Leistung der künftig fällig werdenden und nicht auch der rückständigen Posten auf sich zu nehmen? Oder wenn jemand sich zum „selbstschuldnerischen Bürgen macht" in der Meinung, daß das Wort selbstschuldnerisch nur den mit der Höhe der Schuldsumme identischen Umfang der Bürgenhaftung andeute, den Gläubiger aber nicht von der Notwendigkeit entbinde, vor Inanspruchnahme des Bürgen den Schuldner auszuklagen?

Wenn nun auch Tatsachenirrtum, Geschäftsirrtum und Rechtsfolgenirrtum keine begrifflichen Gegensätze sind, so läßt sich doch innerhalb des Rechtsfolgenirrtumes eine auf seine faktische oder rechtliche Seite abgestellte Unterscheidung durchführen. Denn ein Irrtum über die rechtlichen Folgen der Willenserklärung kann seinen Grund entweder darin haben, daß der Urheber des Rechtsgeschäftes die tatsächlichen Verhältnisse, von denen er bei Abgabe der Erklärung ausgeht, falsch beurteilt, oder darin, daß er über das in Betracht kommende objektive Recht unrichtig informiert ist, sei es, daß er die Existenz des einen oder anderen der für die Geschäftsfolgen maßgebenden Rechtssätze nicht kennt, sei es, daß er sich in der Auslegung eines ihm bekannten Rechtssatzes, also in der vorzunehmenden Subsumtionstätigkeit vergreift. Die erstere Alternative, also der Fall eines faktischen Irrtumes, liegt in dem vorhin gebrachten Beispiel vor, wo Meyer die Wohnung des Herrn Schulze mieten will und, weil er glaubt, daß dessen Haus die Nummer 14 trage, einen Mietkontrakt über das Haus Nr. 14 abschließt, während Herr Schulze Nr. 13 wohnt. Meyer irrt hier über die mietrechtlichen Folgen seiner Willenserklärung, weil er über die Tatsache, daß Herr Schulze in Nr. 13 und nicht in Nr. 14 wohnt, mangelhaft unterrichtet ist. Und ebenso handelt es sich um einen durch einen error facti veranlaßten Rechtsfolgenirrtum in dem anderen Beispiel, daß eine Dame ein Papier unterschreibt, das sie für ein Quittungsformular ansieht, während es ein Bürgschaftsversprechen enthält. Denn der Irrtum über die Rechtsfolgen der abgegebenen Erklärung gründet sich hier darauf, daß die Dame von der Tatsache nichts weiß, daß der Kontext der Urkunde lautet: „ich verpflichte mich hiermit, für Herrn X die Summe y zu zahlen." Hingegen haben wir es mit einem durch Normenunkenntnis herbeigeführten Rechtsfolgenirrtum zu tun, wenn jemand, wie wir es vorhin schilderten, eine selbstschuldnerische Bürgschaft in der Meinung übernimmt, daß auch hier der Gläubiger gezwungen sei, sich zuerst an den Hauptschuldner zu halten. Der Irrtum über die rechtliche Tragweite der Erklärung wurzelt hier darin, daß dem Bürgen der Rechtssatz entgangen ist, der besagt, daß die Verbürgung als Selbstschuldner die Einrede der Vorausklage ausschließt. Und auf unrichtiger Gesetzesauslegung, also ebenfalls auf einer Verkennung des objektiven Rechtes würde der Irrtum des Konkursverwalters beruhen, daß wenn er auf Grund des § 17 KO. in ein vom Gemeinschuldner als Käufer abgeschlossenes, von diesem noch nicht, aber vom Verkäufer teilweise erfülltes Sukzessivlieferungsgeschäft eintrete, er nur die noch ausstehenden, nicht aber auch die früheren Lieferungen in voller Höhe zu bezahlen brauche [11]).

[11]) Mit Tatsachenirrtum würden wir es wiederum zu tun haben,

Diese Einteilung des Rechtsfolgenirrtumes in einen solchen, der sich auf einen error facti und einen solchen, der sich auf einen error juris gründet, hat offenbar auch denjenigen Schriftstellern vorgeschwebt, die in der Anfechtungslehre das Problem von der Beachtlichkeit oder Unbeachtlichkeit des Rechtsirrtumes aufgerollt haben. Nur ist, wie wir jetzt erkennen, die Frage, die sie behandeln wollten, von ihnen nicht immer richtig gestellt worden. Denn sie darf nicht, wie es vielfach der Fall ist, lauten: berechtigt auch der Rechtsfolgenirrtum zur Anfechtung? sondern sie kann nur so formuliert werden: berechtigt jeder Rechtsfolgenirrtum zur Anfechtung, oder sind innerhalb des Rechtsfolgenirrtumes bestimmte, nämlich die durch Unkenntnis oder falsche Anwendung des objektiven Rechtes erzeugten Fälle auszuscheiden? Und diese Frage ist es, die wir nunmehr im folgenden beantworten wollen.

Da ist zunächst zu konstatieren, daß dem Wortlaut des § 119 eine unterschiedliche Behandlung des Tatsachenirrtumes und des Normenirrtumes jedenfalls fremd ist. Denn der Text des Gesetzes redet von Irrtum über den Inhalt der Willenserklärung schlechthin, bezieht sich also auf jede Art des Geschäfts- oder Rechtsfolgenirrtumes. Damit ist natürlich für unsere Zwecke an sich noch nichts gewonnen. Selbst dann nicht, wenn hinzugefügt wird, daß die Gesetzgebungskommission jene Textfassung absichtlich gewählt hat, um die Gleichstellung von Tatsachen- und Rechtsirrtum zum Ausdruck zu bringen [12]). Denn da die Vorgeschichte des Gesetzes kein Teil des Gesetzesinhaltes ist, so folgt auch aus einer absichtlich weiten Fassung des Gesetzes noch keineswegs die Unzulässigkeit einer einschränkenden Auslegung. Vielmehr ist denkbar, daß der wahre Sinn des

---

wenn im obigen Falle der Konkursverwalter mit der Verpflichtung zur Bezahlung der vor Konkurseröffnung empfangenen Lieferungen deshalb nicht gerechnet hätte, weil er der Meinung gewesen wäre, diese seien bereits bezahlt. So liegen die Dinge in den vom Reichsgericht 51 S. 281 ff. und 62 S. 201 ff. abgeurteilten Tatbeständen.

[12]) Der Entw. I hatte in § 146 besonders bestimmt: „Im Sinne des Gesetzes ist unter Irrtum sowohl der Irrtum über Tatsachen als auch der Rechtsirrtum zu verstehen.“ In der zweiten Kommission wurde beantragt (vgl. Protokolle I S. 188), die Vorschrift wegen ihrer Selbstverständlichkeit zu streichen.

Gesetzes hinter dessen von seinen Verfassern bewußt gewähltem Wortlaut zurückbleibt. Dann muß trotz der Schulweisheit: ubi lex non distinguit, et nobis distinguere non licet, das Gesetz, wenn seine Anwendung richtig bleiben soll, restriktiv interpretiert werden[13]). Immerhin ist sicher, daß wenn das Gesetz sich allgemein ausdrückt, dem allgemeinen Ausdruck ein engerer Sinn nur beigelegt werden darf, falls bestimmte Gründe zu einer solchen Abweichung vom Wortlaut zwingen. Wir werden also nachzusehen haben, ob in unserem Falle Gründe existieren, die es notwendig machen, das Anfechtungsrecht, das der § 119 an den Inhaltsirrtum schlechthin knüpft, da zu versagen, wo der Irrtum auf einer mangelhaften Kenntnis des einschlägigen Rechtes beruht.

Derartige Gründe können nun keinesfalls in der Stellung gefunden werden, die der Einzelne dem objektiven Rechte gegenüber einnimmt. Es wäre also falsch, zu behaupten, daß derjenige, der wegen Übersehens oder unrichtiger Beurteilung eines Rechtssatzes ein Rechtsgeschäft anfechte, sich damit eine Herrschaft über die Rechtsnorm anmaße, die ihm nicht zukomme. Solche Argumentation würde ja offensichtlich versagen gegenüber dem dispositiven Rechte. Denn über dieses können die Parteien zweifellos verfügen. Die Ansicht wäre aber unhaltbar auch gegenüber dem zwingenden Rechte. Denn das Urteil, die Rechtsfolgen einer Willenserklärung seien durch zwingende Rechtssätze geregelt, will doch nur besagen, daß wenn jemand ein Rechtsgeschäft der betreffenden Art vornimmt, das Rechtsgeschäft nur den bestimmten und keinen anderen Inhalt haben darf. Hingegen folgt nicht aus dem Charakter eines Rechtssatzes als eines zwingenden, daß das betreffende Rechtsgeschäft vorgenommen werden muß. Begründet also der zwingende Rechtssatz keine Verpflichtung zur Eingehung von Rechtsgeschäften, so kann sein „Wesen" auch kein Hindernis

---

[13]) Zu weitgehend ist es also, wenn die Protokolle a. a. O., um die Streichung des § 146 Entw. I zu rechtfertigen, den Satz aufstellen, daß „wenn das Gesetz nicht unterscheide, die Auslegung nicht in der Lage sei, einen Unterschied zwischen dem Irrtum über Tatsachen und dem Rechtsirrtum zu machen."

dafür sein, daß jemand eine abgegebene Willenserklärung wieder beseitigt [14]).

Hingegen möchte vielleicht mancher gegen die gleiche Behandlung von Rechtsirrtum und Tatsachenirrtum geltend machen, daß die Irrtumsanfechtung im Rechtsleben unter allen Umständen eine unerfreuliche Erscheinung, eine Anomalie, gewissermaßen ein notwendiges Übel sei, und daß darum die Zahl der Anfechtungsfälle nicht noch durch Berücksichtigung des Rechtsirrtumes vermehrt werden dürfe. Diese Argumentation wäre aber deshalb unzulässig, weil sie nicht sowohl der Auslegung als der Korrektur der lex lata dienen würde. Denn die Frage, ob ein Rechtsinstitut erfreulich oder unerfreulich und darum ins geltende Recht aufzunehmen oder nicht aufzunehmen sei, ist nicht vom Richter, sondern ausschließlich vom Gesetzgeber zu beantworten. Und darum kann die rein numerische Stärke der Anwendungsfälle kein bei der Interpretation eines Rechtssatzes in Betracht zu ziehender Faktor sein. Sonst könnte der Richter jede Rechtsnorm, mit deren rechtspolitischen Gedanken er nicht einverstanden wäre, dadurch möglichst unschädlich machen, daß er erklärte, es werde nach seiner Meinung der betreffende

---

[14]) Ähnlich schon Oertmann in Seuff. Blättern 67 S. 31. — Natürlich setzt die Anfechtung wegen Irrtumes über zwingendes Recht, wie jede Anfechtung, voraus, daß es sich um rechtsgeschäftliche Folgen, also um Wirkungen handelt, die sich als Ausfluß einer Willenserklärung darstellen. Darum beispielsweise keine Anfechtung (die positivrechtliche Ausnahme des § 1956 bestätigt nur die Regel), wenn jemand durch Verstreichenlassen einer ihm unbekannten Präklusivfrist einen Rechtsverlust erleidet. Und ferner ist selbstverständlich, daß die Anfechtung da ausgeschlossen ist, wo es sich zwar um rechtsgeschäftliche Folgen handelt, das BGB. aber durch lex specialis die Berufung auf den Irrtum verboten hat. So z. B. würde derjenige, der der Meinung wäre, daß die Mentalreservation die Entstehung einer gültigen Willenserklärung hindere, das vorgenommene Rechtsgeschäft nicht anfechten können, wenn er hinterher erführe, daß letzteres trotz seiner Mentalreservation wirksam zustande gekommen sei. Denn das BGB. hat durch die Fassung des § 116: „Eine Willenserklärung ist nicht deshalb nichtig, weil sich der Erklärende insgeheim vorbehält, das Erklärte nicht zu wollen,“ deutlich zu erkennen gegeben, daß die Mentalreservation überhaupt nicht, also auch nicht auf dem Umweg der Irrtumsanfechtung, beachtet werden soll.

Rechtssatz zu häufig angewendet, und es seien darum bestimmte an sich von ihm getroffene Fallgruppen aus dem gesetzlichen Tatbestand auszuscheiden. Von diesem Standpunkt aus hätten beispielsweise diejenigen, die die ursprüngliche Fassung des § 833 BGB. für zu weitgehend hielten, eine Einschränkung der Tierhalterhaftung schon vor der Novelle vom 30. Mai 1908 unschwer herbeiführen können, indem sie bloß darauf hinzuweisen gebraucht hätten, daß bei der Größe des Tierreiches Tierschaden täglich vorkomme, und daß deshalb von den Tieren im Sinne des Gesetzes bestimmte Tiergruppen, etwa die „kleinen" Tiere oder die „Haustiere" oder die „für den Gewerbebetrieb nötigen" Tiere auszunehmen seien. Wenn der Interpret einer Rechtsnorm den Ausspruch tut, daß diese zu weit gefaßt und darum restriktiv auszulegen sei, so darf das nur bedeuten, daß der betreffende Rechtssatz seinem Wortlaut nach außer den Fällen, in denen er billig und darum auch allein vom Gesetzgeber gewollt sei, noch solche decke, in denen er unbillig wirke, und für die er deshalb nicht bestimmt sei. Die Kunst der Auslegung besteht dann darin, für den gesetzgeberischen Gedanken diejenige Formulierung zu finden, die die Anwendung des Rechtssatzes auf die *billigen* Fälle gewährleistet, die also an dem buchstäblichen Anwendungsgebiet gleichsam eine *qualitative* Kürzung vornimmt. Reine Willkür aber und darum das Gegenteil wahrer Auslegung wäre es, wollte man einem Rechtssatz, dessen Tendenz man mißbilligte, das Anwendungsgebiet *überhaupt* beschneiden, indem man es, ohne Rücksicht auf die Billigkeit oder Unbilligkeit der dadurch getroffenen Fälle, rein äußerlich, rein *quantitativ* reduzierte.

Sollen also die Fälle des Rechtsirrtumes aus dem § 119 ausgeschieden werden, so bedarf es des Nachweises, daß sie solche sind, die zu verkehrswidrigen und darum vom Gesetz nicht gewollten Ergebnissen führen. Mit anderen Worten: es müßte dargetan werden, daß die Anfechtung einer Willenserklärung wegen Rechtsirrtumes mit dem vom Gesetz in § 119 verfolgten *Zwecke*, mit der *ratio* dieser Norm in Widerspruch stehe. Läßt sich dieser Nachweis erbringen?

Der § 119 geht, wie schon mehrfach betont worden ist, davon aus, daß die Wirkungen der normalen Willenserklärung ihre Wurzel in der Kongruenz von Erklärungsinhalt und Geschäftswillen haben. Fehlt diese Kongruenz, so erscheint es ungerecht und widerspricht dem Wesen der Willenserklärung, den Urheber an den zwar von ihm erzeugten, aber nicht gewollten Rechtsfolgen festzuhalten. Das Gesetz verleiht ihm deshalb die Befugnis, sich von diesen Rechtsfolgen loszusagen, umgibt aber diese Berechtigung mit einer dreifachen, im Interesse des Geschäftsgegners notwendigen Schranke. Einmal greift das Anfechtungsrecht nur Platz, wenn der Irrende die Erklärung „bei Kenntnis der Sachlage und bei verständiger Würdigung des Falles nicht abgegeben haben würde"; zweitens trägt der Anfechtende die Beweislast sowohl hinsichtlich der Tatsache des Irrtumes wie hinsichtlich seiner Wesentlichkeit in dem eben gedachten Sinne, und drittens hat der Irrende dem Gegner allen Schaden zu ersetzen, den dieser durch sein Vertrauen auf die Gültigkeit der Erklärung erleidet. Diese Kautelen würden selbstverständlich auch für den Rechtsirrtum gelten, so daß die Frage nach dem Verhältnis des letzteren zur ratio des § 119 sich einfach dahin formulieren läßt: trifft die gesetzgeberische Erwägung, daß es ungerecht und dem Wesen der Willenserklärung zuwiderlaufend sei, eine Person an zwar erklärte, aber nicht gewollte Rechtsfolgen zu ketten, nur auf den Tatsachenirrtum oder auch auf den Rechtsirrtum zu?

Und darauf ist zu antworten, daß ein Unterschied zwischen beiden Irrtumsarten in dieser Hinsicht nicht besteht. Denn die verschiedenartigen Entstehungsgründe des Geschäftsirrtumes spiegeln sich in der Rechtsfigur, die sie erzeugen, nicht wider: der Widerspruch zwischen vorgestellter und eingetretener Rechtsfolge ist, wo er auftaucht, stets der gleiche. So ist es wünschenswert, daß auch seine Behandlung von seiten des Gesetzes in allen Fällen die gleiche ist. Auch wird man weder behaupten können, daß die Versagung des Anfechtungsrechtes für den Erklärenden im Falle des Rechtsirrtumes weniger empfindlich ist wie im Falle des Tatsachenirrtumes, noch bestreiten können, daß die Zulassung der Anfechtung für den Geschäftsgegner im Falle des Tatsachenirrtumes ebenso unbequem ist wie im Falle des Rechtsirrtumes. Es ist also nicht nur nicht sinnwidrig, den § 119 auch auf den Rechtsirrtum anzuwenden, sondern im

Gegenteil, es wäre ein schwerer Verstoß gegen die juristische Logik, wollte man den § 119 auf den Tatsachenirrtum beschränken. Es würde in solcher restriktiven Auslegung des § 119 eine Versündigung gegen die bekannte Regel liegen: ubi eadem legis ratio, ibi eadem legis dispositio, eine Versündigung, die in der Praxis zu den seltsamsten Ergebnissen führen müßte.

Man denke sich, daß A eine an B gerichtete Kaufofferte diktiert und dabei seinem Schreiber die Worte in die Feder spricht: „für den ersten Monat behalte ich mir das Recht vor, vom Vertrag zurückzutreten"; daß der Schreiber aber diese Worte zu Papier zu bringen vergißt, und daß A nach Beendigung des Diktates die Urkunde, die er für fehlerfrei hält, ohne nochmalige Durchsicht unterschreibt. Niemand wird hier zweifeln, daß A seine Offerte nach § 119 BGB. anfechten kann. Nun verändere man den Rechtsfall dahin, daß A einen an B gerichteten Kaufvertrag selbst konzipiert, daß in diesem Moment ein ihm befreundeter Winkelkonsulent ins Zimmer tritt und ihm nach einem Blick in den Vertragsentwurf sagt: „den Passus mit dem einmonatigen Rücktrittsrecht kannst du dir sparen; denn nach BGB. hat der Käufer, sobald der Kaufpreis über hundert Mark beträgt, schon von selbst ein Rücktrittsrecht während des ersten Monates"; und daß daraufhin A in der Reinschrift der Offerte den Rücktrittsvorbehalt wegläßt. Diejenigen Schriftsteller, die von einer Anwendung des § 119 auf den Rechtsirrtum nichts wissen wollen, müssen dem A das Anfechtungsrecht, das sie ihm im ersten Falle zugestehen, im zweiten Falle versagen. Denn während dort der Rechtsfolgenirrtum des A auf der falschen Beurteilung einer *Tatsache*, nämlich des Urkundenwortlautes, beruht, hat er hier seine Ursache in der Unkenntnis des *objektiven Rechtes*. Wer aber möchte im Ernste behaupten, daß eine verschiedenartige Behandlung beider Rechtsfälle der Billigkeit und der juristischen Logik entspreche? Erklärt doch A hier wie dort etwas anderes, als er zu erklären glaubt: *beide* Male wähnt er, daß in der Fassung der in Wahrheit vorbehaltlos abgegebenen Offerte die Stipulation eines Rücktrittsrechtes enthalten sei.

Beispiele dieser Art ließen sich natürlich unschwer vermehren. Es möge gestattet sein, hier nur noch zwei der Praxis entnommene Fälle anzuführen. X beabsichtigt, eine nach seiner Meinung dem Y zustehende Gült zu kaufen, und macht ihm eine dem entsprechende Offerte. Y, der sich auf das Geschäft nur dann einlassen will, wenn sich daraus keine Weiterungen für ihn ergeben können, nimmt die Offerte trotzdem vorbehaltlos an, weil er glaubt, daß nach dem in Frage kommenden positiven Rechte den Verkäufer einer Gült eine Verpflichtung zur Gewährleistung nicht treffe [15]). Auch hier würden die Gegner des von uns vertretenen Standpunktes dem Y das Anfechtungsrecht verweigern müssen, während sie es ihm zubilligen würden, wenn er die den Ausschluß der Rechtsmängelhaftung betreffende Klausel in seine Beantwortung der Offerte hätte aufnehmen wollen, die Aufnahme aber infolge eines Versehens des Kopisten unterblieben wäre. Und der andere Fall handelt davon, daß der Hauptschuldner einen der mehreren Bürgen ersucht, die Schuld, statt bloß für sie zu bürgen, zu übernehmen, und daß der darum Angegangene den Vertrag nur mit der Maßgabe abschließen möchte, daß seine Ansprüche gegen die Mitbürgen von der Schuldübernahme unberührt blieben, daß er aber trotzdem den an ihn gerichteten Antrag uneingeschränkt annimmt, weil er glaubt, daß nach BGB. der die Schuld übernehmende Bürge ganz von selbst seine Regreßrechte gegen die Mitbürgen behalte. Wiederum müßten die Gegner, wenn der Bürge hinterher sieht, daß ihm nach BGB. infolge der Schuldübernahme die Regreßansprüche verloren gegangen sind, ihn mit Hinweis auf den hier vorliegenden Rechtsirrtum an der abgegebenen Willenserklärung festhalten, obwohl sie ihn nicht festhalten würden, wenn er die vorbehaltlose Schuldübernahme nur infolge eines ihm untergelaufenen Schreibfehlers oder infolge Vergeßlichkeit des mit der mündlichen Überbringung der Annahmeerklärung betrauten Boten eingegangen wäre [16]).

[15]) Vgl. den von Schneider-Fick in ihrem Kommentar des Schweizer. Obligationenrechtes (Größere Ausg. 1891—93) bei Art. 19 unter 7 mitgeteilten, vom Obergericht Luzern abgeurteilten Rechtsfall.

[16]) Der obige Rechtsfall ist in Anlehnung an den vom Reichsgericht, Recht 13 Beil. Nr. 2906 abgeurteilten Tatbestand gebildet. Das vom obersten Gerichtshof gefällte Erkenntnis ist in der a. a. O. wiedergegebenen Fassung nicht verständlich. Ihr zufolge hat der Mitbürge sich

Der juristische Widerspruch, der darin liegt, das Anfechtungsrecht nur beim Tatsachenirrtum und nicht auch beim Rechtsirrtum zu gewähren, läßt sich aber nicht nur induktiv, durch Beispiel und Gegenbeispiel, sondern auch deduktiv, durch ein Zurückgehen auf die Natur der hier am meisten in Betracht kommenden Rechtssätze nachweisen.

Wir haben früher gesehen, daß einer der wichtigsten und häufigsten Anwendungsfälle des § 119 der ist, wo der Urheber des Rechtsgeschäftes die für die Auslegung, also für den Inhalt seiner Willenserklärung maßgebende Verkehrssitte bezw., was dasselbe ist, den dafür maßgebenden Sprachgebrauch unrichtig beurteilt und infolgedessen seiner Erklärung einen anderen Sinn beilegt, als sie in Wirklichkeit hat. Wer nun die sogenannten dispositiven Rechtssätze, durch welche das Gesetzbuch die einzelnen Willenserklärungen ergänzt, näher betrachtet, wird finden — und diese Erkenntnis ist keineswegs neu —, daß sie im Grunde nichts weiter enthalten als kodifizierte Verkehrssitte, daß mithin die Rechtsfolgen, die sie an die von der Partei abgegebene Erklärung knüpfen, solche sind, die nach dem Sprachgebrauch des Verkehres mit ihr verbunden zu werden pflegen. Wenn das BGB. in § 435 sagt, daß der Verkäufer eines Grundstückes auf seine Kosten für Löschung derjenigen Buchrechte zu sorgen hat, die nicht bestehen, aber im Falle ihres Bestehens die Rechtslage des Käufers beeinträchtigen würden; oder wenn der § 438 bestimmt, daß der Verkäufer einer Forderung, der die Haftung für die Zahlungsfähigkeit des Schuldners übernimmt, damit nur für die Zahlungsfähigkeit

---

dem Schuldner gegenüber verpflichtet, diesen von der Schuld vollständig zu befreien, sich aber vorbehalten, daß seine Ansprüche gegen die Mitbürgen unberührt bleiben. Dann soll er nach dem vom „Recht" gebrachten Referat „ein Anfechtungsrecht nicht daraus herleiten können, daß mit der Schuldübernahme durch ihn die Haftung der Mitbürgen ohne weiteres erlösche, jener Vorbehalt daher rechtlich keine Bedeutung habe". Hat der eine Bürge die Schuld nur unter Vorbehalt der Weiterhaftung der Mitbürgen übernommen, so ist die Schuldübernahme, wenn diese Weiterhaftung nicht Platz greift, kraft der in den Vertrag aufgenommenen Klausel überhaupt nicht wirksam zustande gekommen, so daß der Übernehmer, um sich ihrer zu entledigen, gar keiner Anfechtung bedarf.

zur Zeit der Abtretung garantiert; oder wenn der § 546 anordnet, daß die auf der vermieteten Sache ruhenden Lasten vom Vermieter zu tragen sind, so handelt es sich hier überall um Rechtssätze, die der Gesetzgeber gewonnen hat durch Beobachtung dessen, was im Verkehr tatsächlich geübt wird. Weil die gedachte Regelung der kauf- und mietrechtlichen Verhältnisse der Gewohnheit des Lebens entspricht, weil sie das „Natürliche", „Regelmäßige", oder wie man auch sagt, die »naturalia negotii« darstellt, darum darf die Rechtsordnung die Erklärung der Partei: „ich verkaufe", oder „ich vermiete" so auslegen, wie sie es durch Aufstellung der betreffenden Rechtssätze tut. In diesem Sinne läßt sich von den dispositiven Normen sagen: »la loi indique, quel est l'usage«[17]). Ja, es ist bekannt, wie genau sich vielfach in der Rechtsgeschichte die einzelnen Stadien der Entwickelung verfolgen lassen, die von den ersten Regungen des Verkehres bis zum Auftreten der ergänzenden Rechtsnorm führen. Ich erinnere an die Entstehungsgeschichte des gesetzlichen Vermieterpfandrechtes in Rom, und an die Ausbildung der Rechtsmängelhaftung des Verkäufers, von der es in den Quellen ausdrücklich heißt: »Quia adsidua est duplae stipulatio, idcirco placuit etiam ex empto agi posse, si duplam venditor mancipii non caveat: ea enim, quae sunt moris et consuetudinis, in bonae fidei iudiciis debent venire.«[18]) Und ich erinnere aus der neuesten Zeit an das Gesetz über den Verlagsvertrag, das seine Normen größtenteils den buchhändlerischen Geschäftsgewohnheiten entnommen hat, wie sie schon vor der reichsrechtlichen Regelung der Materie in den maßgebenden Kreisen beobachtet wurden und in der „Verlagsordnung für den deutschen Buchhandel" (angenommen in der Hauptversammlung des Börsenvereins der deutschen Buchhändler vom 30. April 1893) sogar schriftlich fixiert waren. Und weil das dispositive Recht seinen Inhalt aus der Verkehrssitte schöpft, ruhen der § 157 BGB. und die einzelnen dispositiven Normen des Gesetzbuches auf demselben Fundament. Der Unterschied zwischen beiden besteht nur darin, daß hier

---

[17]) Worte von Saleilles, Déclaration de volonté S. 197.
[18]) L. 31 § 20 D. de aedilicio edicto 21, 1.

der Gesetzgeber die Arbeit selbst geleistet hat, die er dort dem Richter bezw. den Parteien zuweist: nämlich den Sprachgebrauch des Lebens und die Gepflogenheiten des Verkehres zu studieren, um mit ihrer Hilfe den Inhalt einer Willenserklärung zu entfalten[19]).

Aus der Erkenntnis, daß das dispositive Recht gewissermaßen nichts weiter als kristallisierte Verkehrssitte ist, lassen sich unschwer zwei andere Lehrsätze ableiten.

Der eine geht dahin, daß die die Wirkungen einer Willenserklärung regelnden dispositiven Rechtssätze Anspruch auf Berücksichtigung nur insoweit haben, als sie auch wirklich im einzelnen Falle mit der in Frage kommenden Verkehrssitte übereinstimmen. Denn das ergänzende Recht will ja nur da gelten, wo die Parteien nichts anderes vereinbart haben. Ob sie aber etwas anderes vereinbart haben, das hängt von dem Inhalt der von ihnen abgegebenen Willenserklärung ab. Dieser wiederum wird ermittelt von der Auslegung, und diese erfolgt, wie wir wissen, auf Grund der Verkehrssitte. Besteht also zwischen dispositivem Rechte und der Verkehrssitte keine Kongruenz, so muß die Willenserklärung ihrem Begriff gemäß die der Sitte entsprechenden Rechtsfolgen auslösen und kann nicht die vom Rechte angeordneten Wirkungen haben. Sagt das Gesetzbuch, der Grundstückskäufer habe die Kosten der Auflassung und Eintragung zu tragen, und herrscht in einer bestimmten Gegend die Sitte, daß diese Kosten vom Verkäufer getragen werden, so erklärt derjenige, der sagt: „ich verkaufe", daß er die Kosten der Auflassung und Eintragung auf sich nehme. Wir erhalten hier also eine Bestätigung dessen, was wir schon früher gesehen haben: daß nämlich die auf Grund des § 157 gewonnenen Resultate der Auslegung den Vorrang haben vor den für die einzelnen Rechtsgeschäfte erlassenen dispositiven Bestimmungen des Gesetzbuches[20]).

Und der zweite Lehrsatz besagt, daß überall, wo der Inhalt

---

[19]) Vgl. die ähnlichen Gedankengänge bei Brinz, Pandekten IV S. 188 ff.; bei Goldschmidt, Handbuch des Handelsrechtes I, 2. Aufl., S. 334; bei Leonhard, Irrtum I S. 226 ff. und vor allem bei Danz in Iher. Jahrb. 46 S. 434 ff. und 54 S. 11 ff., 28 f.

[20]) Vgl. oben § 13 Anm. 8.

der dispositiven Norm und der der Verkehrssitte sich decken, die vom dispositiven Rechtssatz angeordnete Geschäftsfolge auch ohne ihn eingetreten sein würde. Denn wenn die betreffende Norm gefehlt hätte, dann würde dieselbe Verkehrssitte auf Grund des § 157 den Inhalt der Willenserklärung bestimmt haben. Soweit es sich also lediglich um letzteren als gegebene Größe handelt, ist jedes dispositive Recht überflüssig[21]). Not-

[21]) Besonderes gilt in dieser Beziehung nur für das gesetzliche Pfandrecht des Vermieters bezw. Verpächters an den Invekten und Illaten des Mieters bezw. Pächters und für das ihm entsprechende gesetzliche Pfandrecht des Gastwirtes an den eingebrachten Sachen des Reisenden. Auch hier handelt es sich zwar um dispositives Recht, das seine Wurzel in der Verkehrssitte hat. Denn die Entstehungsgeschichte des Institutes, auf die vorhin schon angespielt wurde, führt auf die vertragsmäßige Verpfändung der eingebrachten Sachen durch die Parteien des Mietvertrages zurück. Weil in Rom solche Verpfändung bei Abschluß eines Mietvertrages regelmäßig ausbedungen zu werden pflegte, darum erblickte man schließlich in den Worten „ich miete" bezw. „ich vermiete" ganz von selbst, ohne daß der Punkt besonders berührt zu werden brauchte, die Vereinbarung eines Pfandrechtes. Es mag terminologisch ungeschickt sein, deswegen von einer „stillschweigenden" Verpfändung zu sprechen; zu leugnen ist jedenfalls nicht, daß es die Auslegung der von den Parteien abgegebenen Erklärungen war, die hier zum Ergebnis einer Pfandrechtsvereinbarung führte. Nun hat sich die gedachte Verkehrssitte und die von ihr abhängige Auslegung des Mietvertrages bis auf den heutigen Tag nicht geändert. Trotzdem würde heutzutage ohne den dispositiven Rechtssatz des § 559 BGB. der Mietvertrag bezw. die nach seinem Abschluß erfolgende Einbringung von Sachen das Pfandrecht nicht erzeugen. Und zwar aus dem Grunde nicht, weil das geltende Recht im Gegensatz zum Römischen Rechte für das Mobiliarpfandrecht grundsätzlich Besitzerwerb an der Pfandsache verlangt, und dieser Satz zwingendes Recht enthält, mithin durch Parteierklärungen nicht abgeändert werden kann. Wenn hier also die Rechtsordnung dem Wunsche der Parteien entgegenkommen und ein Pfandrecht ohne Besitzerwerb des Pfandgläubigers entstehen lassen will, so muß sie solche Dispensation von den gewöhnlichen Voraussetzungen des Pfanderwerbes besonders aussprechen, und dies tut sie eben in den §§ 559, 585, 704. Daß der Gesetzgeber solches Pfandrecht besonders anordnet und, wie wir eben sahen, anordnen muß, wenn es Wirksamkeit haben soll, ändert aber nichts an der Tatsache, daß die Anordnung der Verwirklichung der von den Parteien abgegebenen Willenserklärung dient, m. a. W. daß die Rechtsordnung das Pfandrecht deshalb eintreten läßt, weil die Parteien erklärt haben, daß sie seinen Eintritt wollen. Darin zeigt sich, daß das Vermieterpfandrecht aus dem

wendig hingegen ist es vom Standpunkt der Rechtstechnik, weil die Verkehrssitte schwer greifbar ist, und es darum der Rechtssicherheit dient, wenn die Frage, was im einzelnen Falle verkehrsüblich ist, vom Gesetz bis zur Führung eines Gegenbeweises klargestellt wird. Dieser Wert des dispositiven Rechtes ist aber von Bedeutung nur für die Rechtshandhabung. Materiell vermag, wie gesagt, das jus dispositivum an dem Resultat, das die Parteien durch Abgabe einer Willenserklärung geschaffen haben, nichts zu ändern. Auch wenn die §§ 433, 535 sich nicht im Gesetzbuch fänden, würden die Worte einer Partei „ich kaufe" oder „ich miete" keinen anderen als den dort angegebenen Sinn haben, weil eben nach dem Sprachgebrauch des heutigen Verkehres jene Ausdrücke nur die Abkürzung für die ausführlichere Erklärung sind: ich will gegen Zahlung des entsprechenden Entgeltes Besitz und Eigentum an

---

Mietvertrag resultiert, daß seine Entstehung mit zum Inhalt der den Mietvertrag bildenden Parteierklärungen gehört. Es ist darum unrichtig, wenn Manigk, Willenserklärung S. 227 f. (vgl. auch S. 650) dem Mieter, der über den Pfandrechtserwerb des Vermieters geirrt hat, das Recht zur Anfechtung des Mietvertrages abspricht, weil das Pfandrecht keine rechtsgeschäftliche Folge des Mietvertrages sei (sich nicht, wie Manigk sagt, „ex voluntate" „an das Mietverhältnis anschließe"), sondern eine rein gesetzliche und demnach der Anfechtung entrückte Folge sei (sich, wie er sagt, „ex lege" an das Mietverhältnis anschließe). Vielmehr kann der Mieter, der sich im Irrtum über das dem Vermieter zustehende Pfandrecht befindet, den Mietkontrakt genau so anfechten, wie wenn er über die Gewährleistungspflicht des Vermieters oder über die Höhe des Mietzinses oder die Dauer des Vertrages oder über sonstige Rechtsfolgen des Mietverhältnisses geirrt hätte. Dabei mag freilich noch einmal daran erinnert sein, daß nicht jede Unkenntnis des Mieters vom Vermieterpfandrecht bereits einen Irrtum des Mieters über diese Rechtsfolge bedeutet. Wer beim Mieten einer Wohnung an die Frage, welche Befugnisse der Vermieter gegenüber etwaigen Pflichtverletzungen des Mieters hat, überhaupt nicht denkt, hat über das Pfandrecht des Vermieters auch dann nicht „geirrt", wenn er nichts von ihm weiß. Sondern ein „Irrtum" über das Pfandrecht liegt erst dann vor, wenn der Mieter sich bei Kontraktsschluß eingebildet hat, daß es nach BGB. kein Vermieterpfandrecht gebe, und er infolgedessen den Verzicht auf das gesetzliche Pfandrecht, den er sonst gefordert hätte, zu verlangen unterlassen hat.

dieser Ware, bezw. gegen Zahlung des verlangten Zinses Gebrauchsüberlassung dieses Gegenstandes haben[22]).

Wenn aber dem dispositiven Rechte bestenfalls die gleiche, mitunter sogar eine schwächere Wirkung auf den Inhalt einer Willenserklärung zukommt als der Verkehrssitte, welche Logik soll dann darin liegen, zwar den Irrtum über die Verkehrssitte, nicht aber den über das dispositive Recht als Anfechtungsgrund zuzulassen? Hat es einen Sinn, der falschen Beurteilung einer Usance die Beachtlichkeit mit dem Moment zu nehmen, wo die Usance sich zu einem Rechtssatz verdichtet? Schon vor dem neuen HGB. bestand ein Handelsgebrauch, daß der auswärtige Agent eines Hauses nicht nur für die von ihm vermittelten, sondern auch für die von der Firma ohne seine Mitwirkung an dem betreffenden Orte abgeschlossenen Verkäufe Provision fordern darf[23]). Solcher Verkehrssitte gegenüber hätte die Firma, die der Meinung gewesen wäre, nur für die vom Agenten ausgemachten Kaufabschlüsse Provision zahlen zu müssen, den Agenturvertrag eventuell anfechten können. Soll nun heutzutage dem Geschäftsherrn, der demselben Irrtum verfällt, die Berufung auf ihn deshalb versagt sein, weil im § 89 des neuen HGB. jene Verkehrssitte die Gestalt eines dispositiven Rechtssatzes angenommen hat? Unser BGB. bestimmt in § 336 Abs. 2, daß die Draufgabe für den Geber im Zweifel kein Recht zum Rücktritt vom Vertrag begründet. Wenn also heute jemand, der in Unkenntnis dieser Rechtsnorm eine arrha gibt, ein Reurecht zu erwerben glaubt, so kann er, weil es sich um einen Irrtum über objektives Recht handelt, nach der hier

[22]) Ebenso Danz, in Iher. Jahrb. 46 S. 384 f. Anm. 2 und 3 und Auslegung S. 14 Anm. 1. — Dabei muß übrigens bemerkt werden, daß es sich in den im Texte zuletzt erwähnten Fällen nicht mehr um eigentliches dispositives Recht, sondern schon um die essentialia negotii handelt. Aber die Beispiele sind darum für uns nur um so wertvoller, da sie uns zeigen, daß sich das Gesetzbuch auch hier, wo wir es mit dem Begriff des Kauf- bezw. Mietvertrages zu tun haben, damit begnügt, den bestehenden juristischen Sprachgebrauch zu kodifizieren.

[23]) Vgl. die bei Ehrlich, Stillschweigende Willenserklärung S. 33 Anm. 25 zitierte Entscheidung des Reichsgerichtes und dazu die dem Entwurf eines HGB. beigegebene, im Reichsjustizamt aufgestellte Denkschrift (Berlin 1896) S. 71.

bekämpften Ansicht die Hingabe der arrha trotz der Divergenz zwischen Wille und Erklärung nicht anfechten. Hätte hingegen der Gesetzgeber, etwa von der Erwägung ausgehend, daß die arrha poenitentialis im Verkehr im Schwinden begriffen und es darum selbstverständlich sei, daß eine Draufgabe mangels gegenteiliger Abmachung lediglich konfirmatorische Natur habe, die Aufstellung jenes Rechtssatzes unterlassen, so würde der gedachte Irrtum, obwohl er sachlich derselbe wäre, auch nach der Meinung der Gegner ein Anfechtungsrecht begründen. Denn er würde ja „nur" ein Irrtum über „Verkehrssitte" sein. Schon vor Erlaß des das Verlagsrecht regelnden Reichsgesetzes war es üblich (vgl. § 27 der vorhin zitierten Verlagsordnung für den Deutschen Buchhandel), den Verlagsvertrag, falls nichts Gegenteiliges ausgemacht war, als für eine Auflage abgeschlossen zu betrachten. Bis zum Jahre 1901 hätte also ein Verleger, falls er nichts von dieser Usance gewußt und infolgedessen geglaubt hätte, das Verlagsrecht für alle Auflagen erworben zu haben, den Verlagsvertrag mit der Begründung anfechten können, daß er über eine Verkehrssitte geirrt und dadurch etwas nicht Gewolltes erklärt habe. Seit dem 1. Januar 1902 aber ist jener buchhändlerische Sprachgebrauch zum dispositiven Rechtssatz erhoben worden (vgl. § 5 des Reichsgesetzes vom 19. Juni 1901). Es würde also nach der Meinung der Gegner einem Verleger heute der inhaltsgleiche Irrtum unterlaufen können, ohne daß ihm daraus ein Anfechtungsrecht erwüchse. Und wenn ein Spaßvogel einem Ausländer vorlügt, daß „kaufen" bei uns so viel bedeute wie in seiner, des Ausländers, Heimatsprache „leihen", und der Ausländer daraufhin in einer Buchhandlung, die sowohl Bücher verkauft wie ausleiht, ein Buch, das er nur geliehen haben will, „kauft", so würde er, wenn wir den § 433 BGB. nicht hätten, den Vertrag anfechten können, da er nur über die verkehrsübliche Bedeutung des Wortes „kaufen" geirrt hätte, während er angesichts der vom Gesetz aufgestellten Legaldefinition des Kaufes, wenigstens nach der Lehre der Gegner, das irrtümlich eingegangene Geschäft auf sich sitzen lassen muß. Woher in aller Welt aber soll der rein formale Unterschied zwischen Verkehrssitte und dispositivem Rechte, ein Unterschied, der, wie wir sahen, im Grunde nur die

Beweislastverteilung betrifft, die Kraft haben, Anfechtungsrechte zu geben und Anfechtungsrechte zu nehmen? Und was soll überhaupt für ein logischer Zusammenhang zwischen ihm und der Irrtumslehre bestehen, abgesehen vielleicht davon, daß bei der Verkehrssitte der Irrtum häufig entschuldbar, beim dispositiven Rechte häufig unentschuldbar sein wird, eine Beziehung, die aber, wie wir wissen, nach der positiven Regelung, welche die Irrtumsanfechtung im BGB. gefunden hat, ohne jede praktische Bedeutung ist?

Diese Fragen befriedigend zu beantworten, wird niemand imstande sein. So hat der deduktive Weg, wie vorhin der induktive, zu dem gleichen Resultat geführt, daß nämlich die Versagung der Anfechtung im Falle des Rechtsirrtumes juristische Widersprüche im Gefolge hat. Mit solchen Widersprüchen müßte man sich abfinden, wenn einmal ein Gesetzbuch der Logik des Rechtes zuwider die Irrtumsanfechtung ausdrücklich auf den Tatsachenirrtum beschränken sollte. Die Widersprüche aber künstlich in ein Gesetz hineintragen, das seinem Wortlaut nach zwischen verschiedenen Arten des Irrtumes nicht unterscheidet, wäre ein Verstoß gegen die elementarsten Regeln der Auslegung. Wir werden also dem § 119 BGB. nur dann gerecht, wenn wir ihn auf jeden Rechtsfolgen- oder Geschäftsirrtum anwenden, einerlei, ob dieser seine Wurzel in falschen tatsächlichen Vorstellungen oder in einer mangelhaften Kenntnis des objektiven Rechtes hat[24]).

[24]) Die gleiche Ansicht vertreten: Oertmann in der Anm. 2 zitierten Abhandlung und Kommentar § 119 unter 6b; Danz in Iher. Jahrb. 46 S. 440 ff.; Cosack I S. 264 unter 4; Crome I S. 419; Dernburg I S. 487; Goldmann-Lilienthal I S. 150; Müller-Meikel, Bürgerl. Recht I S. 125; Neumann, Handausgabe S. 115 § 119 unter I, 1; Frankenburger in Seuff. Blättern f. Rechtsanwendung 73 S. 494 und das Kammergericht in der Rechtspr. d. OLG. 16 S. 44. Das Reichsgericht, das sich in preußisch-rechtlichen Entscheidungen öfters für die Gleichwertigkeit von Tatsachenirrtum und Rechtsirrtum ausgesprochen hat (vgl. z. B. das Urteil vom 7. Mai 1896 in Gruchots Beitr. 40 S. 1175 und vom 23. Oktober 1905 im Recht 10 S. 238 Nr. 401), steht für das BGB., wie wir oben in Anm. 6 gesehen haben, nicht auf unserem Standpunkt. Aber es ist bemerkenswert, daß das Reichsgericht neuerdings (vgl. 70 S. 394) gelegentlich eines Falles, wo jemand in seinem Testament „gesetzliche Erbfolge" anordnete, weil er fälschlicherweise glaubte, daß danach nur die vollbürtigen und nicht auch die halb-

2. Die bisherigen Ergebnisse und Betrachtungen setzen uns in den Stand, zu einer Reihe von Streitfragen und Unterscheidungen Stellung zu nehmen, die für die Lehre von der Auslegung und darum mittelbar auch für die Lehre vom Mißverständnis von Wichtigkeit sind, die aber in der Literatur bisher eine völlige Klärung nicht gefunden haben.

a) Es handelt sich dabei einmal um das Verhältnis der hier viel erörterten Verkehrssitte zum Gewohnheitsrecht.

Der Unterschied von Gewohnheitsrecht und Verkehrssitte ist früher häufig dahin formuliert worden, daß das Gewohnheitsrecht, wie jedes objektive Recht auch auf diejenigen Anwendung zu finden habe, die es nicht kennen, während die Verkehrssitte nur diejenigen binde, die mit ihr vertraut seien oder sich ihr freiwillig ohne Kenntnis ihres Inhaltes unterworfen hätten. Nun haben wir im Verlauf der Darstellung zur Genüge gesehen, daß in Wahrheit die Verkehrssitte unabhängig davon gilt, ob derjenige um sie weiß, dem gegenüber sie angewendet werden soll; daß sie den Inhalt der Willenserklärung auch da bestimmt, wo der Erklärende sie nicht gekannt hat und auch nicht kennen konnte, und daß wenn infolge solcher Unkenntnis der Erklärungsinhalt mit dem wahren Geschäftswillen des Erklärenden in Widerspruch steht, der Urheber der Erklärung sich deren Rechtsfolgen nur im Wege der Irrtumsanfechtung entziehen kann. Anderseits haben wir vorhin gefunden, daß auch der Irrtum über objektives Recht zur Anfechtung berechtigt, so daß auch da, wo die Wirkungen eines Rechtsgeschäftes vom

---

bürtigen Geschwister den Nachlaß bekämen, den Satz aufgestellt hat: „Hat die Erblasserin über den Inhalt der gesetzlichen Bestimmung eine falsche Vorstellung gehabt, so kann sie von ihrer Willenserklärung nur dadurch freikommen, daß sie sie wegen Irrtumes anficht. Diese Anfechtung wegen Irrtumes ist im Streitfall nach § 2078 BGB. unbedenklich zulässig, da die Erblasserin, wenn die Behauptungen der Kläger richtig sind, *in einem Irrtum über den Inhalt* ihrer Erklärung, nämlich über die *Bedeutung* des im Testament *gebrauchten Ausdruckes* sich befand." Wenn es sich hier auch nur um eine Testamentsanfechtung handelt, die ja in mannigfacher Hinsicht besonderen Grundsätzen unterliegt, so läßt doch die Formulierung der Entscheidungsgründe hoffen, daß der oberste Gerichtshof demnächst auch bei den Verkehrsgeschäften die begriffliche Scheidung von Inhaltsirrtum und Rechtsirrtum aufgeben wird.

Gewohnheitsrecht diktiert werden, der Erklärende letzterem trotz der unbedingten Geltung, die ihm innewohnt, nicht rettungslos verfallen ist. Die Dinge liegen also so, daß Verkehrssitte und Gewohnheitsrecht beide nicht zu ihrer Wirksamkeit der Kenntnis der Rechtsuntertanen bedürfen, und daß dem Urheber eines Rechtsgeschäftes die Berufung auf den Irrtum sowohl dem einen wie dem anderen Faktor gegenüber offensteht.

Danach ist klar, daß das Moment, von dem man lange Zeit gemeint hat, daß es die Wesensverschiedenheit von Gewohnheitsrecht und Verkehrssitte ausmache, kein brauchbares Kriterium für diese Unterscheidung abgibt. Es ist denn auch neuerdings immer mehr und mehr aus der Literatur und Judikatur verschwunden[25]). Aber gerade weil derjenige Punkt, an dem man den Gegensatz in erster Linie aufdecken zu können glaubte, sich als nicht stichhaltig erwiesen hat, liegt die Vermutung nahe, daß jener Gegensatz in Wirklichkeit überhaupt nicht bestehe, daß vielmehr Gewohnheitsrecht und Verkehrssitte nur verschiedene Bezeichnungen für ein und dieselbe Sache seien. Wir müssen uns darum fragen, ob diese Vermutung richtig ist, ob also wirklich Gewohnheitsrecht und Verkehrssitte begrifflich zusammenfallen?

Zunächst ist sicher, daß von einer völligen Identität zwischen Gewohnheitsrecht und Verkehrssitte nicht die Rede sein kann. Denn die Verkehrssitte, mit der wir es bisher zu tun hatten, äußerte Rechtswirkungen, wie wir uns erinnern, als Bestandteil der von einer Partei abgegebenen Willenserklärung. Weil sie für den Inhalt der Erklärung maßgebend war, bewirkte sie den Eintritt bestimmter Rechtsfolgen. Darum kann ihre Macht über den Wirkungskreis der Willenserklärungen nicht hinausreichen. Der Willenserklärung aber ist eine Herrschaft über das Gesetz nur eingeräumt, soweit es sich um dispositives, nicht auch soweit es sich um zwingendes Recht handelt. Es muß also auch die Verkehrssitte vor den Schranken des jus cogens haltmachen. Das Gewohnheits-

---

[25]) Hin und wieder freilich taucht es, und zwar selbst in der Rechtsprechung des obersten Gerichtshofes, noch auf. Vgl. z. B. das reichsgerichtliche Urteil in der Jur. Wochenschr. 32 S. 9.

recht hingegen ist nach der jetzt herrschenden und richtigen Ansicht eine dem Gesetz ebenbürtige Rechtsquelle: ob dieses jenem oder jenes diesem vorgehe, ist keine Rechtsfrage, sondern eine Machtfrage. Und deshalb vermag das Gewohnheitsrecht da, wo es sich durchzusetzen die Kraft hat, auch entgegenstehende zwingende Rechtssätze zu besiegen.

Wenn also überhaupt von einer Identität der Verkehrssitte und des Gewohnheitsrechtes gesprochen werden soll, so kann mit solcher Fragestellung immer nur gemeint sein, ob sich die Verkehrssitte mit dem sogenannten dispositiven Gewohnheitsrecht decke, ob also begriffsnotwendigerweise jede Verkehrssitte ergänzendes Gewohnheitsrecht und das ergänzende Gewohnheitsrecht nichts anderes als Verkehrssitte sei.

In diesem Sinne wird denn auch die Wesensgleichheit von Verkehrssitte und Gewohnheitsrecht von demjenigen Schriftsteller behauptet, der in jüngster Zeit besonders lebhaft für sie eingetreten ist. Danz ist es, der in seinen zahlreichen, hier einschlägigen Arbeiten immer wieder den Satz betont hat, daß die Verkehrssitte Rechtssätze erzeuge, nämlich Gewohnheitsrechtssätze, und zwar Gewohnheitsrechtssätze, die der Gesetzgeber in § 157 BGB. ausdrücklich sanktioniert habe[26]).

Ich vermag dieser Anschauung, die in der Literatur vielfachen, wenn auch verschieden motivierten Widerspruch erfahren hat, nicht beizutreten.

Wir sind gewohnt, uns Gewohnheitsrecht und Gesetzesrecht als zwei nebeneinander wirkende Kräfte vorzustellen, die zusammen die Quelle des objektiven Rechtes ausmachen. Die Verkehrssitte hingegen ist keine selbständige Rechtsquelle, sondern hat, soweit sie uns hier interessiert, auf die Entstehung von Rechtsfolgen immer nur als Interpretationsmittel einer Willenserklärung Einfluß. Nur in Verbindung mit dieser vermag sie Rechtswirkungen zu erzeugen. Nun haben wir freilich oben gesehen, daß die dispositiven Rechtssätze des Ge-

---

[26]) Vgl. Auslegung S. 101 unter 4; Iher. Jahrb. 38 S. 421, 454 f.; 46 S. 434 Anm. 1 und 54 S. 21 ff.; Recht 13 S. 227 und D. Jur.-Ztg. 13 S. 27.

setzbuches, welche die naturalia negotii regeln, nichts weiter als kodifizierte Verkehrssitte sind, und insofern letztere hier die Form einer Gesetzesvorschrift angenommen hat, läßt sich ihr der Charakter eines Rechtssatzes selbstverständlich nicht absprechen. Aber wir haben oben gleichzeitig gesehen, daß diese Rechtssätze keine eigentliche materielle Bedeutung haben, daß vielmehr, auch wenn sie fehlten, die Rechtsfolgen der Willenserklärung dieselben bleiben würden. Immerhin erfüllten diese Rechtssätze einen wichtigen formalen Zweck und waren darum keineswegs überflüssig. Denn sie stellten eine gesetzliche Vermutung dafür auf, daß die Verkehrssitte den und den Inhalt habe, und die betreffende Willenserklärung darum in dem und dem Sinne zu verstehen und auszulegen sei. Das hatte zur Folge, daß nunmehr nicht derjenige, der auf Grund der Verkehrssitte eine bestimmte Deutung der Willenserklärung für sich in Anspruch nahm, das Bestehen dieser Sitte zu beweisen brauchte, sondern daß umgekehrt derjenige, der der Willenserklärung aus irgendwelchen Gründen einen anderen Inhalt beilegte, diese besonderen Gründe dartun mußte. Zu dieser Funktion der gesetzlichen dispositiven Normen läßt sich aber eine Parallele auf dem Gebiet des Gewohnheitsrechtes nicht finden. Denn die Beweislast, die derjenige trägt, der sich auf eine nicht im Gesetzbuch selbst geregelte Verkehrssitte beruft, ändert sich nicht dadurch, daß die Verkehrssitte als dispositives Gewohnheitsrecht angesprochen wird. Muß doch auch derjenige, der sich auf ein Gewohnheitsrecht stützt, dessen Vorhandensein nachweisen[27]). Die Charakterisierung der

[27]) Dem scheint zwar § 293 ZPO. entgegenzustehen, der besagt, daß die Gewohnheitsrechte des Beweises nur insofern bedürfen, als sie dem Gericht unbekannt sind. In Wirklichkeit besteht aber hier zwischen Gewohnheitsrecht und Verkehrssitte kein Unterschied. Denn auch die letztere hat der Richter, wenn sie ihm bekannt ist, von Amts wegen zu berücksichtigen, da sie ja im technischen Sinne des Beweisrechtes nicht zu den konkreten Einzeltatsachen gehört, sondern zu den allgemeinen Tatsachen oder Erfahrungssätzen, bei denen der Richter sein privates Wissen verwerten darf, also auch verwerten muß. Vgl. statt aller Gaupp-Stein, Kommentar zur ZPO. I (4. Aufl.) § 282 unter II, 3 und Vorbemerkung zu §§ 402 ff. bei Anm. 15—19. Sind anderseits Verkehrssitte und Gewohnheitsrecht dem Richter nicht bekannt, dann muß die beweispflichtige Partei in beiden Fällen ihm erst die Überzeugung vom Vorhandensein

vom Gesetzbuch nicht kodifizierten Verkehrssitte als dispositives Gewohnheitsrecht ist also juristisch wertlos. Im Interesse einer klaren und zweifelsfreien Systematik empfiehlt es sich vielmehr, den Begriff des Gewohnheitsrechtes, einerlei welcher Theorie von ihm man im einzelnen huldigt, nur da zu verwenden, wo es sich entweder um zwingende oder um solche dispositiven Rechtssätze handelt, deren Aufgabe nicht in der Auslegung bezw. Ergänzung von Willenserklärungen besteht [28]).

b) Eine andere Unterscheidung, zu der Stellung zu nehmen uns die Ausführungen dieses Paragraphen verhelfen, ist die Einteilung der die naturalia negotii normierenden Gesetzesvorschriften in sogenannte Auslegungsregeln und ergänzende oder dispositive Rechtssätze im engeren Sinne.

Die diesen Gegensatz betonende Lehre rührt, wie bekannt, hauptsächlich von Stammler her. Die Auslegungsregeln sollen ihm zufolge angeben, was in zweifelhaften Fällen als Inhalt einer Willenserklärung anzunehmen sei. „Daher setzen sie ein, wo die konkrete Auslegung im besonderen Falle das Ergebnis liefert, daß der Sinn des Rechtsgeschäftes nicht sicher festzustellen ist; und sie sagen hilfreich aus, wie dieser Zweifel nun zu beseitigen ist.“ Sie haben also zur Bedingung, „daß von den Privaten besondere Verfügungen, die nun gedeutet werden sollen, wirklich vorliegen“. Das ergänzende Recht hingegen setzt nach der Meinung Stammlers gerade voraus, daß keine einschlägige Bestimmung getroffen

---

jener Faktoren beibringen, sei es dadurch, daß sie mit Hilfe eines Sachverständigen dem Richter das fertige Urteil über die Existenz der Usance oder des Gewohnheitsrechtes unterbreitet, sei es dadurch, daß sie — etwa mittelst Zeugen — die einzelnen Anwendungsfälle nachweist, aus denen der Richter den Schluß auf die Bildung einer Verkehrssitte oder eines Gewohnheitsrechtes ziehen kann.

[28]) Man denke etwa an Gewohnheitsrechtssätze im Gebiet der gesetzlichen Erbfolge oder des gesetzlichen Güterrechtes. Freilich ist es nicht unbestritten, ob hier der Begriff des dispositiven Rechtssatzes überhaupt noch verwertbar sei. Dagegen beispielsweise Ehrlich, Das zwingende und nichtzwingende Recht im BGB. S. 1 ff. Ich für meine Person möchte mit der herrschenden Ansicht die Frage bejahen, ohne indessen der weit ausladenden terminologischen Kontroverse an dieser Stelle nähertreten zu können.

ist, „auch nicht eine solche, die durch konkrete Auslegung oder durch Auslegungsvorschrift zu einem sicheren Inhalt gebracht werden kann". Während die Auslegungsvorschrift einen gewissen Sinn in eine zweifelhafte, in ihrem Ausdruck und ihrer Bedeutung nicht sichere Willenserklärung hineinbringt, „gilt der ergänzende Rechtssatz für solche Dispositionen, die über eine jetzt streitige Frage gar nichts enthalten, und fügt eine bestimmte Folge zu einem klaren, aber inhaltlich nicht erschöpfenden Rechtsgeschäft hinzu" [29]).

Danach sollen beispielsweise den Charakter von Auslegungsvorschriften haben, abgesehen von den sich selbst als solche bezeichnenden §§ 186 ff., die §§ 30, 127, 139, 153, 154, 314, 335, 672, 1025, 1096, 1301, 1625, 2049 Abs. 1, 2066, 2086, 2161, 2188 des BGB. Hingegen sollen zu den ergänzenden Rechtssätzen des Gesetzbuches unter anderen gehören die §§ 82, 152, 168, 181, 183, 184, 246, 276, 369, 426, 430, 520, 608, 699, 727 Abs. 1, 730 Abs. 2, 808 Abs. 2, 897, 1022, 1108, 1172 Abs. 2, 1194, 1230, 1277, 1296 [30]).

---

[29]) Vgl. Stammler im Arch. f. d. zivil. Praxis 69 S. 13 ff. und Recht der Schuldverhältnisse in seinen allgemeinen Lehren (Berlin 1897) S. 55 ff. Dem Vorgang Stammlers sind im wesentlichen gefolgt: die Motive I S. 17 f.; Oertmann I S. XXI f.; Planck I S. 23 f.; Kipp bei Windscheid I S. 449; Biermann I S. 90; Crome I S. 70; Endemann I S. 41 f.; Eck, Vorträge S. 31 f.; Reichsgericht 64 S. 296 ff.; Wedemeyer, Auslegung S. 16; Franz Leonhard, Beweislast S. 294; Saleilles a. a. O. S. 197, 202 ff. und andere mehr. Mit der Unterscheidung von Auslegungsregeln und ergänzendem Rechtssatz operieren ferner, aber in Formulierungen, die von der Stammlerschen Lehre abweichen: Zitelmann, Internationales Privatr. II S. 218 f.; Hölder in der Krit. Viertelj. 42 S. 487 ff., Theorie S. 118 u. 125 f. (Sep.-Abdr. S. 28 u. 35 f.) und Iher. Jahrb. 55 S. 433 ff. und Ehrlich a. a. O. S. 42 ff. und 74 ff. Ehrlich will neben jenen beiden Normengruppen sogar noch eine dritte, die sogenannten „Fürsorgerechtssätze", unterschieden wissen. Vgl. S. 55 ff. a. a. O.

[30]) Die obige Paragraphenzusammenstellung enthält im großen und ganzen die Konsequenzen, die Planck a. a. O. S. 24 aus der von ihm adoptierten herrschenden Lehre zieht. Als äußeres, wenn auch nicht untrügliches Kennzeichen für die auslegende oder ergänzende Natur einer Rechtsnorm führt Planck an, daß die Auslegungsregel gewöhnlich die Fassung „im Zweifel" oder „soweit nicht ein anderer Wille anzunehmen ist" aufweise, während bei dem ergänzenden Rechtssatz der Text meistens

Indessen vermag die ganze Distinktion einer näheren, vorurteilsfreien Betrachtungsweise nicht standzuhalten. Sie ist eine juristische Treibhauspflanze, die eingeht, sobald sie von der Luft der Wirklichkeit umweht wird. Wir brauchen zum Beweis dessen, wie gesagt, nur die Nutzanwendung aus früheren Darlegungen zu ziehen.

So wenig klar und scharf der Begriff der Auslegungsvorschrift auch von der herrschenden Lehre gefaßt wird, so dürfte das Eine doch sicher sein: sie soll nach letzterer eine Willenserklärung, die wegen ihrer Mehrdeutigkeit zu Zweifeln Anlaß gibt, zu einer eindeutigen machen und dadurch den Erklärungsinhalt zweifelsfrei fixieren. Gegenstand der Regelung ist also bei der Auslegungsvorschrift die von der Partei abgegebene Erklärung, nicht etwa der innere Geschäftswille der Partei, der hinter der Erklärung steht. Zwar findet sich bei verschiedenen Schriftstellern die Wendung, daß die Auslegungsvorschrift die sonst notwendige Erforschung oder Interpretation „des Parteiwillens" ersparen soll. Aber das ist doch in der Regel nur eine schiefe Ausdrucksweise, die aus einer Zeit stammt, wo man zwischen Wille und Erklärung nicht immer scharf unterschied, und oft von jenem sprach, wenn man diese meinte. Der innere Geschäftswille einer Partei ist gewiß eine rechtlich erhebliche Tatsache (insofern sein Fehlen oder Dasein gewisse Rechtsfolgen, wie z. B. die Irrtumsfolgen, auslösen oder ausschließen kann), aber der innere Wille der Partei ist kein Gegenstand der Auslegung im technischen Sinne. Wenigstens nicht unmittelbar. Sondern unmittelbares Objekt der Auslegung ist die von der Partei abgegebene Erklärung. Der innere Geschäfts- oder Erfolgswille der Partei ist höchstens mittelbares Objekt, insofern eben das Wesen der „Erklärung" darin besteht, in der Außenwelt den Eindruck vom Vorhandensein eines bestimmten Geschäftswillens zu erwecken. Denn wir verstehen ja unter „Erklärung" ein Verhalten, von dem wir sagen können, daß sich, wenn es beobachtet wird, hinter ihm regelmäßig und darum mutmaßlich der und der Ge-

laute: „wenn" oder „soweit" oder „sofern" „nicht ein Anderes bestimmt" oder „vereinbart ist" bezw. „wenn oder sofern sich nicht ein Anderes ergibt".

schäftswille verbirgt. Aber die Erklärung und somit auch die Auslegung sagen nichts darüber aus, ob diese Schlußfolgerung auch im konkreten Falle zutrifft, ob letzterer also zu den Regelerscheinungen gehört, wo der Geschäftswille sich mit der hinsichtlich seiner bei Anderen hervorgerufenen Vorstellung deckt, oder ob er zu den anomalen Fällen zählt, wo diese Kongruenz nicht erreicht worden ist.

Aus dem Gesagten folgt, daß derjenige, dessen Willenserklärung durch eine Auslegungsvorschrift erläutert wird, die Wirkungen dieser Vorschrift nicht schon dadurch beseitigen kann, daß er nachweist, letztere entspreche nicht dem inneren Erfolgswillen, den er bei Geschäftserrichtung gehabt habe. Völlig bedeutungslos würde dieser Einwand sein, wenn der Erklärende damit zum Ausdruck bringen wollte, daß er an den betreffenden Punkt, den die Auslegungsvorschrift regele, bei Erklärungsabgabe überhaupt nicht gedacht und ihn infolgedessen auch nicht in seinen Geschäftswillen aufgenommen habe. Denn die Unantastbarkeit einer Willenserklärung hängt bekanntlich nicht davon ab, daß der Erklärende von allen sich aus ihr ergebenden Rechtsfolgen eine klare Vorstellung gehabt habe, sondern es genügt, wenn die eingetretenen Rechtsfolgen mit keiner der Vorstellungen, die er sich tatsächlich gemacht hat, in Widerspruch stehen [31]). Aber auch wenn der Erklärende behaupten und beweisen könnte, daß die von der Auslegungsvorschrift geregelten Punkte seinerzeit von ihm bedacht worden seien, und daß die

---

[31]) Vgl. oben S. 445 f. — Ehrlich a. a. O. S. 47 will freilich bei solchen Rechtssätzen, die Punkte normieren, an welche die Parteien „in der Regel gar nicht denken", überhaupt nicht von Auslegungsvorschriften sprechen, sondern sie sollen nach ihm gerade das Gebiet der ergänzenden Rechtssätze ausmachen. Seine eigenen Entscheidungen aber stehen damit nicht im Einklang. Denn er rechnet beispielsweise (vgl. S. 45 a. a. O.) den § 511 BGB. zu den „Auslegungsvorschriften", obwohl doch mit Fug bezweifelt werden darf, daß die ein Vorkaufsrecht vereinbarenden Parteien sich über den dort behandelten Fall Gedanken zu machen pflegen; und es ist bezeichnend für die gekünstelte Auffassung, die Ehrlich von der an sich schon künstlichen Unterscheidung hat, daß er den einzigen Rechtssätzen, die das Gesetzbuch selbst als Auslegungsvorschriften bezeichnet (es sind die §§ 186 ff.), den Charakter von Auslegungsregeln abspricht (a. a. O. S. 48).

Regelung, die jene enthalte, dem Bilde, das er sich von den betreffenden Rechtsfolgen gemacht habe, zuwiderlaufe, so würde er damit die Geltung der Auslegungsvorschrift noch nicht schlechthin eliminieren. Vielmehr würde die letztere trotzdem den Inhalt der Willenserklärung bestimmen, und der Erklärende käme von ihr nur los, wenn die nach § 119 erforderlichen Voraussetzungen der Irrtumsanfechtung gegeben wären, und er von der ihm eröffneten Anfechtungsmöglichkeit Gebrauch machte [32]).

Ohne Irrtumsanfechtung — das gibt im wesentlichen auch die herrschende Lehre zu — kann eine Auslegungsvorschrift nur entweder durch den Nachweis außer Kraft gesetzt werden, daß der betreffende Punkt durch besondere, jeden Zweifel ausschließende Parteiberedung (also „ausdrücklich") geregelt sei — ein Fall, der uns hier nicht interessiert —, oder dadurch, daß der Erklärende zwar bekennt, die Willenserklärung sei in dem fraglichen Punkte undeutlich, aber gleichzeitig Umstände dartut, aus denen hervorgeht, daß die vom Gesetz vorgeschlagene Lösung der Undeutlichkeit nicht richtig, die Willenserklärung vielmehr anders, als es die Auslegungsregel vorschreibe, zu interpretieren sei. Nach dem, was wir im ersten Teile unserer Arbeit über die Interpretation von Willens-

[32]) Merkwürdig ist die Behauptung Stammlers, Schuldverhältnisse S. 69: „Die besondere Auslegungsvorschrift, die auf einzelne Sonderfolgen eines Rechtsgeschäftes geht, wird schon dadurch ausgeschlossen, daß die Willenserklärung über diese besondere Frage nichts enthält." Wir müssen auch hier annehmen, daß es sich nur um einen die herrschende Lehre entstellenden lapsus calami handelt. Denn wenn mit jener Behauptung Ernst gemacht würde, so hätte sie die völlige Unanwendbarkeit jeder Auslegungsregel zur unabweislichen Folge. Entfällt die Auslegungsvorschrift doch schon naturgemäß, wenn das Rechtsgeschäft über die besondere, von ihr geregelte Frage etwas enthält; hat sie nun auch dann außer Betracht zu bleiben, wenn die Willenserklärung über die betreffende Frage nichts enthält, was bleibt dann für sie als Anwendungsgebiet noch übrig? — Das Beispiel, das Biermann a. a. O. dafür anführt, daß eine Auslegungsvorschrift schon durch den Nachweis eines entgegenstehenden inneren Geschäftswillens beseitigt wird, schlägt deshalb nicht durch, weil es dem Testamentsrecht, also dem Bereich der Nichtverkehrsgeschäfte entnommen ist, bei denen der Erklärungsinhalt, wie wir früher (vgl. oben S. 94ff.) gesehen haben, nach anderen als den sonst geltenden Grundsätzen ermittelt wird.

erklärungen gesehen haben, kann aber der Erklärende diesen Beweis nur auf zweierlei Weise führen: indem er entweder Sonderbeziehungen aufdeckt, die zwischen ihm und dem Gegner bestehen und der Willenserklärung einen von der sonst üblichen Bedeutung abweichenden Sinn verleihen — dann beruft er sich auf die früher von uns so genannte „individuelle" Auslegung —, oder indem er zwar die „übliche" Auffassung der Willenserklärung betont, aber zugleich darlegt, daß die über die Üblichkeit entscheidende Verkehrssitte eine andere als die vom Gesetzbuch vorausgesetzte sei — dann beruft er sich, nach unserer früheren Terminologie, auf eine von der Auslegungsvorschrift abweichende „generelle" Auslegung.

Damit aber ist der Schlüssel zur Erkenntnis der rechtlichen Natur der „Auslegungsvorschriften" bereits gefunden. Denn muß der Erklärende, wenn er letztere nicht gegen sich gelten lassen will, sie in der eben angedeuteten Weise entkräften, so ist klar, daß überall, wo diese Außerkraftsetzung nicht gelingt, die Auslegungsvorschrift unerbittlich über den Inhalt der Willenserklärung entscheidet. Wir wissen aber, daß der Inhalt einer Willenserklärung durch die Auffassung des Verkehres, durch den allgemeinen Sprachgebrauch oder, was dasselbe ist, durch die „Verkehrssitte" bestimmt wird. Wenn hier also die Auslegungsvorschrift den Inhalt der Willenserklärung fixiert, so liegt darin ausgesprochen, daß sie die für den konkreten Fall maßgebende Verkehrssitte wiedergibt, wie wir ja auch eben gesehen haben, daß sie einer entgegenstehenden Verkehrssitte weichen muß. Mit anderen Worten: die Auslegungsvorschriften enthalten eine durch Gegenbeweis widerlegbare Aufzeichnung der für die Interpretation der betreffenden Erklärungen maßgebenden Verkehrssitte. Die Rechtsordnung will durch ihre Aufstellung demjenigen, der den von der Auslegungsregel vertretenen Erklärungssinn für sich in Anspruch nimmt, den Beweis ersparen, daß die von ihm herangezogene Verkehrssitte tatsächlich der im konkreten Falle für die Interpretation ausschlaggebende Geschäftsgebrauch sei.

Danach können wir, die bisherigen Deduktionen zusammenfassend, die Auslegungsvorschriften bezeichnen als Kodifikationen der Verkehrssitte, die eine Vermutung für die Existenz der letzteren begründen, und die den Inhalt der betreffenden Willenserklärung so lange bestimmen, als nicht Umstände bewiesen werden, die zu einer anderen Interpretation der Erklärung zwingen, oder als der Erklärende sich nicht im Wege der Irrtumsanfechtung von ihnen und damit von dem fraglichen Rechtsgeschäft überhaupt losgemacht hat[33]).

Diese Merkmale aber enthalten, wie unschwer zu erkennen ist, nichts, was wir nicht früher bereits als charakteristisch für jedes die Willenserklärungen normierende dispositive Recht hingestellt hätten. Denn wir haben oben[34]) ganz allgemein vom dispositiven Rechte, also auch von den zu den Auslegungsregeln in vermeintlichem begrifflichen Gegensatz stehenden ergänzenden Rechtssätzen gesagt, daß sie eine Vermutung für die im konkreten Falle zur Erklärungsinterpretation heranzu-

---

[33]) Die hier vertretene Ansicht, daß die Auslegungsvorschriften eine Vermutung im technischen Sinne begründen, ist von der Literatur freilich vielfach abgelehnt worden. Vgl. z. B. Franz Leonhard, Beweislast S. 329; Hellwig, Lehrb. d. dtsch. Zivilprozeßrechts II S. 148; Danz, Auslegung S. 90 f.; Hedemann, Die Vermutung (Jena 1904) S. 230 und Zeitschr. f. Rechtspfl. in Bayern 6 S. 26; Hölder in der Krit. Viertelj. 42 S. 491 und Rosenberg in der Zeitschr. f. dtsch. Zivilpr. 37 S. 320. Indessen ist die gegnerische Meinung wohl nur eine Folge davon, daß der im Texte angegebene Gegenstand der Vermutung bisher nicht richtig erkannt worden ist. — Weil die Auslegungsregeln eine Vermutung für die Existenz einer bestimmten Verkehrssitte begründen, darum ist es auch fehlerhaft, sie als „besondere" Auslegungsvorschriften zu bezeichnen und den §§ 133, 157 BGB. als den „allgemeinen" Auslegungsregeln gegenüberzustellen. Denn in beiden Fällen handelt es sich um gänzlich verschiedene Dinge, die nichts mit den logischen Kategorien des Allgemeinen und Besonderen zu tun haben. Die §§ 133, 157 enthalten eine vom Gesetzbuch aufgestellte (übrigens — vgl. oben § 9 Anm. 5 — schon mit dem Erklärungsbegriff von selbst gegebene) Auslegungsmethode; die hier im Texte besprochenen Auslegungsregeln hingegen ein vom Gesetzgeber auf Grund dieser Methode gefundenes Auslegungsprodukt. Aber auch abgesehen hiervon ist jene Terminologie nicht sehr glücklich. Denn sie legt die Anwendung der Regel „lex specialis derogat generali" nahe und verführt dadurch (vgl. z. B. Oertmann § 157 unter 2 d) zu der Annahme, als ob die §§ 133, 157 hinter den „besonderen" Auslegungsvorschriften zurückstehen müßten, während wir hier und auch schon früher (vgl. oben § 13 Anm. 8) gesehen haben, daß gerade das Umgekehrte der Fall ist.

[34]) Vgl. S. 465 f., 473.

ziehende Verkehrssitte begründen; daß sie infolgedessen zessieren, sobald der Nachweis einer entgegenstehenden Verkehrssitte erbracht wird; daß ihnen hingegen der Erklärende nicht dadurch entgehen kann, daß er beweist, er habe die von ihnen geregelten Punkte seinerzeit überhaupt nicht bedacht und darum auch nicht in seinen Geschäftswillen aufgenommen; daß er aber allerdings ihnen gegenüber, wenn die Voraussetzungen des § 119 BGB. gegeben sind, insbesondere also zwischen vorgestellter und angeordneter Rechtsfolge ein Widerspruch vorliegt, zur Irrtumsanfechtung schreiten kann[35]).

Somit besteht zwischen Auslegungsvorschrift und ergänzendem Rechtssatz nicht der geringste Wesensunterschied: sie stimmen vielmehr in ihren begrifflichen Merkmalen völlig überein. Beide dienen lediglich der Interpretation von Willenserklärungen, beide weichen deshalb vor ihnen entgegenstehender Verkehrssitte zurück[36]), und beide haben im letzten Grunde nur beweisrechtlichen Charakter. Wir hatten also recht, am Eingang dieses Abschnittes zu behaupten, daß die ganze, von der Doktrin erfundene Distinktion ein künstliches, eingehender Kritik nicht standhaltendes Gebilde sei[37]). Es ist darum dringend zu wünschen,

---

[35]) Damit erledigt sich die Ansicht von Jacobsohn in Jher. Jahrb. 56 S. 374, derzufolge sich die Verschiedenheit von Dispositivnormen und Auslegungsvorschriften gerade darin zeigt, daß der Irrtum über letztere, nicht auch der über erstere ein Anfechtungsrecht bewirkt.

[36]) Damit entfällt das Kriterium, auf welches Hölder an der Anm. 29 zitierten Stelle (und ähnlich Zitelmann a. a. O.) die Verschiedenheit der beiden Normengruppen gründet. Nach ihm sollen letztere nicht den gleichen Grad von Subsidiarität haben, indem nur die Auslegungsregeln, nicht auch die ergänzenden Rechtssätze von der Verkehrssitte überwunden werden. Die Ausführungen dieses Paragraphen haben uns aber gezeigt, daß das Verhältnis zur Verkehrssitte bei beiden Arten von Rechtssätzen dasselbe ist.

[37]) Die herrschende Lehre räumt in der Hauptsache selbst ein, daß „der praktische Ertrag der Unterscheidung nur gering sei". Höchstens bei formbedürftigen Rechtsgeschäften, so wird gewöhnlich gesagt, mache sich ein Unterschied bemerkbar, indem hier eine Auslegungsvorschrift auch durch formfreies, ein ergänzender Rechtssatz aber nur durch ein der gesetzlichen Form entsprechendes Auslegungsmaterial außer Kraft gesetzt werden könne. Indessen auch diese Konsequenz trifft nicht zu. Denn wir haben früher gesehen (vgl. oben S. 134 f.), daß die Ermittelung des Erklärungsinhaltes bei formbedürftigen Geschäften grundsätzlich keine andere

daß sie möglichst bald von der Literatur als ein überflüssiger, die Systematik lediglich verwirrender Ballast preisgegeben werde. Man soll künftighin entweder nur von Auslegungsregeln oder nur von ergänzenden Rechtssätzen reden, aber endlich aufhören, die eine Gruppe in Gegensatz zur anderen zu stellen[38]).

Damit würde übrigens nicht nur den Bedürfnissen der Jurisprudenz Rechnung getragen, sondern auch eine Übereinstimmung der Rechtssprache mit dem allgemeinen Sprachgebrauch herbeigeführt werden. Denn auch dieser kennt keine Erklärungs-

als bei formfreien ist, und daß über die Frage, ob der ermittelte Inhalt von der beobachteten Form gedeckt wird, ausschließlich der mit der Formvorschrift vom Gesetzgeber verfolgte Zweck entscheidet.

[38]) Diese Meinung findet auch mehr und mehr Anhänger. So sagt Kohler I § 238 unter III (S. 536): „Vermeintliche gesetzliche Auslegungsregeln sind nicht Auslegungsregeln, sondern nachgiebiges Recht." Ebenso lehrt Hellwig a. a. O. S. 149, der im übrigen eine mit der des Textes nicht übereinstimmende Auffassung vom Charakter des dispositiven Rechtes hat, daß „ihrem wahren Wesen nach die vielfach als Auslegungsregeln bezeichneten Vorschriften von den dispositiven in keiner Weise verschieden seien". Auch Leonhard, Allgem. Teil S. 357 f. steht auf dem obigen ablehnenden Standpunkt. Desgleichen Regelsberger in Iher. Jahrb. 40 S. 481 unter d und Staub I (7. Aufl.) S. 18 Anm. 42 ff. Und Danz, der 1898 in seinem Aufsatz über Laienverstand und Rechtsprechung die Unterscheidung noch für „richtig", wenn auch als zu handhaben „schwierig" erklärte (Iher. Jahrb. 38 S. 398 Anm. 2), und der in der 2. Auflage seiner Auslegung (S. 110) die Sonderung der auslegenden Normen von den ergänzenden immerhin nur als „ein für die Praxis nutzloses Beginnen" bezeichnet, hat neuerdings (Iher. Jahrb. 54 S. 11 Anm. 1) sein Urteil kurz und bündig dahin zusammengefaßt: „Zwischen ergänzenden und auslegenden Rechtssätzen ist kein Unterschied." Ja, charakteristisch für die ganze Lehre ist, daß zu denjenigen Schriftstellern, die sie verwerfen, ihr geistiger Vater selbst gezählt werden muß. Denn Stammler schreibt jetzt in seiner Lehre vom richtigen Rechte S. 502 f. über den von ihm seinerzeit mit besonderem Nachdruck betonten Gegensatz: „Er ist geeignet, in häufiger Gelegenheit Zweifel zu erregen, welcher der beiden Gruppen ein gewisser Satz im Sinne des geltenden Rechtes zuzuweisen sei; — seine Durchführung im einzelnen Falle bleibt auch nach der Beseitigung des genannten Zweifels nicht ohne Verwickelung; — und er hat bei seiner technischen Betätigung ein zu wenig abgetöntes Ergebnis, um auf seine genaue Befolgung zu starkes Gewicht zu legen. So würde es zur Vereinfachung und Klarheit dienen, wenn man jedem nicht zwingend aufzustellenden Satze die beiden Funktionen des Auslegens und des Ergänzens gleichmäßig übertrüge."

auslegung, die nicht gleichzeitig Erklärungsergänzung wäre. Und das ist nur natürlich. Sind doch undeutliche Erklärung und lückenhafte Erklärung nur verschiedene Bezeichnungen für ein und dieselbe Sache. Wir nennen eine Erklärung deutlich, wenn sie über alle wissenswerten Punkte Auskunft erteilt. Dann aber ist sie auch lückenlos. Und umgekehrt: verweigert sie in einem Punkte die Auskunft, so entstehen hinsichtlich seiner „Zweifel", d. h. statt einer Inhaltsmöglichkeit bietet sich unter mehreren Möglichkeiten die Wahl, und diese Wahlmöglichkeit muß durch „Ergänzung" der „lückenhaften" Erklärung eingeschränkt werden. Geschieht das, so wird diese wiederum „vollständig" oder „deutlich". Auslegung ist ja aber nichts anderes als der Kunstausdruck für „Verdeutlichung". Ist letztere immer zugleich „Ergänzung", so muß es also auch erstere sein.

So ergibt sich nicht nur aus juristischen, sondern auch aus allgemein sprachlichen Erwägungen, daß im BGB. die Auslegungsvorschriften zugleich ergänzende Rechtssätze und die ergänzenden Rechtssätze zugleich Auslegungsvorschriften sind. Statt in § 246 zu sagen: Ist eine Schuld zu verzinsen, „so sind vier vom Hundert für das Jahr zu entrichten, sofern nicht ein Anderes bestimmt ist", hätte das Gesetzbuch, ohne den Sinn der Stelle zu verändern, sich auch der Wendung bedienen können: „so sind im Zweifel vier vom Hundert für das Jahr zu entrichten". Und in § 336 Abs. 2, der jetzt lautet: „Die Draufgabe gilt im Zweifel nicht als Reugeld", könnte es ebensogut heißen: „Die Draufgabe hat nicht die Wirkung eines Reugeldes, es müßte denn das Gegenteil ausgemacht sein." Ja auch der berühmte § 514, der von der herrschenden Lehre gewöhnlich als Musterbeispiel dafür angeführt wird, wie das Gesetzbuch in Vorder- und Nachsatz zwischen ergänzendem Rechtssatz und Auslegungsregel variiert, und der in seiner jetzigen Gestalt folgenden Wortlaut hat: „Das Vorkaufsrecht ist nicht übertragbar und geht nicht auf die Erben des Berechtigten über, sofern nicht ein Anderes bestimmt ist. Ist das Recht auf eine bestimmte Zeit beschränkt, so ist es im Zweifel vererblich", könnte, ohne daß sein Inhalt wechselte, dahin abgeändert werden: „Das Vorkaufsrecht ist im Zweifel nicht übertragbar und geht im Zweifel nicht auf die Erben des Berechtigten über. Ist das Recht auf eine bestimmte Zeit beschränkt, so ist es vererblich, sofern nicht ein Anderes bestimmt ist." Es ist reiner Zufall, ob sich bei der Formulierung der einzelnen dispositiven Bestimmungen dem Gesetzgeber mehr das Bild des Auslegens oder das des Ergänzens aufgedrängt hat. Die Verschiedenheit der Stilisierung erweckt wohl bisweilen den Anschein, als ob sich „der eine Rechtssatz leichter durch Privatwillkür beseitigen lasse, wie der andere". Aber es handelt sich eben nur um einen Schein, und indem sie dies verkannte, ist die herrschende Lehre buchstäblich das Opfer einer „optischen" Täuschung geworden[89]).

---

[89]) Die Gefahr solcher „optischen" Täuschung besteht überall, wo bei der Gesetzesinterpretation zu großer Wert auf die äußere Fassung der Paragraphen gelegt wird. Im konkreten Falle sind dadurch wesensgleiche Dinge für wesensverschieden angesehen worden. Ebensogut können aber die Buchstaben natürlich einmal in der umgekehrten Richtung irreführen, also dazu verleiten, Wesensverschiedenes wesensgleich zu behandeln. Das beste Gegenbeispiel zu dem im Texte gebrachten ist in dieser Beziehung das Wort „gilt". Es wird vom Gesetzbuch bisweilen gebraucht, um anzuzeigen, daß sich eine Rechtswirkung scheinbar auf eine Willenserklärung gründet, daß sie aber in Wahrheit ohne Rücksicht auf das Vorliegen einer solchen, also unmittelbar kraft Gesetzes, eintritt. So, wenn das Gesetz in § 108 bei Gelegenheit der an den gesetzlichen Vertreter zu richtenden Aufforderung sagt: „Die Genehmigung kann nur bis zum Ablauf von zwei Wochen nach dem Empfang der Aufforderung erklärt werden; wird sie nicht erklärt, so gilt sie als verweigert." Oder wenn es in § 1943 heißt: „Der Erbe kann die Erbschaft nicht mehr ausschlagen, wenn .... die für die Ausschlagung vorgeschriebene Frist verstrichen ist; mit dem Ablauf der Frist gilt die Erbschaft als angenommen." Und weil hier die Rechtswirkungen nur unter der Maske eines Rechtsgeschäftes auftreten, in Wirklichkeit aber rein gesetzliche sind, darum können auch (soweit nicht das Gesetz, wie im § 1956, selbst das Gegenteil vorschreibt) die für Rechtsgeschäfte geltenden Vorschriften über Anfechtung und Auslegung keine Anwendung finden. Eine ganz andere Bedeutung aber verknüpft das BGB. mit dem Worte „gilt", wenn es im § 612 bestimmt: „Eine Vergütung gilt als stillschweigend vereinbart, wenn die Dienstleistung den Umständen nach nur gegen eine Vergütung zu erwarten ist." Hier handelt es sich um eine reine Auslegungsvorschrift, die ebensogut lauten könnte: „Eine Vergütung ist immer zu entrichten, wenn nicht aus den Umständen erhellt, daß die Dienste ohne Vergütung geleistet werden sollen." Es ist darum zweifellos, daß die Verpflichtung zur Zahlung einer Vergütung stets eine vertrag-

c) Mit der Erkenntnis, daß die von der herrschenden Lehre betonte Unterscheidung von Auslegungsvorschriften und ergänzenden Rechtssätzen juristisch und sprachlich unhaltbar ist, steht der letzte noch einer Erörterung harrende Punkt in engstem Zusammenhang.

Die Literatur operiert nämlich mit dem vermeintlichen Gegensatz von Auslegung und Ergänzung nicht nur bei der im vorstehenden kritisierten Normeneinteilung, sondern arbeitet mit ihm auch da, wo der Inhalt eines Rechtsgeschäftes nicht im Gesetzbuch fixiert ist, und wo er darum von dem Richter bezw. den Parteien selbständig, ohne Assistenz der Rechtsordnung, ermittelt werden muß. Und zwar wird die Trennung jener beiden Funktionen hier entweder in der Form zum Ausdruck gebracht, daß man von einem Oberbegriff der Inhaltsermittelung ausgeht, der sich dann in die Begriffe Auslegung und Ergänzung spaltet, oder daß man einen Begriff der Auslegung im weiteren Sinne konstruiert und demgemäß zwei verschiedene Auslegungsarten unterscheidet: auf der einen Seite die „eigentliche" oder

---

liche Folge, eine Folge der abgegebenen Erklärung ist, woraus sich weiter ergibt, daß derjenige, der sich Dienste in der Meinung versprechen läßt, sie würden ihm unentgeltlich geleistet werden, während die nach § 612 vorzunehmende Auslegung der Erklärung diese Meinung nicht rechtfertigt, den Dienstvertrag mit der Begründung anfechten kann, daß die für ihn entstandene Verpflichtung zur Lohnzahlung von ihm nicht gewollt gewesen sei. Die von Manigk, Willenserklärung S. 118 unter Berufung auf das Wort „gilt" gefällte gegenteilige Entscheidung ist völlig unhaltbar. Die Probe auf das Exempel ist ja in den gedachten Fällen außerordentlich leicht zu machen. Das „gilt" des § 612 wird von selbst hinfällig, sobald aus den Umständen erhellt, daß die von den Parteien abgegebenen Erklärungen eine andere als die hier vorausgesetzte Bedeutung haben. Bei dem „gilt" des § 108 hat es sein Bewenden auch dann, wenn nach Lage der Dinge das vierzehntägige Schweigen des gesetzlichen Vertreters die Bedeutung einer verweigerten Genehmigung gar nicht haben kann, wie wenn beispielsweise auf die vom Drittkontrahenten an den Vertreter gerichtete Aufforderung ein Angehöriger des letzteren antworten würde, der Adressat liege fieberkrank zu Bett und sei weder Briefe zu lesen noch solche zu schreiben imstande. In dem ersteren Falle haben wir es eben mit wirklicher Auslegung, im letzteren nur mit einer verschleierten Präklusivfrist zu tun.

„interpretative“, auf der anderen Seite die sogenannte „ergänzende“ Auslegung[40]).

Danach soll beispielsweise Auslegung im engeren Sinne vorliegen, wenn nach den Regeln, die wir früher darüber aufgestellt haben, der Sinn von Wendungen klargelegt wird, wie etwa: „Näheres brieflich“, „Brief folgt“, „erbitte Drahtantwort“, „zahlbar nach Belieben“, „netto Kasse gegen Faktura“, „Lieferung frei ab Lager“; oder wenn ermittelt wird, ob die von einem Norddeutschen einem Süddeutschen über ein „erstes Stockwerk“ gemachte Mietofferte sich auf die im Haus zu unterst gelegene oder auf die nächst höhere Etage bezieht; ob die Bezeichnung „Proszeniumsloge links“ vom Standpunkt des Zuschauers oder von dem des Schauspielers aus zu verstehen ist; ob jemand, der Madeira in einem Wirtshaus bestellt, in dem von alters her ein bestimmter Schnaps unter diesem Namen ausgeschenkt wird, einen Vertrag über diesen „Likör“ oder über wirklichen Madeirawein abschließt; ob derjenige, der verspricht, einen Anderen aus dessen Wechselunterschrift „materiell“ nicht in Anspruch zu nehmen, damit nur auf die Zwangsvollstreckung, oder auch schon auf die Klageerhebung verzichtet; ob mit den Worten „suche Darlehn gegen Hypothek“ die Gewährung einer ersten Hypothek oder einer Hypothek von beliebigem Range in Aussicht gestellt ist.

Hingegen soll es sich um Ergänzung von Willenserklärungen bezw. um „ergänzende Auslegung“ handeln, wenn ein Bauunternehmer einer Bank, mit der er in Geschäftsverbindung steht, ein Pfand bestellt „für alle Forderungen, welche der Bank gegen ihn zustehen und in Zukunft zustehen werden“, und es später fraglich wird, ob dieses Pfand auch für solche Forderungen gegen den Bauunternehmer haftet, die der Bank von dritten Personen zediert worden sind[41]); oder wenn jemand mit einer Konfessionsgemeinschaft einen Vertrag über ein Erbbegräbnis abschließt, und hinterher Streit darüber entsteht, ob in dem Erbbegräbnis auch die Aschenüberreste einer in einem

[40]) Die „eigentliche“ Auslegung wird bisweilen auch als „Wortauslegung“, die „ergänzende“ Auslegung bisweilen auch als „abändernde“ Auslegung bezeichnet.

[41]) Vgl. den vom Reichsgericht 18 S. 232 abgeurteilten Rechtsfall.

Krematorium verbrannten Leiche beigesetzt werden dürfen[42]); oder wenn sich jemand zu einer Zeit, wo es nur Handspritzen gibt, als Konzessionär des städtischen Wasserwerkes verpflichtet, „zur Speisung der Spritzen bei Bränden das Wasser unentgeltlich zu liefern", und es jetzt nach Erfindung der Dampfspritzen zum Prozeß darüber kommt, ob der Konzessionär auf Grund des Vertrages auch diese zu speisen gehalten ist[43]); oder wenn die Policen einer Unfallversicherungsgesellschaft dem Versicherten die Pflicht auferlegen, sich „bei Strafe der Verwirkung allen von der Gesellschaft angeordneten ärztlichen Untersuchungen zu unterziehen", der Versicherte daraufhin eine ihm zugemutete Durchleuchtung mit Röntgenstrahlen an sich vornehmen läßt, dabei eine schwere Schädigung seines Nervensystemes erleidet, und nunmehr Zweifel auftauchen, ob die Versicherungsgesellschaft für den von ihrem Arzte angerichteten Schaden aufzukommen hat[44]); oder wenn Mieter und Vermieter darüber uneins werden, ob das dem Mieter eingeräumte, im Vertrag nicht näher spezialisierte Gebrauchsrecht die Befugnis zur Anbringung einer Telephonanlage enthält[45]); oder wenn eine Stiftung für Angehörige „katholischen Glaubens" errichtet wird, und sich nach Einsetzen der sogenannten altkatholischen Bewegung die Frage erhebt, ob auch diejenigen auf die Wohltaten der Stiftung Anspruch haben, die zu der unterdessen gegründeten Sekte der Altkatholiken übergetreten sind[46]); oder endlich wenn im Jahre 1905 eine Gemeinde mit einem Eisenwerk einen Vertrag über Aufstellung einer eisernen Brücke, Lieferung franko an Ort und Stelle, für das Jahr 1907 abschließt, und hinterher, nachdem der Vertrag durch Anfahren der einzelnen Teile in vielen Wagenladungen erfüllt worden ist, Differenzen darüber entstehen, welche der beiden Parteien den

---

[42]) Vgl. den im Recht 12 Beil. 2 S. 357 Nr. 2119 und 13 Beil. Nr. 2088 mitgeteilten, vom OLG. Hamburg und vom Reichsgericht in bejahendem Sinne entschiedenen Rechtsfall.

[43]) Entnommen der Rechtspr. der OLG. 14 S. 17.

[44]) Vgl. Reichsgericht in der D. Jur.-Ztg. 13 S. 481.

[45]) Vgl. Reichsgericht 37 S. 212 ff. und 49 S. 306 ff.

[46]) Das Beispiel rührt von Cosack I S. 250 unter II her.

unterdessen von der Reichsgesetzgebung eingeführten Frachturkundenstempel zu tragen hat [47]).

Nach dem, was wir vorhin über die sprachliche Gleichwertigkeit der Ausdrücke „Ergänzung" und „Auslegung" gehört haben, liegt die Vermutung nahe, daß die hier zur Erörterung gestellte juristische Unterscheidung ebensowenig haltbar ist wie der Gegensatz von Auslegungsvorschriften und ergänzenden Rechtssätzen. Und diese Vermutung trifft in der Tat das Richtige. Es gibt wie kein logisches so auch kein rechtliches Merkmal, welches die Ergänzung von der Auslegung trennte. Vielmehr steht auch hier die Rechtssprache mit dem allgemeinen Sprachgebrauch völlig im Einklang: die Ergänzung einer Willenserklärung ist auch juristisch immer Erklärungsauslegung, und die Auslegung einer Willenserklärung ist auch juristisch immer Erklärungsergänzung [48]).

Wir brauchen, um die Gegner zu widerlegen, nur das

---

[47]) Das Beispiel entstammt dem Aufsatz Frankenburgers über den Einfluß neuer Steuern auf bestehende Rechtsverhältnisse in der D. Jur.-Ztg. 11 S. 865.

[48]) Dabei haben wir natürlich, in Übereinstimmung mit der zu bekämpfenden Lehre, nur diejenige Ergänzung einer Willenserklärung im Auge, die den Geschäftsinhalt ausschließlich aus der Erklärung selbst ermittelt. Wir lassen also beiseite diejenigen Fälle von Erklärungsergänzung, wo die Ergänzung durch eine neue Willenserklärung der Parteien erfolgt, wo sie mithin die Form eines von den letzteren vereinbarten „Nachtrages" hat. Diese Art der Erklärungs„ergänzung", die mit der im Texte behandelten nur den Namen gemein hat, ist selbstverständlich mit der „Auslegung" nicht identisch. Ja, sie ist nicht nur nicht mit ihr identisch, sondern sie kann überhaupt niemals Auslegung sein. Denn selbst wenn der einem Vertragsschluß folgende „Nachtrag" nicht (wie es oft der Fall sein wird) eine Abänderung des Vertrages bezweckt, sondern wenn er von den Parteien zu dem Ende errichtet wird, um zweifelhafte Punkte der Vertragsurkunde klarzustellen, fällt er nicht unter den Begriff der Auslegung im technischen Sinne, und zwar deshalb nicht, weil er für den Inhalt des Vertrages unter allen Umständen maßgebend ist, einerlei ob er ihn richtig, d. h. so, wie er ohne die neue Erklärung nach den uns bekannten Regeln verstanden werden müßte, wiedergibt oder nicht. Wie ja auch die sogenannte authentische Gesetzesinterpretation keine wirkliche Auslegung, sondern nichts weiter als Aufstellung eines neuen, mit rückwirkender Kraft ausgestatteten Rechtssatzes ist. Vgl. schon oben § 13 Anm. 34 am Schluß.

Kriterium näher zu betrachten, das nach ihrer Meinung den Ausschlag für die Unterscheidung gibt.

Welcher Art dieses Kriterium ist, wird der Leser aus den vorhin gebrachten Beispielen bereits erraten haben. Die Inhaltsermittelung soll Auslegung sein, wenn sie Punkte betrifft, über die sich jede der Parteien oder doch wenigstens eine von ihnen bei Geschäftserrichtung bestimmte Vorstellungen gemacht hat; sie soll hingegen Ergänzung sein, wenn sie sich auf Punkte bezieht, an welche die Parteien bei Vornahme des Rechtsgeschäftes beide nicht gedacht haben.

Es ist für uns nach allem Voraufgegangenen nicht schwer, dieses Kriterium zu zerpflücken.

Denn die Gedanken, welche sich die Parteien bei Geschäftserrichtung gemacht oder nicht gemacht haben, könnten für die Art der Erklärungsauslegung doch nur dann bestimmend sein, wenn diese die Aufgabe hätte, den inneren Geschäftswillen zu ermitteln, den die Parteien im konkreten Falle gehabt haben. Wir wissen aber, daß Gegenstand der Auslegung nicht der konkrete Geschäftswille einer Partei, sondern die von der Partei abgegebene Erklärung ist[49]. Zwar ist ja die Erklärung zu definieren als ein Parteiverhalten, das auf einen bestimmten Geschäftswillen schließen läßt, und da die Auslegung den Inhalt der Erklärung ermittelt, orientiert sie gleichzeitig über den Geschäftswillen, auf den diese hinweist. Zufolge der Unvollkommenheit alles Irdischen wird sich aber dieser Wille, auf den die Erklärung hinweist, mit dem Willen, den die Partei im konkreten Falle gehabt hat, nicht immer decken: es gibt auch anomale Willenserklärungen, wo der wirkliche Geschäftswille von dem aus der Erklärung zu entnehmenden Geschäftswillen

[49]) Bis noch vor nicht zu langer Zeit ist freilich die falsche Auffassung, daß Objekt der Auslegung der konkrete Geschäftswille sei, sehr weit verbreitet gewesen, und der Kausalzusammenhang ist unverkennbar, der zwischen diesem Irrtum und der hier zu bekämpfenden Unterscheidung besteht. Er hat einen besonders deutlichen Ausdruck in der von der Literatur viel verwerteten Stelle der Protokolle (I S. 625) gefunden, wo es heißt: „Theoretisch sei zwar zuzugeben, daß es sich bei der Berücksichtigung von Treu und Glauben und der Verkehrssitte nicht selten nicht um ‚Auslegung des Parteiwillens im streng wissenschaftlichen Sinne' handele, sondern um Ergänzung des fehlenden Willens durch das Gesetz."

abweicht. Die den Erklärungsinhalt ermittelnde Auslegung sagt uns zwar, daß sich mutmaßlich hinter dem von der Partei beobachteten Verhalten der und der Geschäftswille verberge, aber sie sagt, wie schon einmal betont wurde, nichts davon, daß diese Mutmaßung auch im konkreten Falle zutreffe. Ob sie zutrifft, ob sich also konkreter Geschäftswille und Erklärung decken, und wenn nein, ob die Inkongruenz Punkte betrifft, an welche die Partei bei Geschäftserrichtung gedacht oder nicht gedacht hat, das sind Dinge, die nichts mit dem Erklärungsinhalt zu tun haben, sondern nur für die Frage von Bedeutung sind, ob der Partei ein Irrtum untergelaufen und dadurch ein Anfechtungsrecht entstanden ist. Wenn aber die Gedanken und Vorstellungen, von denen eine Partei bei Erklärungsabgabe beherrscht ist, den Erklärungsinhalt und die ihn ermittelnde Auslegung nicht berühren, so darf man auch nicht je nach der Anwesenheit oder Abwesenheit bestimmter Parteigedanken verschiedene Auslegungsarten unterscheiden: sonst teilt man die Auslegung nach Gesichtspunkten ein, die mit ihrem Wesen und ihrer Aufgabe nichts zu tun haben.

Vielleicht wird hier aber die herrschende Lehre einwenden: wenn wir je nach den Gedanken und Vorstellungen, von denen sich die Parteien bei Abgabe ihrer Willenserklärungen leiten lassen, eigentliche und ergänzende Auslegung bezw. Auslegung und Ergänzung unterscheiden, so meinen wir natürlich nicht die im konkreten Falle eine Partei beherrschenden Gedanken und Vorstellungen, sondern wir reden von Auslegung oder Ergänzung, je nachdem die ermittelten Rechtsfolgen solche sind, an welche die Parteien zu denken oder nicht zu denken pflegen.

Indessen erhellt ohne weiteres, daß auch diese Formulierung der herrschenden Lehre nicht imstande ist, die Annahme verschiedener Auslegungsarten zu rechtfertigen. Sondern sollte ihr überhaupt eine Bedeutung zukommen, so wäre es nicht sowohl die, Klassifikationsmerkmale für verschiedene Möglichkeiten der Inhaltsermittelung von Willenserklärungen zu liefern, als vielmehr, bestimmten Rechtsfolgen den Charakter von Erklärungsfolgen völlig zu nehmen, so daß die Tätigkeit, die über den Eintritt solcher Rechtsfolgen entschiede, weder Auslegung noch Ergänzung der betreffenden Willenserklärung wäre.

Denn die Schlußfolgerung liegt ja nahe: wenn das Wesen der Erklärung darin besteht, uns über den mutmaßlichen Geschäftswillen einer Partei zu orientieren, so kann man da nicht mehr von einer „Erklärung" reden, wo es sich um Rechtsfolgen handelt, an welche die Parteien im konkreten Falle gar nicht denken konnten, oder an welche sie doch wenigstens erfahrungsgemäß nicht zu denken pflegen. Wenn eine Konfessionsgemeinschaft mit einem Gemeindemitglied einen Vertrag über ein Erbbegräbnis zu einer Zeit abschließt, wo von Leichenverbrennung noch nicht die Rede ist, wie soll in einem solchen Verhalten die Erklärung gefunden werden können, daß die Konfessionsgemeinschaft auch die Beisetzung von Aschenurnen in dem betreffenden Grundstück gestatten wolle?

Und doch ist jene Deduktion nicht richtig. Sie wäre es nur dann, wenn es zum Wesen der normalen Willenserklärung gehörte, daß der Erklärende eine Vorstellung von allen aus dem Rechtsgeschäft sich ergebenden Rechtsfolgen habe. Das aber ist, wie wir schon mehrfach zu bemerken Gelegenheit hatten, durchaus nicht der Fall. Sondern eine Willenserklärung ist schon normal und vollwirksam, wenn die Rechtsfolgen, die sich der Erklärende bei Erklärungsabgabe vorgestellt hat, sämtlich eintreten, und wenn keine von denjenigen, die eintreten, mit den gehegten Vorstellungen im Widerspruch steht. Es gibt nämlich keine Willenserklärungen, bei denen nicht außer den vorgestellten Rechtsfolgen auch noch andere eintreten, von denen der Erklärende nichts gewußt und die er darum in seine Vorstellungen nicht aufgenommen hat. Und weil bei allen Willenserklärungen der Erklärungsinhalt über den Geschäftswillen hinausreicht, dieser also notwendigerweise hinter jenem zurückbleibt, darum ist es auch kein Mißbrauch, von „Erklärung" selbst da zu sprechen, wo durch ein Parteiverhalten Rechtsfolgen ausgelöst werden, an welche die Partei im konkreten Falle gar nicht denken konnte, oder an welche Parteien nicht zu denken pflegen. Wir dürfen also die Erklärung geradezu definieren als ein Parteiverhalten, das uns darüber Aufschluß gibt, auf welche Rechtsfolgen normalerweise der Geschäftswille der betreffenden Partei gerichtet ist bezw. gerichtet sein würde, wenn diese auf bestimmte Punkte aufmerksam gemacht worden wäre. Als Erklärungsinhalt haben somit alle Rechtsfolgen zu gelten, von denen sich sagen läßt, daß sie sich als die sinngemäße Konsequenz des von der Partei durch ihr Verhalten zum Ausdruck gebrachten Geschäftswillens darstellen. Und selbst für den Laien kann die Anschauung nichts Befremdendes haben, daß wenn der Vermieter die Wohnung dem Mieter zum üblichen Gebrauch überläßt, darin heutzutage die „Erklärung" liegt, der Mieter dürfe nach seinem Belieben auch einen Fernsprechapparat in der Wohnung anbringen; und daß wenn ein Bauunternehmer einer Bank ein Pfand bestellt „für alle Forderungen, welche der Bank gegen ihn zustehen und in Zukunft zustehen werden", darin die „Erklärung" zu finden ist, das Pfand solle nur für die zwischen den Parteien selbst entstehenden Forderungen, nicht aber auch für solche Ansprüche gegen den Bauunternehmer haften, die der Bank etwa von dritten Personen zediert werden würden[50]).

[50]) Auch Max Rümelin im Arch. f. d. zivil. Praxis 93 S. 146 f. ist der Meinung, daß es nicht gegen die juristische Logik verstoße, Rechtsfolgen, an welche die Parteien im voraus gar nicht denken können oder doch wenigstens nicht zu denken pflegen, dennoch als mit „erklärt" anzusehen. Vgl. auch S. 298—300 daselbst. Beachte ferner die im Recht 13 Beilage Nr. 3729 mitgeteilte Äußerung des Reichsgerichtes: „Erklärt ist auch, was sich als selbstverständliche Folge aus dem ganzen Zusammenhang der getroffenen Abreden darstellt, wenn auch die Beteiligten nicht den demnächst eingetretenen Verlauf der Dinge in Betracht gezogen haben." Die Erkenntnis, daß in der Erklärung alle Rechtsfolgen des betreffenden Geschäftes, die voraussehbaren sowohl wie die nicht voraussehbaren, enthalten sind, verhilft uns übrigens auch zu einer richtigen Beurteilung des Verhältnisses der §§ 157, 242 BGB. Es kommt nach dem Gesagten, soweit es sich um rechtsgeschäftliche Schuldverhältnisse handelt, dem § 242 neben dem § 157 eine eigene Bedeutung nicht zu. Vielmehr ist für das Gebiet der Kontraktsobligationen der § 242 in dem § 157 von selbst enthalten, bezw. es ist (da der § 157, wie wir früher [vgl. oben § 9 Anm. 5] gesehen haben, ebenfalls Selbstverständliches besagt) der Inhalt beider Paragraphen durch den Erklärungsbegriff ohne weiteres gegeben. Nur für die Schuldverhältnisse ohne rechtsgeschäftliche Begründung hat die im § 242 der schuldnerischen Leistungspflicht gezogene Grenze einen selbständigen Wert. Die teilweise Identität der §§ 157, 242 wird ebenfalls behauptet von Danz, Auslegung S. 108 (vgl. auch S. 122), Staub II § 346 Anm. 18 und wohl auch von Oertmann § 157 unter 2 f.; hingegen geleugnet von K. Schneider im Arch. f. Bürgerl. Recht 25 S. 269 ff. und D. Jur.-Ztg. 8 S. 232 ff.

Wir können also als Ergebnis zusammenfassen: es gibt keine rechtsgeschäftlichen Folgen einer Willenserklärung, die nicht in der von der Partei abgegebenen Erklärung enthalten wären[51]). Und es gibt nur eine Art der Ermittelung dieses Erklärungsinhaltes, die man bisweilen als Auslegung, bisweilen als Ergänzung bezeichnet, ohne daß sich an die beiden Namen der geringste Wesensunterschied knüpfte. Insbesondere hat der Umstand, ob die ermittelten Rechtsfolgen solche sind, an welche die Parteien zu denken pflegen, oder gar solche, an welche sie im konkreten Falle gedacht haben, für die Aufdeckung des Erklärungsinhaltes keinerlei Bedeutung. Die bestimmten oder unbestimmten, richtigen oder falschen Vorstellungen, die sich die Parteien von den Erklärungsfolgen gemacht haben, sind nur für die Frage der Irrtumsanfechtung von Interesse[52]).

---

[51]) Wie wir denn schon oben S. 451 den Erklärungsinhalt als die Summe der durch die Erklärung erzeugten Rechtsfolgen definiert haben. Und das gilt selbst von den kraft zwingenden Rechtes eintretenden Geschäftsfolgen. Denn wenn man die wenigen Fälle, wo Rechtsfolgen einer Willenserklärung durch zwingendes Recht gestaltet werden, näher betrachtet, so wird man finden, daß auch hier die Rechtsfolgen nur solche sind, die bei richtiger Interpretation ohne weiteres der betreffenden „Erklärung" entnommen werden könnten. So ist das dem Mieter im § 544 eingeräumte Kündigungsrecht nach der Auffassung des Verkehres in dem Worte „mieten" schon von selbst enthalten. Das „Zwingende" der Vorschrift besteht nur darin, daß diese verkehrsmäßige Bedeutung der Worte nicht, wie es sonst der Fall ist, durch eine gegenteilige Vereinbarung der Parteien außer Kraft gesetzt werden kann. Eine solche Abmachung würde nichtig sein. Die Frage aber, ob trotz Nichtigkeit solcher Abrede der Vertrag mit seinem übrigen, „zwingenden" Inhalt bei Bestand bleibt oder nun als völlig nichtig zu behandeln ist, richtet sich zufolge § 139 BGB. nach dem — verkehrsmäßig zu wertenden — Gesamtinhalt der Parteierklärungen, so daß die zwingenden Rechtsfolgen, wenn sie in Kraft bleiben, ihre Wurzel doch in letzter Linie wieder in dem durch das Parteiverhalten zum Ausdruck gebrachten Geschäftswillen haben.

[52]) Für diese aber sind sie auch uneingeschränkt von Interesse: kann also eine Partei nachweisen, daß sie sich über Punkte, an welche sonst die Parteien nicht zu denken pflegen, bestimmte, wenn auch unrichtige Vorstellungen gemacht hat (die Bank hat, als sie sich auf die Geschäftsverbindung mit dem Kunden und die Bestellung des Faustpfandes einließ, geglaubt, daß letzteres auch für etwaige im Wege der Zession erworbene Forderungen hafte), so steht ihr, die übrigen Erfordernisse des § 119 als gegeben vorausgesetzt, das Recht der Irrtumsanfechtung zu;

Aus der Tatsache, daß eigentliche und ergänzende Auslegung begrifflich zusammenfallen, folgt für uns, daß auf die letztere die seinerzeit von uns für die erstere entwickelten Regeln unverändert anzuwenden sind. Die Identität von Auslegung und Ergänzung gibt uns mit anderen Worten das Recht, nach den im ersten Teile dieser Arbeit über die Ermittelung des Erklärungsinhaltes aufgestellten Grundsätzen auch da zu verfahren, wo die Rechtsfolgen, die ermittelt werden sollen, Punkte betreffen, an welche die Parteien bei Geschäftserrichtung nicht zu denken pflegen.

Es ist also auch hier nicht in erster Linie zu fragen: wie sind solche Punkte im allgemeinen zu normieren?, sondern es ist — entsprechend dem, was wir früher über die „individuelle" Auslegung gesagt haben — zunächst zu untersuchen, ob nicht zwischen den Parteien besondere, die Berücksichtigung des sonst Üblichen ausschließende Beziehungen obwalten.

Wenn aber ein Grund, vom Gewöhnlichen abzuweichen, nicht vorliegt, dann hat allerdings die „generelle" Auslegung einzugreifen, die das Geschäft so interpretiert, wie es den durchschnittlichen Gepflogenheiten des Verkehres entspricht.

So haben wir beispielsweise früher schon, als wir von den Verträgen handelten, durch die sich jemand einem Anderen gegenüber verpflichtet, zwecks Entgegennahme einer mündlichen Willenserklärung zu bestimmter Zeit an einem bestimmten Orte anwesend zu sein, den Satz aufgestellt, daß ein solches Versprechen nach den Anschauungen des Verkehres die Zusicherung enthalte, dem Gegner, wenn er durch Nichterfüllung dieser Pflicht eine Präklusivfrist versäume, eine angemessene Frist zur nachträglichen Erklärungsabgabe zu gewähren[53]). Und wenn sich nach Errichtung eines Rechtsgeschäftes zeigt, daß ein Teil davon — etwa wegen Formfehlers — nichtig ist, so hängt die Beantwortung der Frage, wie es angesichts dieses von den Parteien nicht

---

und umgekehrt, hat eine Partei über Punkte, von denen man sich ein bestimmtes Bild zu machen pflegt, keine klaren Vorstellungen gehabt (sie hat sich z. B. gar nichts dabei gedacht, als der Wechselgläubiger ihr versprach, „sie materiell aus der Urkunde nicht in Anspruch zu nehmen"), so kann sie mangels „Irrtumes" auch dann nicht anfechten, wenn die Rechtsfolgen, die hinterher eintreten, ihr nicht angenehm sind. Vgl. oben S. 445 ff.

[53]) Vgl. oben S. 266 f. und 359 f.

vorhergesehenen Umstandes mit der Gültigkeit des Vertragsrestes beschaffen sei, davon ab, ob in einem Falle wie dem betreffenden die Verkehrssitte an dem gültigen Vertragsteil festhält oder nicht [54]). Ähnlich wird für die oft erörterte Streitfrage, ob die Kündigung oder Auflösung eines Vertrages zulässig ist, wenn die Umstände, auf Grund deren er abgeschlossen wurde, sich nachträglich verändern, eine Lösung vielfach nur durch ein Zurückgehen auf das allgemeine Verkehrsurteil zu gewinnen sein [55]). Auch eine Schlichtung der in kaufmännischen Kreisen häufig auftauchenden Kontroverse, welchen Beschränkungen im einzelnen derjenige unterworfen sei, der an Konkurrenzunternehmungen sich nicht „zu beteiligen" verspreche, ist

---

[54]) Das Geheimnis des § 139 besteht also, wie schon oben in Anm. 51 angedeutet wurde, in nichts anderem als einer richtigen Anwendung der im ersten Teile dieser Arbeit ausführlich erörterten Auslegungsgrundsätze. Und zwar ist hier die Auslegung meistens vor eine doppelte Aufgabe gestellt. Sie muß erstens auf Grund der Verkehrsanschauung Auskunft darüber geben, ob der eine Teil des Vertrages ohne den anderen Wirksamkeit haben soll. Hat sie diese Frage bejaht, und liegen die Dinge so, daß der gültige Vertragsteil infolge Wegfalles des nichtigen an Unklarheiten oder, was dasselbe ist, an Lücken leidet, so muß sie zweitens durch Ergänzung der entstandenen Lücken das undeutlich gewordene Geschäft deutlich machen. Haben (um an ein von Neumann, Handausgabe I S. 166 § 154 unter I, 2 gebildetes Beispiel anzuknüpfen) zwei Parteien einen Kaufvertrag abgeschlossen, und hat, ohne daß den Beteiligten die Inkongruenz der Erklärungen zum Bewußtsein gekommen ist, der Verkäufer 3½ % Zinsen vom Kaufpreis verlangt, der Käufer aber nur 3 % zu zahlen versprochen, so hat die Interpretation zunächst zu untersuchen, ob trotz Unwirksamkeit der Zinsberedung der Kaufvertrag im übrigen gültig sein soll. Nach Bejahung dieser Frage hat sie aber ferner noch Klarheit darüber zu schaffen, ob und welche Zinsen vom Kaufpreis zu zahlen sind. Dabei hätte im konkreten Falle die individuelle Auslegung einzusetzen, derzufolge der Zinsfuß nicht auf 4 %, wie es die §§ 246, 452 BGB. vorschreiben, sondern auf 3½, richtiger vielleicht noch auf 3¼ % zu bemessen wäre.

[55]) Vgl. wegen solcher clausulae rebus sic stantibus, die sich durch Vertragsauslegung ergeben, beispielsweise das Reichsgericht **60** S. 56 ff.; in Seuff. Arch. **61** S. 235 Nr. 133, **64** S. 219 Nr. 107; in der Jur. Wochenschr. **34** S. 168 Nr. 5; **37** S. 711 Nr. 4 und im Recht **12** Beil. 2 S. 78 Nr. 456, S. 359 Nr. 2126; das OLG. Hamburg in Seuff. Arch. **61** S. 266 Nr. 150 und das OLG. Naumburg im Recht **13** Beil. Nr. 966.

regelmäßig nur auf Grund der im Geschäftsleben herrschenden Durchschnittsanschauungen möglich[56]). Und endlich sei noch auf die zahlreichen Beispiele hingewiesen, die sich in der versicherungsrechtlichen Kasuistik dafür finden, daß Punkte, deren Regelung bei Geschäftserrichtung vergessen worden ist, hinterher durch eine aus der Verkehrsüberzeugung schöpfende Vertragsauslegung klargestellt werden[57]).

Fehlt es hinsichtlich der von den Parteien bei Vornahme des Rechtsgeschäftes nicht bedachten Punkte an einer Verkehrsanschauung, weil der betreffende Fall bis dahin im Verkehr nicht oder nur vereinzelt vorgekommen ist, so ist trotzdem die Auslegung noch nicht am Ende ihrer Kunst angelangt und darum der Vertrag noch keineswegs wegen unheilbarer Undeutlichkeit ganz oder teilweise nichtig. Vielmehr hat solchenfalls die generelle Auslegung, wie wir von früherher wissen[58]),

---

[56]) Vgl. aus der neueren Judikatur des Konkurrenzverbotes, insbes. auch wegen der Frage, inwieweit schon die bloße Veräußerung eines Handelsgeschäftes die Vereinbarung solchen Verbotes enthalte, und inwieweit das letztere für den ihm Unterworfenen die Verpflichtung begründe, es auch einem etwaigen Rechtsnachfolger aufzuerlegen: das Reichsgericht 53 S. 353 ff., 68 S. 294 ff.; in der Jur. Wochenschr. 35 S. 736 Nr. 4, 37 S. 135 Nr. 3, 39 S. 279 Nr. 2 und im Recht 11 S. 1527 Nr. 3760; 12 Beil. 2 S. 462 Nr. 2622, S. 534 Nr. 3012, S. 582 Nr. 3212, S. 693 Nr. 3767; 13 Beil. Nr. 1652, Nr. 3029, Nr. 3035.

[57]) Die einschlägigen Präjudizien, deren auch nur annähernde Aufzählung hier viel zu weit führen würde, sind, außer in den versicherungsrechtlichen Zeitschriften, in den bekannten Jahrbüchern von Neumann, Warneyer und Soergel unter der Judikatur zu § 157 BGB. verzeichnet. Dabei mag noch einmal an das früher schon (vgl. oben Anm. 44) gebrauchte Beispiel erinnert werden, wo jemand laut Versicherungspolice verpflichtet ist, „bei Strafe der Verwirkung sich allen von der Gesellschaft angeordneten ärztlichen Untersuchungen zu unterziehen", und wo der Betreffende von einer ihm zugemuteten Durchleuchtung mit Röntgenstrahlen eine schwere Schädigung seines Nervensystemes erleidet. Den Streit um Ersatz dieses Schadens hat das Reichsgericht mit Recht dahin entschieden, daß wenn die Versicherungsgesellschaft durch eine in ihrem Interesse getroffene Anordnung den Versicherten in die Zwangslage versetzt, entweder ihrer Anordnung Folge zu leisten oder den Versicherungsanspruch zu verlieren, es sich nach Treu und Glauben von selbst versteht, daß sie die „mit der Anordnung verbundene Gefahr in vollem Umfang zu tragen hat."

[58]) Vgl. oben S. 90 und 147.

die dem Verkehrsbedürfnis entsprechende Entscheidung zu suchen, also diejenige Regelung ausfindig zu machen, „die, wenn sie sich auch selbst auf eine Verkehrssitte noch nicht gründen kann, doch ihrerseits die Grundlage einer festen Sitte zu werden imstande ist". Dieses Ziel erreicht die Auslegung dadurch, daß sie die von den Parteien nicht bedachten Punkte in Übereinstimmung mit dem in den Erklärungen zum Ausdruck gebrachten wirtschaftlichen Zwecke normiert, oder (nämlich wenn sich die von den Kontrahenten verfolgten Zwecke nicht in der gleichen Richtung bewegen) dadurch, daß sie die miteinander im Kampfe liegenden Interessen auf einer mittleren Linie vereinigt[59]).

Diese letzte Form der generellen Auslegung stellt den Richter vor eine seiner vornehmsten Aufgaben. Wenn überhaupt, so läßt sich hier von einer „freien Rechtsfindung" sprechen. Und doch ist dem Richter auch hier keine volle Freiheit verliehen. Denn indem die Rechtsordnung ihn zum Wächter über die Verkehrsbedürfnisse setzt, zieht sie ihm feste Richtlinien. Deren Überschreitung würde eine Gesetzesverletzung bedeuten. Darum kann auch auf die Behauptung, daß der Richter bei der Vertragsergänzung über jene Linien hinausgegangen sei, das Rechtsmittel der Revision mit Erfolg gegründet werden. Und die der Judikatur des Reichsgerichtes entnommenen Beispiele, mit denen wir im vorstehenden operiert haben, beweisen, daß der oberste Gerichtshof häufig genug in die Lage kommt, ein Urteil des Unterrichters mit der Motivierung aufzuheben,

---

[59]) So hat in dem schon erwähnten Falle, wo der Konzessionär eines städtischen Wasserwerkes zur Zeit der Handspritze die Verpflichtung übernommen hatte, „zur Speisung der Spritzen bei Bränden das Wasser unentgeltlich zu liefern", und die Gemeinde diese Leistung von ihm nach Einführung der Dampfspritze weiter verlangte (vgl. oben Anm. 43), das OLG. Hamburg diesem Verlangen mit der treffenden Begründung stattgegeben, daß wenn auch die Dampfspritze einen größeren Wasserkonsum erfordere als die alte Handspritze, doch auch das Feuer durch sie in erheblich kürzerer Zeit gelöscht werde, so daß im Resultat die dem Schuldner zugemutete Leistung nicht größer als die ursprünglich übernommene Leistung sei. Vgl. ferner die instruktiven, hier einschlägigen Beispiele, die sich bei Stammler, Lehre vom richtigen Rechte S. 524—548 finden.

daß es den der Klage zugrunde liegenden Vertrag in den von den Parteien bei seiner Errichtung übersehenen Punkten unzutreffend ausgelegt habe. Also auch bezüglich der Revisibilität besteht zwischen „eigentlicher“ und „ergänzender“ Auslegung kein Unterschied.

Anhang.

Die Wirkungen des Mißverständnisses bei Gesamtakten.

§ 24.

Wir haben in den vorstehenden Kapiteln die Wirkungen des Mißverständnisses sowohl auf einseitige Rechtsgeschäfte wie auf Verträge ins Auge gefaßt. Damit haben wir unser Thema an und für sich erschöpft. Denn einseitige Willenserklärung und Vertrag stellen nicht nur die wichtigsten, sondern die einzig denkbaren Formen des Rechtsgeschäftes dar. In einer dieser beiden Urformen muß jedes Rechtsgeschäft in die Erscheinung treten. Aber die Urformen begegnen uns nicht immer isoliert, sondern gehen bisweilen Verbindungen miteinander ein. Es gibt nämlich Fälle, wo der angestrebte Rechtserfolg sich nur durch eine Kombination entweder mehrerer einseitiger Rechtsgeschäfte oder eines Vertrages und eines einseitigen Rechtsgeschäftes erreichen läßt. Ein Beispiel für letztere Figur ist der Kontrakt des Minderjährigen oder des falsus procurator, zu dessen Wirksamkeit die Einwilligung oder Genehmigung des gesetzlichen Vertreters bezw. des dominus negotii hinzukommen muß[1]). Mit Fällen ersterer Art haben wir es zu tun, wenn ein Recht an einem Grundstück aufgehoben werden soll, das mit dem Rechte eines Dritten belastet ist, da

---

[1]) Auch Kombinationen von Vertrag und mehreren einseitigen Rechtsgeschäften sind natürlich möglich. Es soll etwa eine zweigliedrige privative Schuldübernahme in der Weise stattfinden, daß der Bürge für die übergegangene Schuld weiter haftet. Dann bedarf der Schuldübernahmevertrag neben der Genehmigung des Gläubigers auch noch der Einwilligung des Bürgen.

zur Herbeiführung jener Rechtswirkung die Aufgabeerklärung des Berechtigten und die Zustimmung des Dritten notwendig sind (§§ 875, 876 BGB.). Oder man denke an die rechtsgeschäftliche Aufhebung der Hypothek, die nach § 1183 BGB. nur auf Grund einer Erklärung des Gläubigers und einer Erklärung des Eigentümers erfolgen kann. Oder an die Einwilligung des Vormundes zu einer vom Minderjährigen vorzunehmenden Kündigung, oder an die konsentierten Testamente, die sich in den §§ 1516 Abs. 1, 2271 Abs. 1 S. 2, 2291 Abs. 1 S. 2 des BGB. finden. Man hat wohl in der Doktrin für solche zusammengesetzten Rechtsgeschäfte den Namen „Gesamtakt" verwendet[2]). Da, wo der Gesamtakt aus Vertrag und einseitigem Rechtsgeschäft besteht, ist zu seiner Gültigkeit neben der inhaltlichen Übereinstimmung von Offerte und Annahme noch die inhaltliche Kongruenz mit der einseitigen Willenserklärung erforderlich. Da, wo der Gesamtakt nur von einseitigen Rechtsgeschäften gebildet wird, müssen sich diese untereinander inhaltlich decken. Aber trotz ihrer inhaltlichen Übereinstimmung ergeben zwei solche einseitigen Rechtsgeschäfte, auch wenn sie von verschiedenen Parteien herrühren, keinen Vertrag. Ebensowenig wie Offerte und Annahme, obwohl jede von ihnen die Willenserklärung einer einzigen Person ist, den Charakter von einseitigen Rechtsgeschäften haben, ebensowenig vermögen einseitige Rechtsgeschäfte dadurch, daß sie inhaltlich zusammenklingen, einen Vertrag zu erzeugen. Der Unterschied liegt darin, daß der Vertrag zwei begrifflich unselbständige Erklärungen voraussetzt, die einzeln eines eigenen Inhaltes gar nicht fähig sind, und die darum nur im Verein miteinander Rechtsfolgen hervorbringen können, während der aus mehreren einseitigen Rechtsgeschäften bestehende Gesamtakt mindestens ein Rechtsgeschäft enthält, das selbständiger Natur ist, das also

---

[2]) Vgl. über die Literatur und Dogmengeschichte dieses noch sehr verworrenen, für unsere Zwecke entbehrlichen und darum hier nicht weiter zu verfolgenden Begriffes: Gleitsmann, Vereinbarung und Gesamtakt (Halle, Dissert. 1900) und denselben Schriftsteller im Verwaltungsarchiv 10 S. 395 ff. Zu der dort verarbeiteten Literatur ist aus der jüngsten Zeit noch nachzutragen: Eltzbacher, Handlungsfähigkeit S. 165 ff., Biermann I S. 141 und Kipp bei Windscheid I S. 280 § 60 Anm. 1a.

begrifflich jederzeit als isoliertes auftreten könnte und nur aus äußeren, positivrechtlichen, nicht mit seinem Wesen zusammenhängenden Gründen der Ergänzung durch ein anderes Rechtsgeschäft bedarf[3]).

Für uns haben die Verbindungen, die Verträge und einseitige Rechtsgeschäfte im Gesamtakt eingehen, natürlich nur Interesse, wenn sie die Lehre vom Mißverständnis vor besondere Aufgaben stellen.

Das ist offenbar nicht der Fall, soweit es sich um die Gültigkeit der einzelnen Bestandteile des Gesamtaktes handelt. Denn die Frage, inwieweit diese in ihrer Rechtswirksamkeit durch ein den Parteien untergelaufenes Mißverständnis beeinflußt werden, beantwortet sich selbstverständlich ganz nach den für die beiden Urformen der Rechtsgeschäfte in dieser Arbeit entwickelten Grundsätzen.

Aber auch die Frage nach der Gültigkeit des Gesamtaktes im ganzen enthält für unsere Lehre kein neues Problem.

Von einem solchen könnte nur dann die Rede sein, wenn die Parteihandlungen, welche die inhaltliche Übereinstimmung zwischen den mehreren Rechtsgeschäften herbeiführen sollen, eine dritte Geschäftsform darstellten, die sich mit keiner der beiden zuvor besprochenen deckte. Da aber, wie schon betont, Vertrag und einseitiges Rechtsgeschäft die allein denkbaren Grundformen des Rechtsgeschäftes sind, so scheidet diese Möglichkeit von selbst aus. Und in der Tat sind jene Brücken, die

---

[3]) Vgl. hierzu schon oben § 4 Anm. 1. Der im Texte formulierte Unterschied zwischen dem Vertrag und dem sich aus einseitigen Rechtsgeschäften zusammensetzenden Gesamtakt ist in der Literatur nicht klar erkannt worden. Man glaubte ihn früher vielfach darin erblicken zu dürfen, daß der Inhalt der mehreren Willenserklärungen beim Vertrag verschieden, beim Gesamtakt gleich sei. Daß das nicht richtig ist, liegt auf der Hand. Aber auch die Fassung Eltzbachers a. a. O., daß die mehreren Willenserklärungen für die beteiligten Personen beim Vertrag eine entgegengesetzte, beim Gesamtakt ein und dieselbe „Bedeutung" haben, steht mit den Tatsachen nicht im Einklang. Denn wenn eine Hypothek durch Erklärung des Gläubigers und Zustimmung des Eigentümers aufgehoben wird, so handelt es sich um einen Gesamtakt, der für den einen Teil die Aufgabe eines Rechtes, für den anderen Teil die Befreiung von einer Verbindlichkeit „bedeutet".

geschlagen werden müssen, wenn ein Gesamtakt zur Entstehung kommen soll, entweder überhaupt keine Rechtsgeschäfte, oder sie sind einseitige Rechtsgeschäfte. Im ersteren Falle kann von einem Mißverständnis, wenigstens in dem uns hier allein beschäftigenden technischen Sinne, gar nicht gesprochen werden. Im letzteren Falle kann zwar ein echtes Mißverständnis vorkommen, aber es unterliegt dann eben den allgemeinen, seinerzeit für die einseitigen Rechtsgeschäfte gefundenen Regeln.

Die erstere Situation ist die bei weitem häufigere. Wenn der Mündel, der mit einem Dritten einen Vertrag abgeschlossen hat, seinem Vormund von dem Inhalt des Vertrages Mitteilung macht und den Vormund um die zur Wirksamkeit des Kontraktes erforderliche Genehmigung bittet, so nimmt der Mündel dem Vormund gegenüber ein Rechtsgeschäft nicht vor. Denn die Mitteilung, daß man ein Rechtsgeschäft errichtet bezw. zu errichten versucht habe, ist nicht ihrerseits wieder ein Rechtsgeschäft. Sie ist nicht einmal eine sogenannte Rechtshandlung. Denn es ist mit ihr keine unmittelbare Rechtsfolge verknüpft. Weder ändert sie in unserem Falle etwas an der rechtlichen Natur des vom Mündel abgeschlossenen Vertrages, noch greift sie den Entschließungen des gesetzlichen Vertreters in bindender Weise vor. Es ist auch völlig gleichgültig, ob der Vormund von dem Inhalt des Vertrages durch den Mündel selbst oder durch eine am Vertragsschluß gänzlich unbeteiligte Person Kenntnis erhält. Seine Erteilung oder Verweigerung der Genehmigung ist in dem einen wie in dem anderen Falle wirksam. Und weil die Mitteilung des Mündels mangels jeder rechtlichen Erheblichkeit keine Willenserklärung ist, darum liegt die Frage, welche Folgen es hat, wenn der Vormund diese Mitteilung unrichtig wahrnimmt oder unrichtig deutet, außerhalb des Rahmens unserer Untersuchungen. Davon abgesehen, ist sie einer näheren Erörterung auch kaum mehr bedürftig. Denn die Wirkungen solchen (untechnischen) Mißverständnisses sind nach allem Voraufgegangenen leicht zu überblicken: kommt in der Genehmigung des Vormundes, die durch die Mitteilung ausgelöst wird, das Mißverständnis nicht zum Ausdruck (der Mündel hatte zu zweitausend gekauft; der Vormund versteht, als der Mündel ihm davon berichtet, „eintausend" und sagt infolgedessen, „er sei mit dem Kaufvertrag einverstanden"), so hat es in der Person des Vormundes einen Erklärungsirrtum erzeugt, und der Vormund kann infolgedessen seine Genehmigung anfechten und dadurch den bereits gültig gewordenen Vertrag nachträglich ungültig machen; tritt hingegen das Mißverständnis in der Antwort zutage (der Vormund, der statt zweitausend eintausend verstanden hat, sagt: „es ist mir recht, daß du die Sache zu eintausend kaufst"), so gleicht der Inhalt der Genehmigung nicht dem Inhalt des zu genehmigenden Vertrages, und es bleibt darum erstere wirkungslos, weil das genehmigte Geschäft nicht existiert, und der abgeschlossene Vertrag wird nicht wirksam, weil er nicht genehmigt ist. Und entsprechend verhält es sich mit der durch solches Mißverständnis veranlaßten Verweigerung der Genehmigung: läßt diese das Mißverständnis, durch das sie hervorgerufen wurde, nicht erkennen, so hat der Vormund die Verweigerung irrtümlich erklärt, kann sie also anfechten und den dadurch wiederhergestellten Vertrag nachträglich genehmigen; deckt sich dagegen zufolge des Mißverständnisses der Inhalt der Verweigerung nicht mit dem Inhalt des zu reprobierenden Geschäftes, so ist in Wahrheit die Zustimmung für letzteres nicht verweigert, es dauert also hinsichtlich seiner der alte der Genehmigung harrende Schwebezustand fort.

Was hier am Beispiel des genehmigungsbedürftigen Mündelgeschäftes ausgeführt worden ist, gilt analog für viele andere Gesamtakte. Von den ähnlichen Situationen beim falsus procurator und im ehelichen Güterrecht ganz zu schweigen: auch wenn ein Nichtberechtigter über ein fremdes Vermögensstück verfügt hat und nunmehr den Berechtigten gemäß § 185 um seine Zustimmung ersucht, hat dieses Ersuchen keinen rechtsgeschäftlichen Charakter; ebensowenig ist das der Fall, wenn sich ein Promissar eine Leistung zugunsten eines Dritten unter Umständen hat versprechen lassen, aus denen hervorgeht, daß der Dritte das Recht aus dem Vertrag erst mit seinem Beitritt erwerben soll, und der Gläubiger nun den Dritten zwecks Beitrittserklärung von dem zu seinen Gunsten abgeschlossenen Vertrag in Kenntnis setzt; oder wenn beim konsensbedürftigen Testament der Testator die letztwillige Verfügung dem Zustimmungsberechtigten zwecks Erlangung seines Einverständnisses vorliest, oder wenn der dinglich Berechtigte, der auf sein Recht am fremden Grundstück verzichtet hat, demjenigen, dem das Recht verpfändet war, den Verzicht anzeigt, damit der Andere seine nach § 876 erforderliche Genehmigung erteile. Hier überall liegt, wenn der Vorgang, durch den die inhaltliche Übereinstimmung zwischen den einzelnen Teilen des Gesamtaktes erzielt werden soll, von einem „Mißverständnis" gestört wird, kein Mißverständnis im technischen Sinne vor, und erschöpft sich die Wirkung solchen Mißverständnisses je nachdem in einer Irrtumserregung oder in der Inkongruenz der den Gesamtakt bildenden Erklärungen[4]).

[4]) Zu der hier behandelten Gruppe gehören ferner diejenigen Fälle wo ein Rechtserfolg gewissermaßen durch parallele Willenserklärungen mehrerer Personen herbeigeführt wird. So der durch die Stimmabgabe der einzelnen Mitglieder zustande kommende Beschluß einer Mitgliederversammlung; die von mehreren ihr Amt gemeinschaftlich führenden Vormündern bezw. Testamentsvollstreckern vorgenommene Kündigung; die Ausübung eines mehreren Personen zustehenden Rücktrittsrechtes. In der Literatur werden diese Rechtsfiguren bisweilen recht eigentlich als „Gesamtakte", bisweilen auch als „Vereinbarungen" bezeichnet. Auch hier sind die Vorgänge, welche die mehreren Subjekte zur Abgabe inhaltlich gleicher Erklärungen veranlassen, nicht rechtsgeschäftlicher Natur (insbesondere ist der einer Abstimmung zugrunde liegende „Antrag" kein Antrag in dem bekannten technischen Sinne), und bilden darum etwaige Störungen in diesen Vorgängen kein Untersuchungsobjekt für unsere Lehre vom Mißverständnis. Wenn der Vormund A eine seinem Mündel zustehende Hypothek kündigt und seinen Kollegen B von diesem Schritte in Kenntnis setzt mit der Bitte, zwecks Gültigkeit der Kündigung das gleiche zu tun, so hat diese Mitteilung des A für den Gesamtakt keine andere Bedeutung, als wenn ein beliebiger Dritter, dem zufällig die von A getroffene Maßnahme zu Ohren gekommen ist, dem B Nachricht von ihr gibt und ihn dadurch zur Abgabe der Parallelerklärung veranlaßt. Mag B die Kunde von der einen oder von der anderen Seite erhalten, stets hat das dabei ihm unterlaufende Mißverständnis, wenn es in der ausgelösten Willenserklärung nicht zutage tritt, die Wirkung eines Erklärungsirrtumes; wenn es sich hingegen im Inhalt der betreffenden Erklärung offenbart, die Folge, daß die Kündigung des A und die des B sich nicht decken, das beabsichtigte Rechtsgeschäft also nicht gültig zustande kommt. Und zu den gleichen Ergebnissen würde man je nach der einen oder anderen Eventualität gelangen, wenn A die Verbindung mit B in der Weise herstellte, daß er zunächst *seine* Kündigung zu Papier brächte,

Auf der anderen Seite gibt es, wie vorhin schon angedeutet wurde, zweifellos Fälle, wo das Bindeglied, durch welches die Parteien für die inhaltliche Übereinstimmung der den Gesamtakt bildenden Einzelgeschäfte sorgen, selbst die Natur eines Rechtsgeschäftes oder doch wenigstens einer Rechtshandlung hat, auf welche die Vorschriften über Rechtsgeschäfte entsprechend anzuwenden sind[5]). Aber wie gesagt: dann gelten, gerade weil die betreffende Parteihandlung den Charakter eines Rechtsgeschäftes, und zwar eines einseitigen Rechtsgeschäftes hat, hinsichtlich eines etwa auftauchenden Mißverständnisses durchweg die oben im ersten Kapitel aufgestellten Grundsätze, so daß auch diese Art von Gesamtakten für unsere Lehre kein neues Problem enthält. Wenn bei der zweigliedrigen privativen Schuldübernahme der Schuldner oder der Übernehmer dem Gläubiger von der Schuldübernahme Mitteilung macht, so ist das nicht ein rechtlich gleichgültiger, sondern ein mit selbständiger Rechtsfolge ausgestatteter Akt, indem nach § 415 Abs. 1 S. 2 BGB. die Mitteilung erst die Grundlage für eine wirksame Genehmigung des Gläubigers schafft. Würde darum der Gläubiger die Mitteilung des Schuldners oder Übernehmers mißverstehen (etwa den Namen des Übernehmers falsch verstehen und dadurch in eine unrichtige Vorstellung von der Persönlichkeit des letzteren versetzt werden), so käme es nach unseren früheren Darlegungen darauf an, unter welchen Umständen und durch welche Faktoren das Mißverständnis veranlaßt worden wäre. Handelte es sich um eine mündliche Mitteilung, und beruhte das Mißverständnis auf einem für den Mitteilenden erkennbaren Wahrnehmungsfehler, so wäre die Mitteilung, wie wir wissen, nichtig. Infolgedessen würde mangels rechtswirksamer Mitteilung auch die Genehmigung des Gläubigers und mithin die gesamte Schuldübernahme ungültig sein. In allen anderen Fällen hingegen würde das Mißverständnis der Wirksamkeit der Mitteilung

---

darauf die Urkunde dem B zuschickte, damit dieser als Mitvormund dieselbe Erklärung darunter setze, und B dem Verlangen auch nachkäme, aber nur infolge eines Mißverständnisses, das sich bei der Lektüre des Schriftstückes eingeschlichen hätte.

[5]) Wegen der Unterscheidung von Rechtshandlung und Rechtsgeschäft und ihrer Bedeutung für unsere Lehre vgl. oben S. 17 f.

keinen Abbruch tun, sondern je nachdem es in der Genehmigung, welche die Mitteilung auslöste, zum Ausdruck käme oder nicht, einen Erklärungsirrtum, also einen eventuellen Anfechtungsgrund auf seiten des Gläubigers erzeugen (so etwa wenn der Gläubiger auf die mißverstandene Mitteilung hin dem Schuldner nichts weiter antwortete als: „bin mit der vorgeschlagenen Schuldübernahme einverstanden"), oder eine Inkongruenz zwischen dem Inhalt der Genehmigung und dem des Schuldübernahmevertrages hervorrufen, derzufolge der letztere, da er weder genehmigt noch reprobiert wäre, in dem ursprünglichen Schwebezustand verbliebe (so wenn der Gläubiger, der aus der Mitteilung des Schuldners als Namen des Übernehmers Meyer statt Müller herausgelesen hätte, antwortete, daß es ihm recht sei, wenn Herr Meyer die Schuld übernehme). Und von ähnlicher Rechtsnatur wie die Mitteilung bei der Schuldübernahme ist die „Aufforderung", die beim Vertragsschluß eines Minderjährigen und bei den diesem Falle nachgebildeten Rechtsfiguren der Drittkontrahent an den gesetzlichen Vertreter bezw. den sonst Genehmigungsberechtigten zu richten befugt ist. Auch sie ist in Ansehung der uns interessierenden Fragen nach den für die einseitigen Rechtsgeschäfte aufgestellten Regeln zu beurteilen. Denn da sie die Unwirksamkeit der etwa bereits vom Vormund dem Mündel gegenüber erteilten Genehmigung begründet, da sie ferner die vierzehntägige Frist in Lauf setzt, innerhalb deren der gesetzliche Vertreter, wenn er das Geschäft dem Mündel nicht entgehen lassen will, antworten muß, so stellt sie eine mit erheblichen Rechtsfolgen verknüpfte Parteihandlung dar. Ein Mißverständnis, das dem Adressaten der Aufforderung unterliefe (er verstünde etwa den Kaufpreis falsch, zu dem der dritte Kontrahent dem Minderjährigen verkauft hätte), würde also analoge Wirkungen wie die eben bei der Schuldübernahme herausgestellten nach sich ziehen: beruhte es bei mündlicher Aufforderung auf einem Wahrnehmungsfehler, den der Auffordernde sofort zu erkennen vermochte, so würde die Aufforderung — vorbehaltlich der Möglichkeit ihrer Wiederholung — ungültig sein, eine etwa vorher dem Mündel gegenüber erteilte Genehmigung also bei Bestand bleiben und die vierzehntägige Präklusivfrist nicht zu laufen beginnen; jede andere Art von Mißverständnis würde die Gültigkeit der

Aufforderung unangetastet lassen und nur wieder je nach den Umständen die vom Aufgeforderten abgegebene Erklärung wegen Irrtumes anfechtbar machen oder zu einer Divergenz zwischen dem Inhalt dieser Erklärung und dem Inhalt des genehmigungsbedürftigen Geschäftes führen, deren selbstverständliche Folge die Wirkungslosigkeit der Erklärung des Aufgeforderten wäre[6]).

Es verhält sich also wirklich so, wie wir voraussagten: ein Gesamtakt mag zur einen oder zur anderen der vorstehend besprochenen Gruppen gehören, in keinem Falle ist er für unsere Lehre vom Mißverständnis von besonderem Interesse.

Für einen bestimmten im Gesetzbuch auftauchenden Gesamtakt, nämlich für die im § 180 S. 3 geregelte Rechtsfigur, bedarf die Richtigkeit dieses Ergebnisses allerdings noch einer selbständigen Prüfung.

Der § 180 S. 3 betrifft den Fall, daß ein Vertreter ohne Vertretungsmacht damit einverstanden ist, daß ein einseitiges Rechtsgeschäft ihm gegenüber vorgenommen wird. Dann soll das einseitige Rechtsgeschäft trotz der fehlenden Vertretungsmacht nicht schlechthin nichtig sein, sondern es sollen „die Vorschriften über Verträge entsprechende Anwendung finden", d. h. es soll das dem falsus procurator gegenüber vorgenommene einseitige Rechtsgeschäft mit rückwirkender Kraft Gültigkeit erlangen, wenn der Vertretene die jenem gegenüber erfolgte Abgabe hinterher genehmigt. Es liegt mithin ein Gesamtakt vor, der sich aus der Erklärungsabgabe gegenüber dem falsus procurator und der Genehmigung des Vertretenen zusammensetzt. Ist die Willenserklärung dem Vertreter gegenüber mündlich

---

[6]) Da, wo die Aufforderung trotz des Mißverständnisses ihre Gültigkeit behält, wird natürlich auch die mit dem Präjudiz der Genehmigungsverweigerung verbundene Ausschlußfrist in Lauf gesetzt. Schweigt also der Vormund innerhalb dieser Frist, weil er infolge des ihm bei Empfang der Aufforderung untergelaufenen Mißverständnisses eine ungünstige Meinung vom Inhalt des zwischen Mündel und Drittkontrahenten abgeschlossenen Vertrages hat, so verfällt letzterer der Nichtigkeit, und diese Wirkung kann der Vormund, wenn er hinterher den wahren Sachverhalt erfährt und das vorteilhafte Geschäft dem Mündel erhalten möchte, im Wege der Irrtumsanfechtung nicht beseitigen, da jene Wirkung ja nicht auf einem Rechtsgeschäft, sondern auf gesetzlicher Präklusion des Genehmigungsrechtes beruht.

lich abgegeben worden, und hat dieser sie infolge eines dem Erklärenden sofort erkennbaren Wahrnehmungsfehlers mißverstanden, so macht das Mißverständnis die Erklärung, wie wir wissen, von Anfang an nichtig, und es ist darum für deren rechtliches Schicksal gleichgültig, in welcher Form sie dem Vertretenen hinterbracht wird, und ob dieser die vom Gesetz geforderte Zustimmung erteilt oder verweigert. Insofern liegen die Dinge auch im Falle des § 180 S. 3 klar und einfach. Wenn aber das Mißverständnis des Vertreters auf anderen als den eben gedachten Gründen beruht (Fall a), oder wenn der Vertreter die Erklärung fehlerfrei verstanden, sie aber nur unvollkommen im Gedächtnis behalten und infolgedessen dem Vertretenen falsch übermittelt hat (Fall b), oder endlich, wenn der Vertreter die Erklärung dem Vertretenen zwar richtig hinterbracht, dieser aber ihren Inhalt nicht richtig in sich aufgenommen hat (Fall c), so haben diese Defekte auf die Wirksamkeit der dem falsus procurator gegenüber abgegebenen Erklärung zunächst keinen Einfluß. Letztere hat vielmehr die für sie normale, bedingte Gültigkeit erlangt. Wenn jetzt aber der Vertretene die zur vollen Gültigkeit notwendige Genehmigung erteilt, so bezieht sich diese auf eine andere als die in Wahrheit dem Vertreter gegenüber abgegebene Willenserklärung, und es fragt sich, welche Bedeutung diesem Umstand für die Wirksamkeit des Gesamtaktes zukommt.

Ein besonderes Problem stellt diese Frage für uns dar wegen der eigentümlichen Natur der Genehmigung, um die es sich in § 180 S. 3 handelt. Wenn der Vertretene einen vom falsus procurator abgeschlossenen Vertrag oder ein von ihm vorgenommenes einseitiges Rechtsgeschäft genehmigt, so betrifft die Genehmigung den Inhalt dieser Geschäfte. Wenn hingegen der Vertretene im Falle des § 180 S. 3 seine Genehmigung dazu erteilt, daß eine an sich ihm gegenüber abzugebende Erklärung einem Vertreter ohne Vertretungsmacht gegenüber abgegeben worden ist, so hat diese Genehmigung mit dem Inhalt des von dem Dritten vorgenommenen Rechtsgeschäftes nichts zu tun, sondern sie bezieht sich ausschließlich auf die Tatsache der Erklärungsabgabe gegenüber einem nicht legitimierten Adressaten. Diesen Mangel will die Genehmigung heilen.

Zu dem **Inhalt** der abgegebenen Erklärung hat der Vertretene ebensowenig seine Zustimmung zu geben, wie wenn die Erklärung an ihn selbst gerichtet gewesen wäre [7]).

Aus der Erkenntnis, daß der Inhalt des vom Dritten errichteten Geschäftes nicht das Objekt der vom Gesetz im § 180 S. 3 verlangten Genehmigung ist, möchte vielleicht mancher schließen, daß eine etwaige Inkongruenz von Geschäfts- und Genehmigungsinhalt kein Grund für die Ungültigkeit des Gesamtaktes sei. Und in der Tat, wenn X, der mehrfacher Darlehnsschuldner des A ist, dem V gegenüber, den er zu Unrecht für den Vermögensverwalter des A hält, das Darlehn vom Jahre 1904 kündigt, V aber, ohne daß X es merken könnte, 1907 versteht und in diesem Sinne an A berichtet, und A daraufhin den Vorgang genehmigt (Fall a), so liegt es nahe zu sagen: A hat den Fehler genehmigt, daß X das Rechtsgeschäft, das er eigentlich ihm gegenüber hätte vornehmen müssen, dem V gegenüber vorgenommen hat; dadurch ist die mangelnde Passivlegitimation des V mit rückwirkender Kraft geheilt, und infolgedessen das Rechtsgeschäft so, wie es diesem gegenüber vorgenommen wurde, wirksam geworden.

Indessen würde man mit solcher Argumentation der wahren Sachlage nicht gerecht. Denn wenn auch der Vertretene nach § 180 S. 3 nicht den Inhalt des vom Dritten vorgenommenen Rechtsgeschäftes zu billigen oder zu mißbilligen hat, so ist doch anderseits nicht zu leugnen, daß die von ihm erteilte Genehmigung sich nicht auf irgendeine dem Vertreter gegenüber abgegebene Willenserklärung, sondern auf eine ganz bestimmte Willenserklärung des Dritten erstreckt. A erklärt sich im vorigen Beispiel nicht damit einverstanden, daß X irgendein Darlehn dem V gegenüber gekündigt hat, sondern daß er das Darlehn vom Jahre 1907 dem V gegenüber gekündigt hat. Gewiß ist es richtig, daß A die von X erklärte Kündigung des Darlehns vom Jahre 1904, wenn sie ihm selbst gegenüber erfolgt wäre, nicht hätte verhindern können; ja man kann noch weitergehen und sagen, daß A, wenn ihm statt der falschen 1907 die richtige Ziffer 1904 gemeldet worden wäre, seine Genehmigung wahrscheinlich ebenfalls erteilt

[7]) Vgl. hierzu auch oben § 18 Anm. 2.

hätte: das ändert aber alles nichts an der Tatsache, daß A die Freiheit hatte, die dem falsus procurator gegenüber abgegebene Erklärung anzuerkennen oder nicht anzuerkennen, und daß er, als er sie durch Erteilung der Genehmigung anerkannte, dies in dem Vertrauen tat, daß die Erklärung so, wie ihm mitgeteilt, erfolgt sei. Und in diesem Vertrauen muß er geschützt werden. Andernfalls würde er ein größeres Risiko laufen, als der Verkehr ihm zumutet. Zwar kann die Rechtsordnung nicht verhüten, daß A die Genehmigung zu einem Rechtsgeschäft erteilt, das möglicherweise gar nicht vorgenommen worden ist, und somit ein Rechtserfolg ausbleibt, an dessen Eintritt er glaubt. Wenn A diese Gefahr nicht auf sich nehmen will, muß er eben die Genehmigung verweigern. Wohl aber kann A verlangen, daß durch die von ihm — meistens doch im Interesse des Dritten — erteilte Genehmigung nicht ein Rechtsgeschäft zustande kommt, von dem er keine Kunde erhalten hat, also nicht Rechtswirkungen gegen ihn Platz greifen, von deren Existenz er nichts ahnt.

Danach ist bei richtiger Würdigung der Verkehrsbedürfnisse die Genehmigung des § 180 S. 3 als unter dem selbstverständlichen Vorbehalt erteilt anzusehen, daß die dem Vertreter gegenüber abgegebene Willenserklärung den dem Vertretenen mitgeteilten Inhalt auch wirklich gehabt hat. Dieser durch gerechte Würdigung der Interessenlage gewonnenen Auslegung stehen rechtliche Bedenken nicht entgegen. Denn da der Vertretene die Genehmigung überhaupt nicht zu erteilen braucht, kann er sie auch in eingeschränkter Form erteilen. Und dem etwaigen Einwand, daß die Genehmigung ein bedingungsfeindliches Rechtsgeschäft sei, läßt sich mit dem Hinweis begegnen, daß jener Vorbehalt keine Bedingung im technischen Sinne, sondern höchstens eine condicio »in praesens vel in praeteritum collata« darstellt.

Also auch im Falle des § 180 S. 3 ist für die Gültigkeit des Gesamtaktes die inhaltliche Übereinstimmung der beiden Erklärungen notwendig, aus denen er sich zusammensetzt. Besteht aber in diesem wesentlichen Punkte zwischen ihm und anderen Gesamtakten kein Unterschied, so treffen auch auf ihn unsere allgemeinen Erörterungen über Gesamtakte zu. Und zwar gehört er zu der ersten der oben besprochenen Gruppen, also zu derjenigen, bei der die Verbindung zwischen den einzelnen Rechtsgeschäften nicht ihrerseits wieder durch ein Rechtsgeschäft gebildet wird. Dementsprechend sind die Fälle, mit denen wir es hier zu tun haben, dahin zu entscheiden, daß im Falle a und b der Gesamtakt ungültig ist. Denn da hier dem Vertretenen ein anderes als das dem Vertreter gegenüber in Wahrheit vorgenommene Rechtsgeschäft hinterbracht wird, der Vertretene somit seine Genehmigung auf Grund der falschen, empfangenen Nachricht erteilt, so deckt sich der Inhalt der Genehmigung nicht mit dem Inhalt des genehmigten Geschäftes. Im Falle c, wo der Inhalt der zu genehmigenden Erklärung dem Vertretenen richtig übermittelt, von diesem aber falsch verstanden wird, *kann* das Ergebnis dasselbe sein, braucht es aber nicht zu sein. Es ist dasselbe, der Gesamtakt ist also ebenfalls nichtig, wenn das dem Vertretenen untergelaufene Mißverständnis in der Genehmigung äußerlich hervortritt, so daß deren Inhalt wiederum vom Inhalt der genehmigungsbedürftigen Erklärung abweicht. Es wird etwa dem Vertretenen vom falsus procurator gemeldet, daß X ihm, dem Vertreter, gegenüber vom Kaufvertrag zurückgetreten sei, und der Vertretene erwidert: „zwar ist es eine merkwürdige Idee des X, das Darlehn Ihnen gegenüber zu kündigen, aber ich will meinetwegen damit einverstanden sein." Kommt hingegen das Mißverständnis in der erteilten Genehmigung *nicht* zum Ausdruck (dem A wird von irgendeiner Seite erzählt, daß sein mehrfacher Darlehnsschuldner X eine Kündigung des Darlehns vom Jahre 1904 versehentlich an den früheren Generalbevollmächtigten des A gerichtet habe, A versteht 1907 und schreibt darauf an seinen früheren Verwalter: „von der Ihnen gegenüber erfolgten Darlehnskündigung des X habe ich Notiz genommen"), so empfängt die Genehmigung ihren Inhalt erst von dem genehmigungsbedürftigen Rechtsgeschäft, und die Kongruenz zwischen beiden *Erklärungen* ist dadurch von selbst gewahrt. Der Gesamtakt ist darum gültig. Aber den Vertretenen hat sein Mißverständnis zur *irrtümlichen* Erteilung der Genehmigung verleitet. Und da es sich um einen Erklärungsirrtum handelt, würde der Vertretene an sich berechtigt sein, den Gesamtakt anzufechten und ihn so der Wirksamkeit zu entkleiden. Indessen wird man in solchen Irrtumsfällen nur selten vom Vertretenen sagen können, er würde, wenn er den wahren Inhalt der dem Vertreter gegenüber abgegebenen Erklärung gekannt hätte, die Genehmigung bei verständiger Würdigung des Falles verweigert haben. Wo diese Voraussetzung nicht ausnahmsweise zutrifft, muß also der Vertretene ein Rechtsgeschäft, von dessen Existenz er nichts weiß, gegen sich gelten lassen, während umgekehrt das Geschäft, an dessen Gültigkeit er glaubt, nicht zustande gekommen ist. Hier aber kann dieses Ergebnis nicht als unbillig empfunden werden. Denn die Folgen eines Irrtumes sind selbstverständlich von demjenigen zu tragen, in dessen Person er entstanden ist.

Sachregister.

(Die großen Ziffern verweisen auf die Seiten, die kleinen auf die Anmerkungen. — Mißv. = Mißverständnis; WE. = Willenserklärung.)

FSC
www.fsc.org
MIX
Papier | Fördert gute Waldnutzung
FSC® C083411

Kolibri 360 GmbH
Ferdinand-Jühlke-Straße 7
99095 Erfurt, Deutschland
produktsicherheit@kolibri360.de